DIE ZEIT

Welt- und Kulturgeschichte

DIE ZEIT

Welt- und Kulturgeschichte

Epochen, Fakten,
Hintergründe in 20 Bänden

Mit dem Besten aus der ZEIT,
u. a. mit Beiträgen
von Rüdiger Krohn,
Ulf von Rauchhaupt
und Tobias Hürter

07 Europa im Mittelalter

Europa im Mittelalter II
(550 – 1500)

Zeitverlag
Gerd Bucerius GmbH & Co. KG

Herausgeber
Zeitverlag Gerd Bucerius GmbH & Co. KG
Pressehaus, Speersort 1, 20095 Hamburg

Bibliographisches Institut & F. A. Brockhaus AG

Projektleitung Dr. Hildegard Hogen
Redaktion Jürgen Hotz M. A., Klaus M. Lange, Mathias Münter-Elfner, Marianne Strzysch-Siebeck
Bildredaktion Dr. Eva Bambach (Leitung), Dipl.-Geogr. Ellen Astor, Dr. Rainer Ostermann, Eva van Meeuwen M. A.
Redaktionsleitung ZEIT Aspekte Dr. Dieter Buhl
Layout Sigrid Hecker
Einband- und Umschlaggestaltung Mike Kandelhardt
Herstellung Constanze Sonntag

Bibliografische Information der Deutschen Bibliothek
Die Deutsche Bibliothek verzeichnet diese Publikation in der Deutschen Nationalbibliografie; detaillierte bibliografische Daten sind im Internet über http://dnb.ddb.de abrufbar.

Namen und Kennzeichen, die als Marke bekannt sind und entsprechenden Schutz genießen, sind durch das Zeichen ® gekennzeichnet. Handelsnamen ohne Markencharakter sind nicht gekennzeichnet. Aus dem Fehlen des Zeichens ® darf im Einzelfall nicht geschlossen werden, dass ein Name oder Zeichen frei ist. Eine Haftung für ein etwaiges Fehlen des Zeichens ® wird ausgeschlossen.

Alle Rechte vorbehalten. Nachdruck, auch auszugsweise, verboten.
Das Werk einschließlich aller seiner Teile ist urheberrechtlich geschützt. Jede Verwertung außerhalb der engen Grenzen des Urheberrechtsgesetzes ist ohne Zustimmung des Verlags unzulässig und strafbar. Das gilt insbesondere für Vervielfältigungen, Übersetzungen, Mikroverfilmungen und die Einspeicherung und Verarbeitung in elektronischen Systemen.

© Zeitverlag Gerd Bucerius GmbH & Co. KG, Hamburg 2006
Bibliographisches Institut, Mannheim 2006

Satz A–Z Satztechnik GmbH, Mannheim (PageOne, alfa Media Partner GmbH)
Druck und Bindung GGP Media GmbH, Pößneck
Printed in Germany

ISBN Gesamtwerk: 3-411-17590-7
ISBN Band 7: 3-411-17597-4

Abbildungen auf dem Einband aisa, Archivo iconográfico, Barcelona: Afrika, Aksum, Konfuzius, Byzanz, China Kolonialismus, Erster Weltkrieg, Etrusker, Franken, Französische Revolution, Hausa, Huangdi, Mesopotamien, Mykene, Osmanisches Reich, Steinzeit, Zweiter Weltkrieg; akg-images, Berlin: Erster Weltkrieg, Jungsteinzeit, Stalin; Bibliographisches Institut & F. A. Brockhaus AG, Mannheim: Ägypten, Avignon, Gandhi, Minoer, Preußen, Taj Mahal; Farb- und Schwarzweiß-Fotografie E. Böhm, Mainz: Buddhismus; A. Burkatovski, Rheinböllen: Katharina II., Skythen; M. Gropp, Unterhaching: Maya; Image Source, Köln: Kolosseum; Istituto Geografico de Agostini, Novara: Napoleon, Römer; Dr. V. Janicke, München: Mogulreich; picture-alliance/akg-images, Frankfurt am Main: Afrika – Sklavenhandel, Amerika – Unabhängigkeit, Azteken, Heinrich IV., Indianer, Karolinger, Lenin, Ludwig XIV., Luther, Marx, Maximilian I., Metternich, Mittelalter, Ottonen, Sonnenwagen von Trundholm, Völkerwanderung, Wirtschaftswunder; picture-alliance/Bildfunk, Frankfurt am Main: Bronzezeit; picture-alliance/dpa, Frankfurt am Main: Clinton, Golfkrieg, Gorbatschow, Kennedy, Kohl, Mandela, Mauerfall, UN

Die Reihe im Überblick

Anfänge der Menschheit und Altes Ägypten
Vor- und Frühgeschichte
Ägypten (3000–330 v. Chr.)   **Band 01**

Frühe Kulturen in Asien
Frühe Hochkulturen in Vorderasien
(3000–539 v. Chr.)
Persien (539–330 v. Chr.)
Frühe Hochkulturen in Süd- und Ostasien I
(3000–221 v. Chr.)   **Band 02**

Frühe Kulturen in Europa
Frühe Hochkulturen in Süd- und Ostasien II
(3000–221 v. Chr.)
Frühe Kulturen der antiken Welt
(700 v. Chr.–500 n. Chr.)   **Band 03**

Klassische Antike
Griechische Antike (1600–30 v. Chr.)
Römische Antike I (650 v. Chr.–395 n. Chr.)   **Band 04**

Spätantike und Völkerwanderungszeit
Römische Antike II (650 v. Chr.–395 n. Chr.)
Völkerwanderung (395–565)
Vorderasien und Afrika I (850 v. Chr.–651 n. Chr.)   **Band 05**

Aufstieg des Islam
Vorderasien und Afrika II (850 v. Chr.–651 n. Chr.)
Süd- und Ostasien (320 v. Chr.–550 n. Chr.)
Die arabische Welt (610–1492)
Europa im Mittelalter I (550–1500)   **Band 06**

Europa im Mittelalter
Europa im Mittelalter II (550–1500)   **Band 07**

Frühe Neuzeit und Altamerika
Europa in der frühen Neuzeit (1500–1648)
Altamerika (13 000 v. Chr.–1492 n. Chr.)   **Band 08**

Zeitalter des Absolutismus
Süd- und Ostasien (550–1650)
Afrika (300–1800)
Europa im Zeitalter des Absolutismus I
(1648–1770)   **Band 09**

Zeitalter der Revolutionen
Europa im Zeitalter des Absolutismus II
(1648–1770)
Europa im Zeitalter der Revolutionen
(1770–1850)
Amerika I (1770–1860) Band 10

Zeitalter der Expansionen
Amerika II (1770–1860)
Süd- und Ostasien (1520–1870)
Afrika (1500–1850)
Die Welt im Zeitalter des Nationalismus I
(1850–1918) Band 11

Zeitalter des Nationalismus
Die Welt im Zeitalter des Nationalismus II
(1850–1918)
Der Erste Weltkrieg I Band 12

Erster Weltkrieg und Zwischenkriegszeit
Der Erste Weltkrieg II
Die Welt im Zeitalter des Totalitarismus I
(1919–1945) Band 13

Zweiter Weltkrieg und Nachkriegszeit
Die Welt im Zeitalter des Totalitarismus II
(1919–1945)
Die Welt im Zeitalter des Ost-West-Konflikts I
(1945–1991) Band 14

Zeitalter des Ost-West-Konflikts
Die Welt im Zeitalter des Ost-West-Konflikts II
(1945–1991) Band 15

Die Welt heute
Krisenherde im Nahen und Mittleren Osten
Der Nord-Süd-Konflikt
Die Welt an der Jahrtausendwende
Globale Entwicklungen heute Band 16

Lexikon der Geschichte Bände 17 bis 19

Chronik, Literaturhinweise, Register
Chronik der Weltgeschichte
Literaturhinweise
Gesamtinhaltsverzeichnis
Autorenverzeichnis
Personen- und Sachregister Band 20

Inhaltsverzeichnis

Europa im Mittelalter

Das frühe Mittelalter *(Fortsetzung)*

Im Drachenboot zu fernen Ufern: Die Wikinger *Harald Ehrhardt*	12
Bis Russland und Sizilien: Die Waräger und die Normannen *Harald Ehrhardt*	26
Angeln, Sachsen, Jüten, Dänen: Die Britischen Inseln bis zur Eroberung Englands durch die Normannen *Harald Ehrhardt*	31

Das hohe Mittelalter

Eisenpflug und Dreifelderwirtschaft: Landwirtschaft im hohen Mittelalter *Arnold Bühler*	45
»Nichts ohne Mühsal«: Die Lebensbedingungen der Landbevölkerung *Arnold Bühler*	55
Vom Krieger zum Edelmann: Rittertum und höfische Kultur *Arnold Bühler*	69
»Stadtluft macht frei«: Die mittelalterlichen Städte *Arnold Bühler*	86
»Zwerge auf den Schultern von Riesen«: Von der Klosterschule zur Universität *Arnold Bühler*	100

Neue Frömmigkeit, neue Orden:
Die Zisterzienser   *Arnold Bühler*   116

Im Schatten der »Kaiserdome«: Die Salier
Klaus M. Lange   121

Um Macht und Glauben:
Kirchenreform und Investiturstreit
Wilfried Hartmann   139

Kaiser gegen Papst: Die Staufer
Wilfried Hartmann   152

»Unam sanctam«:
Höhepunkt und Fall der päpstlichen Macht
Wilfried Hartmann   167

Der Gipfel der Geschichte?:
Die staufische Herrschaft in Schwaben   *   178

Von bescheidenen Anfängen zum
zentralen Königtum: Frankreich
Ulf Dirlmeier und Bernd Fuhrmann   193

Zwischen »Hastings« und
»Magna Charta libertatum«: England
Ulf Dirlmeier und Bernd Fuhrmann   200

Die Erben der Wikinger:
Dänemark, Schweden und Norwegen   *   207

Unter der Vormundschaft der Kaiser: Italien   *   216

Die stolze Seerepublik: Venedig   *   220

Die Seldschuken und die »Lateiner« fallen ein:
Das Byzantinische Reich bis zur Dynastie
der Palaiologen   *Edgar Hösch*   226

»Gott will es!«: Die Kreuzzüge
Wilfried Hartmann 231

Nackt dem nackten Christus folgen:
Die Franziskaner und die Dominikaner
Arnold Bühler 247

Katharer, Waldenser und Hussiten:
Die Ketzerbewegungen *Wilfried Hartmann* 254

»Martern aller Arten«: Die Inquisition * 268

Das späte Mittelalter

Der Aufstieg der Kommunen: Die Städte
Ulf Dirlmeier und Bernd Fuhrmann 274

Wüstungen und Weideland:
Landwirtschaft im späten Mittelalter
Arnold Bühler 287

Neue Zentren:
Die Herausbildung der europäischen Staatenwelt
Ulf Dirlmeier und Bernd Fuhrmann 295

Typus und Individuum:
Die Struktur der Gesellschaft *Arnold Bühler* 303

In den Fängen des »Schwarzen Todes«:
Die Pest *Klaus M. Lange* 314

Wie eine Kirchenmaus sein:
Der Armutsstreit der Bettelorden
Ulf Dirlmeier und Bernd Fuhrmann 320

Die »Babylonische Gefangenschaft« der Päpste:
Das Avignonesische Exil
Ulf Dirlmeier und Bernd Fuhrmann 328

Rom, Avignon, Pisa:
Das Abendländische Schisma
Ulf Dirlmeier und Bernd Fuhrmann   339

Um die Einheit der Kirche:
Die Konzilien des 15. Jahrhunderts
Ulf Dirlmeier und Bernd Fuhrmann   351

Koggen stechen in die Ostsee: Die Hanse   *   361

Du, glückliches Österreich, heirate:
Der Aufstieg der Habsburger
Ulf Dirlmeier und Bernd Fuhrmann   369

»Fürst in Schwaben, Herr in Asien und Afrika«:
Das Kaisertum Karls V.
Ulf Dirlmeier und Bernd Fuhrmann   386

Streit um den Thron:
England während der Rosenkriege
Ulf Dirlmeier und Bernd Fuhrmann   389

Die Krondomäne dehnt sich aus: Frankreich   *   403

Ritter gegen Bogenschützen:
Der Hundertjährige Krieg
Ulf Dirlmeier und Bernd Fuhrmann   411

Im »Herbst des Mittelalters«: Burgund
Ulf Dirlmeier und Bernd Fuhrmann   431

»Wir wollen sein ein einig Volk von Brüdern ...« –
Die Schweiz entsteht   *   437

Condottieri ringen um die Macht: Italien   *   445

Im Zeichen der Reconquista:
Die Iberische Halbinsel
Ulf Dirlmeier und Bernd Fuhrmann   460

Blutige Morgenröte:
»Mongolensturm« und »Goldene Horde«
Edgar Hösch   **474**

Zwischen Kaiser und Sultan: Ungarn
Edgar Hösch   **484**

Von Piasten und Přemysliden: Polen
Edgar Hösch   **491**

Von der Ostsee bis zum Schwarzen Meer:
Polen-Litauen   *Edgar Hösch*   **498**

ZEIT Aspekte   **ab S. 513**

Wikinger · Nibelungenlied · Pergament ·
Zisterzienser · Wilhelm der Eroberer · Kreuzzüge ·
Richard Löwenherz · Inquisition · Zünfte ·
Habsburger in Spanien · »Mongolensturm«

* Nicht namentlich gezeichnete Texte liegen in der
Verantwortung der Redaktion.

Im Drachenboot zu fernen Ufern: Die Wikinger

Als am 8. Juni des Jahres 793 das auf einer Insel vor der nordostenglischen Küste gelegene Kloster Lindisfarne völlig überraschend von skandinavischen Seeräubern geplündert und zerstört wurde, erregte dieser erste zweifelsfrei belegte Überfall von Skandinaviern sofortige Aufmerksamkeit in den höchsten politischen und kirchlichen Kreisen. Denn ein ehemaliger Bruder des Klosters, kein Geringerer als Alkuin, Gelehrter am Hofe Karls des Großen, machte diesen Überfall in mehreren Briefen bis hin nach Rom bekannt und gab dabei auch schon vor, wie zukünftige Chronisten die Invasoren darzustellen hätten: Als Strafgericht Gottes und als das Böse schlechthin. Nun waren der englischen Bevölkerung kriegerische Ereignisse keineswegs fremd, diesmal aber hatte der Überfall eine andere Dimension: Die Angreifer kamen von der offenen See her, womit man nach der gewohnten Schiffsbautechnik nicht rechnen konnte, und obwohl es voll bemannte, hochseetüchtige Schiffe waren, konnten sie dennoch mühelos in den flachen Küstengewässern um Lindisfarne manövrieren.

Schon nach den ersten Überfällen im Westen, auf den Britischen Inseln und im Frankenreich, war den Chronisten bekannt, dass die räuberischen Seefahrer aus den nördlichen Gebieten jenseits der Nordsee kamen, etwa aus »Westfold« (am Oslofjord) oder »Hordaland« (West-

---

INFOBOX

»Seepiraten«

Die Wikinger, wie sie nach dem altnordischen Wort »vikingr« (»Seepirat«) genannt wurden, traten als Krieger, Händler und Siedler überall dort auf, wohin sie mit ihren zu höchster Perfektion entwickelten Schiffen gelangen konnten. Bis heute ist die Figur des Wikingers lebendig geblieben und hat spätestens seit dem 19. Jh. in Literatur, Kunst, Nationalromantik, Germanenideologie und Historiographie zahlreiche Interpretationen erfahren – vom nordisch-germanischen Barbaren über den wagemutig-heldischen Seefahrer bis hin zum eher friedfertigen Siedler und Händler. In der neueren Forschung bemüht man sich um ein nüchternes, differenziertes Bild des Wikingers, bei dem das rein kriegerische Element zugunsten der kulturellen Leistungen und des Kulturaustauschs in dieser bewegten Epoche zurücktritt.

Europa im Mittelalter

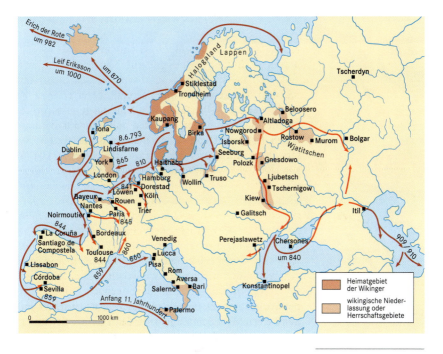

Die Eroberungszüge der Wikinger seit dem Ende des 8. Jh.

norwegen). In den Quellen jedenfalls werden sie pauschal »Nordleute«, »Normannen« (nordmanni), »Dänen« (dani), »Seeräuber« (pyratae) und Heiden (pagani), in angelsächsischen Quellen insbesondere »Wikinger« (wycinge) genannt. Neben »Normannen« hat sich in der Neuzeit, vermittelt über die skandinavischen Sprachen, »Wikinger« als Bezeichnung für – vor allem kriegerische – skandinavische Seefahrer eingebürgert. Im Altnordischen ist das Wort als vikingr (Plural vikingar) belegt und heißt wahrscheinlich soviel wie »Buchtenlagerer«, »Seeräuber«. Auch die Form viking »auf Wikingfahrt gehen« ist in den altnordischen Texten belegt. Es ist also gut möglich, dass sich »Wikinger« (richtiger wäre »Wiking« und »Wikinge«) auch bisweilen selbst so genannt haben.

Gegen Ende des 8. Jahrhunderts begann eine gut 250 Jahre andauernde Periode skandinavischer Expansion. Im Westen unterlagen die Britischen Inseln, Friesland, das Rheinmündungsgebiet, Nordfrankreich, im Osten vor allem das Baltikum, Finnland und die Flusssysteme

Die Eroberung der Britischen Inseln durch die Normannen ist auf einer der bekanntesten Tapisserien dargestellt. Die Schlacht bei Hastings 1066 unter Wilhelm dem Eroberer zeigt der um 1077 entstandene Teppich von Bayeux (Bayeux, Musée de la Tapisserie).

der Wolga und des Dnjepr bis hin zum Kaspischen und Schwarzen Meer dem Zugriff skandinavischer Seefahrer, die zugleich als Räuber, Kaufleute und Siedler auftraten. Einzelne Raubzüge richteten sich gegen das Kalifat von Córdoba (Sevilla 844) und Küstenstädte des Mittelmeers (859–862).

Um die Mitte des 11. Jahrhunderts kam diese skandinavische Expansionsbewegung zu einem allmählichen Ende. Im Jahr 1066 versuchte zum letzten Mal ein norwegischer König, Harald III., der Strenge, ernsthaft, England zu erobern, wurde von einem englischen König aus anglodänischem Haus, Harold II. Godwinson, besiegt und getötet, und dieser englische König fiel einige Monate später in der berühmten Schlacht bei Hastings gegen den Herzog der Normandie, Wilhelm I., den Eroberer, einen Nachkommen dänisch-norwegischer Wikinger. Damit war eine äußerst bewegte Phase der nordeuropäischen Geschichte abgeschlossen, die als »Wikingerzeit« einen eigenen Platz in der historischen Epocheneinteilung vor allem der skandinavischen Länder und Englands eingenommen hat.

Sie bedeutete für die Nord- und Ostseeregion eine nachhaltige Veränderung der politischen Landkarte, einen intensiven Kulturaustausch zwischen Skandinavien und Westeuropa, eine Öffnung weiter geographischer Horizonte und schließlich die endgültige Einbindung Dänemarks, Norwegens und Schwedens in die kulturellen, wirtschaftlichen und politischen Strömungen des Kontinents. Aus skandinavischer Perspektive war die Wikingerzeit eine Phase gewaltsamer, aber auch friedlicher Expansion und komplexer innerer Umwälzungen, an deren Ende die Christianisierung des Nordens und die Konsolidierung der drei nordischen Königreiche stand.

Seefahrer und Entdecker, Bauern und Händler
Die Seefahrten der Wikinger zeitigten einige spektakuläre Entdeckungen, die das Ausdehnungsgebiet der Skandinavier beträchtlich erweiterten. Die Färöer sind wahrscheinlich schon um 800 von Norwegen aus besiedelt worden. Das in der zweiten Hälfte des 9. Jahrhunderts entdeckte Island wurde ab 870 von Norwegern besiedelt. Als erster Siedler gilt Ingólfur Árnason. Die eigentlichen Entdecker der Färöer und Islands waren indessen keltische Mönche, die sich allerdings niemals dauerhaft auf diesen Inseln niedergelassen hatten.

Von Island aus setzte sich die Reihe der Entdeckungen im Nordatlantik fort: 986 ließ sich Erich der Rote auf Grönland nieder, das er 982 entdeckt hatte. Kurz nach dem Jahr 1000 begann sein Sohn Leif Erikson die Küsten östlich der Davisstraße (Labrador und Neufundland) zu erforschen, die um 986 erstmals von skandinavischen Seefahrern gesichtet worden waren. In der Folgezeit kam es von Grönland aus zu mehreren Besiedlungsversuchen auf amerikanischem Boden – skandinavische Siedlungsreste sind bei L'Anse-aux-Meadows auf Neufundland ge-

> **ZITAT**
> Alkuin, der Angelsachse am Hof Karls des Großen, schilderte in Briefen den Überfall skandinavischer Seeräuber auf das Kloster Lindisfarne im Jahr 793:
> *Es sind jetzt beinahe 350 Jahre, dass wir und unsere Vorväter dieses liebliche Land bewohnen, aber nie zuvor herrschte ein solcher Schrecken in Britannien, wie wir ihn jetzt von einem heidnischen Volk erleben, auch hat man es nicht für möglich gehalten, dass ein solcher Angriff von See her zu machen wäre.*

INFOBOX

Wanderbewegungen
Schon vor den Zügen der Wikinger war Skandinavien Ausgangspunkt unterschiedlicher Wanderbewegungen gewesen: Im 3. Jh. v. Chr. ließen sich südskandinavische Bevölkerungsteile, die späteren Goten, im Weichselgebiet nieder; Kimbern und Teutonen durchzogen im 2. Jh. v. Chr. von Jütland aus weite Gebiete des Römischen Reiches; Angeln, Sachsen und Jüten siedelten im 5. Jh. n. Chr. im Südosten Englands, und im Zuge von Handelsaktivitäten und Sklavenjagden entstanden vor der eigentlichen Wikingerzeit dauerhafte schwedische Siedlungen im südlichen Ostseeraum.

s. ZEIT Aspekte
Wikinger S. 516

funden worden –, die aber, vermutlich wegen kriegerischer Auseinandersetzungen mit Indianern oder Eskimo, abgebrochen werden mussten. Die skandinavischen Siedlungen an der Südostküste Grönlands wurden um 1350 beziehungsweise 1500 wieder aufgegeben.

Zu Hause, in den Heimatländern der Wikinger – Dänemark, Norwegen, Schweden, Südfinnland –, bildeten Ackerbau und Viehhaltung die wichtigste Lebensgrundlage. Fischerei wurde in dieser Zeit allenfalls für den Eigenbedarf betrieben und begann wohl erst um 1100 gewerbsmäßige Formen anzunehmen. In den nördlichsten Randzonen des skandinavischen Siedlungsraumes war die Jagd ein bedeutender Erwerbszweig, denn Pelze und Häute waren von jeher ein wichtiges Handelsgut der Skandinavier.

Über die Ursache der Wikingerzüge sind zahlreiche Theorien entwickelt worden. Neben der häufig genannten Überbevölkerung infolge günstiger klimatischer Bedingungen dürften jedoch vor allem die politischen und wirtschaftlichen Verhältnisse in Westeuropa eine gewichtige Rolle gespielt haben. Nach dem Zerfall des Weströmischen Reiches und nach dem Vordringen der Araber

Ein Ausschnitt aus dem Teppich von Bayeux zeigt Wilhelm den Eroberer beim Festmahl mit Bischof Odo.

Europa im Mittelalter

> **INFOBOX**
>
> **»Grünes Land«**
> Erich der Rote, der 982 Grönland erreicht hatte, wollte dorthin zurückkehren. Um Leute dafür zu gewinnen, das Land mit ihm zu besiedeln, nannte er es »Grönland«, also »Grünes Land«. In den Quellen heißt es: »Diesen Sommer machte sich Erich auf, um das Land zu besiedeln, das er gefunden hatte, und er nannte es Grönland, denn er meinte, dass die Leute sich gern dorthin aufmachen würden, wenn es einen wohlklingenden Namen hätte.« Er scheint Erfolg gehabt zu haben, denn es heißt, dass ihm 25 Schiffe aus dem Breidfjord und dem südlicheren Borgarfjord folgten. »Das war 15 Jahre, bevor das Christentum in Island durch Gesetz angenommen wurde«, heißt es übereinstimmend in den Quellen. Demnach muss diese Besiedlung 985 stattgefunden haben.
> Der Wohnsitz Erichs auf Grönland, Brattahlíd, lag am inneren Ende des nach ihm benannten Eiríksfjords. Er wurde noch Mitte des 14. Jh. bewirtschaftet.

nach Nordafrika und Spanien hatte der Mittelmeerraum seine Bedeutung als zentrales Wirtschaftsgebiet verloren.

Mit der Etablierung des Frankenreiches verlagerten sich zunehmend politische und religiöse Zentren nach Norden, ersichtlich etwa an der Bedeutung Aachens für das Karolingerreich. Der seit der Römerzeit hoch entwickelte Wirtschaftsraum im Gebiet zwischen Rhein, Mosel, Seine und Loire suchte nach den Brüchen der Völkerwanderungszeit unter Umgehung des Mittelmeerraumes gangbare Handelsrouten in den östlichen Teil des Mittelmeeres.

Es eröffnete sich eine Fernhandelsroute mit Ausgangspunkt im Rheinmündungsgebiet (mit Dorestad als Zentrum), die entlang der friesischen Küste die südjütische Landenge zwischen Elbmündung und Schlei überwand (mit dem späteren bedeutenden Umschlagplatz Haithabu/Schleswig), weiter durch die Ostsee (mit Stützpunkten im Bereich des schwedischen Mälarsees, in der Wikingerzeit vor allem Birka) und den Finnischen Meerbusen nach Altladoga am Ladogasee führte, um dort über den Dnjepr und Kiew nach Konstantinopel und damit zum östlichen Mittelmeer zu gelangen. Diese vielleicht schon im 7./8. Jahrhundert eröffnete Handelsroute zog das südliche Skandinavien mit besonderem Nachdruck in den westöstlichen Warenverkehr ein und eröff-

Auf ihren Feldzügen waren die Wikinger »gerüstet«. Häufig belegt ist der brillenartige Augenschutz, wie bei dem Helm des 10. Jh. aus dem Häuptlingsgrab von Gjermundbu in Norwegen (Oslo, Museum für Nordische Altertümer der Universität).

Die Reste einer Wikingersiedlung auf Grönland erinnern daran, dass sich dort der Entdecker Erich der Rote 986 niedergelassen hatte. Kurz nach 1000 startete von hier aus sein Sohn Leif Erikson zu Besiedlungsvorhaben auf amerikanischem Boden.

nete neue Möglichkeiten, Reichtum und politische Macht zu gewinnen.

Rahsegel und Riemen – Das Wikingerschiff
Unumstritten ist indessen, dass es eine einzige technische Neuerung war, die die weit ausgreifenden, häufig über offenes Meer führenden Seefahrten der Skandinavier überhaupt erst möglich machte: das Wikingerschiff. Charakteristisch für dieses war die Kombination von umlegbarem Rahsegel und Riemen (Ruder), eine flexible Verbindung der in »Klinkerbauweise« (dachziegelartig übereinander gesetzt) angebrachten Planken und der Spanten sowie weit nach außen gewölbte Bordwände, sodass es auch bei voller Bemannung nur einen äußerst geringen Tiefgang aufwies. Die Ruderer waren nicht etwa Sklaven, sondern die freie Schiffsmannschaft, die an den Kriegs- und Handelsaktionen teilnahm, häufig als Anteilseigner des Schiffes mit Anspruch auf den entsprechenden Anteil an Beute oder Handelsgewinnen.

Das Wikingerschiff, dieser wohl erst Ende des 8. Jahrhunderts voll ausgereifte Schiffstyp, bot somit die besten Voraussetzungen für die Kampftaktik der Wikinger, die auf überraschender Annäherung und schnellem Rückzug basierte. Diese Taktik befähigte zu den ausgedehnten Raubzügen, die für die Anfangsphase der Wikingerzeit bis etwa 830/840 typisch waren. Bevorzugte Ziele waren – den Quellen nach zu schließen – zunächst Klöster und Kirchen, da hier am leichtesten Reichtümer zu holen waren.

Obwohl solche Angriffe wohl nur von wenigen Schiffen unternommen wurden, müssen die Nordleute schon bald als ernsthafte Bedrohung angesehen worden sein, denn bereits vor 800 ließ König Offa von Mercia Verteidigungsanlagen gegen die »heidnischen Seefahrer« bauen, und in den fränkischen Reichsannalen wird berichtet, dass Karl der Große im Jahre 800 Küstenbefestigungen, Signalfeuer und dergleichen zwischen Rhein-/Scheldemündung und Seinemündung kontrollierte oder neu errichten ließ und auch »Flotten« an der Loiremündung, an der Garonne und nach einem dänischen Angriff auf Friesland 810 auch in Gent und Boulogne stationierte. Diese ersten Abwehrbemühungen scheinen anfangs durchaus Erfolge gezeitigt zu haben, denn es sind

Die Entdeckung amerikanischen Bodens durch Leif Erikson schildert das Historiengemälde des norwegischen Malers Christian Krohg (1893; Oslo, Nasjonalgalleriet).

> **INFOBOX**
>
> **Wikingerschiffe**
> Spektakuläre Zeugnisse der wikingischen Schiffsbaukunst sind die in südnorwegischen Fürstengräbern gefundenen Schiffe von Oseberg und Gokstad. Das Prunkschiff von Oseberg ist etwa 21 m lang und mittschiffs etwa 5 m breit; das robuste, seetüchtige Gebrauchsschiff von Gokstad, etwa 23 m lang und 5 m breit, bot 32 Ruderern Platz. Beide befinden sich im Bygdøy-Museum Oslo.
> Die fünf bei Skuldelev im Roskildefjord (Seeland, Dänemark) gefundenen wikingerzeitlichen Schiffe geben einen Einblick in die Typenvielfalt des Wikingerschiffs: vom 12 m langen Fischerboot über ein 14 m langes Fracht- und Reiseschiff bis zum 30 m langen hochseetüchtigen Kriegsschiff (»Langschiff«), das 40 bis 50 Ruderern Platz bot (Wikingschiffshallen in Roskilde).

Für ihre Eroberungsfahrten entwickelten die Wikinger eine schlanke Schiffsform. Die Bezeichnung Drachenboot erklärt sich aus der Verzierung, wie sie das im Schiffsgrab bei Oseberg am Oslofjord gefundene Prunkschiff zeigt.

bis in die ersten Jahrzehnte des 9. Jahrhunderts auch Niederlagen der Wikinger überliefert.

Die große Wende setzte nach dem Tod Karls des Großen 814 und mit dem Zerfall des Karolingerreiches ein. Nachdem der bedeutende Handelsplatz Dorestad an der Scheldemündung mehrfach (834, 835, 836) geplündert worden war, konnte Kaiser Ludwig I., der Fromme, durch Anlage von Rundburgen an der Küste Flanderns die Einfälle dort eindämmen. In England, Irland und Westfrankreich dagegen stießen wikingische Scharen bis in die Binnenregionen vor. Nach Ludwigs Tod im Juni 840 und der Reichsteilung von 843 war das westliche Frankenreich nahezu ungeschützt wikingischen Angriffen ausgesetzt. Zum ersten Mal drangen Wikinger 841 über die Seine nach Süden, und 845 wurde ein Angriff auf Paris nur durch Zahlung der ungeheuren Summe von 7000 Pfund Silber abgewendet.

Die Eindringlinge setzen sich fest
In dieser Phase vollzog sich eine entscheidende Veränderung der Kriegführung: Die Wikinger zogen sich in den Wintermonaten nicht mehr in ihre Heimatländer zurück, sondern überwinterten in den von ihnen heimgesuchten Gebieten, zuerst in Irland ab 841, 851 auf der Themseinsel Thanet und ebenfalls 851 zum ersten Mal auf einer Seineinsel, 859 auf der Insel Noirmoutier in der Loiremündung, ferner auf Walcheren und sogar in einem

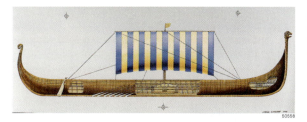

Rekonstruktionszeichnung eines Wikingerschiffes. Mit diesem Schiffstyp waren die Wikinger bestens ausgerüstet für ihre Beutefahrten.

befestigten Lager bei Löwen. Von solchen Basen aus wurden in der Folgezeit systematisch auch die Einzugsgebiete der Mittel- und Oberläufe der jeweiligen Flüsse angegriffen. Neben westfränkischen Städten wie Nantes, Bordeaux, Toulouse, Rouen und Paris traf es mittel- und ostfränkische Küstenplätze wie Dorestad und Hamburg ebenso wie Aachen, Köln und Trier im Binnenland.

Die ständige Präsenz im Lande führte zu intensiveren Kontakten mit den jeweiligen lokalen Machthabern und der Bevölkerung. Zunehmend verlegten sich einzelne Wikingerheere darauf, von Städten, Klöstern, Landesherren Tributzahlungen zu verlangen mit der Zusage, von Plünderungen und Zerstörungen abzusehen. Diese oft erheblichen Tributforderungen – in England später Danegeld (Dänengeld, Dänensteuer) genannt – wurden seit dem 9. Jahrhundert nahezu regelmäßig erhoben.

INFOBOX

Drachenboote
Im 7. und 8. Jh. entwickelten die Wikinger eine schlanke Schiffsform mit stabilem Kiel und breit gewölbtem Rumpf, der sich flach auf die Wasseroberfläche legte. Die Festigkeit des aus Eichenholz gefügten Rumpfes machte diese Langschiffe hochseetüchtig, die flache Bauweise erlaubte zugleich das Befahren von Flüssen und flachen Küstengewässern – ein großer Vorteil bei den häufigen Raubzügen. Sogar der Transport über Land war mittels untergelegter Rollen möglich. Angetrieben wurden die Boote durch ein großes Rahsegel, das man umlegen konnte; bei Windstille wurde gerudert. Normalerweise fanden etwa 40 bis 50 Ruderer in den bis zu 30 m langen, offenen Schiffen Platz; Schutz vor der Witterung hatten sie dort allerdings nicht. Das Steuerruder wurde auf der rechten Seite (daher: Steuerbord) geführt. Auf beide Steven sind oft Drachenköpfe gesetzt, was zu der Bezeichnung »Drachenboot« angeregt hat.

Nachbau des 21,58 m langen und 5,10 m breiten »Osebergschiffs« aus dem 9. Jh. (Original im Museum der Wikingerschiffe auf Bygdøy)

In einem nächsten Schritt ging man dazu über, den Wikingern auf der Grundlage von Verträgen Land an der Küste abzutreten und als Gegenleistung zu fordern, andere Wikingerheere von Plünderungen in dieser Region abzuhalten. Das Modell wurde an verschiedenen Stellen versucht, so auf Walcheren und an der Rheinmündung bei Dorestad, doch waren die ersten Siedlungen recht kurzlebig. Am dauerhaftesten erwies sich die Präsenz der Seinewikinger um Rouen unter ihrem norwegischen Anführer Rollo, die nach dem Vertrag von Saint-Clair-sur-Epte 911 mit dem westfränkischen König Karl III.,

> **INFOBOX**
>
> **Dänengeld**
> Dänengeld nannte man in England jene erheblichen Tributzahlungen, mit denen sich einzelne Wikingerheere den Verzicht auf Plünderungen und Zerstörungen honorieren ließen. Bereits 810 zahlten die Friesen 100 Pfund Silber an den Dänenkönig Göttrik, Paris musste 845 schon 7 000 Pfund entrichten, und in England stiegen die Beträge insgesamt auf die schwindelnde Höhe von über 70 000 Pfund; London musste 1018 allein 10 500 Pfund Silber aufbringen. Man nimmt an, dass diese riesigen Summen die finanzielle Grundlage nicht nur für die späteren Invasionen dänischer und norwegischer Könige bildeten, sondern auch als materielle Voraussetzung zur Konsolidierung mächtiger Familien und eines reichsumfassenden Königtums wesentlich beitrugen.

dem Einfältigen, ihr Siedlungs- und Herrschaftsgebiet ständig ausweiteten und damit die Grundlagen für das später so bedeutsame Herzogtum Normandie legten.

In England begannen sich seit 865 mehrere Wikingerheere zusammenzuschließen, um Land in ihren Besitz zu nehmen. Ab 871 beherrschten sie weite Teile Ostenglands, ab 876 begannen sich einzelne Gefolgschaften zwischen York und London dauerhaft anzusiedeln. Allein das angelsächsische Königreich Wessex unter König Alfred dem Großen konnte seine Unabhängigkeit bewahren. 878 besiegte Alfred ein Dänenheer unter der Führung des Wikingerfürsten Guthrum, mit dem er 886/890 einen Vertrag über die Aufteilung der Machtbereiche ab-

Ein Langboot, wie es wohl auch Erich der Rote benutzte, ist rekonstruiert worden.

schloss. Grenzlinie war die Watling Street, eine zwischen London und Chester verlaufende Römerstraße. Östlich davon lag das autonome Herrschaftsgebiet der Dänen, das Danelaw oder (altnordisch) Danelagh. Es erhielt Zuzug vor allem aus den irischen Wikingersiedlungen sowie aus Dänemark und Norwegen selbst. In Northumbria mit dem Hauptort York etablierte sich eine norwegische Herrschaft.

Erstmals in Skandinavien: Zentrale Königtümer
Während sich im Westen die häufig unbekannten Anführer wikingischer Heere wohl eher aus der Schicht regional bedeutender Familien rekrutiert haben dürften, traten in den letzten Jahrzehnten des 10. Jahrhunderts verstärkt norwegische und dänische Könige als Führer und Initiatoren von Wikingerzügen auf – ein deutliches Zeichen dafür, dass sich im Laufe der Wikingerzeit in den skandinavischen Ländern ein zentrales Königtum auf Kosten kleinräumig-regionaler Herrschaften zu entwickeln begann.

So erkämpfte in Norwegen der Kleinkönig Harald I. Schönhaar (860–930) erstmals ein landesumfassendes Königtum. In Dänemark bezeichnete sich der getaufte

Skandinavischer, als Amulett auf der Brust getragener Goldbrakteat der Wikingerzeit (9.–11. Jh.; Stockholm, Historiska Museet)

Auf einem der beiden Runensteine von Jelling bezeichnete sich der in Dänemark getaufte König Harald Blauzahn als König aller Dänen.

König Harald Blauzahn (935/940 bis etwa 987) auf einem der beiden Runensteine von Jelling als König aller Dänen, und die Ende des 10. Jahrhunderts entstandenen vier großen Rundburgen (»Trelleburgen«) in Jütland und auf Fünen weisen auf Machtzentren eines sich landesweit konsolidierenden Königtums. Umgekehrt gelang es jetzt einzelnen Wikingerführern, in ihrem Heimatland Thronansprüche durchzusetzen, so im Falle der norwegischen Könige Olaf I. Tryggvason (995–1000) und Olaf II. Haraldsson (1015–30).

Die mit großen Flotten und unter königlicher Führung vorgetragenen Angriffe auf England sollten schließlich zur gänzlichen Eroberung der nichtdänischen Teile Englands und zur Einsetzung dänischer Könige auch als Könige von England führen. Erster Dänenkönig auf dem englischen Thron war 1013/14 Sven Gabelbart. Sein Sohn Knut II., der Große, wurde Ende 1016 Alleinkönig über England und errichtete, seit 1019 und 1028 auch König von Dänemark und Norwegen, ein »Nordseeimperium«, das aber über seinen Tod (1035) hinaus keinen Bestand hatte. 1040–42 war auch sein Sohn Hardknut noch einmal König von England.

Die Christianisierung der Skandinavier
Nach der Unterwerfung der Sachsen geriet auch Skandinavien ins Blickfeld der fränkischen Mission. Bereits 829 unternahm Ansgar, der spätere Bischof des Missionsbistums Hamburg-Bremen, seine erste Missionsreise nach Birka im Mälarsee und errichtete dort 830/831 eine Missionsstation. 948 wurden dort und in Århus Bistümer gegründet. Um 960 nahm der Dänenkönig Harald Blauzahn, Vater Sven Gabelbarts, das Christentum an.

In Norwegen war die angelsächsische Mission stärker vertreten. Die endgültige Initiative zur landesweiten Einführung des Christentums ging hier, der Überlieferung nach, um die Jahrtausendwende von den Wikingerfürsten und später so genannten »Missionskönigen« Olaf I. Tryggvason, getauft auf den Scillyinseln, und Olaf II. Haraldsson, getauft in der Normandie, aus. In ihrem Gefolge führten sie angelsächsische Geistliche mit. Der Tod Olaf Haraldssons in der Schlacht von Stiklestad (bei Trondheim) 1030 wurde von der jungen norwegischen Kirche sogleich als Märtyrertod gedeutet, und der bald einsetzende Heiligenkult und die Heiligsprechung Olafs boten die Grundlage für den Aufbau der norwegischen Kirchenorganisation. – Island führte erst im Jahr 1000 durch Beschluss des zentralen Althings das Christentum als offiziellen Kultus landesweit ein.   *Harald Ehrhardt*

Bis Russland und Sizilien: Die Waräger und die Normannen

Die Präsenz von Skandinaviern jenseits der Ostsee, im Baltikum, in Karelien, in Russland, dort vor allem entlang der Flüsse Dnjepr und Wolga, im Chasarengebiet am Unterlauf der Wolga und im Umkreis des Kaspischen Meeres sowie schließlich im byzantinischen Schwarzmeergebiet und in Konstantinopel selbst, ist durch archäologische Quellen, insbesondere durch eine Vielzahl von Depotfunden in Gotland und Schweden mit Tausenden von Silbermünzen aus Byzanz und dem Kalifat von Bagdad, ferner aus byzantinischen und russischen Chroniken sowie durch Berichte arabischer und persischer Kaufleute gut belegt. Die Aktivitäten der Skandinavier – im Osten vor allem der Schweden und Gotländer – konzentrierten sich auf den Fernhandel in einer sehr komplexen Form, denn dazu gehörte die aktive Erbeutung der beiden wichtigsten skandinavischen Handelsgüter: Sklaven und Felle. Die Sklaven wurden ins Kalifat von Bagdad verkauft, im Westen über Zwischenhandel auch ins Kalifat von Córdoba.

Die Herrschaft der Skandinavier, die im Osten »Waräger« oder »Rus« genannt wurden, konzentrierte sich auf die Sicherung der Handelsrouten und der wichtigsten Stützpunkte wie Nowgorod, Altladoga, Isborsk, Belooscro, Smolensk, Jaroslawl, Kiew, Tschernigow. Der an der mittleren Wolga im Gebiet der Bulgaren gelegene Handelsplatz Bolgar wurde häufig von Skandinaviern besucht und war zugleich der wichtigste Anlaufpunkt arabischer und persischer Kaufleute. Einige von ihnen sind auf den warägischen Handelsrouten bis nach Haithabu gelangt und haben Beschreibungen dieses Handelsortes hinterlassen. Insbesondere in Kiew gelang es den Rus Mitte des 9. Jahrhunderts, wohl auch im Zusammengehen mit slawischen Fürsten, eine weiträumige Herrschaft zu errichten und eine anfangs skandinavisch geprägte Kiewer Fürstendynastie zu gründen.

Vom Herzogtum Normandie aus brachen normannische Gruppen nach Süditalien auf. Die abgebildete Zitadelle in Caen in der Normandie hat Wilhelm der Eroberer im 11. Jh. errichten lassen.

Nach Angriffen der Kiewer Rus auf Konstantinopel (ab 860) setzten sie 907 beim byzantinischen Kaiser Handelsprivilegien durch. Ab etwa 970 begann die Aufnahme skandinavischer Söldner in die kaiserliche Palastgarde (»Warägergarde«). Der wohl bekannteste von ihnen war der spätere norwegische König Harald III., der Strenge.

Mobilität und kluge Anpassung an fremde Lebens- und Herrschaftsverhältnisse, Hunger nach Land und Beute – konstituierende Kräfte der Wikingerzeit – zeigten sich noch einmal deutlich am zupackenden Engagement normannischer Gruppen aus dem Herzogtum Normandie in Süditalien und Sizilien. Noch während der Ausweitungs- und Konsolidierungsphase des Herzog-

Die sizilianische Stadt Cefalù wurde 1063 von den Normannen erobert. Der dreischiffige normannische Dom, erbaut 1131–48, hat eine reiche Innenausstattung mit byzantinischen Mosaiken.

In der sizilianischen Stadt Erice erbauten die Normannen an der Stelle eines antiken Heiligtums ein Kastell.

tums im 10. Jahrhundert, nach der Übernahme romanischer Sprache und Kultur, griffen Teile des neu formierten Adels, zunächst als geworbene Söldner, in die Machtkämpfe Unteritaliens ein und errangen dort mit verblüffender Zielstrebigkeit die Herrschaft.

Die Normannen begaben sich im südlichen Italien auf ein komplexes und schwankendes politisches Terrain, in dem die wichtigsten Mächte der Zeit, das Papsttum, der deutsche Kaiser, das Byzantinische Reich und die Muslime in Nordafrika und Sizilien ihre Ambitionen hatten. Dazwischen lagen die untereinander zerstrittenen langobardischen Fürsten- und Herzogtümer Capua, Salerno, Benevent, Amalfi, Sorrent, Neapel und Gaeta.

Die erste Gruppe normannischer Ritter muss in der Zeit zwischen 1000 und 1015 von einem langobardischen Fürsten zur Unterstützung gegen Byzantiner und Sarazenen angeworben worden sein. Die Truppe hatte mit ihrer neuartigen ritterlichen Kampftaktik, dem konzentrierten Reiterangriff mit eingelegter Lanze, nicht nur militärische, sondern offenkundig auch politische Erfolge, denn bereits 1038 wurde der normannische Anführer Rainulf I. Drendot mit der Grafschaft Aversa belehnt.

Mit der Ankunft der Brüder Hauteville, Angehörigen einer Adelsfamilie aus der Normandie, begann die normannische Reichsbildung endgültig Gestalt anzunehmen. Eine wichtige Voraussetzung dafür war die gegen Byzanz gerichtete, nicht immer problemlose Beziehung der Normannen zum Papst und die Anerkennung des Kaisers als oberstem Lehnsherrn.

Bereits 1042 wurde Wilhelm Eisenarm, einer der Hauteville-Brüder, als Anführer (comes) aller normannischen Söldner anerkannt. Sein Bruder Drogo erhielt von Kaiser Heinrich III. 1047 als Herzog Apulien und Kalabrien zu Lehen. Nach der für die Normannen siegreichen Schlacht von Civitate 1053 gegen Byzantiner, Langobarden und ein päpstliches Heer musste auch Papst Leo IX. die normannischen Eroberungen in Süditalien anerkennen. Robert Guiscard, ebenfalls ein Hauteville und seit 1046 in Italien, eroberte Kalabrien und ließ sich 1059 von Papst Nikolaus II. mit Sizilien belehnen, das indessen erst noch erobert werden musste.

Roger II., seit 1130 König über Unteritalien und Sizilien, ließ in Palermo den Königspalast erbauen. Der Bau wurde auf der Basis eines arabischen Gebäudes errichtet und im Laufe der Jahrhunderte ausgebaut.

> **INFOBOX**
>
> **Waräger**
> Die im Osten Handel treibenden Skandinavier wurden Waräger oder Rus genannt. Der Name »Waräger«, altnordisch vaeringjar, leitet sich vielleicht von vár »Treueid« ab, könnte also die »durch Eid verbundenen Krieger oder Kaufleute« bezeichnen, während »Rus« von altnordisch rod/rodr »Rudermannschaft« stammt. Nach Letzteren ist Russland (»Land der Rus«) benannt, aber auch Schweden, das in der Sprache der Finnen Ruotsi heißt. Waräger waren an der Gründung der Fürstendynastie von Kiew beteiligt, deren erste Repräsentanten skandinavische Namen trugen wie Rurik, Askold (Eskil), Oleg (Helgi), Olga (Helga) und Igor (Ingvar).

Während Robert Guiscard in Unteritalien Krieg führte, begann sein Bruder Roger I. 1061 mit der Eroberung Siziliens, die 1091 abgeschlossen war. Bohemund von Tarent, ein Sohn Robert Guiscards, nutzte seine Teilnahme am ersten Kreuzzug zur Errichtung des normannischen Fürstentums Antiochia in Syrien (ab 1098). Roger II., Sohn Rogers I., wurde 1130 König über das normannische Unteritalien und Sizilien. Das Königreich beider Sizilien blieb bis zur Eroberung durch die Staufer in normannischer Hand. *Harald Ehrhardt*

Angeln, Sachsen, Jüten, Dänen:
Die Britischen Inseln bis zur Eroberung Englands durch die Normannen

Es ist eine augenfällige Erscheinung in der Geschichte der Britischen Inseln, dass sie sich nach 1066 keiner Invasionen mehr erwehren mussten, während in den ersten tausend Jahren nach Christi Geburt vier große Eroberungen die Geschicke der Insel prägten: die der Römer (seit dem 1. Jahrhundert n. Chr.), der Angeln und Sachsen (um 400), der skandinavischen Wikinger (Ende des 8. Jahrhunderts) und schließlich die der Normannen aus der Normandie (1066).

Die Römer haben schon recht früh Bekanntschaft mit germanischen Eindringlingen gemacht, die man »Sachsen« nannte: 285/286 fand der erste überlieferte Sachseneinfall von See her in die römische Provinz Gallien statt. Die Sachsen müssen aber schon vorher die Küsten

Die Weltkarte aus dem 15. Jh. folgt der Weltsicht des Claudius Ptolemäus. Er hatte schon um 160 n. Chr. die Sachsen im Bereich der »Cimbrischen Halbinsel«, Jütland, lokalisiert (Venedig, Biblioteca Nazionale Marciana).

Nordgalliens und Südbritanniens unsicher gemacht haben, denn zwischen 200 und 400 n. Chr. befestigten die Römer die östlichen Küstenbereiche diesseits und jenseits des Ärmelkanals durch Anlage von Forts und Hafenbefestigungen und schufen dort einen eigenen Militärbezirk, den litus Saxonicum, die »Sächsische Küste«. Ab etwa 250 werden allerdings auch Sachsen (Saxones) als Föderaten, Bundesgenossen, in römischen Diensten erwähnt.

Bereits um 160 n. Chr. lokalisiert der griechische Naturforscher Ptolemäus die Sachsen im Bereich der »Cimbrischen Halbinsel« (Jütland). Sie dürften zwischen dem 1. und 5. Jahrhundert n. Chr. in die Region zwischen Elbe und Weser eingewandert sein, wo sie archäologisch gut nachzuweisen sind. Die nördlich der Elbe siedelnden Angeln und Jüten zählen ebenfalls zur Stammesgruppe der Sachsen. Diese Völkernamen repräsentieren jedoch keine in sich geschlossenen Stammeskörper etwa unter der Führung eines Königs, sondern sind übergreifende Bezeichnungen für untereinander unabhängige Stammesgruppen und Verbände. Bis zum Ende des 9. Jahrhunderts übertrug sich der Name der Angeln auf die gesamte germanische Bevölkerung Englands (engla land »Land der Angeln«).

Die Römer verlassen Britannien
Ab der Mitte des 4. Jahrhunderts nahmen die sächsischen Angriffe beträchtlich zu. Zwar besiegten die Römer 368 noch einmal eine sächsische Flotte, aber bereits 407 zog der Usurpator Konstantin III. die letzten römischen Truppen aus Britannien ab und beendete damit endgültig die Präsenz Roms auf der Insel. Nach archäologischen Befunden zu urteilen hielten sich möglicherweise schon seit dem Ende des 4. Jahrhunderts sächsische und fränkische Föderaten in Britannien auf, die nach dem Abzug der Römer Zuzug vom Kontinent her bekamen und sich, nach teilweiser Vertreibung der einheimischen keltischen (britischen) Bevölkerung, in East Anglia, den Midlands, Lincolnshire und dem östlichen Yorkshire ansiedelten.

Südlich der Themse organisierte die britische (Stadt-)Bevölkerung unter Führung britischer Magnaten die entschlossene Verteidigung und ging nach vergeblichen Hilfsersuchen an die Römer in Gallien dazu über, nach römischem Vorbild germanische (meist sächsische) Föderaten in ihre Dienste zu nehmen, um weiteres Eindringen anderer sächsischer Gruppen, aber auch der schottischen Pikten, zu verhindern.

Ab 430 ließen sich so auf Einladung des britischen Fürsten Vortigern jütische Gruppen unter ihrem Anführer Hengist in Kent nieder. 442/443 kam es zu einer

---

INFOBOX

»Herrscher von Britannien«
Als Bretwalda (eigentlich »weiter Herrscher«, später umgedeutet in »Herrscher von Britannien«) bezeichnet die »Angelsächsische Chronik« eine Reihe von Königen, denen der Geschichtsschreiber Beda Venerabilis eine herausgehobene Stellung zuerkannte. Danach übten sie die – bisweilen nur nominelle – Oberherrschaft über die südenglischen Reiche aus, deren Könige ihnen tribut- und heerfolgepflichtig waren. Beda nennt Aelle von Sussex (2. Hälfte des 5. Jh.), Ceawlin von Wessex (560–593), Aethelberht von Kent (560/565–616/618), Raedwald von East Anglia († 616) sowie Edwin (616–633), Oswald (634–642) und Oswiu (642–670) von Northumbria. Die mercischen Könige Penda (633–655), Wulfhere (655–675), Aethelred (675–704) und Offa (757/758–796) dürften ebenfalls die Würde eines Bretwalda innegehabt haben.

Revolte dieser Föderaten, aber alle Versuche der Briten, die germanischen Krieger und Siedler aus dem Lande zu verjagen, scheiterten nach langwierigen Kämpfen. Die Briten wurden immer weiter nach Westen zurückgedrängt und mussten die späteren sächsischen Siedlungsgebiete Essex (Ostsachsen), Middlesex (Mittelsachsen) und Sussex (Südsachsen) abtreten. In einem weiteren Vorstoß drangen die Sachsen entlang der Südküste bis zum britischen Königreich Dumnonia (Devon/Cornwall) vor. Bis zum Ende des 7. Jahrhunderts unterwarfen die Angelsachsen ganz England bis zum Firth of Forth, lediglich die britischen Herrschaften Dumnonia, Wales und Strathclyde beziehungsweise Cumbria im Nordwesten sowie Schottland konnten ihre Unabhängigkeit behaupten.

Kampf um die Vorherrschaft – Die angelsächsischen Königreiche
Besiedlung und Herausbildung von Königsherrschaft verliefen nicht gleichzeitig. Die Organisation der neuen Siedlungsgebiete entsprach in etwa der Gruppen- und Stammesstruktur der kontinentalen Sitze, und erst seit dem Ende des 6. Jahrhunderts begann sich ein Königtum zu entwickeln. Seit dem 7. Jahrhundert sind sieben angelsächsische Königreiche nachweisbar: Kent, Essex, Sussex, Wessex, East Anglia, Mercia und Northumbria.

Das vornehmlich von Jüten besiedelte Kent gilt als das erste konsolidierte Königreich, denn die Einwanderer wussten schon bald die noch weitgehend intakte rö-

---

INFOBOX

Das Danelaw
Im Danelaw oder Danelagh, dem autonomen »Rechtsgebiet der Dänen« im angelsächsischen England, lebten Skandinavier und Angelsachsen weitgehend konfliktfrei nebeneinander, auch traten dort viele der skandinavischen Siedler zum Christentum über. Die angloskandinavische Mischkultur des Danelaw spielte eine wichtige Rolle bei der Vermittlung der christlich-angelsächsischen Kultur in den skandinavischen Raum. Das Gebiet hatte auch nach der englischen Rückeroberung Mitte des 10. Jh. und noch lange nach der normannischen Einnahme Englands 1066 einen besonderen Rechtsstatus inne. Ein Gutteil der überlieferten Ortsnamen dieser Region sind eindeutig skandinavische Bildungen.

Europa im Mittelalter

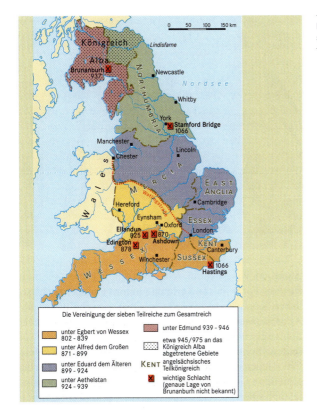

England unter den angelsächsischen Königen

mische Verwaltung und städtische Kultur zu nutzen. Früher als die anderen angelsächsischen Reiche ging Kent zum Christentum über und entwickelte bereits in der zweiten Hälfte des 7. Jahrhunderts eine rege Schreib- und Gesetzgebungstätigkeit.

Bis zu ihrer Auflösung unter dem Ansturm der skandinavischen Wikinger am Ausgang des 8. Jahrhunderts war die Geschichte der angelsächsischen Reiche durch ein ständiges Ringen um die Vorherrschaft geprägt. Dabei gab es mehr Kämpfe untereinander als etwa gegen Briten und Schotten. Allein Northumbria und Mercia gelangten dabei zu einer Vormachtstellung gegenüber den anderen angelsächsischen und teilweise auch den britischen Reichen.

Northumbria, das im 7. Jahrhundert aus der Vereinigung der beiden Reiche Deira und Bernicia hervor-

Der um 1077 gearbeitete Teppich von Bayeux stellt szenenreich die Endphase der angelsächsischen Herrschaft in England und den Sieg der Normannen dar. Der Ausschnitt zeigt den Tod von König Eduard dem Bekenner (Bayeux, Musée de la Tapisserie).

gegangen war, dehnte sein Herrschaftsgebiet bis zum Firth of Forth aus und erlangte unter dem bereits christlichen König Edwin († 633) die Oberherrschaft über alle Angelsachsenreiche außer Kent und damit die imperiale Stellung eines »Bretwalda«. Diese Stellung konnte von seinem Sohn Oswald († 642) aufrechterhalten werden. Die Hegemoniegelüste Northumbrias trafen auf entschiedene Gegnerschaft des südlich angrenzenden, mittelenglischen Mercia unter dem noch heidnischen König Penda (632–655), der für den Tod Edwins und Oswalds verantwortlich war. Dieser trug mit der Ausweitung seines Herrschaftsgebiets bis zur Themse und der Einnahme des zuvor zu Essex gehörenden London entscheidend zur Konsolidierung Mercias bei und begründete die Oberherrschaft Mercias über Essex und Wessex. Seine Söhne Wulfhere und Aethelred (Ethelred) konnten die Ausbreitung Northumbrias in die Gebiete südlich des Humber auf Dauer verhindern und sicherten zudem Mercias Oberhoheit über East Anglia, Wessex und Kent.

Trotz heftiger Gegenwehr vor allem der Ostanglier und der Kenter dauerte die mercische Oberherrschaft bis ins 9. Jahrhundert. So beherrschte König Aethelbald (Ethelbald, 716–757) das strategisch wichtige Themsetal mit London. Sein Nachfolger Offa (757–796) richtete sich nach Wiedereingliederung Kents und der Gebiete südlich des Humber hauptsächlich gegen Wales und sicherte die Grenze zum walisischen Herrschaftsgebiet durch einen etwa 180 Kilometer langen Wall vom Bristolkanal bis zum Fluss Dee, Offa's Dyke genannt, von dem etwa 125 Kilometer erhalten sind. Offa erkannte auch früh die Notwendigkeit, gegen die Gefahr der Wikinger Befestigungen im Bereich der Themsemündung anzulegen. Auf wirtschaftlichem Gebiet war die Prägung von Silbermünzen während seiner Regierung über lange Zeit Vorbild eines stabilen Münzwesens im angelsächsischen England. Offa empfing als erster englischer König die kirchliche Salbung und konstituierte damit die machtpolitischen Beziehungen zwischen Königtum und Kirche.

Teilung der Herrschaft: Die westsächsischen Könige und die Dänen
Neben Northumbria konnte allein Wessex seine Unabhängigkeit gegenüber Mercia bewahren und legte unter König Ine (688–726) die Grundlage für eine bemerkenswerte Stabilität, erkennbar etwa an der frühen Sammlung westsächsischer Gesetze, deren Geltung selbst durch die skandinavischen Wikinger nicht erschüttert werden konnte. Nach Aufständen in Kent und East Anglia gegen die mercische Herrschaft und einem Sieg des westsächsischen Königs Egbert (802–839) über Mercia im Jahr 825 zerbrach die mercische Oberherrschaft, und

Ein weiterer Ausschnitt aus dem Teppich von Bayeux zeigt den letzten angelsächsischen König Harold II., der in der berühmten Schlacht von Hastings 1066 im Kampf gegen die Normannen unter Wilhelm dem Eroberer unterlag (1077; Bayeux, Musée de la Tapisserie).

Wessex errang die Kontrolle über Südengland, Mercia und Northumbria.

Dem konzentrierten Angriff der dänischen und norwegischen Wikinger ab 866 fielen in den nächsten Jahren alle angelsächsischen Reiche zum Opfer – außer Wessex, das in der Schlacht von Ashdown 870 die Dänen besiegte. Nach einem erneuten Sieg der Westsachsen unter Alfred dem Großen (871–899) bei Edington 878 über den Wikingerfürsten Guthrum, der sich taufen ließ, den Namen Aethelstan (Ethelstan) annahm und sich nach East Anglia zurückzog, kam es 886/890 zu einem Grenzvertrag zwischen beiden, in dem das Herrschaftsgebiet der Westsachsen und das der Dänen festgelegt wurde: Zum westsächsischen Gebiet gehörten Wessex, Sussex und Kent; das Dänengebiet, altenglisch denalagu, englisch Danelaw und altnordisch Danelagh genannt, erstreckte sich östlich der Linie London–Chester und nördlich der Themse und umfasste Essex, East Anglia, Mercia und Northumbria. Bis zur Machtübernahme des Dänenkönigs Knut des Großen im Jahre 1016 bewahrte somit allein Wessex die Kontinuität angelsächsischen Königtums.

Unter Alfreds Nachfolgern, seinem Sohn Eduard dem Älteren (899–924) und seinem Enkel Aethelstan (924–939) wurden die nordenglischen Wikingerherrschaften zurückerobert (Schlacht von Brunanburh 937), sodass die Könige von Wessex nun auch zum ersten Mal Könige von England genannt werden konnten. König Edgar (959–975) wurde als erster englischer König nach dem Vorbild westfränkischer Krönungszeremonien gekrönt (973) und empfing einen Treueid des Volkes, der

INFOBOX

Die Eroberung Englands
Die Eroberung Englands durch die inzwischen vollständig romanisierten Normannen aus der Normandie, deren Vorfahren einst als Küstenwache gegen andere Wikinger vom westfränkischen König gezwungenermaßen geduldet worden waren, fügte dem angelsächsischen und dem schwächer ausgebildeten skandinavischen Element der englischen Kultur die normannisch-französische Komponente hinzu. Damit leiteten die Eroberer das Ende der angelsächsischen und den Beginn der »englischen« Geschichte der Insel ein. Zugleich bedeuteten die Ereignisse von 1066 das Ende der Wikingerzeit.

> **INFOBOX**
>
> **Ein Schiffsbegräbnis**
> Im »Beowulf«-Epos wird das Schiffsbegräbnis für den legendären Dänenkönig Scyld geschildert. Die Historizität dieser Szene ist durch die Freilegung des Schiffsgrabs bei Sutton Hoo eindrucksvoll bestätigt worden; die Grabbeigaben des Fundes und der Text entsprechen sich in frappierender Weise:
> »Dort lag auf der Reede mit beringtem Steven,
> eisglänzend und ausfahrbereit, des Edlen Fahrzeug.
> Sie legten dann den lieben Herrscher,
> den Schatzspender, in den Schoß des Schiffes hinein,
> den berühmten Mann gegen den Mast. Kostbare Mitgaben in Fülle
> aus fernen Landen leitete man dorthin.
> Nie hörte ich jemals von einem herrlicher ausgerüsteten Schiff
> mit Kampfwaffen und Kampfrüstungen,
> mit Schwertern und Brünnen. An seinem Busen lag
> eine Menge Kleinodien, die mit dem König
> fernhin ins Reich der Fluten fahren sollten...
> Dann gaben sie ihm noch ein goldenes Banner mit,
> hoch über dem Haupt, hin ließ man ihn treiben,
> sandte ihn seewärts...«

angelsächsischen Großen und auch der Könige von Wales und Schottland.

Nach neuerlichen massiven Däneneinfällen und hohen Tributforderungen (Danegeld »Dänengeld«), die von den Nachfolgern Edgars nicht abgewendet werden konnten, und nach Auseinandersetzungen zwischen Königtum einerseits und den Großen und der Kirche andererseits wurde König Aethelred II. vom Thron vertrieben, den man 1013 dem Dänenkönig Sven Gabelbart († 1014) anbot. Zwischen 1014 und 1016 erkämpfte dessen Sohn Knut der Große den englischen Thron endgültig und wurde von den angelsächsischen Großen als König anerkannt.

Der abgesetzte westsächsische König Aethelred war mit Emma, der Tochter Herzog Richards I. von der Normandie, verheiratet und lebte bis zu seinem Tod (1016) im normannischen Exil. Auch der gemeinsame Sohn Eduard (der Bekenner) wuchs in der Normandie auf und wurde nach dem Ende der Dänenherrschaft 1042 zum König von England erhoben.

Über diese dynastischen Beziehungen kamen die Normannenherzöge, Nachfahren inzwischen längst christia-

Der heilige Patrick wurde um 432 zum Nachfolger des ersten irischen Missionars Palladius bestellt. Zu sehen ist die Statue des Heiligen am Fuße des Croagh Patrick (Cty. Mayo).

nisierter und romanisierter skandinavischer Wikinger, als Konkurrenten um den englischen Thron ins Spiel. Nach Machtkämpfen mit dem Earl von Wessex, Godwin – Eduard war mit Godwins Tochter Edith verheiratet –, die zur vorübergehenden Exilierung Godwins und seiner Söhne führten, war Eduard schließlich gezwungen, Godwin und seinen Sohn Harold II. wieder in ihre alte Stellung einzusetzen. Harold wurde nach militärischen Erfolgen gegen die Waliser zum Nachfolger Eduards ausersehen.

Nach einem (unfreiwilligen?) Aufenthalt am Hof Herzog Wilhelms von der Normandie, dem er nach normannischer Darstellung einen Treueid geleistet haben soll, wurde Harold am 5. Januar 1066 in England zum König gewählt. Zugleich erhob Wilhelm Thronansprüche und bereitete die Invasion Englands vor. Harold II. war inzwischen damit beschäftigt, in Northumbria eine norwegische Invasion abzuwehren (Schlacht von Stamford Bridge gegen Harald III., den Strengen, am 25. September 1066). Am 28. September landete Herzog Wilhelm mit einem Ritterheer an der englischen Kanalküste bei Pevensey. Harold eilte mit seinem Heer nach Süden, und am 14. Oktober fand die berühmte Schlacht bei Hastings statt, aus der Wilhelm (der Eroberer) siegreich hervorging, während Harold den Tod fand. Diese Schlacht markiert auf machtpolitischem Gebiet das Ende der angelsächsischen Periode Englands.

Die Christianisierung der Angelsachsen
Das Christentum hatte schon lange vor der Ankunft der Angeln und Sachsen unter der keltischen und römischen Bevölkerung Britanniens Fuß gefasst und dürfte besonders stark in den römischen Städtesiedlungen verankert gewesen sein. In den britischen Königreichen des 6. und 7. Jahrhunderts außerhalb der angelsächsischen Gebiete war es weit verbreitet. Von Britannien aus war im 5. Jahrhundert Irland durch die Missionare Palladius und Patrick endgültig christianisiert worden. Mit den Eroberungen der heidnischen Angelsachsen wurde auch das Christentum an die Randgebiete der Insel abgedrängt,

---

INFOBOX

Das Schiffsgrab von Sutton Hoo
Um das Jahr 500 n. Chr. war die mehr als 100 Jahre zuvor begonnene Besiedlung des Ostens und Südens des einst römischen Britannien durch Einwanderer germanischer Herkunft abgeschlossen. Das 1939 entdeckte Schiffsgrab von Sutton Hoo (County Suffolk) belegt mit seinen reichen Funden – Herrschaftszeichen, Waffen, Trinkhörnern, Schmuck, Silberschalen, Holz- und Metallgefäßen, Textilien, Goldmünzen –, dass das kulturelle Konglomerat einheimischer, irischer, skandinavischer, merowingischer und mediterraner Einflüsse hier im 6. Jh. zu einer außerordentlichen künstlerischen Kreativität führte. Den christlichen Symbolen einiger Fundstücke steht dabei der insgesamt heidnische Charakter der Grablege gegenüber, in der man das Grab des angelsächsischen Königs Raedwald vermutet hat.
Einzigartig in Form, Gestaltung und künstlerischer Qualität ist das massiv goldene, 420 g schwere Gürtelschloss aus dem Schiffgrab. Der wellenförmig geschwungene Rand ist mit Tiermotiven dekoriert, das Hauptfeld besteht aus einem von zwei Schlangenleibern gebildeten Flechtmuster. Typisch ist, dass das Ornament die gesamte Fläche des Schmuckträgers ausfüllt – ähnlich wie bei der etwas späteren irisch-angelsächsischen Buchmalerei.

und es scheint seitens der Briten keine Versuche gegeben zu haben, die Angelsachsen zu missionieren.

Die planmäßige Mission geschah im Auftrag des Papstes, durch irische Wanderprediger und durch gallische Bischöfe. Das Bekehrungswerk begann im Jahre 597 mit der Entsendung des Benediktinerabtes Augustinus durch Papst Gregor I., den Großen. Augustinus predigte vor König Aethelberht von Kent und seiner bereits christlichen Gemahlin Berta, taufte den König und gründete in Canterbury, dem Sitz der kentischen Könige, den ersten Bischofssitz im angelsächsischen Herrschaftsge-

Die angelsächsischen Schreiber übernahmen auch Stoffe der germanisch-heidnischen Überlieferung. Die Abbildung zeigt Vers 113–134 des »Beowulf«-Epos aus einer um 1000 entstandenen Handschrift (London, British Library).

biet. Nach den ersten 35 Jahren waren die Könige von Kent, Essex, East Anglia und Northumbria zum Christentum übergetreten. Nach dem Tode Aethelberhts von Kent und Saeberths von Sussex kam es zu einer heidnischen Reaktion, und die Missionare mussten vorübergehend die Insel verlassen. Südengland blieb jedoch weiterhin Stützpunkt der päpstlichen Mission.

Northumbria und Mercia standen eher unter dem Einfluss der irischen Mission, deren Zentrum zunächst das 565 gegründete Kloster Iona vor der Südwestküste Schottlands war, später das Inselkloster Lindisfarne auf Holy Island vor der Küste Northumbrias. Die Bekehrung Nordenglands begann um 634 mit Aidan, Bischof von Lindisfarne. Nicht zuletzt auch über dynastische Beziehungen zwischen christlichen und heidnischen Königsfamilien verbreitete sich das Christentum auch nach Mercia, das ab etwa 654 ein christliches Königreich war. Die irische Mission betonte den monastischen Gedanken, die zahlreichen Mönchsgemeinschaften sollten der Bevölkerung als Vorbild für christliche Lebensführung dienen.

In Wessex und East Anglia wirkten vornehmlich fränkische Missionare aus Gallien. Dorchester und Dunwich waren Sitze frankogallischer Bischöfe. Gerade für die Ausbildung junger angelsächsischer Geistlicher spielte das fränkische Gallien eine wichtige Rolle.

In allen Fällen setzte die Mission bei den Königen und den Großen an, und in der Folgezeit erwiesen sich die Könige als besondere Förderer der jungen angelsächsischen Kirche. Die Christianisierung war gegen 700 endgültig abgeschlossen. Nach der Synode von Whitby 663/664, bei der es um eine Kontroverse zwischen irischer und römischer Geistlichkeit wegen der Osterdatierung ging, scheint sich die angelsächsische Kirche nach Rom hin orientiert zu haben. Von Rom aus wurden künftig die beiden englischen Erzbistümer Canterbury und York besetzt.

Angelsächsische Schriftkultur
Die Einführung des Christentums, des Klosterwesens und der lateinisch-christlichen Schriftkultur führte zu einem Aufblühen von Literatur und Gelehrsamkeit – typischerweise in der altenglischen Volkssprache. Neben

Bibeldichtung, geistlicher Dichtung, Allegorien und Heiligenlegenden, elegischer Lyrik, didaktischen Werken, Spruchdichtung, Predigtliteratur, Gesetzessammlungen und historiographischer Literatur wurden auch Stoffe aus der germanisch-heidnischen Überlieferung behandelt (so etwa das Stabreimepos »Beowulf«). Die meisten Dichtungen sind anonym überliefert, lediglich die Dichter Caedmon (Ende des 7. Jahrhunderts) und Cynewulf (um 800) sind namentlich bekannt. Herausragende Gestalt der frühen (Kirchen-)Geschichtsschreibung war der northumbrische Mönch Beda Venerabilis (der Ehrwürdige) mit seinem 731 vollendeten grundlegenden Werk »Historia ecclesiastica gentis Anglorum«. Zentren literarischer Tätigkeit waren Northumbria, Mercia und Wessex. Die aktive Kulturförderung Alfreds des Großen führte zu volkssprachigen Übersetzungen antiker und christlicher philosophischer und theologischer Werke. Auch der lateinisch schreibende Beda wurde ins Altenglische übersetzt. Alfred selbst übersetzte den Kirchenlehrer Augustinus und Boethius, und auch andere Werke werden ihm zugeschrieben. Möglicherweise nahm im Gelehrtenkreis um Alfred auch die »Angelsächsische Chronik« ihren Anfang, die bedeutendste Quelle für die englische Geschichte bis zum 12. Jahrhundert. *Harald Ehrhardt*

Das hohe Mittelalter

Eisenpflug und Dreifelderwirtschaft: Landwirtschaft im hohen Mittelalter

Die Gesellschaften Europas im Mittelalter und in der frühen Neuzeit waren nahezu ausschließlich Agrargesellschaften. So selbstverständlich diese Feststellung erscheint, so schwer fällt es doch, gewöhnt an die Vielfalt des heutigen Nahrungsangebots in den westlichen Industrieländern, uns die Dürftigkeit der Nahrungsversorgung, die Beschränkungen in Menge und Qualität, die Beschwerlichkeit der Produktionsbedingungen, die Abhängigkeit von Klima und Wetter in früheren Jahrhunderten wirklich vorzustellen.

Erschwert wird der Zugang dadurch, dass die Quellen für diesen Bereich nicht sehr auskunftsfreudig sind. Der chronische Mangel ist nur dann eine Nachricht wert, wenn er in Zeiten besonders schwerer Missernten und Hungersnöte das alltägliche Maß überschreitet: »In diesem Jahr (820) hatten die anhaltenden Regengüsse und die überaus feuchte Luft große Übel im Gefolge. Unter Mensch und Vieh wütete weit und breit eine Seuche mit solcher Heftigkeit, dass es kaum einen Strich Landes gab im ganzen Frankenreich, der von ihr verschont geblieben wäre. Auch das Getreide und das Gemüse ging bei dem andauernden Regen zugrunde und konnte entweder nicht geerntet werden oder es verfaulte in den Scheuern. Nicht besser stand es mit dem Wein, der in diesem Jahr einen höchst spärlichen Ertrag gab und dabei noch wegen fehlender Wärme herb und sauer wurde. In einigen Gegenden aber war, da das Wasser von den ausgetretenen Flüssen noch in der Ebene stand, die Herbstsaat ganz unmöglich, sodass vor dem Frühjahr gar kein Korn in den Boden kam.«

Noch im folgenden Jahr 821 – so berichten die Fränkischen Reichsannalen weiter – hielt die feuchte Witterung an, sodass die Herbstsaat in vielen Gegenden wiederum ausfallen musste. Die Situation ist typisch für die frühmittelalterliche Landwirtschaft. Angesichts der spärlichen Erträge schon in guten Jahren bedeutete eine

Nässe- oder Dürreperiode gleich über Jahre andauernde Not. »Von Pest, Hunger und Krieg erlöse uns, o Herr« – der Hunger zählte zu den schrecklichsten Heimsuchungen der Menschen, die sie in ihren Gebeten immer wieder beschworen.

Nachrichten über Hungerkatastrophen werden im hohen Mittelalter seltener. Das heißt nicht, dass der Hunger allgemein besiegt war. Aber das stetige, bald sprunghafte Wachstum der Bevölkerung in Europa von knapp vierzig Millionen auf über siebzig Millionen wäre nicht erklärbar ohne eine einigermaßen stabile Ernährungslage vom 11. bis zum 13. Jahrhundert. Pollenanalysen und Jahresringmessungen ergaben für diesen Zeitraum optimale klimatische Bedingungen in West- und Mitteleuropa. Sie begünstigten die Fortschritte durch Landesausbau und neue Agrartechniken und ermöglichten einen Produktionszuwachs, der Wirtschaft und Gesellschaft nachhaltig veränderte.

Aber selbst am Ende des Mittelalters, nach der Erschließung weiter Kulturlandschaften, dem Ausbau der Städte, der Differenzierung der Wirtschaftsräume, lebten noch immer über achtzig Prozent der Bevölkerung, einschließlich großer Teile des kleinstädtischen Bürgertums, unmittelbar von der Landwirtschaft. Dies entspricht etwa dem Anteil in der heutigen Türkei. Der Pflug und nicht das Werkzeug des Handwerkers oder das Rechenbrett des Kaufmanns prägte das Leben des Europäers bis weit in die Neuzeit.

Von acht Ochsen gezogen –
Der schollenwendende Pflug
Fortschritte in der Pflugtechnik waren es auch, die eine intensivere Bodenbearbeitung und dadurch eine Steigerung der Ernteerträge ermöglichten. Zwar wurde der Räderpflug mit eiserner Pflugschar und Streichbrett schon in karolingischer Zeit vereinzelt eingesetzt; aber erst im Hochmittelalter erfuhr der technisch aufwendige Eisenpflug eine allgemeinere Verbreitung und verdrängte allmählich den antiken Hakenpflug. Dieser – mehr Grabstock als Pflug – hatte den Ackerboden nur an der Oberfläche aufgerissen, was auf den trockenen Böden Südeuropas ausreichend und nützlich war, da Furchen mit geringer Tiefe eine Austrocknung des Bodens ver-

»Das Maifest« aus dem Stundenbuch »Très riches heures« der Brüder von Limburg (zwischen 1411 und 1485, vollendet von Jean Colombe; Chantilly, Musée Condé). Im Hintergrund ist eine idealisierte mittelalterliche Stadt zu sehen.

hinderten. Um die schweren, feuchten Böden in West- und Mitteleuropa intensiv zu bearbeiten, war der hölzerne Pflug zu schwach. Die eiserne Pflugschar grub den Boden tief auf, die Scholle wurde gewendet und neben der Furche aufgeworfen; der Boden wurde auf diese Weise gründlich aufgelockert, durchlüftet und die Nässe abgeleitet.

Zu voller Wirkung kam der schollenwendende Pflug durch das entsprechende Gespann. Während der Hakenpflug von zwei Ochsen gezogen wurde, kamen beim schweren Räderpflug vier bis acht Ochsen zum Einsatz. Das Pferd wurde erst als Zugtier genutzt, als mit dem Kummet (ebenfalls schon im Frühmittelalter bekannt, aber erst seit dem 12. Jahrhundert verbreitet) eine artgerechte Anschirrung möglich war. Jetzt allerdings war die Arbeitskraft des Pferdes, auch aufgrund seiner höheren Wendigkeit und Schnelligkeit, der des Ochsen weit

Die Bedingungen des ländlichen Lebens waren regional unterschiedlich wie auch die Formen der Bodennutzung. Viele Bauern waren einem Grundherrn zu Diensten verpflichtet (»Die Arbeiten der zwölf Monate«, französische Buchmalerei des 15. Jh.).

Ländlicher Alltag: Bauern in der Gemeinde Friedebach im Osterzgebirge zeigen, wie die Ernte auf althergebrachte Weise eingebracht wird.

überlegen. In den reichen Agrarlandschaften Nordfrankreichs wurden wohl zuerst im 13. Jahrhundert Pferde vor den Pflug gespannt. Freilich waren sie in der Haltung erheblich kostspieliger. Während die Ochsen das Brachland oder die Stoppelfelder abweideten, musste für die Pferde Hafer angebaut werden, und sie mussten beschlagen werden, um die nässeempfindlichen Hufe zu schonen. Wegen der aufwendigen Haltung hat das Pferd den Ochsen in der Landwirtschaft bis in die Neuzeit nicht völlig verdrängt.

Beim alten Hakenpflug kam es auf die Pflugrichtung nicht an; der Acker wurde mehrmals kreuz und quer durchpflügt. Der schollenwendende Pflug verlangte, dass jede Furche gerade neben der anderen gezogen wurde. Es gab nur Längsfurchen, an den Querseiten des Ackers wurde der Pflug umgewendet. Dadurch entstanden anstelle unregelmäßiger Ackerflächen die lang gezogenen Streifenfluren, die noch heute viele Agrarlandschaften prägen. Manchmal haben die Flurstreifen eine s-förmige Krümmung: So wurde zu den Schmalseiten hin schon im Pflügen die Biegung eingeleitet, um dem schweren Gespann – zumal mit Ochsen – eine scharfe Wendung zu ersparen. Nach zwei- oder dreimaligem Pflügen mussten die Schollen vor der Aussaat in einem zusätzlichen Arbeitsgang mit der Egge eingeebnet werden. Die Egge, die auch zur Unkrautbekämpfung benutzt wurde, erforderte mehr als der Pflug eine gleichmäßig zügige Gangart des Gespanns, wie sie Pferde besser leisten konnten.

Obstbaumblüte auf einer Streuobstwiese in Schwaben. Obst- und Gartenbau spielten schon im 17. Jh. eine wichtige Rolle.

Der Gewöhnliche Hanf, Cannabis sativa, wurde schon früh als Faserpflanze in Deutschland angebaut.

Wintersaat, Sommersaat und Brache – Die Dreifelderwirtschaft

Dank der effizienteren Pflugtechnik konnte der Bauer in der gleichen Zeit eine größere Ackerfläche bearbeiten. Die Antike kannte die Zweifelderwirtschaft, die durch die Römer auch nördlich der Alpen verbreitet war. Angebaut wurde nur auf einer Hälfte der Ackerfläche, im Mittelmeerraum Wintergetreide, im kälteren Norden Sommergetreide. Nach der Ernte wurden die Stoppelfelder abgebrannt oder vom Unkraut überwuchert und blieben unter mehrfachem Pflügen ein Jahr lang brach liegen. Inzwischen wurde die zweite Hälfte des Ackerlandes bestellt. Die Zweifelderwirtschaft blieb im Süden und Norden Europas das vorherrschende, weil dem Klima angemessene Anbausystem.

Im gemäßigten Klima Mitteleuropas waren zwei Ernten im Jahr möglich. Schon die großen karolingischen Klostergrundherrschaften arbeiteten, wo die natürlichen Bedingungen es zuließen, mit dem fortschrittlichen Dreifeldersystem. Aber wieder erst im hohen Mittelalter konnte diese Anbaumethode mithilfe der verbesserten Geräte flächendeckend praktiziert werden. Das Ackerland wurde in drei Fluren unterteilt, für Wintersaat, Sommersaat und Brache. Im Dreijahresturnus wurde im ersten Jahr im Herbst Winterfrucht (Roggen oder Weizen) gesät und im nächsten Frühsommer geerntet; im dritten Jahr trug dasselbe Feld Sommerfrucht (Hafer oder Flachs oder Ölfrüchte wie Lein, Raps, Mohn) –

Aussaat im Frühjahr, Ernte im Spätsommer – und blieb dann ein gutes Jahr unbebaut bis zur nächsten Wintersaat im vierten Jahr.

Die Vorteile der Dreifelderwirtschaft sind offensichtlich: 1) Die jeweils genutzte Anbaufläche wurde von der Hälfte auf zwei Drittel des Ackerlandes erhöht, der Ertrag entsprechend gesteigert. 2) Die Feldarbeit wurde gleichmäßig über das ganze Jahr verteilt. 3) Zwei Reifeperioden im Jahr verminderten das Risiko von Missernten; ging die Wintersaat infolge schlechter Witterung nicht auf, konnte der Bauer sie unterpflügen und zusätzlich Sommergetreide säen. 4) Der Fruchtwechsel und die lange Brachzeit verbesserten die Qualität des Bodens und damit auch der Ernte. In den besonders fruchtbaren Landschaften der Toskana, der Lombardei und in Flandern verzichtete man seit dem 13. Jahrhundert auf die Brache, indem man auf dem dritten Feld systematisch Weideflächen anlegte oder Futterpflanzen anbaute.

Das Dreifeldersystem erforderte genaue Absprachen unter den Bauern über die Einteilung und eine koordinierte Bearbeitung der Felder. Die Bauernversammlung setzte die Flurordnung fest und sorgte für deren Einhaltung, »dass ein Nachbar mit den andern solle pflügen, säen, ernten, keiner vor den andern, bevor ein Tag gesetzet, in der Brake zu pflügen anfangen, und endlich derjenige, welcher nachpflüget, seines Nachbarn Acker schone und darauf nicht ohne Not mit Pflug und Wagen komme« (so noch 1700 im holsteinischen Dorf Langwedel); streng verboten war es, Pferde oder Vieh zu weiden, solange noch eine einzige Garbe auf dem Feld stand. Bei Verstößen gegen die Flurordnung drohten empfindliche Strafen, Bußen im Wert von einer Tonne Bier. Die Verfassungshistoriker betonen zu Recht, dass die Dreifelderwirtschaft mit ihrem Zwang zur Einigung und Kooperation (Flurzwang) die Entwicklung zur selbstverwalteten Dorfgemeinde im späten Mittelalter entscheidend gefördert hat.

Der Wandel der hochmittelalterlichen Agrartechnik und Bodenbewirtschaftung brachte komplexe Umgestaltungen der Agrarlandschaft mit sich. Die Ertragssteigerungen waren deutlich spürbar. Auf den karolingischen Gütern betrug das Verhältnis von Aussaat zu Ernte etwa eins zu zwei, im günstigsten Falle bis zu eins zu drei.

Färberwaid, eine alte Färberpflanze, diente bei der Tuchherstellung zum Blaufärben.

Man war also froh, wenn der Ertrag des Vorjahres erreicht wurde und für die Aussaat wieder dieselbe Saatmenge zur Verfügung war. Mit der intensiveren Bodenbearbeitung stiegen die Erträge immerhin auf eins zu drei bis fünf; in Nordfrankreich wurde im 14. Jahrhundert beim Hafer fast das Siebenfache der Aussaat erzielt. (Eine ergiebige Ernte liegt heute nicht unter eins zu dreißig; der Ertrag pro Hektar Anbaufläche lag 1996 in Deutschland bei 62, im Mittelalter bei etwa fünf Doppelzentnern.)

Geerntet wurde mit der Sichel, nicht mit der Sense, die nur in der Heumahd verwendet wurde. Denn der Schwung der Sense hätte die spärlichen Körner aus den Ähren gelöst. Das Korn wurde zumeist kurz unterhalb der Ähren geschnitten; die Halme blieben stehen und wurden abgeweidet oder zur Düngung untergepflügt. Erst im späten Mittelalter bevorzugte man – ähnlich wie heute und zum Teil schon mit der Sense – den bodennahen Schnitt, um das Stroh mit einzubringen. Es wurde als Winterfutter benötigt, mit Mist zu Strohdung vermengt oder als Strohlehm im Hausbau verarbeitet. Durch den tiefen Halmschnitt ging dem Boden viel Biomasse verloren, sodass jetzt vermehrt Dünger zugesetzt werden musste.

Die »Vergetreidung« Europas
Nicht die intensivere Wirtschaftsweise allein, sondern mehr noch die Ausdehnung der bebaubaren Flächen durch die Kultivierung neuen Ackerlandes brachte den nötigen Ertragszuwachs, um den seit dem 11. Jahrhundert steigenden Nahrungsbedarf zu decken.

Freilich waren die Bauern erst durch die effizientere Technik des hohen Mittelalters in der Lage, mehr Land als früher unter den Pflug zu nehmen. Jetzt wurden die schwer zugänglichen Mittelgebirgsregionen, die Küstensümpfe und die Schwemmgebiete der großen Flüsse für Siedlung und Landwirtschaft erschlossen: im Poitou, in der Bretagne und der Normandie, im Zentralmassiv, im Schwarzwald und im Alpenvorland, in Holland und Friesland, an Weser und Elbe, in Cornwall und im Fennland von Cambridgeshire und Lincolnshire im Osten Englands. Die deutschen Siedlungen in Ost- und Südosteuropa haben in diesem Zusammenhang besondere Bedeutung. Überall wurde Ackerland für den Getreideanbau neu gewonnen, durch Rodung, Trockenlegung und Eindeichung, sodass man die hochmittelalterliche Ausbauperiode als »Vergetreidung« beschrieben hat. Sie verwandelte die Landschaften Europas in einer Weise wie nie zuvor durch Menschenhand und erst viel später noch einmal im Zuge der Industrialisierung im 19. und 20. Jahrhundert.

Vorherrschend war der Roggen, nur auf besseren Böden konnte der empfindlichere Weizen gedeihen. Durch den extensiv betriebenen Roggenanbau trat besonders in Mangeljahren immer wieder Mutterkornvergiftung (»Antoniusfeuer«, Ergotismus) auf. Mutterkorn befällt hauptsächlich Roggen und verursacht bei längerem Verzehr von mutterkornhaltigem Mehl Krampfanfälle, brennende Schmerzen (»Mutterkornbrand«) bis zum Schwarzwerden und Abfallen der Glieder. Gelangte Mutterkorn ins Saatgut, konnte die Vergiftung bei

Von Mutterkorn befallenes Getreide. Im 11. Jh. kam es besonders in Roggenanbaugebieten in Mangeljahren zu Mutterkornvergiftungen mit krampfartigen Zuständen, auch Antoniusfeuer genannt.

Im Zuge der schon unter den Karolingern eingeführten Dreifelderwirtschaft wurde im ersten Jahr als Winterfrucht Roggen oder wie hier Weizen gesät und im nächsten Jahr geerntet.

Weinberge in Sachsen-Anhalt. Wein war seit dem 11. Jh. eine wichtige Sonderkultur und wurde auch aus Frankreich und Italien importiert.

Pflanze und Mensch rasch epidemische Ausmaße annehmen. Die spezialisierte Landwirtschaft war schon früh den Anfälligkeiten der Monokultur ausgesetzt, freilich ohne dass der Zusammenhang zwischen Ernährung und Krankheit erkannt worden wäre.

Die verbreiteten Getreidesorten, neben Roggen und Weizen vor allem Dinkel, Gerste und Hafer, in den Mittelmeerländern auch Hirse, bildeten die Hauptnahrungsgrundlage. Die Ausdehnung des Getreideanbaus drängte im 12. und 13. Jahrhundert die Viehwirtschaft zurück. Hülsenfrüchte wie Bohnen, Erbsen und Linsen ergänzten das Nahrungsangebot. Pflanzenöl aus Raps und Mohn, aber auch aus Walnüssen gepresst, fand nicht nur als Speiseöl Verwendung, sondern auch als Leuchtstoff und Schmiermittel. Die kapitalintensive Olivenwirtschaft in Italien und Spanien lieferte teures Olivenöl, das im Norden als Luxus galt. Flachs und Hanf, zur Verarbeitung im Textilgewerbe und in der Seilerei, gediehen in jedem Klima und wurden in ganz Europa angebaut. Ebenfalls in der Tuchherstellung wurden Farbpflanzen gebraucht, Waid (für Blau) aus Nordfrankreich und dem Rheinland, Krapp (Färberröte) aus Flandern, Safran (für Gelb), auch als Gewürzpflanze, aus dem Mittelmeerraum.

Der Anbau von Wein
Die wichtigste regionale Sonderkultur stellte gewiss der Wein dar. Überall als Messwein benötigt und als Genussmittel geschätzt, wurde er schon im frühen Mittelalter über weite Entfernungen gehandelt. Besonders beliebt und teuer waren süße Weine aus Spanien und Griechenland. Erschwinglicher und seit dem 11. Jahrhundert kommerziell verbreitet waren italienische, französische und deutsche Weine. Durch Terrassenanbau und Veredelung der Reben wurden die Anbauflächen erweitert und hochwertige Sorten kultiviert. Berühmt waren schon im 12. Jahrhundert die französischen Weinbaugebiete in der Champagne, in Burgund, an der Loire sowie im Südwesten um Bordeaux; zu Beginn des 14. Jahrhunderts wurden jährlich 20 000 Fässer Wein von Bordeaux nach England verschifft. *Arnold Bühler*

»Nichts ohne Mühsal«:
Die Lebensbedingungen der Landbevölkerung

Das frühe Mittelalter kennt zunächst keine Bezeichnung für die »Bauern«. Das mag überraschen in einer Gesellschaft, die ganz agrarisch geprägt ist. Doch gerade weil alle unmittelbar von der Scholle leben, ist der funktionale Begriff zu unspezifisch und daher entbehrlich. Denn wer sollte mit »Bauer« gemeint sein: der Hörige, der auf dem grundherrlichen Hof das geliehene Land bebaut? Oder der Grundherr, der vielleicht nicht selbst hinter dem Pflug geht, dem aber das Land gehört und der es von abhängigen Leuten bearbeiten lässt? Dann wäre auch noch der König, auch er Grundherr und agrarischer Großunternehmer, ein »Bauer«? Die Quellen unterscheiden bis ins 11. Jahrhundert nicht nach Funktion, sondern nach Recht, wenn sie Freie, Hörige und Leibeigene benennen.

Freiheit und Unfreiheit
Versteht man unter »Bauer« den körperlich arbeitenden, Ackerbau treibenden Landmann, dann gab es seit der Karolingerzeit kaum noch freie Bauern, die frei von

grundherrschaftlichen Bindungen den eigenen Erbbesitz bewirtschafteten. Die großen Grundherrschaften hatten die ehemals freien Bauern nach und nach aufgesogen. Dabei war durchaus nicht immer Gewalt im Spiel. Mancher kleine Grundbesitzer verzichtete in freier Entscheidung und zu seinem Vorteil auf Besitz und Freiheit, indem er sich einem größeren Grundherrn »übergab« (kommendierte). Er gehörte jetzt zur familia dieses Herrn, lebte und wirtschaftete als unfreier Hufenbauer auf demselben Hof, den er zuvor zu freiem Eigen besessen hatte, und leistete Dienst für seinen Herrn. Durch den Verzicht auf seine Freiheit entzog er sich aber der Pflicht eines Freien zum Kriegsdienst. Je stärker das expandierende Frankenreich in langwierige Kriege verstrickt und auf verfügbare Truppen angewiesen war,

Zu den Grundlagen der mittelalterlichen Gesellschaftsordnung gehörte die ständische Dreiteilung. Auf dem Holzschnitt von 1492 weist Christus jedem Stand seine Aufgabe zu; Papst und Klerus: Tu supplex ora (Du bete demütig); Kaiser und Fürsten: Tu protege (Du beschütze); Bauern: Tuque labora (Und du arbeite).

dadurch aber besonders die kleinbäuerlichen Freien bedrückte, umso mehr häuften sich die Kommendationen. Verbote des Königs blieben wirkungslos.

Der in existenzielle Bedrängnis geratene Freie kann also seine soziale Lage verbessern, indem er auf seine Freiheit verzichtet. Der Hörige im Dienst eines mächtigen Herrn, der womöglich das Vertrauen des Herrn genießt und an dessen Hof besondere Aufgaben wahrnimmt, ist sozial besser gestellt als der freie Bauer, der auf der eigenen Scholle ein kümmerliches Dasein fristet. Freiheit und Unfreiheit sind im Mittelalter Rechtsqualitäten; sie entscheiden über die Fähigkeit, Grundbesitz zu erwerben und zu vererben, über den Grad der persönlichen Freizügigkeit und rechtlichen Selbstbestimmung (etwa bei Eheschließung). Freiheit und Unfreiheit markieren indessen kaum, jedenfalls nicht zwingend und unverrückbar, soziale Positionen.

Es ist wichtig, sich die Ausgangslage des frühen Mittelalters bewusst zu machen, will man die Umbrüche begreifen, die seit dem 11. Jahrhundert allmählich, im 12. Jahrhundert dramatisch die Gesellschaft Europas umgestalteten. In den drei Jahrhunderten von 1000 bis 1300 verdoppelte sich die Bevölkerung Europas; sie wuchs in manchen Teilen geradezu explosionsartig, in Mittel- und Westeuropa (Frankreich, England, Deutschland) auf fast das Dreifache, von zwölf Millionen auf knapp 36 Millionen. Damals wurden die bisher kaum erschlossenen Landstriche systematisch besiedelt und kultiviert, die See- und Flussmarschen, die Mittelgebirgsregionen, der Alpenrand, und dadurch die landwirtschaftliche Nutzfläche erheblich erweitert. Die vereinzelten Siedlungsinseln in den Wäldern und Sümpfen des frühen Mittelalters öffneten sich im 12. Jahrhundert allmählich zu ausgedehnten Kulturlandschaften. Gleichzeitig griff der Landesausbau in die Gebiete östlich von Elbe und Saale.

Die Folgen für die Lebensbedingungen der Menschen können nicht hoch genug eingeschätzt werden. In welchem Maße die »bäuerliche« Bevölkerung Anteil an der gesamtgesellschaftlichen Entwicklung hatte, mag man daran ermessen, dass jetzt eigentlich der »Bauer« und das »Dorf« in der bis heute gültigen Bedeutung in das Licht der Geschichte traten.

750

Die Skulptur eines Abgaben leistenden Bauern steht in einem Raum vor dem Überlinger Rathaussaal.

Der Hörige wird »Bauer«
Die Anfänge sind in den Quellen wiederum nur undeutlich zu greifen. Um 1070 kam es zum Streit zwischen dem Bischof Benno von Osnabrück und den Bauern von Iburg im Teutoburger Wald. Die »Bauern« – hier mit rustici tatsächlich so bezeichnet – hatten ihre Schweine zur Mast in die bischöflichen Wälder getrieben und in großen Mengen Eicheln aus den Wäldern geholt. Als der Verwalter des Bischofs versuchte, dagegen einzuschreiten, zwangen sie ihn unter Gewalt zum Rückzug. Dem Bischof erklärten sie, dass sie ihren Rechtsanspruch durch Eid verteidigen wollten. Gegen den Rat seiner Ritter verzichtete Benno auf eine Bestrafung mit Waffengewalt. Stattdessen berief er sich auf altes Gewohnheitsrecht und ließ das strittige Waldstück seinerseits durch die eidliche Aussage seines Vogtes zu seinem Sonderrechtsbezirk erklären.

Interessant ist nicht so sehr der Inhalt des Konfliktes – Reibereien um Rechtsansprüche waren in einer Grundherrschaft wohl an der Tagesordnung –, auch dass die Bauern schließlich unterlagen, war kaum anders zu erwarten. Bemerkenswert ist, wie die Beteiligten den Konflikt austrugen: Die Bauern traten nicht wie Abhängige, sondern als genossenschaftliche Gruppe selbstbewusst und – nach einer besonders reichen Ernte, wie der Chronist betont – in wirtschaftlich gestärkter Position ihrem Herrn gegenüber. Und der Bischof berief sich nicht kurzerhand auf seine grundherrliche Gewalt, die er nur durchzusetzen hätte; er anerkannte das Recht der Bauern zur eidlichen Verteidigung, die sonst nur Freien möglich ist, und ließ sich darauf ein, seinen Anspruch mit Rechtsmitteln zu beweisen.

Der hier geschilderte Konflikt ist kein Einzelfall. »Nicht nur die Großen und Adligen bekamen Lust, die Ruhe zu stören und Streit und Aufruhr zu entfesseln, auch das nichtadlige Volk und die Bauern bewaffneten sich gegen ihre Herren und wurden, wie es ihre Art ist, begierig nach Neuem«, schreibt der Biograph Bennos von Osnabrück, und man spürt, wie schwer es ihm fällt, das Neue einzuordnen. Die Bauern beginnen, sich wie Herren aufzuführen, und die Herren reagieren vorsichtig ohne grundherrliche Zwangsmaßnahmen. Denn anders als in früheren Konflikten zwischen Grundherrn und

Hörigen eröffnen sich jetzt den aufbegehrenden Bauern Ausweichräume in den eben entstehenden Städten oder in den Rodungsgebieten, wo menschliche Arbeitskraft benötigt und mit besserem Recht als im Altsiedelland belohnt wird.

»Weil das Land verlassen war, schickte Graf Adolf Boten in alle Länder, nämlich nach Flandern und Holland, Utrecht, Westfalen und Friesland, dass alle, die durch den Mangel an Land eingeschränkt seien, mit ihren Familien kämen, um bestes und weites Land, reich an Früchten, überfließend an Fisch und Fleisch und Weidegründen, zu empfangen.« Was bei dem geistlichen Chronisten Helmold von Bosau wie der biblische Ruf in das Gelobte Land erklingt, hat Graf Adolf II. von Holstein gewiss prosaischer formuliert, als er 1143 um Siedler für seine slawischen Gebiete warb. Die blumigen Worte

Hans Holbein d. J. stellte in seinem Holzschnitt »Totentanz« (um 1525) den pflügenden Bauern und den Tod dar.

Betont derbe, »bäuerliche« Züge gehören im späten Mittelalter zu den stereotypen Kennzeichen von Bauer und Bäuerin. Der Kupferstich »Der Marktbauer und sein Weib« (1519) stammt von Albrecht Dürer.

geben aber doch ganz handfeste soziale und wirtschaftliche Motive zu erkennen: Für die Flamen und Holländer in ihrer dicht besiedelten Heimat musste das Land jenseits der Elbe in der Tat wie ein Eldorado, ein Land der unbegrenzten Möglichkeiten erscheinen. Freilich musste das Land erst trockengelegt, gerodet und kultiviert werden; die Niederländer verfügten wie niemand sonst über das nötige technische Know-how. Der Graf bot ihnen dafür eine materielle Existenz und Freiheiten, von denen sie zu Hause nur träumen konnten. Einige Tausend Familien werden dem Ruf in das unbekannte Land gefolgt sein. Es war der Beginn der deutschen Ostsiedlung.

Grundherrschaften öffnen sich – Dörfer entstehen
Bäuerliche Gemeinden ohne grundherrliche Bindungen begegnen nicht zufällig zuerst in den hochmittelalterlichen Rodungsgebieten. Sie wirken aber zurück auf die Grundherrschaften im Altsiedelland, indem sie den Bauern dort bessere Lebenschancen und höhere Rechtsqualitäten als auf der heimischen Scholle greifbar vor Augen stellen. Sofern sie massenhafte Abwanderungen verhindern wollen, müssen die Grundherren zu rechtlichen Konzessionen bereit sein, zumal die alten Grundherrschaften, auf Selbstversorgung und Subsistenzwirtschaft angelegt, in der entstehenden Marktwirtschaft nicht mehr konkurrenzfähig sind.

Die Umwandlung der Grundherrschaften in rechtlich attraktivere und wirtschaftlich effizientere Organisationsformen vollzieht sich so verschiedenartig und uneinheitlich wie die wirtschaftliche Entwicklung insgesamt, mit vielen Rückschlägen und erheblichen regionalen Unterschieden. Nicht überall werden Herrenhöfe sofort und vollständig aufgelöst. Überall aber geraten die starren grundherrschaftlichen Strukturen in Bewegung und laufen in der langfristigen Tendenz vom 12. zum 13. Jahrhundert auf eine Minderung der bäuerlichen Unfreiheit und der grundherrlichen Eigenwirtschaft und auf Verselbstständigung der bäuerlichen Wirtschaft zu.

Die villa, jetzt mit »Dorf« zu übersetzen, löst sich von der Grundherrschaft ab und wird zur bäuerlichen Siedlungsgemeinschaft mit örtlich unterschiedlich entwickelten Merkmalen einer Rechtsgemeinde. An ihrer Spitze steht der Schultheiß, Schulze oder burmester (Bauernmeister), meist vom Dorfherrn eingesetzt oder zumindest bestätigt; er repräsentiert die Dorfgemeinde nach außen, auch gegenüber dem Dorfherrn, und hat den Vorsitz in der Gemeindeversammlung und im Dorfgericht.

Die Dorfformen, die jetzt entstehen, spiegeln die gesellschaftlichen und siedlungsgeschichtlichen Prozesse. Die ehemals grundherrlichen Gehöfte bilden die typischen unregelmäßigen Haufendörfer des Altsiedellandes. Wo Siedland durch Rodung oder Trockenlegung neu gewonnen wird, werden Dörfer planmäßig angelegt: lang gezogene Straßendörfer oder Angerdörfer um einen zentralen Platz, um den die Straße sich gabelt. Die Felder

der einzelnen Bauern liegen hier abseits der Gehöfte im Gemenge. In den Marschhufen- und Waldhufendörfern der nord- und ostdeutschen Kolonisationsgebiete schließen die Felder streifenförmig an die Gehöfte an; zum Wald beziehungsweise zum Marschland hin offen, werden die Hufen von jedem Kolonisten weiter in die unkultivierte Landschaft getrieben. Solche Reihendörfer entstehen vereinzelt auch in den schmalen Tälern des Schwarzwaldes, wo sonst wie im Allgäu und im Alpenraum Einzelhöfe vorherrschen.

Bauernhäuser – Dorfgesellschaft
Landschaftliche Bedingungen bestimmen Form und Bauweise der Bauernhäuser. Das eingeschossige Holzpfostenhaus mit Strohbedachung und ohne Fenster ist schon in der Karolingerzeit bekannt und bleibt noch

Die karolingische Buchmalerei aus dem 9. Jh. stellt die bäuerlichen Arbeiten für jeden Monat dar. Im Juli wird das Heu mit der Sense gemäht, im August das Getreide mit der schonenderen Sichel (Wien, Österreichische Nationalbibliothek).

Europa im Mittelalter

Windmühle am Große-fehn-Kanal bei Wiesmoor. Moorhufendörfer entstanden bei der Urbarmachung der Moorgebiete in Norddeutschland.

lange der vorherrschende Haustyp in Mitteleuropa. Die Wände bestehen aus Flechtwerk, das mit Lehm abgedichtet ist, oder – im slawischen Nordosten schon im 11. Jahrhundert – aus soliden Holzbohlen (Blockbauweise).

Eine wesentliche technische Erweiterung bringt im 12. und 13. Jahrhundert der Übergang vom Pfosten- zum Ständerbau. Die tragenden Holzteile sind nun nicht mehr in die Erde eingegraben (und damit rascher Verrottung ausgesetzt), sondern ruhen auf Fundamentsteinen und Schwellen. Der stabilere Ständerbau ermöglicht den Aufbau eines zweiten Geschosses, eine bessere Aufglie-

Der Typ des Wohnstallhauses entstand im hohen Mittelalter. Dieses kleine Fachwerkhaus aus der Eifel (erbaut 1711) steht heute im Rheinischen Freilichtmuseum und Landesmuseum für Volkskunde in Mechernich-Kommern.

derung der Innenräume und des Dachbodens und kann Jahrhunderte überdauern, erfordert aber das professionelle Können von Zimmerleuten. In Landschaften, wo das Vieh über lange Winter vor Kälte und Nässe geschützt und häufig feuchtes Getreide eingefahren und nachgetrocknet werden muss, entsteht im hohen Mittelalter das Wohnstallhaus: Das niederdeutsche Hallenhaus oder im Süden das Schwarzwaldhaus vereint Wohnbereich, Stall und Tenne unter einem Dach. Wohnstallhäuser in Holz-Lehm-Bauweise (Fachwerk) sind auch in England, Nordfrankreich, Mitteldeutschland und im Zuge der Ostsiedlung bis nach Osteuropa verbreitet, während in Nordeuropa und in den Alpen kleinere Holzblockbauten, in den waldarmen südeuropäischen Ländern Steinhäuser überwiegen.

Waren im Frühmittelalter um das Haupthaus regellos die Nebengebäude gruppiert – Scheune, Speicher, Stall, Backhaus –, so bilden sich seit dem 13. Jahrhundert regelmäßige drei- oder vierseitige Gehöftanlagen aus. Jedes Gehöft ist mit einem Zaun umgeben (»umfriedet«), der den Friedensraum des Hauses begrenzt. Vierzig oder fünfzig Häuser mit vielleicht 200 Bewohnern mögen zu einem Dorf gehört haben; die meisten dörflichen Siedlungen waren eher kleiner, umfassten zehn oder 15 Höfe, auf denen weniger als hundert Menschen lebten. Die dicht bewohnten Dörfer, die für das Spätmittelalter vereinzelt bezeugt sind, mit bis zu hundert Bauernstellen und 500 oder 600 Einwohnern, dürfen nicht als Regel genommen werden.

Eine homogene Gesellschaft bilden die Bewohner eines Dorfes freilich nicht. Hier gibt es Hoch und Niedrig, Arm und Reich, angesehene Familien und Randständige wie überall, freie Großbauern, kleine Häusler, Leibeigene, Gesinde, Tagelöhner. Das Alter der Familie, Umfang und Qualität des Landbesitzes, die rechtlichen Abhängigkeiten entscheiden über soziale Positionen auch im Dorf, und die Unterschiede sind für jedermann sichtbar. Neben dem stolzen Meierhof duckt sich die armselige Kate, die bunte Tracht hebt sich ab von den Lumpen des ländlichen Proletariats. Von einer Sozialidylle ist das Dorf so weit entfernt wie jeder Lebensraum im Mittelalter.

Bedrohte Existenz

So gewiss die Landbevölkerung an der allgemeinen wirtschaftlichen Expansion des 12. und 13. Jahrhunderts partizipierte und die rechtliche Besserstellung erstmals ein spezifisch »bäuerliches« Selbstbewusstsein zutage treten ließ, so richtig ist doch auch, dass der rechtliche Fortschritt nicht automatisch und in jedem Falle bessere Lebensbedingungen und mehr Lebensqualität bedeutete.

Die bäuerliche Arbeit war eingebettet in den natürlichen Rhythmus des Jahreslaufs, wie ihn die Monatsbilder in den Handschriften illustrieren. Im Juni wurde gepflügt, im Juli das Heu geerntet, im August das Getreide, im September erfolgte bereits die Winteraussaat, im Oktober war die Weinlese, im November und Dezember Schlachtzeit. Die stereotype Abfolge kennt nur gute Jahre; sie verschweigt die ständige Bedrohung durch Naturkatastrophen und Unglücksfälle, Missernten und Hunger. Die insgesamt stabilere Ernährungslage im 12. und 13. Jahrhundert darf nicht darüber hinwegtäuschen, dass die bäuerliche Wirtschaft doch störanfällig und extremen Gefährdungen ausgesetzt blieb. Vorräte für Not-

Volkstracht aus der Schwalm (Hessen)

zeiten gab es so gut wie keine. Fiel die Ernte eines Jahres aus, durch natürliche Unbill oder weil die Horden eines Fehdeherrn die Felder vernichtet hatten, stand das Überleben ganzer Dörfer auf dem Spiel.

Die Chronisten, sofern bäuerliches Leben überhaupt ihr Interesse findet, berichten meist nur summarisch; Einzelschicksale werden fast nie plastisch greifbar. Eine Ausnahme bildet der holsteinische Bauer Gottschalk. Im Frühjahr 1190 versetzte er seine Dorfgenossen in helle Aufregung, als er nach einer Vision von seiner Reise durch das Jenseits erzählte. Auch zwei Geistliche der Gegend wurden aufmerksam und schrieben seinen Bericht auf: Gottschalk ist Kolonist in der zweiten Generation, vielleicht fünfzig Jahre alt, ein freier Bauer im nordelbischen Rodungsland. Die Feldarbeit verrichtet er sommers wie winters mit bloßen Füßen oder nur mit dürftiger Fußbekleidung, denn Schuhe besitzt er nicht. Seine Frau, altersschwach und halb erblindet, und sein schwachsinniger Sohn sind ihm kaum eine Hilfe. Als auch noch sein altes Pferd stirbt, ist er ganz auf seine eigene Arbeitskraft angewiesen, und die ist fast aufgezehrt; denn sein Leben lang leidet er immer wieder an schweren Krankheiten. Trotzdem »ist er unermüdlich tätig, Buchen, Eichen und die anderen Bäume nicht nur kurz zu halten, sondern mitsamt den Stubben zu roden, und so erweitert er seine Felder, die Saat zu streuen. Indem er diese Felder bestellt, isst er sein Brot im Schweiße seines Angesichts«.

Dies ist kein Land, wo Milch und Honig fließen; Leben im Rodungsland heißt Plackerei wie zu Adams Zeiten. Vielleicht waren die Lebensbedingungen hier noch extremer, die Knochenarbeit noch härter als in den schon länger kultivierten westlichen Siedlungsräumen. Aber überall war bäuerliches Leben zuallererst Angst und Kampf um die Existenz. »Dieser geschlagene Stand hat nichts ohne Mühsal«, befand Adalbero von Laon zu Beginn des 11. Jahrhunderts; der Satz hat noch Jahrhunderte später nichts an Gültigkeit verloren.

Wahrnehmung des Wandels
Haben die Zeitgenossen die Veränderungen ihrer Umwelt überhaupt wahrgenommen, die sozialen Erschütterungen, den Wandel der Rechtsverhältnisse, das Ver-

Volkstracht von der Mosel

Das Gemälde von Jan Bruegel d. Ä., »Landschaft mit einer Windmühle«, zeigt verschiedene bäuerliche Tätigkeiten wie die Aussaat oder den Transport von Getreide zur Mühle (Moskau, Puschkin-Museum).

schwinden der Wälder, die Umgestaltung ganzer Landschaften? Dies alles waren ja Prozesse von langer Dauer, die sich über mehrere Menschenalter hinzogen. War das Neue dem Einzelnen erfahrbar?

Wohin sind meine Jahre entschwunden, fragt Walther von der Vogelweide am Ende seines Lebens (um 1230), vielleicht habe ich geschlafen und weiß es nur nicht? Nun bin ich aufgewacht und kenne mich nicht mehr aus: »liut unde lant, dar inn ich von kinde bin erzogen, die sint mir worden fremde... bereitet ist daz velt, verhouwen ist der walt, wan daz daz wazzer fliuzet als ez wilent floz«. Das Feld ist bestellt, der Wald ist gerodet, nur das Wasser fließt noch wie immer. Der Dichter blickt voller Wehmut auf den Wandel der Zeiten; neue Horizonte in einer weiter und lichter gewordenen Welt vermag er nicht zu erkennen.

Andere registrieren genauer die neuen sozialen Kräfte. Die Literatur des 13. Jahrhunderts entdeckt den Bauern, zuerst als grobschlächtigen Dorftölpel, bald aber auch schon als standesbewussten Landmann. Seitdem bestimmen Dichter, Sänger und Spielleute immer

Gambrinus, der sagenhafte König von Flandern, galt als Erfinder des Bierbrauens (Buchmalerei, 15. Jh.; Nürnberg, Germanisches Nationalmuseum). Gerste spielte früher ausschließlich als Braugerste eine Rolle.

wieder, mal scherzhaft, mal belehrend, seinen Standort in der sich wandelnden Gesellschaft.

Ein Volkslied aus dem 15. Jahrhundert lässt einen Bauern zum Streitgespräch mit einem Ritter antreten. Der Ritter prahlt mit seiner edlen Herkunft, seinem Erfolg bei den Frauen, seinen Heldentaten in fernen Ländern. Doch der Bauer hält dagegen: »Was hilft dein Stechen und dein Tanz?« Daran könne er nichts Besonderes finden. Seine harte Arbeit sei es schließlich, die- die Welt voranbringe. Wäre der Bauer nicht, wäre es- mit dem Ritterleben bald vorbei. Und was den Krieg für die Christenheit angehe, auf den der Ritter so stolz sei: Er habe es doch nur ihm, dem Bauern, zu verdanken, dass er in den Kampf ziehen könne: »ich Pauman tu dich senden / mit meinem Gut, das ich dir gib, / mein Silber und mein Gold, / darumb so lass mich haben tail / der deinen Eren Sold!« Wenigstens hier, in der volkstümlichen Dichtung des späten Mittelalters, steht der Bauer selbstbewusst neben dem Edelmann. Eine Fiktion ganz gewiss, doch indem sie dem Bauern unübersehbar literarische Gestalt verleiht, ist sie auch ein Reflex des realen Wandels, durch den die Gesellschaft den Bauern ernst zu nehmen lernte.

Arnold Bühler

Vom Krieger zum Edelmann: Rittertum und höfische Kultur

s. ZEIT Aspekte
Nibelungenlied
S. 518

»Uns ist in alten maeren / wunders vil geseit / von helden lobebaeren / von grôzer arebeit, / von vreude und hôchgezîten / von weinen und von klagen, / von küener recken strîten / muget ir nu wunder hoeren sagen.« Vom Kampf der kühnen Recken und von ruhmreichen Helden kündet das Nibelungenlied um 1200, von vil stolziu rîterschaft und hoher Festlichkeit, und so hören wir es gerne. Wohl keine Figur verkörpert im allgemeinen Bewusstsein so selbstverständlich mittelalterliches Leben wie der edle Ritter, kaum ein Ort gilt als so typisch mittelalterlich wie die stolze Burg, die sich noch heute malerisch über manchem Tal erhebt. Und doch sind beide, der Ritter und seine Burg, erst relativ spät entstanden, im 11. und 12. Jahrhundert, und sie hatten nur eine vergleichsweise kurze Blütezeit von gut hundert Jahren.

Schwache Könige und neue Herren

Die Anfänge des europäischen Ritters waren alles andere als edel und stolz. Es waren rohe, unzivilisierte Haudegen, denen es im 9. und 10. Jahrhundert gelang, die Schwäche des westfränkischen Königtums zu nutzen und sich selbst zu Herren aufzuschwingen. Gegen die sarazenischen und die normannischen Räuber, die von Spanien oder von den Flussmündungen der Loire und Seine her immer wieder ins Landesinnere vordringen, Dörfer und Klöster niederbrennen und Beute fortschleppen, ist der König machtlos. An eine koordinierte Abwehr ist nicht zu denken. Im allgemeinen Chaos bedeutet es schon viel, wenn einer wenigstens ein kleines Stück Land verteidigen kann, einen hölzernen Turm und einen Palisadenzaun errichtet, der bei Gefahr auch den Bauern der Umgebung Schutz bietet.

Keiner fragt, wer die Schutzherren sind, Grafen aus altem Adel oder frühere Pferdeknechte; was zählt, ist die Macht des Stärkeren, die schiere Gewalt. Die verängstigten Dorfbewohner und Klosterleute schließen sich in ihrer Not den neuen Herren dankbar an, erfahren aber auch bald, wie die Beschützer zu Unterdrückern werden, die sich ihren Schutz teuer bezahlen lassen, indem sie Dienste und Abgaben erpressen. Ihre Methoden sind

ZITAT

Der Abschied der Liebenden ist ein beliebtes Thema der Minnelyrik (Dietmar von Aist, Mitte 12. Jh.):

»Slafst du, friedel ziere?
man weckt uns leider schiere:
ein vogellin so wol getan
daz ist der linden an daz zwi gegan.«
»Ich was vil sanfte entslafen:
nu rüefstu kint Wafen.
liep ane leit mac niht gesin.
swaz du gebiutst, daz leiste ich, friundin min.«
Diu frouwe begunde weinen.
»di ritst und last mich eine.
wenne wilt du wider her zuo mir?
owe du füerst min fröide sament dir!«

nicht anders als die der fremden Räuberhorden. Die frühen Ritter waren Abenteurer ohne jede Romantik, Gewaltmenschen ohne jede Ritterlichkeit.

Es war eine Herrenschicht entstanden, eine kriegerische Elite zumal, die mit Pferd, Schwert und Lanze gleichsam in einem rechtsfreien Raum operierte. Sie musste auf gesellschaftliche Anerkennung und auf rechtliche Fundierung ihrer Herrschaft drängen, sollte die einmal errungene Position auf Dauer erhalten werden. Der soziale Ort, der zur Identifikation einlud, war der Adelshof, die Rechtsform, die Macht und Lebensweise legitimieren konnte, war die Vasallität. Die neuen Herren drängten an den Hof, strebten nach Lehen aus Fürstenhand, stellten sich als Vasallen in fürstliche Dienste. Zur Herrschaft kam der Dienst; durch ihn wurde der Krieger eigentlich erst zum Ritter. Während das deutsche Wort die Funktion des Reiterkriegers betont, haftet dem eng-

Die Strophen 1446–51 des Nibelungenliedes in der Berliner Pergamenthandschrift (1. Drittel 14. Jh.)

> **INFOBOX**
>
> **Das »deutsche Nationalepos«**
> Kein anderes mittelalterliches Werk fand so breite Resonanz in Form von Übersetzungen und künstlerischen Neugestaltungen, bei kaum einer anderen Dichtung scheinen Forschungs-, Wirkungs- und Ideologiegeschichte so eng verknüpft wie beim »Nibelungenlied«. Wurde es nach seiner Wiederentdeckung in der 2. Hälfte des 18. Jh. zunächst als Gegenstück zu den homerischen Epen gesehen, stilisierte man es ab der Romantik zum »deutschen Nationalepos« und Zeugnis einer ruhmreichen Vergangenheit.
> Die nach 1848 bis hin in die Zeit des Nationalsozialismus zunehmend chauvinistische Vereinnahmung konzentrierte sich auf die Freilegung vermeintlich germanischer Wertbegriffe wie »Heldentum«, »Rache«, »Schicksal« und »Treue«. Erst die allgemeine »Ernüchterung« nach 1945 öffnete wieder den Blick auf das Nibelungenlied als Dichtung des beginnenden 13. Jh., in der es nicht um eine Verherrlichung der Treue angesichts eines blind waltenden Schicksals, sondern um Untreue, Verrat und eine Verkettung tragischer Fehlentscheidungen gegangen war.

lischen knight – eigentlich der Knecht – noch die ursprüngliche Bedeutung des unfreien Dienstmannes an.

Es liegt auf der Hand, dass der Adel seinerseits daran interessiert war, die hochgerüsteten und kampferprobten Aufsteiger an sich zu binden. Während in Frankreich die Fürsten die usurpierten Burgherrschaften in der Normandie und in Flandern, in der Provence und in Burgund in Lehnsbindungen umwandelten, besetzten in Deutschland die salischen und staufischen Könige von sich aus herrschaftliche Positionen mit unfreien Dienstleuten. Da diese Ministerialen ohne den Dienstauftrag ihres Herrn – in Form eines Lehens – keine eigene Machtbasis hatten, war von ihnen mehr Loyalität zu erwarten als von edelfreien Vasallen. Je mehr ein selbstbewusster fürstlicher Adel im 11. und frühen 12. Jahrhundert den Handlungsspielraum des deutschen Königs einzuengen drohte, umso mehr zog dieser als Gegengewicht (ministerialische) Ritter in seinen Dienst.

Waffendienst als Gottesdienst
Der Ritter war ein hoch spezialisierter Berufskrieger. Der Kampf zu Pferde mit der Stoßlanze, der wohl erst im 11. Jahrhundert entwickelt wurde und sich dann rasch in

> **INFOBOX**
>
> **Grundherrschaft**
> Das im Lehnssystem zwischen einem Grundherrn sowie seinen Bediensteten und Bauern bestehende Herrschafts- und Rechtsverhältnis wird heute als »Grundherrschaft« bezeichnet. Ein Lehnsmann (Vasall) verpflichtete sich zu Gehorsam und Dienst; dafür überließ der Lehnsherr seinem Vasallen ein Stück Land oder ein Amt als Lehen zur dauernden Nutzung. Das gesamte Rechtsverhältnis stand dabei unter einer gegenseitigen Treuepflicht, die nicht nur den Vasallen, sondern auch den Herrn band und grundsätzlich erst mit dem Tod oder der Untreue (Felonie) eines der Partner endete.
> Der Lehnsmann konnte sein Lehen oder Teile davon nach Lehnsrecht an andere (Untervasallen) weiterverleihen. Dadurch entstand ein aus vielen einzelnen Lehnsverhältnissen bestehendes System lehnsrechtlicher Rangordnung – später in Deutschland »Heerschildordnung« genannt – , beginnend beim König und endend beim untersten Vasallen der Lehnskette. Verfügte der Vasall nicht über eigenen Grundbesitz (Allod, Eigen), so wurden zumindest Teile des Lehens für ihn bewirtschaftet oder unfreien Bauern gegen Natural- bzw. Geldabgaben und Arbeitsleistungen zur Nutzung überlassen.

Europa verbreitete, erforderte spezielle Ausbildung und ständiges Training für Reiter und Pferd. Aber ohne verbindliche Verhaltensregeln war der Ritter gefährlich. Als Bernhard von Clairvaux 1146 zum Kreuzzug aufrief, prangerte er die selbstzerstörerische Kriegslust der Ritter an: »Aufhören soll jene Ritterart, nein, Ritterunart von ehedem, nach der ihr einander niederzuwerfen, einander zu verderben pflegt und einer den anderen umbringt... Wahnsinn ist es, nicht Mut, solch einem Unrecht zu frönen; nicht als Kühnheit, vielmehr als Schwachsinn muss man es bezeichnen!« Unter sozialgeschichtlichem Aspekt war die bewaffnete Pilgerfahrt ins Heilige Land auch ein Beschäftigungsmanöver für die Ritter, das die Gesellschaft vor ihren Übergriffen schützen sollte, indem es ihr aggressives Potenzial nach außen lenkte.

Im Innern versuchten Gottesfrieden, zuerst in Südfrankreich und Burgund, die verheerendsten Auswüchse einzudämmen. Sie geboten unter Androhung der Exkommunikation Waffenruhe für bestimmte heilige Wochentage (von Mittwochabend bis Montagmorgen) und Jahreszeiten (Advent und Weihnachten, Fastenzeit, Ostern und Pfingsten). Kirchen und Klöster, Bauern und Kaufleute, aber auch Vieh, Weiden, Äcker, Weinberge und Ackergerät wurden unter besonderen Friedensschutz gestellt. Weniger moralische Skrupel als die Sorge um den Erhalt ihrer materiellen Ressourcen motivierte die Fürsten und Bischöfe zu kollektiven Friedensmaßnahmen. Dies konnte freilich nur dann gelingen, wenn auch der Adel für sich selbst die Fehde einschränkte und festen Regeln unterwarf.

Das heißt nicht, dass die adlig-kriegerische Umwelt des hohen Mittelalters mit einem Mal friedlich geworden wäre. Aber die Erfahrungen mit der ungebändigten Kriegslust hatten die Herren die Vorteile des Friedens

Wolfram von Eschenbach, dargestellt als Ritter: Die Miniatur aus der Manessischen Handschrift (Heidelberg, Universitätsbibliothek; erste Hälfte des 14. Jh.) zeigt die Verwendung des Wappenbildes auf Schild, Pferdedecke und Banner sowie als Helmzier.

Die Buchmalerei zeigt ein Ritterturnier in Frankreich (Saint-Inglevert bei Calais).

oder zumindest befristeter Waffenruhen schätzen gelehrt und zum Verzicht auf hemmungslosen Fehdegebrauch bewegen können. Es war das Verdienst insbesondere der Kluniazenser und der Zisterzienser, dass sie den Gottesfrieden – wie auch den bewaffneten Kreuzzug gegen die Heiden – als Dienst für Gott und für Christus geistlich begründeten. Dadurch wurde der Dienst aus der Sphäre der unfreien Knechtschaft herausgehoben und gesellschaftlich akzeptabel, sodass selbst der hohe Adel bereit war, sich zu »ritterlichem« Dienst zu verpflichten.

Leitfigur der höfischen Gesellschaft
Die Nähe zum Hof, die Indienstnahme durch den Adel verschaffte dem Ritter die gesellschaftliche Anerkennung, die er suchte. Der Preis, den er dafür zahlen musste, war die Bindung an das Recht und die soziale

Domestizierung. Gleichzeitig aber faszinierte das – zunächst theologisch begründete – Ethos des Dienens, das sozusagen für die Ritter entwickelt worden war, bis in die höchsten Schichten der Gesellschaft: Es galt als vornehm, ritterlich zu leben.

Kaiser Friedrich Barbarossa ließ zu Pfingsten 1184 auf einem glanzvollen Hoffest in Mainz seine beiden Söhne, König Heinrich und Herzog Friedrich, zu Rittern weihen. 70 000 Ritter sollen dabei gewesen sein; sie waren aus allen Teilen des Reiches gekommen, aber auch aus Flandern und Burgund, Frankreich und England. Der Kaiser führte das ritterliche Turnier an, an dem mehr als 20 000 Ritter teilnahmen. Die Zahlen sind gewiss übertrieben, deutlich aber ist: Rittertum ist international und ständeübergreifend. Ritter sind alle, von den Kaisersöhnen und hohen Fürsten bis zu den kleinen Herren, die im Gefolge eines Herzogs oder Grafen zum Hoftag gekommen waren, ja der Kaiser selbst präsentierte sich im Kreise der Ritter.

Der Ritter war zur Leitfigur der höfischen Gesellschaft geworden. Der staufische Kaiserhof, wie andere Fürstenhöfe in Europa auch, war die Bühne, auf der ritterliche Lebensart sich wirkungsvoll in Szene setzen konnte. Hier trat der »gewappnete« Ritter so auf, wie ihn die Dichter beschrieben und wie er noch heute in unserer

Der fürstliche Herr präsentiert sich auf seinem Siegel als Ritter, wie hier Graf Otto I. von Anhalt (Siegel von 1291), mit Wappenschild, Helmzier und Lanzenfahne.

INFOBOX

Ritterleben

»Die Burg, ob sie auf dem Berg oder in der Ebene liegt, ist nicht als angenehmer Aufenthalt, sondern als Festung gebaut. Sie ist von Mauer und Gräben umgeben, innen ist sie eng und durch Stallungen für Vieh und Pferde zusammengedrängt.... Überall stinkt es nach Schießpulver; und dann die Hunde und ihr Dreck, auch das – ich muss schon sagen – ein lieblicher Duft!... Der ganze Tag bringt vom Morgen an Sorge und Plage, ständige Unruhe und dauernden Betrieb. Äcker müssen gepflügt und umgegraben werden, Weinberge müssen bestellt, Bäume gepflanzt, Wiesen bewässert werden; man muss eggen, säen, düngen, mähen, dreschen; jetzt steht die Ernte bevor, jetzt die Weinlese. Wenn aber ein schlechtes Ertragsjahr kommt, wie in dieser mageren Gegend meist, dann haben wir fürchterliche Not und Armut.«

So schildert der Reichsritter und Humanist Ulrich von Hutten sein Ritterleben.

Vorstellung weiterlebt, mit geschmücktem Waffenrock, mit Wappen, Wimpel und Helmzier, auf prächtig aufgezäumtem Streitross, so wie einst der junge Siegfried mit seinen Rittern nach Worms gezogen war: »Sein Vater hieß ihn zieren sein ritterlich Gewand, / Und ihre lichten Panzer, die wurden auch bereit, / Auch ihre festen Helme, die Schilde schön und breit. / Schön waren ihre Rosse, ihr Zaumzeug goldesrot. / Die langen Schwerter reichten bis nieder auf die Sporen / Es führten scharfe Speere die Ritter auserkoren. / Goldfarbene Zäume führten sie in der Hand; / Der Brustgurt war von Seide. So kamen sie ins Land.«

Alter und neuer Adel
Wie jede Bühne war auch diese der Wirklichkeit entrückt. Die stilisierte Ritterlichkeit der Hoffeste war nicht der Alltag. Aber der Ritter zehrte vom höfischen Glanz, den er zugleich bereicherte. Denn indem er in adligem Dienst Herrschaft ausübte und zu Hoftagen und auf Turnieren an der Seite fürstlicher Herren ritt, übernahm der

INFOBOX

Mann gegen Mann
Die Ritterturniere wurden ab dem frühen 12. Jh. zu einer wichtigen Schaubühne für höfisch-ritterliches Verhalten und boten den Teilnehmern gleichzeitig eine Möglichkeit, sich in der Kriegskunst zu üben. Solche Begegnungen zwischen einzelnen Gegnern oder ganzen Parteien liefen ab dem 14. Jh. nach einem strengen Regelwerk ab: Bei feindlichen Turnieren kamen scharfe, kriegstaugliche Waffen zum Einsatz, während man bei der friedlichen Variante auf abgestumpfte Lanzen und Schwerter zurückgriff. Auch die Wahl des vom Teilnehmer getragenen Abzeichens hing unmittelbar vom Charakter der Begegnung ab – war diese feindlich, trug ein Ritter sein Familienwappen als Kriegsabzeichen, bei einem Freundschaftsturnier ein entsprechendes »friedliches« Pendant.
Anhand der individuellen farblichen Gestaltung der Ausrüstungsgegenstände wurde der höfischen Gesellschaft die Identifizierung einzelner Ritter und deren jeweiligen Status ermöglicht; zudem ließen die Farben auch Rückschlüsse auf die jeweils geltenden Kampfregeln zu. Diese waren von einem ritterlichen Ehrenkodex bestimmt, der sich im 12. Jh. von Frankreich ausgehend über ganz Europa verbreitet hatte und sich v. a. auf Charaktermerkmale wie Ehre, Mut und Loyalität bezog.

Troubadoure zogen von Burg zu Burg, so auch der Franzose Bernart de Ventadour, dargestellt in einer französischen Handschrift des 13. Jh. (Paris, Bibliothèque Nationale de France).

Ritter nach und nach auch Standesattribute und Selbstbewusstsein des Adels. Wie dieser seit dem 12. Jahrhundert begann, lokale Herrschaftszentren auszubilden und sich nach diesen Stammsitzen zu benennen (»von Zähringen«, »von Staufen«), so wurden Burgen auch namengebend für ritterliche Familien. Aber mehr als die Adelsfamilie, deren Stammburg – teils als bevorzugte, aber nicht ausschließliche Residenz – lediglich ein aus vielen Quellen gespeistes dynastisches Bewusstsein repräsentierte, bezog die ritterliche Familie aus ihrer (zumeist einzigen) Burg selbst soziale Identität. Der Ritter war »Herr« durch seine Burg. Manche, wie die Herren von Bolanden, von Annweiler, von Münzenberg (die sich nach ihren Burgen in der Pfalz und der Wetterau nannten), führten Wappen wie edelfreie Herren, heirateten adlige Töchter; ihre Burgen, ursprünglich zu Lehen gegeben, gingen bald in erblichen Besitz über.

Gewiss gelang nicht allen Rittern der Schulterschluss mit dem fürstlichen Adel. Der Herr einer kleinen Burg konnte sich nicht mit dem Reichsritter messen, der am Kaiserhof verkehrte und zu den Beratern des Kaisers gehörte. Doch unter dem Druck der aufsteigenden Ritter formierte sich der alte Adel insgesamt neu. Wo die Funktionen und Verhaltensmuster, sogar die Statussymbole sich angeglichen hatten, achteten die fürstlichen Herren

ZITAT

Abschied der Liebenden (Dietmar von Aist, Mitte 12. Jh., ins Neuhochdeutsche übertragen):
Die Herrin fing an zu weinen.
»Du reitest fort und lässt mich alleine.
Wann wirst du wieder zu mir kommen?
O weh, du trägst meine Freude mit dir fort!«

> **INFOBOX**
>
> **Artusfeste und Artushöfe**
> Ausgehend von England und Flandern verbreiteten sich die Feste zur Erinnerung an König Artus seit dem 13. Jh. auf dem Kontinent. Es waren Feste ritterlicher Tafelrunden nach dem Vorbild des Artuskreises, später auch Feste patrizischer Artusbruderschaften, die in den Artushöfen zusammenkamen. Der Ursprung der Artusfeste, die einen großen Einfluss auf die Entwicklung des ritterlichen Turnierwesens in Deutschland hatten, findet sich in den Frühlingsfestschilderungen der Artusepen.
> Im hohen Mittelalter bildeten sich ritterliche Festvereinigungen, die »Artusbrüderschaften«, deren Mittelpunkt Gralsspiele oder Tafelrunden zur Erinnerung an König Artus bildeten. Seit Ende des 13. Jh. schlossen sich auch Patrizier v. a. preußischer Hansestädte zu Artushöfen zusammen, wobei der Name »Artushof« sich auch auf die Versammlungshallen übertrug. Architektonisch bedeutend ist der Artushof in Danzig aus dem 14. Jh. (1478–81 vollendet, nach 1552 umgebaut).

nun genauer darauf, wer aus ministerialisch-ritterlicher und wer aus edelfreier Familie stammte. Jetzt erst, im späten 12. und 13. Jahrhundert, begann der hohe Adel, die Reichsaristokratie, sich nach unten gegenüber dem niederen Adel und den Rittern abzuschließen. Eine vergleichbare Entwicklung nahmen der französische und der englische Adel. Hier hoben sich die Barone zunehmend von den Rittern ab, in England mit der bis heute nachwirkenden Differenzierung von (hochadliger) nobility und (ritterlicher) gentry.

Ritterliche Tugenden und höfische Kultur
Die Dichter und die geistlichen Autoren der Zeit wussten genau, wie ein guter Ritter zu sein habe. Sie wurden nicht müde, die Tugenden des Ritters zu preisen oder mahnend einzuklagen, denn: »Ohne Tugend ist Adel nichts wert« (Freidank, um 1220/30). Besitz und Herrschaft verpflichten zu einem bestimmten ethischen Verhalten, zur umsichtigen Nutzung des Besitzes, zu Freigebigkeit und zu maßvoller Herrschaft. Was seit jeher für den Adel galt – wenn auch freilich nur selten realisiert –, wird auch für die Ritter verbindlich. Indem sie adelige Lebensformen angenommen haben, müssen sie sich auch an den ethischen Normen des Adels messen lassen.

An der Spitze der ritterlichen Tugenden steht die triuwe. »Treue« meint ursprünglich weniger eine ethische als eine konkret rechtliche Verpflichtung, die Bindung des Vasallen an seinen Herrn. In einem weiteren Sinne erstreckt sich die Treuepflicht aber auf alle Bindungen zwischen Menschen, allgemein auf das gegebene Wort, auch auf die beständige Liebe zu Gott. Schon hier wird der Zusammenhang mit den christlichen Tugenden greifbar, die in besonderem Maße das Verhalten des Ritters bestimmen sollen: die staete, die Beständigkeit, das beharrliche Festhalten am Guten und Richtigen; sie wird ergänzt und gegebenenfalls korrigiert durch die mâze, das maßvolle Handeln unter Vermeidung von Extremen. Diese Tugenden verpflichten den christlichen Ritter zur Wahrung von Frieden und Recht, zum Schutz der Armen und Schwachen, zur Schonung des besiegten Gegners im Turnier wie in der Schlacht, zum Dienst für Gott und seine Kirche.

Im äußeren Auftreten zeichnen den Ritter bestimmte Umgangsformen aus, die hövescheit courtoisie (»Hö-

Die normannische Burg von Rochester mit dem Burgfried des 12. Jh. ist eine der größten erhaltenen Burgen Englands.

fischkeit«). Es sind die Konventionen der vornehmen Gesellschaft, festliche Kleidung, gesittetes Speisen und Trinken, Tanz und Spiel, geistreiches Gespräch, auch die respektvolle Haltung zur Frau, das verehrende, dienende Werben um ihre Gunst. Die Minne, die »höfische Liebe«, ist ein gesellschaftliches Spiel zwischen Mann und Frau, wie das Turnier ein Spiel unter Männern ist. Waffendienst und Minne haben eine gemeinsame Wurzel in der Idee des Dienens – hier gegenüber der (oft höher stehenden) Frau, dort gegenüber dem Herrn –, und in beiden konnte der Ritter sein vorbildliches, »höfisches« Verhalten demonstrieren.

Durch den selbstbewussten Umgang mit der (durchaus nicht nur platonisch verstandenen) Liebe wurde diese von der sündhaften Fleischeslust zur gottgefälligen Tugend aufgewertet. »Wer behauptet, dass Liebe Sünde sei, der soll sich das vorher gut überlegen. Sie besitzt hohes Ansehen, das man mit Recht genießen soll« (Walther von der Vogelweide). Es sind die Dichter und Trouba-

Aus Elfenbein geschnitzte Rückseite eines Spiegels mit der Darstellung einer Minneburg

> **INFOBOX**
>
> **Minnesang – ein literarisches Gesellschaftsspiel**
> Im frühen Minnesang wirbt das lyrische Ich, ein »Ritter«, um die Gunst einer als »vrouwe« (Herrin) angesprochenen Dame, wobei er nicht Erhörung, sondern bestenfalls ein Zeichen der Anerkennung, einen »grouz« erwarten kann. Paradoxa charakterisieren diese Grundsituation der »hohen Minne«. Die Liebe zur angebeteten Frau ist eigentlich heimlich, wird aber öffentlich vorgetragen. Obwohl die Frau in der Realität unter der Vormundschaft des Mannes steht, wird sie im Minnelied ins Überirdische erhöht, mit der Göttin Venus verglichen oder mit Attributen versehen, die an die zeitgenössische Marienverehrung erinnern.
> Dieses ritualisierte »literarische Gesellschaftsspiel« stellt Walther von der Vogelweide auf eine neue Basis. Er weist in seinen Liedern die angebetete Dame in ihre Schranken, indem er ihr klarmacht, dass ihr Ruhm von dem Sänger herrühre. Im berühmten Lied »Unter der Linden« setzt er dem hoffnungslosen Werben eine erfüllte Liebesbeziehung entgegen. Die »Herzeliebe«, die wechselseitige partnerschaftliche Beziehung von Frau und Mann, steht dann im Mittelpunkt der späteren Minnelieder.

doure, die im 12. Jahrhundert die weltliche Liebe entdecken und im wörtlichen Sinne hoffähig machen. In ihren Liedern zelebrieren sie eine geradezu kultische Verehrung der Frau, und nicht zufällig finden sie für ihre Angebetete ähnliche Worte wie für die Gottesmutter in der gleichzeitigen Mariendichtung. Ob unerfüllte, selbstlose Liebe oder erotischer Genuss, die höfische Liebe verändert das Bild der Frau.

Ideal und Wirklichkeit
Natürlich steht die Wirklichkeit wieder im krassen Widerspruch zum postulierten Ideal. Gewalt bis zur Vergewaltigung und nicht poetische Anbetung bestimmt das alltägliche Verhalten gegenüber Frauen selbst in höchsten gesellschaftlichen Kreisen. In der dynastisch fixierten Adelsgesellschaft ist die Ehe ein Familienbündnis und dient der Sicherung des Erbes. Ehebruch ist eine Katastrophe, die Rache fordert, kein kokettes Spiel. Dennoch sollte man das Ideal nicht als leere Formel abtun; es ist der Entwurf einer anderen Wirklichkeit, eine gedachte Alternative immerhin: »Ich schelte die Dichtung nicht, auch wenn sie uns Lügen vorführt, denn sie

> **ZITAT**
>
> **Über das Leben Oswalds von Wolkenstein wissen wir so viel wie von keinem anderen deutschen Dichter des Mittelalters:**
> *Ich han gelebt wol vierzig jar leicht minner zwai mit toben, wüeten, tichten, singen mangerlai; es wär wol zeit, das ich meins aigen kinds geschrai elichen hört in ainer wiegen gellen.*

Zu den Rittertugenden gehört neben der Treue zum Herrn beim Waffendienst auch die respektvolle Haltung der Frau gegenüber: die Minne. Der Ritter im Kettenhemd kniet vor der geliebten Herrin (Manessische Handschrift, Anfang 14. Jh.).

enthält Sinnbilder des Anstandes und der Wahrheit. Sind die Geschichten auch nicht wahr, sie bezeichnen doch sehr deutlich, was jeder Mensch tun soll, der ein vorbildliches Leben führen will.« Der italienische Domherr Thomasin von Zerclaere (bald nach 1200) war vom didaktischen Wert des Vorbildes überzeugt: Es gebe heute keinen Erec und keinen Gawain mehr, »weil es nirgends im Land einen Artus gibt«. Dem Grund besitzenden Ritter lagen Landwirtschaft und Viehzucht näher als die Tafelrunde, und eine Fehde mit dem Burgnachbarn war eher lästig und kostspielig, als dass sie ritterlichen Ruhm eintrug.

Was ritterliche Lebensform versuchte, war nicht weniger als der Brückenschlag zwischen der traditionellen geistlichen Lehre und einer neuen weltlichen Hofkultur.

Europa im Mittelalter

INFOBOX

Spärliche Zeugnisse
Das einzige Lebenszeugnis des bedeutenden Minnesängers Walther von der Vogelweide, über dessen Herkunft und Stand man nichts weiß, ist eine Rechnungsnotiz des Bischofs Wolfger von Erla vom 12. November 1203: ihr zufolge erhielt der Sänger Geld für den Kauf eines Pelzes.
In der ersten Strophe des »Reichstons« stilisiert er sich selbst:
»Ich sâz uf einem steine,
dô dahte ich bein mit beine,
dar ûf sazte ich mîn ellenbogen
ich hete in mîne hant gesmogen
daz kinne und ein mîn wange.«

Denn der Ritter entscheidet sich nicht entweder für weltlichen Ruhm oder für geistlichen Lohn, sondern er strebt bewusst nach beidem: Der höfische Ritter will zugleich Gott und der Welt gefallen. Walther von der Vogelweide hat das Dilemma wie kein anderer auf den Punkt gebracht: »Ich saß auf einem Stein, die Beine übereinander geschlagen, das Kinn in die Hand gestützt, und dachte lange nach, wie man drei Dinge vereinbaren könnte, ohne eines davon zu schmälern. Zwei sind Ansehen und Besitz (ere und farnde guot); das dritte ist die Gnade Gottes (gotes hulde), die weit mehr gilt als die beiden anderen... Aber leider kann es nicht sein, dass Besitz und weltlicher Ruhm und dazu noch Gottes Gnade zusammen in ein Herz kommen.« Und warum nicht? Die Ver-

Neuen Waffentechniken – Feuerwaffen und v. a. der verbesserten Armbrust – boten die schweren Panzerrüstungen der Ritter keinen Schutz mehr.

hältnisse, sie sind nicht so: »untriuwe ist in der saze, / gewalt fert uf der straze: / fride unde recht sint sere wunt«. – Wo Treulosigkeit und Verrat herrschen, hat der Ritter ausgedient.

Walther schrieb seine Verse 1198, mitten in der Blütezeit des Rittertums, und sie klingen schon wie ein Abgesang. Je mehr im späten Mittelalter Söldnerheere und neue Waffentechnik (die im 14. Jahrhundert verbesserte Armbrust, noch nicht die Feuerwaffe!) den schwer bewaffneten Panzerreiter ins Hintertreffen setzten, umso deutlicher wurde der Ritter zur Karikatur seines Ideals. In der Stadt ließen sich reiche Patrizier mit dem Ritterschlag schmücken; Ritter zu werden, war eine Kostenfrage. Gleichzeitig gab es immer mehr Rittersöhne, deren Erbbesitz für ein rittergemäßes Leben zu gering geworden war und für die es kaum noch Aufgaben in fürstlichen Diensten gab. Diese verarmten und sozial heimatlos gewordenen Ritter »spezialisierten« sich unter dubioser Ausnutzung des Fehderechts auf Raubzüge gegen Kaufleute und Reisende. Die Ritter endeten im 15. und 16. Jahrhundert, wie sie begonnen hatten: als Rau-

König Artus und die Ritter der Tafelrunde, Holzstich, um 1880, nach einer Buchminiatur des 14. Jahrhunderts

INFOBOX
Gönner und Auftraggeber
Fahrende Dichter, die wie andere Nichtsesshafte außerhalb der mittelalterlichen Gesellschaft standen, konnten bestenfalls ein dreitägiges Gastrecht an den Höfen in Anspruch nehmen, wo sie als Lohn für ihre Darbietungen oft getragene Kleidung erhielten. Ebenso war die Arbeit an größeren epischen Werken undenkbar ohne die Förderung durch einen Mäzen, der dem Dichter für eine gewisse Zeit die Existenz sicherte, aber gleichzeitig auch Einfluss auf Stoffwahl, Darstellung und Aussage nahm. Können im Frühmittelalter neben dem Kaiserhof nur Bischöfe oder Äbte als Auftraggeber ausgemacht werden, so treten mit der Aufnahme weltlicher Stoffe in die Dichtung ab der Mitte des 12. Jh. auch Fürstenhöfe als Mäzene in Erscheinung.

krieger. Die Ursachen waren ähnlich wie in den Anfängen 600 Jahre zuvor. Auch jetzt ging es um das Überleben, und weil die Ritter nichts anderes gelernt hatten, blieb ihnen wieder nur die nackte Gewalt.

»Stirb, Götz! – Du hast dich selbst überlebt, die Edeln überlebt«, lässt Goethe seinen sterbenden Ritter Götz von Berlichingen sagen. Es starb nicht eine hehre Ritterherrlichkeit; sie hat es nie gegeben, es sei denn in der Dichtung oder in der romantischen Verklärung des 19. Jahrhunderts. Gegeben aber hat es eine höfische Kultur der Ritter. Sie lebt weiter in vielen Formen der kultivierten Geselligkeit und des sozialen Umgangs und als Aufforderung zu einer menschlichen Haltung, für die der Ritter steht, »der in persönlicher Freiheit die Bindung an Gemeinschaft sucht; der über dem Dienst an einer geliebten Sache nicht die gelassene Großmut vergisst ... Gegen das Trennende, gegen das Chaos der Realitäten und den Fanatismus der Macht, setzt er das Verbindende, das geregelte Spiel« (Arno Borst).

Rittertum ist mehr als »höfliche« Etikette und mehr als blasse Political Correctness. Rittertum ist humane Gesinnung und noble Lebensart, ist inszeniertes Spiel mit dem Tod und mit der Liebe, ist Recht durch Gewalt und oft genug Gewalt ohne Recht, ist höchster Anspruch und banaler Alltag. Wer urteilen mag, sollte die Ritter nicht nur daran messen, wie ihnen zu leben gelang, sondern auch daran, wie sie zu leben beanspruchten und woran sie scheiterten.

Arnold Bühler

Die Figur des schwäbischen Reichsritters, der im Landshuter Erbfolgekrieg 1504 die rechte Hand verlor, regte Goethe zu seinem Drama »Götz von Berlichingen« an (Hinterglasmalerei, 1547; Jagsthausen, Schlossmuseum).

»Stadtluft macht frei«: Die mittelalterlichen Städte

Ein Leben ohne urbane Strukturen können wir uns heute kaum mehr vorstellen. Die Unterschiede zwischen Stadt und Land sind längst verwischt. Auch unsere Dörfer haben heute gepflasterte Straßen, die Lebensbedingungen sind hier nicht grundsätzlich anders als in der Stadt, wenngleich man in der »Provinz« auf manche kulturellen Annehmlichkeiten der Stadt noch immer verzichten muss. Aber überall gilt dasselbe Recht, und auf dem Lande ist das Leben heute sogar eher sicherer als in der Stadt. Ohne dass es uns ständig bewusst wäre: Die europäische Stadt ist das Modell, nach dem sich unsere Zivilisation geformt hat. Und diese Stadt ist ein Kind des Mittelalters.

Natürlich gab es im Süden und Westen Europas Städte seit der Römerzeit. In Deutschland waren dies die alten Bischofsstädte wie Köln, Mainz, Trier, Worms, Speyer, Straßburg, Basel; dichtere Stadtlandschaften bestanden in der Lombardei, im mittleren Frankreich zwischen Seine und Loire, in Nordfrankreich und in Flandern. »Stadt« bedeutete aber nur, dass hier mehr Menschen auf engerem Raum zusammenlebten als in ländlichen Siedlungen. Die römische Infrastruktur war kaum noch intakt. Die antiken Mauern lagen lose wie ein zu weiter Gürtel um die geschrumpfte mittelalterliche Stadt, verfielen oder wurden abgetragen, die Steine für den Kirchenbau genutzt oder für die wenigen Steinhäuser in der Stadt. Unser Bild von der mittelalterlichen Stadt mit ihren Mauern und Türmen, den geschäftigen Gassen und Plätzen, den Patrizierhäusern und Palästen war um die Jahrtausendwende allenfalls in schwachen Konturen vorgezeichnet.

Städte erheben sich gegen ihre Herren

Die mittelalterliche Stadt mit ihren spezifischen Rechten und Freiheiten ist das Produkt langfristiger Gärungsprozesse über gut zwei Jahrhunderte und mit erheblichen regionalen Unterschieden. Allerdings konnten einzelne Ereignisse in einer Stadt für sich genommen wie plötzliche Eruptionen erscheinen, die von den Chronisten oft mit Empörung und Unverständnis wahrgenommen wurden.

> **ZITAT**
>
> Die Stadtherren verhielten sich gegenüber den Kommunen uneinheitlich, wie die Urkunden fur Saint-Omer in Flandern 1127 (I) und Trier 1161 (II) zeigen:
> *(I) Ihre Kommune aber, wie (die Bürger von Saint-Omer) sie beschworen haben, befehle ich (Graf Wilhelm) zu bewahren, und lasse nicht zu, dass sie von irgendjemandem aufgelöst wird.*
> *(II) Die Kommune der Trierer Bürger, ... die wir (Kaiser Friedrich I.) in der Stadt selbst, als wir dort weilten, zerschlagen und kraft unserer Autorität ganz und gar verboten haben..., wird durch kaiserlichen Befehl aufgehoben und für nichtig erklärt.*

Haltlosigkeit des Pöbels und niedere Rachsucht sah Lampert von Hersfeld am Werk, als die Kölner sich in der Osterwoche 1074 gegen ihren Erzbischof erhoben. Um seinen Amtsbruder, den Bischof von Münster, der mit ihm das Osterfest gefeiert hatte, standesgemäß nach Hause zu geleiten, ließ der Erzbischof Anno von Köln das Schiff eines reichen Kölner Kaufmanns requirieren und die Fracht kurzerhand von Bord nehmen. Der Sohn des Kaufmanns und andere junge Männer vertrieben die Diener des Erzbischofs vom Schiff, und als der Stadtvogt mit Bewaffneten anrückte, jagten sie auch diese davon. Der Erzbischof drohte mit hohen Strafen. Nun eskalierte der Konflikt zu einem allgemeinen Aufruhr, der die gesamte Kölner Bevölkerung mitriss und die Stadt drei Tage lang in fürchterliche Gewaltexzesse stürzte. Der bischöfliche Palast wurde geplündert, ein Mann, den man fälschlich für den Erzbischof hielt, von der aufgebrachten Menge erschlagen. Anno selbst entkam nur knapp dem Tode, indem er bei Nacht und Nebel aus seiner Stadt floh.

3343

Siegel der Stadt Freiburg im Breisgau von 1255. Schon das erste, ab 1218 vorkommende Siegel wies eine symbolische Wiedergabe der ältesten Stadtbefestigung auf.

Die Kölner Ereignisse stehen nicht vereinzelt. Nur wenige Monate zuvor, im Dezember 1073, hatten die Wormser Bürger ebenfalls ihren bischöflichen Stadt-

---

INFOBOX

Stadthäuser
Die Masse der kleinen Handwerker und Händler lebte zunächst in einfachen, strohgedeckten Häusern aus Holz. Bis in das 14. Jh. gab es sogar Grubenhäuser, kleine, kellerartig eingetiefte Dachhäuser. Markant setzten sich davon die Sitze des Patriziats ab, das sich aus dem stadtsässig gewordenen Adel herausbildete. Hier findet man schon früh Saalgeschosshäuser und immer wieder bergfriedartige Türme. Nur bedingt zur Verteidigung geeignet – häufig waren entsprechende Einrichtungen sogar untersagt –, stellten sie v. a. Machtsymbole der städtischen Oberschicht dar.
Seit dem 14. Jh. setzte sich die geschlossene Straßenbebauung mit mehr oder weniger gleichartigen, immer anspruchsvolleren Häusern immer mehr durch. Erst jetzt entstand in manchen Gegenden Europas, v. a. nördlich der Alpen, allmählich die uns heute geläufige Form mittelalterlicher Straßenbilder. Selbst bei einfacheren Häusern ist nun die gleiche Tendenz zur Vielräumigkeit zu beobachten, die auch den Übergang von der Burg zum Schloss jener Zeit kennzeichnet.

Blick auf die Oberstadt von Carcassonne. Die von zwei Ringmauern (z. T. aus dem 6. und 12. Jh.) umgebene Stadt in Südfrankreich hat bis heute ihr mittelalterliches Aussehen bewahrt.

herrn vertrieben, um König Heinrich IV., der von einer mächtigen Fürstenopposition bedrängt und auf jeden Verbündeten angewiesen war, ihre Stadt zu öffnen.

1077 nutzten die Bürger von Cambrai die Abwesenheit ihres Bischofs, um sich zu einer Schwurgemeinschaft zusammenzuschließen und unter Eid zu verpflichten, dem Bischof die Rückkehr in die Stadt zu verwehren, falls er ihre »Kommune« nicht anerkenne. Mit dem Kampfruf »Kommune, Kommune!« stürmte im April 1112 eine Volksmenge den bischöflichen Palast in Laon; der Bischof wurde ermordet, seine Leiche blieb nackt und mit zertrümmertem Schädel auf der Straße liegen. Zu gewaltsamen Kommunebildungen kam es am Ende des 11. und zu Beginn des 12. Jahrhunderts auch in Le Mans, Beauvais, Noyon, Amiens, Brügge, Gent und war es schon 1031 in Cremona, 1045 in Mailand gekommen.

Kommunale Bewegung

So verschieden die Anlässe, so unterschiedlich die Konflikte in ihrer Intensität und Wirkung waren, so deutlich ist doch ihre gemeinsame Stoßrichtung zu erkennen und das weitgehend übereinstimmende Profil der Konfliktparteien. Es waren ja nicht die sozial Schwachen, die sich in spontanen Verzweiflungsrevolten gegen ihre Stadtherren erhoben. Die blindwütigen Haufen, die mancherorts brennend und mordend durch die Straßen zogen, verzerren das Bild; sie waren instrumentalisiert von Interessen und Initiativen, die ganz woanders lagen.

Was sich in den Bischofsstädten Oberitaliens, Nordfrankreichs und des Rheinlandes so machtvoll regte – und bezeichnenderweise gerade hier, in den blühendsten Stadtlandschaften –, waren neue soziale Kräfte, die mit politischem Durchsetzungswillen, wirtschaftlicher Potenz und meist mit einem überlegten rechtlichen Konzept an den bestehenden herrschaftlichen Strukturen rüttelten. Die Kaufleute, denen die Städte – und folglich die Stadtherren – Macht und Reichtum verdankten, waren in eine Stellung aufgestiegen, in der sie grundherrliche Abhängigkeiten nicht länger zu akzeptieren bereit waren. Ein Stadtherr wie Anno von Köln konnte nicht mehr nach Herrenart und mit Berufung auf altes Herrenrecht Kaufmannseigentum für sich beschlagnahmen, ohne Wi-

Gesamtansicht der Stadt Bamberg (Holzschnitt, koloriert, Wolfgang Katzheimer d. Ä. zugeschrieben; aus: Hartmann Schedel, »Liber cronicarum cum figuris et imagibus ab inicio mundi«, Anton Koberger, Nürnberg 1493)

> **ZITAT**
>
> **Kleiderordnungen – wie für Zürich 1357 – sind typisch für die Reglementierung städtischen Lebens:**
> *Es soll keine Frau ... ein Obergewand mehr tragen, bei dem der Ausschnitt zwei Finger breit auf der Schulter liegen soll. Und es soll auch von diesen Kleidern keines mehr vorn, oben oder seitlich geknöpft oder geschnürt sein, und es soll auch keine Ehefrau oder Witwe weder Gold noch Silber, Edelstein noch Seide auf diesen Gewändern künftig tragen. ...*

derstand zu provozieren. Wirtschaftliches Gewicht und gesellschaftliches Ansehen hatten den Kaufmann längst selbst in eine Herrenrolle gestellt, freilich ohne ihm – und genau darum ging es – eine seinem Sozialstatus angemessene Rechtsstellung zuzubilligen.

»Kommune« hieß das Reizwort der Zeit. Für die einen war sie Ideal und Kampfparole – wie 1112 in Laon –, für die anderen ein »neumodisches, scheußliches Wort«, das doch nur bedeute, dass »sich die Knechte gegen Recht und Pflicht gewaltsam dem Herrenrecht entziehen« (Abt Guibert von Nogent). Letztere spürten die Vitalität der neuen Bewegung, missverstanden aber deren soziale Ursachen und langfristige Formkraft. Die Chronisten berichten mit Vorliebe von den Kämpfen, die mit spektakulärem Pathos und blutiger Gewalt ausgetragen wurden. Wo Stadtherren die Zeichen der Zeit früh erkannten und von sich aus Zugeständnisse machten, bevor Konflikte offen ausbrachen, schweigen unsere Quellen. Auch solcher friedliche Umbau gehört in die »kommunale Bewegung«, die im 11. und 12. Jahrhundert die Städte Europas umgestaltete. Indem städtische Eliten sich politisch artikulierten, durch Schwurverband eine rechtliche Form gaben und aus herrschaftlichen Bindungen zu lösen begannen, wenn auch nicht überall und sofort mit dem erhofften Erfolg, bereiteten sie den Boden für das europäische Bürgertum.

Der Holzschnitt zeigt den Wechsel- und Bargeldverkehr in einem Florentiner Bankhaus (aus: G. Chiarini, »Libro che tracta di mercantilie e usanze de' paesi«, Florenz 1490).

Europa im Mittelalter

Das Johan Blaeu zugeschriebene Kartenblatt von Avignon (um 1650–60) zeigt den noch weitgehend mittelalterlichen Grundriss der südfranzösischen Stadt.

Stadt und Land
Ob die Kölner schon 1074 eine Kommune bildeten, ist fraglich. Lampert von Hersfeld, der über den Aufstand ausführlich berichtet, weiß nichts von einem Eid. Im Übrigen macht er keinen Hehl daraus, dass er die Kölner nicht mag. »Von Jugend auf in den Genüssen des Stadtlebens aufgewachsen«, schwadronieren sie »bei Wein und Schmaus« von großen Kriegstaten und haben doch keine Ahnung. Wie anders dagegen die Leute vom Lande: Sie stellen sich tapfer und ohne aufgesetztes Getue an die Seite ihres vertriebenen Bischofs, »Schafe für den Hirten, Söhne für den Vater«; sie wissen, was Recht ist, und auch, wenn es darauf ankommt, das Recht durchzusetzen.

Schon im 11. Jahrhundert – kaum dass die Stadt ihren eigenen Platz in der sozialen Topographie eingenommen hat – klingen die bis weit in die Neuzeit vertrauten Stereotypen an: hier der Landbewohner, der Bauer, Mönch oder niederadlige Herr, der voll Neid und Argwohn, al-

> **INFOBOX**
>
> **Rathäuser, Zunfthäuser, Tanzhäuser**
> In Städtelandschaften, in denen die kommunale Selbstverwaltung besonders ausgeprägt war – in Norditalien, auf dem Boden des Heiligen Römischen Reichs und in Flandern –, entstand als Sitz des Rates die Baugattung des Rathauses. Dessen Erdgeschoss und der häufig als Weinlager genutzte Keller (»Ratskeller«) dienten dem Handel, wogegen sich der Ratssaal zumeist im Obergeschoss befand. Charakteristisch sind die regelmäßig anzutreffenden Erdgeschosslauben, die auch Orte des städtischen Gerichts sein konnten.
> Die zahlreichen Gruppierungen der mittelalterlichen städtischen Gesellschaft errichteten sich eigene Bauten der Geselligkeit: Zunft- und Gildehäuser, Trinkstuben und Tanzhäuser. Überwiegend der Versorgung mitteloser Alter dienten die Hospitäler. Meist in Marktnähe und zunächst noch nicht in abgeschlossenen Bereichen – das Getto ist erst eine frühneuzeitliche Erscheinung – siedelten die Juden.

lenfalls mit dem Gefühl unverbildeter Rechtschaffenheit auf die Stadtmenschen blickt, deren Dünkel ihm zuwider ist, deren Geschäfte ihm dubios erscheinen; dort der Städter, der die vom Lande spüren lässt, wofür er sie hält, für »Provinzler« eben, ohne Bildung und feine Lebensart und ärmlich. Der Bericht des Hersfelder Mönchs über den Kölner Aufstand von 1074 ist ein frühes, im mittelalterlichen Europa vielleicht das früheste Zeugnis für die mentale Differenzierung zwischen Stadt und Land und die divergierenden Identitäten ihrer Bewohner.

Kaufleute prägen die Stadt
Die Kaufleute formierten sich mit Beteiligung des Stadtherrn oder gegen ihn zur sozialen Führungsschicht und bestimmten das Klima und den Charakter der Stadt, lange bevor die gewerblichen Zünfte auf das städtische Leben Einfluss nehmen konnten. Das Milieu des Kaufmanns, der Markt und der Handel wurden zu Wesensmerkmalen der Stadt, die sich dadurch funktional vom Umland abhob, zugleich aber auch zum Anziehungs- und Mittelpunkt für das umliegende Land wurde. Wo es alte Städte nicht gab, die Marktfunktionen hätten übernehmen können, entstanden neue Märkte, so insbesondere in Deutschland östlich des Rheins, wohin das römerzeitliche Städtenetz nicht reichte, und mit fortschreitendem

---

ZITAT
Abt Suger von Saint-Denis, der Initiator des 1144 fertig gestellten ersten gotischen Kirchenbaus, passte sich nach seinen eigenen Worten in allem dem Vorgängerbau an:
... außer beim Kapellenkranz, jener eleganten, des Beifalls würdigen Erweiterung, durch die das gesamte Innere (des Chors), vom wunderbaren Licht der leuchtend hellen Fenster durchflutet, in Schönheit erstrahlt.

Landesausbau auch jenseits der Elbe. Zahlreiche Städte, die im Laufe des 12. und 13. Jahrhunderts Gestalt angenommen haben, hatten im 11. Jahrhundert in einer Marktsiedlung ihre Keimzelle.

Die Fürsten haben dieser Entwicklung nicht teilnahmslos zugesehen. »Ich habe an dem Ort, der mein Eigengut ist, einen Markt gegründet im Jahre des Herrn 1120«, verkündete Konrad von Zähringen. Er habe von überall angesehene Kaufleute angeworben und ihnen Grundstücke zugeteilt, damit sie sich ansiedelten. Allen Marktbesuchern sagt er Geleitschutz zu, die niedergelassenen Kaufleute sollen von allen Zöllen und Steuern befreit sein. Die Bürger dürfen ihren Besitz frei vererben oder veräußern sowie den Vogt und den Priester durch eigene Wahl bestimmen. Streitfälle sind nicht nach Gutdünken des Marktherrn, sondern nach anerkanntem

Der mittelalterliche Beutler bei Herstellung und Verkauf seiner Ware. Handwerker prägten ganze Viertel einer mittelalterlichen Stadt.

Zentrum der mittelalterlichen Stadt war der Marktplatz, auf dem die Bauern der Umgebung ihre Ware feilboten. Das Bild zeigt den Marktplatz in Göttingen mit Gänselieselbrunnen, Altem Rathaus (links) und Johanniskirche im Hintergrund.

Kaufmannsrecht zu entscheiden. Die Bürger sind auch nicht verpflichtet, ihren Herrn zu beherbergen oder zu beköstigen.

Was der Zähringer einen »Markt« nannte und mit Rechten großzügig ausstattete, war tatsächlich auf dem besten Weg zur Stadt: Freiburg im Breisgau. Die Interessen sind klar: Am Beginn des 12. Jahrhunderts konnte eine Stadt bereits ein lukratives Unternehmen sein; der Stadtgründer und Marktherr profitierte von den Einnahmen des prosperierenden Ortes. Damit aber eine Stadt als Handelsort florieren konnte und Kaufleute anzog, bedurfte es außer einer günstigen Verkehrslage und dem Schutz eines mächtigen Herrn – sozusagen als Vorleistung des Gründers – der rechtlichen Begünstigung ihrer ansässigen Kaufleute und Bürger. Gerade die neu gegründeten Städte lockten mit Rechtsvorteilen, um gegenüber den alten Städten mit ihren gewachsenen Kaufleuteeliten und Marktanteilen konkurrenzfähig zu sein.

»Stadtluft macht frei« – nicht im Sinne einer modernen individuellen Freiheit (dies wäre eine gänzlich »unmittelalterliche« Vorstellung), sondern frei von grundherrlichen Abhängigkeiten. Die Bürger einer Stadt sind nicht alle gleich, aber sie genießen das gleiche Recht, Eigentum zu erwerben und zu vererben, Freiheit von grundherrlichen Ehebeschränkungen, Schutz und Frieden der Stadtgemeinde. Wem es gelang, sich aus grundherrschaftlicher Bindung zu befreien und unbehelligt durch den Grundherrn in der Stadt zu leben, der konnte »nach Jahr und Tag« als Bürger in den Rechtsverband der Stadt aufgenommen werden. Während im 11. und 12. Jahrhundert die ländlichen Grundherrschaften sich aufzulösen oder umzuformen begannen und Menschen in großer Zahl aus ihren rechtlichen und sozialen Bindungen entließen, wirkte die Stadtluft wie ein Sog. Nicht, dass die Stadt gesellschaftlichen Aufstieg hätte garantieren können, aber sie bildete einen besonderen Rechtsraum, in dem mehr als irgendwo sonst soziale Mobilität und individuelles Glücksstreben möglich waren.

Alte und neue Städte
Freiburg im Breisgau steht am Anfang eines Stadtentwicklungsbooms, der seit dem 12. Jahrhundert die Städtelandschaft Europas geradezu explosionsartig erweiterte. Rechnet man um 1150 in Mitteleuropa zwischen Brügge und Wien, Schleswig und Genf mit etwa 200 Städten, so gab es hier hundert Jahre später rund 1 500 Städte; bis zum Ende des Mittelalters wuchs die Zahl auf etwa 5 000 Städte an. Freilich waren die wenigsten davon wirkliche Neugründungen, unter ihnen immerhin so erfolgreiche wie Lübeck (1143/1159), München (1158) und Leipzig (um 1165). Vielmehr waren es meist ältere Siedlungen an einer Burg oder einer Abtei, die nach jahrhundertelanger Vorlaufzeit durch den sukzessiven Erwerb von Markt-, Münz-, Zoll- und Befestigungsrechten (Stadtmauer) im 13. oder 14. Jahrhundert städtische Qualität erlangt hatten und sich jetzt selbstbewusst civitas – »Stadt« – nannten, wie früher nur die altehrwürdigen Bischofsstädte.

Der weitaus größte Teil der mittelalterlichen Städte, mindestens zwei Drittel, waren Kleinstädte mit weniger

Pestarzt mit Maske. Die schlechten hygienischen Verhältnisse sorgten dafür, dass die 1347 von Genua ausgehende Pestepidemie in den Städten viel stärker wütete als auf dem Land.

als 2000 Einwohnern. Selbst die »Großstädte« mit über 10000 Einwohnern auf mindestens hundert Hektar ummauerter und bebauter Fläche waren nach modernen Maßstäben zumeist beschauliche Städtchen. In Deutschland gab es im späten Mittelalter vielleicht 15 Großstädte. Von ihnen hatten manche wie Straßburg, Nürnberg, Wien und Lübeck mehr als 20000, Köln, schon im 12. Jahrhundert die größte deutsche Stadt, nahezu 40000 Einwohner. Die deutschen Städte lagen damit weit hinter den italienischen Metropolen Venedig, Mailand, Genua, Florenz und Neapel mit 60000 bis 100000 Einwohnern.

Nördlich der Alpen war Paris die bevölkerungsreichste Stadt (80000 Einwohner um 1300). Erst mit beträchtlichem Abstand folgten Brügge, Gent (50000 bis 60000 Einwohner) und selbst London (30000 Einwohner), der »kosmopolitische Treffpunkt des Spätmittelalters« (Edith Ennen). Im 15. Jahrhundert lebte fast ein Viertel aller Menschen in Europa in Städten, in den Ballungsräumen Flanderns, Brabants und der Lombardei sogar erheblich mehr. An der Schwelle zur Neuzeit hatte die Verstädterung Europas die Gesellschaft von Grund auf verwandelt.

Bürger und Nichtbürger – Reiche und Arme
Nicht jeder, der in der Stadt lebt, ist auch »Bürger« dieser Stadt. Bürger wird er durch den Eid. »Den Bürgermeistern, Schöffen und dem Rat zu Frankfurt treu und gehorsam zu sein und Beistand zu leisten und ihnen und der Stadt Frankfurt Schaden abzuwenden, ihr Bes-

---

INFOBOX

Kirchen bestimmen das Stadtbild

Die Gesamtsilhouette der mittelalterlichen Stadt war sakral geprägt. Mit ihren mächtigen Baukörpern überragten die Kirchen die Stadt: die großen Kathedralen, in Italien noch heute auch die Bauten der Bettelorden, im alten deutschen Reich und im östlichen Mitteleuropa besonders markant die großen Stadtpfarrkirchen. In all diesen Kirchen suchte v. a. das Bürgertum durch die Stiftung von Altären sein Seelenheil zu sichern. Gleichermaßen setzte es sich mit den Kirchen Denkmäler, die auch in der diesseitigen Welt wirken sollten – nicht zuletzt mit ihren Türmen, die noch einmal das Bild der mittelalterlichen Burg wachriefen, nunmehr von einer ganz anderen Schicht getragen und zum reinen Machtsymbol geworden.

> **INFOBOX**
>
> **Die Katastrophe von Beauvais**
> Einen »Ikarusflug der Gotik« nannte der deutsche Kunsthistoriker Georg Dehio jene Stilphase in Frankreich, die im ständig gesteigerten Höhenzuwachs der Kirchen gelegentlich die damals zu Gebote stehende Technik überforderte. Die in kühnem Baugeist errichteten Kathedralen blieben zwar fast alle über die Jahrhunderte hinweg stehen. Dort jedoch, wo man den Bogen im wahrsten Sinne des Wortes überspannt hatte, kam es zur Katastrophe. So stürzten 1284 die Mittelschiffsgewölbe und Teile des Obergadens im Chor der – nie geweihten – Kathedrale von Beauvais ein. Als Hauptursache gilt eine Fehlkonstruktion der Strebepfeiler, die gegen den hohen Winddruck zu wenig Widerstand boten.

tes zu fördern und in keiner Weise gegen sie zu handeln«, schwuren die Bürger der Messestadt am Main am Ende des 14. Jahrhunderts. Für ihre Pflicht, Steuern zu zahlen und die Stadt im Notfall zu verteidigen, genossen die Bürger den Schutz und den Rechtsbeistand ihrer Stadt.

Es versteht sich, dass die Stadt an möglichst vermögenden Bürgern interessiert war und das Bürgerrecht an den Nachweis eines Mindestvermögens und eine nicht geringe Aufnahmegebühr knüpfte. In Frankfurt am Main waren daher von den knapp 10 000 Einwohnern nur gut ein Drittel im Besitz des Bürgerrechts. Von diesen waren im 14. Jahrhundert fast ein Viertel, um 1500 sogar über vierzig Prozent »nichthäbige« Bürger, deren Vermögen unterhalb des steuerbaren Minimums lagen. In Augsburg gehörten 1475 zwei Drittel der rund 20 000 Einwohner zur vermögenslosen Unterschicht der kleinen Handwerker, Tagelöhner und Bettler. Rechnet man die Bürger mit geringen Vermögen (unter hundert Gulden) hinzu, so waren es sogar über achtzig Prozent der Bevölkerung, die in Armut oder doch in existenzbedrohten Verhältnissen lebten. Ihnen stand eine dünne Oberschicht gegenüber, vielleicht ein Dutzend Familien, die rund vierzig Prozent des Gesamtvermögens der Stadt in ihren Händen hielten.

Eine wachsende Kluft zwischen der Masse der Bettelarmen und den wenigen schwerreichen Patriziern und Handelsherren bestimmte das soziale Gefüge in allen Städten. Versetzt man sich in die Mauern der spätmit-

> **ZITAT**
>
> **Boccaccio schildert im »Decamerone« das Wüten der Pest in Florenz 1348:**
> *Die Leute starben..., und nur ganz wenigen wurden die mitleidigen Klagen und bitteren Tränen ihrer Verwandten zuteil. Stattdessen hörte man meist Gelächter, Witze und gesellige Kurzweil; auch die Frauen hatten es um ihrer Gesundheit willen gründlich gelernt, daran teilzunehmen und weibliches Mitgefühl größtenteils zurückzustellen.*

Stadtsilhouette von San Gimignano in der Toskana. Die aus dem 12.–14. Jh. stammenden Geschlechtertürme dienten den mächtigen Familien als Zufluchtsorte und sollten außerdem ihr Ansehen vergrößern.

telalterlichen Stadt, so drängen sich Bilder der Enge, der Not, des Elends, kaum solche der bürgerlichen Freiheit auf. In der drangvollen Enge, den lichtlosen Gassen gerade der armen Quartiere in der Stadt waren die hygienischen Zustände katastrophal. Als sich seit dem Jahresende 1347 von Genua und Marseille aus die Pest über ganz Europa ausbreitete und in vier Jahren (1348–52) von Süditalien bis Nordengland und Skandinavien rund ein Drittel der Bevölkerung (über zwanzig Millionen Menschen) dahinraffte, waren die Städte weit stärker betroffen als die ländlichen Gebiete. Berühmt ist die Schilderung Boccaccios vom Peststerben in Florenz 1348: Von den 90 000 Einwohnern wurden vermutlich 50 000 Opfer der Seuche. Das dichte Zusammenleben nivellierte mancherorts die sozialen Unterschiede im Angesicht des schwarzen Todes: In Hamburg starben in einem Jahr 16 der 21 Ratsherren.

Machte die Stadtluft wirklich frei?
Der Alltag der meisten Stadtbewohner ist eingeengt durch die Bedürftigkeit ihrer Existenz. Aber auch die wohl situierten Bürger bis in die mächtigen Patrizierfa-

milien spüren den Zwang der Statuten und Verordnungen, ungeschriebenen Konventionen und Gewohnheiten, die ihren Alltag bis ins Kleinste regeln und tief in das Leben des Einzelnen eingreifen.

Bestimmender als ein bürgerliches Freiheitsideal ist für das städtische Patriziat das Vorbild des Adels. Patrizier führen Wappen und Siegel, kleiden sich nach höfischer Mode, verheiraten ihre Töchter mit Rittersöhnen und suchen auch sonst in Lebensstil und Selbstdarstellung die Nähe zum Adel. Die Geschlechtertürme der spätmittelalterlichen Städte sind die steinernen Zeugnisse ihrer Ambitionen, wenig komfortable, zum Wohnen ungeeignete Prestigebauten, in denen patrizische Familien die Burgen des landsässigen Adels nachbildeten (auch dann noch, als dieser seine Wohnsitze zum Teil schon in bequemere Stadthäuser verlegt hatte). Eine eigene urbane Kultur hat die städtische Gesellschaft des späten Mittelalters kaum hervorgebracht, vielmehr in der bewussten, oftmals angestrengten Nachahmung adeliger Lebensformen ähnliche Merkmale der Erstarrung und ständischen Selbstabschließung entwickelt wie der feudale Adel außerhalb der Stadt.

Anders als die freiheitsfixierte Stadtgeschichtsforschung des 19. Jahrhunderts wird man daher heute die fortschrittlichen, gar »liberalen« Tendenzen der mittelalterlichen Stadt weniger betonen und eher ihre adelsanalogen Strukturen und quasiadligen Stilformen hervorheben. Der Gegensatz zwischen Stadt und Adel, zwischen dem Bürger und dem Ritter ist keineswegs so scharf, wie man lange Zeit unter dem Motto »Stadtluft macht frei« zu erkennen meinte. So gewiss die europäische Stadt des Mittelalters »im politischen Bereich eine Entscheidung gegen die adlige Herrschaft und für die genossenschaftliche Freiheit« war – und als solche immer wieder gewürdigt wurde –, so eindeutig war sie »im sozialen Bereich eine Entscheidung gegen die Freiheit des Individuums und für die ständische Schichtung« (Arno Borst).

Arnold Bühler

> **ZITAT**
>
> **Auf einer Reise nach Frankreich, Flandern und ins Rheinland besuchte der italienische Humanist und Dichter Francesco Petrarca auch Köln:**
> *Cöln nahm mich auf, die agrippinische Colonie am linken Rheinufer, berühmt durch seine Lage und seinen Strom, berühmt durch seine Bevölkerung. Erstaunlich diese Gesittung im Barbarenlande, die Schönheit der Stadt, die gesetzte Haltung der Männer, das schmucke Benehmen der Frauen!*

»Zwerge auf den Schultern von Riesen«: Von der Klosterschule zur Universität

Weiteste Bereiche des privaten und öffentlichen Lebens kamen im Mittelalter ganz ohne Schrift aus. Ein an Schriftlichkeit und Literatur geformter Bildungsbegriff ist auf mittelalterliche Verhältnisse also nur bedingt anzuwenden. Karl der Große mühte sich bis ins hohe Alter vergeblich, seine schwertgeübte Hand an die Feder zu gewöhnen. Ungebildet war er deswegen nicht, der die besten Gelehrten an seinem Hof versammelte, um sich von ihnen belehren und beraten zu lassen. »Er pflegte die Wissenschaften mit großer Hingabe«, rühmte sein Biograph; der Kaiser, ein gebildeter Analphabet. Noch der gewiss wortgewaltige Wolfram von Eschenbach konnte (kurz nach 1200) ohne Peinlichkeit mit seinem Mangel an Buchgelehrsamkeit kokettieren: »swaz an den buochen stet geschriben, des bin ich künstelos beliben«. Die Bildung des adeligen Herrn, und sei er auch Dichter, war nicht aus Büchern zu holen.

Antike Bildung und Christentum
Dennoch gründete die christlich-mittelalterliche Kultur Europas ganz wesentlich auf Buchwissen und Schrifttradition. Denn die christliche Kirche als Hüterin einer Buch- und Offenbarungsreligion, deren Wahrheit allein durch die Schrift überliefert ist und im Ritual der heiligen Messe durch das gesprochene, aber natürlich schriftlich fixierte Wort immer wieder aufs Neue lebendig wird, benötigt schriftkundige Priester und Theologen. Die Sprache der Bibel und der Kirchenväter, das spätantike Latein, für die meisten Menschen im frühen Mittelalter eine Kunstsprache und fast nur auf den liturgischen Gebrauch reduziert, war zum hoch geachteten und unverzichtbaren Spezialwissen geworden. Mit der Sprache aber ist auch das Wissen der antiken Autoren weitergegeben worden. Cicero, Sallust, Martianus Capella, Boethius, selbst Komödienschreiber und Satiriker wie Terenz und Juvenal und sogar der »Liebesdichter« Ovid wurden ja nicht nur stumpfsinnig abgeschrieben, um ihre Sprache zu lernen; auch ihre Gedanken drangen in die Köpfe der mittelalterlichen Leser ein und forderten zur Auseinandersetzung auf. Die Kirche wurde zur Kultur-

Albertus Magnus (Fresko von Tommaso da Modena, 1352; Treviso, Kloster San Nicolò). Die 1388 gegründete Universität Köln trägt heute den Namen des Albertus Magnus.

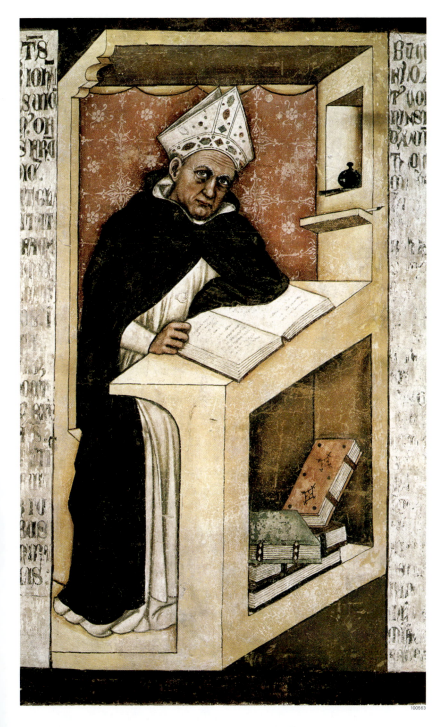

vermittlerin zwischen der heidnischen, schriftlich gebildeten Antike und der christlichen, genuin schriftlosen Welt des Mittelalters.

Die entscheidenden Weichen hatte schon der Kirchenvater Augustinus gestellt. »Die Ägypter hatten nicht nur Götzenbilder und schwere Bürden, vor denen das Volk Israel mit Abscheu floh. Sie hatten auch Gefäße und Zierrat aus Gold und Silber, dazu Kleidung, die das Volk beim Auszug aus Ägypten zur besseren Nutzung heimlich für sich in Anspruch nahm«, so kommentierte er den biblischen Bericht (Exodus 12, 35–36), um dann grundsätzlich festzustellen: »Genauso enthalten sämtliche Lehren der Heiden nicht nur Einbildungen und abergläubische Wahnideen und die Last unnützer Mühen, die wir alle, von Christus geleitet, beim Aufbruch von der heidnischen Gemeinschaft verabscheuen und meiden müssen, sondern auch die freien Wissenschaften, die sich besser eignen zur Erkenntnis der Wahrheit.« Gewiss, die Ägypter waren verblendete Heiden, sie vergeudeten ihr Wissen für Unnützes. Aber die geistigen Schätze der Heiden können den Christen auf ihrem Weg zur Gotteserkenntnis hilfreich sein, so wie die Israeliten auf ihrem Marsch durch die Wüste die Schätze der Ägypter nutzten.

Von dem Kölner Erzbischof Bruno I., dem Bruder und Kanzler Kaiser Ottos I., wissen wir, dass er in seiner Reisebibliothek stets auch heidnische Bücher mit sich führte, um an ihnen Sprache und Stil zu schulen. Die Gelehrten des frühen und hohen Mittelalters verhielten sich zur antiken Kultur weit weniger feindlich oder ver-

Neben klösterlichen Skriptorien waren höfische Kanzleien in Europa lange Zeit die einzigen Entstehungsorte für Bücher. Die Miniatur zeigt griechische und arabische Schreiber der königlichen Kanzlei von Palermo (um 1200).

> **INFOBOX**
>
> **Mittelalterlicher Gesangsunterricht**
> Auch Gesang wurde an den Klosterschulen des Mittelalters gelehrt. Dieser Unterricht stellte harte Anforderungen an Disziplin, Ausdauer und Gedächtnis der oft aus ärmsten Verhältnissen stammenden Schüler. Begleitet von drakonischen Strafen wie Rutenschlägen und sogar Haareausziehen, mussten vor dem Aufkommen der Notenschrift Hunderte der schwierigsten Gesänge auswendig gelernt werden, fast für jeden Tag des Kirchenjahres andere. Dabei waren melismatische Schlusswendungen mit über 50, im Mailänder Choral sogar mit mehr als 100 Tönen zu beherrschen.
>
> Hinzu kam in den Klosterschulen ein streng geregelter Tagesablauf, bestimmt von den Stundengebeten und dem Gesang zur täglichen Messe. Er begann um vier Uhr morgens und endete fast ohne Unterbrechung der liturgischen oder schulischen Pflichten erst gegen acht Uhr abends, woran sich dann noch nächtliche Metten von über einer Stunde Dauer anschlossen.

krampft, als spätere Jahrhunderte ihnen manchmal unterstellt haben. Berührungsängste waren ihnen fremd, aber auch zum Übermut hatten sie selten Anlass, zu bewusst war ihnen ihre geistige Abhängigkeit von den Vorleistungen der Alten. »Wir sind wie Zwerge, die auf den Schultern von Riesen sitzen«, soll Bernhard von Chartres († um 1130) gesagt haben, und die Zeitgenossen haben dieses Bild gerne zitiert. Nur weil die Riesen des Altertums sie trugen, konnten sie schließlich doch in stolzer Bescheidenheit von sich behaupten, mehr und weiter zu sehen als diese.

Bildungskrise und karolingische Bildungsreform
In den ersten Jahrhunderten des Mittelalters war geistige Bildung freilich kaum mehr als ein frommer Wunsch. »Wenn uns in den letzten Jahren von manchen Klöstern Briefe zugesandt wurden, so erkannten wir in den meisten von ihnen zwar den Sinn als richtig, die Sprache aber als ungepflegt. Denn was die fromme Andacht aufrichtig diktierte, vermochte die ungebildete Zunge nicht fehlerfrei auszudrücken, weil das Lernen vernachlässigt war. So begannen wir zu fürchten, dass vielleicht, wenn schon im Schreiben zu wenig Klugheit war, noch viel weniger, als nötig wäre, in ihrem Ver-

> **ZITAT**
>
> **Merkvers aus dem Lateinunterricht einer Klosterschule:**
> *Bonus vir est Robertus*
> *Laudes gliscunt Roberti*
> *Christe fave Roberto*
> *Longaevum fac Robertum.*
> *(Ein guter Mann ist der Robert.*
> *Es wächst der Ruhm des Robert.*
> *Christus, sei gnädig dem Robert.*
> *Lass' alt werden den Robert.)*

Die aus der Spätantike übernommenen sieben freien Künste – hier die durch Aristoteles und Platon personifizierten Logik und Dialektik – wurden an den mittelalterlichen Fakultäten gelehrt (um 1437/38; Florenz, Museo dell'Opera di Santa Maria del Fiore).

ständnis der heiligen Schriften sei.« Karl der Große, der in einem Rundschreiben (vor 800) an die Bischöfe und Äbte des Reiches so unverblümt die Bildungsdefizite seiner Geistlichen anprangerte, hat gewiss nicht übertrieben. Bonifatius hatte seine liebe Not mit einem Priester, der mit einer eigenwilligen Formel die Taufe spendete: »Im Namen das Vaterland und die Tochter ...« (In nomine patria et filia, statt patris et filii). War da nicht zu befürchten, dass dieser Priester selbst nicht verstand, was er betete und predigte? Und er war kein Einzelfall: Die noch erhaltenen Handschriften aus dem 8. Jahrhundert verraten eine notorische Unkenntnis in Sprache und Schrift.

Es ging nicht um hohe Theologie, sondern um einfachste Grundlagen. Zunächst waren zuverlässige Texte zu beschaffen. Denn die Evangelien, Sakramentare,

Messbücher, Kirchenrechtssammlungen, Grammatiken, die es gab, waren fehlerhaft, bis zur Unverständlichkeit verstümmelt und widersprüchlich. Geschulte Kopisten mussten die korrigierten Texte vervielfältigen, qualifizierte Lehrer für ihre inhaltliche Verbreitung und Aneignung sorgen. Auf Initiative des Königs und unter der Anleitung von Gelehrten, die aus allen Teilen der lateinischen Welt an den Karolingerhof gekommen waren, wie der Angelsachse Alkuin, der Ire Dungal, der Westgote Theodulf, der Langobarde Paulus Diaconus, wurden die Klöster zu Trägern einer erneuerten Schriftbildung.

In manchen von ihnen entstanden berühmte Schreibschulen, so in Tours, Fulda und Sankt Gallen, deren Handschriften noch heute von ihrem geistigen und künstlerischen Rang zeugen. Große Klosterbibliotheken mit mehreren Hundert Bänden, wie in Lorsch, Reichenau, Sankt Gallen und Bobbio, bargen Schätze auch von hohem materiellem Wert. Die Bücher wurden unter den Klöstern zur Abschrift ausgeliehen und sorgten so für gelehrten Austausch und Breitenwirkung über das einzelne Kloster hinaus. Die geistige Kultur Europas wurde im frühen Mittelalter hinter Klostermauern geformt; selbst was die Antike beitrug, ist durch die Feder der Mönche vermittelt.

s. ZEIT Aspekte
Pergament S. 524

ZITAT

Beim Besuch der Sankt-Gallener Klosterschule ermahnt Karl der Große die Schüler:
Ihr Vornehmen, ihr Fürstensöhne, ihr Verzogenen und Verzärtelten, wenn ihr nicht rasch eure bisherige Gleichgültigkeit durch Strebsamkeit wieder gutmacht, dürft ihr nie von Karl etwas Gutes erwarten.

INFOBOX

Vater der mittelalterlichen Scholastik
Der scholastische Theologe und Philosoph Anselm von Canterbury (1033–1109) war 1078–93 Abt des Benediktinerklosters Bec in der Normandie und dann bis zu seinem Tod Erzbischof von Canterbury. Reiche spekulative Begabung und mystische Frömmigkeit machten ihn zum »Vater« der mittelalterlichen Scholastik und Mystik. Sein auf Augustinus zurückgehender Grundsatz »Credo, ut intelligam« (»Ich glaube, um zu erkennen«) bedeutet, dass die Vernunft den Glaubensinhalt so weit wie möglich rational durchleuchten und systematisieren soll. In diesem Sinn behandelte Anselm die Existenz Gottes, Schöpfung und Trinität.
Berühmt ist sein ontologischer Gottesbeweis, der in abgewandelter Form u. a. von Descartes, Leibniz und Georg Wilhelm Friedrich Hegel aufgenommen wurde. Dieser Gottesbeweis folgert aus der Tatsache, dass es einen Begriff des höchsten Wesens gibt, dass dieses höchste Wesen auch existieren muss.

Altes Wissen in neuer Anwendung

Auch die Fächer, die an den Klosterschulen gelehrt wurden, waren an den antiken Schuldisziplinen ausgerichtet, den sieben freien Künsten (artes liberales). Dazu gehörte das trivium: Grammatik, Rhetorik und Dialektik, das heißt die sprachliche Ausbildung im Lateinischen, das Einpauken der Formen und Stilfiguren, aber auch deren Anwendung in stilistisch versierter Rede und Argumentation. Originalität war nicht gefragt, sondern die möglichst perfekte Annäherung an die klassischen Vorbilder, an deren Schriften man sich übte. Dasselbe galt für die Fächer des quadrivium: Arithmetik, Geometrie, Astronomie, Musik. Es wurde das Buchwissen der antiken Autoritäten rezipiert. Astronomie handelte selten vom beobachteten Sternenhimmel, vielmehr von den Planetenbahnen, wie sie in den Büchern standen, Musik nicht in erster Linie vom Musizieren, sondern von der Harmonielehre und den kosmischen Sphärenklängen, Arithmetik und Geometrie von Zahlentheorie und von perfekten Ordnungen nach Zahl und Maß.

Dennoch waren die Lehrer der Kloster- und Domschulen nicht nur Epigonen des Altertums, die sich im bloßen Nachvollzug des tradierten Lehrstoffes erschöpften. Was sie interessierte, war das intellektuelle Training, das formale Instrumentarium, an dem sie Sprachverständnis und Deutungsmethoden schulen konnten, um die offenbarte Wahrheit umso vollkommener zu verstehen. Gott hatte den Menschen das Wissen geschenkt – und sei es in den Büchern der Heiden –, sie mussten es nur erkennen und nutzen. Zuerst waren die biblischen Schriften Wort für Wort zu verstehen, die wörtlichen und spirituellen Bedeutungen jedes einzelnen Wortes auszuloten, bevor man im 12. Jahrhundert zu selbstständigeren, theologisch anspruchsvolleren Kommentaren schreiten konnte. Die biblische Exegese steht am Anfang der systematischen Wissenschaft im christlichen Europa. Bis in die Universitäten des späten Mittelalters wird die Theologie die Königin der Wissenschaften bleiben.

Karriere durch Gelehrsamkeit

Schulbildung im frühen und hohen Mittelalter war jedenfalls in der Zielsetzung geistliche Bildung. Mit sieben Jahren – dem zweiten Lebensabschnitt, pueritia, nach

> **ZITAT**
>
> **Anselm von Canterbury (1033–1109) kritisiert die Erziehung in den Klosterschulen (Eadmer, Vita Anselmi):**
>
> *... Sie (die Zöglinge) sind im Garten der Kirche gepflanzt und sollen wachsen und Gott Frucht tragen. Ihr aber engt sie mit Schrecken, Drohungen, Schlägen überall so ein, dass sie sich überhaupt nicht der Freiheit bemächtigen können. ...*

Europa im Mittelalter

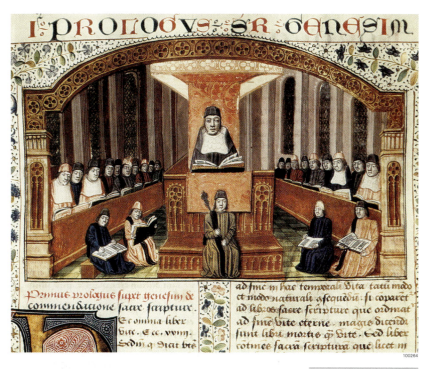

Die scholastische Theologie des Mittelalters war eng mit der Philosophie der Antike verbunden. Die Miniatur zeigt den Franziskanertheologen Nikolaus von Lyra bei einer Lektion (15. Jh.; Troyes, Bibliothèque Municipale).

der üblichen Einteilung der Lebensalter – begann für die Jungen und Mädchen der Unterricht in der Klosterschule. Die Kinder waren von den Eltern als »Oblaten« in die Klosterobhut gegeben worden. Durch die Erziehung und Ausbildung im Kloster war der spätere Lebensweg meist vorgezeichnet; erwachsen geworden, legten die Oblaten in aller Regel die Gelübde ab und wurden Mönche und Nonnen.

Dass jemand, nachdem er Kindheit und Jugend im Kloster verbracht hatte, eine weltliche Laufbahn anschloss, wie Einhard, der Baumeister und Biograph Karls des Großen, nach erster Ausbildung im Kloster Fulda, war die ganz seltene Ausnahme. Ansonsten war Geistlicher, wer schriftkundig und literarisch gebildet war (aber keineswegs jeder Geistliche war solchermaßen qualifiziert!), während die Laien allenfalls über rudimentäre Schriftkenntnis verfügten. Begabten Schülern konnte das Kloster einen geistigen Entfaltungsraum bieten, gerade wenn die sozialen oder persönlichen Bedin-

> **INFOBOX**
>
> **Glauben und Verstehen**
> Am Anfang von Anselm von Canterburys Erkenntnislehre steht der Sündenfall, der die menschliche Erkenntnisfähigkeit einschränkt und einer Erkenntnis Gottes im Wege steht. Vor seinem Fall habe der Mensch über direktes Wissen über Gott verfügt, seither bedürfe er jedoch einerseits eines Akts des Glaubens, dürfe sich aber andererseits auch nicht der Mühe entziehen, diesen verstandesmäßig zu begreifen. Auch wenn Anselm damit die Grundhaltung des Glaubens für das Erkennen voraussetzte, so wollte er doch die konkreten Glaubensinhalte wie Gottes Wesen, seine Güte und Gerechtigkeit sowie die Trinität selbst für den Ungläubigen logisch nachvollziehbar beweisen. Und das Gleiche galt auch für Gottes Existenz: Auch sie sollte zweifelsfrei bewiesen werden. In dem 1078 entstandenen »Proslogion« argumentierte er für die notwendige Annahme der Existenz Gottes.

Aus dem Kloster Alpirsbach stammendes Lesepult aus Lindenholz, das von den vier Evangelisten getragen wird (12. Jh.)

gungen einer weltlichen Karriere entgegenstanden. Hermann, zwar aus adligem Hause, aber von Kindheit an spastisch gelähmt, hätte in der auf Selbstbehauptung und herrschaftlicher Gewalt beharrenden Adelswelt des 11. Jahrhunderts schwerlich eine würdige Existenz finden können. Im Schutz des Inselklosters Reichenau und gefördert von einfühlsamen Lehrern, wurde Hermann von Reichenau, auch Hermann der Lahme genannt, zum gefeierten Gelehrten, der von weit her Schüler an die Reichenauer Schule zog.

Bildung war zum gesellschaftlichen Wert geworden, der selbst das Manko minderer Herkunft kompensieren konnte. Die Bischofskarrieren des 10. und 11. Jahrhunderts bieten zahlreiche Beispiele für sozialen Aufstieg aufgrund intellektueller Qualifikation, und immer bildeten Kloster- und Kathedralschulen die entscheidenden Stufen auf der Karriereleiter. Gerbert aus unbekannter südfranzösischer Familie erhielt seine erste Erziehung im Kloster Aurillac in der Auvergne. Dort wurde man auf seine mathematische Begabung aufmerksam und schickte ihn in die weitere Ausbildung zu Bischof Hatto von Vich nach Katalonien; nach kurzer Lehrtätigkeit in Rom im Dienst des Kaisers ging er zum Studium der Logik nach Reims. Er wurde selbst Leiter der Domschule, später Erzbischof von Reims (991) und von Ravenna (998), Lehrer des jugendlichen Kaisers Otto III. und bestieg schließlich als Papst Silvester II. den Stuhl Petri (999–1003).

So außergewöhnlich Gerberts atemberaubender Aufstieg insgesamt verlief, bezeichnend ist der Radius seiner Bildungskarriere mit Stationen in Frankreich, Spanien und Italien. Eine fundierte akademische Lehre war nicht an einem Ort, von einer Schule zu vermitteln. Wer sich umfassend bilden und damit seine akademischen und kirchlichen Karrierechancen verbessern wollte, von dem war höchste Mobilität gefordert. Die Lehrer und Schüler des hohen Mittelalters führten ein Wanderleben, zum Teil umherziehend wie fahrendes Volk und ähnlichen Konflikten ausgesetzt wie dieses.

Die Schulen der Bischofskirchen waren offener für solche Fluktuationen als die zu Ortsbeständigkeit und Weltabgeschiedenheit verpflichtenden Klöster. Daher überflügelten die Kathedralschulen zunehmend die älteren Klosterschulen. Die großen Lehrer des späten 11. und 12. Jahrhunderts wirkten an den Domschulen in Reims, Chartres, Laon und besonders in Paris, wo sich

Bibliothekssaal des Klosters Wiblingen bei Ulm (1714–83). Viele Klöster beherbergen Handschriften und Bücher von unschätzbarem Wert.

schon die ersten Konturen der werdenden Universität abzeichneten.

Selbstbewusste Wissenschaften und neue Schulen

Das 12. Jahrhundert war in vielerlei Hinsicht eine Umbruchzeit, in der sich die Gesellschaft neuen Horizonten öffnete. Das geistige Leben konnte davon nicht unberührt bleiben. Petrus Abaelardus verkörperte den neuen selbstbewussten Gelehrtentyp, ohne Respekt vor den überlieferten Autoritäten, sofern sie nicht kritischer Vernunftprüfung standhielten. Seine Schrift »Sic et non« (»Ja und Nein«, um 1122) stellte die Unvereinbarkeiten in Kirchenlehre und Kirchenrecht gegeneinander und erhob den methodischen Zweifel zum Erkenntnisprinzip. Mehr als alles andere bereicherte der seit dem 12. Jahrhundert in verschiedenen Schüben wieder entdeckte und rezipierte Aristoteles – im Mittelalter schlicht »der Philosoph« genannt – Philosophie und Denkrichtung der westlichen Gelehrten. Aristoteles lieferte ein in sich geschlossenes Lehrgebäude unabhängig von der christlichen Überlieferung, das diese

Der Holzschnitt zeigt einen Universitätslehrer mit seinen Schülern während einer Vorlesung (aus: »Tractatus diversorum doctorum«, ed. Chulachon, Mailand, von J. A. Schinzenzeler, 1523).

Universitätslehrer mit seinen Schülern. Holzschnitt aus: Tractatus diversorum doctorum ed Chulachon. Mailand, J. A. Scinzenzeler, 1523.

> **INFOBOX**
>
> **Petrus Abaelardus**
> Der französische Scholastiker Pierre Abélard, latinisiert Petrus Abaelardus (1079–1142), gründete, nachdem er sich mit seinen Lehrern überworfen hatte, eine eigene Schule auf dem Berg Sainte-Geneviève bei Paris. Hier hielt er Vorlesungen über Logik, zu denen Studenten aus ganz Europa kamen. Typisch für das scholastische Denken ist die Form der »Quaestio«: Ausgehend von einer mit Ja oder Nein zu beantwortenden Frage werden scheinbar unparteiisch die Argumente beider Seiten zusammengestellt, ehe der Verfasser seinen eigenen Standpunkt darlegt. Mit seinem Hauptwerk »Sic et Non« hatte Abaelardus dieser Betrachtungsweise den Weg geebnet.
> Nach dem unglücklich verlaufenen Liebesverhältnis mit Héloise, der Nichte des Kanonikus Fulbert, der ihn entmannen ließ, wurde Abaelardus Mönch in Saint-Denis.

substanziell herausforderte und zugleich methodisch stützte.

Ähnlich wie Abaelardus, aber mehr an praktischen juristischen Fragen interessiert, sortierte der Bologneser Magister Gratian die Widersprüche der kirchlichen Rechtstexte zu einer systematischen Kirchenrechtssammlung; das »Decretum Gratiani« (um 1140) bildete den Grundstock des seither fortgeschriebenen Rechts der katholischen Kirche. Um dieselbe Zeit und ebenfalls in Bologna erwachte das Interesse am gelehrten weltlichen Recht. Das spätantike römische Recht, das jetzt neu gelesen und kommentiert, in Teilen auch erst bekannt wurde, bot dem Kaiser die gesuchte Legitimationshilfe in seiner Auseinandersetzung mit dem Papst.

Die Lehrer und Schüler selbst sprengten die alten Formen. Wo Abaelardus und andere auftraten, scharten sie Massen von Schülern um sich. In Paris machten mehrere »Schulen« einander Konkurrenz, die Domschule von Notre-Dame, auf dem linken Seineufer bei Sainte-Geneviève der Kreis um Abaelardus und noch andere; um 1200 lebten hier etwa 5000 Studenten. Wie sich Paris im Laufe des 12. Jahrhunderts zum Hauptsitz der gelehrten Theologie entwickelte, so wurde Bologna die führende Rechtsschule in Europa. Die Schulen in Paris und Bologna und auch schon Oxford waren auf dem Weg zu

> **ZITAT**
>
> **Petrus Abaelardus über seinen Lehrer in Laon, den Domschulmeister Anselm (Abaelardus, Historia calamitatum):**
> *... Vor den Augen seiner Zuhörer war er (Anselm von Laon) ja eine beeindruckende Erscheinung, aber wenn jemand Fragen stellte, war er eine Null. Seine Wortgewandtheit war erstaunlich, doch die Aussage war dürftig und ohne vernünftige Begründung. Wenn er ein Feuer entzündete, füllte er sein Haus mit Rauch, anstatt es mit Licht zu erleuchten.*

Barocke Jesuitenschule in Posen. Die berühmteste Jesuitenschule entstand im 12. Jh. in Bologna.

Universitäten; was ihnen noch fehlte, war eine rechtliche Verfassung ihrer Lehrenden und Lernenden.

Universitäten überziehen Europa
Universitas magistrorum et scholarium wurde die Pariser Schule seit 1221 genannt, »Genossenschaft der Magister und Studenten«. Einen eigentlichen Gründungsakt hatte diese »Universität« so wenig erlebt wie die anderen hohen Schulen des 12. Jahrhunderts. Sie alle sind in einem langen Gärungsprozess und unter günstigen lokalen Bedingungen entstanden.

Die unklare Rechtssituation der vielen ortsfremden Magister und Scholaren war auf die Dauer unhaltbar. Päpstliche und königliche Privilegien regelten Lehrbefugnisse, Lehrangebote und rechtliche Zuständigkeiten und entzogen damit die Universität dem Recht des Bischofs, der das Monopol über seine Domschule gehabt hatte, stellten sie aber auch außerhalb der weltlichen städtischen Gerichtsbarkeit. Es wuchs ein neues, weitgehend autonomes Rechtsgebilde heran, eine Korporation der Lehrer und Schüler, vergleichbar einer handwerklichen Zunft, wo die qualifizierten Mitglieder ebenfalls Magister, »Meister«, hießen. Erst im 13. und 14. Jahrhundert wurden nach den verehrten Vorbildern Paris und Bologna neue Universitäten förmlich gegründet: 1218 in Salamanca, 1224 in Neapel durch Friedrich II., 1229 in Toulouse, später in rascher Folge in Prag (1348), Florenz (1349), Pavia (1361), Krakau (1364), Wien (1365), Heidelberg (1386) und Köln (1388).

Die Lehre der Universität zielte, wie schon die Kloster- und Domschulen, auf mündlich reproduzierbares Wissen. In der Vorlesung (lectura) musste der Magister die vorgeschriebenen Bücher »Wort für Wort verständlich und vernehmbar den Studenten vorlesen« (so eine Bestimmung der Heidelberger Juristen am Ende des 14. Jahrhunderts); selbstständige Lektüre oder gar der Besitz eigener Bücher wurde nicht vorausgesetzt. Mittelalterliche Gelehrsamkeit blieb in erster Linie Gedächtnisleistung. Das Studium begann für alle Studenten mit den philosophischen Fächern (artes), das heißt vor allem mit Latein und Logik. Nur wer zum Magister artium promoviert war, mit etwa zwanzig Jahren, konnte das Studium an einer der »höheren Fakultäten«, Theologie, Jurisprudenz oder Medizin, fortsetzen.

Der Bedarf der Fürstenhöfe und Städte an akademisch, vor allem juristisch qualifizierten Beratern hatte im späten Mittelalter deutlich, aber noch nicht sprunghaft zugenommen. Ein Universitätsstudium allein war

> **ZITAT**
>
> **In dem Gedicht »Ballade über die Frauen von einst« beklagt François Villon die Vergänglichkeit alles Irdischen:**
> *Wo ist die neunmalkluge Heloise,*
> *für die man Abälard kastrierte,*
> *der darauf wurde Mönch in Saint-Denis?*
> *Für seine Liebe trug er diese Last.*
> *Wo ist zugleich die Königin,*
> *die Auftrag gab, in einem Sack*
> *Herrn Buridan im Seine-Flusse zu versenken?*
> *Wo aber ist der Schnee vom vergangenen Jahr?*

In der Scholastik entstanden in Paris und Bologna die ersten europäischen Universitäten. Im Bild erteilt der französische König 1200 der Universität Paris das erste königliche Privileg (französische Buchmalerei, 13. Jh.; Paris, Bibliothèque Nationale de France).

noch keine Garantie für den Aufstieg in eine soziale oder berufliche Spitzenposition. Die Bilderbuchkarriere des Konrad von Soest vom mittellosen Studenten, der 1387 in Heidelberg unentgeltlich immatrikuliert wurde, zum Rektor seiner Universität, Berater des Pfalzgrafen und Königs und zum Bischof von Regensburg zeigt zwar eindrucksvoll, welche Aufstiegschancen eine akademische Ausbildung eröffnen konnte, war aber gewiss eine Ausnahme. Eine satirische Aufzählung nennt am Ende des 15. Jahrhunderts als »Berufschancen« für Universitätsabgänger Glücksspieler, Zuhälter, Landsknecht, Narr, Henker, Abdecker, Schornsteinfeger, Wahrsager und immerhin noch den fahrenden Schüler. Der mittelalterliche Student gehörte so wenig wie sein heutiger Kommilitone automatisch zur geistigen Elite.

Ohnehin darf von der Vielzahl der neu gegründeten Universitäten im späten Mittelalter nicht auf eine allgemeine Akademisierung der Gesellschaft geschlossen

Frühe Universitäten in Europa. Nach dem Vorbild der ersten europäischen Universitäten Paris und Bologna wurden im 13. und 14. Jh. zahlreiche weitere Hochschulen gegründet.

> **INFOBOX**
>
> **Abaelardus und Héloise**
> Abaelardus hatte sich in seine Schülerin Héloise verliebt und sie heimlich geheiratet. Aber Héloises Familie widersetzte sich der heimlichen Ehe: Sie ließ Abaelardus überfallen und entmannen. Daraufhin zog er sich als Mönch zurück, sie wurde Nonne. Das Liebespaar blieb durch einen Briefwechsel verbunden, in dem Héloise ihre nie erloschene Leidenschaft zu Abaelardus bekundet.
> Diese Liebesgeschichte, von Abaelardus selbst in der »Geschichte meiner Unglücksfälle« (»Historia calamitatum mearum«) erzählt, wurde auch in späteren Jahrhunderten dichterisch behandelt, u. a. von Christian Hofmann von Hofmannswaldau (»Heldenbriefe«, 1673) und Alexander Pope (»Eloisa to Abelard«, 1717). Jean-Jacques Rousseau nannte die leidenschaftlich liebende Julie d'Étanges seines Romans »die neue Héloise« (»Julie ou la nouvelle Héloïse«, 1761).
> Als Héloise 1164 starb, wurde sie in Le Paraclet an der Seite Abaelardus' beigesetzt. Während der Französischen Revolution wurde die Grabstätte verwüstet; seit 1817 ruhen die Überreste beider auf dem Friedhof Père-Lachaise in Paris.

werden. Sie waren ja nicht wie im 12. Jahrhundert aus dem lebendigen Diskurs der Gelehrten erwachsen, sondern eher fürstlicher Prestigesucht entsprungen. Manche Gründung hatte daher auch nicht lange Bestand, und keine erreichte die geistige und räumliche Ausstrahlung der alten Universitäten, auf die sie sich in ihren Urkunden feierlich beriefen. Kleinräumige Territorialisierung, nationale Gegensätze und das Abendländische Schisma des späten Mittelalters konnten und sollten die Universitäten nicht überbrücken, im Gegenteil. Von der landesherrlichen Politik in den Dienst genommen, trugen sie selbst zu ihrer Provinzialisierung bei. Die Aufgabe der spätmittelalterlichen Universität, »zwischen dem Anspruch der Gesellschaft und der politischen Autoritäten einerseits und dem geistigen Imperativ andererseits ihren eigenen Weg zu finden« (Peter Classen), bleibt aktuell, solange die Universität einen Rest ihrer mittelalterlichen Freiheit bewahren kann. *Arnold Bühler*

Neue Frömmigkeit, neue Orden: Die Zisterzienser

Die beherrschende Stellung der Kluniazenser blieb unangefochten bis zum Beginn des 12. Jahrhunderts. Dann mussten sie sich der wachsenden Konkurrenz neuer monastischer Strömungen stellen. Damit durchlief das kluniazensische Mönchtum das Schicksal aller monastischen Bewegungen im Mittelalter. Eine Reform, die erfolgreich ist, schleift sich allmählich ab. Das heißt nicht, dass die alten Klöster sofort in Bedeutungslosigkeit versinken. Aber der Reformeifer hat sich erschöpft, der innovative Schwung erlahmt, was als fromme Vision begonnen hat, gerinnt mit der Zeit zum monastischen »Establishment«.

Kritik an Cluny

In Cluny erstarrte die spontane Spiritualität in der Routine des tagtäglichen Psalmodierens. Der materielle Reichtum und die soziale Exklusivität seiner Adelsklöster wurden zunehmend als anstößig empfunden. Der Massenbetrieb der Großklöster, das herrscherliche Auftreten der Äbte, die Pracht der Klosterbauten musste die Sehnsucht nach eremitischer Abgeschiedenheit und Einkehr wecken. Seit der Mitte des 11. Jahrhunderts waren überall neue Gruppen aufgetaucht, von denen jede für sich christliche Vollkommenheit beanspruchte. Wenn sie von der »kluniazensischen Kirche« sprachen, klang darin weniger Bewunderung als vielmehr Skepsis und Kri-

> **ZITAT**
>
> **Bernhard von Clairvaux kritisiert die Prunksucht der Kluniazenser (Apologia, um 1125):**
> *Sie (die Kirche) kleidet ihre Steine in Gold, ihre Kinder lässt sie unbekleidet. Auf Kosten der Armen bedient man die Augen der Reichen. Die Neugierigen strömen herbei, um sich zu ergötzen, es kommen nicht die Bedürftigen, um gespeist zu werden.*

> **INFOBOX**
>
> **Ein produktiver Asket**
> Bernhard von Clairvaux focht stets einen harten Kampf gegen seinen Körper. Man weiß, was er seinem kranken Magen zumutete, den er mit Fastenorgien und unappetitlicher Nahrung derart ruinierte, dass neben dem Sitz des Heiligen im Chorgestühl von Clairvaux eine Mulde für das Erbrochene angelegt werden musste. Die andere Seite dieser schillernden Persönlichkeit zeigt sich im Reichtum, in der Subtilität, im Charme seines Rede- und Schreibstils. Hier ist keine Askese anzutreffen, sondern Eleganz, der Wunsch, mit dem Wort zu brillieren. »Doctor mellifluus«, den »honigfließenden Kirchenlehrer«, nannte man Bernhard, von dessen Rhetorik noch heute fast 1 500 erhaltene Manuskripte mit seinen Texten zeugen, im späten Mittelalter.

Europa im Mittelalter

Innenraum der Kirche des ehemaligen Prämonstratenserstifts Jerichow (im Wesentlichen aus der 2. Hälfte des 12. Jh.). Der Orden der Prämonstratenser entstand aus der Klerikerreform des 11. und 12. Jahrhunderts.

tik. Sie forderten ein neues Mönchtum, das nicht auf Adelsmacht gegründet war, sondern das zu den Vätern in die »Wüste« zurückkehrte. »Ich will nicht in den Städten verweilen, sondern lieber in verlassenen und unbewohnten Gegenden«, entschied Norbert von Xanten, der Gründer des Prämonstratenserordens, ähnlich wie schon einmal 700 Jahre zuvor der heilige Hieronymus.

Der Kampf gegen die Laxheit des Glaubens und des religiösen Lebens war ja seit jeher die Hauptantriebskraft des Mönchtums gewesen, jetzt wurde er wieder mit neuem Elan aufgenommen. Die Reformorden setzten dem Monopol Clunys eine Vielfalt monastischer Lebensformen entgegen, wie es sie seit den Anfängen des abendländischen Mönchtums nicht mehr gegeben hatte. Was die Kartäuser und Zisterzienser, die Prämonstratenser und Augustinerchorherren aller Verschiedenheit, ja Rivalität zum Trotz miteinander verband, war der eremitische Gegenkurs gegen das etablierte Mönchtum. Waren die alten Abteien zu geschäftigen Marktsiedlungen, zum Teil schon beinahe zu Städten ausgewachsen, die großen Kluniazenserklöster von weltlichen Adelshöfen kaum mehr zu unterscheiden, dann musste das Heil wieder in der Einsamkeit der Wälder gesucht werden. Was Wun-

> **ZITAT**
>
> **Bernhard von Clairvaux (Apologia, um 1125) missfällt die Ausstattung der Kirchen:**
> *Was sollen im Kreuzgang... die wüsten Affen, die wilden Löwen, die gewaltigen Zentauren, die Halbmenschen, die gefleckten Tiger, die kämpfenden Krieger, die Missgestalten mit einem Kopf und vielen Körpern, dann wieder solche mit einem Körper und vielen Köpfen?... Bei Gott! Wenn man sich schon nicht der Albernheiten schämt, warum reuen einen nicht wenigstens die Kosten?*

Maria mit dem Kind, der heiligen Barbara und einem Kartäuser (so genannte Exeter-Madonna), um 1460/70 (Berlin, Gemäldegalerie). Der Eremitenorden der Kartäuser wurde 1084 bei Grenoble durch Bruno von Köln gegründet.

der, dass die Stifter sich mehr und mehr den neuen Gruppen zuwandten, die mit unverbrauchtem spirituellem Schwung die Menschen begeisterten und die besseren Heilschancen versprachen.

Zurück in die Wüste
1098 verließ Robert, der Abt des Klosters Molesme (in der Diözese Langres), mit zwanzig Brüdern seine Abtei. Molesme war unter seiner Leitung in kurzer Zeit zu einer angesehenen Abtei mit eigenen Tochtergründungen angewachsen, entsprach damit aber nicht mehr den strengen Vorstellungen Roberts von einem Mönchsleben in Askese und Abgeschiedenheit. In dem kleinen Ort

s. ZEIT Aspekte
Zisterzienser S. 527

Cîteaux (Cistercium) an der alten Römerstraße zwischen Langres und Chalon wollte er mit seinen Gefährten ganz von vorn beginnen. Novum monasterium, das »Neue Kloster«, nannten sie ihre Gründung schlicht und zugleich im Bewusstsein eines engagierten Neubeginns.

Aus den bescheidenen Anfängen entstanden innerhalb eines halben Jahrhunderts 350 Zisterzienserklöster. Um 1300 waren es etwa 700 Männer- und vielleicht noch mehr Frauenklöster in ganz Europa. Schon in der Mitte des 12. Jahrhunderts konnte der staufische Chronist und Bischof Otto von Freising, selbst Zisterzienser, feststellen, dass »die Welt zisterziensisch« geworden sei. Der Erfolg der Zisterzienser beruhte auf der überzeugenden Verbindung von Armut, Weltabgeschiedenheit, asketischer Lebensführung und Arbeit. Diese Mönche beteten nicht nur, sie rodeten auch Wälder und legten Sümpfe trocken. Anders als die Kluniazenser wollten die Zisterzienser nicht die bestehenden Klöster reformieren, sondern gründeten neue Mönchsgemeinschaften und zwar dort, wo asketisches Leben nicht bloße Stilübung, sondern tatsächlich gefordert war. Ihre Klöster bauten sie in die unberührte Wildnis, sofern es sie noch gab, oder zumindest in abgelegene Gegenden; darum herum kulti-

> **ZITAT**
> **Bernhard von Clairvaux über sein Verhältnis zu Gott:**
> *Alles, von dem feststeht, dass es Gott betrifft, geht micht, meine ich, etwas an.*

Gesamtansicht der Zisterzienserabtei Santi Giovanni e Paolo di Casamari (1203–17) bei Frosinone in Mittelitalien

vierten und bewirtschafteten sie das Land, sodass ihre Abteien zu agrarischen Musterbetrieben wurden. Sie waren Pioniere bei der Erschließung neuer Landschaften wie in der Anwendung neuer Techniken der Landgewinnung und der Bodenverbesserung. Der hochmittelalterliche Landesausbau wäre ohne die Zisterzienser schwerfälliger verlaufen.

Damit aber gestalteten die »weißen Mönche« die Welt außerhalb ihrer Klostermauern in einer Weise, wie es in der Geschichte des abendländischen Mönchtums bisher noch keiner Gemeinschaft gelungen war. Dass sie der weltliche Erfolg wieder – wie schon andere Orden vor ihnen – in Konflikte mit ihren selbst auferlegten Normen stürzte und von ihrem Ideal entfernte, war den Zisterziensern durchaus bewusst. Bernhard von Clairvaux, der große Zisterzienserabt, Theologe und Prediger, der jede mönchische Zurückhaltung ablegen konnte, wenn es darum ging, auf die Mächtigen seiner Zeit Einfluss zu nehmen und deren Politik aktiv mitzugestalten, lebte und spürte wie kein anderer die Widersprüche seines Mönchslebens: »Zu euch schreit mein ungestümes Leben, mein belastetes Gewissen«, schrieb er an einen befreundeten Kartäuserkonvent: »Ich bin gewissermaßen eine Chimäre meines Jahrhunderts, verhalte mich weder

Die ehemalige Abtei Maulbronn (um 1220/25) zeigt die Baukunst der Zisterzienser auf ihrem Höhepunkt (im Bild das zweischiffige Herrenrefektorium).

INFOBOX

Die Baukunst der Zisterzienser

Entsprechend den Ordensregeln war die Zisterzienserbaukunst streng rationalistisch ausgerichtet und vom Verzicht auf Prunk, kostbare Materialien und Gemälde gekennzeichnet. Die turmlose, allenfalls mit einem Dachreiter versehene Kirche unterteilte sich in Presbyterium, Mönchschor und Konversenkirche. Die Klausur war gegenüber dem kluniazensischen Schema um Sprech- und Brüdersaal erweitert.

In den seit 1134 erlassenen Bau- und Kunstbestimmungen des Generalkapitels der Zisterzienser heißt es: »Keines unserer Klöster ist in Städten, Kastellen oder Dörfern zu errichten, sondern an entlegenen Orten, fern vom Verkehr der Menschen. ... Wir verbieten, dass in unseren Kirchen oder in irgendwelchen Räumen des Klosters Bilder und Skulpturen sind ... Wir haben jedoch bemalte Kreuze aus Holz. ... Steinerne Glockentürme sollen nicht gebaut werden. Gebäude außerhalb der Pforte sollen fallen. ... Gemalte Glasfenster sollen ... ersetzt werden; andernfalls fasten ab sofort Abt, Prior und Kellermeister jeden sechsten Tag bei Wasser und Brot, bis die Fenster ersetzt sind.«

Bernhard von Clairvaux stellte die Liebe und Barmherzigkeit Gottes in den Mittelpunkt seiner Theologien. Er nahm großen Einfluss auf die Politik seiner Zeit und warb im Auftrag Papst Eugens III. für den 2. Kreuzzug.

wie ein Kleriker noch wie ein Laie. Das Leben eines Mönchs habe ich schon lange abgelegt, nicht den mönchischen Habit.«

Mit dem Zisterzienserorden war der Höhepunkt und zugleich Endpunkt einer monastischen Tradition erreicht. Vom 13. Jahrhundert an sind berühmte Klöster wie die Reichenau oder Lorsch, Cluny oder Cîteaux, in denen Mönche in ländlicher Abgeschiedenheit von der Welt und den Mitmenschen lebten, nicht mehr entstanden. Die Zukunft gehörte den Bettelorden, die mitten im Trubel der Städte dem Mönchtum des späten Mittelalters eine ganz neue Form und Richtung gaben. *Arnold Bühler*

Im Schatten der »Kaiserdome«: Die Salier

Nach dem Tod Kaiser Heinrichs II. 1024 war das Geschlecht der Ottonen im Mannesstamm ausgestorben, und die Reichsfürsten hatten die Chance, durch die Wahl eines neuen Königs wieder mehr Einfluss auf die Reichspolitik zu gewinnen. Als Nachfolger boten sich mit Konrad dem Älteren und seinem Vetter Konrad dem Jüngeren zwei Kandidaten aus dem rheinfränkischen

Um 1025 ließ Konrad II. in Speyer den Bau einer für damalige Verhältnisse riesigen Bischofskirche beginnen, die als Grablege der Salier den Machtanspruch des Kaisergeschlechts dokumentieren sollte.

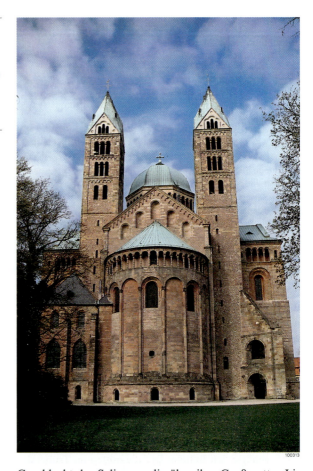

Geschlecht der Salier an, die über ihre Großmutter Liutgard ihre Ahnenreihe auf Kaiser Heinrich I. zurückführen konnten. Das sprach für sie ebenso wie die Tatsache, dass sie beide nicht zu den mächtigsten Fürsten des Reiches gehörten. Konrad der Ältere führte nicht einmal den Grafentitel, er hatte allerdings sein Ansehen gesteigert durch seine Heirat mit Gisela von Schwaben, der Witwe Herzogs Ernst I. von Schwaben. Sie konnte ihre Ahnenreihe sogar auf die Karolinger zurückführen. Der jüngere Konrad besaß dagegen eine größere Machtfülle.

Im September 1024 versammelten sich die Reichsfürsten auf dem Hof Kampa, rechts des Rheins gegenüber von Oppenheim in einer weiten Ebene gelegen, um den neuen König zu wählen. Zwar hatte Konrad der Ältere schon im Vorfeld der Wahl den Mainzer Erzbischof Aribo und die Kaiserinwitwe Kunigunde auf seine Seite ziehen können, dennoch war die Wahl offen. Damit eine mögliche Doppelwahl vermieden wurde, versprachen beide Bewerber, sich dem Votum der Wähler zu beugen und dem Sieger zu huldigen. Die Wahlversammlung sprach sich mit großer Mehrheit für Konrad den Älteren als neuen König aus, der anschließend in Mainz Weihe und Krönung empfing und als Konrad II. den Thron bestieg.

Durchsetzung der Macht
Gleich nach seiner Krönung begab sich Konrad II. nach Aachen, um dort den Thron Kaiser Karls zu besteigen. Erst mit diesem Akt galt er als rechtmäßiger König. Anschließend unternahm er den Königsumritt, um seinen Herrschaftsanspruch im Reich durchzusetzen und das Reichsgut in Besitz zu nehmen. Im Reich nördlich der Alpen gelang ihm dies relativ problemlos. Schwieriger war die Lage in Reichsitalien. Hier war man der Meinung, der Tod des letzten Ottonenherrschers habe die

INFOBOX

Der Kaiserdom zu Speyer
»Es war, als ob die Welt sich erneuerte, das Alte abwürfe und überall ein glänzendes Gewand von Kirchen anlegte«, notierte der Mönch Rudolfus Glaber in seiner Chronik zum Jahr 1003. Die damals neu erbauten Bischofs- und Klosterkirchen prägen immer noch unser Bild von einem christlichen Europa des Mittelalters – im heutigen Deutschland allen voran die »Kaiserdome« in Speyer, Worms und Mainz.
Als Symbol des Führungsanspruchs der Salier gilt der Speyerer Dom (1027–61), den Konrad II. nach seinem Regierungsantritt gründete und der im Wesentlichen von Heinrich III. erbaut wurde. Richtungweisend waren die Monumentalität bei klaren Gliederungsprinzipien des Baus, die Steinbearbeitung, Würfelkapitelle, quadratische Pfeiler mit Vorlagen, die Weite der Hallenkrypta, Querhaus, die Einwölbung sowie die Herausbildung der Doppelturmfassade. Da es in Speyer weder ein Märtyrergrab noch bedeutende Reliquien gab, verdeutlicht die reiche Ausstattung der Kirche das Machtbewusstsein Konrads, der im Jahr des Baubeginns zum Kaiser gekrönt wurde und den Dom zur Grablege der salischen Könige bestimmte.

Verbindungen zwischen Italien und Deutschland gelöst, und wollte daher selbst einen König wählen. Konrad II. dagegen war nicht bereit, die Interessen des Reichs in Italien aufzugeben. Gegenüber den Gesandten der Stadt Pavia, die auf dem Hoftag in Konstanz 1025 erschienen waren, um sich für die Zerstörung der alten königlichen Pfalz in ihrer Stadt zu rechtfertigen, argumentierte Konrad, dass der Tod des Königs die Bindungen Italiens an das Reich nicht aufhöbe. Es stehe schließlich ein Nachfolger bereit; auch ein Schiff werde beim Tod des Steuermanns von einem anderen weiter gelenkt. Er zog daher schon im Februar 1026 nach Italien und wurde am 23. März 1026 in Mailand mit der Eisernen Krone der Langobarden gekrönt.

Die Herrschaft über Reichsitalien durchzusetzen war schwierig. Die oberitalienischen Markgrafen blieben widerspenstig, Aufstände in Pavia und Ravenna banden das königliche Heer. Anfang 1027 schließlich konnte Konrad Pavia unterwerfen und nach Rom aufbrechen, um sich vom Papst zum Kaiser krönen zu lassen. Am 21. März 1027 zog er in Rom ein und erhielt von Papst Johannes XIX. an Ostern die Kaiserkrone aufgesetzt. Es war wohl eine der glanzvollsten Krönungsfeierlichkeiten des Mittelalters, da neben zahlreichen Bischöfen und Reichsfürsten auch König Knut der Große von Dänemark und König Rudolf III. von Burgund anwesend waren und dem neuen Kaiser eine Vorrangstellung einräumten. Noch im April wandte sich der Kaiser nach Süden und setzte auch in den langobardischen Fürstentümern seine Herrschaft durch.

Innerhalb von zweieinhalb Jahren hatte Konrad seinen Machtanspruch im gesamten Reich durchgesetzt und gesichert. Nun kam es ihm darauf an, die Herrschaft seiner Dynastie zu festigen und seine Nachfolge zu regeln. Da er rechtmäßig zum Kaiser gekrönt war, konnte er seinen Sohn Heinrich nach dem Vorbild der Ottonen zum König erheben lassen. An Ostern 1028 wurde der zehnjährige Sohn in Aachen zum König gewählt und durch Erzbischof Pilgrim von Köln gekrönt.

Durch die Verlobung Heinrichs mit der dänischen Königstochter Gunhild, der Tochter König Knuts des Großen, gelang es Konrad II., die Nordflanke des Reichs zu sichern, um in Polen intervenieren zu können. Dort galt

es, eine Revision des 1018 geschlossenen Friedens von Bautzen zu erreichen und den Polenherrscher Mieszko II. in die Schranken zu weisen. Nach verschiedenen Kriegen 1028–32 gelang dies Konrad. Im Frieden von Merseburg 1032 verzichtete Mieszko II. auf die Königswürde, erkannte die hegemoniale Stellung des Kaisers an und gab die Eroberungen von 1018 zurück: die Lausitz, Bautzen und das Milznerland. Nach Mieszkos Tod 1034 versank Polen im Chaos und spielte für die nächsten Jahrhunderte keine Rolle mehr.

1033 ließ sich Konrad II. in Payerne – das Bild zeigt die ehemalige Abteikirche – zum König von Burgund krönen. Ein Jahr später umfasste das Kaiserreich die Königreiche Deutschland, Italien und Burgund.

Der burgundische Erbfolgekrieg
Im Südwesten galt es, das Königreich Burgund in den Reichsverband einzugliedern. Mit Kaiser Heinrich II. hatte der burgundische König Rudolf III. einen Erbvertrag geschlossen. Als Heinrich 1024 gestorben war, sahen einige der burgundischen Adeligen dies als Vertragsauflösung an. Dazu war Kaiser Konrad II. jedoch nicht gewillt und zwang Rudolf III. die Nachfolgeregelung zu erneuern. Im September 1032 übersandten burgundische Adelige die burgundischen Reichsinsignien an Konrad und erkannten ihn damit als legitimen Herrscher an. Mit Graf Odo II. von der Champagne trat jedoch der Neffe Rudolfs als Thronprätendent auf. Er konnte legitime dynastische Ansprüche geltend machen, einen Teil des burgundischen Adels auf seine Seite ziehen und große Teile Burgunds unterwerfen.

Konrad II., der nach dem Friedensschluss mit Polen im Osten freie Hand besaß, griff entschlossen durch: Am 2. Februar 1033 wurde er in Payerne (im heutigen

Blick vom Hof auf die Torhalle der 1180 erbauten Kaiserpfalz in Gelnhausen. Die Stadt war 1180, 1186 und 1195 Ort der Reichstage.

Kanton Waadt) zum König von Burgund gekrönt; die Königinwitwe Ermengard und der Graf von Savoyen erkannten seine Herrschaft an. Mit dem französischen König Heinrich I. schloss er ein Bündnis und fiel dann in die Champagne ein. Graf Odo II. unterwarf sich schließlich und musste 1034 endgültig Konrad als König von Burgund anerkennen. Damit umfasste das Imperium Romanum die Königreiche Deutschland, Italien und Burgund. Wichtig unter strategischen Gesichtspunkten war, dass nun alle Alpenpässe im Besitz des Reichs waren.

Die Persönlichkeit Konrads II.
Konrad II. zeichnete sich durch Entschlossenheit und zielstrebiges, schnelles Handeln aus. In seiner Persönlichkeit scheint er ausgesprochen unsentimental gewesen zu sein. Mitleidlos brachte er 1030 seinen Stiefsohn Herzog Ernst II. von Schwaben in eine ausweglose Lage, als er ihn zwingen wollte, gegen seinen Freund und Gefolgsmann Graf Werner von Kyllburg vorzugehen. Auf dem Hoftag 1035 erzwang er ein Vorgehen seines Sohnes Heinrich gegen Herzog Adalbero von Kärnten, dem sein Sohn durch einen persönlichen Treueschwur verbunden war.

Schließlich verhielt er sich auch gegenüber jenen unsentimental, denen er Königs- und Kaiserwürde verdankte: Erzbischof Aribo von Mainz trug er den Eklat bei der Königskrönung 1025 nach. Aribo hatte Bedenken wegen der kanonisch zu nahen Verwandtschaft der Eheleute und daher eine Krönung Giselas zur Königin abgelehnt. Entscheidungen bei Hoftagen zugunsten des Erzbischofs blieben künftig aus.

Erzbischof Aribert von Mailand ließ er 1037 im Zuge des Valvassorenaufstands festnehmen und als Hochverräter verurteilen, obwohl der Bischof ihm 1026 die Lombardei erschlossen und immer treu zu Kaiser und Reich gestanden hatte. Aribert hatte sich geweigert, vor dem Königsgericht zu erscheinen und auf die gegen ihn erhobenen Anschuldigungen zu antworten. Für Konrad ein Akt der Rebellion, den er unnachsichtig ahndete, der ihm und seinen Nachfolgern aber dauerhafte Auseinandersetzungen um die Herrschaft in Oberitalien und besonders auch mit Mailand bescherte.

Konrads Kirchenpolitik

Die Reichskirchenpolitik Heinrichs II. setzte Kaiser Konrad im Prinzip nahtlos fort, ohne allerdings dessen Verbrämung durch die sakrale Aura eines Priesterkönigtums. Konrad beanspruchte die uneingeschränkte Herrschaft über die Reichskirche. Aus eigener Machtvollkommenheit setzte er Äbte und Bischöfe ein oder ab und scheute auch nicht davor zurück, die Vergabe eines geistlichen Amtes an beträchtliche Geldzahlungen zu knüpfen.

Auf die Treue und Zuverlässigkeit der Kirchenfürsten war der König bei der Verwaltung des Reiches angewiesen. Insofern hatten sie eine Doppelrolle, denn sie waren Diener der Kirche und zugleich Beamte des Reichs. Daraus ist das rigorose Verhalten Konrads zu erklären, wenn einer der Bischöfe ihm unbotmäßig erschien. Dieser nüchterne Umgang mit der Kirche gehört ebenfalls zu den Charakterzügen Konrads wie auch seiner Nachfolger.

Kaiser Konrad stärkte zielgerichtet die weltliche Macht des Königtums und war mit Schenkungen an die Kirche zurückhaltend. Lediglich das Kloster Limburg an der Haardt und das Bistum Speyer erhielten eine reiche Ausstattung. In Speyer legte er den Grundstein für den Bau des Domes, der als Grablege für das salische Kaiserhaus gedacht war und eine besondere Rolle spielen sollte.

In Italien beruhte die Macht des deutschen Königs unter den Ottonen vor allem auf dem Bündnis mit dem Episkopat. Konrad stärkte diese Bindungen durch eine gezielte Personalpolitik, vergaß aber nicht, sich auch der weltlichen Herren zu versichern. Die »Constitutio de feudis« von 1037 und sein Eintreten für die Belange der Vasallen und Untervasallen sind ein Beispiel dafür.

Das Herstellen einer unmittelbaren Bindung zwischen Kaiser und Dienstmannen strebte Konrad II. auch in Deutschland an. Die wachsende Bedeutung der kleinen Ritter und Dienstleute für die Verwaltung war ihm anscheinend bewusst. So kündigte sich unter ihm der Aufstieg der Dienstmannen in die Ritterschaft und die Bildung einer Schicht von Reichsdienstmannen an, deren große Stunde schließlich unter den Staufern kam.

ZITAT

In einem Brief an Gregor VII. schreibt Heinrich IV.:

Heinrich, nicht durch Anmaßung, sondern durch Gottes gerechte Anordnung König, an Hildebrand, nicht mehr Papst, sondern den falschen Mönch. Diese Anrede hast du nämlich für die von dir angerichtete Verschwörung verdient.

Europa im Mittelalter

Die »Hoffnung des Reichs«: Heinrich III.
Als Kaiser Konrad II. am 4. Juni 1039 in Utrecht starb, hinterließ er seinem Sohn und Nachfolger ein gut bestelltes Haus. Heinrich III. selbst war exzellent auf die Übernahme des Amtes vorbereitet worden. Seine Erziehung hatten die Bischöfe Brun von Augsburg und Egilbert von Freising übertragen bekommen. Schon als Kind erhielt er von Konrad 1026 das frei gewordene Herzogtum Bayern, um dieses für die Krone zu sichern. Hier konnte Heinrich erste Regierungserfahrungen sammeln. Unter der Leitung erfahrener »Politiker« erwarb er das Rüstzeug für seine Regierung. Einige Jahre später erhielt er zusätzlich das Herzogtum Schwaben und die burgundische Königswürde. Damit unterstanden der gesamte süddeutsche Raum, Ostfranken, die Königslandschaft der Ottonen um den Harz und im östlichen Sachsen direkt der Krone. Später hat kein Herrscher mehr eine ähnliche Machtfülle in seinen Händen vereinigen können. So konnte Heinrich III. ohne Probleme die Regierung 1039 übernehmen. Innerhalb des Reiches agierte Heinrich III. ebenso tatkräftig wie sein Vater. Im Gegensatz zu diesem war er weniger hart und achtete vor allem die kirchlichen Rechte.

Nachdem Herzog Konrad von Kärnten 1039 ohne nachfolgefähigen Sohn gestorben war, besetzte Heinrich III. dieses Herzogtum zunächst nicht neu. Die Mark Krain wurde abgetrennt und einem Markgrafen unter-

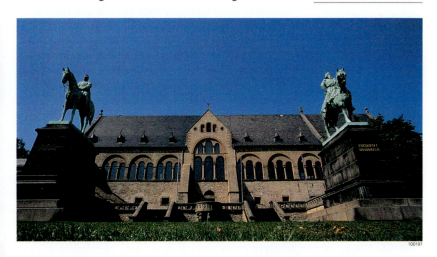

Die Kaiserpfalz in Goslar aus dem 11./12. Jh. – 1867–79 historisierend restauriert – gehört zu den ältesten Profanbauten Deutschlands. Unter Heinrich IV. wurde Goslar die Lieblingspfalz der Salier.

stellt. Damit waren sämtliche süddeutschen Herzogtümer dem König direkt unterstellt. Dies sollte keine Dauerlösung bleiben, da die Herzöge wichtige Zwischengewalten darstellten und für die Verwaltung notwendig waren, aber es wird eine Veränderung deutlich: König Heinrich betrachtete die Amtsgewalt des Herzogs losgelöst vom Territorium und den Stämmen. Dies führte dazu, dass er in den folgenden Jahren bei der Neuausgabe der Herzogtümer bewusst landfremde Herzöge einsetzte. 1042 erhielt der Lützelburger Heinrich VII. das Herzogtum Bayern; die bayerischen Adeligen wurden dazu nicht gehört. Im April 1045 übertrug er das Herzogtum Schwaben Pfalzgraf Otto aus dem Haus der Ezzonen, die Pfalzgrafschaft erhielt dessen Vetter Heinrich; schließlich gab er 1047 das Herzogtum Kärnten an den schwäbischen Grafen Welf III. aus. Da die landfremden Herzöge naturgemäß nur über wenig eigenen Besitz in ihren Herzogtümern verfügten, waren sie gezwungen, sich an die zentrale Reichsgewalt anzulehnen. Zugleich hatte Heinrich sich drei bedeutende Adelsgeschlechter – Ezzonen, Lützelburger und Welfen – verpflichtet. Für die königliche Politik bedeutete dies größere Effizienz, da sie vom Adel mitgetragen wurde.

Anders lagen die Dinge im Herzogtum Sachsen, dessen Herzogswürde erblich war. Zwischen dem sächsischen Adel und der Reichsgewalt war es zur Entfremdung gekommen, nachdem das Königshaus nicht mehr von einem sächsischen Adelsgeschlecht gestellt wurde. Die Salinger waren in Sachsen nur mäßig begütert, und alle Versuche das liudolfingische Reichsgut auszubauen oder straffer zu organisieren, beobachtete der sächsische Adel misstrauisch. Schon Heinrich II. hatte die Königspfalz vom sächsischen Vorort Werla nach Goslar verlegt, baute den Ort aus und förderte gezielt die Reichskirche. Heinrich III. folgte dieser Linie, und unter Heinrich IV. avancierte Goslar zur Lieblingspfalz der Salinger.

Dank der starken Position Heinrichs III. lösten sich die latenten Spannungen in Sachsen erst nach seinem Tod in offenen Konflikten. Im Westen des Reichs, in Lothringien, hatte Herzog Gozelo I. die seit 1033 vereinigten Herzogtümer Nieder- und Oberlothringien 1039 wieder geteilt, und Heinrich III. gab sie nach dem Tod des Herzogs 1044 an dessen Söhne aus. Der jüngere Sohn war

Europa im Mittelalter

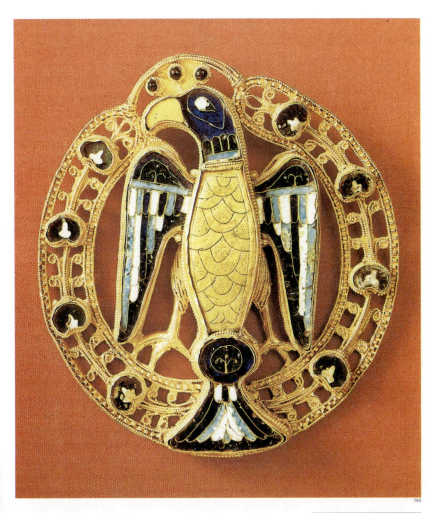

Die Adler-Pfauenfibel stammt aus dem Schatz der Kaiserin Agnes, der Gemahlin Kaiser Heinrichs III. (2. Viertel 11. Jh.; Mainz, Landesmuseum).

jedoch für die Herrschaft nicht geeignet und der ältere, Gottfried der Bärtige, mit der Teilung nicht einverstanden.

Heinrich stellte – wie in den süddeutschen Herzogtümern auch – sein Amtsverständnis dem Erbanspruch Gottfrieds gegenüber und betrachtete dessen Auflehnung gegen die Teilung als Rebellion. Durch Fürstenspruch wurde Gottfried das Herzogtum aberkannt, und dieser eröffnete daraufhin die Fehde. Im Juli 1045 unterwarf sich Gottfried der Bärtige und wurde auf Burg Giebichenstein bei Halle inhaftiert. Auf dem Hoftag in

Aachen im Mai 1046 erhielt er schließlich das Herzogtum Oberlotharingien zurück. Niederlotharingien wurde an Friedrich von Lützelburg, einen Bruder des bayerischen Herzogs Heinrich, übertragen. Eine dauerhafte Aussöhnung verweigerte König Heinrich allerdings, und 1049 verlor Herzog Gottfried sein Herzogtum nach einem erneuten Aufstand endgültig. Mit diesem Schritt hatte Heinrich III. erfolgreich die Bildung eines größeren Territoriums verhindert, das seinen Machtansprüchen hätte gefährlich werden können.

Die Kirchenreform Heinrichs III.

Als Folge der Wirren in Lotharingien stärkte Heinrich auch hier die Reichskirche, die sich als verlässliche Stütze des Königtums erwiesen hatte. Mit einem feineren Gespür für die besondere Würde des Priesteramtes ausgestattet als sein Vater Konrad, vermied er alles, was nach Käuflichkeit aussehen konnte. Er beförderte die Kirchenreform und unterschied – unter dem Einfluss des Reformmönchstums – deutlich zwischen den Aufgaben des Mönchstums und des Weltklerus. So erhob er kaum noch Mönche auf einen der Bischofsstühle des Reichs.

1046 zog er nach Italien, um sich in Rom zum Kaiser krönen zu lassen. Bei dieser Gelegenheit griff Heinrich entschieden in der Kirche durch: Im Mittelpunkt der Synoden von Pavia, Sutri und Rom, die Heinrich III. in kurzer Folge nacheinander abhielt, stand die Kirchenreform. Dem Verkauf kirchlicher Ämter sollten endgültig ein Ende gemacht und die drei rivalisierenden Päpste abgesetzt werden.

Da ein neuer Papst nicht in die innerrömischen Adelskämpfe verstrickt sein und das Projekt einer Erneuerung der Kirche an Haupt und Gliedern voranbringen sollte, bestimmte Heinrich in der Tradition Ottos III. einen seiner Vertrauten, Bischof Suidger von Bamberg, zum neuen Papst. Nach anfänglichem Widerstand bestieg dieser als Clemens II. die Cathedra Petri. Sofort nach seiner Inthronisation setzte er im Weihnachtsgottesdienst 1046 Heinrich III. und seiner Gemahlin Agnes von Poitou die Kaiserkrone auf.

Die Synode vom Januar 1047 verurteilte nochmals scharf den Verkauf kirchlicher Ämter. Damit schaltete sich erstmals das Papsttum in die kirchlichen Reformen

4601

Rückseite eines Denars aus Hildesheim aus der Zeit Kaiser Heinrichs III. (Sankt Petersburg, Eremitage)

Die als dreischiffige Halle angelegte Krypta (10./Anfang 11. Jh.) der romanischen Stiftskirche Sankt Servatius in Quedlinburg markiert einen Höhepunkt der salischen Baukunst.

ein und übernahm eine aktive Rolle. Brun von Toul, der am 12. Februar 1049 als Papst Leo IX. den Papstthron bestieg, setzte endgültig die gewünschten Reformen um. Unter ihm begann die »Internationalisierung« der Kurie, da er seine Berater aus allen Teilen des Reichs nach Rom rief. Noch einmal zog Heinrich III. nach Rom und bestimmte einen Papst, als Leo IX. 1054 gestorben war. Am 13. April 1055 bestieg der deutsche Reichskanzler, der Bischof Gebhardt von Eichstätt, als Viktor II. die Cathedra Petri.

Wie seine Vorgänger besaß auch Heinrich III. erheblichen Einfluss auf die Besetzung der Bischofsstühle und die Berufung der Äbte in den Reichsabteien. Als Potenzial für die Ernennungen nutzte er die Hofkapelle, der die Kanzleiaufgaben oblagen. Mitglieder der Hofkapelle wurden oft an wichtigen Domkapiteln mit Pfründen ausgestattet, und in ihrem Selbstverständnis betrachteten sich die Hofkapläne als natürliche Nachfolger bei frei werdenden Bischofssitzen.

Das Ende der Regierungszeit Heinrichs III.
Nach seiner Rückkehr aus Italien 1055 musste sich Heinrich wieder mit den kriegerischen Verwicklungen im lotharingisch-flandrischen Raum und den diplomatischen

Heinrich IV. nach einer Buchmalerei in der Weltchronik des Ekkehard von Aura

Verstimmungen in den Beziehungen zu Frankreich befassen. Auch im Osten sorgten die Liutizen für Unruhe. Dazu kam eine Fürstenverschwörung, die, angezettelt von Herzog Welf III. von Kärnten, auf das Leben des Kaisers zielte und nur durch den plötzlichen Tod der Drahtzieher folgenlos blieb. Ursache war die Entfremdung zwischen Kaiser und Beherrschten. Der Reichsadel nahm ihm seinen autoritären Regierungsstil und seine Maßnahmen zur Stärkung der Zentralgewalt übel. Das einfache Volk litt unter den Kriegszügen, Missernten und Hungersnöten.

1055 gelang Heinrich III. noch die Verlobung seines 1050 geborenen Sohnes und Thronfolgers mit Bertha, der Tochter des Markgrafen von Turin. Auf diese Weise sollte die wichtige Markgrafschaft, die die westlichen

Alpenpässe sicherte, an den Kaiser gebunden werden. Am 5. Oktober 1056 starb Heinrich III. überraschend in seinem Jagdhof Bodfeld im Harz.

Der Niedergang des salischen Hauses
Sein Sohn Heinrich IV. war schon 1054 zum König gekrönt worden. Für ihn führte zunächst seine Mutter Agnes von Poitou die Regierung. Die Kaiserin vergab die Herzogtümer Schwaben an Rudolf von Rheinfelden, Kärnten an Berthold II. von Zähringen, Bayern an Otto von Northeim, die bald die gefährlichsten Gegner des Königtums wurden. 1062 erzwang Erzbischof Anno II. von Köln mit der Entführung des Königs einen Regentenwechsel. Nun regierten die Fürsten das Reich, neben Anno vor allem Erzbischof Adalbert von Hamburg-Bremen, der aber 1066 gestürzt wurde.

Beim Versuch, die zerrüttete Königsmacht wiederherzustellen, den Heinrich IV. in Sachsen ansetzte, erlitt er Rückschläge: Er musste 1073 aus der Harzburg fliehen und im Vertrag von Gerstungen 1074 der Schleifung der Harzburgen durch die aufständischen Sachsen zustimmen. Mithilfe der süddeutschen Fürsten unterwarf er am 13. Juni 1075 in der Schlacht bei Homburg an der Unstrut die Sachsen.

In Italien hatte das Reformpapsttum durch die verfallene Reichsautorität an Einfluss gewonnen. Über die Besetzung des Mailänder Erzbistums geriet Heinrich 1073 mit Papst Alexander II. in Konflikt. Nach kurzfris-

Kaisersiegel von Heinrich V.

INFOBOX

Persönliche Zugeständnisse?
Papst Calixtus II. sandte die Kardinäle Lambert von Ostia, Saxo und Gregor nach Deutschland. Die Beratungen, die ursprünglich in Würzburg stattfinden sollten, begannen am 8. 9. 1122 auf einer Synode, an der der Kaiser, die Legaten und etliche geistliche und weltliche Fürsten teilnahmen. Am 23. 9. 1122 konnte das Konkordat auf der Ebene Lobwiesen bei Worms vor einer großen Menge feierlich verkündet werden. Während die in einer Originalausfertigung erhaltene königliche Urkunde für die katholische Kirche insgesamt ausgestellt war, wurde die nur in Abschrift überlieferte päpstliche Gegenurkunde für Heinrich V. persönlich erteilt. So blieb es eine offene Frage, ob die Zugeständnisse des Papstes auch nach dem Tod dieses Kaisers Geltung behalten würden.

tiger Annäherung Heinrichs an Alexanders Nachfolger Gregor VII., verursacht durch die sächsischen Unruhen, geriet ihr Verhältnis aber wegen Mailand und der Politik Gregors gegenüber den deutschen Reichsbischöfen in eine offene Krise. Gregor drohte Heinrich mit Absetzung, Heinrich seinerseits ließ Gregor durch die Synode von Worms am 24. Januar 1076 absetzen, worauf Gregor ihn bannte und Heinrichs Untertanen vom Treueid entband. Erstmals setzte ein Papst einen Römischen König ab. Ein ungeheuerlicher Vorgang mit durchschlagendem Erfolg: Fürsten und Bischöfe verließen im »Investiturstreit« den König und beschlossen auf einem Fürstentag im Oktober 1076 in Trebur seine Absetzung, wenn er sich nicht mit der Kirche aussöhnte.

Um die Verbindung zwischen Fürsten und Papst zu verhindern, ging Heinrich nach Italien und erzwang in Canossa am 28. Januar 1077 die Lösung vom Bann. Allerdings konnte er die Wahl des schwäbischen Herzogs Rudolf von Rheinfelden in Forchheim am 15. März zum Gegenkönig nicht verhindern; er vermochte sich jedoch gegen ihn und dessen 1081 gewählten Nachfolger Hermann von Salm zu behaupten. Gregor bannte ihn im März 1080 erneut, worauf Heinrich den Papst absetzen und Erzbischof Wibert von Ravenna als Klemens III. wählen ließ. Heinrich zog 1081 nach Italien, besetzte Rom 1084 und ließ sich Ostern 1084 von Klemens III. zum Kaiser krönen, musste aber alsbald vor den Normannen weichen. Nach dem Tod Gregors VII. am 25. Mai 1085 besserte sich seine politische Lage. Die deutsche Opposition geriet in die Defensive, auf dem Reichstag in Mainz ließ der Kaiser zahlreiche von Gregor ernannte Bischöfe absetzen und exkommunizieren.

Seit 1090 war Heinrich erneut in Italien. Eine deutsch-italienische Koalition stellte ihm seinen Sohn Konrad als Gegenkönig entgegen und sperrte ihm 1093–97 den Rückweg nach Deutschland. Nach seiner Rückkehr ließ er 1098 Konrad ächten und seinen zweiten Sohn Heinrich zum König wählen. Die Aussöhnung mit der Kirche blieb unerreichbar, weil Heinrich IV. an der Verfügung über die Reichsbistümer festhielt. 1104 erhob sich schließlich auch sein Sohn Heinrich (V.) gegen ihn, nahm ihn gefangen und erzwang im Dezember 1105 die Abdankung. Im Februar 1106 entkam der Kaiser, starb

Europa im Mittelalter

aber, im Begriff, den Kampf gegen den Sohn aufzunehmen. Erst nach der Lösung vom Bann wurde er 1111 im Dom zu Speyer bestattet.

Heinrich V. erreichte durch Anschluss an die kirchliche Partei 1105 seine Anerkennung, lehnte jedoch später wie sein Vater das kirchliche Investiturverbot ab. Bei seinem Romzug 1110 kam es mit Papst Paschalis II. zu einem Vertragsentwurf, wonach Besitzungen und Regalien der Bischöfe an den König zurückfallen sollten und dieser auf seinen Einfluss bei Bischofswahl und Investitur verzichtete. Als die Reichsbischöfe die Abmachung ablehnten, setzte Heinrich 1111 Papst Paschalis II. gefangen und erzwang das Privileg der Investitur und die Kaiserkrönung. Eine römische Synode widerrief den Vertrag. Im Reich erhoben sich die sächsischen und thüringischen Fürsten und besiegten Heinrich in der Schlacht am Welfesholz bei Hettstedt am 11. Februar 1115. Erzbischof Adalbert I. von Mainz stellte sich an die Spitze der Opposition. Beide Seiten wurden schließlich der Auseinandersetzungen müde. Der päpstliche Bann hatte wegen des häufig politisch motivierten Gebrauchs seine Wirkungsmacht verloren, genausowenig konnte sich Heinrich V. auf Dauer gegen das Papsttum durchsetzen.

Schließlich führten Verhandlungen mit Papst Calixtus II. 1122 zum Abschluss des Wormser Konkordats, das den Investiturstreit beendete. Das geistliche Amt der Bischöfe wurde von den Besitz- und Herrschaftsrechten getrennt. Der Kaiser verzichtete auf die Investitur mit Ring und Stab, die beide als geistliche Symbole der Kirche zustanden, und war dafür bei der Bischofswahl zugegen und konnte auf diese Weise seinen Einfluss bei der Wahl geltend machen. Anschließend überreichte er dem Gewählten als Zeichen der weltlichen Macht ein Zepter.

Die letzten Lebensjahre Heinrichs V. waren von Auseinandersetzungen mit den deutschen Fürsten überschattet. Vor allem die sächsischen Fürsten um Lothar von Supplinburg waren nicht mehr bereit, die Königsmacht ohne weiteres anzuerkennen. Am 23. Mai 1125 verstarb Heinrich V. in Utrecht und wurde im Dom von Speyer bestattet. Mit ihm starb das salische Kaiserhaus aus, wenig später wählten die Reichsfürsten seinen sächsischen Gegenspieler Herzog Lothar von Supplinburg zum Nachfolger. *Klaus M. Lange*

Um Macht und Glauben:
Kirchenreform und Investiturstreit

Die Kirchenreform des 11. Jahrhunderts, die aus der Klosterreform des 10. Jahrhunderts hervorging, verfolgte hauptsächlich drei Ziele, nämlich den Kampf gegen die Simonie, für den Zölibat und gegen den starken Einfluss von Laien innerhalb der Kirche.

Seit dem ausgehenden 10. Jahrhundert wurde die Idee der Kirchenfreiheit, das heißt die direkte Unterordnung unter den Papst und damit die Unabhängigkeit von Bischof und Vogt, meist mit der Ablehnung der Simonie verbunden. Der Begriff Simonie geht auf eine Episode in der Apostelgeschichte zurück, wo ein Zauberer namens Simon dem Apostel Petrus viel Geld bietet, um die

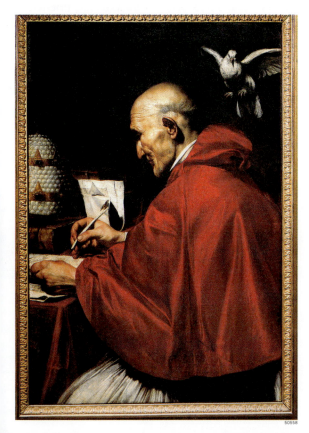

Schon Papst Gregor I., der Große, verurteilte die Simonie, die Erlangung eines geistlichen Amts durch Beziehungen oder Versprechungen (Gemälde von Carlo Saraceni; Rom, Palazzo Barberini).

Kräfte des Heiligen Geistes zu erlangen. Ein Simonist ist also jemand, der die Gaben des Heiligen Geistes für Geld erwirbt. Beide, Geber und Empfänger, machen sich schuldig. Das Vergehen wurde schon vor dem 11. Jahrhundert mit der Exkommunikation bedroht. Die Ausweitung des Simoniebegriffs, dass nämlich nicht nur die Zahlung von Geld verurteilt wird, sondern auch die Erlangung eines geistlichen Amtes mithilfe von Beziehungen, Versprechungen oder Diensten, geht auf Papst Gregor den Großen (590–604) zurück.

Das Streben nach Askese, wie es in der Klosterreform zum Ausdruck kam, hatte auch Folgen für den Weltklerus. Die alte Forderung nach Ehelosigkeit der höheren Geistlichen, die auf den Beginn des 4. Jahrhunderts zurückgeht, sollte wieder ernst genommen werden. In Italien, Frankreich und Deutschland waren die Priester im 10. Jahrhundert vielfach verheiratet. Bei den Landpries-

Die Buchmalerei aus dem »Sachsenspiegel« zeigt Christus bei der Vergabe kirchlicher Ämter. Um das Recht der Investitur entbrannte die erste große Auseinandersetzung zwischen Kirche und Staat im Mittelalter (um 1350; Dresden, Sächsische Landesbibliothek).

Europa im Mittelalter

tern wurde dieser Zustand geduldet. Denn der Zwang, sich mit bäuerlicher Arbeit zu ernähren, machte die Mithilfe einer Frau geradezu notwendig. Bei höheren Klerikern erweckte die Ehe jedoch schneller Anstoß. 1022 veranstalteten Papst Benedikt VIII. und Kaiser Heinrich II. eine Synode in Pavia, die scharfe Dekrete gegen die Klerikerehen erließ, wobei auf die Gefahr der Entfremdung des Kirchenguts hingewiesen wurde. Aber diese Dekrete hatten kaum Erfolg.

Zu den alten Geboten gegen Simonie und Klerikerehe kam seit der Mitte des 11. Jahrhunderts die Forderung, den Einfluss der Laien in der Kirche zurückzudrängen. Dabei ging es um die Eigenkirchen, Kirchen, die adligen Grundherren gehörten und von diesen vielfach wie Mühlen oder andere Wirtschaftsbetriebe ausgebeutet wurden. Außerdem erschien es nicht mehr hinnehmbar, dass geistliche Symbole wie Ring und Stab benutzt wurden, wenn der König Bischöfe in ihr Amt einsetzte (»investierte«).

Wichtig für die mittelalterliche Herrschaft war die Verfügung über kirchliche Ämter, mit denen der König Anhänger und Familienangehörige belohnen und versorgen konnte. Eine Handschrift des 13. Jh. zeigt die Einsetzung eines Abtes durch Otto I.

Heinrich III. bringt die Reform nach Rom

Es war der zweite Herrscher aus dem Geschlecht der Salier, Heinrich III., der den Anstoß zur Durchsetzung der Kirchenreform in Rom gab. Als er 1046 nach Italien

141

> **ZITAT**
>
> **Einige Sätze aus dem »Dictatus papae« Gregors VII. (Briefregister 2, 55a):**
>
> *I. Dass die römische Kirche vom Herrn allein gegründet worden ist.*
>
> *VIII. Dass der römische Bischof allein die kaiserlichen Herrschaftszeichen verwenden kann.*
>
> *IX. Dass alle Fürsten allein des Papstes Füße küssen.*
>
> *XXV. Dass nicht für katholisch gilt, wer sich nicht in Übereinstimmung mit der römischen Kirche befindet.*

reiste, um die Kaiserkrone zu erlangen, war nicht ganz klar, welcher der damals miteinander rivalisierenden drei Päpste die nötige Legitimität besaß, um ihn zum Kaiser zu krönen. Einer von ihnen, Gregor VI., stand zwar den Vorstellungen der Kirchenreform nahe, war aber mithilfe von Geldzahlungen an die Anhänger seines Vorgängers ins Amt gelangt. Auf zwei Synoden, die 1046 unter der Leitung des deutschen Königs tagten, wurden alle drei Päpste abgesetzt, und Heinrich III. erhob Bischof Suitger von Bamberg zum Papst, der den Namen Klemens II. annahm. Doch er starb bereits wenige Monate, nachdem er den Stuhl Petri bestiegen hatte. Sein Nachfolger Damasus II. – abermals ein deutscher Bischof – amtierte sogar nur drei Wochen.

Der erste Reformpapst – Leo IX.

Erst Bischof Bruno von Toul, ein Verwandter des Kaisers, der sich Leo IX. (1049–54) nannte, hatte genügend Zeit, um die Reform der Kirche in Angriff zu nehmen. Seine wichtigsten Mitarbeiter brachte er aus Lothringen und Burgund mit; damit leitete er die Internationalisierung der Kurie ein.

Leos bedeutendster Mitarbeiter war Humbert von Silva Candida. Er spielte auch unter den folgenden Päpsten eine entscheidende Rolle an der Kurie. Wegen Humberts Schlüsselstellung hat seine Schrift gegen die Simonie mit Recht große Beachtung gefunden. Hier wird der König ausdrücklich als Laie bezeichnet, das heißt, Humbert lehnte die Auffassung von der halbgeistlichen Stellung des Königs ab. Seiner Meinung nach steht es im Widerspruch zum Kirchenrecht, wenn der König die Bischöfe ernennt und die Zustimmung von Klerus und Volk lediglich ein formaler Akt ist. Die Übertragung des Bischofsamts durch Ring und Stab durch den König ist nach Humbert eine Anmaßung, weil der weltliche Herrscher damit den Anspruch erhebt, er könne die bischöfliche Amtsgnade verleihen. Hier war zum ersten Mal formuliert, was in der Zeit Gregors VII. zum Programm der kirchlichen Reform wurde: Die Probleme der Verweltlichung der Kirche sind zu lösen, wenn man den weltlichen Einfluss bei der Vergabe kirchlicher Ämter beseitigt.

Papst Leo IX. entfaltete in seinem kurzen Pontifikat vielfältige Aktivitäten. In Rom weilte er nur wenige Mo-

3399

Zu den Rangzeichen eines Bischofs gehörte neben dem Bischofssitz, dem Bischofsring, dem Hirtenstab und dem Brustkreuz auch die Mitra, die Bischofsmütze. Hier die Mitra des heiligen Rupertus aus dem 12. Jh.

nate. Durch sein persönliches Erscheinen an vielen Orten des lateinischen Europa vermittelte Leo bei Geistlichen und Laien einen Eindruck davon, was der Primat des Papstes hieß: ein unmittelbares Eingreifen in alle Probleme der Kirche. Auf seinen Reisen versuchte er insbesondere auch die Volksmassen für die Ziele der Reform zu gewinnen, indem er Kirchen weihte und Heilige erhob.

1049 hielt Leo IX. anlässlich der Weihe der neuen Kirche von Saint-Rémi in Reims eine Synode ab. Auch der französische König war geladen, aber reformfeindliche Bischöfe rieten ihm ab, mit dem vom Kaiser eingesetzten Papst zusammenzuarbeiten. Die Synode war daher schlecht besucht; die Mehrzahl der Teilnehmer waren Äbte, an ihrer Spitze der neue Abt von Cluny, Hugo (1049–1109). Alle Anwesenden mussten einen Eid ablegen, dass sie ohne Simonie in ihr Amt gekommen seien; wer sich der Simonie schuldig gemacht hatte, wurde abgesetzt und exkommuniziert. Die Synode erklärte feierlich, dass allein der römische Bischof der Primas der Gesamtkirche und der Apostelnachfolger sei; damit bestätigte sie Leos Anspruch auf uneingeschränkte Leitung der gesamten Kirche.

Im selben Jahr hielt der Papst auch in Mainz eine große Synode ab, bei der praktisch das gesamte Episkopat des Reiches und auch der Kaiser zugegen waren. Wie in Reims wurden hier Beschlüsse gegen Simonie und Priesterehe erlassen. 1050 vertrat der Papst dann auf vier Synoden in verschiedenen Gegenden Italiens die Forderung nach einer Reinigung der Kirche und des Klerus auch dort. Besondere Feindschaft schlug Leo in Oberitalien entgegen; hier sollten auch künftig die Gegner der Reform besonders stark bleiben, denn die meist aus dem hohen Adel der oberitalienischen Städte stammenden Bischöfe und Domkleriker waren nicht bereit, auf ihre im 10. Jahrhundert gewonnene Unabhängigkeit von Rom zu verzichten.

Auch auf einem anderen Gebiet brachte Leo IX. Neuerungen. Er war der erste Papst, der militärisches Eingreifen mit den Geboten der Kirche in Einklang zu bringen suchte. Seine kriegerischen Unternehmungen gelten als wesentliche Wurzel der Kreuzzüge. Für seinen Kriegszug gegen die Normannen warb er mit dem Ver-

Papst Leo IX. (links) weiht die Klosterkirche von Saint-Arnould in Metz (Illustration aus einer Handschrift des 11. Jh.). Unter Leo IX. gewann das Kardinalskollegium an Bedeutung.

ZITAT

Gregor VII. hielt wenig von den weltlichen Herrschern (Briefregister 8, 21):
Wer wüsste nicht, dass Könige und Fürsten von jenen ihren Ursprung genommen haben, die von Gott nichts wussten, sondern mit Hochmut, Raub, Treulosigkeit und Mord, kurz: mit Verbrechen aller Art, auf Betreiben des Fürsten dieser Welt, eben des Teufels, über ihresgleichen, also Menschen, in blinder Gier und unerträglicher Anmaßung sich zu erheben trachten.

Aribert von Antimiano, Erzbischof von Mailand (1018–45), war ein bedeutender Kirchenreformer. 1026 hatte er Konrad II. zum Kaiser gekrönt. Detail aus dem Aribert-Evangeliar (Emailarbeit; Mailand, Tesoro del Duomo)

sprechen eines Ablasses, und die Gefallenen der Schlacht bei Civitate (1053) gegen die Normannen, wo das päpstliche Heer eine schwere Niederlage erlitt, wurden als Märtyrer verehrt.

Reformmaßnahmen unter Papst Nikolaus II.
Gleich zu Beginn seines Pontifikats versammelte Nikolaus II. im Lateran eine Synode (Ostern 1059), auf der ein Papstwahldekret beschlossen wurde. Dieses legte die freie Wahl des Papstes fest und beschränkte das Wahlrecht auf die Kardinäle; die übrige Geistlichkeit und die Bevölkerung Roms sollten nur noch zustimmen. Die Rolle des deutschen Königs wurde zwar erwähnt, aber unklar formuliert: »Amt und Würde« des Königs dürften

nicht übergangen werden. Damit war dem deutschen König das Recht zur Nomination eines Papstkandidaten genommen, das die ottonischen Kaiser und noch Heinrich III. selbstverständlich wahrgenommen hatten.

Auf dieser Lateransynode wurde auch der Kampf gegen die Priesterehe auf eine neue Ebene gehoben, indem man nun das gläubige Kirchenvolk in den Kampf einbezog und den Laien untersagte, an Gottesdiensten teilzunehmen, die von verheirateten Priestern gefeiert wurden. Damit war den Laien ein wichtiger Part bei der Durchsetzung der Reformideen übertragen. Umstritten ist die Tragweite eines weiteren Beschlusses von 1059: Es wurde gänzlich verboten, dass ein geistliches Amt durch einen Laien übertragen wurde. Zweifelhaft ist, ob damit im Sinne Humberts von Silva Candida auch die Übertragung von Bistümern und Abteien durch den König untersagt war. Wahrscheinlich bezog sich das Verbot nur auf die Niederkirchen, also auf die Einweisung von Geistlichen an den Eigenkirchen durch ihren adligen Herrn und nicht durch den Bischof.

Neben Humbert spielte unter Nikolaus II. auch schon der Archidiakon Hildebrand eine wichtige Rolle als Mentor der päpstlichen Politik. Als Humbert und Papst Nikolaus II. 1061 starben, erhob Hildebrand, ohne auf das Papstwahldekret von 1059 Rücksicht zu nehmen, sofort einen neuen Papst, den Bischof Anselm von Lucca, der sich Alexander II. nannte († 1073). In seinem Pontifikat kam es bereits zu schweren Spannungen mit dem deutschen König Heinrich IV., der seit 1065 selbstständig regierte.

Ein Revolutionär auf dem Stuhl Petri – Gregor VII.
Noch während der Leichenfeierlichkeiten für Alexander II. wurde Hildebrand dann 1073 selbst zum Papst ausgerufen; wieder wurde dabei das Papstwahldekret nicht eingehalten. Diese Unregelmäßigkeiten wurden später von den deutschen Bischöfen als Begründung für ihre Absage gegen den Papst angegeben. Der neue Papst nahm den Namen Gregor VII. († 1085) an. Seine Persönlichkeit hat schon in der Zeit, als er aus dem Hintergrund die päpstliche Politik bestimmte, polarisierend gewirkt. Ein friedliebender Mann wie der Kardinalbischof von Ostia, Petrus Damiani, nannte ihn einen »hei-

Im Briefregister Papst Gregors VII. stehen unter der nachgetragenen Überschrift »Dictatus papae« zwischen Briefen des Jahres 1075 27 Sätze über Rechte, die der Papst beanspruchte (Rom, Archivio Segreto Vaticano).

> **ZITAT**
>
> **König Heinrich IV. erhebt in einem Schreiben vom Januar 1076 schwere Vorwürfe gegen Gregor VII.:**
> *Nachdem du mir zuerst die gesamte erbliche Würde, die mir jener Stuhl schuldet, in vermessenem Beginnen entrissen hattest, gingst du noch weiter und versuchtest, mir das italienische Reich zu entfremden. Und auch damit nicht zufrieden, hast du dich nicht gescheut, an die verehrungswürdigen Bischöfe Hand anzulegen, die als die liebsten Glieder mit uns vereint sind;...*

Der Salierkaiser Heinrich IV. mit seinem Anwalt, Abt Hugo von Cluny, vor Mathilde von Tuszien. Aus der »Vita Mathildis«, verfasst von dem Mönch Donizo, 1115 (Rom, Biblioteca Apostolica Vaticana).

ligen Satan«; seine geradezu unchristliche Zielstrebigkeit für die Sache der Kirche wird mit diesem Wort treffend gekennzeichnet.

Die theoretischen Postulate Gregors VII. sind zusammengestellt im »Dictatus papae«, 27 Sätzen, die hinter einem Brief vom 3. März 1075 in das Briefregister des Papstes eingetragen sind, jedoch nicht verbreitet wurden. Ihre zentrale Aussage besteht darin, dass dem Papst und der römischen Kirche eine absolute Sonderstellung zukomme, in die sie Christus eingesetzt habe. Die päpstliche Gerichtsbarkeit sollte vor allem dazu dienen, die Übel der Simonie und der Priesterehe auszurotten. Einige Sätze, etwa die Forderung »der Papst darf von niemandem gerichtet werden«, sind alt, andere von geradezu revolutionärer Neuheit. In Satz sieben des »Dictatus papae« formulierte er: »Ihm (dem Papst) allein steht es zu, wegen des Zwangs der Verhältnisse neue Gesetze zu erlassen«, und ergänzte in Satz 17: »Kein Kapitel und kein Buch darf für kirchenrechtlich gültig gehalten werden ohne päpstliche Genehmigung«. Das heißt, vom alten Kirchenrecht sollte nur das Gültigkeit haben, was vom Papst autorisiert war.

Drei weitere Sätze des »Dictatus papae«, die ohne Vorbild in der Tradition sind, seien noch erwähnt. In Satz 26 heißt es: »Die Übereinstimmung mit der römischen Kirche allein entscheidet darüber, ob jemand außerhalb oder innerhalb der rechtgläubigen Christenheit steht.« Satz zwölf stellt fest, dass der Papst Kaiser absetzen dürfe; damit wurde ein noch nie von einem Papst geübtes Recht behauptet. Und nach Satz 27 darf der Papst die Untertanen von der Treue gegen ungerechte Herrscher entbinden. In diesem Anspruch liegt eine ungeheure Sprengkraft, sie bedeutete nämlich, dass der Papst die geltende weltliche Ordnung verändern konnte. Hier ist angelegt, was Gregor VII. mit Bannung und Absetzung des deutschen Königs in die Tat umsetzen sollte.

Das Verhältnis zwischen Gregor VII. und dem deutschen König Heinrich IV. (1056–1106) war anfangs durchaus vertrauensvoll. So plante der Papst 1074, für den Fall seiner Abwesenheit auf einem Kreuzzug, Heinrich IV. zu seinem Statthalter zu ernennen. Als Heinrich aber 1075 in Mailand und sogar innerhalb des Kirchenstaats Bischöfe erhob, kam es zum Bruch.

Europa im Mittelalter

> **INFOBOX**
>
> **Trennung der Kirchen**
> Im Auftrag von Papst Leo IX. reiste 1053 eine Delegation unter Leitung von Kardinal Humbert von Silva Candida zu Verhandlungen mit dem Patriarchen Michael Kerullarios nach Konstantinopel. Strittig war zwischen den Parteien aus theologischer Sicht das »Filioque« – der Ausgang des Heiligen Geistes vom Vater und vom Sohn –, das der Westen einseitig ins Glaubensbekenntnis eingebracht hatte. Aber auch der Gebrauch von ungesäuertem Brot bei der Eucharistie in der lateinischen Kirche, die im Osten zulässige Priesterehe und der Primatsanspruch des Papstes über die Gesamtkirche hatten zu einem Prozess der gegenseitigen Entfremdung geführt. Als keine Einigung zustande kam, legte Humbert am 16. 7. 1054 in der Hagia Sophia eine Exkommunikationsbulle gegen Michael nieder, im Gegenzug bannte dieser die Verfasser der Bulle – so kam es zum Morgenländischen Schisma, der Trennung der lateinisch-abendländischen katholischen Kirche und den vier ostkirchlichen Patriarchaten (Konstantinopel, Alexandria, Antiochia, Jerusalem).
> Versuche einer Wiederannäherung, wie die Unionskonzilien von Lyon (1274) und Ferrara-Florenz-Rom (1438–45), blieben ohne Erfolg. Erst während des 2. Vatikanischen Konzils gaben 1965 der Patriarch Athenagoras I. und Papst Paul VI. eine Erklärung ab, mit der sie die wechselseitige Exkommunikation »vergessen lassen wollten«.

> **ZITAT**
>
> In der Urkunde Calixtus' II., Teil des Wormser Konkordats von 1122, gesteht der Papst dem Kaiser einen Anteil an der Erhebung von Bischöfen und Äbten des Reiches zu:
> *Ich, Bischof Calixtus, ... bewillige dir, meinem geliebten Sohn Heinrich, ... dass die Wahl der Bischöfe und Äbte des deutschen Reiches ... in deiner Gegenwart ... vollzogen werde. ... Der Erwählte soll dann von dir ohne jegliche Bezahlung die Regalien durch Verleihung des Stabes erhalten und dir leisten, wozu er von Rechts wegen verpflichtet ist.*

Gregor verlangte die Rücknahme dieser Ernennungen. Der König hatte aber nach seinem Sieg über die Sachsen seine Stellung so gefestigt, dass er nicht bereit war nachzugeben. Auch im deutschen Episkopat braute sich heftiger Widerstand gegen Gregor VII. zusammen, und als man in Deutschland erfuhr, dass am Weihnachtstag 1075 in Rom ein Attentat auf den Papst verübt worden sei, schien die Gelegenheit günstig, Gregor loszuwerden: Am 26. Januar 1076 wurde er durch die deutschen Bischöfe aufgefordert, »vom Stuhl Petri herabzusteigen«. Die Boten des Königs wurden fast gelyncht, als sie in Rom diese Botschaft vortrugen, und der Papst erklärte in einem Gebet an den heiligen Petrus den deutschen König für abgesetzt und für exkommuniziert. In Deutschland fielen darauf die meisten Bischöfe vom König ab, und die alten Gegner Heinrichs, die Sachsen und die Herzöge von Bayern und von Schwaben, planten eine Neuwahl. Es gelang Heinrich aber, einen Aufschub der Neuwahl bis zum

Frühjahr 1077 zu erreichen; er musste allerdings bis dahin vom Bann gelöst sein, um seine Herrschaft wieder ausüben zu können.

Mitten im Winter überschritt er daher die Alpen und erschien Ende Januar 1077 mit kleinem Gefolge vor der Burg Canossa (südlich von Parma), wohin sich der Papst zurückgezogen hatte, der selbst nach Deutschland zu reisen beabsichtigte. In einem dreitägigen Bußgang erreichte der König, dass er vom Papst wieder in die Kirche aufgenommen wurde. Damit hatte Heinrich zwar einen taktischen Erfolg errungen, er hatte aber auch anerkannt, dass der Papst ein Kontrollrecht über den König besaß. Auch die Wahl Rudolfs von Rheinfelden zum Gegenkönig (März 1077 in Forchheim) wurde durch den Gang nach Canossa nicht verhindert.

1080 sprach Gregor VII. ein zweites Mal den Bann über Heinrich IV. aus; der König und seine Anhänger erhoben im Gegenzug Erzbischof Wibert von Ravenna zum Papst (Klemens III., 1080–1100). 1084 führte Heinrich ihn als Gegenpapst nach Rom, der ihn zum Kaiser krönte. Nach dem Abzug Heinrichs kehrte Gregor VII. jedoch mit normannischer Hilfe nach Rom zurück. Er konnte sich aber dort nicht halten, sondern musste

Die Veste Coburg, eine Höhenburg des 13. Jh., verkörpert den Idealtyp einer mittelalterlichen Burganlage. Sie wurde im 16./17. Jh. zur Landesfestung ausgebaut und bis ins 19. Jh. verändert.

An der Frage der Einsetzung von Bischöfen und Äbten entzündete sich im 11. Jh. der Machtkampf zwischen Kaiser und Papst. Nach der Miniatur aus Gratians Lehrbuch des Kirchenrechts haben beide gleichen Anteil an der Macht (Köln, Erzbischöfliche Diözesan- und Dombibliothek).

wieder abziehen und starb am 25. Mai 1085 im Exil in Salerno.

Von den hochfliegenden Plänen Gregors VII. hatte nur wenig verwirklicht werden können. Besonders in Deutschland hatte das Schisma vielmehr das kirchliche Leben schwer beeinträchtigt, denn in vielen Bistümern standen sich ein kaiserlicher und ein päpstlicher Bischof gegenüber, die sich gegenseitig verketzerten.

Konsolidierung der Reform – Urban II.

In den folgenden Jahren gelang es Gregors Nachfolger, Urban II. (1088–99), in zähen Kämpfen, die er mit großem diplomatischem Geschick führte, einen Teil der Absichten Gregors VII. durchzusetzen. Dieser Papst war ein ehemaliger Mönch aus Cluny, dem burgundischen Zentrum der Klosterreform, und er holte etliche Mitarbeiter aus Frankreich nach Rom. Damit zeichnet sich die besondere Beziehung zwischen dem Papsttum und Frankreich ab, die im 12. und 13. Jahrhundert noch enger werden sollte.

Aus einer sehr beschränkten Situation am Anfang seines Pontifikats – zeitweise war sein Wirkungskreis auf die Tiberinsel in Rom beschränkt – gelang es Urban bis

Ablieferung des Kirchenzehnts an Papst und Kleriker (aus einer der ersten Druckausgaben des »Decretum Gratiani«; Mainz, 1473). Der Jurist Gratian fasste im 12. Jh. die damals zerstreute Materie des kirchenrechtlichen Stoffes zum kurz als »Decretum Gratiani« titulierten Rechtsbuch zusammen.

1095, seinerseits die Initiative zu gewinnen und sowohl den Gegenpapst Klemens III. als auch den Kaiser in Bedrängnis zu bringen. Auf seinem zweiten Italienzug war Heinrich IV. nach anfänglichen Erfolgen von seiner wichtigsten Gegnerin, Markgräfin Mathilde von Tuszien, und von Urban II. immer mehr zurückgedrängt und schließlich in einem kleinen Gebiet im Osten des Gardasees praktisch eingeschlossen worden. 1093 war Heinrichs ältester Sohn Konrad abgefallen und hatte sich von den Feinden des Vaters zum König von Italien krönen lassen.

Ein Ausgleich mit den süddeutschen Fürsten brachte dem Kaiser wieder Handlungsfreiheit: Konrad wurde abgesetzt und an seiner Stelle der 1086 geborene Heinrich (V.) zum Nachfolger designiert; am 6. Januar 1099 wurde er zum König gekrönt. Ende 1104 sagte sich aber auch Heinrich V. von seinem Vater los und stellte sich an die Spitze einer Fürstenopposition, die in Bayern, Schwaben und Sachsen ihren Schwerpunkt hatte. Kurz vor Weihnachten 1105 gelang es Heinrich V. durch eine List, seinen Vater gefangen zu nehmen und ihm einen Thronverzicht abzupressen (31. Dezember 1105).

Lösung des Investiturstreits unter Heinrich V.
Die Lösung des seit 1075/76 das Reich aufwühlenden Investiturstreits wurde unter Papst Calixtus II. (1119–24) erreicht. Nach langen Verhandlungen wurde im September 1122 das Wormser Konkordat geschlossen, das aus zwei Urkunden, einer kaiserlichen und einer päpstlichen, besteht. Die kaiserliche Urkunde ist an Papst Calixtus und die Apostel Petrus und Paulus sowie die Kirche adressiert und spricht den Verzicht des Kaisers auf die Investitur der Bischöfe mit Ring und Stab aus; außerdem sichert sie freie Wahl und unbehinderte Weihe des Gewählten zu. Die päpstliche Urkunde war allein zugunsten Heinrichs V. ausgestellt; das Reich und mögliche Nachfolger Heinrichs V. werden nicht erwähnt. Hier wird zugestanden, dass die Bischofswahl »in Gegenwart des Königs« vor sich gehen sollte. Die Einweisung (Investitur) in die Regalien, die Besitzungen und Hoheitsrechte eines Bischofs, sollte mit dem Zepter vorgenommen werden, und zwar in Deutschland vor der Weihe, in Burgund und in Italien spätestens sechs Monate danach.

ZITAT

Otto von Freising überliefert eine Anekdote über Heinrich IV. und den Gegenkönig Rudolf von Rheinfelden, der 1080 gefallen war (Gesta Friderici 1, 7):
Über Heinrich IV. wird berichtet, nachdem diese Aufstände einigermaßen niedergeschlagen waren, sei er einmal in die Merseburger Kirche gekommen und habe dort diesen Rudolf wie einen König bestattet liegen gesehen; als ihn nun jemand fragte, warum er zugelassen habe, dass jemand, der nicht König gewesen sei, mit königlichen Ehren bestattet liege, habe er gesagt: Möchten doch alle meine Feinde so ehrenvoll bestattet liegen!

Dem deutschen König war damit ein beachtliches Maß an Mitsprache bei der Erhebung der Bischöfe zugestanden. Während ein deutscher Hoftag im November 1122 diese Abmachungen billigte, kam es im März 1123 auf der Lateransynode zu einem Tumult, weil die Zugeständnisse an den König den Reformern zu weit gingen. Dass auch der Papst das Konkordat als Sieg betrachtete, zeigt sich darin, dass er den Vertragsabschluss auf einem Wandgemälde im Lateran darstellen ließ, wo allein die Erfolge der Kirche erwähnt wurden. *Wilfried Hartmann*

Kaiser gegen Papst: Die Staufer

Nach dem Tode des 1125 kinderlos verstorbenen Heinrich V. rechnete sein Neffe, der Staufer Herzog Friedrich II. von Schwaben, fest damit, von den Fürsten zum König gewählt zu werden. Diese wählten aber den fünfzigjährigen Herzog Lothar III. von Sachsen. Ein zeitgenössischer Bericht über die Königswahl rühmt dies als Sieg der kirchlichen Partei, und zweifellos wurde Lothar vor allem von den Bischöfen unterstützt. Aber er hielt an den Rechten des Königs bei den Bischofswahlen fest und erlangte 1133 bei der Erneuerung des Wormser Konkordats von Papst Innozenz II. sogar die Lehnsherrschaft über den weltlichen Besitz der Reichskirchen.

Dass Lothar sich gegenüber dem Papst in einer günstigen Position befand, war eine Folge der zwiespältigen Papstwahl des Jahres 1130. Damals hatte eine Minderheit der Kardinäle Innozenz II. gewählt, während die Mehrheit Anaklet II. erhob. Die Wähler Innozenz' stammten aus Frankreich und aus Oberitalien; dies trug dazu bei, dass dieser Papst rasch in Frankreich anerkannt wurde. Die rednerische Überzeugungskraft Bernhards von Clairvaux brachte dann auch die Anerkennung Innozenz' II. in Deutschland. 1133 führte Lothar III. diesen Papst nach Rom und wurde von ihm zum Kaiser gekrönt. Bei einem zweiten Italienzug (1136/37) ging es darum, den mächtigsten Anhänger Anaklets II., Roger II. von Sizilien, zu besiegen. Lothar erzielte zwar in Apulien militärische Erfolge, aber einen endgültigen Sieg über die Normannen konnte er nicht erringen.

ZITAT

Otto von Freising berichtet über den Reichstag von Roncaglia im November 1158:
Darauf erörterte Friedrich eingehend die Regalien, die schon seit langer Zeit teils durch die Frechheit derer, die sie sich angemaßt hatten, teils durch die Unbekümmertheit der Könige dem Reich entzogen worden waren. Da die Bischöfe, die Großen und die Städte keinen Entschuldigungsgrund zu ihrer Rechtfertigung fanden, gaben sie einstimmig und einmütig die Regalien in die Hand des Kaisers zurück, ...

Der Palazzo dei Normanni in Palermo, von den Sarazenen im 11. Jh. auf einer alten römischen Festung errichtet, wurde unter Roger II. umgebaut. Kaiser Lothar III. konnte sich gegen ihn nicht durchsetzen.

Zwei Streitpunkte, die unter den staufischen Kaisern das Verhältnis zu den Päpsten bestimmen sollten, deuteten sich schon unter Lothar III. an. Der eine war der Anspruch des Papstes auf die Toskana, das Erbe Mathildes von Tuszien. Der andere war der päpstliche Anspruch auf die Lehnsherrschaft über die normannischen Gebiete in Unteritalien und Sizilien. In beiden Fragen fand sich Lothar zum Kompromiss bereit: Das mathildische Erbe wurde als päpstliches Lehen an den Schwiegersohn des Kaisers gegeben, und nach der Niederlage Rogers II. in Unteritalien übertrugen Papst und Kaiser gemeinsam einem neuen Lehnsmann die Herrschaft über Apulien.

Konrad III.
Als seinen Nachfolger hatte Lothar III. seinen Schwiegersohn Heinrich den Stolzen ausersehen, den Herzog von Bayern, der aus dem Haus der Welfen stammte. Gewählt wurde aber der Staufer Konrad III. (1139–52), der bereits zwischen 1127 und 1135 als Gegenkönig wenig erfolgreich agiert hatte. Konrad sprach dem Welfen sofort dessen Herzogtümer Bayern und Sachsen ab. Bayern wurde an die Babenberger gegeben; in Sachsen konnten

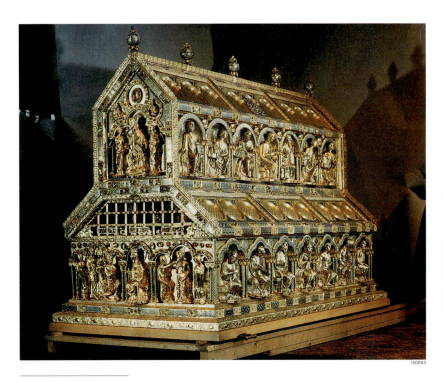

Als königliche Reliquien legitimierten die (angeblichen) Gebeine der Heiligen Drei Könige das staufische Königtum. Den Schrein schufen Nikolaus von Verdun und seine Werkstatt (Köln, Dom).

sich die Welfen aber letztlich durchsetzen. Die Kaiserkrone konnte Konrad III. nicht erlangen. In einer schwierigen Situation für das Reich legte er 1146 ein Kreuzzugsgelübde ab und zog in den Orient. Seine größte Tat war wohl seine Designation Friedrichs von Schwaben zu seinem Nachfolger, auf den er die Wähler verwies, obwohl er selbst einen Sohn hatte.

Friedrich I. Barbarossa
In der Person Friedrichs I. konnte der Gegensatz zwischen Staufern und Welfen überwunden werden, da seine Mutter eine Welfin war. Vor seiner Wahl hatte es wohl eine Absprache mit dem welfischen Herzog von Sachsen, Heinrich dem Löwen, gegeben, der 1156 das seinem Vater aberkannte Bayern zurückerhielt. Den Babenbergern blieb Österreich, das 1156 zum Herzogtum erhoben wurde.

Friedrich I. betrieb von Anfang an eine intensive Italienpolitik. Als er 1155 zur Kaiserkrönung zog, entwarf er mit Juristen aus Bologna ein Programm zur Festigung der kaiserlichen Herrschaft über Italien mithilfe des römischen Rechts. Damit war ein Zusammenstoß mit dem Papst vorprogrammiert. Zum offenen Konflikt kam es, als auf einem Reichstag in Besançon 1157 ein Schreiben des Papstes Hadrian IV. (1154–59) verlesen wurde, in dem dieser die Kaiserwürde als »Lehen« des Papsttums bezeichnete. Als dann der Kaiser auf dem Italienzug von 1158 versuchte, die kaiserlichen Herrschaftsrechte durchzusetzen, kam es zum Kampf mit den an Unabhängigkeit gewöhnten Städten Oberitaliens. Diese verbanden sich mit dem Papst, und dieses Bündnis hielt bis zum Friedensschluss Barbarossas mit Alexander III. (1159–81) im Jahre 1177.

Dieser hatte schon als Kardinal auf einen Konflikt mit dem Kaiser hingearbeitet. Nach seiner Wahl zum Papst durch eine Mehrheit der Kardinäle wählte daher eine kaiserfreundliche Minderheit einen Gegenpapst, der sich Viktor IV. († 1164) nannte. Alexander III. konnte sich in Italien nicht halten, sondern musste nach Frankreich ausweichen, das wieder – wie unter Urban II. oder Innozenz II. – die wichtigste Stütze des Papsttums war. Die militärischen Auseinandersetzungen des mit den lombardischen Städten verbündeten Papstes mit dem Kaiser gipfelten in der Niederlage Barbarossas bei Legnano (1176); die diplomatischen Fähigkeiten des Kaisers entfalteten sich erst danach, als er trotz dieser Niederlage noch einen für ihn günstigen Frieden erreichen konnte (1183).

Neue Spannungen zwischen Kaiser und Papst bauten sich auf, als 1186 der als Nachfolger Friedrichs I. ausersehene Heinrich (VI.) die Erbin des Königreichs Sizilien heiratete. Die Päpste mussten befürchten, zwischen dem bis nach Mittelitalien reichenden Kaiserreich und dem unteritalienischen Königreich eingezwängt und in ihrer Selbstständigkeit behindert zu werden.

Heinrich VI.

Als Heinrich VI. 1190 die Herrschaft im Reich antrat, war er entschlossen, das sizilische Erbe seiner Frau zu erringen. Dies gelang jedoch erst, nachdem Heinrich aus der Gefangennahme des vom Kreuzzug heimkehrenden englischen Königs Richard Löwenherz im wahrsten Sinn

ZITAT

Otto von Freising zählt die Regalien auf, die Friedrich auf dem Reichstag von Roncaglia 1158 zugesprochen wurden:

... die Herzogtümer, Markgrafschaften, Grafschaften, Konsulate, Münzen, Zölle, das Fodrum (Leistungen zum Unterhalt des kaiserlichen Hofes), Steuern, Häfen, Geleite, Mühlen, Fischteiche, Brücken und alle Nutzung aus den Flussläufen sowie die Zahlung eines jährlichen Zinses.

ZITAT

Kaiser Friedrich I. widerspricht in einem Rundschreiben vom Oktober 1157 dem Oberherrschaftsanspruch des Papstes:

Da wir das Königtum und Kaisertum durch Wahl der Fürsten allein von Gott empfangen haben, ... so befindet sich jeder, der behauptet, wir hätten die kaiserliche Krone als ein Lehen vom Papst empfangen, im Widerspruch mit der göttlichen Ordnung und der Lehre des Petrus und ist der Lüge schuldig.

> **INFOBOX**
>
> **Als Kaiser Rotbart lobesam ...**
> »Kaiser Rotbart lobesam« nennt Ludwig Uhland in seiner Ballade »Schwäbische Kunde« den volkstümlichen Herrscher. Schon für viele seiner Zeitgenossen war Friedrich Barbarossa eine Idealgestalt, ein vorbildlicher Vertreter ritterlicher Gesinnung und höfischer Kultur. Ein glanzvoller, tatkräftiger Herrscher und der Reichserneuerer sei er gewesen, berichten die Chronisten Otto von Freising und Gottfried von Viterbo.
> Mit den Namen der staufischen Kaiser verband sich in Notzeiten die Hoffnung des Volkes auf Besserung. Das »Volksbuch von Friedrich Barbarossa« (1519) überträgt erstmals die ursprünglich um Friedrich II. entstandene Kyffhäusersage auf Barbarossa: Der Kaiser sitze im Kyffhäuser schlafend an einem Tisch und warte darauf, einst wiederzukehren, um alles zum Besten zu wenden, derweil sein rotblonder Bart durch den Tisch wachse.
> Friedrich Rückerts Gedicht »Kaiser Friedrich im Kyffhäuser« (1817) gab den Anstoß für eine Flut von Barbarossa-Dichtungen im 19. Jh., die mit der Erneuerung der Reichsidee in Verbindung zu bringen sind.

100563

Porträtbüste des Kaisers Friedrich I. Barbarossa (so genannter »Cappenberger Barbarossa-Kopf«) aus vergoldeter Bronze, um 1160. Friedrich I. hat diese Büste seinem Taufpaten, Otto von Cappenberg, zum Geschenk gemacht (Cappenberg, katholische Pfarrkirche).

des Wortes Kapital geschlagen hatte. Mithilfe des englischen Lösegelds konnte Heinrich VI. einen erfolgreichen Kriegszug vorbereiten und 1194 die Krönung in Palermo erreichen.

Um das deutsche Königtum auch in Zukunft seinem Geschlecht zu erhalten, wollte Heinrich gegen Zugeständnisse an die Fürsten deren Königswahlrecht ablösen (Erbreichsplan). Der Widerstand der deutschen Fürsten, vor allem aber des Papstes, vereitelte das Vorhaben. Da Heinrich VI. schon im September 1197 starb, blieb ein geplanter Kreuzzug unausgeführt. Ob er dabei mehr im Sinn hatte als eine Wiedereroberung Jerusalems, etwa einen Ausgriff nach Byzanz und Nordafrika, ist nicht mehr zu entscheiden.

Innozenz III. und die Doppelwahl von 1198
Im Jahr 1198 wurde der erst 37-jährige Kardinal Lothar von Segni als Innozenz III. zum Papst gewählt. Seine erste Sorge galt der Wiederherstellung der Herrschaft über den Kirchenstaat. Auch die päpstliche Oberherrschaft über das normannische Königreich wollte er wieder erringen, um die Verbindung zwischen Unteritalien und dem Reich auf Dauer zu beseitigen.

Die aggressive Italienpolitik der Kaiser, die das Papsttum in die Defensive gedrängt hatte, war mit dem Geschlecht der Staufer verbunden; daher stand Innozenz III. dem 1198 zum König gewählten Staufer Philipp von Schwaben sehr distanziert gegenüber. Auf Betreiben von Richard Löwenherz war auch dessen Neffe, der Welfe Otto von Braunschweig, ein jüngerer Sohn Heinrichs des Löwen, von einer Minderheit der Reichsfürsten zum König gewählt worden. Während Otto am traditionellen Krönungsort Aachen gekrönt werden konnte, wurde der Staufer in Mainz gekrönt: zwar am falschen Ort, aber mit den echten Reichsinsignien.

Hinsichtlich des Verhältnisses zum Papst war Otto von Anfang an im Vorteil. Er konnte in seinem Wahlschreiben Innozenz auf die Treue seines Vaters gegenüber dem römischen Stuhl verweisen und auch darauf, dass er sich bei seiner Wahl eidlich verpflichtet habe, die

Heinrich VI. in einer Miniatur der Manessischen Handschrift, 1. Hälfte 14. Jh. (Heidelberg, Universitätsbibliothek)

> **ZITAT**
>
> **Otto von Freising (Gesta Friderici 2, 14) über die Freiheit der italienischen Städte im 12. Jh.:**
>
> *Schließlich lieben sie die Freiheit so stark, dass sie sich jedem Übergriff der Gewalt entziehen... Da es bekanntlich bei ihnen drei Stände gibt, nämlich Kapitane, Valvassoren und Bürger, werden... diese Konsuln nicht aus einem, sondern aus allen Ständen gewählt, und damit sie sich nicht zur Herrschsucht verleiten lassen, werden sie fast jedes Jahr ausgetauscht.*

Rechte und Besitzungen der römischen Kirche zu achten und auf das Spolienrecht, das Recht auf den beweglichen Nachlass verstorbener Bischöfe, zu verzichten. Philipp dagegen befand sich zur Zeit seiner Wahl im Kirchenbann wegen seiner Übergriffe auf den Kirchenstaat, die er als Herzog der Toskana begangen hatte.

1201 sprach sich Innozenz III. zugunsten des Welfen aus. Ein päpstlicher Legat proklamierte ihn in Köln zum Römischen König und verhängte über alle den Bann, die sich ihm entgegenstellen würden. 1204 änderte sich die Lage im Reich, und der Kölner Erzbischof krönte im Januar 1205 Philipp und seine Gemahlin in Aachen noch einmal. Eine Änderung der päpstlichen Politik war allerdings damit nicht verbunden, weil Philipp nichts Eiligeres zu tun hatte, als sofort ein Heer nach Italien zu schicken, das die Mark Ancona und das Herzogtum Spoleto für das Reich zurückgewinnen sollte.

Erst Anfang 1207 löste ein päpstlicher Legat Philipp vom Bann und führte einen Waffenstillstand zwischen Otto und Philipp herbei. Wenig später wurde dem Staufer die Kaiserkrone in Aussicht gestellt; Otto IV. sollte eine Entschädigung erhalten. Ehe aber Endgültiges ge-

Das Fresko aus dem 13. Jh. im Kloster Sacro Speco in Subiaco zeigt Papst Innozenz III., der aufseiten der Welfen stand.

Der Reichsapfel, eine Insignie des Heiligen Römischen Reiches, wird 1191 erstmals im Krönungszeremoniell bezeugt (Wien, Kunsthistorisches Museum).

schah, wurde Philipp im Juni 1208 vom Pfalzgrafen Otto von Wittelsbach aus persönlicher Rache ermordet. Die Fürsten und die Ministerialen gingen zu Otto über. Die Aussöhnung zwischen Welfen und Staufern wurde durch eine Heirat besiegelt: Otto IV. heiratete die älteste Tochter des Ermordeten, Beatrix. Der Mörder wurde vom König mit der Reichsacht belegt.

Otto IV.

Ehe Otto die Kaiserkrone erhalten konnte, musste er auf den Kirchenstaat und die mathildischen Güter, auf das Spolienrecht und auf den Einfluss bei den Bischofswahlen verzichten. Im Spätsommer 1209 trat Otto IV. seine Romfahrt an; bei seiner ersten persönlichen Begegnung mit dem Papst weigerte er sich, seine Zusagen zu wie-

Kaiserin Konstanze, eine Tochter Rogers II. von Sizilien, übergibt ihren Sohn Friedrich (II.) an eine Pflegemutter, während sie ihrem Gemahl Heinrich VI. nach Süditalien folgt (aus dem »Liber ad Honorem Augusti« des Petrus von Eboli).

> **ZITAT**
>
> Papst Innozenz III. beurteilt die beiden aus der Doppelwahl von 1198 hervorgegangenen deutschen Könige, den Welfen Otto IV. und den Staufer Philipp von Schwaben (Dekretale Venerabilem):
>
> ... von den Wählern wird nicht so sehr die Mehrheit im Sinne der bloßen Zahl gefordert als ein gesunder Verstand hinsichtlich ihrer Überlegungen, und so ist Otto geeigneter zur Regierung des Reiches als Philipp.

derholen, weil er sie ohne Befragen der Reichsfürsten gemacht habe. Der Papst führte die Kaiserkrönung im Oktober 1209 dennoch durch. Es zeigte sich aber, dass Otto nicht bereit war, auf die umstrittenen Reichsrechte zu verzichten. 1210 rückte er dann sogar ins Königreich Sizilien ein. Daraufhin wurde Otto im November 1210 gebannt. Dennoch gelang es dem Kaiser, Apulien und Kalabrien zu erobern. Als er nach Sizilien übersetzen wollte, erreichte ihn die Nachricht, dass die Fürsten im September 1211 in Nürnberg auf Empfehlung des Papstes und des französischen Königs Friedrich von Sizilien, den Sohn Heinrichs VI., zum deutschen König gewählt hatten.

Friedrich II.
Friedrich befand sich damals noch in Sizilien. Er brach im Frühjahr 1212 aus Palermo auf und wurde in Rom als zukünftiger Kaiser gefeiert; im Dezember wurde er in Mainz zum König gekrönt. Im Juli 1213 akzeptierte er alle Zusagen, die Otto IV. gegenüber der Kurie gemacht hatte; auch die Fürsten mussten sie bestätigen.

Die Entscheidung zwischen Friedrich II. und Otto IV. fiel nicht in Deutschland, sondern in Flandern. In der Schlacht von Bouvines am 27. Juli 1214 erlitt ein Heer der Engländer, in dem auch Otto IV. kämpfte, eine schwere Niederlage durch die Franzosen; Otto IV. selbst geriet beinahe in Gefangenschaft. Friedrich II. wurde im Juli 1215 noch einmal am traditionellen Krönungsort Aachen gekrönt; im Anschluss daran nahm er das Kreuz, als Zeichen für ein Kreuzzugsgelöbnis, was noch viele Verwicklungen zur Folge haben sollte.

Im August 1220 brach er nach Italien auf, um die Kaiserkrone zu erlangen. Vorher musste er dem Papst noch einmal versprechen, dass es keine Vereinigung zwischen dem Reich und Sizilien geben werde; außerdem musste er das Obereigentum der römischen Kirche über Sizilien anerkennen. Im November 1220 wurde Friedrich in der Peterskirche zum Kaiser gekrönt. Dabei nahm er noch einmal das Kreuz, diesmal aus der Hand des Kardinalbischofs von Ostia, des späteren Papstes Gregor IX. Im August 1221 sollte der Kreuzzug beginnen. Nachdem der Kaiser seinen Aufbruch mehrmals verschoben hatte, wurde dann im Juli 1225 ein Vertrag geschlossen, in dem der Kaiser unter Eid versprach, im August 1227 die Kreuzfahrt anzutreten. Die Stärke seiner Flotte und die Größe seines Heeres wurden genau festgelegt. Bei Nichterfüllung des Vertrags sollte der Kaiser dem Bann verfallen.

Das Wachssiegel des Welfen Otto IV. von Braunschweig stammt aus dem Jahr 1198.

> **INFOBOX**
>
> **Reichsinsignien**
> Die Reichsinsignien wurden den mittelalterlichen Herrschern des Heiligen Römischen Reiches bei der Krönung feierlich als Herrschaftszeichen übergeben, die in rechtssymbolischer Bedeutung den Besitzer als legitimen Herrscher auswiesen. Zu den Reichsinsignien zählen die Kaiserkrone, der Reichsapfel (Weltkugel mit Kreuz), das Reichsschwert und das Reichszepter. Die Kaiserkrone wurde wohl um 978/980 für Kaiser Otto II. angefertigt, das heutige Kreuz stammt aus der Zeit Kaiser Heinrichs II. († 1024) und der Bügel geht auf König Konrad II. († 1039) zurück. Der 21 cm hohe Reichsapfel ist 1191 erstmals bezeugt und besteht aus Gold, Goldfiligran, Edelsteinen und Perlen. Das 110 cm lange Reichsschwert, dessen Stahlklinge, Knauf und Parierstange vergoldet sind und das in einer mit Gold, Email und Granaten verzierten Olivenholzscheide aufbewahrt wird, wurde 1198 und 1218 erneuert. Außerdem gehörten zu den Reichsinsignien im weiteren Sinn auch noch die Reichskleinodien: u. a. Krönungsornat, Reichsevangeliar sowie die von König Heinrich I. erworbene Heilige Lanze, die als Reichsheiligtum nicht bei der Krönung überreicht wurde. Alle Reichsinsignien befinden sich heute in der Schatzkammer des Kunsthistorischen Museums in der Wiener Hofburg.

> **ZITAT**
>
> **Die Marbacher Annalen vermerken über den so genannten Erbreichsplan Kaiser Heinrichs VI.:**
>
> *Auf diesem Reichstag (in Mainz, Februar 1196) wollte der Kaiser ein für das (Heilige) Römische Reich neues und unerhörtes Dekret mit den Fürsten erlassen, dass nämlich im Römischen Reich wie in Frankreich und in den übrigen Königreichen die Könige einander nach Erbrecht folgen sollen. Dazu gaben die anwesenden Fürsten ihre Zustimmung...*

In der mittelalterlichen Gesellschaft galt die Falknerei als edelste aller Jagdarten. Nach der Jagd kehrt der Falke durch ein in der Falkentasche aufbewahrtes Fleischstück auf die Faust des Falkners zurück.

Der neue Papst Gregor IX. (1227–41) war ein Verwandter Innozenz' III. Er bannte den Staufer, als der den Kreuzzug abermals aufschob. Der gebannte Kaiser zog dann 1229 ins Heilige Land, während päpstliche Truppen sein unteritalienisches Königreich verwüsteten. Nach der Rückkehr des Kaisers kam es zu einem Frieden mit dem Papst, in dem Friedrich zusagte, das Herzogtum Spoleto und die Mark Ancona als päpstliche Gebiete zu achten und die kirchlichen Wahlen in Kirchen und Klöstern Siziliens frei von seinem Einfluss durchführen zu lassen. Die Kirche sollte in Sizilien Steuerfreiheit und das Recht auf eigene Gerichtsbarkeit besitzen. Im August 1230 wurde der Kaiser daraufhin vom Bann gelöst.

Bereits 1226 hatten sich die lombardischen Städte gegen den Kaiser zusammengeschlossen; 1236 forderte Friedrich II. den Papst auf, mit Kirchenstrafen gegen die Städte vorzugehen. Gregor IX. beantwortete diese Bitte mit Beschwerden über die Bedrückung der Kirche in Sizilien durch den Kaiser und führte unter Berufung auf die Konstantinische Schenkung aus, der Stellvertreter Petri besitze die Herrschaft über Menschen und Dinge auf dem gesamten Erdkreis. Das Papsttum nahm also die weltliche Herrschaft über alle, auch über den Kaiser, in Anspruch.

Eine Verwirklichung dieses Anspruchs lag aber noch in weiter Ferne. Kaiser Friedrich konnte nämlich die Lombarden trotz ihrer zahlenmäßig überlegenen Heere 1237 bei Cortenuova vernichtend schlagen. Mailand war bereit, alle Forderungen des Kaisers zu akzeptieren; Friedrich aber forderte die Unterwerfung auf Gnade und Ungnade. Dem wollten die Mailänder nicht zustimmen. Der Krieg ging also weiter, und Friedrichs Belagerung Brescias im Jahre 1238 war ein erster Rückschlag. Die Belagerung schlug fehl, obwohl die Könige von Frankreich, England und Kastilien, der Kaiser von Nikaia und der ägyptische Sultan Al-Malik al-Kamil Hilfstruppen geschickt hatten, um für das monarchische Prinzip und gegen das städtische Freiheitsstreben zu kämpfen.

Gregor IX. bestärkte die lombardischen Städte in ihrem Widerstand und erreichte ein Bündnis der beiden Seestädte Genua und Venedig gegen Friedrich, das dessen wichtigste Machtbasis gefährdete, weil die Flotten

Europa im Mittelalter

Friedrich II., Ausschnitt aus einer Miniatur in seiner Schrift über die Falkenjagd (Rom, Vatikanische Sammlungen)

dieser Städte Sizilien vom Meer her erreichen konnten. Als der Kaiser seinen Sohn Enzio mit einer sardischen Prinzessin vermählte, ihn als König von Sardinien bezeichnete und damit den päpstlichen Herrschaftsanspruch auf Sardinien ignorierte, bannte Gregor IX. im März 1239 den Kaiser erneut. Er warf ihm vor, die Kirche in Sizilien unterdrückt und Empörungen in Rom angestiftet zu haben, um Papst und Kardinäle aus Rom zu vertreiben, außerdem habe er sich geweigert, im Heiligen Land und in Konstantinopel mit Waffengewalt gegen die Feinde der Christenheit vorzugehen.

Friedrich rief im Gegenzug die Fürsten und die Kardinäle dazu auf, gegen den seines Amtes unwürdigen Papst ein Konzil einzuberufen. Der Papst antwortete mit einem offenen Brief, in dem er den Kaiser als Ungläu-

> **ZITAT**
>
> **Kaiser Friedrich II. begründet die Notwendigkeit königlicher Herrschaft (aus der Vorrede zu den Sizilien betreffenden Konstitutionen von Melfi, 1231):**
> *So sind aus zwingender Notwendigkeit der Dinge... den Völkern Fürsten entstanden, durch welche die Willkür der Verbrechen gezügelt werden sollte. Sie sollten als Richter über Leben und Tod, gleichsam als Vollstrecker des göttlichen Gerichts, für die Völker festsetzen, welches Schicksal, welchen Rang und Stand jeder Einzelne haben sollte.*

bigen und Gotteslästerer bezeichnete. Am Ende dieses Manifestes wird Friedrich unterstellt, er habe behauptet, die Menschheit sei von drei Betrügern, Jesus Christus, Moses und Mohammed, hintergangen worden, von denen zwei in Ehren, einer aber am Kreuz gestorben sei. Außerdem habe der Kaiser die Inkarnation Gottes und die Jungfrauengeburt als Ammenmärchen bezeichnet. Friedrich wies diese Anschuldigungen zurück und bezeichnete Gregor IX. als den Antichrist. Um seine christliche Gesinnung zu demonstrieren, ignorierte Friedrich am Weihnachtstag 1239 nicht nur das Interdikt und betrat eine Kirche, sondern er bestieg im Pisaner Dom sogar die Kanzel und hielt eine Predigt.

Auszug aus einem historischen Eherecht aus dem »Decretum Gratiani« (Mainz, Peter Schoeffer, 1473; Decretales von Papst Gregor IX.; Privatbesitz). Papst Gregor IX. war der große Gegenspieler von Kaiser Friedrich II.

> **INFOBOX**
>
> **Die Königswahl**
> Im Heiligen Römischen Reich bestand bis 1806 formal ein Wahlkönigtum. Wahlberechtigt waren zunächst alle anwesenden weltlichen und geistlichen Reichsfürsten, seit dem Interregnum (1254–73) nur noch die Kurfürsten; im »Sachsenspiegel« wurden als »Vorwähler« die Inhaber der Erzämter genannt. Die Wahl des neuen Königs fand seit 1147 fast ausnahmslos in Frankfurt am Main statt, die Krönung bis 1531 in Aachen (seitdem auch in Frankfurt). Während der Krönung wurden ihm in feierlicher Zeremonie die Reichsinsignien – Reichskrone, Reichsapfel, Reichsschwert und -zepter – überreicht, Herrschaftszeichen, die den Besitzer in rechtssymbolischer Bedeutung als legitimen Herrscher auswiesen.
> Seine Herrschaft trat der König mit einem Umritt, dem »Königsritt«, an.

Die deutschen Fürsten lehnten es ab, den Bann verkündigen zu lassen, und boten sich als Vermittler an. Auch König Ludwig IX. von Frankreich wollte den Anklagen des Papstes gegen den Kaiser keinen Glauben schenken. Er betonte vielmehr, Friedrich habe einen Kreuzzug auf sich genommen und sei ein frommer Mann. Ludwig weigerte sich, für den Papst gegen den Kaiser Krieg zu führen, was nur den Stuhl des Papstes erhöhen werde, der alle weltlichen Fürsten als seine Knechte ansehe.

Neben diesem Propagandakampf gab es auch politische und militärische Maßnahmen des Kaisers. Er annektierte die Mark Ancona und das Herzogtum Spoleto und plante, auch Rom und den Rest des Kirchenstaats einem zentralistisch regierten Königreich Italien einzuverleiben. Die Einwohner Roms waren schon bereit, dem Kaiser die Tore zu öffnen, als der Papst in einer großartigen Inszenierung die Reliquien der Apostel Petrus und Paulus aus der Lateranbasilika in die Peterskirche trug und die Heiligen anrief: »Verteidigt Ihr Euer Rom, wenn es die Römer nicht verteidigen wollen!« Das Volk war tief beeindruckt und nahm aus der Hand des Papstes das Kreuz zum Kampf gegen den Kaiser. Friedrich zog darauf nach Süditalien ab. Auch in Deutschland war ein päpstlicher Legat bemüht, ein Bündnis gegen den Kaiser zustande zu bringen und die Erhebung eines Gegenkönigs zu erreichen – vorerst aber ohne Erfolg.

> **ZITAT**
>
> Kaiser Friedrich I. Barbarossa hatte 1165 Karl den Großen heilig sprechen lassen. Sein Enkel Friedrich II. legte 1215 feierlich letzte Hand an den Aachener Karlsschrein an:
>
> *Am Montage ließ der König den Leichnam des Heiligen Karl des Großen, den sein Großvater aus der Erde erhoben hatte, in einem überaus prachtvollen Sarkophag, welchen die Aachener aus Gold und Silber angefertigt hatten, niederlegen, alsdann ergriff er einen Hammer, legte den Mantel ab, stieg mit dem Werkmeister auf das Gerüst und schlug vor aller Augen in Gemeinschaft mit dem Meister die Nägel, die am Sarge staken, fest und sicher ein.*

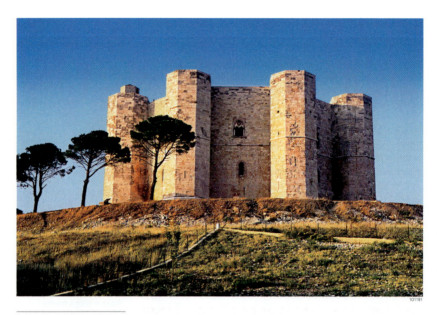

Castel del Monte, das Jagdschloss Friedrichs II. in Apulien, wurde etwa 1240–50 errichtet. Der mächtige oktogonale Bau mit seinen acht Türmen lässt antike, byzantinische und gotisch-zisterziensische Einflüsse erkennen.

Ein allgemeines Konzil sollte den Bann gegen den Kaiser unterstützen; es wurde für Ostern 1241 einberufen. Friedrich war sich darüber klar, dass dieses Konzil über ihn zu Gericht sitzen werde; er drohte, er werde es zu verhindern wissen. Als die Prälaten aus Spanien, Frankreich und Oberitalien per Schiff nach Rom kommen wollten, griffen die Flotten Pisas und Siziliens diese am 3. Mai 1241 bei der Insel Montecristo, südöstlich von Elba, an. Mehr als hundert Prälaten wurden gefangen genommen und nach Apulien gebracht. Dieser Erfolg erwies sich aber als Pyrrhussieg: Die Beeinträchtigung der Freiheit der Kirche, indem der Kaiser die Reise der Bischöfe zu ihrem Oberhaupt verhinderte und das Zustandekommen eines Konzils unterband, empörte die kirchlich Gesonnenen im gesamten abendländischen Westen. Aber noch war Friedrich militärisch erfolgreich; er eroberte den Kirchenstaat und war gerade im Begriff, Rom einzunehmen, als im August 1241 Gregor IX. starb.

Wilfried Hartmann

»Unam sanctam«:
Höhepunkt und Fall der päpstlichen Macht

Nach dem Tode Gregors IX. dauerte es zwei Jahre, bis im ersten Konklave der Papstgeschichte der Genuese Sinibaldo Fieschi zum Papst erhoben wurde. Er hatte im Kardinalskolleg bis dahin nicht zu den Feinden des Kaisers gezählt, aber schon die Wahl des Namens Innozenz (IV., 1243-54) deutet seine Absichten an.

Am 28. Juni 1245 eröffnete der neue Papst in Lyon ein Konzil, auf dem über Hilfe für das Heilige Land und das Lateinische Kaiserreich, über Maßnahmen gegen die Mongolengefahr und endlich über den Zwist zwischen Papst und Kaiser verhandelt werden sollte. Etwa 150 Bischöfe waren anwesend, vor allem aus Frankreich, England und Spanien; die meisten deutschen und italienischen Bischöfe waren nicht erschienen. Von den weltlichen Fürsten waren Kaiser Balduin von Konstantinopel und die Grafen von Toulouse und von der Provence zugegen; die Könige von Frankreich und England hatten Gesandte geschickt. Der Kaiser, den Innozenz IV. auf-

---

INFOBOX

Der Engelpapst

Die endzeitlichen Hoffnungen auf einen »Engelpapst« (Papa angelicus), der die in weltliche Angelegenheiten und politische Intrigen verstrickte Kirche wieder zur Einfachheit der Urkirche zurückführen und damit das Kommen des Erlösers beschleunigen sollte, wurden im 13. Jh. von Joachim von Fiore in seinen apokalyptischen Visionen ausformuliert und besonders von den Franziskanern propagiert.

Als nach über zweijähriger Vakanz der schon als Mönch wie ein Heiliger verehrte Cölestin den Papstthron bestieg, richteten sich alle Hoffnungen und Wünsche auf ihn. Doch der weltfremde Greis, der auch als Papst weiterhin in einer Mönchszelle lebte, war den politischen Anforderungen nicht gewachsen, resignierte nach nur fünf Monaten und trat zurück, was im Übrigen bis heute nie wieder vorgekommen ist. Die Gegner seines machtbesessenen Nachfolgers Bonifatius VIII. behaupteten, dieser habe Eisenrohre in die Zelle Cölestins geleitet und dem Papst in der Nacht Rücktrittsforderungen zugeflüstert, die der verwirrte Mönch für Stimmen der Engel hielt. Bereits sein dritter Nachfolger sprach Cölestin V. 1313 heilig, und bis heute wird er in den Abruzzen, seiner Heimat, hoch verehrt.

gefordert hatte, selbst zu erscheinen, hatte seinen Großhofrichter entsandt.

Die Kurie hatte ein Absetzungsurteil gegen Friedrich II. vorbereitet, das folgendermaßen begründet wurde: Der Kaiser habe mehrere Verträge verletzt, die er mit der Kirche geschlossen hatte; dies sei Meineid. Er habe Prälaten gefangen genommen, die zum Konzil fahren wollten; dies sei ein Sakrileg. Er verachte Bann und Interdikt, lasse sich mit Sarazenen ein und habe ein Bündnis mit dem Sultan geschlossen; dies sei Häresie. Und er bedrücke das Königreich Sizilien, das er vom Papst zu Lehen trage, und habe seit neun Jahren keinen Lehnszins mehr entrichtet. Als Strafe folgte der Bann durch Papst und Konzil. Die Untertanen wurden von ihren Eiden entbunden. Wer den Kaiser unterstützte, sollte selbst dem Bann verfallen. Die zuständigen Fürsten wurden zu einer Neuwahl aufgefordert.

Die Absetzung eines Kaisers war etwas Unerhörtes. Zwar hatte Gregor VII. Heinrich IV. als deutschen König abgesetzt, und Innozenz III. hatte gegen Otto IV. Friedrich von Sizilien erhoben, aber noch nie war ein Römischer Kaiser abgesetzt worden. Als Rechtsgrundlage für seinen Eingriff in den weltlichen Bereich nannte der Papst seine geistliche Schlüsselgewalt (Matthäus 16,18 f.). Schon Christus habe das Recht gehabt, alle Fürsten abzusetzen, und dieses Recht habe er an Petrus und dessen Nachfolger weitergegeben.

Die stärkste Anklage gegen Friedrich war der Häresievorwurf. Schon Innozenz III. hatte den Grundsatz aufgestellt, dass ein Fürst, der Ketzer begünstigte oder nicht zu bekämpfen bereit war, selbst exkommuniziert sei. Wenn er sich nicht um Absolution vom Bann bemühte, geriet er in den Verdacht, selbst ein Ketzer zu sein. Nach diesem Muster ging Innozenz IV. gegen Friedrich II. vor. Der kaiserliche Beauftragte erhob gegen das Urteil Protest, weil das Konzil kein allgemeines und der Kaiser nicht ordnungsgemäß vorgeladen worden sei.

Friedrich II. selbst griff nicht nur die formalen Mängel des Verfahrens an, sondern bestritt dem Papst grundsätzlich das Recht, den Kaiser zu richten und abzusetzen, weil dieser in weltlichen Dingen keinen Menschen über sich habe. Vor allem den Häresievorwurf wollte der Kaiser keinesfalls auf sich sitzen lassen. Er unterzog sich

ZITAT

Aus dem Absetzungsurteil des Konzils von Lyon gegen Kaiser Friedrich II. 1245:

... so setzen wir den genannten Fürsten ... mit diesem unserem Urteil ab. Alle, die ihm durch Lehnseid verbunden sind, lösen wir für immer von diesem Eid, und kraft apostolischer Autorität verbieten wir nachdrücklich, dass ihm irgendjemand fernerhin als Kaiser oder König gehorche, ... und wir setzen fest, dass alle, die ihm hinfort als Kaiser oder König Rat und Hilfe gewähren, ipso facto dem Kirchenbann verfallen sollen.

Europa im Mittelalter

Der französische König Ludwig IX., der Heilige, versuchte vergeblich im Konflikt zwischen Friedrich II. und Papst Innozenz IV. zu vermitteln (Ausschnitt eines Gemäldes der französischen Schule, 15. Jh.).

daher vor einigen Bischöfen und Äbten einer Glaubensprüfung und beschwor seine Rechtgläubigkeit. Der Papst lehnte die Gültigkeit dieser Prüfung ab und beharrte trotz eines Vermittlungsversuchs Ludwigs IX. von Frankreich auf der Absetzung.

Gegenkönige in Deutschland und Tod Friedrichs II.
Im Mai 1246 wählten die Erzbischöfe von Mainz und von Köln zusammen mit einigen Grafen und Herren auf Geheiß des Papstes bei Würzburg den Landgrafen Heinrich

> **INFOBOX**
>
> **»Stupor mundi«**
> Das »Staunen der Welt« – »Stupor mundi« – nannten Zeitgenossen Friedrich II.: Der Staufer umgab sich mit einer sarazenischen Leibwache und verlieh seinem Hofstaat das Gepräge eines morgenländischen Fürsten. Stets war eine exotische Menagerie bei seinen Reisen dabei, reich geschirrte Kamele, an Ketten geführte Leoparden und Luchse, Affen und Bären, Panther und Löwen, Hunderte von Jagdfalken, indische Aras, afrikanische Strauße, Pfauen und sogar ein Elefant.
> Auch für Mathematik und Philosophie zeigte der hoch begabte und gebildete Kaiser Interesse. 1224 gründete er in Neapel die erste »Staatsuniversität« des Abendlandes. In Salerno richtete er den ersten Lehrstuhl für Anatomie ein; dort erlaubte er das Sezieren von Leichen, was aus religiösen Gründen in der damaligen Zeit sonst verboten war. Friedrichs Förderung von Wissenschaft und schönen Künsten zog Gelehrte an seinen Hof in Palermo, dazu Poeten, die erstmals in italienischer Sprache dichteten; auch der Kaiser selbst verfasste volkssprachliche Verse. Die Herkunft der Gelehrten um Friedrich macht deutlich, dass der staufische Hof damals ein Ort war, wo sich Angehörige des arabischen, griechischen und lateinischen Kulturkreises begegneten und wo wissenschaftliches und literarisches Schrifttum übersetzt und ausgetauscht wurde, oft vermittelt durch jüdische Gelehrte.

Das Grabmal Kaiser Friedrichs II. im Dom von Palermo

Raspe von Thüringen zum König gegen Konrad IV., den Sohn Friedrichs. Von den mächtigen weltlichen Fürsten war an dieser Wahl keiner beteiligt. Trotz militärischer Erfolge gegen Konrad IV., die dem reichlich fließenden päpstlichen Geld zu verdanken waren, konnte der Gegenkönig nicht einmal seine Krönung erreichen. Er starb bereits am 16. Februar 1247. Im Oktober 1247 wurde dann der junge Graf Wilhelm von Holland zum König erhoben. Nach seiner Approbation durch den Papst konnte er am 1. November 1248 in Aachen gekrönt werden.

Nachdem ein neuer Vermittlungsversuch Ludwigs IX. gescheitert war, plante Friedrich, mit einem Heer nach Lyon zu ziehen. Als aber die strategisch wichtige Stadt Parma an seine Gegner fiel, versuchte er zuerst, Parma zurückzuerobern. Das Unternehmen misslang jedoch völlig, und der Staatsschatz und die Kaiserkrone fielen sogar in die Hand der Gegner. Anfang 1250 trat zwar wieder ein Umschwung zugunsten des Kaisers ein, doch da starb Friedrich am 13. Dezember 1250 in Castel Fiorentino bei Lucera in Apulien.

Kampf mit Friedrichs Erben
Die Auseinandersetzung des Papsttums mit den Staufern war damit allerdings noch nicht beendet. Der Papst kehrte 1251 nach Italien zurück und hoffte, seine Oberherrschaft über Sizilien wieder zur Geltung bringen zu können. Dort konnte sich aber der natürliche Sohn des Kaisers, Manfred, als Statthalter für Konrad IV. durchsetzen, der Anfang 1252 selbst nach Italien kam, aber im Mai 1254 überraschend im Alter von erst 26 Jahren starb. Manfred verband sich mit den staufertreuen Sarazenen in Lucera und konnte das päpstliche Heer besiegen. Als der kranke Innozenz von dieser Niederlage erfuhr, starb er am 7. Dezember 1254 in Neapel.

Nachfolger wurde ein Neffe Gregors IX., Alexander IV. (1254–61). Er war ein kompromissloser Gegner der Staufer und ging mit kirchlichen Strafmitteln gegen Manfred und seine Anhänger in Italien vor. Sein Nachfolger Urban IV. (1261–64) belehnte 1263 Karl von Anjou, den jüngeren Bruder Ludwigs IX., mit Sizilien. Dieser besiegte 1266 Manfred in der Schlacht bei Benevent und konnte sich anschließend Siziliens bemächtigen.

Castello di Lombardia in Enna, eine typische normannisch-staufische Burganlage auf Sizilien

Mit der Hinrichtung des erst 16-jährigen Konradins in Neapel im Jahre 1268 ging die staufische Herrschaft in Italien zu Ende. Die Miniatur aus der Manessischen Handschrift zeigt Konradin mit einem Gefährten auf der Falkenjagd (1. Hälfte 14. Jh.).

Als 1268 der Sohn Konrads IV., Konradin, nach Italien kam, wo er zahlreiche Anhänger fand, schlug ihn Karl bei Tagliacozzo und nahm ihn wenig später gefangen. Konradins Hinrichtung auf dem Marktplatz von Neapel (29. Oktober 1268) bedeutete das Ende der staufischen Herrschaft in Italien.

Die Sizilianische Vesper
Im Jahr 1271 wurde Gregor X. zum Papst gewählt. Auf einem Konzil, das er für das Jahr 1274 nach Lyon einberief, sollte ein großes Kreuzzugsunternehmen vorbereitet werden. Vor zahlreichen Bischöfen aus allen europäischen Ländern anerkannte der oströmische Kaiser zusammen mit vielen Bischöfen aus der Ostkirche auf diesem Konzil den Primat des Papstes; damit waren die seit 1054 getrennten Kirchen des Westens und des Os-

tens wenigstens nominell wieder vereint. Diese Union wurde allerdings schon 1283 durch eine Synode von Konstantinopel wieder aufgekündigt. Auch den erstrebten Kreuzzug brachte das Konzil nicht zustande.
Wenige Jahre nach dem Tod Gregors X. erlitt die Herrschaft Karls von Anjou über das sizilische Reich einen schweren Rückschlag. 1282 brach in Palermo ein Volksaufstand aus, in den König Peter von Aragon, der Schwiegersohn Manfreds, eingriff. Als Folge dieser »Sizilianischen Vesper« ging die Insel Sizilien den Anjou verloren. Für das Papsttum war dies jedoch nicht unbedingt ein Nachteil, da sich jetzt zwei Mächte, Anjou und Aragonien, die Herrschaft im südlichen Italien teilten. Es waren eher die kurzen Pontifikate der folgenden Zeit, die sich negativ auf die politische Macht des Papsttums auswirkten. So konnte nicht verhindert werden, dass es nach dem Tod Karls von Anjou (1285) zu einem Ausgleich zwischen Aragonien und Anjou kam.

Sehnsucht nach einem Engelpapst
In dieser Situation wuchs die Sehnsucht nach einem Papst, der weniger als politischer Machthaber, sondern als geistliche Potenz sein Amt ausüben werde. Die Vor-

INFOBOX

Die Falknerei

»Unser Bestreben ist es, ... das, was ist, so wie es ist, darzustellen«, liest man im Prolog des Buches über die »Kunst, mit Vögeln zu jagen« (»De arte venandi cum avibus«), das Friedrich II. um 1246 als Prachthandschrift verfassen ließ.

Die Falknerei galt in der mittelalterlichen Gesellschaft als die edelste aller Jagdarten, als »königliche Jagd« schlechthin. Sie war der Lieblingssport der adligen Gesellschaft. Mit dem hoch fliegenden Falken, der mit scharfen Augen aus der Höhe nach Beute späht, blitzschnell auf sie herabstößt und sie hoch in der Luft schlägt, verbanden sich Vorstellungen von Kraft, Schönheit, Adel und Freiheit, die ihn auch zu einem der wichtigsten Herrschaftssymbole machten.

Als ausgesprochen konservative Kunst hat die Falknerei bis heute kaum Veränderungen erfahren: Der zahme, mit einer Haube bedeckte Vogel wird auf der durch den Falkenhandschuh geschützten Faust getragen und vor dem »Anwerfen« an das zuvor aufgescheuchte Wild »abgehaubt«. Nach der Jagd kehrt er, angelockt durch ein Fleischstück (Zieget), auf die Faust zurück.

stellung von einem »Engelpapst« geht auf den kalabresischen Mönch Joachim von Fiore († 1202) zurück, der für die Zeit nach 1260 das Zeitalter des Geistes, in dem die Mönche die Kirche beherrschen würden, vorhergesagt hatte.

Als sich die Kardinäle zwischen 1292 und 1294 wieder einmal sehr lange nicht auf einen Papst einigen konnten, wählten sie zuletzt den 85-jährigen Einsiedler Pietro del Murrone, der seit über fünfzig Jahren in den Abruzzen lebte. Er besaß durchaus Organisationstalent, denn er hatte einen Eremitenorden ins Leben gerufen, der sich weit ausgebreitet hatte. Am Beginn seines Pontifikats standen bedeutsame symbolische Handlungen: Er nannte sich Cölestin (»der Himmlische«), zog auf einem Esel reitend in die Stadt L'Aquila ein und ernannte als Erstes zwölf (!) Kardinäle, unter denen fünf Mönche waren, die das neue Zeitalter des Geistes repräsentieren sollten. Auch als Papst lebte Cölestin V. wie ein einfacher Bauer; Latein konnte er wenig, daher war er bei seinen Regierungshandlungen in extremer Weise von den Einflüsterungen anderer abhängig.

Die erhoffte innere Erneuerung der Kirche konnte dieser Papst nicht voranbringen. Im Dezember 1294 kündigte er seinen Rücktritt an, der durch ein Gutachten des Kardinals Benedetto Caetani abgesichert wurde. Dieser formulierte auch die Verzichterklärung, die Cölestin verlas. Darauf stieg Papst Cölestin V. vom Thron, legte Ring, Tiara und Mantel, die Insignien seiner Würde, ab, schlüpfte wieder in die graue Kutte der Eremiten und setzte sich auf die unterste Stufe des Throns.

Bonifatius VIII.

Kurz danach wurde Benedetto Caetani zum neuen Papst gewählt. Er nahm den Namen Bonifatius VIII. (1294–1303) an und versuchte noch einmal, die Ansprüche des Papsttums auf direkte Herrschaft im weltlichen Bereich durchzusetzen. Nach zähen Verhandlungen anerkannte der Papst im Frühjahr 1303 den Habsburger Albrecht I. (1298–1308) als Römischen König und künftigen Kaiser; Bonifatius erklärte dabei, dass die Franzosen rechtmäßig dem Kaiser unterständen. Auch in Sizilien musste Bonifatius 1303 den Status quo anerkennen.

ZITAT

Papst Bonifatius VIII. äußert sich in der Bulle »Unam sanctam« von 1302 zum Verhältnis der zwei Schwerter zueinander:
Beide sind also in der Gewalt der Kirche, das geistliche Schwert und das irdische. Dieses aber ist für die Kirche, jenes von der Kirche zu führen. Jenes liegt in der Hand des Priesters, dieses in der der Könige und Ritter, aber zur Verfügung und mit Erlaubnis des Priesters. Es ziemt sich, dass das eine Schwert unter dem anderen stehe und dass die weltliche Macht der geistlichen Gewalt unterworfen sei.

Papst Cölestin V. dankt gegenüber Bonifatius VIII. ab (Miniatur; Vicenza, Biblioteca Bertoliana). Danach lebte er, wie auch schon vor seiner Wahl zum Papst, als Eremit.

Zum Hauptgegner des nach Oberherrschaft strebenden Papsttums wurde nun aber Frankreich. Mit König Philipp IV., dem Schönen (1285–1314), brachen langjährige Kämpfe aus, die vom Papst mit in herrischem Ton formulierten Bullen, vom französischen König durch Mobilisierung der Öffentlichkeit geführt wurden. 1296 erneuerte der Papst die alte Forderung, dass das Kirchengut steuerfrei sein müsse. Philipp der Schöne verbot daraufhin die Ausfuhr von Edelmetall aus seinem Reich und untersagte den Aufenthalt von Fremden. Damit waren die päpstlichen Legaten und Kollektoren getroffen, die die Abgaben der französischen Kirche einsammeln und nach Rom schicken sollten. Als sich die französischen Bischöfe auf die Seite des Königs stellten, musste Bonifatius seine Bulle zurückziehen.

Als 1301 der französische König einen Bischof wegen Hochverrats zu Kerkerhaft verurteilte, betonte Bonifatius, dass auch der König von Frankreich dem Papst unterworfen sei, da Gott den Nachfolger Petri über Völker und Könige gesetzt habe. Aus der päpstlichen Bulle fabrizierte der königliche Jurist Pierre Flote eine zugespitzte Kurzfassung, die in Frankreich verbreitet wurde. Dass damit ein Propagandakrieg geradezu modernen Ausmaßes begonnen hatte, zeigte sich auch darin, dass in Paris zum ersten Mal eine Versammlung der Stände einberufen wurde, die sich – mit Ausnahme der Bischöfe – hinter den König stellte.

Nicht gerade als direkte Reaktion auf diese Demonstration des französischen Widerstands gegen die Ansprüche des Papstes, aber als Grundsatzerklärung Bonifatius' VIII. ist dann die Bulle »Unam sanctam« vom 18. November 1302 aufzufassen. Hier wird die Behauptung von der direkten Gewalt des Papstes in weltlichen Dingen in Zusammenfassung älterer Theorien noch einmal zugespitzt: Die geistliche Gewalt darf nur von Gott gerichtet werden; Widerstand gegen sie ist Widerstand gegen Gott; es ist für jeden Menschen heilsnotwendig, dem römischen Bischof untertan zu sein.

Die Niederlage von Papst Bonifatius VIII. in der Machtprobe mit dem französischen König Philipp IV. hatte für lange Zeit eine erhebliche Schwächung der politischen Machtstellung des Papsttums zur Folge (Porträt; Italien, 16. Jh.).

> **INFOBOX**
>
> **Staufergräber in Palermo**
> Schon bald nachdem Friedrich II. deutscher König geworden war (1215), ließ er im Dom von Palermo, der sizilischen Krönungskirche, eine Grablege für sich und seine Familie errichten. Der gerade 21-jährige Herrscher wollte damit deutlich machen, dass er den eigentlichen Mittelpunkt seiner Macht in Sizilien sah.
> Die Gebeine seiner Mutter Konstanze und ihres Vaters König Roger II. wurden hierher überführt, um die rechtmäßige Erbfolge Friedrichs im ehemals normannischen Südreich zu verdeutlichen. Den prächtigen Porphyrsarkophag Rogers, dessen purpurfarbener Stein und altrömische Form das römische Kaisertum heraufbeschworen, ließ er unter einem Baldachin für sich selbst herrichten. Um Friedrichs kaiserliches Geblüt herauszustellen, verlegte man auch die sterblichen Reste Heinrichs VI. in die Herrschergruft.
> Die aragonesischen Könige verwiesen gern auf ihre Verwandtschaft mit dem normannisch-staufischen Haus, die Habsburger sahen die historische Verbindung Siziliens und der Kaiserherrschaft mit Wohlwollen. Erst die spanischen Bourbonenkönige des 18. Jh. verbannten die staufische Grablege in eine Seitenkapelle.

Bald nach dieser Verlautbarung kam es im Verhältnis zu Frankreich zur Katastrophe: Zum einflussreichsten Berater des Königs war Guillaume de Nogaret aufgestiegen, der aus einer Familie stammte, deren Mitglieder wegen Häresieverdachts von der Inquisition verfolgt worden waren. Nogaret formulierte eine Anklage gegen den Papst, der durch ein vom König einberufenes Konzil als erwiesener Simonist abgeurteilt werden müsse. Um den Papst festzunehmen, reiste Nogaret nach Anagni; bei der Festnahme am 7. September kam es sogar zu Tätlichkeiten. Bonifatius wurde zwar durch die Bürger von Anagni aus seiner schmachvollen Gefangenschaft befreit, aber kurz nach seiner Rückkehr nach Rom starb er (12. Oktober 1303).

Auch nach dem Tod des Papstes blieb die Absicht bestehen, ihm den Prozess zu machen. Philipp der Schöne verlangte von Klemens V. (1305–14) schon bei dessen Krönung in Lyon, ein Konzil einzuberufen, das nachträglich über Bonifatius richten sollte. Der von Philipp abhängige Papst verlegte 1309 den Sitz der Kurie nach Avignon. Als im Oktober 1311 das Konzil in Vienne eröffnet wurde, war nicht mehr der Prozess gegen den toten Papst, sondern der Prozess gegen die Templer der wichtigste Verhandlungspunkt. Aber auch in dessen Verlauf zeigte sich, wie stark der Papst vom französischen König abhängig war: Unter der beständigen Drohung eines Prozesses gegen Bonifatius VIII. war Klemens V. genötigt, den Templerorden aufzuheben, obwohl die Beweislage äußerst problematisch war. Philipp der Schöne hatte jetzt freie Hand, um das riesige Vermögen dieses Ordens einzuziehen. Die »babylonische Gefangenschaft« des Papsttums in Avignon hatte begonnen.

Wilfried Hartmann

Der Gipfel der Geschichte?:
Die staufische Herrschaft in Schwaben

Als am 29. Oktober 1268 in Neapel Konradin, der 16-jährige Enkel Kaiser Friedrichs II., die Stufen zum Schafott hinaufstieg, ging mit ihm das schwäbische Herrschergeschlecht der Staufer unter. Ihre Geschichte bot Stoff für Sagen und Mythen, sie wurden von Patrioten gerühmt und von den Nationalsozialisten für ihre Zwecke vereinnahmt. Geschichtsschreiber des 19. Jahrhunderts behaupteten, die Zeit der Staufer wäre der »Gipfel unserer Geschichte gewesen«, und versuchten eine Verbindung zwischen staufischem Reich und Bismarck'scher Politik herzustellen. Die Nationalsozialisten benannten den Überfall auf die Sowjetunion nach Barbarossa, dem Beinamen Kaiser Friedrichs I.

Übertragung der Herzogswürde
Begonnen hatte der glanzvolle Aufstieg des Geschlechts mit Friedrich von Büren (Wäschenbeuren), der durch seine Heirat mit der Erbtochter Hildegard aus dem elsässischen Grafengeschlecht von Mousson-Mömpelgard, dem heutigen Montbéliard, zu reichem Besitz im Elsass gekommen war. Schon diese Eheverbindung zeigt, dass die Staufer zu einem der machtvollsten Geschlechter in Schwaben gehören mussten. Vorfahren Friedrichs von Büren waren schwäbische Pfalzgrafen und Grafen im Riesgau. Der Sohn des Paares, Friedrich I. von Staufen, begründete den Stammsitz der Familie auf dem Hohen-

staufen bei Waiblingen. Von dieser Ortschaft rührt der Schlachtruf »Hi Waibling!« her, der in den kriegerischen Auseinandersetzungen ihre Parteigänger kennzeichnete und in Italien zu »Ghibellinen« wurde, im Gegensatz zu »Hi Welf!«, dem Schlachtruf der antikaiserlichen Partei, der in Italien die papsttreuen Guelfen bezeichnete.

Bischof Otto von Freising, der Hauschronist der Staufer, berichtet in seinen »Gesta Frederici« über den Aufstieg der Familie. Kaiser Heinrich IV. hatte trotz der Lösung seines Kirchenbanns 1077 zahlreiche Auseinandersetzungen innerhalb des Reiches zu bestehen. Einer seiner treuesten Vasallen in dieser Zeit war Friedrich I. von Staufen. »Tüchtigster der Männer, den ich unter allen meinen Gefolgsleuten im Frieden als den treuesten und im Krieg als den tapfersten erkannt habe, siehe, wie das in Finsternis verhüllte und der Treue beraubte Römische Reich sich zu niederträchtigen Anschlägen und verabscheuungswürdigen Taten verleiten lässt. Den Eltern wird keine Ehrerbietung, den Herren nicht der schuldige Gehorsam erwiesen. Heilige Eide, die nach göttlichem wie menschlichem Recht den Fürsten von ihren Vasallen öffentlich geleistet zu werden pflegen, werden für nichts geachtet;... Da nämlich alle Gewalt von

Das ehemalige Benediktinerkloster Lorch (Gesamtansicht von Südosten) war 1102 durch Herzog Friedrich von Staufen als Hauskloster und Grablege seines Geschlechts gegründet worden.

Dieser Stammbaum der Welfen ist der Welfenchronik (um 1190) beigegeben. Deutlich werden die königlichen Verwandtschaften der Welfen hervorgehoben: unten rechts Judith zwischen ihrem Vater Welf I. und ihrem Sohn, dem Karolinger Karl dem Kahlen, sowie oben rechts die gleichnamige Welfentochter Judith als Mutter Kaiser Friedrich Barbarossas.

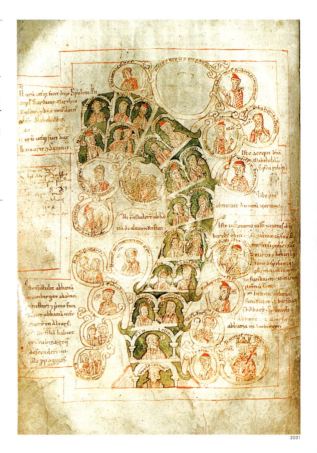

Gott stammt, handelt jeder gegen Gottes Satzung, der sich der weltlichen Obrigkeit widersetzt. So erhebe du dich gegen diese schreckliche Krankheit und gürte dich mannhaft, die Feinde des Reiches niederzuwerfen.« Mit diesen Worten soll Kaiser Heinrich IV. das Herzogtum Schwaben am Osterfest des Jahres 1079 an Friedrich I. von Staufen übertragen haben. Zugleich erhielt Friedrich die Kaisertochter Agnes zur Frau.

Was Heinrich IV. letztlich genau bewogen hatte, Friedrich von Staufen das Herzogtum Schwaben zu übertragen, lässt sich nicht aus den Quellen erschließen. Aber aus machtpolitischen Erwägungen heraus hatte diese Idee ihren Charme: Mit Zustimmung der antikaiserlichen Großen in Schwaben hatte Berthold I. von Zähringen, ein Sohn des Gegenkönigs Rudolf von Rheinfelden, das Herzogtum Schwaben an sich gebracht. Zudem hatten es die Geschlechter der Zähringer und der Welfen verstanden, sich in Schwaben eine herzogsähnliche Stellung aufzubauen. Friedrichs Macht endete an der Donau. Südlich des Flusses, in Richtung Bayern herrschten die Welfen, im Westen des alten Stammesherzogtums bestimmten die Zähringer, die vor allem im Breisgau und in der Ortenau begütert waren. Friedrich I. konnte also nicht damit rechnen, widerspruchslos sein Amt antreten zu können.

Die Hausgüter der Staufer konnten aber helfen, die kaiserliche Machtstellung in Schwaben und im Elsass zu festigen. Die staufischen Besitzungen lagen zunächst um Lorch, um den (späteren) Stammsitz Staufen und um Göppingen. Dazu kamen Besitzungen um die elsässischen Orte Hagenau und Schlettstadt. Die innerschwäbischen Stammgüter der Staufer eigneten sich durch ihre Lage als gute Rückendeckung für den salischen Besitz im vorderen Remstal um Winterbach und um Waiblingen.

INFOBOX

Ein Löwe in Braunschweig

»Herzog Heinrich errichtete das Bildnis eines Löwen auf einem Postament und umgab die Stadt mit Graben und Wall«, berichtet der Chronist Albert von Stade über ein Ereignis des Jahres 1166. Die von ihm beschriebene Stadt ist Braunschweig, der Löwe die künstlerisch herausragende Tierfigur, die sich bis heute auf dem gewaltigen Steinsockel vor dem Dom erhebt.

Der »Braunschweiger Löwe«, im Burgbezirk (und damit im politischen Zentrum der Stadt) aufgestellt, ist eines der bedeutendsten Denkmäler des Mittelalters. Die Stilisierung des Tierleibs erinnert an heraldische Darstellungen; offenbar wollte der anonyme Künstler den Beinamen des Auftraggebers – und damit symbolisch die Kraft und Energie des Landesherrn – verkörpern. Des Weiteren erinnert der Braunschweiger Löwe in Aufstellung und Komposition an die »Lupa«, die bronzene antike römische Wölfin, die Heinrich der Löwe bei einem Besuch der »Ewigen Stadt« bewundert haben mag. Dass er sich entschloss, zu Hause ein vergleichbares Monument zu errichten, zeugt von der symbolischen Bedeutung, die die Stadt Braunschweig im Rahmen der herzoglichen Großmachtpolitik einnahm: Von hier aus strebte Heinrich eine königsgleiche Stellung seiner Herzogsgewalt in Norddeutschland an.

Andere staufische Herrschaftsrechte hielten zwei wichtige Durchgangsstraßen unter Kontrolle: nämlich die Remstalstraße über Gmünd nach Nördlingen und Donauwörth sowie die Straße Ulm – Speyer durch das Filstal. Der Hausbesitz Friedrichs I. bildete so einen Sperrriegel, der den hauptsächlich in Sachsen operierenden Gegenkönig Rudolf von Rheinfelden von seinen süddeutschen Parteigängern trennte.

Für Friedrich I. von Staufen bedeutete die Verlobung und spätere Ehe mit der Kaisertochter Agnes einen beträchtlichen Prestigegewinn. Machtpolitischen Gewinn aus seiner neuen Stellung als Herzog von Schwaben konnte er dagegen zunächst nicht ziehen. Mit dem Herzogsamt verknüpft waren zwar bestimmte Vorrechte, wie zum Beispiel die militärische Führung des Stammesaufgebots, die Wahrung des Landfriedens oder die Verfügungsgewalt über herrenloses Gut ausgestorbener Adelsfamilien, aber unmittelbare realpolitische Vorteile ließen sich daraus nicht herleiten. Die Verwirklichung seines Führungsanspruchs als Herzog von Schwaben konnte Friedrich I. von Staufen ebenfalls nicht umsetzen, denn ihm standen die zähringischen und welfischen Eigenherrschaften gegenüber.

Die Teilung des Herzogtums Schwaben und Konsolidierung der staufischen Macht

Aus dieser Situation heraus war der neue Herzog zum Landesausbau gezwungen: Unter anderem durch systematische Burgen- und Städtegründungen, gezielten Erwerb von grundherrlichen oder hoheitsrechtlichen Gerechtsamen, Erwerb von Kirchenlehen, Aufbau einer abhängigen Dienstmannschaft und Binnenkolonisation verbreiterte er seine Besitz- und Machtbasis und baute sie zu einem verteidigungsfähigen Herrschaftsgebilde aus. Diese Linie verfolgten auch die Nachfolger Friedrichs im Amt des Herzogs von Schwaben.

Die Stellung des Staufers in Schwaben erschwerte, dass sich die aus dem Investiturstreit herrührenden Frontstellungen in eine salische und einen antisalische Machtsphäre auch im Herzogtum Schwaben widerspiegelte. Auch als Rudolf von Rheinfelden 1090 gestorben war, verweigerte die antisalische Opposition die Anerkennung Friedrichs als Herzog und wählte Berthold II.

Die ehemals vergoldete und mit Edelsteineinlagen versehene Bronzeplatte zeigt König Rudolf von Rheinfelden; sie ist die erste erhaltene figürliche Grabplastik seit der Antike (um 1080–85; Merseburg, Dom).

Europa im Mittelalter

Der Bertholdsbrunnen erinnert mit einer Reiterstatue an den Gründer der Stadt Freiburg im Breisgau, Berthold II. von Zähringen. Die Zähringer beherrschten Mitte des 11. Jh. den Westen des alten Herzogtums Schwaben.

von Zähringen zum neuen Herzog. Zwischen 1096 und 1098 kam es schließlich zum Ausgleich zwischen den verschiedenen Kontrahenten. Im Einvernehmen mit Kaiser Heinrich IV. wurde Schwaben aufgeteilt: Zähringer und Welfen erhielten das Recht in ihren Machtbereichen herzogliche Rechte auszuüben. Die Zähringer nannten sich nach ihrer Stammburg Herzöge von Zähringen, für die Welfen wurde das oberschwäbische Ravensburg namengebend. Im Gegenzug erkannten sie das Herzogsamt Friedrichs von Staufen an.

Der Nachfolger Friedrichs II. von Schwaben, Herzog Friedrich II, der Einäugige, setzte durch zahlreiche Burgengründungen den Landesausbau konsequent fort. Zeitgenossen sagten von ihm, er ziehe am Schweif seines Pferdes stets eine Burg hinter sich her. Er stabilisierte die staufische Herrschaft im Elsass, schuf geeignete Verwaltungseinheiten und entschied sich im Widerstreit zwischen Glauben und Vernunft immer wieder für die Ausweitung seiner weltlichen Macht. Dazu nutzte er auch bedenkenlos kostbare Reliquiare, um zum Beispiel einen Burgenkauf zu finanzieren. Den 1096/98 erzielten Ausgleich zwischen den schwäbischen Herzogsfamilien verstärkten familiäre Verbindungen: Friedrich II. hatte die Welfin Judith zur Frau, Berthold III. von Zähringen war ebenfalls mit einer Welfin verheiratet.

Das Einvernehmen verschlechterte sich jedoch mit der Königswahl von 1125. Kaiser Heinrich V., der letzte Kaiser und König aus dem Haus der Salier, war söhnelos gestorben. Um seine Nachfolge bewarben sich der Neffe des verstorbenen Kaisers, Friedrich II. von Staufen, der Sohn der salischen Kaisertochter Agnes, der Babenberger Markgraf Leopold III. von Österreich und der fünfzigjährige Herzog Lothar von Sachsen. Warum sich die wahlberechtigten Fürsten in Mainz für den Sachsenherzog entschieden, ist unklar. Vermutlich spielte sein Alter ebenso eine Rolle wie die Tatsache, dass sein Schwiegersohn der Welfe Heinrich X., der Stolze, Herzog von Bayern war.

Die 1122 erstmals erwähnte Stadt Ravensburg in Oberschwaben entstand bei einer um 1080 erbauten Burg, dem Stammsitz der Welfen.

> **INFOBOX**
>
> **Drei Könige zu Köln**
> Zum Selbstverständnis mittelalterlicher Politik gehörte die Verehrung der »Pignora sanctorum«, der Unterpfänder der Heiligen: Reliquien fungierten bei Gericht als Kläger, mit ihnen wurden Grundstücksgüter zur Besitzeinweisung umschritten, auf Reliquien legte man den Treueid ab, auf sie zu schwören war im Rechtswesen allgemeiner Brauch. Die Herrscher stifteten den Heiligen für ihre Reliquien – den Überresten aus dem irdischen Dasein – die kostbarsten Werke, mit deren Anfertigung sie die besten Künstler ihrer Zeit beauftragten.
> Als Erzbischof Rainald von Dassel 1164 die angeblichen Gebeine der Heiligen Drei Könige aus Mailand nach Köln brachte, steigerte der neue Reliquienbesitz den Ruhm der Stadt in für heutige Begriffe geradezu unglaublicher Weise. Für diese Heiligtümer entstand eines der bedeutendsten Goldschmiedekunstwerke des Mittelalters, der wohl von Nikolaus von Verdun und seiner Werkstatt geschaffene Dreikönigsschrein. Die deutschen Könige begaben sich fortan nach ihrer Krönung nach Köln, um dort den »ersten christlichen Herrschern« zu huldigen. Auch den Bau des neuen Doms, mit dessen Grundsteinlegung 1248 die Gotik in Köln Einzug hielt, muss man in Zusammenhang mit den als »Staatsreliquien« verehrten Gebeinen sehen.

Welfen und Zähringer stellten sich hinter den neuen König, die Staufer opponierten. Herzog Friedrich verweigerte sich den Ansprüchen des Königs und wurde geächtet. Zwei Jahre später ließ sich sein jüngerer Bruder Konrad nach einer Pilgerreise in das Heilige Land von seinen schwäbischen Anhängern zum Gegenkönig wählen. Damit standen sich die Geschlechter der Welfen und der Staufer erneut feindlich gegenüber. Erst 1134 erkannten die Staufer Lothar III. als König an, verweigerten aber weitergehende Forderungen und vor allem die Herausgabe des salischen Haus- und Reichsguts. Dies hatte die staufische Position am Mittelrhein und in Franken deutlich verbessert. Die Übereinkunft wurde erneut durch Heiraten in die Geschlechter der jeweiligen Gegner untermauert.

Der staufisch-welfische Gegensatz
Ein neuer Konflikt entlud sich jedoch, als 1138 Konrad von Staufen, der Bruder Herzog Friedrichs II., des Einäugigen, zum König gewählt wurde. Lothar III. hatte den

Der Braunschweiger Löwe, Sinnbild des Landesherrn Heinrich des Löwen. Vor dem Braunschweiger Dom steht eine Kopie, das Original befindet sich auf der Burg Dankwarderode.

deutschen Fürsten dagegen seinen Schwiegersohn Heinrich X., den Stolzen, zum Nachfolger vorgeschlagen und auf dem Sterbebett diesem auch sein Herzogtum Sachsen übertragen und ihm die Reichskleinodien überbringen lassen. Die Königswahl fand unter ungewöhnlichen Umständen, geradezu staatsstreichartig statt. Schon vor der für Pfingsten in Mainz angekündigten Königswahl hatte sich ein Teil der wahlberechtigten Fürsten in Koblenz versammelt. Unter Leitung des Trierer Erzbischofs wählte die Versammlung den Staufer Konrad zum König.

Ungewöhnlich waren die Umstände, weil der Mainzer Erzbischofsstuhl ebenso wie der Kölner unbesetzt war. Dem Mainzer Bischof hätte die Leitung der Wahlversammlung zugestanden, der Kölner Bischof besaß unzweifelhaft das Krönungsrecht in Aachen. Mittelalterliche Könige mussten zwingend in Aachen mit der Reichskrone gekrönt und den anderen Herrschaftszeichen ausgestattet werden, damit ihr Königtum allgemein anerkannt wurde. Die Reichskleinodien waren jedoch in der Hand der Welfen, die sie nicht herausgaben. So wurde Konrad III. in Aachen durch einen päpstlichen Gesandten gekrönt, allerdings nicht mit den richtigen Herrschaftszeichen. Dafür stand die Autorität des Papstes hinter ihm.

Ähnlich wie die Staufer einige Jahre vorher, verweigerte der bayerische Herzog dem neuen König den Gehorsam. König Konrad III. erkannte die Übertragung des Herzogtums Sachsen an den Welfen nicht an und verlangte die Herausgabe, da nach deutschem Recht niemand zwei Herzogtümer gleichzeitig besitzen konnte. Herzog Heinrich verweigerte dem neuen König die Huldigung und war auch nicht bereit, eines der beiden Her-

Walther von der Vogelweide singt 1198 bei der Krönung Philipps von Schwaben (Holzstich nach einer Zeichnung von Alexander Zick, 1845–1907). Der Sohn von Kaiser Friedrich I. Barbarossa wurde 1208 vom bayerischen Pfalzgrafen Otto von Wittelsbach ermordet.

Die 1235 heilig gesprochene Landgräfin Elisabeth, Gemahlin von Landgraf Ludwig IV. von Thüringen, wurde nach dessen Kreuzfahrertod von ihrem Schwager Heinrich Raspe vertrieben. Ihr Grabmal befindet sich in der Elisabethkirche in Marburg.

zogtümer Bayern und Sachsen herauszugeben. So kam es zum Konflikt: Heinrich der Stolze wurde geächtet; Sachsen 1139 dem Askanier Albrecht dem Bären und Bayern 1138 dem Babenberger Markgrafen Leopold IV. von Österreich übertragen. Welf VI., der Bruder Heinrichs des Stolzen, führte in Süddeutschland Krieg gegen die Staufer. Auch nach dem Tod Heinrichs des Stolzen 1139 konnte der Streit nicht entschieden werden, obwohl 1142 sein Sohn, Heinrich der Löwe, nach dem Verzicht auf Bayern als Herzog von Sachsen anerkannt worden war.

Als Herzog Friedrich II., der Einäugige, 1147 starb, folgte ihm sein Sohn Friedrich III., der spätere Kaiser Friedrich I. Barbarossa als Herzog von Schwaben nach. Friedrich III. bemühte sich redlich, den entstandenen staufisch-welfischen Gegensatz zu entschärfen. Als Konsequenz seiner Ausgleichspolitik konnte er in den strategisch wichtigen Voralpengebieten zahlreiche Grafen und Herren als Gefolgsleute gewinnen. Mit Welf VI. hatte Herzog Friedrich auf dem zweiten Kreuzzug 1147–49 Kontakte geknüpft, was sich später für Welf VI.

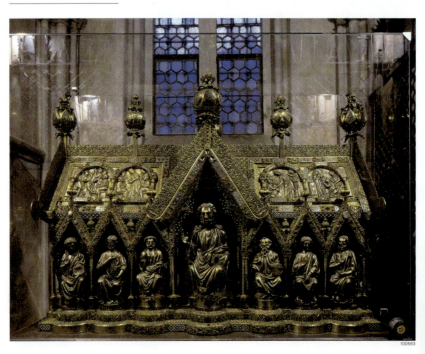

auszahlen sollte. Als dieser nämlich nach dem Kreuzzug Besitzungen Konrads III. angriff, erlitt der Welfe im Februar 1150 eine vernichtende Niederlage und nur die energische Fürsprache Friedrichs bewahrte Welf VI. vor einem harten Strafgericht des Königs. 1152 starb Konrad III., die Reichsfürsten wählten seinen Neffen, Friedrich III. von Staufen, zu seinem Nachfolger. Mit ihm begann die glanzvollste Epoche der staufischen Herrschaft. Kaiser Friedrich I. Barbarossa, wie er nun genannte wurde, bemühte sich, die staufische Hausmacht zu stärken. So suchte er mehrfach dem Herzogtum Schwaben schärfere rechtliche Konturen zu geben und ihm ein höheres Maß an Eigenständigkeit zu sichern. Dazu zählten die Übertragung der Grafschaft Chiavenna an Schwaben ebenso wie die Integration von Klostervogteien in die Herzogsherrschaft. Als Herzog Welf VI. 1191 kinderlos starb, traten die Staufer dessen Erbe an. Herzog Welf hatte nach dem Tod seines Sohnes Welf VII. Stück für Stück sein Herzogtum an Friedrich Barbarossa verkauft, da Heinrich der Löwe ihm Zahlungen verweigert hatten. Damit sicherten sich die Staufer einen nicht mehr einholbaren Machtvorsprung in Schwaben.

Unter Friedrich Barabrossa fand der staufisch-welfische Gegensatz ein Ende. Babarossa gehörte beiden Geschlechtern an: Seine Mutter Judith war die Tochter Heinrichs des Schwarzen von Bayern und damit eine Schwester des Herzogs Heinrich X., des Stolzen. 1154 erhielt Heinrich der Löwe, der Sohn Heinrichs des Stolzen, das vergrößerte Herzogtum Sachsen mit dem Recht, in Nordelbien Bischöfe einzusetzen, und 1156 das um die Markgrafschaft Österreich verkleinerte Herzogtum Bayern. Barbarossa akzeptierte damit zunächst die Machtstellung seines Vetters in Nord- und Nordostdeutschland. Heinrich der Löwe baute seine Vorrangstellung in Norddeutschland aus, stieß aber zunehmend auf den Widerstand der übrigen Fürsten, die ihn mehrfach vor dem König verklagten. Als Heinrich 1176 Friedrich Barbarossa schließlich die Hilfe bei dessen fünften Italienzug verweigerte, wurde der Prozess eröffnet. Nachdem Heinrich der Löwe der Ladung zum Prozess nicht folgte, verhängte Barbarossa 1179 die Acht und ein Jahr später die Aberacht über ihn. Die Herzogtümer wurden eingezogen. 1181 kapitulierte Heinrich der Löwe und ging in die Verbannung nach England. Damit war der staufisch-welfische Konflikt endgültig beendet.

Zerfall des Herzogtums Schwaben
In Schwaben gelang es den Herzögen von Schwaben nicht, eigene Institutionen zur Herrschaftssicherung auszubilden. Einen Herzogshof, wie zum Beispiel jenen der Welfen in Ravensburg, gab es nicht, auch keine eigene Herzogskanzlei. Schwaben war auch unter Friedrich Barbarossa mehr ein Instrument staufischer Königslandpolitik. Unter seinen Nachfolgern verstärkte sich dieser Trend. Kaiser Heinrich VI. beanspruchte herzogliche Befugnisse als Bestandteil der Königsherrschaft und Philipp von Schwaben, der 1198 zum Römischen König gewählt worden war, verzichtete sogar ganz auf die Einsetzung eines schwäbischen Herzogs.

Erst Kaiser Friedrich II., der Enkel Friedrich Barbarossas, übertrug 1216/17 seinem 1211 geborenen unmündigen Sohn Heinrich wieder die schwäbische Herzogswürde. 1220 wurde Heinrich zum Römischen König gewählt (als Heinrich VII.). Unbedachtes und widerspenstiges Verhalten gegen seinen Vater Kaiser Friedrich II. führten 1235 zu seiner Gefangennahme. Heinrich wurde seiner königlichen und herzoglichen Würde entkleidet, zum Nachfolger im Herzogsamt sein Halbbruder Konrad bestimmt.

Der 1228 geborene Konrad IV. war ebenfalls noch ein Kind, als er 1237 zum Römischen König erhoben wurde. Konrad trat als Herzog von Schwaben in Urkunden nicht in Erscheinung. Der ranghöhere Königstitel absorbierte offensichtlich die Herzogswürde. Kaiser Friedrich II. ließ das Herzogtum Schwaben durch einen »Präfekten« verwalten und im Reichssteuerverzeichnis von 1241 tauchte schließlich das ursprüngliche schwäbisch-staufische Herzogsgut nicht mehr auf; es war mit dem staufischen Haus- und Reichsgut verschmolzen. Damit bestimmte folgerichtig das staufische Königtum die Geschicke des schwäbischen Herzogtums.

Der seit dem Investiturstreit immer wieder aufflammende kaiserlich-päpstliche Gegensatz führte auch in Schwaben zur Entfremdung zwischen Kaiser und Kirche. 1246 wurde Konrad IV. auf Geheiß Papst Inno-

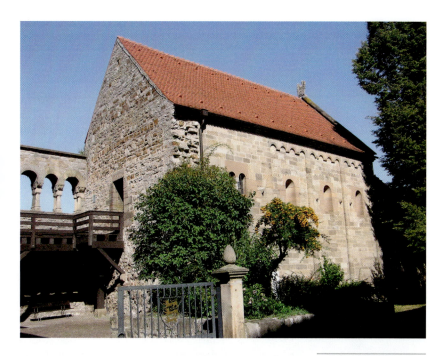

Die staufische Kaiserpfalz in Wimpfen am Berg gilt als die besterhaltene deutsche Anlage, die ihr Gepräge unter Friedrich II. erhielt (mit Pfalzkapelle, um 1200).

zenz' IV. für abgesetzt erklärt, und die rheinischen Erzbischöfe wählten an seiner Stelle den Landgrafen von Thüringen, Heinrich Raspe, zum König. Konrad, seit 1241 meist in Schwaben, während sich sein Vater, Kaiser Friedrich II., in Italien und Sizilien aufhielt, rückte gegen seinen Widersacher vor. Bei Frankfurt kam es am 5. August 1246 zur Schlacht, die der Staufer verlor, weil zwei seiner Gefolgsleute, die Grafen Ulrich von Württemberg und Hartmann von Grüningen, in das Lager Heinrich Raspes wechselten. Auf dem nach Frankfurt einberufenen Reichstag wurde am 13. August 1246 Konrad IV. seiner Königswürde für verlustig erklärt und ihm auch das Herzogtum Schwaben sowie alle seine in Deutschland gelegenen Eigengüter aberkannt. In Schwaben selbst blieb dieser Spruch allerdings ohne Folgen, nur im nördlichen Teil des Landes folgten einige Grafen der antistaufischen Politik des Papstes.

Der Zerfall der staufischen Herzogsmacht wurde durch den frühen Tod König Konrads IV. gefördert, der sich aufgrund der Erfolge seines Vaters Kaiser Fried-

Die Wartburg südwestlich von Eisenach, eine Burganlage aus dem 11. Jh., war zur Zeit der Staufer ein Zentrum höfischer Kultur. Anfang des 13. Jh. soll auf der Burg ein legendärer Sängerwettstreit stattgefunden haben.

rich II. in Italien noch einmal gegen den Papst durchgesetzt hatte. Am 21. Mai 1254 starb Konrad im Alter von nur 26 Jahren an den Folgen der Malaria. Sein zweijähriger Sohn Konradin besaß weder Herzogs- noch Königsgewalt. Der staufischen Partei fehlte ein tatkräftiger Führer, sie war nicht mehr in der Lage, einen Nachfolger Konrads IV. zu wählen. Einige geistliche Fürsten im Bodenseeraum bemühten sich, für Konradin die Herzogsgewalt auszuüben und übernahmen seine Erziehung. Der 1248 zum Gegenkönig gewählte König Wilhelm von Holland beanspruchte die schwäbische Herzogswürde, der Papst setzte sich für den Enkel Philipps von Schwaben, Alfons X. von Kastilien, ein.

Aus der Doppelwahl des Jahres 1257 gingen Richard von Cornwall und Alfons von Kastilien als Nachfolger Wilhelms von Holland hervor. Die Vormünder Konradins sprachen sich für König Richard aus, der eidlich bekräftigt hatte, sofort nach seiner Krönung Konradin mit dem Herzogtum Schwaben zu belehnen. Richard war jedoch nicht gewillt, dieses Versprechen zu halten und erklärte, als Konradin 1262 das Herzogtum Schwaben in Besitz nahm, dass das Herzogtum dem Reich inkorporiert sei. Es habe keine vom Reich unabhängige Rechtsnatur mehr, sondern sei längst in das Reich integriert. Den Anspruch Konradins wies er zurück.

Auf Betreiben der Vormünder Konradins griffen die schwäbischen Großen zum alten Mittel der Herzogswahl und erhoben im Frühjahr 1262 Konradin zum Herzog von Schwaben. Da sich jedoch vor allem die Herren nördlich und südlich des Bodensees gegen die Erneuerung der schwäbischen Herzogsgewalt sperrten, rieten der Bischof von Konstanz und der Abt von St. Gallen dem jungen Herzog den Aufbau der Herzogsmacht von Ostschwaben her neu anzugehen. Mithilfe der Stadtvogtei Augsburg, die er als Lehen des Bischofs in seinen Besitz bekommen hatte, und staufischer Ministerialen in Ostschwaben erzielte Konradin einige Erfolge bei der Konsolidierung seiner Macht.

1267 brach er nach Italien auf, um sein sizilisches Erbe anzutreten. Der Feldzug führte in die Katastrophe. Karl I. von Anjou, der 1265 von Papst Klemens IV. mit dem Königreich Sizilien belehnt worden war, schlug Konradin am 23. August 1268 bei Tagliacozzo vernichtend und ließ ihn nach einem Prozess in Neapel zusammen mit zwölf seiner Getreuen als Majestätsverbrecher hinrichten.

Das schwäbische Herzogtum zerfiel, aus seinen Trümmern entstanden neue Herrschaften. Insbesondere die württembergischen Grafen konnten große Teile des staufischen Gutes in ihre Besitzungen einbeziehen. *

Von bescheidenen Anfängen zum zentralen Königtum: Frankreich

Mit der Wahl Hugo Capets durch westfränkische Große 987 endete die Herrschaft der Karolinger. Zwar blieb Hugo Capet den Ottonen verbunden, gab diesen Verdun kurz nach seiner Inthronisation zurück, doch war die Abhängigkeit bei weitem nicht so ausgeprägt wie bei dem karolingischen Thronkandidaten Karl von Niederlothringen, der schließlich 991 in die Hände Capets geriet

> **INFOBOX**
>
> **»Königliche Ritter«**
> Im 12. Jh. gelang es den französischen Königen Ludwig VI. (1108–37) und Ludwig VII. (1137–80), die Kronverwaltung auszubauen und dabei die Großen, die hochadligen Ratgeber, aus ihren bisher eingenommenen Stellungen in der Regierung zu verdrängen. Stattdessen gelangten die eigentlichen Verwaltungsaufgaben in die Hände »königlicher Ritter«, der chevaliers royaux. Seit 1145 wurden sie von der königlichen Kanzlei mit dem Titel baro, französisch Baron, belegt und damit als Vasallen, also als abhängig, charakterisiert. Später wurden auch die Großen als barones bezeichnet und damit, im Hinblick auf die allen gemeinsame Abhängigkeit vom König, Standesunterschiede eingeebnet.

und kurz darauf als dessen Gefangener starb. Nun wird auch die Trennung von »deutschem« und »französischem« Reich stärker fassbar. Bereits Ende 987 konnte Hugo die Krönung seines Sohnes Robert II. zum Mitkönig erreichen, ein Ansatz zur dynastischen Stabilisierung, wie sich überhaupt im Westen der Erb- gegenüber dem Wahlgedanken durchsetzte.

Unverändert gering blieb der direkte, stark auf Zentralfrankreich (Paris, Orléans) beschränkte Einflussbereich der kapetingischen Herrscher, aber immerhin konnten die Auflösungsprozesse, der Verfall der Zentralmacht in spätkarolingischer Zeit beendet werden. Daneben etablierten sich die großen Fürstentümer wie Flandern, Anjou oder Toulouse im Süden. Für die Zerschlagung dieser bedeutenden Grafschaft sollten dann im 13. Jahrhundert die Albigenser den Vorwand liefern. Die wichtigste Teilmacht aber war das Herzogtum Normandie: So wurde Heinrich Plantagenet, bereits Herzog der Normandie und Graf von Anjou, 1154 König von England; er verfügte damit über eine dem französischen König deutlich überlegene Machtfülle. Als Mediatgewalten entstanden im gesamten Territorium, freilich mit regional unterschiedlicher Bedeutung, Burgbezirke, deren Inhaber ihre vererbbare Funktion erst nach der Mitte des 12. Jahrhunderts zugunsten von Fürsten und Königen verloren; die Befestigungen bildeten häufig Keimzellen städtischer Siedlungen.

Da weder Hochadel noch Königtum den inneren Frieden sichern konnten oder wollten, übernahmen zunächst in Südfrankreich seit dem Ende des 10. Jahrhunderts geistliche Institutionen die Aufgabe der Errichtung von Sonderfrieden, indem man den Adel eidlich an die auf bestimmte Tage befristete Friedenswahrung band und Zuwiderhandlungen mit geistlichen Strafen belegte; besonders geschützt werden sollten unter anderem Kleriker, Kaufleute, Bauern und Kirchen. Daneben darf nicht übersehen werden, dass mit dieser Friedenswahrung auch die Stärkung bischöflicher und weltlicher Herrschaft gegenüber adligem Selbstständigkeitsstreben beabsichtigt war. Ihre breiteste Ausformung erlebten die Gottesfrieden (treuga Dei) seit dem Ende des ersten Drittels des 11. Jahrhunderts. So schuf unter anderem der Erzbischof von Bourges 1038 eine Friedensmiliz, bevor solche Einrichtungen in Landes- und Königsfrieden aufgingen.

Mit dem für ganz Frankreich gültigen Frieden, unter Zustimmung der Großen erlassen und an die Karolinger anknüpfend, griff Ludwig VII. 1155 tendenziell über sein direktes Einflussgebiet hinaus, doch erst im folgenden Jahrhundert sollte die Monarchie stark genug sein, solche Ansprüche auch durchzusetzen. In Frankreich spielte der Investiturstreit kaum eine Rolle und das kluniazensische Reformmönchtum war zunächst vom Königtum gestützt worden. Während des 11. Jahrhunderts verblieb das Königtum in einer schwachen Stellung, unter anderem fiel das familiär verbundene Burgund an den römisch-deutschen König Konrad II.

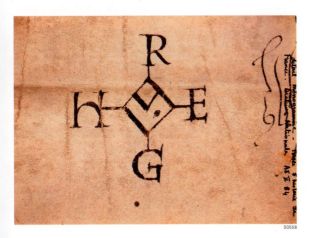

Monogramm von Hugo Capet

> **INFOBOX**
>
> **Die heilige Kapelle**
> 1239 erwarb Ludwig IX., der Heilige, für den gigantischen Betrag von 135 000 Pfund die angebliche Dornenkrone Christi. Nur der herrlichste architektonische Schrein konnte ihr ein würdiges Behältnis sein. So ließ Ludwig inmitten des Königspalastes in Paris für die Bausumme von 40 000 Pfund eine prächtige Kapelle erbauen, die Sainte-Chapelle (1241/42–48).
> »Die ausgesuchten Farben der Malereien, die kostbare Vergoldung der Bildwerke, die zierliche Durchsichtigkeit der rötlich schimmernden Fenster, die überaus schönen Altarverkleidungen, die wundertätigen Kräfte der heiligen Reliquien, die Zier der Schreine, die durch ihre Edelsteine funkelt, verleihen diesem Haus des Gebetes eine solche Übersteigerung des Schmuckes, dass man beim Betreten glaubt, zum Himmel emporgerissen zu sein und in einen der schönsten Räume des Paradieses einzutreten«, so beschrieb Jean de Jandun 1323 die spirituelle Ästhetik dieser Reliquienkapelle.

Im Norden des Reiches verbreitete sich die Vasallität zügig, charakterisiert durch consilium et auxilium, Rat und Tat. Auch die klassische Ständelehre mit ihrer Dreiteilung in Klerus, Adel und Bauern als idealisierende Schichtung fand Eingang in die Vorstellungswelt und legitimierte vor allem die Abgaben- und Arbeitspflicht der Bauern, während sich die beiden anderen Stände auf Gebet beziehungsweise Kampf zurückziehen konnten, sich dem Adel zudem mit dem ersten Kreuzzug neue Chancen boten. Literarische Werke stilisierten ritterliches Leben

Durch seine Heirat mit der Erbtochter von Aquitanien wurde der englische König Heinrich II. zeitweise Herrscher über ein Drittel Frankreichs. Die Darstellung der Heirat mit Eleonore von Aquitanien (1152; Poitiers, Fenster in der Kathedrale Saint-Pierre).

Der altfranzösische Dichter Chrétien de Troyes ist der bedeutendste Vertreter des höfischen Versromans. Miniatur aus einer Handschrift des Lancelot-Romans (14. Jh.; Paris, Bibliothèque Nationale de France).

in bestimmten Formen zum Ideal. Seit der Mitte des 11. Jahrhunderts begann zunächst in klimatisch günstigeren Gebieten die Neulandgewinnung. Ohnehin hatte im 10. eine bis zum Ende des 13. Jahrhunderts reichende Wärmeperiode begonnen, und Ansätze agrartechnischer Fortschritte verbreiteten sich in der Folgezeit schneller; allerdings spürten die Bauern deutliche Entlastungen erst im 13. Jahrhundert.

Die fortschreitende Urbanisierung bedeutete eben auch neue Nachfragezentren, wobei die Handels- und Gewerbetätigkeit der Bürger zwar von Königtum und Territorialherrschaften gefördert, ihre Autonomiebestrebungen dagegen behindert wurden. Nur im Süden folgten etliche Kommunen mit dem Konsulat italienischem Vorbild, konnten sich aber gleichfalls nicht aus den regionalen Herrschaften lösen. Die Loire blieb noch jahrhundertelang eine innere Grenze zwischen Frankreichs Norden und Süden. Eine zentrale Funktion im Handel von Nord- und Südeuropa erreichten schließlich die Champagnemessen.

Legitimitätsfördernd wirkte die unter Ludwig IX. erfolgte Neuordnung der ursprünglich merowingischen, dann karolingischen Grablege in Saint-Denis. Die Kapetinger beanspruchten die direkte Nachfolge Karls des

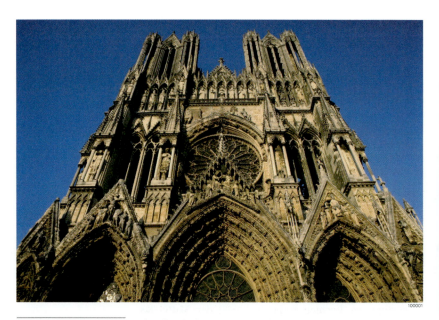

Die Erzbischöfe von Reims hatten 1179 das alleinige Recht erworben, die Könige von Frankreich zu krönen. Nachdem der Grundstein der Kathedrale von Reims 1211 gelegt worden war, wurden bereits 1223 Ludwig VIII. und 1226 Ludwig IX., der Heilige, in der Kathedrale gekrönt.

Großen, wie man auch mit den Patronen Dionysius und Remigius karolingische Traditionen aufgriff. 1211 begann man mit dem Bau der Kathedrale von Reims, der künftigen Krönungskirche.

Während des 12. Jahrhunderts stabilisierte sich die französische Monarchie langsam, auch wenn es nicht gelang, die Normandie in den Herrschaftsbereich einzubeziehen, diverse militärische Unternehmungen scheiterten, und weitere Gebiete entzogen sich der Lehnshoheit. Dagegen konnte die Vorrangstellung in der Île-de-France gesichert werden. Viele hochadlige Ratgeber büßten zunehmend ihre Stellung in unmittelbarer Umgebung des Königs ein, ihre Ämter reduzierte man stärker auf die Titulatur. Stattdessen gelangten die eigentlichen Verwaltungsaufgaben in die Hände »königlicher Ritter«, der chevaliers royaux, die aus dem stadtsässigen Niederadel rekrutiert wurden. Seit 1145 wurden sie als baron bezeichnet. Schließlich gelang es, die Zuständigkeit der Könige als oberster Gerichtsinstanz auszudehnen, und Paris entwickelte sich mit der Universität zum geistigen Zentrum des Landes.

Eine erneute Schwächung bedeutete 1152 die Scheidung Ludwigs VII. von Eleonore von Aquitanien und die nur zwei Monate später folgende Heirat Eleonores mit Heinrich Plantagenet. Im ökonomisch noch expandierenden Süden gewannen die Katharer mit ihrer dualistischen Theologie wichtigen Einfluss; 1167 gründeten sie eigene Bistümer. Besonders ihr asketischer Lebensstil beeindruckte gegenüber der Pracht und Machtentfaltung der Vertreter der Amtskirche. Zu Beginn des nächsten Jahrhunderts erfolgte dann mit politisch motivierten Kreuzzügen die Eroberung von Frankreichs Süden, wo die Heere grausam wüteten. Große Teile des Gebietes gingen direkt oder im späteren Erbgang an die Krone über.

Selbst die Normandie konnte weitgehend zurückgewonnen werden. Als englischer König hatte Johann I. Ohneland im Jahre 1200 für seinen Festlandbesitz dem französischen König Philipp II. Augustus gehuldigt und dieser verwickelte ihn nach Klagen von Grafen aus dem Anjou und dem Poitou in einen Prozess. Weil Johann Ohneland nicht vor Gericht erschien, rückte Philipp in die Normandie vor und eroberte die Gebiete bis 1204. Auf beiden Seiten begannen Söldner gegenüber Lehnsaufgeboten zu dominieren. Unterstrichen wurde die neu gewonnene Position durch den französischen Sieg von Bouvines 1214.

Auf der Basis des bereits Erreichten konnte die Verwaltung ausgebaut, das ligische Lehnssystem, das heißt

Richard Löwenherz (rechts), der Sohn Eleonores von Aquitanien, greift König Philipp II. von Frankreich an (Buchmalerei).

der Vorrang des Königs bei Doppelvasallität, teilweise durchgesetzt werden. Frühstaatliche Strukturen schienen realisierbar, Institutionen siedelten sich dauerhaft in Paris an, und gerade Ludwig IX., der Heilige, gewann durch seine Persönlichkeit über sein Amt hinaus Ansehen. Ende des 13. Jahrhunderts unternahm man dann erste Versuche, die Kaiserkrone zu erlangen, zudem war man über Karl von Anjou in die süditalienischen Konflikte eingebunden. Gerade am römischen Recht geschulte adlige und bürgerliche Juristen untermauerten die Ansprüche des Herrschers auf Vorrangstellung und ein allgemeines Gesetzgebungsrecht.

Unter Philipp IV., dem Schönen, gelang es auch, gegen päpstliche Ansprüche vorzugehen, die Besteuerung des Klerus durchzusetzen und so wichtige Barrieren gegen die Einflussnahme auswärtiger Mächte in die innere Politik zu errichten, auch wenn eine Kirchenhoheit noch nicht erreicht wurde. Dennoch sollten sich bald Grenzen des nur scheinbar unaufhaltsamen Aufstiegs der französischen Krone zeigen. Schon Philipp IV. konnte seine Ziele in Flandern und der südwestfranzösischen Guyenne nicht erreichen, wenngleich bestimmte Grundlagen des Staates wie Rechtsprechung, Generalstände oder Finanzbeschaffung sich als ausreichend fest erweisen sollten.
Ulf Dirlmeier und Bernd Fuhrmann

Zwischen »Hastings« und »Magna Charta libertatum«: England

Mit der Schlacht bei Hastings (1066) besiegte der Normannenherzog Wilhelm der Eroberer zwar den englischen König Harold II., doch musste nun der Anspruch auf den englischen Thron im ganzen Land durchgesetzt werden. Schon die Krönungszeremonie an Weihnachten 1066 endete in handgreiflichen Auseinandersetzungen, und 1068 wurden zunächst der Süden und Südwesten unterworfen, bevor Wilhelm I. im folgenden Jahr weite Teile des Nordens verwüsten ließ und schließlich 1072 den letzten Widerstand brechen konnte.

Von entscheidender Bedeutung war die flächendeckende Einführung des Lehnssystems auf der Insel. Bereits kurz nach der Eroberung hatte Wilhelm Güter

---

ZITAT

Der normannische Chronist Wilhelm von Jumièges berichtet um 1070 über die Schlacht von Hastings (1066):
Die Schlacht begann zur dritten Stunde des Tages und dauerte in einem Chaos von Gemetzel und Abschlachten bis zum Abend. Harold II. selbst fiel, in der ersten Reihe seiner Armee kämpfend, übersät von tötlichen Wunden. Und als die Engländer sahen, dass ihr König tot war, verloren sie das Vertrauen in ihre eigene Sicherheit und flohen bei Anbruch der Nacht.

Europa im Mittelalter

Der Ausschnitt des Teppichs von Bayeux zeigt die Schlacht von Hastings. Der letzte angelsächsische König Englands, Harold II., sinkt – tödlich getroffen – über seinem Pferd zusammen. Durch den Sieg Wilhelms des Eroberers 1066 kam England unter normannische Herrschaft.

gegnerischer Adliger einziehen und zum Teil an Gefolgsleute ausgeben lassen. Im Gegensatz zum Kontinent gelang die Einbeziehung des gesamten Territoriums in die Krondomäne beziehungsweise den Lehnsverband. Adliger Besitz war vom König abhängig und Untervasallen mussten dem Herrscher einen allen anderen Bindungen vorrangigen Treueid schwören. Auch die Kirche war einbezogen, wenngleich ihr eine eigene Gerichtsbarkeit zugestanden wurde.

Dies führte zu erheblichen sozialen Veränderungen. An die Spitze der Gesellschaft trat nun eine schmale normannisch-französische Oberschicht, die auch in die wichtigen geistlichen Positionen rückte und seit dem 12. Jahrhundert ihre Ländereien verstärkt in Eigenwirtschaft zu betreiben begann. Als Folge verschlechterte sich die Stellung der freien Bauern erheblich. Daneben war das Land, an angelsächsische Traditionen anknüpfend, mit wenigen Ausnahmen in Grafschaften unterteilt, in denen die Herrschaft (unter anderem Finanz- und Gerichtswesen) von sheriffs ausgeübt wurde. Auch der systematische Burgenbau diente der Herrschaftssicherung.

Nachfolger Wilhelms des Eroberers wurden in England Wilhelm II. Rufus, in der Normandie Robert II., während der dritte Sohn Heinrich finanziell abgefunden wurde. Wilhelms II. Fiskal- und Machtpolitik machten

s. ZEIT Aspekte
Wilhelm der Eroberer
S. 536

ZITAT

Artikel 19 der Magna Charta in der Fassung von 1225 besagt:
Kein Freier soll ergriffen, inhaftiert, seiner Güter oder Rechte beraubt, geächtet, verbannt oder in irgendeiner anderen Weise in seinem Status beeinträchtigt werden, noch wollen wir gegen ihn vorgehen oder vorgehen lassen, ausgenommen durch rechtmäßiges Urteil seiner Standesgenossen oder gemäß dem Recht des Landes.

> **INFOBOX**
>
> **Die Herrschaft des Hauses Anjou**
> »Angevinisches Reich« ist die Bezeichnung für die Herrschaft des Hauses Anjou in England und weiten Teilen Frankreichs unter den englischen Königen Heinrich II., Richard I. Löwenherz und Johann I. Ohneland (1154–1204/06). Heinrich II. hatte 1150 von seiner Mutter Mathilde, Tochter des englischen Königs Heinrich I., die seit 1066 mit England verbundene Normandie geerbt und 1151 von seinem Vater Gottfried V. von Anjou die gleichnamige westfranzösische Grafschaft (mit Maine und Touraine). Seine Heirat mit Eleonore, der Erbin von Aquitanien, brachte ihm 1152 auch dieses Herzogtum einschließlich der Gascogne ein. Philipp II. von Frankreich eroberte 1204/06 einen Großteil der französischen Gebiete zurück, wodurch er das Angevinische Reich zerstörte.

ihn ausgesprochen unbeliebt; hinzu kamen Konflikte mit der Kirche. Als er unter ungeklärten Umständen im Jahr 1100 während einer Jagd starb, nahm Heinrich sofort seine Stelle ein. Auch die Teilung des Territoriums beabsichtigte Heinrich rückgängig zu machen. Zunächst aber ging er mit seinem vom Kreuzzug zurückgekehrten Bruder, der ihn als englischen König anerkannte, einen Vergleich ein. Dennoch setzte er mit einem englischen

Glasfenster in der Kathedrale Saint-Ètienne in Sens (13. Jh.) mit der Darstellung der Ermordung von Thomas Becket durch Ritter König Heinrichs II. 1170

Heer in die Normandie über und schlug Roberts Aufgebot, der seine restlichen 28 Lebensjahre in Haft verbringen musste.

Taktisch geschickt ließ Heinrich den Konflikt mit der Kirche um Bischofseinsetzungen nicht eskalieren. 1107 schloss er das »Konkordat« von Westminster ab, was aber massive Eingriffe Heinrichs in innerkirchliche Verhältnisse nicht ausschloss. Diese Phase zeigt eine schon fest etablierte normannische Herrschaft, die von langen Wirren nicht mehr zu erschüttern war. Finanztechnisch bedeutsam war die Einführung des Schatzamtes in Westminster als zentraler Kasse mit weitgehend lückenlos überlieferten Aufzeichnungen (pipe rolls); daneben sollten Reiserichter die Amtsführung der sheriffs überwachen und die königliche Macht demonstrieren.

Heinrichs Tod führte zu lang dauernden Auseinandersetzungen. Neben zwanzig illegitimen Kindern überlebte ihn nur seine Tochter Mathilde, verheiratet mit Gottfried V. Plantagenet. Hauptprotagonisten der Thronstreitigkeiten waren der Neffe und Nachfolger Heinrichs I., Stephan von Blois, und Heinrichs Tochter Mathilde. Adel und Kirche profitierten von den Wirren. Heinrich II., Sohn Mathildes und Herzog der Normandie, setzte sich nach seiner Landung in England 1153 schnell durch, ging aber mit Stephan, der ihn adoptierte und als Nachfolger bestimmte, einen Vergleich ein, sodass er bereits im folgenden Jahr nach dem Tod Stephans († 1154) den Thron besteigen konnte. Unter seiner Herrschaft belebten sich die Handelsbeziehun-

> **ZITAT**
>
> **Der britische Verfassungshistoriker William McKechnie schrieb 1914 über die Bedeutung der Magna Charta:**
> *Die Größe der Magna Charta liegt nicht so sehr in dem, was sie ihren Schöpfern im Jahre 1215 bedeutete, als vielmehr darin, was sie danach für die politischen Führer, die Richter und Juristen sowie für die ganze Masse der englischen Bevölkerung der späteren Jahrhunderte wurde.*

> **INFOBOX**
>
> **Common Law**
> Common Law, »gemeines Recht«, hieß das im 12. und 13. Jh. von den königlichen Richtern über spezielle Klageformen (writs) geschaffene Recht, das im Unterschied zum lokalen und regionalen Gewohnheitsrecht der Gemeinden, Großgrundbesitzer und Kirchen in ganz England angewandt wurde. Es wurde in den drei Londoner Zentralgerichten (King's Bench, Common Pleas, Exchequer) und von reisenden Richtern des Königs entwickelt, denen die Kontrolle der sheriffs, der höchsten Richter und Verwaltungsbeamten in den Grafschaften, oblag. Das common law wurde seitdem zum bedeutendsten Bestandteil des englischen Rechts.

> **INFOBOX**
>
> **Robin Hood**
> Während Richard Löwenherz im Heiligen Land gegen die »Ungläubigen« kämpfte, vertrat ihn in der Heimat sein Bruder Johann. Nicht nur in England weit verbreitet ist die Geschichte vom edlen Richard Löwenherz und seinem bösen Bruder Johann, der während Richards langer Abwesenheit die unterdrückten Angelsachsen rücksichtslos ausbeutete. Allein der tapfere Robin Hood kämpfte gegen den Tyrannen. Als Vogelfreier und edel gesinnter Anführer einer Schar von Getreuen lebte er im Sherwood Forest bei Nottingham, wo er reiche weltliche und geistliche Herren ausraubte, um ihren Überfluss an die Armen zu verteilen. Ein historisches Vorbild für Robin Hood, der für den Widerstand der Angelsachsen gegen die normannische Fremdherrschaft steht, ist allerdings nicht nachgewiesen.

ZITAT

Neben zahlreichen anderen Regelungen enthält die Magna Charta von 1215 auch eine Bestätigung der kommunalen Freiheiten:
Und die City of London soll alle ihre alten Freiheiten und das Recht zur freien Zollerhebung sowohl zu Land als auch zu Wasser haben. Außerdem gewähren wir, dass alle anderen Cities, Boroughs, Towns und Häfen alle ihre Freiheiten und das Recht zur freien Zollerhebung haben sollen.

Standbild von Richard Löwenherz gegenüber dem Parlamentsgebäude in London

gen zum Kontinent, auch wenn einheimische Kaufleute erst seit dem Ende des 13. Jahrhunderts eine aktive Rolle im Fernhandel spielten. Auch die Städte prosperierten.

Heinrich II. konsolidierte die königliche Herrschaft, indem er die königliche Gerichtsbarkeit mit neuen Prozessformen modernisierte und durch eine Neuordnung des Reiserichterwesens ausbaute; zentrale Hofgerichte wurden in London eingerichtet. Das Lehnswesen wurde weiter fiskalisiert, an die Stelle der persönlichen, zeitlich begrenzten Feldzugsteilnahme traten nun Geldleistungen. Trotz unbestreitbarer Erfolge überschatteten Auseinandersetzungen mit der Kirche, die in die Ermordung seines Kanzlers, des Erzbischofs Thomas Becket mündeten, und Erhebungen seiner Söhne, deren dritte schließlich 1189 erfolgreich war, seine Regierungszeit.

Auf den lange abwesenden Richard Löwenherz folgte mit Johann Ohneland einer der am negativsten bewerteten englischen Herrscher: Unter ihm ging der Festlandsbesitz mit Ausnahme südwestfranzösischer Gebiete verloren. Der Widerstand vieler Barone, dem sich London anschloss, kumulierte nach der Niederlage von Bouvines in der Aufsagung der Lehnsbindung. 1215 rangen Adel und Klerus Johann I. schließlich die Magna Charta libertatum ab, mit der zunächst wohl nur konkrete Missstände beseitigt werden sollten. Neben Gerichts- und

Lehnsproblemen umfasste das Privileg unter anderem günstige Bestimmungen für Kaufleute und die Londoner Bürgerschaft, Regelungen zum Schutz der Freien mit dauerhaften Folgen für die Entwicklung des Common Law, des Gewohnheitsrechts, sowie ein Zurückdrängen fremder Amtsträger.

Zwar gelang es Johann, den Papst, den er als Lehnsherrn anerkannt hatte, zur Annullierung der Urkunde zu bewegen, doch bildete sie nach Johanns Tod 1216 und 1217 in modifizierter Form fortan die Grundlage des

Die handgeschriebene Magna Charta mit dem Siegel von König Johann Ohneland. 1215 einigten sich der König, Vertreter der aufständischen Barone und die Kirche auf diese Satzung, die das damals geltende Lehnsrecht in 63 Artikeln regelte.

Verhältnisses von Krone und Reich. Dennoch kamen im 13. Jahrhundert Konflikte zwischen Königen und Baronen auf, auch weil Heinrich III. weiterhin mit vor allem französischen Funktionsträgern ohne einheimische Große zu regieren versuchte.

Ulf Dirlmeier und Bernd Fuhrmann

Die Erben der Wikinger: Dänemark, Schweden und Norwegen

Als König Knut der Große von Dänemark anlässlich der Kaiserkrönung Konrads II. 1027 als Pilger in Rom weilte, geriet Dänemark wieder kurzzeitig in den Fokus der Reichspolitik. Nachdem das Projekt einer Heirat des Königssohns Heinrich (III.) mit einer byzantinischen Prinzessin gescheitert war, wurde er mit Gunhild, der Tochter Knuts des Großen verlobt. Damit war für den Kaiser der Weg für eine Intervention in Polen freigeworden.

Das dänische Reich
Seit dem 9. Jahrhundert bis etwa 1050 unternahmen dänische Wikinger ausgedehnte Raubzüge an den Küstengebieten Europas. Die unter Sven Gabelbart 1013 begonnene Eroberung Englands vollendete Knut der Große, der 1028 auch Norwegen unterwarf und kurz vor seinem Tod auch noch das schleswigsche Gebiet zwischen Eider und Schlei erwerben konnte.

Aber schon bald nach Knuts Tod 1035 brach dieses nordische Großreich auseinander: 1035 löste sich Norwegen, 1042 England wieder von Dänemark. Zwischen 1042 und 1047 stand Dänemark aufgrund eines Erbvertrags unter der Herrschaft des norwegischen Königs Magnus des Guten. Schließlich konnte Sven Estridsen, ein Neffe Knuts des Großen, die Herrschaft erringen; sein Haus behielt den dänischen Thron bis 1448.

Blutige Bürgerkriege ab 1131 und Thronwirren ab 1146 verwüsteten das Land, bis es Waldemar I. 1157 gelang, Frieden und Einheit wieder herzustellen. Er und seine Söhne Knut VI. und Waldemar II. betrieben wieder eine Expansionspolitik. Sie unterwarfen sich die heidnischen Wenden an der mecklenburgisch-pommerschen

Rekonstruktion eines Gebäudes einer Wikingerburg in Fyrkat (bei Hobro, Nordostjütland). Dänische Wikinger unternahmen noch bis 1050 ausgedehnte Raubzüge.

Ostseeküste, 1201 das deutsche Holstein und 1291 Estland. Die wendisch-deutschen Eroberungen gingen aber schon 1227 durch die Niederlage bei Bornhöved gegen die norddeutschen Fürsten wieder verloren.

Nach dem Tod Waldemars II. 1241 kam es erneut zu Bürgerkriegen bis zur Wahl Waldemars IV. Atterdag 1340. Ihm gelang es, die verlorenen Gebiete wiederzugewinnen. 1346 verkaufte er Estland an den Deutschen Orden und erwarb 1361 Gotland. Die Eroberung Visbys 1361 führte mehrfach zu Konflikten mit der deutschen Hanse; sie endeten 1370 im Frieden von Stralsund, in dem der dänische König die Vorherrschaft der Hanse in der Ostsee anerkannte.

1376 wurde Waldemars IV. Atterdag minderjähriger Enkel Olaf IV. Håkonsson sein Nachfolger; für ihn führte seine Mutter Margarete die Regentschaft. Sie war die Tochter Waldemars und seit 1363 mit König Håkon VI. Magnusson von Norwegen und Schweden verheiratet. Nach dem Tod Håkons 1380 führte sie auch die Regierung Norwegens. 1387 starb Olaf IV. Håkonsson und Margarete wurde in Dänemark und Norwegen zur Herrscherin gewählt. 1389 konnte sie auch die Herrschaft über Schweden erringen, nachdem ihr Heer bei Falköping über König Albrecht gesiegt hatte.

Die Staatswerdung Norwegens
Einen ersten Versuch die zahlreichen Kleinkönigtümer Norwegens unter einer Führung zu sammeln, unternahm Harald I. Schönhaar aus dem Geschlecht der Ynglinge. Dies gelang ihm in der Schlacht am Hafrsfjord, die vermutlich 872 stattfand. Seine Machtbasis beschränkte sich jedoch im Wesentlichen auf West- und Südostnorwegen; sie zerfiel nach Haralds Tod 933 wieder. Erst 1047 wurde Harald III., der Strenge, als Alleinkönig anerkannt.

Rechtlich-administrativ war das Land am Ausgang der Wikingerzeit in vier große, vom Königtum zunächst unabhängige Thingbezirke aufgeteilt, die dann im 12. und 13. Jahrhundert ihre eigenen Rechtsbücher besaßen, sowie in zahlreiche »Schiffsgestellungsbezirke«, die im Rahmen des königlichen Heeresaufgebots eine bestimmte Anzahl von Kriegsschiffen zu bemannen und auszurüsten hatten (»Leidang«).

Die außenpolitischen Interessen der norwegischen Könige des 11. Jahrhunderts waren vor allem nach Süden, wo es zu Auseinandersetzungen mit Dänemark kam, und Westen ausgerichtet. Harald III., der Strenge, fiel 1066 bei einem Eroberungsfeldzug in England; sein

Auf der dänischen Insel Bornholm gibt es noch mehrere mittelalterliche Rundkirchen mit wehrhaftem Charakter, u. a. die in Nyker aus dem Jahr 1287. Bornholm wurde im 11. Jh. christianisiert.

Enkel Magnus III. Olafsson suchte in drei Kriegszügen die norwegische Herrschaft auf den schottischen Inseln und in Irland zu festigen.

Die Periode zwischen 1130 und 1240 war durch Bürgerkriege geprägt, bei denen es nicht nur um dynastische Thronfolgeauseinandersetzungen ging – besondere Spannungen erwuchsen aus dem kombinierten Wahl- und Erbkönigtum –, sondern letztlich um die Machtverteilung zwischen Königtum, Kirche, bäuerlicher Aristokratie und freien Bauern. Insbesondere der inzwischen gut organisierten Kirche gelang es, ihren Vormachtanspruch gegenüber dem Königtum durchzusetzen, indem sie durch die Krönung Magnus' V. Erlingsson, der ersten Königskrönung im Norden, nicht nur dessen Thronanspruch legitimierte, sondern auch ein der Kirche ergebenes Erbkönigtum etablierte. Die Gegner dieser Kirchenpolitik – die Bürgerkriegspartei der »Birkebeiner« – errangen indessen unter ihrem Anführer Sverre Sigurdsson über die Parteigänger Magnus Erlingssons und der Bischöfe (die »Bagler«) 1184 einen entscheidenden Sieg. Sverre bestieg den Thron, machte sich zum Oberherrn der norwegischen Kirche und ließ sich 1194 krönen. Erst in der langen Regierungszeit Håkons IV. Håkonsson

Die um 1387 entstandene isländische Handschrift enthält eine Miniatur zu sagenhaften Vorkommnissen um den Norwegerkönig Harald I. Schönhaar (Reykjavík, Stofnun Arna Magnussonar).

hörten die Bürgerkriegswirren auf. Das Königtum ging gefestigt daraus hervor.

Der Königshof in Bergen war glanzvoller Mittelpunkt einer nach dem Kontinent hin orientierten Oberschicht, die europäische höfische Kultur und Literatur in norwegischen Übersetzungen rezipierte. Norwegen hatte in dieser Zeit die größte territoriale Ausdehnung seiner Geschichte: 1261 wurde Grönland, 1262 Island norwegisch, zum Reich gehörten weiterhin die Färöer, die Orkneyinseln, die Hebriden, die Insel Man und die heute schwedischen Provinzen Jämtland und Bohuslän.

Håkons Sohn Magnus VI. Lagabøter (»der Gesetzesverbesserer«) beendete schließlich den Streit mit der Kirche, der im Konkordat von Tønsberg 1277 eine eigene Gerichtsbarkeit und die freie Besetzung der Kirchenämter zugesprochen wurde. Unter ihm wurden 1274/76 die Regionalrechte zu einem landesweit gültigen Reichsrecht zusammengefasst. Håkon V. Magnusson machte schließlich Oslo zur Hauptstadt des Reiches.

Wirtschaftlich geriet Norwegen nach 1300 immer mehr in Abhängigkeit von der Hanse, die sich Mitte des 13. Jahrhunderts in Bergen niedergelassen hatte. Ab etwa

Das um 1070 gegründete Bergen war seit dem 12. Jh. norwegische Krönungsstadt. Im 14. Jh. eröffnete die Hanse ein großes Handelskontor. Das Bild zeigt das Hanseviertel Tyskebryggen, heute Bryggen.

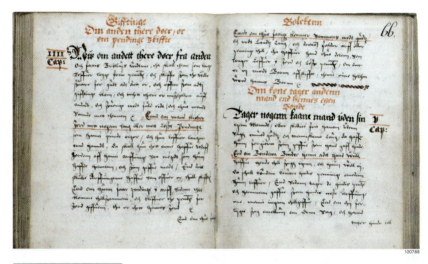

Die Seiten zeigen eine Umarbeitung des Gesetzbuches des Königs Magnus VI. Lagabøter (1262–81). Das Gesetzbuch hatte bis ins 17. Jh. Gültigkeit (Weimar, Herzogin Anna Amalia Bibliothek).

1350 waren die meist aus Lübeck stammenden deutschen Kaufleute in einem »Kontor«, der »Deutschen Brücke« zu Bergen, organisiert, exportierten norwegischen Fisch und versorgten das Land mit lebenswichtigem Getreide und konnten so auch politisch in Norwegen Einfluss nehmen. Nach der Pest 1349/50, der große Teile der Bevölkerung zum Opfer fielen, war Norwegen auf einem wirtschaftlichen Tiefpunkt angelangt.

Als mit dem Tod Håkons V. 1319 das norwegische Königshaus im Mannesstamm ausstarb, kam die Krone an Magnus VII. Eriksson, den Sohn der Tochter Håkons V., Ingeborg, und des Bruders König Birgers Magnusson von Schweden, Erich. Nach der Vertreibung Birgers wurde 1319 Magnus auch in Schweden als König anerkannt, musste aber 1343 Norwegen seinem Sohn Håkon VI. Magnusson abtreten, der dort ab 1355 eigenständig regierte. Håkon wurde 1362 auch in Schweden gewählt, dort 1363 aber schon wieder abgesetzt.

Das schwedische Reich bis zur Union von Kalmar
Vom 9. bis 11. Jahrhundert unternahmen schwedische Kriegerkaufleute, die Waräger, Raub- und Handelszüge, vor allem von der Ostseeküste über die Stromgebiete von Wolga und Dnjepr bis nach Byzanz; einige von ihnen errichteten schon in der zweiten Hälfte des 9. Jahrhunderts lokale Herrschaften besonders über Nowgorod und

Kiew und waren maßgeblich an der Herausbildung des Kiewer Reiches beteiligt (Rurikiden). Die schwedischen Wikinger kontrollierten wichtige Bereiche des nordeuropäischen Fernhandels mit den Zentren Birka und Haithabu.

Um 830 missionierte Ansgar in Birka. König Olaf III. Skötkonung (»Schoßkönig«) ließ sich taufen, doch schritt die Christianisierung nur langsam voran und fand erst mit der Errichtung des Erzbistums Uppsala 1164 ihren Abschluss. 1293 wandten sich die Schweden gegen die Einflussversuche griechisch-orthodoxer Mönche, die von Nowgorod kommend in Karelien missionierten. Im Frieden von Nöteborg, dem heutigen Petrokrepost, wurde 1323 erstmals die finnische Ostgrenze zwischen Schweden und Nowgorod festgelegt.

Die Reichsverfassung wurde von der Rechtsautonomie der verschiedenen Landesteile (»Landschaften«) mit autonomer Thingorganisation und einer eigenen Rechtstradition (»Landschaftsrechte«) geprägt. Da Schweden ein Wahlkönigreich war, musste sich der König in einem Umritt durch das Land von den einzelnen Landschaftsthingen bestätigen lassen (»Eriksgata). Er

Die aus der ersten Hälfte des 12. Jh. stammende Stabkirche von Urnes (Gemeinde Luster am Lustrafjord) ist die älteste erhaltene Stabkirche Norwegens und zeigt an ihrem Portal Darstellungen im spätesten wikingischen Tierstil.

blieb deshalb auf die Landschaftsaristokratie angewiesen, die sich im Zuge der reichsumfassenden Bestrebungen des Königtums zu einem privilegierten Reichsadel entwickelte.

1210 wurde mit Erich X. Knutsson erstmals ein König gekrönt. Seit Anfang 13. Jahrhundert stützten sich die Könige auf die Jarle. Das Amt des Jarls und des Königs vereinigte praktisch Birger Jarl, der Begründer der Dynastie der Folkunger, in seiner Person, indem er für seinen 1250 zum König gewählten Sohn Waldemar Birgersson bis 1266 die Regierungsgeschäfte führte. Birger Jarl setzte die Eroberung und Christianisierung Finnlands fort, wohin der Legende zufolge bereits Erich IX., der Heilige, um 1155 einen Kreuzzug geführt hatte. 1249 erklärte Birger Jarl das heutige Häme zum Teil des schwedischen Reiches. Unter seiner Herrschaft erhielten die Hansestädte, vor allem Lübeck und Hamburg, Handelsprivilegien. Die deutschen Kaufleute beherrschten bald den Handel und beeinflussten das schwedische Städtewesen.

Die Folkunger strebten nach königlicher Zentralmacht und fanden Unterstützung bei der Kirche. Die Landschaftsautonomie wurde durch zahlreiche königliche Gesetzgebungsakte, wie zum Beispiel die Landfrie-

Dieses Steinkreuz in Birka auf der Insel Björkö im Mälarsee erinnert an den heiligen Ansgar, den ersten Bischof von Hamburg, der im Jahr 830 in die schwedische Stadt kam, um die Wikinger zum Christentum zu bekehren.

densgesetze, allmählich aufgelöst. Ende des 13. Jahrhunderts waren die wichtigsten Reichsämter und Reichsinstitutionen ausgebildet: der Drost als Stellvertreter des Königs, der Marschall als militärischer Oberbefehlshaber neben dem König und der Kanzler als Vorsteher der königlichen Kanzlei und Verwaltung. Der vom König eingerichtete Reichsrat verstand sich eher als Standesvertretung des schwedischen Adels.

Birgers zweiter Sohn Magnus Birgersson Ladulås, der seinem Bruder Waldemar 1275 als König folgte, löste die Heerespflicht der Bauern durch eine in Naturalien oder Geld zu entrichtende Steuer ab. Sein Beiname »Scheunenschloss« zeigt, dass er den Bauernstand vor dem Zugriff des erstarkenden Adels zu schützen wusste. Zugleich entwickelte sich ein ritterlicher Dienstadel. Die Zeit nach Magnus I. Ladulås war vom Erstarken der Reichsaristokratie, von Machtkämpfen innerhalb der Folkungersippe sowie Streitigkeiten zwischen den nordischen Reichen geprägt.

Auf dem um 1180 entstandenen Taufstein in der Kirche von Lyngsjö in Schonen, Südschweden, ist die Ermordung des englischen Erzbischofs Thomas Becket dargestellt.

Mit der Wahl des unmündigen Magnus' II. Eriksson zum König, der als Magnus VII. Eriksson auch im Besitz der norwegischen Krone war, setzte 1319 der Adel zunächst seine Interessen mit der Dekretierung eines »Freiheitsbriefes« durch. Mit erreichter Volljährigkeit suchte Magnus die Königsgewalt gegen Adel und Geistlichkeit unter Umgehung des Freiheitsbriefes durchzusetzen und erließ um 1350 ein allgemeines Landrecht. Der Widerstand gegen ihn schlug in offenen Aufruhr um, als 1360 Schonen, das 1332 gekauft worden war, und 1361 Öland sowie Gotland mit dem Hafen Visby an Dänemark fielen.

Die Adelsopposition setzte Magnus ab und wählte 1364 seinen Neffen, Herzog Albrecht von Mecklenburg, zum König. Gegen ihn und seine deutsche Umgebung wandte sich der Adel an Margarete von Dänemark, die nach dem Sieg über Albrecht am 24. August 1389 in der Schlacht von Åsle bei Falköping die drei nordischen Reiche vereinigte. Die Personalunion der drei Reiche suchte Margarete zu sichern. 1397 wurde die Unionsakte der Kalmarer Union beschworen und Margaretes Großneffe Erich von Pommern in Kalmar zum König gekrönt. Die Union hatte bis zur Wahl Gustavs I. Eriksson Wasa zum König von Schweden 1523 Bestand. *

Unter der Vormundschaft der Kaiser: Italien

Nach dem Erlöschen der italienischen Karolinger 875 verfügten zunächst die Päpste über die Kaiserwürde zugunsten west- und ostfränkischer Karolinger, ohne dadurch jedoch ausreichenden Schutz vor Sarazenen und römischen Adelsparteien zu gewinnen. Nach der Absetzung Kaiser Karls III. 887 erlangten neben den Herzögen und Markgrafen von Spoleto, Friaul und Ivrea, stets nur von Teilen Italiens anerkannt, Grafen des Königreichs Burgund den machtlosen Königs- beziehungsweise Kaisertitel. Die politische Anarchie der Vielzahl selbstständiger Gewalten zog eine kulturelle und sittliche Verwilderung nach sich. Nur in äußerster Not gelang es 915 die Sarazenen vom Festland zu vertreiben. Sizilien und Sardinien blieben bis in das 11. Jahrhundert in deren Händen.

Trotz politischer Ohnmacht und episodischer adliger Beherrschung des römischen Stadtstaates und des Papsttums blieb dieses in Italien die einzige überregionale Autorität. Kaiser Otto der Große übernahm 951 als Wahrer der Ansprüche Königin Adelheids die Königsgewalt in Italien. Anfänglich versuchte er, über den 951 besiegten, aber in Gnaden mit Italien belehnten Berengar II. als

Kreuzgang und Kirche San Giovanni degli Eremiti (1132 begonnen) in Palermo lassen wie fast alle Bauten der Normannen auf Sizilien deutliche byzantinische Einflüsse erkennen.

Europa im Mittelalter

Mathilde, Markgräfin von Tuszien (Toskana) – hier auf einem allegorischen Gemälde aus dem 15. Jh. – war eine mächtige Bundesgenossin der Päpste im Kampf gegen die deutschen Kaiser während des Investiturstreits.

Unterkönig Reichsitalien zu regieren. Als Papst Johannes XII. sich jedoch durch Berengar bedroht fühlte, rief er Otto zu Hilfe und bot ihm die Kaiserkrone an. Am 2. Februar 962 wurde Otto als Nachfolger Karls des Großen in Rom gekrönt und gesalbt.

Da nur dort die Kaiserwürde zu erwerben war, wurde Italien zu einem wichtigen Nebenland des Reichs. Als Folge der schwachen kaiserlichen Machtbasis in Ober- und Mittelitalien mussten sich die deutschen Herrscher auf einheimische Fürsten und Mächtige stützen; vor allem übernahmen die Bischöfe auch politisch-militärische Rechte und Pflichten. Zahlreiche von ihnen wurden von der Krone eingesetzt. Die Lehnsträger des hohen Adels verfolgten Ausbau und Erblichkeit der eigenen Herrschaften in Konkurrenz mit der einheimischen Ministerialität. Mit der »Constitutio de feudis« sicherte Kaiser Heinrich III. 1037 die Erblichkeit der Lehen zu.

Die früheren Siegel propagieren König Otto als Krieger. Die späteren Kaisersiegel stellen den universellen Herrscher frontal und mit den Insignien seiner Macht, Krone, Kreuzszepter und Reichsapfel, dar.

Mit Beginn der Kreuzzüge setzte eine stürmische Aufwärtsbewegung der Städte ein. Schon seit der Antike lag der Grad der Urbanisierung in Italien erheblich höher als nördlich der Alpen. Nun drängten die Bürger vermehrt nach Autonomie. Während der Auseinandersetzungen des Investiturstreites verlieh Kaiser Heinrich IV. Lucca und Pisa weit reichende Rechte, andernorts eignete sich die Bürgerschaft das Regiment gewaltsam an. Als 1122 mit dem Wormser Konkordat der Investiturstreit endete und die Krone nicht länger auf die Bestellung der Bischöfe Einfluss nehmen konnte, waren die autonomen Stadtgemeinden bereits politisch weitgehend an deren Stelle getreten. Die kommunale Bewegung ergriff selbst Rom; die Predigten des Arnold von Brescia verstärkten die stadtrepublikanischen Intentionen und die Kritik an der verweltlichten Kirche.

In Unteritalien hatten sich seit Beginn des 11. Jahrhunderts einzelne Gruppen von Normannen festgesetzt. Sie weiteten ihre Macht auf Kosten der langobardischen Herzöge, der Byzantiner und schließlich auch der Sarazenen immer weiter aus. Herzog Robert Guiscard trieb bereits eine den gesamten Mittelmeerraum einbeziehende Politik, die sich hauptsächlich gegen Byzanz richtete. Übergriffe gegenüber dem Kirchenstaat führten wiederholt zu kriegerischen Auseinandersetzungen mit den Päpsten, die bei den Kaisern Rückhalt suchten; mehrfach drangen deutsche Heere weit in den Süden der Apenninenhalbinsel vor. Dazwischen lagen Zeiten, in welchen die Normannen die Päpste unterstützten, wenn diese in Spannungen mit den Kaisern gerieten. Robert Guiscard wurde 1059 päpstlicher Vasall; er rettete 1085 Papst Gregor VII. vor dem Heer Heinrichs IV.

Vor allem erwies sich Roger II. als geschickter, wenn auch skrupelloser Politiker und wirkungsvoller Regent. Unter ihm wurde Sizilien – das heißt ganz Unteritalien unter Einschluss der Insel – Königreich, die Belohnung des Gegenpapstes Anaklet II. für seinen einzigen Bundesgenossen. Nach siegreicher Schlacht erpresste Roger im Vertrag von Mignano 1139 seine Anerkennung von dem rechtmäßigen Papst Innozenz II. Eine kraftvolle, für jene Zeit höchst ungewöhnliche Monarchie war entstanden, die durch ihre eklektische Kultur und die gegenüber Sarazenen, Juden und Griechen gewahrte Toleranz, aber

Piacenza, seit 997 unter der Herrschaft der Bischöfe, wurde im 11./12. Jh. selbstständig. Im Kampf gegen die Staufer schloss sich die Stadt dem lombardischen Städtebund an. Ausdruck der Selbstständigkeit ist der 1280 begonnene Palazzo del Comune.

auch durch die Konzentration der Machtmittel in der Hand der Krone einzigartig war.

Friedrich I. Barbarossa hatte dem Papsttum versprochen, nach der Kaiserkrönung (1155) gegen die Normannen vorzugehen, doch verweigerten ihm die deutschen Fürsten ihre Unterstützung. In sechs Italienzügen bemühte sich der Kaiser seit 1154, die Herrschaft in Ober- und Mittelitalien neu zu konsolidieren. Trotz spektakulärer Erfolge – unter anderem musste 1162 Mailand kapitulieren und danach die Schleifung seiner Befestigungen hinnehmen – scheiterte er letztlich an der Macht des mit dem Papsttum verbündeten Lombardenbundes. Dennoch erzielte er beträchtliche Gewinne. 1183 wurde in Piacenza und Konstanz Frieden geschlossen.

Die Stauferherrschaft über Italien schien durch die Heirat des Thronfolgers Heinrich VI. mit Konstanze, der Erbtochter Rogers II., entscheidend gefestigt. Aber das Papsttum konnte sich nicht damit abfinden, dass der Kirchenstaat von der Kaisermacht im Norden und Süden umklammert wurde. Nach Heinrichs frühem Tod 1197 versuchte Innozenz III., die staufische Einkreisung zu sprengen und die weltliche Herrschaft des Apostolischen Stuhles zu festigen. Die Interessenkonflikte zwischen päpstlicher und weltlicher Macht brachen unter Friedrich II. offen aus. Das Programm des Kaisers zur Wiederherstellung des Imperiums scheiterte mit seinem Tod 1250. Sein einziger legitimer Sohn Konrad IV. erlag schon 1254 einer Infektionskrankheit, die Herrschaft in Sizilien kam an seinen Halbbruder Manfred, der aber keine Erbansprüche auf Deutschland und Reichsitalien erheben konnte. *

Die stolze Seerepublik: Venedig

Am Beginn stand die Zerstörung. Weil die durchziehenden Hunnen und später die Langobarden die Siedlungen in der alten römischen Region Venetia verwüsteten, wichen deren Bewohner schließlich im 5. und 6. Jahrhundert auf die Laguneninseln aus. Malamocco, Rialto, Caorle, Grado und Torcello entstanden.

Seit dem 7. Jahrhundert war die Siedlung Umschlagplatz für Getreide und Seesalz. 774 wurde das Bistum er-

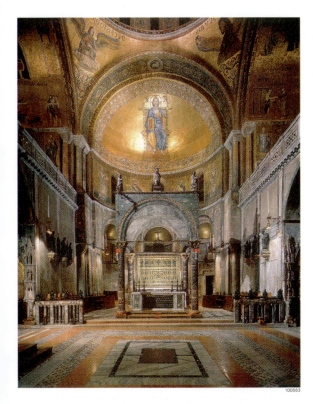

Die Innenansicht von San Marco in Venedig – 1043–73 über älteren Vorgängerbauten errichtet – zeigt den Chorraum mit Ziborium und Pala d'Oro und dem Apsismosaik mit Christus Pantokrator. Besonders in den Mosaiken werden byzantinische Einflüsse deutlich.

richtet und 811 die Residenz des Dogen auf die Insel Rialto verlegt. 828 gelang den Bewohnern ein besonderer Coup: Die legendären Reliquien des heiligen Markus wurden aus Alexandria nach Rialto verschleppt. Zu ihrer Verehrung baute man dort ein Kirche, und Markus wurde zum Schutzheiligen der Siedlung. Daher rührten die späteren Bezeichnungen »Markusrepublik« oder auch »Republik von San Marco« für Venedig.

Seiner besonderen Lage im Schutz der Lagune und im Grenzbereich fränkischer und byzantinischer Herrschaftsinteressen verdankte Venedig den steilen Aufstieg zur Seemacht und Handelsmetropole im östlichen Mittelmeerraum. Ein Vertrag mit Kaiser Lothar I. sicherte der Siedlung 840 die Freiheit des Pohandels zu. Seit dem 9./10. Jahrhundert war die Republik Haupthandelspartner für Byzanz und die Levante, Handelsgüter waren vor allem Gewürze, Wein, Oliven und Waffen. 932 begann

> **INFOBOX**
>
> **Venedigs Opernhäuser**
> Höfische und private Musikaufführungen hatten in der Republik Venedig kaum Tradition. Die Oper hingegen stieß auf reges Interesse, v. a. da sie im ersten öffentlichen Opernhaus erstmals allen Bevölkerungsschichten zugänglich war. 1637 öfffnete das Teatro San Cassiano – nach den Geldgebern, der venezianischen Familie Tron, auch »Teatro Tron« genannt – seine Pforten. Der Erfolg dieses ersten kommerziellen Opernunternehmens führte in den nächsten Jahren zum Bau weiterer Opernhäuser in der Lagunenstadt.
> In den Opernhäusern ordneten die venezianischen Architekten entlang der Wände Logenreihen, die von wohlhabenden bürgerlichen Familien sowie europäischen Adelshäusern gemietet wurden. Im Halbrund des Parketts befanden sich die Sitze für die zahlenden Zuschauer.
> Das für die Entwicklung der Opernarchitektur wohl bemerkenswerteste Gebäude war das Teatro Santi Giovanni e Paolo, das 1638 von der Familie Grimani ursprünglich als reines Schauspielhaus errichtet und dann 1654 in ein Opernhaus umgebaut wurde. Die erstmals für ein Opernhaus durchgestaltete Form eines Hufeisens orientierte sich dabei am Halbrund des Amphitheaters.
> Claudio Monteverdis Stück »Il ritorno d´Ulisse in patria« kam 1640, vermutlich im Teatro Tron, sein »L´incoronazione di Poppea« zwei Jahre später im Teatro Santi Giovanni e Paolo zur Uraufführung.

Den vier Evangelisten wurden bereits im 2. Jh. Symbole zugeordnet: ein Engel oder Mensch dem Matthäus, der Löwe Markus, der Stier Lukas und der Adler dem Johannes (Handschrift, Ende des 8. Jh.; Trier, Domschatz). 828 wurden die Reliquien des heiligen Markus nach Venedig verschleppt.

man in Istrien Fuß zu fassen und Ende des 10. Jahrhunderts schließlich auch in Dalmatien.

Ungeachtet der nominellen Abhängigkeit von Byzanz hatte Venedig faktisch seine politische Selbstständigkeit erreicht. Mit dem Aufbau einer Flotte machte sich die aufstrebende Handelsmacht bei den Byzantinern unentbehrlich. Als es 1082 gelang, einen Angriff der süditalienischen Normannen auf Byzanz zurückzuschlagen, wurde Venedigs Engagement durch Handelsprivilegien belohnt. Die damals erreichte Abgabefreiheit im Byzantinischen Reich räumte den venezianischen Kaufleuten eine beherrschende Stellung im Orienthandel ein.

1167 trat Venedig dem gegen Kaiser Friedrich I. Barbarossa gerichteten Lombardenbund bei. Durch die Unterstützung und die Ausnutzung der Kreuzzüge konnte Venedig seine politische und wirtschaftliche Stellung seit dem 12. Jahrhundert ausbauen. Die Kreuzfahrerstaaten mussten die venezianische Flottenhilfe durch weit reichende Sonderprivilegien teuer erkaufen. Ein Drittel der Stadt Tyros mit eigener Gerichtsbarkeit beispielsweise war der Preis für die gewährte Unterstützung. Venezianische Niederlassungen an der syrischen Küste waren bedeutende Durchgangsstationen des italienischen Handels mit der Levante und dem Vorderen Orient.

Ende des 12. Jahrhunderts drohte die venezianische Handelsposition im Byzantinischen Reich in eine Krise zu geraten: 1171 entlud sich in Konstantinopel die lateinerfeindliche Stimmung in der Verhaftung von über 20000 Venezianern sowie 1182 in der Vertreibung der italienischen Kaufleute. 1204 betrieben die Venezianer unter ihrem Dogen Enrico Dandolo im Rahmen des vierten Kreuzzugs die Eroberung Konstantinopels und die Errichtung des Lateinischen Kaiserreiches. Neben unermesslichen Kunstschätzen, die nach Venedig verschleppt wurden, ließ man sich bei der Aufteilung des Byzantinischen Reiches die strategisch wichtigen Küstenregionen und Inseln Griechenlands abtreten. Damals fielen unter anderem Kreta und eine Reihe griechischer Inseln in der Ägäis an die Republik von San Marco. Auf diese Weise gelang es Venedig, das östliche Mittelmeer mit dem lukrativen Levantehandel zu einem venezianischen Handelsimperium ausbauen. Mit dem Zusammen-

Die Miniatur stellt die Abreise der venezianischen Familie Polo 1271 nach China am Dock von San Marco dar (Oxford, Bodleian Library).

bruch des Lateinischen Kaiserreiches 1261 ging dies allerdings weitgehend an Genua verloren.

Nach einem Jahrhundert schwerer Kriege konnte sich Venedig zwar mit dem Sieg bei Chiogga 1380 gegenüber Genua durchsetzen, wurde selbst aber mehr und mehr von den Osmanen aus dem östlichen Mittelmeer verdrängt. Daher ging die Stadt seit dem 14. Jahrhundert verstärkt dazu über, in Norditalien ein Festlandsterritorium, die »Terraferma«, aufzubauen, das im 15. Jahrhundert bis Verona (1405), Padua (1406) sowie Brescia und Bergamo (1428) ausgeweitet werden konnte und Ende des 15. Jahrhunderts etwa 1,7 Millionen Einwohner hatte. Im Frieden von Lodi 1454 musste Venedig allerdings auf eine weitere Expansion verzichten. Zu Beginn des 16. Jahrhunderts war Venedig ein bedeutender Machtfaktor, die stärkste Seemacht des Mittelmeeres und durch den Levantehandel ungeheuer reich geworden.

Im Innern wurde die monarchische Verfassung seit dem 12. Jahrhundert in eine oligarchische Adelsherrschaft umgewandelt, die der Republik große innenpolitische Stabilität garantierte. Ein Gefüge von Institutionen stellte sicher, dass weder der auf Lebenszeit gewählte Doge noch eine Familie allein in der Lage waren, die

Der Dogenpalast in Venedig wurde 1309–1442 erbaut; links im Bild der auf das 12. Jh. zurückgehende Campanile auf dem Markusplatz.

Der Doge Enrico Dandolo beschwört in der Markuskirche in Venedig feierlich den Vertrag mit den Kreuzfahrern. Gemälde (1619) von Carlo Saraceni, vollendet von Jean Leclerc.

Herrschaft in der Stadt an sich zu reißen. Zutritt zum Großen Rat hatten seit 1297 nur noch die Mitglieder jener 287 Adelsfamilien die im »Goldenen Buch« der Stadt verzeichnet waren. Der Große Rat wählte den Dogen auf Lebenszeit und seine sechs Räte, den Kleinen Rat, aus dem sich die Signoria entwickelt, das eigentliche Regierungsorgan mit weit reichenden politischen und richterlichen Kompetenzen, sowie den sechzigköpfigen Consiglio di Pregado, den späteren Senat. Als Kontrollorgan wurde 1310 der Rat der Zehn geschaffen.

Die Eroberung Konstantinopels 1453 durch die Osmanen, die Entdeckungsreisen und die Öffnung des Seewegs nach Indien Ende des 15. Jahrhunderts bedeuteten schließlich eine Verlagerung des Welthandels, die für Venedig erst den wirtschaftlichen, dann auch den politischen Niedergang mit sich brachte. *

Die Seldschuken und die »Lateiner« fallen ein: Das Byzantinische Reich bis zur Dynastie der Palaiologen

Die kommende Zeitenwende war im Schicksalsjahr 1071 unübersehbar. Die Niederlage von Kaiser Romanos IV. Diogenes (1068–71) in der Schlacht von Mantzikert in Ostanatolien öffnete den turkstämmigen Seldschuken unter Sultan Alp Arslan den Weg ins Innere Kleinasiens. Mit der Festung Bari fiel im gleichen Jahr in Unteritalien der letzte byzantinische Außenposten in die Hände der Normannen. Im Norden der Balkanhalbinsel war die Donaugrenze vor den verheerenden Einfällen der Steppenvölker (Petschenegen, Uzen, Kumanen) und der Ungarn nicht mehr wirksam abzuschirmen. Von Westen her

> **ZITAT**
>
> **Von der Eroberung Konstantinopels durch die Kreuzritter 1204 berichtet die Chronik des Georgios Akropolites:**
>
> *Es waren vierzig Tage vergangen, und da wurde von den Lateinern die Stadt Konstantins eingenommen: Das war das 6711. Jahr seit der Erschaffung der Welt, und es war der 12. April. Im 6710. Jahr hatten sie im Mai vor der Hauptstadt Anker geworfen, und innerhalb von elf Monaten kam es zu deren Zerstörung...*

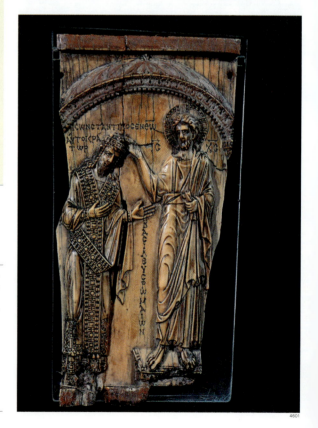

Die im 10. Jh. in Konstantinopel entstandene Holzschnitzerei mit der Krönung von Kaiser Konstantin VII. Porphyrogennetos durch Christus versinnbildlicht den Einklang der höchsten weltlichen und geistlichen Macht im Byzantinischen Reich (Moskau, Puschkin-Museum).

> **INFOBOX**
>
> **Beutekunst**
> Der 4. Kreuzzug führte nicht ins Heilige Land, sondern nach Konstantinopel: Unter der Führung des greisen Dogen Enrico Dandolo eroberten französische, deutsche und venezianische Kreuzritter 1204 die Stadt und brachten als Beute unzählige Kunstwerke und Reliquien zurück in ihre Heimat. Darunter befanden sich auch die vier antiken, vergoldeten Bronzepferde, die vordem als Quadriga im dortigen Hippodrom aufgestellt waren. In Venedig wusste man wenig mit ihnen anzufangen; zeitweise dachte man sogar daran, sie einzuschmelzen. Erst um die Jahrhundertmitte versetzte man sie an die Fassade von San Marco. Den Ausschlag dafür gab freilich nicht ihr künstlerischer Wert, sondern die Chance, sie als Trophäen des östlichen Mittelmeerraums, den Venedig den Byzantinern in dieser Zeit entrissen hatte, symbolisch zu vereinnahmen. Jahrhunderte später wurden die Pferde erneut entführt – von Napoleon, der sie nach Paris verfrachten und dort auf dem Arc de Triomphe aufstellen ließ. Nach dem Wiener Kongress 1815 wurden sie im Triumphzug wieder nach Venedig zurückgebracht.

drohte die Invasion der Normannen, die schon 1081 den Sprung auf das gegenüberliegende Festland gewagt und Dyrrhachion (das heutige albanische Durrës) in ihre Gewalt gebracht hatten.

In dem von Aufständen und bürgerkriegsähnlichen Zuständen erschütterten Reich schlug erneut die Stunde der Militärs. Der kampferprobte Feldherr Alexios Komnenos, der dem kleinasiatischen Militäradel entstammte, leitete auf dem Kaiserthron nochmals eine Trendwende ein. Der weitgehende Verlust Kleinasiens an das seldschukische Sultanat Rum (mit dem Zentrum zunächst in Nikaia, seit 1097 in Ikonion, heute Konya) wie auch die wirtschaftlichen Zugeständnisse, die er im Handelsvertrag von 1082 den Venezianern für ihre Waffenhilfe gegen die Normannen einräumen musste, schränkten seinen Spielraum stark ein. Taktisches Geschick und unverhofftes Kriegsglück verhalfen dem Reich unter Alexios I. Komnenos (1081–1118) dennoch zu einem Neubeginn.

Seinem Enkel Manuel I. Komnenos (1143–80) verdankte es eine letzte Glanzperiode vor dem abrupten Niedergang. Vorboten des nahenden Unheils waren die Niederlage gegen die Seldschuken 1176 bei Myriokepha-

> **ZITAT**
>
> **Aus dem Grabvers auf die Komnenenkaiserin Irene, verfasst wohl von Georgios Akropolites:**
> *Noch weiter als zum Hellespont reicht' unser Staat,*
> *von Asien nach Europa zogen wir mit Macht,*
> *und Thraker, Makedonen, hatten wir besiegt,*
> *Konstantinopels Tore hatten wir berührt.*
> *Die Italiener nahmen wir gefangen und entrissen ihnen all ihr Hab und Gut im Kampf,*
> *verfolgten sie und stellten ihnen nach, und zwar vom Land der Griechen aus bis hin zum Orient, ...*

> **INFOBOX**
>
> **Ikonen aus Byzanz**
> Nach dem Ikonoklasmus einigte man sich, dass den christlichen Kultbildern in Byzanz fortan Verehrung, nicht jedoch Anbetung zustand, welche allein Gott und den Heiligen vorbehalten blieb. Ihre liturgische Bedeutung gewannen die Ikonen, weil man den anerkannten Bildtypen besondere Autorität beimaß. Man glaubte, dass ihnen der Abglanz der nicht von Menschenhand geschaffenen Urbilder anhafte. Zeitweise spielten kostbare kleine Mosaikikonen eine wichtige Rolle als Andachtsbilder.
> In der Zeit der Kreuzzüge lernte die westliche Kultur die byzantinische Glaubenswelt kennen und die als authentisch geltenden heiligen Bilder schätzen. Bei der Plünderung von Konstantinopel 1204 wurden daher nicht nur Schätze oder Reliquien geraubt, auch Ikonen verschleppte man, darunter die siegbringende Gottesmutter Maria Nikopoia aus dem 10. Jh. Sie gelangte damals in die Markuskirche und galt fortan als Schutzherrin von Venedig.
> Die Formen des ostkirchlichen Bildkultes selbst ahmte man nicht nach, aber die byzantinischen »Heiligenporträts« stellten die Frage nach der Authentizität des Bildes im Abendland neu.

Zu den Beutestücken der Venezianer bei der Eroberung Konstantinopels 1204 zählt vermutlich auch diese Ikone mit dem Erzengel Michael (10./11. Jh.; Venedig, Museo della Basilica di San Marco).

Ion und der erzwungene Rückzug vor den Ungarn, Serben und Bulgaren aus den nord- und zentralbalkanischen Landschaften.

Die gegen Ende des 11. Jahrhunderts einsetzende abendländische Kreuzzugsbewegung hatte nicht die erhoffte Entlastung in Kleinasien gebracht. Der Durchzug undisziplinierter bewaffneter Ritterscharen im Jahre 1096 löste im ost-westlichen Verhältnis erhebliche Störungen aus. Ein Jahrhundert später wurde die Kaiserstadt am Bosporus selbst das Opfer venezianischer Machtinteressen. Sie wurde von den Teilnehmern des vierten Kreuzzuges am 13. Mai 1204 erobert und schamlos ausgeplündert.

Die Kreuzfahrer teilten das byzantinische Reichsterritorium unter sich auf. Graf Balduin von Flandern erhielt den Thron eines Lateinischen Kaiserreiches (1204–61) zugesprochen, das fünf Achtel Konstantinopels sowie vor allem Thrakien und den nordwestlichen Teil Kleinasiens umfasste, sein Konkurrent Markgraf Bonifatius II. von Montferrat fand sich mit einem Königreich Thessalonike und dem Umland ab und hielt

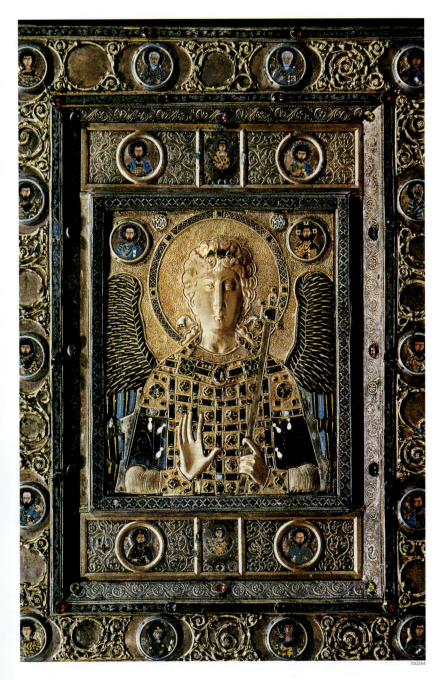

weitere kleinere Fürstenherrschaften in Mittelgriechenland und auf der Peloponnes in Lehensabhängigkeit. Die Venezianer sicherten sich zum weiteren Ausbau ihres Kolonialreiches im Osten die verbliebenen drei Achtel Konstantinopels und nahmen die wichtigeren Häfen und Inseln in Besitz.

Den Griechen verblieben nur wenige Zufluchtsorte in den Randgebieten des Reichs. Ein Verwandter des Kaiserhauses, Michael Angelos, behauptete im nordwestlichen Griechenland im Fürstentum (Despotat) von Epirus ein eigenes Herrschaftsgebiet. Noch vor dem Fall Konstantinopels war unter den Enkeln des letzten Komnenenkaisers Andronikos I. Komnenos (1183–85) mit georgischer Unterstützung an der südöstlichen Schwarzmeerküste das Kaiserreich von Trapezunt (1204–1461) entstanden.

Widerstand gegen die verhassten Lateiner formierte sich unter den versprengten griechischen Adligen, die sich mit dem Hof nach Kleinasien abgesetzt hatten.

Nach der Niederlage der Byzantiner in der Schlacht von Mantzikert 1071 geriet Ostanatolien unter die Herrschaft der Seldschuken. Die byzantinische Buchmalerei aus dem 13. Jh. zeigt einen Kampf zwischen Byzantinern und iranischen Seldschuken (Madrid, Biblioteca Nacional).

Theodoros I. Laskaris ließ sich im August 1204 in Nikaia zum neuen Kaiser küren und 1208 vom Patriarchen als legitimer Thronerbe salben. Sein weiteres Überleben verdankte er nicht den eigenen Kräften, sondern nur glücklichen Umständen. 1205 rettete ihn der Sieg des Bulgarenzaren Kalojan über Kaiser Balduin aus einer hoffnungslosen militärischen Situation. 1230 beendete der Bulgarenzar Assen II. (1218–41) den Höhenflug der epirotischen Herrscher und schaltete den Mitkonkurrenten aus. Im Jahre 1242 behinderte der Einbruch der Mongolen im Balkanraum und in Kleinasien eine weitere Expansion der Seldschuken und Bulgaren.

Unter Johannes III. Dukas Vatatzes (1222–54) festigte sich die Machtposition des Kaiserreiches von Nikaia. Sie befähigte den zum Mitregenten aufgestiegenen Heerführer aus altem Adel Michael Palaiologos dazu, 1259 bei Pelagonia einen Vorstoß verbündeter normannischer, epirotischer, lateinischer und serbischer Truppen abzuwehren und am 25. Juli 1261 kampflos in Konstantinopel einzuziehen. Um das Reich künftig besser vor den Machenschaften der venezianischen Dogen zu schützen, hatte Kaiser Michael VIII. Palaiologos zuvor schon ein Militärbündnis mit Genua geschlossen. Der Vertrag von Nymphaion vom 13. März 1261 räumte dem Konkurrenten Venedigs eine privilegierte Stellung im byzantinischen Handel ein. *Edgar Hösch*

Während der Plünderung Konstantinopels durch die Kreuzfahrer gelangten zahlreiche Kunstwerke in die Hände der so genannten Lateiner, so auch die Limburger Staurothek. Diese silberne Staurothek, eine Arbeit aus dem 12. Jh., wird heute in der Rüstkammer des Kreml in Moskau aufbewahrt.

»Gott will es!«: Die Kreuzzüge

Nach den türkischen Eroberungen des 11. Jahrhunderts in Kleinasien war das Oströmische Reich in seinem Bestand gefährdet. Außerdem drohte der Pilgerweg nach Jerusalem abgeschnitten zu werden. Daher hatte bereits Gregor VII. 1074 geplant, unter seiner persönlichen Führung die heiligen Stätten zu erobern. Im Frühjahr 1095 erschien eine byzantinische Gesandtschaft in Piacenza, wo Urban II. ein Konzil abhielt, um Hilfe zu erbitten. Als der Papst anschließend zu einem weiteren Konzil nach Clermont reiste, sollte dieses nicht nur die Kirchenreform voranbringen, sondern auch einen Kreuzzug vorbereiten.

Das Konzil von Clermont
Bei der Eröffnung des Konzils von Clermont am 18. November 1095 waren 13 Erzbischöfe, 225 Bischöfe und neunzig Äbte sowie zahlreiche niedrige Kleriker anwesend; außerdem soll eine ungeheure Menge von Laien teilgenommen haben. Obwohl kein Bischof aus dem Reich und aus England vertreten war, war dies die bis dahin größte abendländische Kirchenversammlung.

Am 27. November hielt Urban eine Predigt, in der er mit bewegenden Worten die Lage der Christen im Orient und die Unterjochung der Heiligen Stadt Jerusalem schilderte. Als Ziel des Kreuzzugs wurde die Befreiung der orientalischen Christen und der heiligen Stätten in Jerusalem genannt. Als der Papst den Teilnehmern eines Kreuzzugs einen Ablass versprach, kannte die Begeisterung keine Grenzen mehr: »Gott will es!«, riefen die Anwesenden und drängten sich sogleich, um vom Papst selbst ein weißes Kreuz zum Zeichen der Teilnahme an der Kreuzfahrt angeheftet zu bekommen.

Der Bauernkreuzzug
Eigentlich galt der Kreuzzugsaufruf allein den christlichen Fürsten und Rittern, die sich einem geistlichen Anführer unterstellen sollten. Umherziehende Kreuzzugsprediger mobilisierten aber auch die kleinen Leute. Diese besaßen keine Vorstellung von den wirklichen Entfernungen. Daher ist es nicht verwunderlich, dass sie sich schon nach wenigen Tagesmärschen fragten, warum man eigentlich so weit gehen müsse, um die Feinde Gottes zu vernichten, wo doch die »Christusmörder«, die Juden, im eigenen Land saßen.

Den aus Frankreich kommenden Scharen, die bereits die Juden von Rouen erschlagen hatten, schlossen sich im Rheingebiet zahlreiche verarmte Adlige und andere Gruppen an. Unter Führung eines Grafen Emicho fielen sie über die großen jüdischen Gemeinden am Rhein her. Trotz der Gegenwehr der rheinischen Bischöfe vernichteten sie die blühenden Judengemeinden am Rhein von Speyer bis nach Xanten.

Dann zogen diese »Kreuzfahrer« nach Südosten weiter. Als sie in Ungarn dazu übergingen, ihren Unterhalt durch Raub und Plünderung zu sichern, wurde ein Teil von ihnen erschlagen. Andere gelangten im August 1096

Europa im Mittelalter

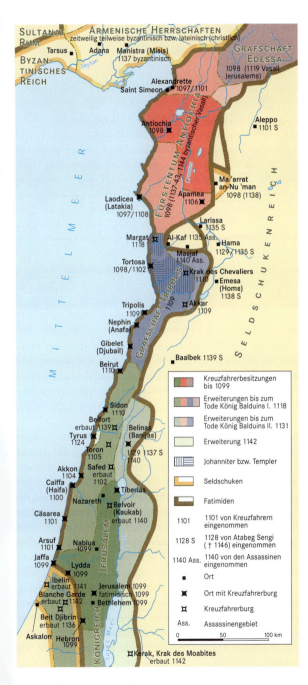

Nach dem 1. Kreuzzug wurden in Syrien mehrere kleine Kreuzfahrerstaaten geschaffen. Dabei entstanden auch zahlreiche, stark befestigte Kreuzfahrerburgen.

Der Krak des Chevaliers in Westsyrien ist ein wichtiges und gut erhaltenes Beispiel der Festungsarchitektur des 12./13. Jh. Die Kreuzfahrer errichteten solche Befestigungsanlagen im östlichen Mittelmeerraum, um ihren während der Kreuzzüge errungenen Herrschaftsanspruch zu sichern.

unter der Führung Peters von Amiens nach Byzanz. Ihre Ungeduld führte zur Katastrophe: Als sie trotz der Warnungen der Byzantiner nach Kleinasien vorrückten, um dort den Kampf mit den Türken zu suchen, wurden sie von diesen fast ausnahmslos niedergemetzelt (Oktober 1096).

Der Verlauf des ersten Kreuzzugs
So wie dieser Bauernkreuzzug ein Symptom einer tief gehenden Krise der Gesellschaft war, so ist auch der Zulauf des Adels zum ritterlichen Kreuzheer unter anderem damit zu erklären, dass sich die wirtschaftliche Situation der kleinen adligen Grundbesitzer in Burgund, Lothringen und Nordfrankreich krisenhaft zugespitzt hatte. Die Bevölkerungsvermehrung hatte dazu geführt, dass nicht mehr alle Familienmitglieder ernährt werden konnten; viele Ritter zogen in den Orient, um dort Landbesitz zu erwerben.

Nach neunmonatigen Vorbereitungen marschierten zuerst die Franzosen im Herbst 1096 unter Führung des Bischofs Ademar von Le Puy und des Grafen Raimund von Toulouse ab; mit ihnen zogen nahe Verwandte der Könige von Frankreich und von England sowie als einziger Reichsfürst der Herzog von Niederlothringen,

Gottfried IV. von Bouillon, und seine beiden Brüder. Aus Süditalien kamen kampfgeübte Normannen unter der Führung Bohemunds und Tankreds von Tarent.

Im Mai 1097 erreichte das Kreuzheer Konstantinopel. Wenig später begann der Vormarsch nach Kleinasien, wo sofort große militärische Erfolge erzielt wurden: Festungen wurden eingenommen, die Türken mehrfach im Felde besiegt. In Syrien musste Antiochia sieben Monate lang belagert werden (1097/98); durch Verrat wurde die hauptsächlich von Christen bewohnte Stadt genommen, und ein heranrückendes Entsatzheer der Muslime wurde geschlagen.

Kurz darauf starb Bischof Ademar von Le Puy, und damit brachen die bisher unterdrückten Gegensätze zwischen den christlichen Fürsten offen auf. Nur die Ungeduld der Truppen, die endlich Jerusalem erreichen wollten, brachte die streitenden Fürsten dazu, im Januar 1099 in Richtung Jerusalem aufzubrechen, das – schlecht befestigt und schlecht verteidigt – am 14. und 15. Juli 1099 erobert wurde. Dabei zeigten sich die Kreuzfahrer von ihrer abstoßendsten Seite: Sie plünderten und mordeten hemmungslos, so als ob die Anspannung der Entbehrungen und der Angst, die sie in dem fremden Land mit seiner fremdartigen Bevölkerung empfunden hatten, auf diese Weise ausgeglichen werden könne.

Die Kampfbereitschaft der Kreuzfahrer musste immer wieder angestachelt werden: Die berühmteste Episode ist die Auffindung der Lanze, mit der Christus am Kreuz in die Seite gestochen worden sein soll. Obwohl eine derartige Lanze bereits im Reliquienschatz von Konstantinopel lag, konnte ein Visionär namens Peter Bartholomaeus den Ort angeben, an dem die Lanze zu finden war. Dieser Fund bestärkte die Kreuzfahrer in einer verzweifelten Situation: Kurz nach dem Fall von Antiochia wurde man in der von Hunger geplagten Stadt selbst von einem muslimischen Ersatzheer eingeschlossen; die durch das »Wunderzeichen« neu entfachte Begeisterung verhalf den Kreuzfahrern zum Sieg. Auch bei der Belagerung von Jerusalem half eine Vision über einen Tiefpunkt hinweg; durch Fasten und Umzüge um die Stadt gewannen die Kreuzfahrer neuen Mut.

Nach der Eroberung von Jerusalem brach der Zwiespalt zwischen weltlichen Erfordernissen und religiösen

ZITAT

Beschluss des Konzils von Clermont 1095 über den Kreuzzug:
Wenn einer allein aus religiösen Motiven, nicht zum Erwerb von Ruhm oder Geld, zur Befreiung der Kirche Gottes nach Jerusalem aufgebrochen ist, so soll das alle für irgendwelche Vergehen nötigen Bußleistungen aufwiegen.

s. ZEIT Aspekte
Kreuzzüge S. 550

> **ZITAT**
>
> **Urban II. ruft auf dem Konzil von Clermont (1095) zum ersten Kreuzzug auf:**
> *Ich bitte euch demütig, nein, nicht ich, sondern Gott, dass ihr als Herolde Christi jedes Standes, Reiter wie Fußsoldaten, Arme wie Reiche, auffordert, dieses verbrecherische Volk rechtzeitig von unseren Ländern zu verjagen und den Christen beizustehen.*

Antrieben auf. Als man Graf Raimund von Toulouse die Krone eines Königs von Jerusalem anbot, lehnte er mit dem Hinweis ab, er wolle nicht König sein, wo Christus mit der Dornenkrone gekrönt worden sei. Er beabsichtigte mit dieser Antwort wohl auch, es den anderen Fürsten unmöglich zu machen, die Herrschaft über Jerusalem anzunehmen. Herzog Gottfried von Bouillon fand jedoch einen Ausweg; er nannte sich Vogt des Heiligen Grabes, war damit praktisch weltlicher Beherrscher der Stadt und hatte dennoch ihrem geistlichen Charakter Rechnung getragen. Erst seine Nachfolger nannten sich Könige von Jerusalem.

Die Kreuzfahrerstaaten

Der Erfolg des ersten Kreuzzugs mit der Eroberung Jerusalems und der Schaffung einer Reihe von christlichen Staaten in Syrien war möglich geworden, weil die islamischen Staaten des Vorderen Orients miteinander verfeindet waren. Vor allem der Gegensatz zwischen dem schiitischen Kalifat in Kairo und dem sunnitischen in Bagdad spielte dabei eine wichtige Rolle.

Für das Überleben der neuen christlichen Kleinstaaten im Nahen Osten war es unerlässlich, dass über die Häfen am Mittelmeer Nachschub aus Europa kommen konnte. Ohne Flotte konnten aber diese Küstenstädte nicht erobert werden. Daher war es entscheidend, dass die italienischen Seemächte – Genua, Pisa und Venedig – Flotten ins Heilige Land entsandten. Zwischen 1100 und 1111 gelang es den vereinten Anstrengungen der Kreuzfahrer und der Italiener, die Städte an der Küste Syriens, Libanons und Palästinas einzunehmen. Dabei wurden die muslimischen Einwohner grausam niedergemacht.

Auch im Landesinnern wurde die christliche Herrschaft konsolidiert, indem die Grenzen des Heiligen Landes im Nordosten bis zu den Höhen des Golans ausgedehnt wurden. Dort stießen die Christen auf die Machtsphäre von Damaskus. Im Osten reichte der christliche Einfluss nach Transjordanien hinein; die ehemals muslimischen Festungen zwischen Amman und Akaba wurden von den Christen ausgebaut und modernisiert. Damit beherrschten die Kreuzfahrer die Straße zwischen Damaskus beziehungsweise Bagdad und Ägypten beziehungsweise den Pilgerstätten von Mekka und Medina und damit die wichtigste Verkehrsader des Islam. Für die innere Entwicklung der Kreuzfahrerstaaten ist wichtig, dass es trotz der grausamen Exzesse bei der Eroberung zu einem Neben- und sogar Miteinander zwischen Christen und Muslimen kam. Größer als die Gegensätze zwischen den großen Religionen waren die Verschiedenheiten zwischen den zahlreichen Bekenntnissen innerhalb der Christen.

Die Ritterorden
Zu den folgenreichsten Entwicklungen in der Zeit König Balduins II. von Jerusalem (1118–31) gehört die Entstehung der geistlichen Ritterorden, die eine neuartige Verbindung von monastischen Lebensformen mit einem zum Heidenkampf verpflichteten Rittertum darstellten. Die Mitglieder des Templerordens leisteten die Gelübde von Armut, Keuschheit und Gehorsam. Zusätzlich verpflichteten sie sich, die Pilger auf der Straße vom Hafen Jaffa nach Jerusalem zu schützen. Balduin II. wies den Templern den ehemaligen Tempel Salomos, also die Al-Aksa-Moschee, als Sitz an; von diesem Gebäude erhielten sie ihren Namen. Von den Zisterziensermönchen übernahmen sie als Tracht den weißen Mantel; um sich von die-

Der heilige Bernhard von Clairvaux auf dem Sterbelager, umgeben von seinen Mitbrüdern, Bild in der Stiftskirche Zwettl-Niederösterreich (um 1500)

sen zu unterscheiden, versahen sie ihre Mäntel mit einem roten Kreuz. Der Johanniterorden war anfangs eine Vereinigung zur Pflege von erkrankten Pilgern; erst 1137 übernahm er zusätzlich Aufgaben des Grenzschutzes. Templer und Johanniter unterstanden dem Papst.

Der zweite Kreuzzug
Der Widerstand der Muslime gegen die christlichen Staaten ging von Mosul (nördlich von Bagdad am Tigris gelegen) aus. Bereits 1113 stieß der Statthalter von Mosul zum See Genezareth vor und belagerte das Kreuzfahrerheer bei Tiberias. Dabei zeigten sich erstmals die Schwäche und Verwundbarkeit der Kreuzfahrer: Um den großen Heeren aus dem volkreichen Mesopotamien gewachsen zu sein, mussten bei einem ernsthaften Angriff praktisch sämtliche waffenfähigen Männer aufgeboten

Die Kreuzzüge lösten zunächst eine allgemeine Euphorie unter den Christen aus. Der Dichter Hartmann von Aue hat möglicherweise am 3. Kreuzzug teilgenommen (Darstellung aus der Manessischen Handschrift, 1. Hälfte des 14. Jh.; Heidelberg, Universitätsbibliothek).

Europa im Mittelalter

> **INFOBOX**
>
> **Saladin, Sultan von Ägypten**
> Der Sohn des kurdischen Militärführers Ajubs und Ahnherr des Aijubidengeschlechts löste 1171 die Herschaft Fatimiden ab. Als Sultan von Syrien und Ägypten war er der maßgebliche Gegenspieler der christlichen Kreuzfahrer um Richard Löwenherz. Ihm gelang es, Jerusalem zurückzuerobern und die islamische Vorherrschaft im Vorderen Orient gegen den König von England zu behaupten. Sein Grabmal befindet sich im Saladinmausoleum in Damaskus.
> Im Abendland genoss Saladin hohe Achtung. Dazu haben die historische Novelle »Ivanhoe« von Sir Walter Scott sowie Lessings »Nathan der Weise« (1779) entscheidend beigetragen. In diesen Werken begegnet uns jedoch nicht der historische Saladin, sondern ein Mythos vom ritterlichen islamischen Helden aus der Zeit der Kreuzzüge bzw. vom »aufgeklärten orientalischen Herrscher«.
> Der Saladinadler, das Wappentier einiger Staaten des islamischen Kulturraums, z. B. Ägypten, Irak, Jemen, soll bereits Sultan Saladin im Kampf gegen die Kreuzfahrerheere geführt haben soll.

werden. Eine Niederlage konnte daher zugleich das Ende der christlichen Staaten bedeuten.

Die Eroberung von Edessa durch den Emir von Mosul 1144 war das Ereignis, das den Anstoß zum zweiten Kreuzzug gab. Bernhard von Clairvaux vermochte mit seinen Werbepredigten sowohl den französischen als auch den deutschen König zur Kreuznahme zu begeistern. Obwohl die beiden Herrscher mit großen Heeren aufbrachen, wurde das Unternehmen ein völliger Fehlschlag. Konrad III. erlitt gegen die Türken eine schwere Niederlage, und auch die Franzosen waren nicht erfolgreich.

Als die Reste der Kreuzheere 1148 die Kreuzfahrerstaaten erreichten, griffen sie Damaskus an, das die Christen als heilige Stadt verehrten, weil Paulus dort sein Bekehrungserlebnis hatte. Bis dahin hatte das neutrale Damaskus ein Vordringen der Herrscher von Mosul auf Jerusalem unmöglich gemacht. Der christliche Angriff trieb Damaskus nun in die Arme Mosuls; damit war es nur noch eine Frage der Zeit, bis Jerusalem selbst bedroht wurde. Als nach dem Tode des letzten Kalifen von Ägypten 1171 der aus Mosul kommende Kurde Saladin dort die Macht ergriff und auch das islamische Syrien eroberte, war das Ende abzusehen.

> **ZITAT**
>
> **Der Abt Guibert von Nogent beschreibt die Menschen, die am Bauernkreuzzug 1096 teilnahmen:**
> *Arme Leute beschlugen die Hufe ihrer Ochsen nach Art der Pferde mit Eisen, spannten sie vor zweirädrige Karren, luden darauf ihre winzigen Vorräte und ihre kleinen Kinder und begannen sie vorwärts zu zerren. Sobald die Kinder ein Schloss oder eine Stadt erblickten, fragten sie eifrig, ob das jenes Jerusalem sei, zu dem sie auf dem Weg waren.*

Gottfried IV., einer der Führer im 1. Kreuzzug, betet nach der Erstürmung der Stadt 1099 in der Grabeskirche zu Jerusalem (Federzeichnung 1827/28; Frankfurt am Main, Städelsches Kunstinstitut).

Der Fall von Jerusalem und der dritte Kreuzzug
Saladin schlug die Kreuzritter am 3. und 4. Juli 1187 bei Hattin westlich des Sees Genezareth vernichtend; damit war auch Jerusalem verloren, denn die Christen besaßen nun kein Heer mehr. Jerusalem fiel am 9. Oktober in die Hand der Muslime; Saladin ließ sofort alle Kreuze an den Kirchen entfernen und vor allem die christlichen Spuren am Felsendom und an der Al-Aksa-Moschee tilgen. Dem Siegeslauf Saladins widerstand nur die Stadt Tyros.

Im Abendland rief die Katastrophe eine heftige Reaktion hervor. Nicht nur Kaiser Friedrich Barbarossa, sondern auch die Könige von Frankreich und England nahmen das Kreuz. Barbarossa wählte den Landweg; im Mai 1189 brachen unter der Führung des Kaisers etwa 20 000 Ritter von Regensburg nach Osten auf; den Widerstand des oströmischen Kaisers und des türkischen Sultans von Konya konnte Barbarossa überwinden, und er hatte fast schon die Meeresküste erreicht, als er am

Europa im Mittelalter

10. Juni 1190 im Fluss Saleph ertrank. Das deutsche Kreuzfahrerheer war aber nach dem Tod des Kaisers nicht mehr zu selbstständigen Aktionen fähig.

Die bestimmende Figur des dritten Kreuzzugs wurde jetzt Richard Löwenherz. Wie der französische König war auch Richard erst 1191 auf dem Seeweg ins Heilige Land gekommen. Im Juli 1191 konnte die bedeutende Hafenstadt Akko zurückerobert werden. Während der französische König anschließend wieder in seine Heimat zurückkehrte, errang Richard eine Reihe von Siegen und erreichte einen dreijährigen Waffenstillstand mit Saladin, durch den die Küste von Tyros bis Jaffa wieder christlich wurde und der Pilgerweg nach Jerusalem wieder offen stand.

Wenige Monate nachdem Richard Palästina verlassen hatte, starb Saladin im März 1193. Da sein Reich alsbald zerfiel, hatte die ungeheure Anstrengung des dritten

s. ZEIT Aspekte
Richard Löwenherz
S. 559

Akko, eine Stadt am Mittelmeer nördlich von Haifa, war einer der wichtigen Stützpunkte der Kreuzfahrer. Die Altstadt hat einen orientalischen Charakter.

Kreuzzugs immerhin zur Folge, dass der Restbestand der Kreuzfahrerstaaten für ein weiteres Jahrhundert gesichert war, obwohl es nicht gelungen war, Jerusalem zurückzuerobern.

Innozenz III. und der vierte Kreuzzug
Bereits am Beginn seines Pontifikats war Papst Innozenz III. entschlossen, in einem weiteren Kreuzzug dieses Ziel zu erreichen. Dabei wollte er jedoch nicht den Königen die Führung überlassen. Den Kreuzfahrern wurde ein vollkommener Nachlass aller Sündenstrafen versprochen, und den Geistlichen wurde auferlegt, ein Vierzigstel ihrer Einkünfte für den Kreuzzug abzuliefern.

Diesmal wollte man zuerst die Muslime in Ägypten angreifen und war dazu auf die Hilfe Venedigs angewiesen. Der betagte Doge Enrico Dandolo handelte für seine Stadt einen günstigen Vertrag aus: Nicht nur eine riesige Geldsumme (85 000 Mark Silber), sondern auch die Hälfte der Eroberungen und der Beute sollte der Republik zufallen. Da die hohe Schifffahrtsgebühr trotz der Sondersteuern nicht aufgebracht werden konnte, schlug

Der aus Tikrit stammende Sultan Saladin eroberte 1187 Jerusalem. Saladin, ein sunnitischer Muslim, genoss auch im Abendland große Achtung (Buchmalerei aus dem 15. Jh.).

Dandolo vor, die Kreuzfahrer sollten durch Kriegsdienste ihre Schiffspassage abdienen. Die Kreuzfahrer zogen also – entgegen einem ausdrücklichen Verbot des Papstes – gegen die an der Adria gelegene Stadt Zadar, die zu Ungarn gehörte, dessen König selbst das Kreuz genommen hatte, eroberten, plünderten und zerstörten sie (November 1202).

Der Papst hatte auch ausdrücklich verboten, das Byzantinische Reich anzugreifen oder griechische Gebiete zu besetzen; das Verbot blieb aber unbeachtet. Die venezianische Flotte segelte mit den Kreuzfahrern nach Konstantinopel, das im Juli 1203 und nochmals 1204 erobert wurde. Dabei wurde eine ungeheure Beute gemacht. Als »lateinischer« Kaiser wurde von den Venezianern Balduin IX. von Flandern eingesetzt, dem aber nur ein Viertel des Reiches blieb. Die übrigen drei Viertel teilten sich die Venezianer und die Kreuzfahrer auf. Venedig erhielt unter anderem die östliche Adriaküste und eine Anzahl von Inseln als Stützpunkte für Handelsfahrten im östlichen Mittelmeer; zahlreiche französische Adlige errichteten Herrschaften in Mittelgriechenland und auf der Peloponnes.

Siegel des Templerordens aus der Mitte des 12. Jh.

Der Papst hoffte, durch diese Eroberungen könnte die Christenheit wieder vereint und später auch Jerusalem erobert werden. An die Wiedergewinnung der heiligen Stätten war jedoch nicht zu denken, vielmehr brauchte das Lateinische Kaiserreich selbst Hilfe, um sich gegen innere Unruhen, gegen die Bulgaren und gegen das neu entstandene byzantinische Kaiserreich zur Wehr zu setzen.

Der Kinderkreuzzug und der fünfte Kreuzzug
Im Juni 1212 trat in einem Dorf bei Vendôme ein Hirtenjunge namens Stephan auf, der von sich behauptete, er sei bestimmt, die Christen ins Heilige Land zu führen. Hauptsächlich Kinder, aber auch Erwachsene schlossen sich ihm an; angeblich 30 000 Personen gelangten nach Marseille, wo sie von Schiffen aufgenommen und in Ägypten als Sklaven verkauft wurden. Auch in Deutschland trat damals ein junger Mann namens Nikolaus auf, dem 20 000 Jungen und Mädchen über die Alpen gefolgt sein sollen. Der Bischof von Brindisi war so vernünftig, den Kindern die Abreise in den Osten zu verbieten; die Deutschen endeten daher nicht als Sklaven im islami-

ZITAT

Die Marbacher Annalen berichten über die Katastrophe des 3. Kreuzzugs 1187:
In diesem Jahr fiel Saladin ... mit einem Heere in das Land der Christen ein und erkämpfte einen blutigen Sieg. Mehr als dreißigtausend Menschen wurden niedergemetzelt, Jerusalem zur Übergabe gezwungen und bald darauf von den Heiden besetzt, nachdem alle Bewohner der Stadt entweder gefangen oder nach Bezahlung eines Lösegeldes freigelassen und ausgewiesen worden waren.

schen Bereich, gingen aber im Westen zugrunde. Dass es zu solchen Unternehmungen kommen konnte und sich ihnen – mit wenigen Ausnahmen – weder die weltliche noch die geistliche Obrigkeit entgegenstellte, hing damit zusammen, dass schon bei der Propaganda für den vierten Kreuzzug der Armutsgedanke herausgestellt worden war. Nur unschuldige und waffenlose Kinder – so meinte man – könnten Jerusalem wiedergewinnen.

Unter Papst Honorius III. wurde der 1215 beschlossene Kreuzzug verwirklicht. Sein Hauptstoß richtete sich gegen Ägypten. Dort sollte der am Nil gelegene Hafen Damiette erobert werden, was auch für kurze Zeit gelang (1219); aber das ganze Unternehmen endete unglücklich. Die hochfliegenden Pläne zur Eroberung Kairos scheiterten. Die päpstliche Propaganda machte Kaiser Friedrich II. für das Scheitern verantwortlich, weil er 1221 nicht entsprechend seinem Gelübde nach Ägypten gezogen war.

Friedrich II. gewinnt Jerusalem ohne Kampf
Papst Gregor IX. mahnte den Kaiser schon gleich nach seiner Wahl, sein 1215 abgegebenes Kreuzzugsversprechen endlich einzulösen. Als dann auch das im Sommer 1227 in Brindisi zur Abfahrt bereite Heer nicht losfuhr, weil der Kaiser an einer Seuche erkrankt war, sprach der Papst den Bann über Friedrich II. aus.

Im Gegenzug machte Friedrich bekannt, er werde im Mai 1228 nach Osten aufbrechen. Im September 1228 erreichte seine Flotte Akko; aber der Papst untersagte den Kreuzfahrern, dem gebannten Kaiser Gehorsam zu leisten, sodass Friedrich seine Befehle »im Namen Gottes und der Christenheit« ausgeben musste. Obwohl das Heer der Christen nur klein war und also nicht als Druckmittel eingesetzt werden konnte, brachte Friedrich einen Vertrag mit Sultan al-Kamil zustande, der den Christen einen beträchtlichen Teil des Königreichs Jerusalem auf zehn Jahre zusicherte. Obwohl die Muslime den Tempelplatz mit dem Felsendom und der Al-Aksa-Moschee in ihrer Hand behielten, hatte Friedrich II. mit dieser Übereinkunft mehr erreicht als alle Kreuzzüge seit 1187.

Aber in Rom war man nicht zufrieden. Den Patriarchen von Jerusalem, der ein fanatischer Sarazenenhasser war, störte besonders, dass eine islamische Enklave in

Vom 11. bis 13. Jh. führte die abendländische Christenheit insgesamt sieben Kreuzzüge zur Rückeroberung der heiligen Stätten von der islamischen Herrschaft. Anlass für den Beginn der Kreuzzüge war die Eroberung Jerusalems 1070 durch die türkischen Seldschuken.

Europa im Mittelalter

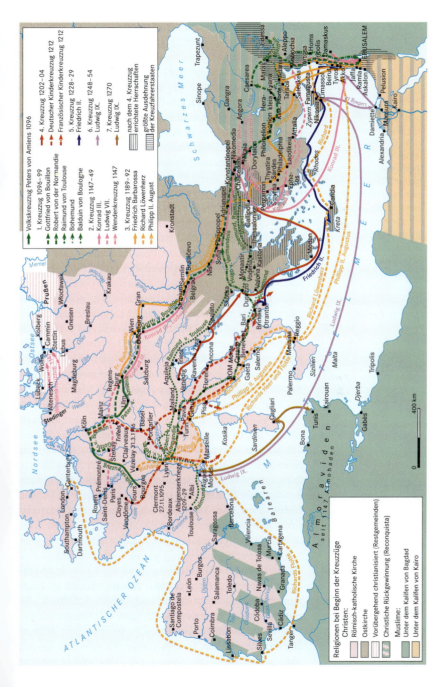

der Heiligen Stadt erhalten geblieben war und dass die Gebiete in der Umgebung von Jerusalem, in denen der größte Teil des Besitzes seiner Kirche lag, nicht zu dem an die Christen ausgelieferten Landesteil gehörten. Er beschimpfte Friedrich II. als »Schüler Mohammeds«. Diese Angriffe gründeten darauf, dass der Kaiser mit Muslimen verkehrte und seine gesamte Leibwache dem Islam anhing. Nach dem Ablauf des Waffenstillstands machten die Christen Anstrengungen, Jerusalem zu halten; es ging aber 1244 endgültig verloren.

Die Kreuzzüge Ludwigs IX., des Heiligen
Im Dezember 1244 nahm der französische König Ludwig IX. das Kreuz. Nach gründlicher Vorbereitung segelte er im August 1248 vom eigens dafür angelegten Hafen Aigues-Mortes in der Provence aus ab, um zuerst auf Zypern zu überwintern und dann Ägypten anzugreifen. Obwohl der ägyptische Sultan Zeit genug gehabt hatte, um die Verteidigung seines Landes zu organisieren, gab er relativ rasch die Hafenstadt Damiette preis. Hier begründete Ludwig ein Erzbistum, in der Hoffnung, bald ganz Ägypten erobern zu können. Der Vormarsch nach Kairo wurde aber gestoppt; der König und viele Kreuzfahrer gerieten in Gefangenschaft. Damiette musste gegen die Person des Königs ausgetauscht werden.

Nach diesem Misserfolg kehrte Ludwig nicht sofort nach Frankreich zurück, sondern fuhr zu Schiff nach Akko, von wo aus er die christlichen Befestigungen wieder instand setzte. 1270 unternahm Ludwig der Heilige einen weiteren Kreuzzug, der diesmal nach Tunis führte, doch erlag der König im August desselben Jahres einer Seuche; sein Bruder Karl von Anjou, der Herrscher über Unteritalien und Sizilien, besiegte zwar den dortigen Emir, gab sich aber mit Tributzahlungen zufrieden; weitere Ziele als Kreuzfahrer verfolgte er nicht.

Die Kreuzzugsbewegung war mit dem Fall Akkos, das als letzte Bastion im Heiligen Land 1291 von den Muslimen erobert wurde, nicht beendet. Im 14. und 15. Jahrhundert gab es nicht nur immer wieder Schriften, die zum Kreuzzug aufriefen, sondern es wurden auch mehrere Versuche unternommen, die einstmals christlichen Gebiete des Nahen Ostens wieder zu erobern, jedoch ohne Ergebnis. *Wilfried Hartmann*

ZITAT

Die Legende, der zufolge der pikardische Trouvère Blondel de Nesle den in Krems an der Donau gefangen gehaltenen Richard Löwenherz mittels eines Liedes entdeckt und aus der Gefangenschaft befreit haben soll, entbehrt der historischen Grundlage:
Schwach die Worte und stockend die Zunge, womit ein Gefangener seine traurige Lage beklagt; doch zu seinem Trost mag er ein Lied mir machen.

Nackt dem nackten Christus folgen: Die Franziskaner und die Dominikaner

So hat der Herr mir, dem Bruder Franziskus, gegeben, das Leben in Buße zu beginnen: Denn als ich in Sünden war, schien es mir unerträglich bitter, Aussätzige anzusehen. Und der Herr selbst hat mich unter sie geführt, und ich habe ihnen Barmherzigkeit erwiesen. Und als ich fortging von ihnen, wurde mir das, was mir bitter vorkam, in süße Freude der Seele und des Leibes verwandelt. Und danach hielt ich eine Weile inne und ging aus der Welt hinaus.«

Es ist ein Lebensweg von radikaler Konsequenz, den Franz von Assisi in seinem Testament 1226 in schlichter Sprache beschrieb. Den Bruch mit der Welt hatte Franz von Assisi 1207 in einer spektakulären Szene vollzogen, als er sich vor dem Palast des Bischofs von Assisi in aller Öffentlichkeit nackt ausgezogen und seinem Vater Kleider und Geld vor die Füße gelegt hatte. Was ihn, den Sohn eines wohlhabenden Tuchhändlers und alles andere als ein asketischer Schwärmer, bewogen haben mochte, die durchaus hoffnungsvollen Anfänge im väterlichen Geschäft und die Dolce Vita der Stadtschickeria hinter sich zu lassen und alle irdischen Karrierechancen über Bord zu werfen, bleibt letztlich unklar: die Kriegsgefangenschaft in Perugia oder die schwere Krankheit danach oder doch die tägliche Begegnung mit dem Elend derer, die vom Wohlstand der neureichen Großstadt ausgeschlossen waren.

Nachdem er mit Elternhaus und Gesellschaft gebrochen hatte, lebte der damals 25-jährige Franziskus zu-

Die Franziskaner erbauten ab 1294 – wohl nach Entwürfen von Arnolfo di Cambio – Santa Croce in Florenz. Der klare Raumaufbau zeichnet sich auch am Äußeren ab. Der Campanile wurde erst 1857–65 errichtet.

Franz von Assisi predigt den Vögeln und segnet sie (Fresko des »Meisters des heiligen Franziskus« in der Unterkirche von San Francesco in Assisi; um 1260).

nächst zurückgezogen als Eremit und kümmerte sich um den Aufbau verfallener Kirchen in Assisi. Im Tagesevangelium des 24. Februar 1208, der Aussendung der Apostel durch Jesus, hörte er die Anweisung für seine künftige Lebensform: »Geht und verkündet: Das Himmelreich ist nahe. Heilt Kranke, weckt Tote auf, macht Aussätzige rein, treibt Dämonen aus! Umsonst habt ihr empfangen, umsonst sollt ihr geben. Steckt nicht Gold, Silber und Kupfermünzen in euren Gürtel. Nehmt keine Vorratstasche mit auf den Weg, kein zweites Hemd, keine Schuhe, keinen Wanderstab; denn wer arbeitet, hat ein Recht auf seinen Unterhalt« (Matth. 10, 7–10). Fortan trug Franz von Assisi in buchstabengetreuer Erfüllung des Evangeliums nur noch eine Kutte aus grobem Stoff und einen Strick, keine Schuhe, keine Tasche, und mied jeden Besitz.

Gewiss war die Berufung auf die Heilige Schrift als die von Gott offenbarte Lebensnorm nicht originell. Alle

Mönche hatten seit jeher in der Apostelgemeinschaft das Modell ihres eigenen Lebens gesehen. Und auch die Armut musste Franz von Assisi nicht neu entdecken. Seit gut hundert Jahren waren überall Eremiten und Wanderprediger aufgetreten, die zur persönlichen Nachfolge des Gekreuzigten in Armut und Besitzlosigkeit aufriefen und die Gläubigen in Massen anzogen. Manche dieser Gruppen formten sich zu Orden mit päpstlicher Anerkennung, wie die Dominikaner, die Predigergemeinschaft des Kastiliers Dominikus; andere widersetzten sich hartnäckig der kirchlichen Ordnung und wurden als Ketzer bekämpft, wie die »Armen von Lyon« (Waldenser) um den Lyoneser Kaufmann Waldes. Die Ketzer des 12. und 13. Jahrhunderts hatten ebenso Anteil an der religiösen Armutsbewegung wie die aus demselben Strom entstehenden Bettelorden.

»Sie sollen geringer sein« – Die Franziskaner
Im religiösen Klima des frühen 13. Jahrhunderts entsprach die Entscheidung des Franziskus von Assisi also durchaus dem »Zeitgeist«. Was die franziskanische Bewegung von anderen abhob, war die charismatische Persönlichkeit ihres Gründers, seine bis zur totalen Selbstentäußerung gesteigerte ekstatische Frömmigkeit. Dass er nach dem (autosuggestiven?) Durchleiden der Passion Christi am Ende seines Lebens selbst die Wundmale des

> **ZITAT**
> **Aus dem »Sonnenlied« (1224) des heiligen Franziskus:**
> *Gelobt seist du, mein Herr, mit allen deinen Geschöpfen,*
> *besonders Herrn Bruder Sonne;*
> *Der ist Tag, und du gibst uns Licht durch ihn,*
> *Und schön ist er und strahlend mit großem Glanze;*
> *Von dir, Höchster, gibt er Eindruck.*
> *Gepriesen seist du, mein Herr, für Schwester Mond und die Sterne:*
> *Am Himmel hast du sie geschaffen, hell, kostbar und schön.*

> **INFOBOX**
> **Die Visionen des Franziskus**
> Franziskus hatte zwischen 1204 und 1206 mehrere visionäre Erlebnisse. Dabei wurd ihm klar, dass für ihn selbst und spätere Gesinnungsgenossen der Weg der »vera religio«, der richtigen religiösen Lebensweise, bestimmt sei: »Die Frau Armut« sei seine »Braut«, mit der er sich in einem lebenslangen Verlöbnis verbunden sah.
> Die bedeutsamste in der Reihe dieser frühen Visionen ist die des Kruzifixes in der Kirche von San Damiano. Dieses sagte zu ihm die berühmten Worte: »Franziskus, geh und baue mein Haus wieder auf, das, wie du siehst, ganz und gar in Verfall gerät.«
> Franziskus nahm diesen Satz zunächst wörtlich und machte sich an der Wiederaufbau der Kirchenruine. Später begriff er jedoch, dass in den Worten des Kruzifixes darüber hinaus der Wunsch nach einem Neubau der Kirche, einer Umgestaltung der christlichen Gesellschaft, zum Ausdruck kam.

Gekreuzigten trug, ist von Zeitgenossen glaubhaft bezeugt. Viele waren ergriffen von seiner Begeisterung für die »geliebte Frau Armut«, seiner Bußpredigt, seiner Hingabe an die Armen und Aussätzigen und schlossen sich Franziskus an.

Bis zum Ende des Jahrhunderts breitete sich der »Orden der geringeren Brüder« (Minoriten), wie Franziskus selbst seine Bruderschaft nannte, über ganz Europa aus. Missionsreisen führten Franziskaner aber auch bis nach Ägypten und ins Heilige Land, nach Persien und in das Mongolenreich bis nach Peking (1294). Die Franziskaner waren somit Wegbereiter der Kulturbegegnung zwischen Asien und Europa. Um 1300 zählte der Orden etwa 30 000 Mitglieder. In jeder größeren europäischen Stadt gab es einen Franziskanerkonvent (wohl schon 1219 in Paris, nach 1221 in den rheinischen Bischofsstädten), bedeutende Franziskanerschulen entstanden in Paris, Oxford und Köln.

Die Brüder überzeugten durch engagierte Seelsorge insbesondere für die unteren Schichten und durch volksnahe Predigt, häufig in Konkurrenz zum Ortsklerus und von diesem nur ungern gelitten, während sie selbst ihren Unterhalt von Almosen bestritten. Der italienische Franziskaner Johannes von Capestrano predigte 1452 auf dem

»Der Heilige Franziskus von Assisi sagt sich von den weltlichen Gütern los«. Das Fresko von Domenico Ghirlandaio stammt aus dem Zyklus mit Szenen der Franziskuslegende (um 1482/83–85; Florenz, Santa Trinità, Cappella Sassetti).

> **INFOBOX**
>
> **Der gute Gott**
> Für Franziskus waren die Tiere, die Pflanzen und die großen Naturerscheinungen wie Sonne, Mond, Erde, Feuer, Wind und Wasser beseelte Wesen, die von Gott geschaffen und zum ewigen Heil berufen waren. Deshalb konnte er ihnen predigen und sie zum Lob Gottes ermahnen, als ob es sich um vernunftbegabte Wesen handelte. Franziskus teilte diese Auffassung mit dem Katharertum seiner Zeit. Aber im Unterschied zum katharischen Weltbild, das in der Schöpfung das Werk zweier göttlicher Mächte – der guten und der bösen – sah, erkennt Franziskus in allen Dingen eine »untergültige Güte«, die ihren Ursprung in einem einzigen, guten Gott hat.

Magdeburger Markt so eindringlich, dass die Zuhörer erst gebannt seiner gut zweistündigen Predigt lauschten, dann noch einmal so lange der Übersetzung eines deutschen Mitbruders und schließlich, von spontaner Bußfertigkeit überwältigt, »alle Spielbretter, Brettspiele, Würfel, Kartenspiele, Narrensäcke und die Frauen ihre Bänder und ihr künstliches Haar, das sie sich einzuflechten pflegten, alle brachten und auf dem neuen Markt verbrannten«.

Die Bettelorden hatten einen völlig neuen Mönchstyp hervorgebracht. Die Franziskaner und Dominikaner, die Karmeliten und Augustinereremiten (die wenig später hinzukamen) wirkten nicht in der »weltfernen« Abgeschiedenheit von Klöstern, sondern ohne Ortsbindung als Wanderprediger unterwegs oder an den sozialen Brennpunkten der spätmittelalterlichen Städte. Ihre Aufgabe war nicht in erster Linie das stille Gebet, sondern der – manchmal marktschreierische – Aufruf der ganzen Welt zu Umkehr und Buße, und ihr Platz war neben den Schwächsten der Gesellschaft, denen sie sich wie Christus und die Apostel brüderlich verbanden, indem sie ihre »mindere« Existenz bewusst und demonstrativ teilten. So lebten sie mitten in der Gesellschaft und sonderten sich doch radikaler als je die alten Mönche von dieser Welt ab, deren Werte, Geld, Reichtum und Prestige, für den heiligen Franziskus schlicht »Scheißdreck« waren.

Der heilige Dominikus rettet Pilger aus den Fluten der Garonne (Ausschnitt aus einem Altarbild, Barcelona, Abadia de Santa Clara).

Charisma und Institution – Ketzer und Heilige
Die Bettelmönche gehörten in die Stadt, in das Milieu des Kaufmanns und des Bürgers, auf dessen Almosen sie angewiesen waren und der wie niemand sonst nach neuen

Die Dominikaner gehören neben den Franziskanern, Karmeliten und Augustinororomiton zu den vier großen Bettelorden, die sich im 13. Jh. gründeten (Gemälde von Leandro Bassano, * 1557, † 1622; Venedig, Santi Giovanni e Paolo).

> **ZITAT**
>
> **Der englische Franziskaner Wilhelm von Ockham über die Kirche (I Dialogus 6, 100; 1332/34):**
> Es wäre völlig unsinnig, wenn die Sache des Glaubens oder Gottes in keiner Weise einem weltlichen Richter oder überhaupt Laien zukäme. Das ist nämlich eine Aussage herrschsüchtiger und hochmütiger Kleriker, die die Laien deshalb aus der Kirche Gottes auszuschließen versuchen, damit sie selbst ... als Herren über die Laien in der Kirche gelten können.

Ausdrucksformen seiner Religiosität suchte. Denn die zunehmend institutionalisierte Papstkirche ließ mit ihren Dogmen und Rechtsvorschriften wenig Raum für das persönliche Glaubenserlebnis und hatte sich von den geistlichen Bedürfnissen insbesondere der gebildeten städtischen Laienbevölkerung weit entfernt. Hier waren die Bettelorden eine überzeugende Alternative zum normalen und normierten Heilsangebot der Kirche, freilich auch eine gefährliche Konkurrenz. Es war das Verdienst des Papstes Innozenz III., die spirituelle Kraft der Franziskaner früh erkannt und in kirchliche Bahnen gelenkt zu haben, indem er ihnen Predigt und Lebensform erlaubte (1209/10).

Franziskus selbst hatte sich zeitlebens schwer getan, seine Brüder an eine feste Regel und Ordnung zu binden. Daher stürzte sein Tod (1226) die Minoriten in eine tiefe Krise. Im Streit um das wahre Erbe des Heiligen spalteten sich die Brüder in zwei Lager: Die »Spiritualen« ließen nur Franziskus selbst als Lebensnorm gelten und hielten kompromisslos an dem von ihm gelebten Armutsideal fest; die gemäßigtere Mehrheit bewegte sich auf eine Ordensverfassung zu, die bei prinzipieller Armut wenigstens den einfachen Gebrauch lebensnotwendiger Dinge (für Lebensunterhalt, Kleidung, Kult und Studium), nicht aber deren Eigentum zuließ.

Die Armutsfrage belastete die Franziskaner noch lange, und sie rüttelte am Selbstverständnis der Kirche: Wenn »Christus und die Apostel einzeln und gemeinsam nichts zu eigen besessen haben«, wie der Franziskanergeneral Michael von Cesena behauptete, mit welchem Recht konnte sich dann die reiche Kirche auf Christus berufen? Zu Beginn des 14. Jahrhunderts spitzte sich der

Konflikt zu. Papst Johannes XXII. erklärte 1323 die franziskanische Armutsauffassung für »irrig und häretisch«; ihre Anhänger wurden als Ketzer verfolgt.

In der Geschichte der Bettelorden zeigt sich noch einmal in besonderer Schärfe das grundsätzliche Dilemma aller monastischen Gemeinschaften – und auch der Kirche insgesamt – zwischen der Freiheit des Charismas und dem Zwang der Institution. Welcher institutioneller Fixierungen durch Ordensregeln, Organisation und Rechtsformen bedarf das Charisma, um über die spontane Inspiration hinaus dauerhaft wirken zu können? Wie viel davon ist ihm zuzumuten, um das freie Wehen des Heiligen Geistes nicht in starre Passformen zu pressen?

Die Franziskaner haben einen befriedigenden Weg aus diesem Dilemma so wenig gefunden wie andere Orden vor ihnen. Dabei erfuhren sie, wie gefährlich schmal in der spätmittelalterlichen Kirche der Grat geworden war zwischen Orthodoxie und Häresie, Verehrung und Verfolgung. »Es gibt eine innere Verwandtschaft zwischen Heiligen und Ketzern, beide Bereiche konvergieren. ... Ketzer sind verhinderte Heilige; Heilige sind verkappte Ketzer« (Alexander Patschovsky). Dann wäre Franz von Assisi am Ende ein verkappter Ketzer, wären Jan Hus und

Eine der wichtigsten gotischen Kirchenbauten Roms, die Dominikanerkirche Santa Maria sopra Minerva, wurde 1280 begonnen, aber erst Ende des 15. Jh. mit einer Renaissancefassade fertig gestellt.

Martin Luther verhinderte Heilige? Nur hierokratische Autorität, nicht jedoch der gelebte Glaube vermag scharfe Trennlinien zu ziehen und hat sie in der Geschichte der Kirche bis heute immer wieder gezogen. *Arnold Bühler*

Katharer, Waldenser und Hussiten: Die Ketzerbewegungen

Die ersten Ketzer, von denen wir im Mittelalter erfahren, sind im 8. Jahrhundert ein gallischer Priester namens Aldebert, der sich als Wundertäter wie ein Apostel und ein Heiliger verehren ließ, und ein Ire namens Clemens, der die Schriften und Lehren der Kirchenväter verworfen haben soll. Beide wurden mit ihren Anhängern, über deren Zahl wir nichts wissen, durch die Synode von Rom 745 exkommuniziert, über ihr weiteres Schicksal ist nichts bekannt.

Mehrere fränkische Synoden Ende des 8. Jahrhunderts hatten sich mit einer Adoptianismus genannten Häresie zu befassen, die von Spanien aus ins südwestliche Frankenreich vorgedrungen war. Der Adoptianismus versuchte das Verhältnis zwischen menschlicher und göttlicher Natur in der Person Christi zu erklären, indem er Jesus als von Gott in der Taufe adoptierten vorbildlichen Menschen ansah. Vielleicht hängt die Entstehung dieser Lehre damit zusammen, dass sich im damals von den Muslimen beherrschten Spanien das Problem des Monotheismus verschärft stellte. Ob diese Lehre weiter verbreitet war, wissen wir nicht; jedenfalls griff auch hier der Papst ein, indem er auf der Synode von Rom 798 den Hauptvertreter des Adoptianismus, Bischof Felix von Urgel, als Ketzer bannte.

Zweifellos in die Breite wirkte der Mönch Gottschalk von Orbais († 868/869), ein Sachse, dem es zum Problem geworden war, dass seine Vorväter als Heiden ohne persönliche Schuld in Ewigkeit verdammt sein sollten, während er selbst der Seligkeit teilhaftig werden konnte. Aus diesem persönlichen Hintergrund wird verständlich, dass Gottschalk aus Aussagen des Kirchenvaters Augustinus schloss, Gott habe die Menschen sowohl zum Heil als auch zur Verdammnis vorherbestimmt. Wenn mehrere Konzilien zwischen 848 und 860 diese Lehre verdammten, so

Die Taufe Christi wurde in der Kunst häufig dargestellt (Gemälde von Guidoccio Cuzzarelli, 1486; Moskau, Puschkin-Museum). Die Bedeutung der Taufe wurde auch im Adoptionismus hervorgehoben. Jesus als Vorbild des Menschen wurde von Gott in der Taufe dargestellt.

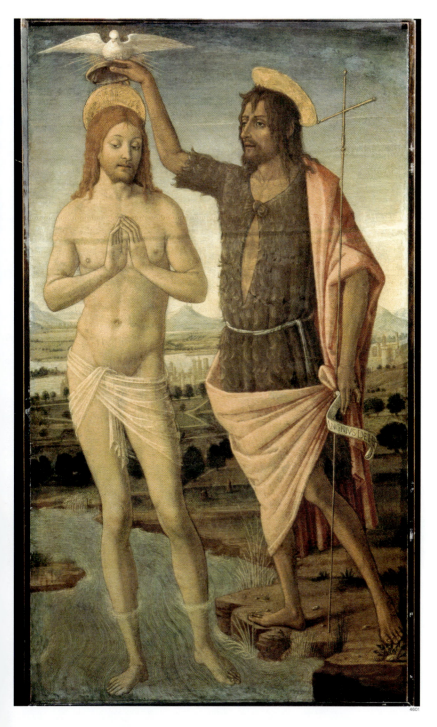

Ab dem ausgehenden 12. Jh. wurden Ketzer systematisch verfolgt. Der Kupferstich von Hieronymus Strübel (18. Jh.) »Ecclesia vernichtet einen Irrlehrer« ist eine allegorische Darstellung.

auch deshalb, weil man durch Gottschalk, der seine Lehre auch in Predigten in Italien und im Frankenreich verbreitet hatte, die öffentliche Moral gefährdet sah. Er wurde gezwungen, seine Schriften zu verbrennen, und dann in ein Kloster eingewiesen, wo er Schreibverbot erhielt.

Weitere, häufig nur regional auftretende Ketzereien beschäftigten meist nur den ansässigen Klerus beziehungsweise regionale Synoden. Allen Häretikern dieser Zeit ist dabei gemeinsam, dass sie zwar von Synoden verurteilt und teilweise auch körperlich gezüchtigt wurden, aber nicht – wie in späteren Zeiten – hingerichtet wurden.

Erste Ketzerbewegungen im 11. Jahrhundert
Erst am Beginn des 11. Jahrhunderts erfahren wir wieder von Ketzern, und zwar diesmal aus Frankreich. Zwischen 1022 und 1025 traten in Orléans, Toulouse, Arras und Lüttich Männer und Frauen auf, die alle Sakramente, auch die Priesterweihe und die Ehe, ablehnten und Kirche und Klerus als unnötig ansahen. Auch das Essen von Fleisch sollen sie abgelehnt haben. Ein vom König geleitetes Gericht verurteilte die Gläubigen aus Orléans als Ketzer zum Feuertod.

1050 ließ Kaiser Heinrich III. aus Lothringen stammende Ketzer in Goslar hängen. Es ist sicher kein Zufall, dass in Frankreich und in Lothringen zuerst solche »Ketzer« auftraten, denn ihr Auftreten hängt mit der durch die Klosterreform ausgelösten religiösen Laienbewegung zusammen. Diese manifestierte sich auch in einer großen Zahl von Konversionen, das heißt von persönlichen Bekehrungserlebnissen, nach denen Adlige und Bauern ins Kloster eintraten.

Der Appell an die Laien, die Einhaltung der Reinheitsvorschriften durch die Kleriker zu kontrollieren, der im Aufruf zum Boykott von Messen verheirateter Priester gipfelte (1059), verschärfte die Kritik an der Kirche, die ein wesentlicher Antrieb der Ketzerbewegung des ausgehenden 11. und des 12. Jahrhunderts war. Noch innerhalb der Kirche blieb diese Kritik in Mailand, wo die Bewegung der Pataria in der Mitte des 11. Jahrhunderts versuchte, die Gebote der Reinheit und das Verbot des Ämterkaufs innerhalb der Kirche durchzusetzen. Wenn die Wortführer dieser Bewegung davon sprachen, die von verheirateten Priestern gespendeten Sakramente seien »Hundekot« und die von ihnen versorgten Kirchen »Viehställe«, so verweisen diese Angriffe zurück auf die französischen Häresien der 1020er-Jahre und voraus auf die Katharer des 12. Jahrhunderts.

Eremitenbewegung in Frankreich
Um 1100 erfasste eine Eremitenbewegung den Norden und den Westen Frankreichs, die gegen den Reichtum der kluniazensischen Klöster und gegen die sich in weltliche Dinge einmischenden Priester gerichtet war. Im Westen wirkte Robert von Arbrissel, der als Wanderprediger die Laien zur Nachfolge der Apostel und zu einem

ZITAT

Aus dem Ketzerdekret des 4. Laterankonzils von 1215:
Wir verwerfen und verurteilen jede Häresie, die sich gegen den heiligen, rechten und katholischen Glauben erhebt. Wir verurteilen alle Häretiker, wie immer man sie bezeichnen mag ... Die verurteilten Häretiker aber sollen den weltlichen Obrigkeiten ... zur gebührenden Bestrafung übergeben werden.

Leben in Armut aufforderte. Im Norden predigte Norbert von Xanten gegen die Unmoral und den Reichtum der kirchlichen Hierarchie. Er wurde vom Bischof von Laon gedrängt, sein Dasein als Wanderprediger aufzugeben und ein Kloster zu gründen; damit wurde er zum Begründer des Prämonstratenserordens.

Robert von Arbrissel wurde ebenfalls von einigen Bischöfen aufgefordert, eine dauernde Niederlassung zu suchen. Anstoß hatte nämlich erregt, dass sich ihm zahlreiche Frauen angeschlossen hatten, die zum Teil ihren Männern davongelaufen waren. Es kamen Gerüchte über sexuelle Exzesse im Umkreis der wandernden Armen auf. Roberts Anhänger ließen sich 1100 in Fontevrault nieder, wo 1101 ein Doppelkloster eingerichtet wurde, das von einer Äbtissin geleitet werden sollte.

Nach 1115 trat – wieder im Bistum Le Mans, wo auch Robert von Arbrissel gewirkt hatte – der Wanderprediger Heinrich von Lausanne auf, der anfangs mit Billigung des Bischofs predigte. Seine Predigten riefen jedoch einen Aufruhr gegen die Geistlichkeit hervor, der mit der Mailänder Pataria vergleichbar ist. Auch Heinrich nahm sich besonders der armen Ehefrauen und der Prostituierten an, die er mit Anhängern verheiratete.

Nach seiner Vertreibung aus Le Mans wandte sich Heinrich nach Südfrankreich, wo er noch viel radikalere Anschauungen verbreitete: Er lehnte das Alte Testament und die Kirchenväter ab und akzeptierte allein die Evangelien. Die kirchliche Priesterschaft bezeichnete er als unnütz. Eucharistie spenden und Messe lesen dürfe nur ein Mensch, der ohne Sünde ist. Die Ehe betrachtete er als Vertrag zwischen zwei Personen, mit dem die Kirche nichts zu tun habe, und die Taufe lehnte er ab, da er nichts von der Erbsünde hielt. In der Provence vermochte Heinrich längere Zeit diese Lehre mit Erfolg zu predigen, ohne dass er vor ein bischöfliches Gericht gestellt worden wäre; noch 1145 predigte in Toulouse Bernhard von Clairvaux gegen ihn.

Ein neuer Glaube – Die Katharer
Das 12. Jahrhundert wurde zum Jahrhundert der Ketzer vor allem durch das Auftauchen der Häresie der Katharer, die zuerst 1143 in Köln belegt ist. Der griechische Name, aus dem die Bezeichnung »Ketzer« entstanden

ZITAT

Der Erlass Friedrichs II. gegen die Ketzer von 1232 entspricht den Forderungen des 4. Laterankonzils:
Wir bestimmen daher, dass Ketzer, welchen Namens auch immer, wo sie innerhalb des Reiches von der Kirche verdammt und dem weltlichen Gericht überwiesen sind, mit der gebührenden Strafe belegt werden. ...

Nach dem Untergang der Albigenser, deren Hochburg das festungsartige ummauerte Carcassonne war, fiel die Stadt in die Hände der französischen Krone.

ist, bedeutet »die Reinen«, und aus dem griechischen Osten kommt dieser Glaube auch. Im zweiten Viertel des 10. Jahrhunderts hatte der bulgarische Dorfpriester Bogomil dem Kleinadel und den Bauern gepredigt, dass man sich von der Welt abwenden und das fromme Leben der Apostel führen solle.

Die Ablehnung des kirchlichen Prunks, der Bilder, der Gebete und der Sakramente wurde verstärkt durch eine Ablehnung der Welt überhaupt. Diese sei nämlich böse, weil sie von Satan, dem anderen Sohn Gottes, geschaffen worden sei. Diese dualistische Anschauung, wonach die sichtbare Welt böse, die unsichtbare aber gut ist, wurde mit einem ganz spiritualistisch verstandenen Christentum verbunden und andere Elemente aus nichtchristlichen Religionen des Ostens, wie die Seelenwanderung, wurden aufgenommen. Als seit 1140 die Bogomilen im Byzantinischen Reich verfolgt wurden, zogen sie sich in die slawischen Gebiete außerhalb dieses Machtbereiches zurück und begannen mit einer Mission, die vor allem Italien und Frankreich ergriff.

Die Anhänger der katharischen Lehre unterschieden sich deutlich von den schwärmerischen Anhängern einzelner Prediger, wie wir sie am Beginn des 12. Jahrhunderts kennen gelernt haben. Sie hatten nämlich eine Organisation, hatten Bischöfe und Glaubenslehrer und bildeten damit eine regelrechte Gegenkirche mit eigener Taufe und Handauflegung als Symbolen der Aufnahme und der Segnung.

Von Anfang an hatte die neue Lehre ihren Schwerpunkt in Südfrankreich; dort lernte sie bereits zwischen 1144 und 1147 Bernhard von Clairvaux kennen; dort wurden Kleriker und zahlreiche Adlige, aber auch einfache Weber und Weberinnen Anhänger der neuen Lehre. 1165 lud der Graf von Toulouse zu einem Rededuell zwischen Katharern und sieben katholischen Bischöfen nach Albi ein. Es sollte sich zeigen, wer die wahren Christen sind, denn die Katharer nannten sich auch »wahre« oder »gute Christen«. In der Diskussion versuchten die Katharer, die nicht vom Evangelium gedeckte prunkvolle Lebensführung der Bischöfe zu brandmarken, während die Bischöfe die Katharer zu Aussagen über ihren Lehrinhalt verlocken wollten, um deutlich zu machen, dass sie Ansichten vertraten, die nicht mehr als christlich bezeichnet werden konnten. Die Katharer vermieden es aber geschickt, ihr Dogma zu verraten; sie gaben nur zu, dass sie das Alte Testament verwarfen.

Das Katharerkonzil, das 1167 in Toulouse stattfand, bekannte sich zum radikalen Dualismus. Von einem en-

Die festungsartige Kathedrale Sainte-Cécile in Albi wurde 1282–1390 erbaut. Die Albigenser wurden nach dieser Stadt in Südfrankreich benannt.

Europa im Mittelalter

> **INFOBOX**
>
> **Beginen und Begarden**
> Die Beginen waren unverheiratete Frauen und Witwen, die sich ohne bindendes Gelübde zu einem klosterähnlichen Gemeinschaftsleben in zu Beginenhöfen erweiterten Häusern zusammenfanden. Sie wurden wahrscheinlich nach ihrer graubraunen (französisch beige) Tracht benannt, vielleicht auch nach dem Priester Lambert le Bègue († 1177). Ihre Gemeinschaften, die Ende des 12. Jh. aus den am Ideal des apostolischen Lebens genährten Laienbewegungen der Albigenser, Humiliaten und Waldenser entstanden, wurden wegen ihrer Nähe zu den als häretisch bekämpften Laienbewegungen von der Kirche abgelehnt. Einzelne Beginenhöfe haben sich in Belgien (z. B. Gent, Brügge) und den Niederlanden (z. B. Amsterdam) bis heute gehalten.
> Ein männliches Gegenstück waren die Krankenpflegervereine der Begarden oder Lollarden, die ebenfalls im 13. und 14. Jh. auftraten. Sie wurden vielfach der Häresie und eines unsittlichen Lebenswandels beschuldigt.

gen Kreis der Anhänger dieses Glaubens, den perfecti, wurde verlangt, dass er sich von Frauen fern halten und kein Fleisch essen dürfe, weil in den Tieren unerlöste Menschenseelen eingeschlossen sein könnten. Da die Katharer nicht schwören und nicht in den Krieg ziehen durften, waren sie in der mittelalterlichen Umwelt leicht zu identifizieren.

Laienpredigt und Armutsideal – Die Waldenser
Kurz nachdem auf dem Katharerkonzil von 1167 der nichtchristliche Charakter dieser Lehre offenbar geworden war, breitete sich im Rhônetal und in Oberitalien eine neue Laienbewegung aus, deren Lehre ganz und gar christlich blieb. Ein Kaufmann aus Lyon namens Waldes hatte sich von Lateinkundigen das Neue Testament und einige Bücher des Alten Testaments in seine provenzalische Muttersprache übertragen lassen und beschlossen, ein Leben als Wanderprediger zu führen. Sein Vermögen verschenkte er, nachdem er Frau und Töchter versorgt hatte. Auf Straßen und Plätzen, in Häusern und Kirchen predigte er die apostolische Armut und die Nachfolge Christi. Als Papst Alexander III. diese Predigten verbot, ließ sich Waldes nicht beirren und prangerte nun auch das ungeistliche Leben der Kleriker an.

1184 bannte das Konzil von Verona die Anhänger des Waldes, die Waldenser, zusammen mit den Katharern, was zu einer Radikalisierung auch der Waldenser führte, die jetzt wie die Katharer die Lehrautorität der Kirche, die Sakramente, die Heiligenverehrung mit Bildern und Reliquien verwarfen und auch Eid und Todesstrafe ablehnten. Auch gegen Ablass, Zehntleistung und Kriegsdienst wandten sie sich. Wie die Katharer bildeten die Waldenser eine eigene kirchliche Organisation mit Bischöfen, Priestern und Diakonen aus.

Da neben dem Rhônetal und Oberitalien auch Flandern und das Rheinland die Hauptschwerpunkte dieser Häresien waren, hat man immer wieder auch wirtschaftliche Ursachen für ihre Ausbreitung verantwortlich gemacht. Zweifellos waren es vor allem Landschaften mit vielen Städten und einer beweglicheren Bevölkerung, in denen sich die Kritik an der Kirche und an den herkömmlichen gesellschaftlichen Normen ausbreitete. Im Süden Frankreichs waren es allerdings weniger die Städte als die auf dem Lande lebenden Adligen, die der Ketzerei Rückhalt gaben. Die Ausbreitung der Katharer und der Waldenser macht aber vor allem deutlich, wie wenig die Ideale der Kirchenreform des 11. und beginnenden 12. Jahrhunderts die Masse der Geistlichen wirklich ergriffen hatten.

Der Mystiker Meister Eckhart, ein führendes Mitglied des Dominikanerordens, war nach Studien am Kölner Studium generale seines Ordens nicht nur als Prediger, sondern auch als Dozent und Professor tätig. Die Verurteilung einiger seiner Sätze durch eine päpstliche Bulle im Jahre 1328 bewirkte jedoch die Ablehnung seines Gedankenguts durch niederländische Mystiker.

Der Beginn der systematischen Ketzerverfolgung
Schon 1143 in Köln, 1162 in England und 1163 wieder in Köln wurden Katharer verbrannt. Eine systematische Ketzerverfolgung betrieben aber erst die Päpste des ausgehenden 12. Jahrhunderts. 1184 beschlossen Papst Lucius III. und Kaiser Friedrich I. ein gemeinsames Vorgehen gegen die Ketzer, und Papst Innozenz III. nahm gleich am Beginn seines Pontifikats die Ketzerbekämpfung auf.

Bereits 1194 hatte König Alfons II. von Aragonien verfügt, dass alle, die Ketzer bei sich aufnähmen, ihnen zu essen gäben und ihre Predigt anhörten, ihre Güter verlieren sollten. Damit waren die Sanktionen, die von den römischen Kaisern der Spätantike gegen Majestätsbeleidiger erlassen worden waren, auf Häretiker übertragen worden. Diese Analogie wurde von Innozenz III. noch ausgebaut: Es sei schlimmer, die ewige Majestät Gottes zu beleidigen als die zeitliche, und daher seien die gleichen Strafen für Häresie und für Majestätsbeleidigung mehr als berechtigt. Der Papst forderte 1199 die Fürsten auf, das Vermögen der Ketzer und ihrer Freunde zu konfiszieren. Wenn ein Fürst in Häresie verfiel, beanspruchte der Papst, seine Länder den rechtgläubigen Nachbarn zur Eroberung anzubieten. Die weltliche Obrigkeit solle die Ketzer bestrafen, ihr Eigentum zu gleichen Teilen an die Denunzianten, an das Gericht und an die örtliche Gemeinde fallen.

Im Süden Frankreichs wurde dieses neue Recht zum ersten Mal angewandt: Weil die Grafen von Toulouse, von Foix und von Béziers und Carcassonne den Katharern wohlwollend gesonnen waren, wurden sie vom päpstlichen Legaten Peter von Castelnau gebannt. Als ein Ministeriale des Grafen Raimund VI. von Toulouse diesen Legaten am 15. Januar 1208 ermordete, bannte der Papst den Grafen, entband dessen Untertanen vom Treueid und gestattete jedermann, sich des Landes des Grafen zu bemächtigen.

Die Albigenserkriege
Innozenz III. ließ sodann den Kreuzzug predigen, um die Ketzer auszurotten. In Nordfrankreich hatte dieser Aufruf großen Erfolg. Der Abt von Cîteaux und zwei Bischöfe setzten sich an die Spitze des Kreuzheeres. Bei der Eroberung des belagerten Béziers soll das Wort gefallen sein: »Schlagt sie alle tot, Gott wird die Seinen schon erkennen!« Dieses Wort entspricht sicher der Haltung vieler Kreuzfahrer. Mit der Übernahme der Führung durch den Normannen Simon IV., Graf von Montfort, rückten aber zunehmend politische und militärische Ziele in den Vordergrund. Es ging nun verstärkt darum, den Einfluss des aragonesischen Königs in Südwestfrankreich zurückzudrängen. Dies gelang Simon zunächst auch, indem er Peter II. von Aragonien 1213 besiegte, anschließend Toulouse eroberte und den Grafen von Toulouse zwang, nach England zu fliehen.

Nachdem Simon von Montfort im Juni 1218 vor Toulouse gefallen war, bemühte sich der Papst, den französischen König zur Fortsetzung des Kampfes zu gewinnen. Doch weder dem Thronfolger noch Simons Sohn Amalrich gelang es, die Grafschaft Toulouse gegen die angestammten Grafen zu halten. Erst 1229 wurden die

ZITAT

Die Ketzerinquisition Konrads von Marburg fand schon zeitgenössische Kritiker:
... Daher glaubt man, dass manche unschuldig verbrannt wurden. Viele nämlich gestanden aus Liebe zum irdischen Leben und zu ihren Erben, dass sie etwas gewesen wären, was sie nicht waren, und zum Anklagen gezwungen, klagten sie an, was sie nicht wussten und wen sie nicht wollten.

Der Prämonstratenser Konrad von Marburg war seit 1227 päpstlicher Inquisitor für Deutschland. Er verfolgte mit unerbittlicher Härte vor allem den ketzerischen Adel (Holzstich, um 1860; Berlin, Sammlung Archiv für Kunst und Geschichte).

Kämpfe in Südfrankreich beendet, wobei der Graf von Toulouse das Gebiet nördlich der Garonne an Frankreich abtreten musste. Vor allem aber musste er sich verpflichten, die Ketzer zu bekämpfen und zu bestrafen. Daraufhin griffen die Katharer zu den Waffen und hielten sich fast zehn Jahre (1234–44). Erst mit dem Fall ihrer Festung Montségur war ihre äußere Macht gebrochen; die Sekte selbst blieb aber bis ins 14. Jahrhundert hinein lebendig.

Die Ketzerinquisition
Das vierte Laterankonzil von 1215 hatte die zuständigen Diözesanbischöfe beauftragt, die Ketzer aufzuspüren, zu überführen und abzuurteilen. Wenn sie ihrem Auftrag nicht nachkamen, sollten päpstliche Legaten als außerordentliche Richter tätig werden.

Papst Gregor IX. befahl im Juni 1227 dem Marburger Propst Konrad, wahrscheinlich einem Prämonstratensermönch, seine Suche nach Ketzern fortzusetzen und die überführten Ketzer von dem bischöflichen Gericht aburteilen zu lassen. Im Oktober 1231 wurde er bevollmächtigt, gerichtlich gegen Ketzer vorzugehen. In den kommenden Jahren verfolgte Konrad von Marburg Ketzer mit einer neuartigen Sondergerichtsbarkeit, die noch für lange Zeit die Ketzerinquisition auszeichnen sollte und sie als Unrecht erscheinen lässt, obwohl sie sich in prozessrechtlich genau festgelegten Bahnen vollzog.

Dabei hatten die Angeklagten von Anfang an nur die Wahl zwischen Geständnis der Schuld (dann mussten sie auch Mitwisser nennen) und Leugnung mit Todesfolge, da sie dann als hartnäckige, unbußfertige Ketzer galten. Geständige Ketzer wurden zu Gefängnis- und Bußstrafen verurteilt und mussten ein Büßerkreuz auf ihrer Kleidung tragen. Wer nicht geständig war, wurde verbrannt. Dabei war es schon Konrad von Marburg klar, dass unter den Verbrannten auch Unschuldige waren. Diese bezeichnete er als Märtyrer. Die Zeitgenossen erkannten die Neuartigkeit des Vorgehens Konrads durchaus und erhoben daher auch gegen diese Inquisition massiven Einspruch. Als Konrad von Marburg am 30. Juli 1233 von einem Beschuldigten aus dem hohen Adel ermordet wurde, war die Ketzerinquisition in Deutschland denn auch für einige Zeit beendet.

Eine neue Phase wurde dann durch die Bulle Ad extirpanda eingeleitet, die Papst Innozenz IV. 1252 erließ. Mit diesem Gesetz sollte eine feste Organisation für eine systematische Ketzerverfolgung geschaffen werden. Die

> **ZITAT**
>
> **Aus dem Dekret des Konzils von Vienne (1312), das die religiöse Laienbewegung der Beginen verbot:**
> *Gewisse Frauen, die man gemeinhin Beginen nennt, können nicht als Ordensfrauen betrachtet werden, weil sie kein Gehorsamsgelübde ablegen, nicht auf ihr persönliches Eigentum verzichten und keiner approbierten Regel folgen. ...*

> **INFOBOX**
>
> **Meister Eckharts Vernunftlehre**
> Eckhart war überzeugt, dass das Wesen des Christentums philosophisch und damit vernunftgemäß erfasst werden kann: »Demgemäß wird also die Heilige Schrift sehr angemessen so erklärt, dass mit ihr übereinstimmt, was die Philosophen über die Natur der Dinge und ihre Eigenschaften geschrieben haben, zumal aus einer Quelle und einer Wurzel der Wahrheit alles hervorgeht, was wahr ist, sei es im Sein, sei es in der Natur.« Wenn diese Aussagen zutreffen, dann gilt auch, dass alle Menschen, sofern sie an der Vernunft teilhaben, die Lehre, um die es Eckhart geht, verstehen können.
> Unter dieser Voraussetzung wird der Unterschied zwischen dem gelehrten Publikum, für das die unversitären Schriften verfasst worden sind, und dem gewöhnlichen Christenvolk, das die Predigt hört, aufgehoben. Diese Aufhebung, die letztlich den Klerus mit den Laien gleichsetzt, ist ein bedeutender Beitrag Eckharts zur europäischen Geistesgeschichte.

Inquisitoren sollten jede Stadt und jedes Dorf visitieren und dort die Einwohner zur Denunziation auffordern. Die weltliche Gewalt wurde verpflichtet, die Verdächtigen einzukerkern und diejenigen foltern zu lassen, die nicht gestehen und keine Mitschuldigen benennen wollten. Auch lange Kerkerhaft wurde angewandt, um die Angeklagten zu einem Geständnis zu zwingen.

Nach der Niederlage der Staufer in Italien hatte auch hier die Kirche die Hände frei, um gegen die Häretiker vorzugehen, die besonders in Oberitalien bis in die zweite Hälfte des 13. Jahrhunderts recht stark waren. Die Inquisition erreichte es bis zum Ende des 13. Jahrhunderts, die Katharer und die Waldenser in abgelegene Regionen (Pyrenäen, Alpentäler, Südböhmen) abzudrängen. Ihre Kritik an einer reichen Kirche war schon seit dem Anfang des 13. Jahrhunderts von den Bettelorden, vor allem den Franziskanern, übernommen worden, und diese neuen Orden hatten es auch geschafft, die Bedürfnisse weiter Kreise nach einem religiösen Leben aufzufangen. Die Ketzerei als Massenbewegung war damit vorläufig beendet.

Der Holzschnitt von Michael Wolgemut (1434–1519) zeigt die Verbrennung von Juden als Ketzer (Aus: Hartmann Schedel, Liber Chronicarum, Nürnberg).

Die Verbrennung von Jan Hus auf dem Scheiterhaufen, dargestellt in der »Spiezer Chronik« von Diebold Schilling d. Ä. (1473)

Die Entwicklung des 13. und 14. Jahrhunderts ist dadurch gekennzeichnet, dass einzelne Theologen, aber auch Gruppen von Gläubigen, wie Beginen oder Begarden, der Häresie bezichtigt und auch verurteilt wurden. Ein wichtiges Ereignis war die Verurteilung von 219 Sätzen von Pariser Professoren durch den Bischof von Paris im Jahre 1277. Auch gegen den deutschen Mystiker Meister Eckhart wurde 1326 ein Inquisitionsverfahren eröffnet. Erst nach seinem Tod (1328) verurteilte eine päpstliche Bulle 17 Sätze Eckharts als häretisch, durch die er das einfache Volk verwirrt habe.

Am Ende des 14. Jahrhunderts entstanden dann neuartige häretische Bewegungen, die auf das Zeitalter der Reformation vorausweisen. Hier sind vor allem John Wycliffe (Wyclif) und seine Anhänger in England und die Hussiten in Böhmen zu nennen. Wycliffe wollte allein die Bibel als Grundlage des Glaubens gelten lassen; die Amtskirche mit dem Papst, den Kardinälen, Bischöfen und den Mönchsorden hielt er für sündhaft; dagegen glaubte er, dass der König die irrende Kirche korrigieren und ihren Besitz wegnehmen dürfe. Obwohl eine Reihe von Wycliffes Anschauungen seit 1377 verurteilt wurden, blieb er bis zu seinem Tod 1384 unbehelligt.

ZITAT

Papst Johannes XXII. über Eckhart:
Fürwahr mit Schmerz tun Wir kund, dass in dieser Zeit einer aus deutschen Landen, Eckhart mit Namen, ... aus dem Orden der Predigerbrüder, mehr wissen wollte als nötig war ...

In Böhmen waren bereits seit etwa 1360 Volksprediger aufgetreten, die gegen den Reichtum des Klerus und für eine neue Struktur der Kirche predigten. Böhmische Studenten brachten auch die Anschauungen Wycliffes nach Prag. Zu den böhmischen Wycliffiten gehörte Jan Hus, der seit 1402 als Prediger an der Bethlehemkapelle in Prag einen großen Kreis von Zuhörern erreichte. Hus wurde vom Konstanzer Konzil verhört und verurteilt, weil er sich weigerte, als häretisch geltende Sätze aus seinen Schriften zurückzunehmen. Erst nachdem Hus am 6. Juli 1415 in Konstanz verbrannt worden war, formierte sich in Böhmen eine Bewegung, die den Adel und das Volk weiter Teile des Landes ergriff und trotz gewaltsamer Unterdrückungsversuche bis zur Reformation die prägende religiöse Kraft blieb. Zum Symbol wurde der Kelch, den die Hussiten beim Abendmahl auch an die Laien austeilten. *Wilfried Hartmann*

»Martern aller Arten«: Die Inquisition

Das Wort Inquisition bedeutet »Befragung, gründliche Untersuchung«. Die Verfolgung von Straftaten geschah jetzt von Amts wegen, das Gericht untersuchte in einem ohne persönliche Anhörung des Angeklagten im Wesentlichen schriftlich geführten Prozess, ob eine Straftat begangen worden war und ob ein Verdächtigter der Täter gewesen ist. Insofern war die Einführung des Untersuchungsgrundsatzes mit dem formalen Prozess ein Fortschritt, der der Bevölkerung deutlich mehr Rechtssicherheit brachte. Wichtiges Mittel für die Beweiserhebung war bei den Untersuchungen die Folter des Angeklagten zur Erzwingung eines Geständnisses. Denn, so die Theorie der Strafverfolger, wer ohne Schuld ist, hält die stärksten Schmerzen mit Gottes Hilfe aus, der Schuldige aber werde unter der Folter zusammenbrechen und seine Tat gestehen.

Eine besondere Rolle spielte die Inquisition im Rahmen der Ketzerbekämpfung, beim Vorgehen der Kirche gegen die Anhänger der vermeintlichen Irrlehren. Vor Kaiser Konstantin dem Großen hatte es nur geistliche Bußmittel und die Aufhebung der Kirchengemeinschaft gegeben, wenn Häretiker in christlichen Gemeinden auftraten. Erst seitdem das Christentum zur Staatsreligion geworden war, gab es Zwangsmaßnahmen gegen häretische Bestrebungen, aber noch keine eigenen Behörden zu deren Aufspürung. Die ältere Kirchentradition vertrat die Auffassung, dass gegen die Verbreitung von Häresie nicht mit Gewalt, sondern mit Predigt und Kirchenstrafen vorzugehen sei. Seit dem zu Ende gehenden Hochmittelalter fühlte sich jedoch die Kirche durch große Ketzerbewegungen, wie zum Beispiel Waldenser oder Katharer, zunehmend bedroht. Im Einvernehmen mit der weltlichen Obrigkeit kam es zu einer zunehmenden Kriminalisierung der Ketzerei mit entsprechender Verschärfung der Strafen.

Die Inquisition wurde nun als eigene Einrichtung ausgebildet. Papst Lucius III. verschärfte im Einvernehmen mit Kaiser Friedrich I. Barbarossa 1184 in Verona die Verfolgung der Ketzer. Gleichzeitig bedrohte der Kaiser die Ketzer und ihre Beschützer mit der Reichsacht. Neben die bis dahin nur bischöfliche Inquisition traten unter Papst Innozenz III. Sonderbeauftragte. Das vierte Laterankonzil erneuerte 1215 die Bestimmungen über die bischöfliche Inquisition und forderte zur Ausrottung der Ketzerei die Auslieferung der Verurteilten an die

In Frankreich bezichtigte Philipp IV. den Templerorden der Ketzerei, um sich der reichen Besitztümer des Ordens zu bemächtigen. Die Buchmalerei zeigt, wie Templer ins Gefängnis geführt werden (London, British Library).

Autodafé unter Vorsitz von König Karl II. in Madrid. Die Ketzer (in roter Kleidung) wurden öffentlich verurteilt und gegebenenfalls hingerichtet (Gemälde von Francisco Rizi, 17. Jh.; Madrid, Prado).

s. ZEIT Aspekte
Inquisition S. 571

weltliche Gewalt. Das Konzil von Toulouse schließlich regelte 1229 am Ende der Albingenserkriege das Verfahren und die Bestrafung der Ketzer. Kaiser Friedrich II. verfügte schon in seinen – von der päpstlichen Kanzlei entworfenen – Krönungsgesetzen 1220 die Hilfe des Staates bei der Ketzerverfolgung und verschärfte 1224 die Bestimmungen durch Androhung der Todesstrafe (Verbrennung) für hartnäckige und rückfällige Ketzer.

Papst Gregor IX. nahm den Bischöfen die Inquisition aus der Hand, richtete 1231/32 die päpstliche Inquisition ein und steigerte durch die Zentralisierung ihre Wirksamkeit. Besondere, mit Spezialvollmachten ausgestattete Inquisitoren – meist Angehörige des Dominikanerordens, dann auch des Franziskanerordens – wurden mit der Aufgabe betraut, allen Gerüchten über ketzerische Bestrebungen nachzugehen. Bald vereinigten diese Inquisitoren neben dem Ankläger- auch das Richteramt in ihrer Person. Die Rechtsstellung des Beschuldigten innerhalb dieses Verfahrens war denkbar ungünstig, da seine Verteidigungsmöglichkeiten äußerst beschränkt waren und er beim Vorliegen von Verdachtsmomenten durch die Folter, die 1352 von Innozenz VI. im Verfahren zugelassen wurde, zum Geständnis gezwungen werden konnte.

Der Prozessverlauf
Im Fall eines ketzerischen Verhaltens bildete sich ein allgemeines Vorgehen heraus: Zunächst wurden die Häretiker aufgefordert, sich freiwillig zu stellen, und die Gläubigen ermahnt, ihrer Anzeigepflicht Genüge zu tun. Dafür war im Allgemeinen dreißig Tage Zeit. Danach erfolgte die Vorladung, eventuell auch die Verhaftung zum Zweck der Vorführung vor den Inquisitor. Dieser führte die Untersuchung mit dem Ziel, ein Schuldbekenntnis zu erlangen, wobei im Gegensatz zu dem noch unter Innozenz III. geübten Brauch die Namen von Denunzianten und Zeugen nicht mitgeteilt wurden und auch kein Verteidiger zugestanden wurde. Die Strafen waren abgestuft und reichten von harmlosen Kirchenstrafen über die Güterkonfiskation bis zur Überantwortung an weltliche Instanzen zur Vollstreckung des Todesurteils durch Verbrennen.

Durch die Sitte, Belohnungen für die Anzeige von Ketzern zu versprechen und den Städten empfindliche Geldstrafen für das Nichtmelden aufzuerlegen, sowie den bis zum Fanatismus gesteigerten religiösen Eifer der Inquisitoren, gerieten die Inquisitionsgerichte schnell in den Ruf der Unbarmherzigkeit. Angst und Schrecken verhinderten, dass gegen die Verhaftung vermeintlicher

Papst Paul III. ordnete 1542 mit der Schaffung des Heiligen Officiums die Inquisition neu. Medaille von Alessandro Cesati (Weimar, Stiftung Weimarer Klassik und Kunstsammlungen)

INFOBOX

Daumenschrauben, Sengen und Brennen
In einer von der mittelalterlichen Kirche wesentlich mitzuverantwortenden Rechtsfindungspraxis wurde das Geständnis als »Königin der Beweise« – lateinisch »regina probationum« – angesehen, zu dessen Erlangung alle Mittel, auch die Folter, zulässig waren. Die Inquisition folterte zunächst mit dem Argument, den Delinquenten zu schützen, denn andernfalls würde das »gemeine Volk« die Andersgläubigen (die »Häretiker«) von sich aus foltern. Diese vorgebliche institutionelle Kontrolle der Folter durch die Inquisition führte jedoch bald zu Exzessen methodisch erzeugter Grausamkeit. Das erste allgemeine deutsche Gesetzbuch, die Carolina von 1532, schränkte die Folter ein, was sich jedoch auf die Hexenprozesse kaum auswirkte.
Foltermethoden dieser Zeit waren: Daumen- und Beinschrauben, Aufziehen des mit Gewichten beschwerten Körpers am Strick, Strecken des Körpers auf der Folterbank, Zufügen von Stich- und Quetschwunden an verschiedenen Körperteilen einschließlich des Kopfes sowie Sengen und Brennen.

> **INFOBOX**
>
> **Hunde des Herrn**
> 1215 gründete der Kanoniker Dominikus in Toulouse eine Genossenschaft von Priestern, die, in völliger Armut lebend, sich der Rückgewinnung der Albigenser widmen sollten. Daraus entstand 1216 der Dominikaner- oder Predigerorden, der sich – mit päpstlicher Förderung – rasch in Europa verbreitete. Seit 1232 waren die Dominikaner im päpstlichen Auftrag führend in der Inquisition tätig, was einerseits ihren kirchlichen Einfluss stärkte, andererseits aber ihr geschichtliches Ansehen erheblich belastete und ihnen den Spottnamen »Domini canes« – »Hunde des Herrn« – einbrachte.

Ketzer Klage geführt noch für den Unglücklichen Bittgesuche gestellt wurden. Von Beginn an verquickten sich mit der Ketzerverfolgung auch politische und wirtschaftliche Motive, was zur Vernichtung ganzer missliebiger Gruppen, wie zum Beispiel des Templerordens im Jahr zwischen 1307 und 1312, führte.

Die Inquisition kam vor allem in den südlichen Ländern und in Frankreich zur Geltung. Für Deutschland erlangte die Inquisition bereits im frühen 13. Jahrhundert mit dem Wüten des berüchtigten Inquisitors Konrad von Marburg, der 1233 von aufgebrachten Adligen ermordet wurde, traurige Berühmtheit. Sie trat danach hier zunächst in den Hintergrund, bis sie sich im 15. Jahrhundert in den Hexenprozessen endgültig durchsetzte.

Bei Prozessen wurden vielerlei Mittel eingesetzt, um die Angeklagten zu Geständnissen zu bewegen: Hier wird eine Frau ausgepeitscht, die 1570 als Hexe hingerichtet wurde. Aus der »Schau-Bühne der Märtyrer« von Jan Luyken (um 1700).

Europa im Mittelalter

In Spanien wurde die Inquisition 1478 eine staatliche Einrichtung unter einem Großinquisitor und damit ein wichtiges Instrument zur Verfolgung von zwangsgetauften Juden und Mauren, den so genannten Marranen und Morisken, die heimlich ihrem Glauben treu geblieben waren, und Protestanten. Erster Großinquisitor und wichtigster Organisator der Inquisition in Spanien war ab 1484 Tomás de Torquemada, der Beichtvater und Vertraute des spanischen Königspaares Isabella I. und Ferdinand II. Charakteristisch für die spanische Inquisition waren die Autodafés, die feierlichen öffentlichen Verbrennungen. Man schätzt, dass ihnen zwischen 1481 und 1808 rund 31 000 Menschen zum Opfer fielen. Etwa 270 000 wurden in dieser Zeit zu Kerkerhaft und Vermögensentzug verurteilt.

Als Maßnahme der Gegenreformation errichtete Papst Paul III. 1542 als oberste Instanz für alle Glaubensgerichte und erste Instanz für alle päpstlichen Reservatfälle die aus sechs Kardinälen bestehende »Congregatio Romanae et universalis inquisitionis«, das so genannte Sanctum Officium. In einigen Ländern bestand die Inquisition bis in die erste Hälfte des 19. Jahrhunderts fort.   *

In den Zeiten der Hexenverfolgungen wurden Flugblätter – hier ein Nürnberger Flugblatt von 1555 – verbreitet, die von Verfolgungen und Hinrichtungen von Hexen berichteten. Die zur Verbrennung auf dem Scheiterhaufen angebundenen Frauen werden vom Teufel in die Lüfte entführt.

s. ZEIT Aspekte Inquisition S. 580

Das späte Mittelalter

Der Aufstieg der Kommunen: Die Städte

Trotz blühender spätmittelalterlicher Städtelandschaften lebte, von regionalen Ausnahmen abgesehen, die überwiegende Mehrheit der Einwohner West- und Mitteleuropas auf dem Lande, und dies blieb so bis in das 19. Jahrhundert hinein. Aber selbst Bürger der vielen kleineren und mittleren Städte betrieben häufig noch Landwirtschaft.

> **ZITAT**
> **Aus der Gründungsurkunde des Rheinischen Städtebundes von 1254:**
> *Weil die Gefahren, die über dem Lande drohen, und die Verbrechen auf den Landstraßen schon viele von uns fast vernichtet haben..., ist es notwendig zu fragen und zu untersuchen, ob es nicht ein Mittel gibt, sich diesen Sturmwirbeln zu widersetzen, ein Mittel, durch das wenigstens unsere Grenzen und Gebiete zu den Wegen des Friedens zurückgerufen werden könnten, wenn auch sonst keine Billigkeit mehr gilt.*

Städtelandschaften in Oberitalien und Flandern
Die frühesten und die am stärksten verdichteten Städtenetze bildeten sich in Oberitalien und dann in Flandern. Oberitalienische Kommunen waren bereits im Verlauf des Hochmittelalters teilweise zu unabhängigen, miteinander rivalisierenden und das Umland dominierenden Stadtrepubliken geworden, deren Führungsschicht sich aus altem Stadtadel und reichen Kaufleuten rekrutierte; der Einfluss der Zünfte variierte, als Herrschaftsform setzte sich im Verlauf des Spätmittelalters zumeist die signoria, die monokratische Herrschaft eines Einzelnen oder des einzelnen Geschlechts, durch.

Der Einfluss äußerer Mächte auf die italienischen Kommunen blieb bis zum Ende des 15. Jahrhunderts, dem Beginn der habsburgisch-französischen Auseinandersetzungen in und um Oberitalien, auf ein Minimum beschränkt. Denn die Versuche Friedrichs II. zur Wiederherstellung der Reichsansprüche waren letztlich gescheitert, auch wenn man die Parteinamen Guelfen und Ghibellinen bei geändertem Bedeutungsgehalt für in erster Linie innerstädtische Parteiungen weiter verwendete und formale Ansprüche der römisch-deutschen Kaiser aufrecht erhalten wurden. Während des Spätmittelalters konnte sich ein gewisses Gleichgewicht der führenden Kommunen herausbilden, wobei sich die Stellung einzelner Städte beträchtlich verändern konnte. So geriet etwa die zuvor bedeutende Handelsstadt Pisa nach der Unterwerfung 1406 unter den Einfluss der Stadt Florenz.

Hohe Profite waren im Fernhandel zu erzielen, gerade auch bedingt durch die energisch verteidigte Mittlerstellung für (Luxus-)Waren aus dem Orient und deren Weiterverkauf in das übrige Europa. Es entstanden aber auch eigene Produktionszentren im Exportgewerbe (zum Beispiel Wollverarbeitung). Für den Fernhandel eigneten sich besonders teure, haltbare und gut transportierbare Güter mit einer günstigen Gewicht-Preis-Relation, wie zum Beispiel Gewürze und kostbare Stoffe.

In Nordwesteuropa war der Aufstieg des Städtewesens eng verbunden mit der Herstellung von teurem, schwerem Tuch. Es entstanden Tuchreviere mit ausgebildeten Fachkräften, günstigen Rohstoffbezugs- (englische Wolle) und Absatzmöglichkeiten (zunächst Champagnemessen) sowie hohem technischem Standard. Bereits früh wurde das Umland der flandrischen Städte in die Produktion einbezogen, wobei allerdings die höher qualifizierten Tätigkeiten zumeist städtischen Handwerkern, die ihrerseits verstärktem Druck seitens der großen Unternehmungen ausgesetzt waren, vorbehalten blieben. Die Position des ehemals exklusiven Patriziats wurde

> In Nordwesteuropa war der Aufstieg des Städtewesens eng mit der Herstellung von teurem, schwerem Tuch verbunden. In Gent, einer der mächtigsten Städte Flanderns, war der Einfluss der Tuchmacher so groß, dass ihre Zunft seit dem 13. Jh. am Stadtregiment beteiligt war (Gent, an der Graslei, einer innerstädtischen Kaistraße).

Brügge war im 14. Jh. zumindest außerhalb des Mittelmeerraums der wichtigste europäische Handelsort. Durch die Versandung der Fahrrinne des Zwin nach Brügge sowie den rückläufigen flandrischen Tuchhandel büßte die Stadt allmählich ihre Vormachtstellung zugunsten von Antwerpen ein. 1382 fiel Brügge an die Herzöge von Burgund, 1482 an die Habsburger.

durch Landesherrschaft und Zünfte von oben wie von unten geschwächt.

Nicht die Tuchherstellung – vor allem mittlerer und leichterer Qualitäten – in kleineren Städten und auf dem Land löste die Krise im 14. Jahrhundert aus, ihre Ursachen lagen wohl eher in einer veränderten Nachfragestruktur und in den neu entstandenen Produktionszentren in den ehemaligen Rohstoffimport- beziehungsweise Absatzgebieten. Brügge, das im 14. Jahrhundert zumindest außerhalb des Mittelmeerraums der wichtigste europäische Handelsort war, verlor gegenüber Antwerpen und schließlich Amsterdam an Boden. Außerdem wurde die Region durch innerstädtische Konflikte, den Kampf gegen auswärtige Ansprüche und den auf flandrischem Boden ausgetragenen Konflikt zwischen Frankreich und Habsburg um das burgundische Erbe Ende des 15. Jahrhunderts geschwächt.

Dass die mittelalterlichen Städte auch ein bedeutender politischer Faktor waren, zeigt nach dem lombardischen Städtebund des Hochmittelalters der letztlich jedoch gescheiterte Rheinische Städtebund von 1254, dem sich neben geistlichen Landesherren auch zahlreiche Adlige anschlossen. Ziel waren die Landfriedenswahrung und die Verhinderung neuer Zollstellen, beides wichtige Bedingungen für den gewachsenen Handel. Der nach dem Tod des römisch-deutschen Königs Wilhelm von Holland 1256 gefasste Beschluss, bei einer Doppelwahl keinen der Thronprätendenten anzuerkennen, sollte sich wegen der auseinander strebenden Interessen gerade auch der einzelnen Städte als wirkungslos erweisen. Ein überregionales dauerhaftes Bündnis kam nicht mehr zustande. Immerhin reichte der Bund 1256 von Bremen und Lübeck im Norden bis Basel und Zürich im Süden, während Aachen im Westen sowie Mühlhausen (Thüringen), Nürnberg und Regensburg im Osten die Grenzen der Ausdehnung markierten.

Aber auch nach dem Scheitern des Rheinischen Städtebundes spielten die Städte in der Landfriedenspolitik immer wieder eine führende Rolle und schlossen vor allem regionale Bündnisse (z. B. Schwäbischer Städtebund von 1376). Die Hanse blieb dagegen von handelspolitischen Interessen der Mitglieder dominiert; sie konnte wegen der Vielzahl der angeschlossenen Territorialstädte keinen auch politisch als Ganzes agierenden Städtebund bilden.

Die soziale Gliederung
Sicherlich waren Städte keine Inseln von Gleichberechtigten inmitten einer sonst ständisch geprägten Gesellschaft, aber im Unterschied zum agrarischen Umland waren Bürger und zumindest teilweise die sonstigen Einwohner der größeren Städte persönlich frei. Zusätzlich gewann das Vermögen, wenn auch häufig traditionell in Landbesitz angelegt, eine steigende Funktion für die Gliederung der sozialen Hierarchie, da formal-rechtlich kaum Unterschiede zwischen den Bürgern bestanden. Die deutlichsten besitzbedingten Sozialdifferenzierungen dürfte es in den Fernhandelszentren gegeben haben, weil hier die besten Voraussetzungen zur Akkumulation beträchtlicher Vermögen bestanden.

ZITAT

Ein anonymer Zeitgenosse berichtet über den Ciompi-Aufstand 1378 in Florenz:
Am 18. Juni kam der Signoria zu Ohren, dass verschiedene Anführer des popolo minuto ... versuchten, eine große Versammlung zu organisieren. Andertags um drei Uhr traten die Kollegien zusammen ... Als man gehört hatte, wie sich die Sache verhielt, beschloss man, in der Nacht einige zu verhaften, und so geschah es. Vier wurden verhaftet und der Folter unterworfen, worauf sie ein umfassendes Geständnis ablegten.

Überhaupt stellte die Beteiligung am Handel die wohl größte Chance zur Kapitalbildung und damit zum sozialen Aufstieg dar. So wurden teilweise auch die Faktoren, die Leiter der großen Handelsgesellschaften, von diesen mit zunächst kleinen Beträgen an den Unternehmungen und damit am Gewinn beteiligt, sicherlich auch um das Eigeninteresse an den Geschäften zu wecken. Weiterhin entschieden die Ehre beziehungsweise die Ehrbarkeit (äußerlich verdeutlicht z. B. in Statussymbolen und Prozessionsordnungen) und die regional unterschiedliche soziale Bewertung des Berufs über die soziale Stellung. Hinweise auf die Vermögen bieten überlieferte Steuerverzeichnisse, die jedoch bei weitem nicht flächendeckend vorliegen; in nicht wenigen Fällen lassen sie auch nicht die Art und Weise der Steuererhebung und die eventuell unterschiedliche Belastung von immobilen und mobilen Vermögenswerten erkennen.

Mit der modellhaften Vorstellung (Erich Maschke) von der Drei- beziehungsweise Vierteilung der städtischen Gesellschaft – Oberschicht, (obere und untere) Mittelschicht und Unterschicht – lassen sich wohl noch am ehesten überregionale Vergleiche anstellen; die Diskussion um die soziale Schichtung und die zu verwendenden Modelle ist jedoch keineswegs abgeschlossen. Allgemein zu beobachten sind, wenn auch mit deutlichen Unterschieden, die Tendenz zur Abschließung der Ober-

INFOBOX

Guelfen und Ghibellinen
Guelfen und Ghibellinen hießen in Italien die beiden großen Parteien, deren Entstehung auf die Kämpfe zwischen Anhängern des Welfen Otto IV. und des Staufers Friedrich II. in den Jahren 1212–18 zurückging. Die Geschlechternamen »Welfen« und »Waiblinger« (nach dem alten staufischen Besitz Waiblingen) wurden im Italienischen zu Guelfi und Ghibellini. Die päpstlich gesinnten Gegner des Kaisertums, die Guelfen, standen den Anhängern des Reiches, den Ghibellinen, gegenüber, zuerst um 1240 in Florenz. Nach dem Untergang der Staufer (1268) wurde die Bezeichnung auf andere politische und soziale Gegensätze übertragen, so auf die ständischen zwischen Volkspartei (Guelfen) und Adel (Ghibellinen). Beide Bezeichnungen wurden auch im 14. Jh. beim Streit zwischen dem Kaiser und der Kurie gebraucht. Obwohl 1334 von Papst Benedikt XII. verboten, blieben sie als Namen in den italienischen Städten bis ins 17. Jh. lebendig.

Europa im Mittelalter

schicht, des in der frühen Neuzeit so bezeichneten Patriziats, beziehungsweise die Aufnahme nur weniger neuer Familien in die städtische Führungsschicht und ihr Bestreben, die eigene Lebensführung an die des Adels anzugleichen, was mitunter zum Verlassen der Stadt führte. Auch der in etlichen Städten im Spätmittelalter beginnende Verdrängungsprozess der zeitlich ersten Führungsschicht verlief uneinheitlich. Die ursprünglich machtbesitzende Oligarchie konnte sich in der herkömmlichen Form meist nicht behaupten.

Die in den Steuerlisten als »arm« bezeichneten Bürger sind dies zunächst nur in steuertechnischer Hinsicht, das heißt, sie wurden nicht zur Vermögenssteuer veranlagt. Von ihnen zu unterscheiden ist die oft große Gruppe der von einer nach wie vor stark kirchlich geprägten Almosenvergabe oder Ähnlichem abhängigen Bewohner, deren Eigenmittel sie stets an oder schon unter der Grenze des Existenzminimums leben ließ. Allerdings konnten in

Der politisch letztlich erfolglose Rheinische Städtebund (1254–57) bemühte sich um die Wahrung des Landfriedens und die Verhinderung neuer Zollstellen, denn beides waren wichtige Bedingungen für den gewachsenen Handel. Eine der ihm angehörenden Städte war Nürnberg (Kupferstich von 1645; Barcelona, Bibliothek von Katalonien).

den immer wieder auftretenden Krisen der vorindustriellen Agrarwirtschaft große Teile der Einwohnerschaft, gerade auch der Handwerker, ihre materielle Lebensgrundlage verlieren. In solchen Zeiten wurde die verbilligte Ausgabe von Lebensmitteln, vor allem von Brot, als Aufgabe des Rates angesehen, der seinerseits Hungerrevolten besonders zu fürchten hatte.

Nicht im Besitz des (vollen) Bürgerrechts waren Geistlichkeit und, soweit sie in den Städten geduldet wurden, die Juden. Beide Gruppen zählten aber keineswegs zur Unterschicht, zu der Gesellen, Knechte, Mägde sowie Randständige (z. B. Angehörige unehrlicher Berufe) und Außenseiter gehörten, die nicht in jedem Fall ökonomisch arm sein mussten.

Innerstädtische Unruhen
Die ausgeprägte Sozialdifferenzierung der Einwohnerschaft war eine wesentliche Voraussetzung für die zahlreichen Stadtunruhen des Spätmittelalters. Meist ging es

Die Angehörigen der städtischen Oberschichten des späten Mittelalters werden Patrizier genannt. Zumeist reiche Kaufleute oder vom Land zugezogene Adlige, bildeten sie die ratsfähigen Geschlechter (Albrecht Dürer, Porträt des Nürnberger Kaufmanns Hans Tucher, 1499; Weimar, Stiftung Weimarer Klassik und Kunstsammlungen).

dabei entweder um die Teilhabe ökonomisch aufsteigender Gesellschaftsgruppen an der Macht oder aber um Aktionen gegen obrigkeitliche Tendenzen des Stadtregiments. Auch die Steuer- und Finanzpolitik des Rates konnte Konflikte auslösen. Um überhaupt führende städtische Ämter wahrnehmen zu können, war ein gewisses Vermögen unabdingbar, denn bei diesen meist ehrenamtlichen, aber zeitaufwendigen Tätigkeiten durfte man nicht auf tägliches Einkommen angewiesen sein. Häufig stand am Ende der Konflikte eine Erweiterung des Kreises der ratsfähigen Familien unter Beibehaltung der bestehenden politischen Strukturen. Beispielsweise öffnete der nach der Beseitigung der Geschlechterherrschaft in Köln 1396 erlassene Verbundbrief den Rat ebenso wie sonstige Gremien potenziell allen Mitgliedern der Gaffeln, bei denen es sich in diesem Fall um eine Art politischer Zünfte handelte.

Allerdings zeigten sich bald Probleme, für die zu besetzenden Positionen und zu bewältigenden Aufgaben geeignete Personen zu finden, die über genügend Zeit (Vermögen) und Wissen verfügten. Auch dies erleichterte im folgenden Jahrhundert eine allmähliche Rücknahme von einzelnen Bestimmungen durch die sicherlich breiter gewordene, nicht mehr homogene Führungsschicht. Es handelte sich bei allen diesen innerstädtischen Unruhen noch nicht um schichtenspezifische Auseinandersetzungen oder gar »Klassenkämpfe«, zu unterschiedlich waren gerade die aufständischen Gruppen zusammengesetzt; Ansätze zu solchen schichtenspezifischen Konflikten sind am ehesten in den hoch entwickelten norditalienischen Kommunen zu erkennen.

Weit verbreitet war die Entwicklung von berufsorientierten Handwerkerverbänden, deren Hauptaufgabe die Regelung ökonomischer Interessen innerhalb des jeweiligen Verbandes war. Hinzu kamen die Außenvertretung gegenüber anderen Zünften und dem Stadtregiment sowie geistliche Aufgaben (z. B. Stiftungen für das Totengedenken verstorbener Mitglieder) und soziale Verpflichtungen (z. B. Unterstützung kranker Mitglieder). Waren die Zünfte zu Beginn noch relativ offen, schlossen sie sich gegen Ende des Mittelalters immer stärker ab, um die Interessen der augenblicklichen Mitglieder auch gegen (ungewollte) potenzielle Konkurrenz beitritts-

ZITAT

Die Chronik der Stadt Straßburg berichtet über das Wüten der Pest im Jahr 1349:
Daz sterben was so gros daz gemeinlich alle tage in iegelichem kirspel liche worent 7 oder 8 oder 9 oder 10 oder noch danne me, one die man zuo kloestern begruob und one die die man in den spital druog: der waz als unzellich vil, daz man die spitelgruobe die bi der kirchen stuont, muoste in einen witen garten setzen, wann die alte gruobe zuo enge und zuo klein waz....

s. ZEIT Aspekte
Zünfte S. 590

williger Interessenten zu verteidigen; das Problem der Überbesetzung bestimmter Berufe stellte sich regional unterschiedlich dar. Allerdings empfanden auch Teile der Mitgliedschaft die Regelungsdichte und die Beschränkungen der Produktionsausweitung und -intensivierung als hinderlich für ihre wirtschaftlichen Interessen.

Ähnliche Organisationsformen kannten die Kaufleute bereits seit dem Hochmittelalter mit den ursprünglich stärker bruderschaftlich denn ökonomisch ausgerichteten Gilden. Die ältesten Statuten von Kaufmannsgilden sind aus Saint Omer und Valenciennes vom ausgehenden 11. Jahrhundert überliefert. Letztlich änderte sich an den realen Machtstrukturen innerhalb einer Stadt aber auch dann nur wenig, wenn es gelang, die führenden Stadtbürger dem Zunftzwang zu unterwerfen, da diese sich in eigenen Gruppen wie den Basler Herrenzünften zusammenschlossen und ohnehin für die Masse der Handwerksmeister eine hochrangige Ratsposition schon wegen ökonomischer Zwänge nicht wirklich erreichbar war.

Häufig boten neben allgemeinen Krisen die Finanzpolitik, insbesondere Steuererhöhungen oder steigende Ungeldbelastungen (indirekte Steuern) durch den Rat, den Anlass für innerstädtische Unruhen, wobei das zentrale Problem wohl die Geheimhaltung der kommunalen Finanzen gegenüber der Bürgerschaft war und nicht ein prinzipiell verantwortungsloser oder gar korrupter Umgang mit den Haushaltsgeldern. Allerdings konnten unglücklich gewählte »außenpolitische« Optionen erhebliche finanzielle Belastungen für die gesamte Bürgerschaft nach sich ziehen. Die Mehrzahl der kleineren und mittleren Kommunen war dagegen in die Territorial- beziehungsweise Landespolitik eingebunden, ihr Freiraum war gering.

Der heilige Sebastian, ein von Pfeilen durchbohrter Märtyrer, wurde im Mittelalter zum viel verehrten Pestpatron, wobei die Pfeile für die Gläubigen die Pestpfeile symbolisierten, mit denen die Pestengel die Seuche über die Menschen brachten (Hans Holbein d. Ä., Mitteltafel des Sebastiansaltars, 1516; München, Alte Pinakothek).

Der florentinische Ciompi-Aufstand und der Braunschweiger Aufstand

Der florentinische Ciompi-Aufstand von 1378 folgte auf eine Versorgungskrise in der ersten Hälfte des Jahrzehntes und anschließende kostspielige militärische Auseinandersetzungen mit päpstlichen Truppen sowie mit Mailand. Die städtische untere Mittelschicht hatte sich noch vor der Jahrhundertmitte in arti minori (niedere Zünfte) organisiert und einzelne Vertreter der kleinen

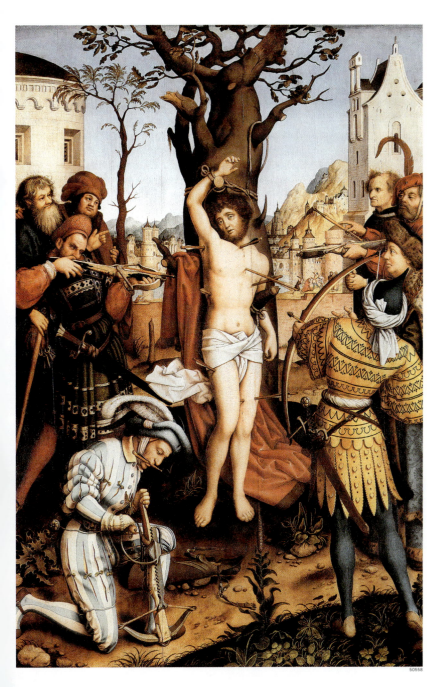

Siena stieg im 12. Jh. zu großer politischer und wirtschaftlicher Bedeutung auf. Der Besitz von nahe gelegenen Silberminen ließ das Geldgeschäft blühen; Sieneser Bankhäuser gehörten zu den ältesten und zahlungskräftigsten Europas (Siena, Palazzo Pubblico, 1297–1307 als Amtssitz des Podestà und Versammlungsort des Stadtrates errichtet).

Handwerker und Kaufleute waren in die traditionell von Bankiers und Großhändlern beziehungsweise Unternehmern, dem popolo grasso, gebildete Führungsschicht gelangt. Zahlreiche Handwerker im dominierenden Wollgewerbe waren von Unternehmern abhängig geworden. In der schlechtesten ökonomischen Situation befanden sich die Lohnarbeiter, die der Erhebung den namengebenden ciompi (»Wollkämmer«).

Zunächst setzte sich Salvestro Medici an die Spitze des Aufstandes, ein Indiz für die tief greifenden Spannungen zwischen den Familien der Oberschicht, bevor sich die einer Eigendynamik folgende Bewegung gegen die ökonomisch dominierenden Familien richtete. In dieser Situation zeigten sich typische Differenzen zwischen radikaleren und verhandlungsbereiten Aufständischen, letztere zielten zumeist auf konkrete Verbesserungen ihrer sozialen Lage, weniger oder kaum auf umfassende politische Reformen. Die ciompi wurden geschlagen, aber erst 1382 konnte das alte Regiment wieder hergestellt werden.

Die Bemühungen um verstärkte Teilhabe am städtischen Regiment konnten auch einander benachbarte Städte zum indirekten Eingreifen veranlassen: Der Braunschweiger Aufstand von 1374 in finanziell gespannter Lage – Anlass war nach dem Bericht des Chronisten ein Gerücht, dass der Rat die zu gemeinsamen Verhandlungen erschienenen Gildemeister verhaften lassen wollte – gipfelte in der Hinrichtung einiger und der Vertreibung weiterer Mitglieder der städtischen Führungsschicht. Diese erreichten von anderen Hansestädten, so Lübeck, Hamburg und Lüneburg, deren Rat natürlich ähnliche Vorkommnisse fürchtete, den Ausschluss Braunschweigs aus der Hanse, die Verhansung, die erst nach Wiederherstellung des inneren Friedens und Ausgleichsverhandlungen aufgehoben wurde.

Die Große Pest
Einen scharfen demographischen Einschnitt brachte sowohl auf dem Land wie auch in fast allen Städten die Große Pest von 1347–52, auch wenn das Bevölkerungswachstum bereits zuvor zurückgegangen war. Europäischen Boden erreichte die Pest nach den Epidemien des Frühmittelalters erstmals wieder 1347 über Caffa, eine genuesische, von den Tataren belagerte Handelsniederlassung auf der Krim. Mit den fliehenden, bereits infizierten Kaufleuten und Schiffsbesatzungen kam die Seuche 1347/48 als Lungen- und Beulenpest zunächst in die italienischen Seehäfen und verbreitete sich rasch über Europa. Die Erkrankung war weder medizinisch bekannt noch irgendwie heilbar, als wirksamster Schutz erwies sich die Flucht auf das dünn besiedelte Land.

Die Seuche folgte den wichtigen Handelswegen, über See schneller als über Land. Noch 1348 war Spanien erreicht, ebenso Paris und die kontinentalen Häfen am Ärmelkanal, von wo aus England, Skandinavien und Teile

> **ZITAT**
> **1368 kam es in Augsburg zu einem Handwerkeraufstand gegen das patrizische Stadtregiment:**
> *Nach Christi gepurt 1368 jar an sant Severi episcopi... wapnoten sich hie zuo Augspurg alle hantwerck und namen die nacht alle thor ein... sie wöllten nach guotem frid stellen und zunft haben der stat zuo eern und zuo nutz, ... das sagten sie den hantwerckern. da kamen sie herwider und sprachen, sie wöllten haben die slüssel zuo dem Berlachthurn, datzuo die slüssel zuo dem gewelb, und der stat insigel und das buoch.*

Norddeutschlands infiziert wurden. Im Reich begann das Große Sterben 1349, wobei einige Städte wie höchstwahrscheinlich das zentral gelegene Nürnberg, wo die Pest erstmals 1359 sicher nachgewiesen ist, und weite Teile Ostfrankens, Böhmens und Schlesiens verschont blieben. Verlässliche Angaben über die Zahl der Pesttoten fehlen meist und dürften auch nicht mehr rekonstruierbar sein. Meist rechnet man mit Bevölkerungsverlusten von zwanzig bis fünfzig Prozent, eine Annahme, die wohl zu hoch gegriffen ist. Generell unvereinbar sind die quantitativen Angaben zeitgenössischer Quellen und der Historiker mit den Überlegungen der Mediziner über die Verbreitungs- und Ansteckungsmöglichkeiten, die auf diesem Weg zu deutlich niedrigeren Zahlenwerten kommen.

Auf jeden Fall dürfte die herannahende Katastrophe erhebliche psychische Belastungen verursacht haben, während die fast überall im Reich initiierten Judenpogrome zumeist vor dem Auftreten der Seuche in der jeweiligen Stadt begannen. Die Vermögen wurden in großem Maße erbrechtlich umverteilt und konzentrierten sich auf überlebende Familienmitglieder, die Nachfrage nach Arbeitskräften und die Bereitschaft zur Zahlung höherer Löhne wuchs, trotz der zahllos erlassenen Lohntaxen. Allgemein von einem »goldenen Zeitalter« der Lohnarbeit oder der Handwerker zu sprechen dürfte jedoch übertrieben sein, zu bescheiden blieben die materiellen Bedingungen, zu allgegenwärtig trotz gelegentlicher Üppigkeit die Gefahr des Absinkens in Armut. Auch fielen die Getreidepreise erst mit zeitlicher Verzögerung, allerdings anhaltend.

Nach 1352 periodisch folgende Epidemien sind nicht immer als Beulenpest identifizierbar; das in den Quellen der Zeit benutzte Wort »Pestis« bedeutet ganz allgemein »Seuche«. Jedenfalls trugen sie bei zum anhaltenden Bevölkerungsrückgang; die Städte blieben auf Zuwanderung dringend angewiesen.

Auch wenn es den Anschein erwecken könnte, ist die Geschichte einer Stadt im Spätmittelalter keine Geschichte der fortdauernden kommunalen Krise. Allerdings wurden die Störfaktoren von den Zeitgenossen (wie heute noch) aufmerksam registriert. Die Städte konnten vielmehr ihre ökonomische Stellung noch ausbauen. Die Vielzahl neu erbauter Rathäuser und weiterer repräsentativer Gebäude wie auch Ansätze zur Verbesserung der hygienischen Verhältnisse und des Wohnumfeldes bezeugen nicht zuletzt städtisches Selbstbewusstsein und finanzielle Leistungskraft.

Ulf Dirlmeier und Bernd Fuhrmann

Wüstungen und Weideland: Landwirtschaft im späten Mittelalter

Die europäische Landwirtschaft des 12. und 13. Jahrhunderts zeichnete sich durch ein geradezu boomartiges Wachstum aus. Um 1300 waren die Grenzen des Ausbaus erreicht. Die Große Pest, die 1348 bis 1352 in ganz Europa wütete, war nicht allein Ursache für die Agrardepression des 14. Jahrhunderts; allerdings verschärfte sie dramatisch die seit der Jahrhundertwende schleichende Krise.

Erosion und Erschöpfung der Böden und auch schon Mangel an den natürlichen Ressourcen waren die Folgen der extensiven Bodennutzung auf Kosten von Wald, Gras- und Torfland. Lange Winter und kalte, nasse Sommer kündigten das Ende der günstigen Klimaperiode an. Ein allgemeiner Temperaturabfall auf der Nordhalbkugel um 0,5 Grad Celsius im Jahresmittel brachte langfristig erhebliche Verschiebungen im Vegetationsgefüge und in der Landwirtschaft. Schlechte Ernten in den Jahren 1315

Um 1400 begann in Europa eine Periode der Klimaverschlechterung, die bis etwa 1900 dauerte und kühle, feuchte Sommer sowie kalte, schneereiche Winter brachte (Pieter Bruegel d. Ä., Jäger im Schnee, um 1565; Wien, Kunsthistorisches Museum).

bis 1317 und infolgedessen Nahrungsknappheit in weiten Teilen Mitteleuropas waren noch Vorboten. Bezeichnender ist, dass im 14. Jahrhundert der Weinanbau in England praktisch aufgegeben wurde, an der Nordseeküste der ansteigende Meeresspiegel besiedeltes Land auf Dauer überspülte und die alpine Besiedelung sich in gemäßigtere Lagen zurückzog.

Der Bevölkerungsschwund durch die Pest traf zwar die ländlichen Gebiete nicht in gleichem Maße wie die Städte. Weil aber der Getreideabsatz von der städtischen Nachfrage abhing, brach der Getreidemarkt zusammen (während gleichzeitig die Preise für die gewerbliche Produktion stiegen), mit katastrophalen Folgen für die bäuerliche Bevölkerung. Höfe und Fluren, ganze Dörfer wurden verlassen. Von etwa 170 000 Dörfern im deutschen Siedlungsraum (in den Grenzen von 1937) existierten am Ende des 15. Jahrhunderts 40 000 nicht mehr. In anderen Ländern, insbesondere dort, wo im 12. und 13. Jahrhundert der Landesausbau energisch vorangetrieben worden war, ist das Bild ähnlich.

Gerade die jungen Siedlungen, die in schwierigem Sumpf- und Rodungsland neu gegründet worden und nicht immer rentabel waren, wurden zuerst wieder aufgegeben. In Frankreich trafen zudem die Kriege des 14. und 15. Jahrhunderts die Landwirtschaft schwer. Im fruchtbaren Pariser Becken fielen die Erträge um mehr als die Hälfte. In vielen Landschaften Europas mündete der Siedlungsprozess des hohen Mittelalters in den Wüstungsprozess des Spätmittelalters. Entsprechend breitete sich in den Wüstungszonen der Wald wieder aus (während im Umland der großen Städte durch verordnete Aufforstungs- und Hegemaßnahmen dem Raubbau am Wald gegengesteuert werden musste).

Felder werden zu Weiden
Die spätmittelalterliche Landwirtschaft passte sich an die veränderte Konjunkturlage an. Der Getreideanbau wurde stark eingeschränkt; an seine Stelle traten lohnendere Spezialkulturen oder weniger arbeitsintensive Weidewirtschaft. Denn die Städte, die aus der demographischen Katastrophe wirtschaftlich gestärkt hervorgingen, hatten enormen Bedarf an anspruchsvolleren Nahrungsprodukten wie Fleisch und Milcherzeugnissen und an

Europa im Mittelalter

Rohprodukten zur gewerblichen Weiterverarbeitung. Der Flachsanbau zog sich von Irland über Nordwestfrankreich und Flandern bis nach Westfalen und Sachsen, in den Moselraum und nach Schwaben. Gemüse und Obst wurden vermehrt angebaut, ebenso wie Futterpflanzen (Wicken, Futterrüben), da bei intensivierter Viehzucht die natürliche Weide nicht ausreichte.

Radikal, ja zum Teil gewaltsam war der Strukturwandel in der englischen Landwirtschaft. Das profitable Wollgeschäft veranlasste die Grundherren, nicht nur verlassene Fluren, sondern sogar Gewinn bringendes Ackerland rücksichtslos in Weideland für Schafe umzuwandeln. Ganze Siedlungen verschwanden in den Midlands, in Yorkshire und Lincolnshire, ein Viertel aller Dörfer in England. »Die Schafe fressen die Menschen auf«, hieß es im 16. Jahrhundert nicht ohne Polemik: Sheep have eaten up our meadows and our downs, / Our corn, our wood, whole villages and towns. Tatsächlich konnten die Millionen von Schafen – an Zahl das Dreifache der Bevölkerung Englands – die durch sie mittellos gewordenen und entwurzelten Ackerbauern in Angstzustände versetzen. Im Zuge der expansiven Schafwirtschaft entstanden die Einhegungen der Weiden und

Um 1570 wurde in den Niederlanden die Tulpe, eine aus dem Orient eingeführte Gartenpflanze, bekannt. Seitdem wurde das Land zum europäischen Zentrum der Tulpenzucht, die in Deutschland 1647 von niederländischen Emigranten begonnen wurde (Niederlande, Tulpenfeld mit Windmühle).

Bier, ein wichtiges Nahrungsmittel des Mittelalters, war ein bedeutendes Exportprodukt. Bremen war im 14. Jh. der Hauptlieferant für Holland, England und Skandinavien. Die Hanse lieferte Bier bis nach Indien. In Hamburg gab es um 1500 etwa 600 Brauereien (mittelalterlicher Bierbrauer beim Abfüllen des Getränks).

Felder mit Hecken, Mauern und Gräben (enclosures), die in den ländlichen Gebieten Englands bis heute zum typischen Bild gehören.

England, dessen Wolle schon im 12. Jahrhundert in Flandern und Brabant verarbeitet wurde, blieb das Hauptexportland für Wolle und belieferte die gesamte europäische Tuchindustrie. Erst danach folgte Spanien, das dank des Merinoschafs im 14. Jahrhundert ebenfalls Wollausfuhrland wurde. Auch hier waren die hohen Wollpreise ausschlaggebend dafür, dass die Schafzucht den Ackerbau zurückdrängte.

Differenzierung der Getreidenachfrage –
Fruchtwechselwirtschaft
Umstürzende Veränderungen erfuhr die frühneuzeitliche Agrartechnik bis zur Industrialisierung nicht mehr. Wohl aber wurden die im Mittelalter angeeigneten Methoden

und Techniken weiterentwickelt und verfeinert, und natürlich blieb die Landwirtschaft auch weiterhin an die allgemeine Konjunktur gekoppelt. Das Preisniveau des Getreides reagierte stets unmittelbar auf die Bevölkerungszu- oder -abnahme. Um nur die gesamteuropäischen Entwicklungen zu nennen, wobei viele regionale Besonderheiten unberücksichtigt bleiben: Ab dem späten 15. Jahrhundert bis nach 1600 nahm die Bevölkerung zu, die Getreidepreise stiegen schneller als die Preise für tierische Produkte und die Löhne. In der zweiten Hälfte des 17. Jahrhunderts kam es zu Preisverfall und Agrardepression infolge des Bevölkerungsschwundes. Seit etwa 1750 nahm die Landwirtschaft analog zur steil ansteigenden Bevölkerungskurve wieder rasanten Aufschwung. Die Viehwirtschaft verhielt sich in der Regel antizyklisch zum Getreideanbau: Der spätmittelalterliche Trend zu Viehzucht und Spezialkulturen – extrem ist der »Tulpenboom« in Holland – hielt im Ganzen bis ins 18. Jahrhundert an; erst dann konnte die Getreidewirtschaft wieder an Boden gewinnen.

Es gab stets nur relative Nachfrageschwankungen. Getreide blieb das Hauptnahrungsmittel auch in der frühen Neuzeit. Roggen und Weizen für Brot, Gerste für Bier, das in Nordeuropa ein wichtiger Bestandteil der täglichen Ernährung war, und Hafer als Pferdefutter. Roggen wurde hauptsächlich in Nord- und Osteuropa angebaut, während im Süden der Weizen vorherrschte. Überall aber bevorzugten der Adel und allgemein die ge-

Pieter Bruegels d. Ä. Gemälde »Bauernhochzeit« feiert das ländliche Leben und lässt den Aufwand erkennen, den einst besonders die bäuerliche Bevölkerung für Familienfeste trieb (um 1568; Wien, Kunsthistorisches Museum).

hobenen Schichten das hellere Weizenbrot, sodass der Weizen geradezu zum sozialen Indikator wurde.

In England überwog der Weizenverbrauch in den Städten, in großbäuerlichen Familien und im Süden des Landes, während der ärmere Norden und insbesondere die kleinbäuerliche Bevölkerung sich in der Hauptsache von Roggen und Gerste (von Letzterer auch als Brotgetreide) ernährten. Wenn um 1700 der Weizenanteil gegenüber Roggen, Gerste und Hafer nur 38 Prozent ausmachte, am Ende des Jahrhunderts aber über sechzig Prozent, so ist dies ein Indiz für den Aufschwung der englischen Landwirtschaft im 18. Jahrhundert. Im agrarwirtschaftlich rückständigen Schottland war noch bis ins 19. Jahrhundert der Hafer das Hauptnahrungsmittel für den größten Teil der Bevölkerung.

Angebaut wurde in einem verbesserten Dreifeldersystem, bei dem die Brache durch Futteranbau ersetzt wurde, oder im komplizierteren Fruchtwechsel, der sich von Flandern und Brabant über ganz Europa ausbreitete. In vierjähriger Rotation, besonders erfolgreich in England betrieben (Norfolk-System), folgten nacheinander Weizen oder Roggen, Rüben, Gerste und Klee als Grünfutter, oder im sechsjährigen Wechsel Weizen, Gerste, Rüben, Hafer, Futterklee bis zum Sommer, danach Winterweizen. Da die Brache entfiel, musste mit Mist oder Mergel gedüngt werden. Weniger belastend für den Boden war es, wenn nach jedem Zyklus ein Brachjahr eingeschoben wurde.

Internationaler Agrarmarkt
Mit dem Ausbau der europäischen Städtelandschaften im hohen Mittelalter war Getreide zur bedeutenden Handelsware geworden, die zunächst kleinräumig vom Umland in die nächste Stadt, bald aber schon über große Entfernungen aus Überschussgebieten in Mangelgebiete geliefert wurde. Dies galt nicht nur in Zeiten akuter Nahrungskrisen, wie 1590/91 in Norditalien, als Getreide kurzfristig aus Holland, England und Danzig geordert werden musste. Die großen Städte in den Ballungsgebieten Flanderns und der Lombardei führten regelmäßig, zumeist auf dem Seeweg, Getreide ein.

Die Hauptachse des Handels verlief von den Anbauregionen der Ostseeländer zu den Märkten in West- und

Der Getreidepreis reagierte im Mittelalter stets unmittelbar auf die Zu- oder Abnahme der Bevölkerung (Adriaen Brouwer, Kopf eines Bauern und einer Bäuerin, Radierung 1642; Brüssel, Bibliothèque Royale Albert Ier).

Südeuropa, von Danzig nach Amsterdam. Die Zollregister protokollieren von 1497 bis 1660 im Jahresdurchschnitt 2500 Schiffspassagen durch den Sund, bis zum Ende des 18. Jahrhunderts sogar über 4000 Durchfahrten im Jahr. Amsterdam war die Hauptdrehscheibe des Getreidehandels; hier wurden im 17. und 18. Jahrhundert die europäischen Getreidepreise »gemacht«.

Gemessen am Gesamtbedarf der Bevölkerung war das Handelsvolumen freilich eher gering; der Import baltischen Getreides ernährte weniger als eine Million Menschen. Hauptlieferanten waren also nach wie vor die lokalen Erzeuger. Amsterdam selbst bezog mehr Getreide aus seinem »Hinterland«, aus Flandern, Nordfrankreich und dem Rheinland, als über den Ostseehandel.

Dagegen hing die Fleischversorgung der Städte ganz wesentlich von ausländischen Importen ab. Seit dem späten Mittelalter wurden Rinder aus den Aufzuchtgebieten in Dänemark, Südschweden, Schleswig-Holstein, Polen, Böhmen und Ungarn zu den westlichen Märkten getrieben. Über viele Hundert Kilometer kamen die Viehtriften in jedem Jahr aus den nördlichen Erzeugerländern in die Niederlande und nach Norddeutschland bis nach Köln, aus den südöstlichen Gebieten nach Frankfurt und

Das seit dem Ende des 13. Jh. rasch wachsende Danzig verfügte über Handelsbeziehungen, die sich von Flandern bis Nowgorod erstreckten sowie über Polen und das Kiewer Reich bis nach Byzanz reichten. Die Abbildung zeigt eine Allegorie von Isaak van den Block auf Danzig und sein Hinterland, die Kornkammer Europas (1608; Gent, Stadtarchiv).

weiter nach Süden bis in die oberitalienischen Städte. Um 1600 wanderten jährlich allein 40 000 dänische Mastochsen auf die norddeutschen und niederländischen Märkte.

Die Verflechtung der Agrarmärkte ließ die regionalen Profile umso deutlicher hervortreten. Von flandrischen Viehzüchtern profitierten die nördlichen Mast- und Milchwirtschaften, von holländischen Gartenbauexperten die Gemüsegärtnereien im Umland der Großstädte; berühmt waren die Gemüseplantagen vor Amsterdam und Paris sowie die südenglischen Gärtnereien, die den Londoner Gemüsemarkt (seit 1671 am Covent Garden) mit einer einzigartigen Produktvielfalt belieferten. In einigen Gegenden wurden im späten 18. Jahrhundert, ausgehend von Irland, schon Kartoffeln angepflanzt. Als

Konkurrenz zum Getreide zunächst abgelehnt, wurde der Kartoffelanbau in Deutschland durch die Hungersnot 1771/72 beschleunigt.

Die wachsende Produktivität der Landwirtschaft und der international ausgreifende Handel mit Agrargütern trugen insgesamt dazu bei, dass seit der Mitte des 18. Jahrhunderts der Hunger in Europa allmählich seinen früheren Schrecken verlor. England war zum modernsten, schon kapitalistisch geprägten Agrarland aufgestiegen. Hier waren vor 1800 die ersten Sämaschinen im Einsatz, die Mäh- und die Dreschmaschine eben in der Entwicklung, Vorboten eines neuen Zeitalters, in dem die Maschine auch die Landwirtschaft revolutionieren würde. *Arnold Bühler*

Neue Zentren:
Die Herausbildung der europäischen Staatenwelt

Im Spätmittelalter veränderte sich die politische Landkarte West- und Mitteleuropas ganz erheblich, ohne dass man sich die Entwicklung zu den neuzeitlichen Staaten als linear verlaufend vorstellen darf. Das französische Königtum konnte, von der Île-de-France ausgehend, sein direktes Herrschaftsgebiet zunächst erheblich ausweiten. Im Hundertjährigen Krieg gingen aber große Teile des Territoriums an die Herrscher Englands verloren, zu Beginn des 15. Jahrhunderts war das Reich faktisch dreigeteilt. Der am Ende für die Krone Frankreichs doch noch glückliche Ausgang der Kämpfe schuf dann die Voraussetzung zur weiteren Expansion der Königsmacht, zunächst im Süden. Umgekehrt wirkte der Verlust der Festlandsposition destabilisierend auf die inneren Verhältnisse Englands. Die Schwächung der Zentralgewalt mündete in die Thronstreitigkeiten der Rosenkriege.

Zusätzlich begünstigt wurde die französische Position durch den Tod Karls des Kühnen und den damit gescheiterten Versuch, ein souveränes Burgund zu etablieren. Burgund, ein anschauliches Beispiel für Entwicklungsbrüche, stieg in kurzer Zeit zu einer der führenden europäischen Mächte mit großem Wirtschaftspotenzial auf, wurde jedoch nur durch die Person des Herzogs zusammengehalten. Nach dem Tod Karls des Kühnen fiel der überwiegende Teil des Erbes in die Hände der Habsburger. Die französischen Herrscher profitierten nur in geringerem Maße, und ein neues Konfliktpotenzial war entstanden, verstärkt durch die Ansprüche beider Mächte auf Oberitalien. Auf der Iberischen Halbinsel war die Teilung in Portugal und Spanien erst ein Ergebnis des späten 15. Jahrhunderts, wobei die Herrscher nur mit der Inquisition über eine das gesamte Land umfassende Zentralbehörde verfügten.

Spätestens seit dem Tod Friedrichs II. 1250 konnten die römisch-deutschen Herrscher ihre Ansprüche auf Oberitalien nicht mehr durchsetzen. Innere Probleme, Dynastiewechsel oder die räumliche Ausdehnung des Reiches bei den infrastrukturellen Gegebenheiten der Zeit ließen die tatsächliche oder auch nur behauptete Vorrangstellung obsolet werden. Dennoch blieb die Kaiserkrone noch jahrhundertelang Ziel nicht nur der deutschen Könige. Auch die französischen Herrscher bemühten sich mehrfach um ihren Erwerb. Dazu hätten sie aber zuerst die Wahl zum römisch-deutschen König durchsetzen müssen.

Man sieht, welche Bedeutung die Verbindung von deutschem Königtum und Kaiserkrone weiterhin besaß. Besonders England und Frankreich mit der zeitweise, jedoch nie vollständig abhängigen Kurie in Avignon – überhaupt blieb die Kirche ein nicht zu unterschätzender Machtfaktor – gewannen weiter an politischer Bedeutung. Ein weitgehend selbstständiges politisches Gewicht gewann die Schweizer Eidgenossenschaft.

Wirtschaft und Bevölkerung
Trotz des zu Beginn des 14. Jahrhunderts einsetzenden, von einem Temperaturrückgang begleiteten sowie durch die Pest und andere Epidemien verstärkten demographischen Rückgangs verstärkten sich die Handelsbeziehungen in Europa weiter. Das Messe- und Märktesystem wurde mit Schwerpunktverlagerungen ausgebaut und vonseiten der Territorien intensivierte man »wirtschaftspolitische« Maßnahmen. So wuchs beispielsweise Lyon unter dem Schutz und der Förderung des französischen Königs auf Kosten von Genf zu einer der zentralen Messestädte heran. Allerdings sollten die im Fernhandel umgesetzten Warenmengen nicht überschätzt werden, auch

---
Im Spätmittelalter ging in militärischer Hinscht die Bedeutung des Lehnswesens gegenüber den Söldnerheeren beträchtlich zurück. Das Problem der Auflösung der Verbände nach Beendigung von Kriegen konnte nicht gelöst werden und marodierende Söldnertruppen blieben eine Plage der Bevölkerung (Landsknechte, Holzschnitt, 16. Jh.).

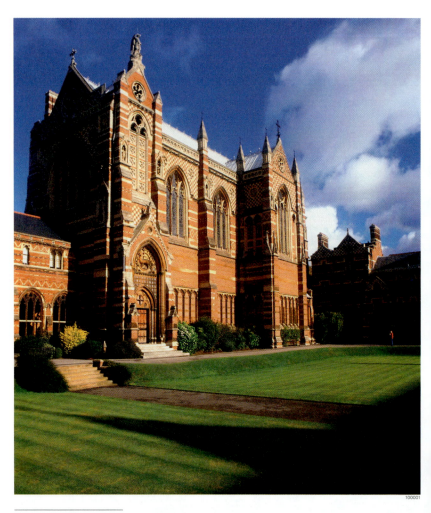

Mit der Universität bestand das Mittelalter noch bis in die Neuzeit. Neben den sich bereits damals international verstehenden Gesellschaften des Adels und des Klerus bildet sich die Gesellschaft der Gelehrten heraus (Oxford, Gebäude des Keble Colleges, gegründet um 1170).

wenn er zweifellos die Chancen zu bedeutenden Vermögensakkumulationen bot.

Verstaatlichung und Verrechtlichung
Neben den territorialen Veränderungen kam es zu deutlichen Wandlungen der inneren »Staats«-Strukturen, bei allerdings unterschiedlicher Intensität der Modernisierungstendenzen. Überall verdichtete sich Herrschaft, erkennbar unter anderem am unmittelbaren Zugriff von Herrschern auf die Bewohner und insbesondere auf de-

ren Steuerkraft unter Umgehung von Mediatgewalten, am Aufbau eines zentralen, den lokalen und regionalen Gewalten übergeordneten obersten Gerichts- und Justizwesens, an der Errichtung zentraler Finanzbehörden oder an der Verfügungsgewalt über die militärischen Aufgebote bis hin zum Aufbau eines stehenden Heeres. Dazu kamen die »Nationalisierung« kirchlicher Strukturen, die Zurückdrängung des unmittelbaren kurialen Einflusses und die Einbeziehung des Klerus in das Steuer- und Abgabensystem. Stark unterschiedlich blieb die Position der Stände in den einzelnen Reichen. Parallel zu diesen Entwicklungen lassen sich im 15. Jahrhundert zunehmend Belege für ein »Nationalgefühl« im Sinne des Bewusstseins einer überregionalen Identität in der sich neu formierenden Staatenwelt finden.

Eine Etappe auf dem Weg zur Zentralisierung bildete die Einrichtung von übergeordneten Behörden gerade im Finanz- und Justizwesen an möglichst wenigen Orten oder in nur einer Stadt eines Königreiches. Diese Behörden folgten den Herrschern nicht mehr bei der ansonsten weiterhin mobilen Herrschaftsausübung und sorgten so für kontinuierlicheres administratives Handeln. Das wachsende Gewicht dieser »Hauptstädte« zeigt sich zum Beispiel an der Bedeutung von Paris oder London während der Konflikte des 15. Jahrhunderts. Auch das englische parliament als Vertretung bestimmter Bevölkerungsschichten und das französische parlement, zunehmend als oberster Gerichtshof anerkannt,

---

INFOBOX

»Main de justice«

Die Geschichte Frankreichs ist im Mittelalter geprägt von der Geschichte der Krondomäne, der Île de France. Diese Keimzelle des französischen Staates wiederum war samt ihrem Mittelpunkt Paris eng mit dem Schicksal der Kapetinger verflochten. Bezeichnend ist, wie der Krönungseid des 987 auf den Thron gelangten Hugo Capet und seiner Nachfolger bis ins 14. Jh. hinein lautete: »Ich verspreche, dem Volke, das meiner Obhut anvertraut ist, Gerechtigkeit gemäß seinen Rechten widerfahren zu lassen.« Dieser kardinale Satz macht verständlich, warum der Herrscher Frankreichs bis ins 19. Jh. hinein der einzige Souverän in Europa war, der neben dem Szepter kein Schwert, sondern ein Gerichtssymbol, die »main de justice«, bei feierlichen Handlungen in Händen hielt.

> **INFOBOX**
>
> **Das »gemeine Recht«**
> Bedeutsam für die europäische Rechtsentwicklung war die Wiederentdeckung der römischen Rechtstexte, die Kaiser Justinian im später so genannten Corpus Iuris Civilis (Corpus des Bürgerlichen Rechts) 528–532 hatte kodifizieren lassen, durch Gelehrte der im 11./12. Jh. entstehenden Universität von Bologna. Diese wurde bald weltberühmt wegen ihrer Rechtsschule, an der Studenten aus ganz Europa studierten. Es waren dann auch diese Studenten, die nach dem Studium in ihren Heimatländern einflussreiche Stellungen in den Verwaltungs- und Justizbehörden einnahmen und das römische Recht durch praktische Anwendung etablierten (Juristenrecht). Im Unterschied zu den lokalen Sonderrechten wurde das überregional, also allgemein gültige römische Recht, das im Lauf der Jahrhunderte einheimische Elemente aufnahm, »gemeines Recht« genannt.

entwickelten sich zu zentralen Institutionen von Staatlichkeit. Dagegen verloren die französischen Stände ihren Einfluss auf die Steuererhebung. Nach 1439 wurden die Generalstände des Nordens weder bei der Erhebung direkter noch indirekter Steuern konsultiert, die des Südens waren letztlich einflusslos.

Eng verbunden mit diesen regelmäßigen Einkünften waren erste Ansätze stehender Heere. 1445 schuf man in Frankreich 15 »Ordonnanzkompanien«. In Burgund setzten sich diese Truppen anfangs überwiegend aus italienischen Söldnern zusammen. Überhaupt ging während des Spätmittelalters die Bedeutung des Lehnswesens im Krieg gegenüber Söldneraufgeboten beträchtlich zurück, wobei das Problem der regelmäßigen Soldzahlungen und der Auflösung der Verbände nach Beendigung der Kampfhandlungen nicht gelöst werden konnte und marodierende Söldnertruppen eine Plage der Einwohner blieben. Zu den gefragtesten und teuersten Söldnern stiegen im 15. Jahrhundert die eidgenössischen Reisläufer auf.

Wenn über die Entwicklung von Staatlichkeit gesprochen wird, kann das Königreich Sizilien Friedrichs II. nicht unerwähnt bleiben. Er entwickelte die Reformen seiner normannischen Vorgänger weiter zu einer klar gegliederten Verwaltung mit breitem Regelungsanspruch. Dazu zählten beispielsweise auch wirtschaftspolitische

Maßnahmen und hygienische Vorschriften. Außerdem sollte das öffentliche Inquisitionsverfahren ältere Verfahrensformen ablösen. Allerdings dürften viele Bestimmungen nicht durchgesetzt worden sein.

Der Einsatz von am römischen Recht geschulten Juristen führte zwar zu weiteren Vereinheitlichungstendenzen in den »Staaten«, dennoch regelten die nun häufiger schriftlich fixierten sowie modifizierten Lokal- und Regionalrechte noch bis in die frühe Neuzeit hinein viele Lebensbereiche; in Frankreich existierten weit über 200 derartiger Rechte, während in England starke Traditionen des Common Law bestanden. Zentrale Bedeutung erlangte das römische Recht wohl im bisher nur ungenügend geregelten Vertrags- und Handelsrecht. Es eröffnete den Herrschern aber theoretisch die Möglichkeit, Gesetze für alle Bereiche zu erlassen.

Die Verschriftlichung der Verwaltung war eine weit verbreitete Erscheinung, die sich zunehmend auch auf die unteren Ebenen erstreckte. Ein sehr frühes Beispiel bildet das unter normannischer Herrschaft erstellte Domesday Book, aus späterer Zeit sind in West- und Mitteleuropa unzählige Aufzeichnungen über Grundbesitz, Einkünfte, Rechte und Ähnliches der lokalen und regionalen, zum Teil auch der zentralen Behörden oder von Privatpersonen überliefert.

INFOBOX

Das »Grundgesetz« des Heiligen Römischen Reichs

Staatsrechtlich zentrales Merkmal des Heiligen Römischen Reiches Deutscher Nation war, dass es sich bei ihm um eine Wahlmonarchie handelte. Kaiser Karls IV. Goldene Bulle von 1356, benannt nach dem in der kaiserlichen Kanzlei verwendeten goldenen Siegel, stellte das wichtigste, bis zum Ende des Alten Reiches (1806) gültige Reichsgrundgesetz dar und regelte zugleich und erstmals die Wahl des Königs durch sieben Reichsfürsten – die Erzbischöfe von Mainz, Köln und Trier, der König von Böhmen, der Pfalzgraf bei Rhein, der Herzog von Sachsen und der Markgraf von Brandenburg. Als reichsrechtlich bestimmte »Kurfürsten« hatten sie nach dem Tod eines regierenden Königs einen Nachfolger zu wählen, um somit das Interregnum, die königslose Zeit, zu beenden und die Kontinuität der Herrschaft zu sichern. Dabei galt das Mehrheitsprinzip, womit künftige Doppelwahlen verhindert werden sollten.

Gerade Justiz und Verwaltung eröffneten Nichtadligen Aufstiegsmöglichkeiten. Mit Guillaume de Nogaret gelangte bereits 1310 ein Bürgerlicher unter Philipp IV. nach Absolvieren einer Ämterkarriere als Großsiegelbewahrer in das höchste Verwaltungsamt Frankreichs. Bedeutung und Zahl der Universitäten als Ausbildungsstätten auch für »Staatsbeamte« stiegen erkennbar an. Dennoch blieben Vorrechte des Adels, etwa der Anspruch auf prestigeträchtige Titularämter, bestehen. Allerdings reichte diese Qualifikation jetzt nicht mehr generell für eine Tätigkeit an der Verwaltungsspitze aus; für die meisten Adligen dürfte ohnehin die Kriegführung

Auf dem Wormser Reichstag von 1495 war es zwar zur Verkündung des »Ewigen Landfriedens« gekommen, doch blieb dies eher Absichtserklärung, denn das eigens eingerichtete und ständig tagende Reichskammergericht verfügte nicht über die Mittel, Landfriedensbruch zu bestrafen (Worms, Dom von Westen).

> **INFOBOX**
>
> **Reislaufen**
> Reislaufen hieß seit dem Spätmittelalter das Eintreten in den besoldeten fremden Kriegsdienst – nach den »Reisigen«, wie die schwer bewaffnetnen Soldaten im Mittelalter genannt wurden. Vom 13. bis zum 18. Jh. vor allem in der Schweiz üblich, wurde das Reislaufen mehrmals von den eidgenössischen Orten erfolglos verboten, dann durch »Kapitulationen« (Soldverträge) geordnet und schließlich 1859 durch Bundesbeschluss endgültig untersagt.

auch im Rahmen von Solddiensten die standesgemäße Beschäftigung geblieben sein.

Anders als in fast allen westeuropäischen Staaten, wo die Modernisierungstendenzen schließlich zu einer Stärkung der Zentralgewalt führten, blieben diese im Heiligen Römischen Reich weitgehend auf die Territorien beschränkt. Die vielfach geforderten Reformen führten nicht zu weiterer Zentralisierung, wie auch die Umsetzung der Beschlüsse des Wormser Reichstags von 1495, eventuell als eine Art staatlichen Überbaus zu bezeichnen, noch Jahrzehnte dauern sollte. Der Dualismus von Reichsständen und Krone entwickelte sich weiter. Bereits mit der Goldenen Bulle von 1356 waren die Rechte von Herrscher und Kurfürsten abgegrenzt worden. Dennoch ist eine derartige Machtverteilung auf mehrere Zentren nicht nur negativ zu beurteilen: Die kulturelle Vielfalt in den zahlreichen Residenzstädten hat hier ihre Wurzel. *Ulf Dirlmeier und Bernd Fuhrmann*

Typus und Individuum:
Die Struktur der Gesellschaft

Der Schweizer Kulturhistoriker Jacob Burckhardt (1818–97) hat den Unterschied zwischen Mittelalter und Moderne auf die bündige Formulierung gebracht: »Unser Leben ist ein Geschäft, das damalige war ein Dasein.« Geschäfte werden von Einzelnen gemacht, von jedem auf eigene Rechnung; »Dasein« bedeutet soziale Heimat, setzt die Einbindung in eine Gemeinschaft voraus, die den Einzelnen trägt und ihm Identität verschafft. Mittelalterliches Sozialleben wäre das Gegenteil von moderner Vereinzelung, die menschlichere Alternative zur Ellenbogengesellschaft? Nostalgische Projektionen fordern die nüchterne Bestandsaufnahme heraus.

Die mittelalterliche Gesellschaft schlechthin gibt es nicht, und auch nationale Gesellschaften formieren sich erst allmählich. Als die französischen Fürsten sich 1124 unter dem Eindruck der drohenden Invasion des »deutschen« Kaisers Heinrich V. unter dem Banner ihres Königs vereinten, als sich 1160 der Engländer Johannes von Salisbury über Weltherrschaftsattitüden des Stauferkaisers Friedrich I. empörte und fragte: »Wer hat die Deutschen zu Richtern über die Völker bestellt?«, waren dies frühe Regungen von Nationalgefühlen und nationalen Ressentiments. Aber es blieben singuläre Ereignisse und Einzelstimmen in besonders zugespitzter Situation, die noch nicht bis in die Tiefen der Gesellschaft wirkten. Bis in das späte Mittelalter fühlten und handelten die Menschen in erster Linie als Genossen ihres Dorfes, als Gefolgsleute ihres Herrn, als Verwandte ihrer Familie, als Brüder und Schwestern ihrer Ordensgemeinschaft, als Bürger ihrer Stadt, jedenfalls nicht als Angehörige einer Nation.

Jacob Burckhardt (1818–97) formulierte den Unterschied zwischen Mittelalter und Moderne mit den Worten: »Unser Leben ist ein Geschäft, das damalige war ein Dasein.«

Freiheit ist Bindung an Gemeinschaft
Die Menschen werden hineingeboren in die sozialen und rechtlichen Bindungen einer Gemeinschaft, in den dynastischen Verband eines Adelshauses, den Personenverband einer Grundherrschaft, in eine Dorfgenossenschaft oder Stadtgemeinde. Oder sie treten aufgrund eigener Willensentscheidung und besonderer Qualifikationen einer elitären Standesgemeinschaft bei, in die sie durch einen feierlichen Ritus aufgenommen werden, als Mönche, Kleriker oder Ritter. In jedem Falle setzt die Gemeinschaft die konkreten Normen für den Alltag und den persönlichen Lebensentwurf, für das Verhalten gegenüber den Genossen wie gegenüber anderen, für das Erscheinungsbild nach außen in Kleidung und Auftreten.

Der Einzelne hat seinen festen Platz im Gefüge der Gemeinschaft, das aus den vielschichtigen Beziehungen zu den Genossen, zum Herrn und letztlich zu Gott zusammengesetzt ist. Es ist bezeichnend, dass der rechtliche und ethische Inhalt dieses Beziehungsgefüges, fides, zugleich »Treue« und »Glaube« bedeutet, also die Verpflichtung gegenüber dem Herrn und den Genossen wie die Bindung an Gott umfasst. Solche Bindung steht nicht im Gegensatz zur Freiheit, im Gegenteil. Der rechtliche und soziale Status des Einzelnen, die Qualität seiner Freiheit wird gerade durch die Bindung an Herrschaft bestimmt: Je angesehener und mächtiger der Herr, umso höher ist der Sozialstatus seiner Getreuen. Auch der Fürst, und sei er der König, misst seinen Herrschaftsraum im Verhältnis und im Verhalten zu seinen fürstlichen Standesgenossen aus, auf deren Konsens er angewiesen ist.

Absolute Herrschaft ist dem Mittelalter ebenso fremd wie uneingeschränkte Freiheit. Sooft in mittelalterlichen Urkunden Freiheiten (libertates, im Plural!) übertragen werden, handelt es sich um einzelne konkrete Rechte und nie um die vollständige Auflösung aller Rechtsbindungen, schon deshalb nicht, weil ja diese Freiheiten nicht voraussetzungslos, sondern immer von einer Herrschaft verliehen sind und auch wieder entzogen werden können. Absolute Freiheit des Einzelnen wäre Bindungslosigkeit, wie sie der Friedlose, der aus der Gesellschaft Ausgestoßene erlebt; solche Freiheit ist nicht erstrebenswert.

Der mittelalterliche Mensch wurde entweder in eine Gemeinschaft hineingeboren oder trat – z. B. als Mönch – aufgrund eigener Willensentscheidung einer Standesgemeinschaft bei (Buchinitiale einer Bibel des 14. Jh.; Oxford, Bodleian Library).

Auch die Ritter bildeten eine Gemeinschaft, in der die konkreten Normen für den Alltag und den persönlichen Lebensentwurf, für das Verhalten gegenüber den Genossen wie gegenüber anderen sowie für das Erscheinungsbild nach außen in Kleidung und Auftreten vorgegeben waren (Buchmalerei, 15. Jh.; London, British Library).

Mittelalterliches Leben – insofern ist Jacob Burckhardt zuzustimmen – ist Leben in der Gemeinschaft.

Individuelle Verwirklichung im mittelalterlichen Sinne war am ehesten in der Ordensgemeinschaft zu erfahren. Der Mönch hatte tatsächlich alle Bindungen dieser Welt abgelegt – jedenfalls nach der Idee – zugunsten der einen, wesentlichen Beziehung zu Gott, war ganz auf sich und Gott gestellt. Dafür freilich hatte er sich zu einem besonders intensiven gemeinschaftlichen Leben im strengen Rhythmus einer Ordensregel verpflichtet. Das Ziel der monastischen Selbstheiligung erforderte die extreme Selbstbindung. Nirgendwo tritt die mittelalterliche Ambivalenz von Freiheit und Gemeinschaft deutlicher zutage als im Ideal des Ordenslebens.

Typus und Individuum – Wahrnehmungen des Menschen
Mittelalterliche Gemeinschaften geben dem Individuum wenig Raum. Die Selbstverwirklichung des Einzelnen, der »Ego-trip« als gewollte Selbstabkapselung vom sozialen Umfeld, wäre gewiss eine unmittelalterliche Vorstellung. Die eigene Person, die eigene Leistung ins Rampenlicht zu rücken, gilt als unschicklich. Gewählte Bischöfe und Äbte werden manchmal mit brachialer Gewalt zum Altar geschleppt, weil sie sich – aus demonstrativer Bescheidenheit – mit Händen und Füßen gegen ihre Weihe wehren. Wer gierig nach Würden strebt, macht sich unmöglich, wie der ungeschickte »Gegenpapst« Viktor IV., als er 1159 nach tumultuarischer Wahl in einem Handgemenge den purpurnen Papstmantel an sich riss.

Die großen autobiographischen Werke stehen am Anfang und am Ende des Mittelalters, die »Bekenntnisse« des heiligen Augustinus (397/401) und der Lebensbericht Kaiser Karls IV. (um 1350), auch wenn dazwischen, insbesondere seit dem 12. Jahrhundert, schon vereinzelt Selbstzeugnisse entstehen und auch Künstler allmählich aus der bescheidenen Anonymität herauszutreten beginnen, indem sie ihre Werke selbstbewusst »signieren« (wie um 1130 der Skulpturenmeister Gislebert in Autun).

Nicht dass die Zeitgenossen keine Wege gefunden hätten, persönliche Leistungen herauszustellen; die polternde Selbststoffenbarung gehörte jedoch kaum zu den gesellschaftlich akzeptierten Wegen. Gewiss war man auch nicht um Vorbilder verlegen, deren Leben und Leis-

---

INFOBOX

Symbol der Nichtigkeit der Welt – die Frau
Die Auffassung der Kirche, dass Eva an allem Übel der Welt schuld sei, brachte nicht nur eine Reihe von Äußerungen entsprechenden Inhaltes aus geistlichem Mund hervor, sondern prägte in hohem Maße auch die volkssprachlichen Literaturen des Mittelalters. Der verehrten, höfisch besungenen Dame steht so – auch als Symbol der Nichtigkeit der Welt – die zänkische, klatsch- und putzsüchtige Frau gegenüber: die Kupplerin, Lügnerin, Verführerin und Ehebrecherin, deren tückischen Einfallsreichtum Verserzählungen, Novellen und moralische Lehrdichtungen bis weit ins 15. Jh. hinein drastisch ausmalen.

tungen man in leuchtenden Farben zu schildern wusste, wie die unzähligen Lebensbeschreibungen von Herrschern und Heiligen bezeugen. Aber in allen diesen Viten geht es selten um unverwechselbare Individualität. Man bevorzugt das Stereotype, das typisch Herrscherliche, das typisch Heilige der Figur. Es werden viele Genrebilder gemalt und wenige Porträts, weil der Typus interessiert, kaum das Individuum.

Wie der gute König, der von Gott ausgezeichnete Heilige zu sein hatte, wusste man im 8. so gut wie im 15. Jahrhundert. Die Namen wechselten, manche zeittypischen Details kamen hinzu, andere fielen weg, die Grundzüge blieben weitgehend identisch. Das Mittelalter war nicht die Zeit für Individualisten. Umso mehr ragen diejenigen Persönlichkeiten hervor, meist Heilige, die ihr ganz eigenes Charisma durchaus wirkungsvoll zu inszenieren verstanden und manchmal – wie Franz von Assisi – selbst einen neuen Typus formten.

> **ZITAT**
>
> **Anselm wehrt sich gegen seine Erhebung zum Erzbischof von Canterbury (Eadmer, Vita Anselmi):**
>
> *Er (König Wilhelm II. von England) erklärte, dass Anselm der Würdigste für dieses Amt wäre. Alle stimmten zu... Als aber Anselm davon erfuhr, widersetzte und wehrte er sich mit aller Kraft fast bis zur tödlichen Erschöpfung. Aber es siegte der Konvent der Kirche Gottes. Er wurde gepackt und mit Gewalt unter Hymnen und Lobgesängen in die nächste Kirche mehr geschleift als geführt. ...*

Vom nationalen Königtum zum monarchischen Staat
Die Wahrnehmung des Fremden und die Reflexion über das Eigene, einschließlich des eigenen Ichs, sind Ausflüsse desselben Bewusstseinswandels. Es ist also kein Zufall, dass das Individuum in der ersten Hälfte des 12. Jahrhunderts entdeckt wurde, gerade als auch ein nationales Bewusstsein heraufdämmerte. Aber selbst wenn die Untertanen eines Königs, zunächst freilich vor allem die Fürsten, sich allmählich als Nation begreifen lernten, viel »Staat« war damit noch nicht zu machen. Denn natürlich bestand weiterhin in allen Reichen eine Vielzahl partikularer Gewalten, Grundherren, Großvasallen und Städte, die ganz unterschiedlich und zum Teil nur lose auf die monarchische Spitze hin geordnet waren. Für die Ausbildung staatlicher Strukturen kam es entscheidend darauf an, wie weit es dem Herrscher gelang, autonome Adelsrechte, besonders das Recht auf Selbsthilfe durch die Fehde, auszuschalten und seinem Recht zu unterwerfen. Die Entwicklung zum staatlichen Gewaltmonopol verlief in den europäischen Königreichen sehr uneinheitlich und wurde in den meisten bis zum Beginn der Neuzeit gerade erst eingeschlagen.

Verhältnismäßig weit waren die westlichen Königreiche England und Frankreich fortgeschritten. Hier konn-

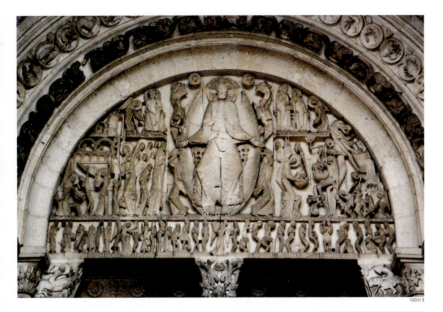

ten die Könige seit dem hohen Mittelalter ihre Lehnsoberhoheit festigen und die Fürsten in eine königliche Rechtsordnung einbinden. Königliche Exekutivbeamte – in England die sheriffs, in Frankreich die baillis – sorgten für die Durchsetzung des Königsrechts in allen Landesteilen, der Hof in Westminster beziehungsweise auf der Pariser Cité war zur zentralen Verwaltungs- und Finanzbehörde geworden; hier saß auch das Königsgericht, das allein für alle größeren Rechtsfälle, wie Kapital- und Eigentumsdelikte, zuständig war.

Die Rationalisierung von Recht und Herrschaft darf freilich nicht darüber hinwegtäuschen, dass die spätmittelalterlichen Reiche noch mehr als zuvor in der Person des Herrschers gipfelten. Das bis zur Manieriertheit verfeinerte höfische Zeremoniell, zunächst besonders in Frankreich, aber auch in Burgund und Spanien, und von dort auf andere Höfe in ganz Europa ausstrahlend, steigerte den Herrscher zur sakralen Figur, die Persönlichkeit zur abstrakten Institution. Der Erfolg der »Jungfrau von Orléans«, ihre Begeisterung für das von Gott begnadete Königtum finden hier ebenso eine Erklärung wie die Entwicklung zum absolutistischen Staat der frühen Neuzeit, die schon hier eingeleitet wurde.

Nach 1100 beginnen die Künstler allmählich aus der Anonymität herauszutreten, indem sie ihre Werke selbstbewusst »signieren«, so etwa der Skulpturenmeister Gislebertus in Autun (Tympanon vom Westportal der Kathedrale in Autun, 1. Viertel 12. Jh.).

Viele Fürsten machen keinen Staat
Im deutschen Reich sind solche Ansätze moderner Staatlichkeit allenfalls punktuell zu fassen. Da nach dem Untergang der Staufer um 1250 eine wirksame königliche Zentralgewalt weitgehend fehlte, konnten staatliche Strukturen auf Reichsebene so gut wie nicht entstehen. Schon die Tatsache, dass das Reich bis zu seinem Ende 1806 nie zu einer Hauptstadt gefunden hat, ist bezeichnend genug für den Abstand zu den westeuropäischen Nachbarn. Die Kaiser des 14. und 15. Jahrhunderts pendeln wie im tiefen Mittelalter zwischen verschiedenen Höfen, und dass sie sich zumeist zwischen den Reichsstädten im deutschen Südwesten bewegen, zeigt nur, wie eng auch ihr politischer Wirkungsraum geworden war. Alle Reformversuche, das Reich mit mehr »staatlichen« Kompetenzen auszustatten, scheiterten an zu vielen divergierenden Interessen. Die Fürsten waren Herren eigenen Rechts und nicht bereit, ihre Rechtsautonomie zugunsten des Reiches beschneiden zu lassen.

Quasistaatliche Strukturen sind in Deutschland zuerst in den Städten erkennbar. Die Bürger der Stadt bildeten – anders als die Untertanen im Reich und in den Territorien – eine homogene Rechtsgemeinde. Der Rat hatte das Monopol der Gesetzgebung und der legitimen Gewaltanwendung in der Stadt; seine Gesetze galten allgemein für alle Bürger, er erzwang und kontrollierte ihre Beachtung und ahndete Verstöße kraft obrigkeitlicher Gewalt. Die Kriterien des modernen Staates – die Einheit von Staatsgewalt, Staatsvolk und Staatsgebiet – waren in der spätmittelalterlichen Stadt am weitesten verwirklicht. In der Enge der ummauerten Stadt entstand das Modell, von dem der frühneuzeitliche Territorialstaat lernen sollte.

Nur zaghaft beginnt sich am Ende des Mittelalters die Herrschaft von der Person des Herrschers zu lösen. Auf dem Weg zum Staat ist die Feder langfristig wichtiger als das Schwert: Schriftlichkeit und Bürokratisierung sind die Kennzeichen moderner Herrschaft. In der fürstlichen Kanzlei werden Züge transpersonaler, institutioneller Herrschaft greifbar. Aber wir dürfen sie nicht überstrapazieren, wie es die ältere Forschung, überzeugt von der staatsbildenden Kraft des spätmittelalterlichen Fürstentums, gerne getan hat. Der deutsche Fürst und Lan-

In seiner heute wohl bekanntesten Schrift, den »Bekenntnissen« (»Confessiones«, 397–401), legt der Kirchenvater Augustinus Zeugnis ab über seinen Lebensweg, seine Irrtümer, Sünden und seine Suche nach göttlicher Wahrheit (»Dem Heiligen Augustinus erscheint der Jesusknabe«, Buchmalerei um 1490; Sankt Petersburg, Russische Nationalbibliothek).

desherr herrschte im 15. und frühen 16. Jahrhundert so wenig wie der Kaiser über einen territorial definierten Untertanenverband. Er gebot über Menschen nicht kraft obrigkeitlicher Gesetze, die einheitlich für alle Untertanen verbindlich waren, sondern noch immer aufgrund ganz verschiedener personaler Rechte von der Vasallität bis zur grundherrlichen Gewalt, die seinem Haus seit Generationen zugewachsen waren und die er wie seine Vorfahren durch geschickte oder auch rücksichtslose Erwerbspolitik zu erweitern und zu bündeln suchte.

Das Hauptmotiv der fürstlichen Politik war nach wie vor die Sicherung der Dynastie. Dabei spielten biologische Zufälle oftmals eine größere Rolle als politisches Augenmaß. Weil mächtige Familien des alten Adels ausstarben, wie 1248 die Grafen von Andechs, konnten etwa

Die Kontinuität der Dynastie – einer hochadligen Familie, in der sich in einem monarchischen Staat im Gegensatz zur Wahlmonarchie die Krone vererbt – ist stets ein wichtiges Motiv fürstlicher Politik gewesen. Die im frühen 16. Jh. entstandene Miniatur zeigt den Stammbaum der Könige Portugals (London, British Museum).

In den Schriften Niccolò Machiavellis geht es um die theoretisch fundierte Untersuchung der als unzureichend beurteilten politischen Praxis mit dem Ziel, diese zu verändern. In »Il principe« beantwortet Machiavelli die Frage nach den Bedingungen erfolgreicher Politik (Ausschnitt aus einem anonymen Gemälde; Florenz, Palazzo Vecchio).

die Wittelsbacher ihr bayerisches Herzogtum nahezu konkurrenzlos zur Landesherrschaft ausbauen und sich als herrschende Dynastie bis in die Neuzeit behaupten. Die zielbewusste Territorialpolitik mit modern anmutenden Formen der Zentralisierung im Finanz- und Militärwesen, die man in manchen Fürstenstaaten zu beobachten meint, gehorchte simplem Erwerbsstreben und nicht einem höheren Staatszweck. Die bedeutendste politiktheoretische Schrift der Renaissance von Niccolò Machiavelli (1469–1527) handelt vom »Fürsten« (Il principe), nicht vom Staat.

Die Renaissance hat nicht sogleich den modernen Staat hervorgebracht. Wo die herrschaftlichen Strukturen noch nicht dafür geschaffen waren, änderte auch der geweitete Blick der Humanisten nichts. Wenn sie die Gesellschaft beschrieben, unterschieden die mittelalterlichen Autoren Lebensformen, Rechtskreise, Stände, also abgegrenzte menschliche Gemeinschaften; die Humanisten sehen jetzt den einzelnen Menschen oder im kühnen Entwurf die gesamte Menschheit.

Im universalen Menschenbild aber lösen sich die sozialen Konturen auf. »Denn der eigentliche, ganze Mensch ist gottähnlich und unsichtbar. An der einen Menschennatur, die sich zwischen Kosmos und Individuum dehnt, haben lebende Menschen nur mutmaßlich mehr oder weniger teil. Wenn sich das Allgemeine nur noch in Fragmenten sehen lässt, nicht mehr im Verhalten von Menschen zueinander verkörpert, ist das Mittelalter vorbei« (Arno Borst). Die Gewissheit, Wesentliches zu wissen und im Glauben das Ganze zu erfahren, ist mit dem Mittelalter abhanden gekommen. Die Verflüchtigung der Gewissheiten und die Fragmentierung des Daseins werden zum Signum der neuen Zeit.

Arnold Bühler

In den Fängen des »Schwarzen Todes«: Die Pest

»Das große Sterben begann im Januar und dauerte sieben Monate. Zu unterscheiden waren zwei Krankheitsformen: Die erste zeigte sich in den ersten beiden Monaten mit anhaltendem Fieber und blutigem Auswurf. Alle starben innerhalb von drei Tagen. Die zweite Form ging ebenfalls mit ständigem Fieber einher, zeigte aber auch Geschwüre mit Beulen auf der Körperoberfläche, zumal in der Achsel- und Leistengegend. Diese Kranken starben binnen fünf Tagen. ... Einer empfing sie vom anderen in dem Maße, dass ganze Familien starben, ohne Pflege, und begraben wurden sie ohne Priester.« So beschrieb Guido von Chauliac, der päpstliche Leibarzt und einer der bedeutendsten Chirurgen des Mittelalters, in seinem Werk »Collectorium artis chirurgicalis medicinae« fachkundig die verschiedenen Verlaufsformen der Pest und deren Ausbruch in Avignon im Jahr 1348.

Krankheiten, auch Seuchen, gehörten zum mittelalterlichen Leben, und die Gesellschaft suchte sich dagegen möglichst abzusichern. Für Leprakranke gab es festgelegte Verfahrensweisen, und eine Reihe von Rechtsvorschriften regelten die Ausgliederung der Kran-

ken aus der Gesellschaft: Der Kranke galt bei lebendigem Leib als tot, die Totenmesse wurde für ihn gelesen, mit einem besonderen Gewand bekleidet und mit einer Klapper hatte er vor den Toren der Stadt zu wandern und zu betteln. Der Pest aber standen die Menschen hilflos gegenüber. Sie war die schwerste aller Seuchen des Mittelalters; ihre biologischen, wirtschaftlichen und moralischen Folgen lassen sich kaum erfassen. Man schätzt, dass ihr zwischen 25 und dreißig Prozent der damaligen Bevölkerung zum Opfer fielen. Nachfolgende Epidemien sorgten zusätzlich für einen anhaltenden Abwärtstrend in der Bevölkerungsentwicklung bis zum Ende des 15. Jahrhunderts.

Aus Asien war die Krankheit über die Flöhe auf den Schiffsratten nach Europa eingeschleppt worden. Flöhe waren auch die Überträger auf die Menschen. Wie ein Sturmwind breitete sich die Seuche im Januar 1348, ausgehend von Genua, auf den großen Schifffahrtswegen und den Handelsstraßen aus. Der Herausforderung

Mitte des 13. Jh. aufgrund von Endzeiterwartungen entstanden, breitete sich die Bußbewegung der Flagellanten oder Geißler zur Zeit der Großen Pest über ganz West- und Mitteleuropa aus. Erst nach dem Verbot durch das Konstanzer Konzil (1417) löste sich die Bewegung auf.

1348 wurde die Pest aus Asien in italienische Häfen eingeschleppt. Von dort verbreitete sie sich entlang den Handelsrouten von Süden nach Norden und erreichte um 1353 Skandinavien. Insgesamt fiel ihr ein Drittel der Bevölkerung Europas zum Opfer.

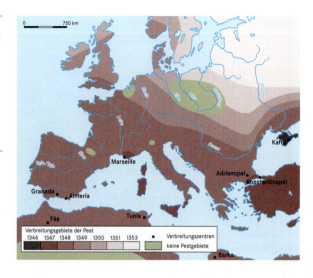

> **ZITAT**
>
> **Boccaccio schildert in der Einleitung seines »Decamerone« das Wüten der Pest in Florenz 1348:**
>
> *Tag und Nacht verendeten zahlreiche Menschen auf offener Straße, und viele, die wenigstens in ihren Häusern umkamen, machten erst durch den Gestank ihrer verwesenden Körper die Nachbarn darauf aufmerksam, dass sie tot waren. ...*

durch die Krankheit und ihrer schnellen Verbreitung stand die mittelalterliche Medizin hilflos gegenüber. Als Ursache für die Pest wurde alles Mögliche angesehen, von der Tierwelt bis zum Sternenzelt, wobei man allerdings eher an »verseuchte Lüfte«, die Miasmen, dachte als an verlauste Tiere. Erst 1894 wurde der Pestbazillus entdeckt. Die Ursachen dieses außergewöhnlichen Krankheitsgeschehens wurden nie zureichend geklärt. In der ersten Hälfte des 14. Jahrhunderts war es zu Überschwemmungen, Missernten und Hungersnöten gekommen. Unterernährung und geminderte körperliche Widerstandskräfte leisteten der Seuche ebenso Vorschub wie die in den Städten und auf dem Land herrschenden hygienisch unzureichenden Wohnverhältnisse.

Die Ärzte waren ratlos. Die gesundheitspolitischen Maßnahmen zielten auf eine rasche Leichenbestattung und eine radikale Kadaverbeseitigung. Die Kranken wurden möglichst isoliert, ähnlich wie man das von den Leprakranken her kannte, und Sondersiechenhäuser errichtet. Wegweisend waren die seuchenhygienischen Maßnahmen in Venedig: Die Republik richtete auf den der Lagune vorgelagerten Inseln besondere Pestlazarette ein. Als Konsequenz aus den herrschenden Mutmaßungen über den Krankheitsverlauf und die Ausbreitung der Seuche wurden ganze Regionen isoliert, zunächst für

»quaranti giorni«, also für vierzig Tage. Unser Begriff Quarantäne hat hier seinen Ursprung. Solche isolierten Regionen waren unter anderem 1374 Ragusa und 1377 Venedig selbst.

Die Auswirkungen der Katastrophe zeigten sich in allen Lebensbereichen. Geißlerumzüge, Amulette, wie beispielsweise das Antoniuskreuz, Gelübde als volkstümliche Methoden der Seuchenabwehr waren weit verbreitet. Vor der Strafe Gottes suchte man Zuflucht bei den Heiligen. Der Bußgedanke führte Mitte des 14. Jahrhunderts zuerst in Österreich und Ungarn, dann auch in Deutschland zu Geißlerzügen. Die Flagellanten, wie man sie auch nannte, zogen mit nacktem Oberkörper durch die Straßen und peitschten ihre Haut blutig. Sie glaubten dadurch Gott versöhnlich zu stimmen. Aber es kam auch zu gewaltsamen Exzessen gegen Minderheiten, vor allem gegen die jüdische Bevölkerung, die man für die Epidemie verantwortlich machte.

Das Massensterben führte zu dramatischer Verknappung der menschlichen Arbeitskraft, verbunden mit einem Preisverfall bei Grund und Boden und landwirtschaftlichen Erzeugnissen. Die wirtschaftliche Basis des Adels war damit gefährdet und es kam zu tief greifenden

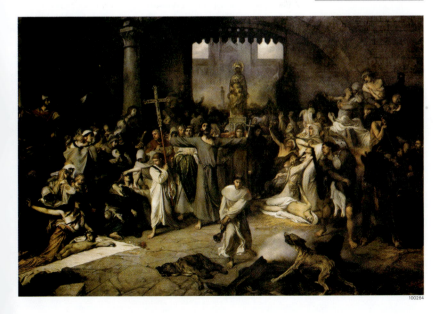

Als eine Ursache der Pest wurden Wolken von unsichtbar kleinen Insekten angesehen, deren Eindringen in den Körper zu einer tödlichen Blutveränderung führt (Louis Gallait, »Die Pest in Tournai 1092«, 1881; Tournai, Musée des Beaux-Arts).

> **INFOBOX**
>
> **Pest und Apokalyptik**
> Immer wieder, wenn Hungersnöte, Kriege und Seuchen die Bevölkerung in Angst und Schrecken versetzten, kam es zu Deutungen des Unglücks als Strafe Gottes oder als Zeichen für den bevorstehenden Untergang der Welt. Oft tauchten Gruppen seltsamer Männer auf, die mit rot bekreuzten Hüten, Fahnen und Kerzen unter Glockengeläut paarweise halbnackt durch die Straßen zogen, sich in Kreuzform zu Boden warfen und blutig geißelten, während sie lautstark ihre Sünden bekannten und in Predigten die Höllenstrafen für unbußfertige Sünder und das drohende Weltgericht beschworen.
> Während der Großen Pest 1349 entwickelten sich diese Geißlerzüge zu regelrechten Massenbewegungen, deren Bußübungen von der Amtskirche nicht gern gesehen waren und deren Motive, die von echter Frömmigkeit über die Hoffnung, der Pest zu entgehen und Gott gnädig zu stimmen, bis zur Aussicht auf Almosen reichten, kritisch beobachtet wurden.

Veränderungen der Herrschaftsstruktur. Adlige und kirchliche Grundherren mussten empfindliche Einkommenseinbußen hinnehmen. Die Landesherren nutzten die Verarmung des Adels, um dessen Privilegien allmählich abzubauen und die Personenbindung durch das Flächenstaatsprinzip zu ersetzen.

Auf der anderen Seite profitierten einzelne Kleinbauern mit ihrer Arbeitskraft von der neuen Situation. Dies gilt vor allem für England. Hier war es bis zum Ende des Mittelalters der leibeigenen Bevölkerung gelungen, die alten Bande der Unfreiheit abzustreifen und schriftliche

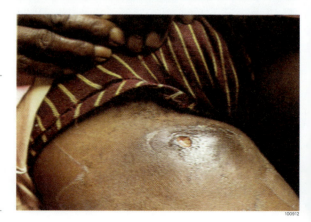

Die Pest tritt, entsprechend Übertragungsform und Verlauf, in unterschiedlicher Ausprägung auf. Ihre häufigste Form ist die durch Bisse des Rattenflohs übertragene Beulen- oder Bubonenpest. Die Abbildung zeigt Bubonen am Oberschenkel.

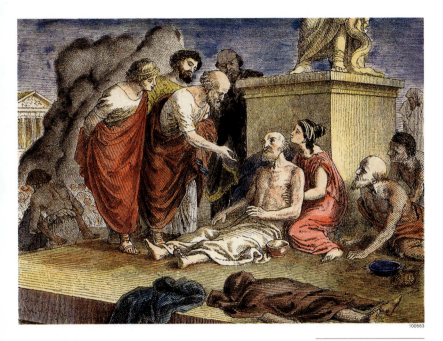

Die Berichte über die Pest reichen bis in die Antike zurück. Der kolorierte Holzstich von 1876 zeigt Hippokrates, der einem an der Pest Erkrankten hilft (Berlin, Sammlung Archiv für Kunst und Geschichte).

Vereinbarungen mit den Grundherren auszuhandeln. Eine Abschrift wurde jeweils in die Register des grundherrlichen Gerichts eingetragen. Die auf diese Weise geschützten Kleinbauern waren die »copyholder«.

In großem Umfang führten die Bevölkerungsverluste zur Aufgabe bisher landwirtschaftlich genutzten Landes, zahlreiche Wüstungen entstanden. Zugleich setzte mit einer verstärkten Abwanderung der Landbevölkerung in die Städte eine Landflucht ein, die dort soziale Spannungen zwischen Neuankömmlingen und Alteingesessenen heraufbeschwor. In den Städten standen zahlreiche Werkstätten leer, die Zünfte mussten sich um Nachwuchs bemühen, der jetzt meist aus der Landbevölkerung kam. Die Zunahme der städtischen Unterschicht veranlasste die Zunftmeister der geachteten Handwerke, eine Beteiligung an der städtischen Herrschaft einzufordern. Zum Teil unterstützen sich Bauern und Zünfte gegenseitig in ihren Forderungen, so wurde beispielsweise der Aufstand der französischen Bauern 1358 von Étienne Marcel, dem Anführer der Pariser Unruhen, unterstützt.

Klaus M. Lange

Wie eine Kirchenmaus sein: Der Armutsstreit der Bettelorden

Im 12. und 13. Jahrhundert entstand in Europa eine Vielzahl religiöser Bewegungen gerade unter Laien. Einen hohen Stellenwert besaß dabei die Forderung nach persönlicher Armut in der Nachfolge Jesu und der Apostel, die bereits Zisterzienser und Prämonstratenser beeinflusste. Dabei bestand zwischen der Armut als religiösem Ideal und der Armut als bitterer Lebensrealität für weite Teile der Bevölkerung eine widersprüchliche Spannung.

Zunehmend konnte die Kirche die neuen Orden einbinden, zumal auch deren Gründer häufig die offizielle Bestätigung suchten. Schließlich zählte man vier große Bettel- oder Mendikantenorden: die Dominikaner aus eher traditioneller Wurzel, die außerhalb der Amtskirche entstandenen Franziskaner, die aus der kirchlich betriebenen Vereinigung bestehender italienischer Einsiedlerorden erwachsenen Augustinereremiten und die ursprünglich in Palästina ansässigen Karmeliten. Andere, aber nicht alle Orden mit gleichfalls weiterer Verbreitung löste 1274 das zweite Lyoner Konzil entsprechend den Beschlüssen des Laterankonzils von 1215 auf. Außer der Tatsache, dass die Bettelorden Unruhepotenzial banden, besaßen sie für die römische Zentrale den Vorteil, dass ihre Mitglieder vom Papst direkt an der bestehenden kirchlichen Hierarchie vorbei für bestimmte Zwecke eingesetzt werden konnten. Die Stellung der Beginen und Begarden innerhalb der Amtskirche blieb dagegen unsicher, der Häresieverdacht, das heißt der Vorwurf der Ketzerei, lag stets nahe.

Schon die Gründer lassen die Unterschiede beider Orden erkennen: Dominikus war Regularkanoniker, bevor er im Languedoc gegen Albigenser wirkte und schließlich als Wanderprediger agierte. Seiner 1215 gegründeten Gemeinschaft verlieh der Papst 1216 zunächst eine modifizierte Augustinerregel, 1217 folgte dann die Ausweitung zum allgemeinen Orden durch Dominikus. Auf dem ersten Generalkapitel in Bologna 1220, neben Paris Ordenszentrum, beschloss man vollkommene Armut sowie Bettel- und Predigttätigkeit der Mönche.

Dagegen löste sich Franz von Assisi von seiner Kaufmannsfamilie und beschloss 1208, gemeinsam mit ande-

> **ZITAT**
> **Den Besitz von Geld lehnt Franz von Assisi für die Franziskaner unmissverständlich ab:**
> *Ich gebiete allen Brüdern streng, auf keine Weise Münzen oder Geld anzunehmen, weder selbst noch durch eine Mittelsperson.*

ren in Armut und Heimatlosigkeit zu leben und durch das eigene Vorbild zur Buße aufzurufen. Bereits 1210 erkannte Papst Innozenz III. die gemeinsame Lebensführung an und integrierte so diese Laienbewegung. Der Lebensunterhalt sollte mit (Hand-)Arbeit, erst in zweiter Linie mit Almosen bestritten werden. Schon 1230 konnte die zunächst untersagte Annahme von Geld durch die Einschaltung von Treuhändern ermöglicht werden. 1212 schloss sich Klara von Assisi der Bewegung an.

Die schnell wachsende Gemeinschaft führte letztlich zu ordensähnlichen Strukturen, auch wenn die erste bis

Die Katharer oder Albigenser lehnten die Verweltlichung des Klerus ab. Nicht nur wegen Verfolgung durch die Inquisition, sondern auch infolge der Ausbreitung der Bettelorden löste sich die Bewegung auf. Die französische Buchmalerei aus dem 14. Jh. zeigt die Vertreibung der Katharer aus Carcassonne 1209 (London, British Library).

1219 entstandene Ordensregel erst dank deutlicher Modifizierungen 1223 Anerkennung fand, nachdem sich Franz von Assisi bereits weitgehend aus der Ordenspolitik zurückgezogen hatte. Die Klerikalisierung und Akademisierung des Ordens – wie bei den Dominikanern legte man Wert auf eine umfassende theologische Ausbildung – beschränkte die Handarbeit zunehmend auf die Laien, das Betteln trat in den Vordergrund. In dem vom Papst verworfenen Testament des Franz von Assisi plädierte dieser dafür, zu der Gemeinschaft der frühen Zeit zurückzukehren; er vertrat einen engen Armutsbegriff und beeinflusste den strengeren Teil der Mitglieder, die Fraticelli oder Franziskanerspiritualen.

Gegen den Widerstand des Weltklerus konnten die Bettelorden mit päpstlicher Unterstützung ihre Predigttätigkeit und die Abnahme der Beichte Mitte des 13. Jahrhunderts durchsetzen, auch Lehrstühle an der Pariser Universität sprach ihnen Rom zu. Einen weiteren gemeinsamen Gegensatz zum traditionellen Mönchtum bildete die Stadtsässigkeit der neuen Orden. Zu einem zentralen Wirkungsbereich der Dominikaner entwickelte sich die 1231 vom Papst übertragene Inquisition zunächst im deutschen Regnum, in Frankreich, in Oberitalien und im Languedoc.

Neu und radikal war Franz von Assisis Forderung nach Ausdehnung der Armut vom einzelnen Mitglied auf den Orden als solchen: Das sollte zu Konflikten innerhalb der Gemeinschaft selbst und mit der Amtskirche führen. Der Besitz von Kirchen und Konventen war den Orden als materielle Basis der Predigttätigkeit bereits im 13. Jahrhundert zugesprochen worden. Dass die Dominikaner bereits 1276 und 1303–04 mit Innozenz V. und Benedikt XI. zwei Päpste stellen konnten, beweist ihre feste Einbindung in kuriale Strukturen. Dementsprechend fehlen auf ihrer Seite zugespitzte Auseinandersetzungen mit der Papstkirche. Das schnelle Wachstum der Bettelorden zeigt zunächst eine breite Akzeptanz in der Bevölkerung, auch wenn Kritik wegen des Widerspruchs von Anspruch und Wirklichkeit bald folgen sollte.

Mit den Zweiten Orden entstanden in allen Bettelorden Frauenkonvente. Bei den Franziskanern bildete die Frauengemeinschaft der Klara von Assisi die Keimzelle,

Armut und Keuschheit sind Ideale des Mönchtums, die sich im Christentum wie auch im Buddhismus finden. Der Orden der Franziskaner betonte besonders das Ideal der Armut des Einzelnen und der Gemeinschaft (»Der heilige Franziskus gibt seinen Mitbrüdern die Ordensregel«, Gemälde von Luis Borrassá, 15. Jh.; Vic, Museu Arqueológico Artistic).

Europa im Mittelalter

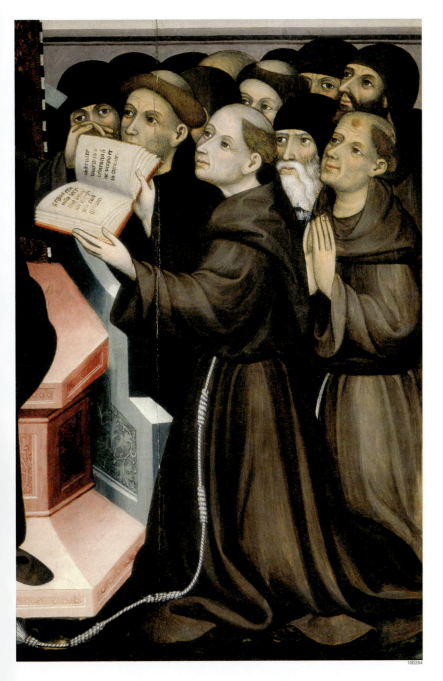

unter Gregor IX. wurden andere Gruppierungen mit dieser vereinigt und bereits 1263 Güterbesitz und »Dienerinnen« zugelassen. Dominikus wandte sich sogar entschieden der Organisation von Frauengemeinschaften zu. Laien, die, ohne dem Orden beizutreten, ganz oder teilweise entsprechend den Regeln leben wollten, standen die Dritten Orden (Terziare) offen.

Innerhalb des Franziskanerordens entzündete sich der praktische Armutsstreit, die Frage nach dem Grad der Armut von Mitgliedern und Orden, wobei nur ein kleinerer Teil des mittlerweile hierarchisch verfassten Ordens an den Forderungen des Gründers festhielt, die zudem durch Rezeption und Interpretation der Schriften Joachims von Fiore teilweise unter Häresieverdacht gerieten. Zwar konnte unter dem Generalminister Bonaventura auf dem Generalkapitel von Narbonne 1260 bei Anpassung der Ordensregeln eine Spaltung vermieden werden, da man auch extremere Armutsformen zuließ. Doch gelang es in der Folgezeit, Eigentum im juristischen Sinne zu umgehen: Das Eigentum an überlassenen Sachen und Immobilien fiel 1279 an den Papst bei Ausdehnung der Gebrauchsrechte des Ordens an diesen. Im Orden forderte besonders Petrus Johannis Olivi eine strengere Befolgung der Armutsregel und konnte seine Vorstellungen 1287 in Montpellier rechtfertigen; noch war die Situation also relativ offen.

Zu Beginn des folgenden Jahrhunderts ging allerdings die Kommunität des Ordens verstärkt gegen die Spiritualen vor und 1309 gelangte der Streit vor die Kurie. Mit dem Amtsantritt von Johannes XXII. 1316 veränderte sich die Situation dann grundlegend. Gemeinsam mit dem Generalminister Michael von Cesena ging er gegen die Spiritualen vor und forderte deren bedingungslosen Gehorsam. Bereits 1318 ließ man in Marseille vier Spiritualen verbrennen, die anders als mitangeklagte Franziskaner bis zuletzt an ihrer Überzeugung festgehalten hatten. Auch wurden Teile der Schriften der Spiritualen für häretisch erklärt.

Eine neue Qualität gewann der Streit um die Armut mit der Verteidigung der These eines Begarden durch den Franziskaner Berengar von Talon gegenüber dem dominikanischen Inquisitor Johannes von Bela 1321, die besagte, dass Christus und die Apostel arm und ohne

> **ZITAT**
>
> **Thomas von Aquin über den menschlichen Verstand:**
> *Nicht ist im Verstand, was nicht vorher in der Wahrnehmung gewesen wäre.*

jeglichen individuellen oder gemeinsamen Besitz gewesen seien. Dies markiert den Beginn des theoretischen Armutsstreites. Der Papst zog den Fall an die Kurie, denn bei positivem Entscheid wären weder der Reichtum der Kirche noch ihre weltliche Macht weiterhin zu rechtfertigen gewesen. Führende Franziskaner verteidigten die Ansichten Berengars, Bonagratia von Bergamo als Prokurator des Ordens und entschiedener Gegner der Spiritualen versuchte den Konflikt mit unterschiedlichen Formen des Besitzes zu erklären: Jesus und seine Jünger hatten Gemeineigentum an den Dingen, ohne sich diese aneignen zu wollen.

Als Bettelorden im ursprünglichen Sinn gelten die Franziskaner und Dominikaner, später wurden auch die Augustinereremiten, die Karmeliten und einige kleinere Orden zu ihnen gezählt. Das Gemälde von Fra Angelico zeigt die Jungfrau Maria mit dem Kind, dem heiligen Dominikus und dem heiligen Franziskus (1424–30; Sankt Petersburg, Eremitage).

Das Kardinalskollegium war in der Antwort auf die Frage gespalten, reagierte aber mit dem Verzicht auf das Eigentum des Ordens und traf diesen damit an zentraler Stelle. Bonagratia legte Protest ein, wurde aber schließlich von Papst Johannes inhaftiert. 1323 beendete Johannes seinerseits den Konflikt, indem er verkünden ließ, die Auffassung der persönlichen Armut von Christus und den Aposteln sei häretisch. Auch Thomas von Aquino hatte Johannes kurz zuvor kanonisiert, der im Gegensatz zur Patristik Privateigentum im Rahmen des standesgemäßen Lebens uneingeschränkt als positiv bewertete; Gleiches galt für Ordensbesitz in beschränktem Umfang.

Johannes XXII. zitierte Michael von Cesena 1328 nach Avignon und warf ihm schließlich häretische Ansichten vor. Michael legte eine geheime Appellation gegen alle Maßnahmen des Papstes ein, bevor er mit Bonagratia von Bergamo, Wilhelm von Ockham und anderen über Aigues Mortes nach Oberitalien floh, wo sie den deutschen König Ludwig IV. und in seiner Begleitung den vor der Inquisition geflohenen Marsilius von Padua trafen. So hatte der Konflikt eine politische Dimension erreicht: Die Geflohenen, 1329 exkommuniziert, unterstützten in einem Zweckbündnis das deutsche Königtum in seinem Konflikt mit der Kurie, während die Mehrheit der Ordensmitglieder sich den päpstlichen Anweisungen fügte.

> **INFOBOX**
>
> **Klara von Assisi**
> Klara (1194–1253), die ebenfalls aus Assisi stammte, verließ 1212 ihre adelige Familie, um sich Franziskus anzuschließen und in Armut ein dem Dienst an den Menschen und der Verkündigung des Glaubens gewidmetes Leben zu führen. Doch schon bald wurden sie und die um sie versammelte Frauengemeinschaft, die Klarissen, von Franziskus selbst und von der römischen Kurie zu einem monastischen Leben hinter Klostermauern gedrängt.
> Nach jahrzehntelangem Kampf um die Anerkennung einer dem Armutsideal verpflichteten Regel wurde ihr diese erst kurz vor ihrem Tod von Papst Innozenz IV. gewährt. Die Beschränkung auf ein rein kontemplatives Leben in strenger Klausur blieb erhalten und wurde – entgegen dem franziskanischen Ideal – zum Charakteriskum der Klarissen, deren Namenspatronin als Heilige am 11. August verehrt wird.

Klara von Assisi, Gründerin der Klarissen, kämpfte lange um die päpstliche Anerkennung einer dem franziskanischen Armutsideal verpflichteten Regel für ihre Gemeinschaft, die ihr schließlich von Innozenz IV. gewährt wurde. Das abgebildete Gemälde ist Berto di Giovanni di Marco zugeschrieben (1518; Perugia, Galleria Nazionale dell'Umbria).

Dennoch lebten die Forderungen nach einer Kirchenreform fort, zumal die Kurie mehr und mehr kritisiert wurde; diese Entwicklung wurde forciert durch das avignonesische Papsttum und das Schisma (Kirchenspaltung). Eine Rückkehr zu den Ursprüngen der Bettelorden war aber kaum mehr möglich, auch wenn im 15. Jahrhundert die dem Armutsideal näher stehenden Observanten Anerkennung erfuhren.

Ulf Dirlmeier und Bernd Fuhrmann

Die »Babylonische Gefangenschaft« der Päpste: Das Avignonesische Exil

Nach dem Tod Kaiser Friedrichs II. 1250 schien das Papsttum die einzige übergeordnete Macht des Abendlandes zu sein. Die übersteigerten Ansprüche auf Suprematie gegenüber jeder weltlichen Gewalt, schon von Gregor VII. erhoben, wirkten nicht mehr so utopisch. Aber mit dem zunächst bedingungslos unterstützten französischen Königtum erwuchs rasch ein neuer Konkurrent. Der unvermeidbare Konflikt, vordergründig ausgelöst durch die Steuererhebung König Philipps IV., die auch den Klerus einbezog, gipfelte päpstlicherseits in der Bulle Unam sanctam (1302) und der geplanten Absetzung des Herrschers. Dieser antwortete mit dem »Attentat von Anagni« (1303), der Gefangennahme Papst Bonifatius VIII. Letztlich ging es bei dieser Auseinandersetzung um die seit dem 11. Jahrhundert immer deutlicher hervortretende Unterscheidung von »Staat« und Kirche. Sie führte zur weiteren Entsakralisierung der Herrscher und zu deren Widerstand gegen kirchlich-kuriale Eingriffe in ihren Machtbereich.

Nach dem Tod Bonifatius' VIII. (1303) und nach dem kurzen Pontifikat Benedikts XI. wurde 1305 schließlich als Kompromisskandidat Bertrand de Got, der Erzbischof des unter englischer Herrschaft stehenden Bordeaux, zum Papst gewählt (Klemens V., 1305–14) und in Lyon gekrönt. Klemens V. beabsichtigte, nach Rom zu ziehen, blieb aber in Südfrankreich und traf 1309 in Avignon ein, ohne dort dauerhaft zu residieren. Dem englischen König Eduard I. kam er bei dessen Auseinandersetzung mit Kirche und Adel entgegen, indem er den oppositionellen Erzbischof von Canterbury suspendierte und Eduards Zugeständnisse an den Adel für nichtig erklären ließ. Das bisher von Italienern dominierte Kardinalskollegium wurde nun mehrheitlich französisch. Neunzig von insgesamt 110 bis 1375 eingesetzten Kardinälen waren Franzosen – Zeichen regionaler Verbundenheit, aber auch des Einflusses der französischen Könige. Klemens V. erkannte das Vorgehen Philipps IV. gegen Papst Bonifatius VIII. als weitgehend rechtmäßig an und ließ die gegen Frankreich gerichteten Bullen in den Registern tilgen.

ZITAT

In einer Bulle zur Königs- und Kaiserwahl vom 13.5.1300 formuliert Papst Bonifatius VIII. die päpstliche Vorrangstellung: *Der Apostolische Stuhl – er ist von Gott gesetzt über die Könige und Reiche, um auszureißen und zu verderben, zu bauen und zu pflanzen – er hat die Herrschaft über das Haus des Herrn und die Herrenrechte über all ihren Besitz inne – ihm muss jede Seele als der höchsten Würde untertan sein.*

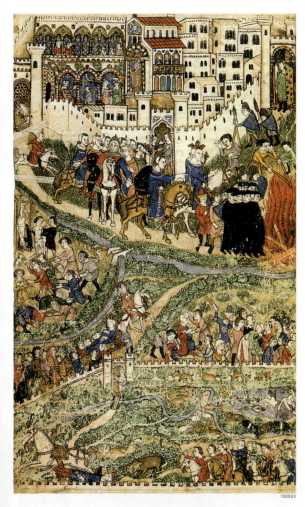

Wahrscheinlich um sich das Vermögen der Templer anzueignen, ging der französische König Philipp IV. gegen den Orden vor und betrieb seine Aufhebung. Die französische Buchmalerei aus dem späten 14. Jh. thematisiert die Vernichtung des Templerordens (London, British Library).

Überschattet wurde das Pontifikat Klemens' V. durch sein Verhalten bei der Vernichtung des Templerordens, der durch Reichtum und Macht Begehrlichkeiten geweckt hatte und in den Augen Philipps IV. durch seine exemte Stellung, das heißt die direkte Unterstellung unter den Papst, in Konkurrenz zum Aufbau der Nationalstaaten geriet. Philipp IV. ließ 1307 alle französischen Templer verhaften, die unter der Folter die ihnen vorgeworfenen moralischen Vergehen zunächst gestanden, später jedoch größtenteils widerriefen. Klemens schloss sich dem Vorgehen Philipps an, konnte aber die angestrebte alleinige päpstliche Zuständigkeit für den Templerprozess nicht durchsetzen. Besonders schreckte Klemens die Drohung des französischen Königs, gegen Bonifatius VIII. einen Ketzerprozess eröffnen zu lassen.

Noch vor dem Beginn des Konzils von Vienne (1311) – die Templer, nicht die innerkirchlichen Reformfragen waren das zentrale Thema –, begannen Hinrichtungen auf französischem Boden. Schließlich hob Klemens V. im April 1312 den Orden auf, da das Konzil den Tempelrittern eine nicht chancenlose Verteidigung gestatten wollte; der Templerbesitz wurde größtenteils den sich der Krankenpflege widmenden Hospitalitern zugesprochen. Vor allem in Frankreich verlief die Übergabe an die Johanniter gegen Entschädigungsleistungen für die Krone schleppend, soweit die Güter nicht ohnehin beim Krongut verblieben.

Die Kaiserkrönung des deutschen Königs Heinrich VII. 1312 in Sankt Johann im Lateran durch päpstliche Legaten war auch Ausdruck des Bestrebens Klemens', ein Gegengewicht zum französischen König zu

Vor die Wahl gestellt, Papst Bonifatius VIII. noch nach seinem Tod verurteilen zu lassen oder im Prozess gegen den Templerorden den Wünschen Philipps IV. zu folgen, gab Papst Klemens V. 1312 auf dem Konzil von Vienne die ihm unterstellten Templer zur Verfolgung frei. Die Miniatur zeigt Templer auf dem Scheiterhaufen.

schaffen. Mit der Ernennung Roberts I. von Neapel zum Reichsvikar für Italien 1314 machte Klemens die päpstlichen Ansprüche auf Suprematie erneut deutlich. Zur Steigerung der Einnahmen forderte der Papst 1306 von allen in England, Schottland und Irland vakanten (unbesetzten) oder vakant werdenden Benefizien, das heißt Kirchenämtern, die für den Amtsinhaber mit Einkünften verbunden waren, die Einnahmen des ersten Jahres, die Annaten. 1326 dehnte Johannes XXII. diese Bestimmung als willkommene Einnahmenquelle auf alle an der Kurie vakanten Pfründen aus.

Die Etablierung in Avignon
Nach dem Tod Klemens V. gelang erst nach zwei Jahren, in denen das Amt des Papstes unbesetzt blieb (Sedisvakanz), die Nachfolgeregelung: Im August 1316 wurde Jacques Duèse (Johannes XXII.) gewählt. Der bereits zweiundsiebzigjährige vermeintliche Übergangskandidat sollte den Stuhl Petri 18 Jahre besetzen. Unter seinem Regiment wurden die Finanzverwaltung und andere Teile der päpstlichen Regierung zentralisiert, die häufig kritisierte kirchliche Bürokratie ausgebaut. Zur Reizfigur wurde er indes wegen seiner politischen Vorgehensweise.

Johannes XXII. hielt an dem Anspruch fest, dass der Papst nicht nur den Kaiser, sondern auch den deutschen König erst approbieren (anerkennen) müsse, bevor dieser sein Amt rechtmäßig ausüben könne. Nach der Doppelwahl von 1314 sandten Ludwig IV., der Bayer, und Friedrich der Schöne ihre Wahlanzeigen an die Kurie, ohne dass nach Beendigung der Sedisvakanz Reaktionen erfolgten. Auch in Oberitalien engagierte sich der Papst mithilfe französischer Truppen, besonders im Konflikt mit den Mailänder Visconti. Rechtsgrundlage seines Vorgehens war der Anspruch auf die Besetzung des Reichsvikariates, da es keinen legitimen Herrscher gebe. Als Ludwig IV. in Oberitalien aufseiten Mailands militärisch eingriff, ging der Papst in die Offensive und ließ einen Prozess gegen den Bayern eröffnen.

Ludwig verteidigte sich zunächst mit der Nürnberger Appellation und rief ein Konzil an, da er im Papst – sicherlich zu Recht – keine unabhängige Person sah. Trotz des Einspruchs Ludwigs und etlicher formaler Verfah-

> **ZITAT**
> **Auf Druck des französischen Königs hebt Papst Klemens V. am 22. 3. 1312 den Templerorden auf:**
> *... heben wir nicht ohne bitterem Seelenschmerz, nicht im Sinne einer richterlichen Entscheidung, sondern kraft unseres apostolischen Amtes und päpstlicher Vollmacht den vorgenannten Templerorden und seine Satzungen, seine Tracht und seinen Namen durch diese unverbrüchliche und ewig gültige Verordnung auf.*

> **ZITAT**
>
> **Wilhelm von Ockham spricht sich in einem Traktat um 1330 gegen die weltliche Macht des Papsttums aus:**
> *Die weltliche Gewalt ist älter als die geistliche, folglich unabhängig vom Papst. Dieser besitzt auch nicht das Recht, eine Fürstenwahl zu bestätigen: nicht aus Staatsrecht, denn kein Staat würde das konzedieren; nicht aus Kirchenrecht, denn dieses gilt im Staate nur so weit, als es der Fürst bewilligt; nicht aus Gewohnheit, denn sie ist ungültig, wenn sie dem Gemeinwohl schadet.*

rensfehler der Kurie setzte Johannes XXII. ihn 1324 ab und bannte ihn, allerdings ohne größere Folgen: Schon zu viele Herrscher waren exkommuniziert worden. Sämtliche anderen Rechte sprach ihm Johannes XXII. 1327 nach einer Verurteilung als Ketzer ab. Letztlich war es wohl ein Fehler Ludwigs gewesen, sich auf ein kirchenrechtliches Verfahren überhaupt eingelassen zu haben, zumal der Ablauf der juristischen Auseinandersetzung immer von Avignon bestimmt wurde und Ludwig stets in der formal schwächeren Stellung verblieb, selbst wenn er sich nie unterwarf.

1328 ließ sich Ludwig in Rom durch Repräsentanten der Stadt zum Kaiser krönen, erklärte Johannes für abgesetzt und ließ einen sich nur kurz behauptenden Gegenpapst ausrufen. In der politisch-theologischen Auseinandersetzung konnte sich Ludwig IV. unter anderem auf Marsilius von Padua, der die weltlichen Herrscher als alleinige rechtmäßige Inhaber der Gewalt sah, Wilhelm von Ockham und Michael von Cesena berufen. Bereits Dante leitete das Kaisertum direkt von Gott ab, betonte das höhere Alter des Kaiserthrones gegenüber dem Stuhl Petri. Konträr dazu hatte Ägidius von Rom eine ausgesprochen papalistische Position vertreten. Im Reich selbst entstand eine wachsende Distanz zur Kurie, die Beziehungen von Reich und Kirche konnten den veränderten Verhältnissen nicht angepasst werden. Mit den Beschlüssen des Kurvereins von Rhense und Ludwigs Reichsgesetz Licet juris von 1338 wurde bekräftigt, dass

> **INFOBOX**
>
> **Ein gebildeter Herrscher**
> Zwar wollte der berühmte Francesco Petrarca nicht für immer in den kalten Norden und an den Prager Hof kommen, wohin Karl IV. den Dichter eingeladen hatte. Doch der persönlichen Ausstrahlung des Kaisers zollte er überall Lob. Nach seiner Unterredung mit Karl in Mantua 1354 beschreibt er ihn in einem Brief an Zanobi da Strada mit folgenden Worten: »Princeps ille mitissimus, lingua et moribus non minus Italicus quam Germanus« – »ein friedsamer Herrscher, in Sprache und Sitten nicht weniger ein Italiener als ein Deutscher«.
> Karl war in der Tat ein gebildeter Mann, der Tschechisch, Französisch, Italienisch, Deutsch und Latein beherrschte; er war sogar ein respektabler Autor, dessen lateinisch verfasste Autobiographie im Mittelalter ohne Vergleich dasteht.

ein mehrheitlich gewählter König auch ohne päpstliche Approbation rechtmäßiger Herrscher war und die Kaiserkrone an die Königswahl gebunden blieb.

Nachfolger Johannes' XXII. wurde der eng mit den Problemen der Kurie vertraute Kardinal und Zisterzienser Jacques Fournier als Benedikt XII. (1334–42). Im Reich verlor auch dieser Papst deutlich an Ansehen und Einfluss, Edikte der Kurie konnten kaum noch verkündet werden, während seine Anlehnung an die französische Politik in England zu ausgeprägter Distanz zu Avignon führte.

Trotz der angeblichen Absicht, seinen Sitz wieder in Rom zu nehmen, begann Benedikt kurz nach seiner

Avignon ging 1348 aus dem Besitz der Grafen der Provence durch Kauf an die Päpste über. 1309–76 war die Stadt päpstliche Residenz. In dieser Zeit ließen Benedikt XII. und Klemens V. den festungsartigen gotischen Papstpalast erbauen.

Als Avignon päpstliche Residenz war, entwickelte es sich zu einem der führenden Wirtschaftsplätze, an dem sich italienische Handels- und Bankgesellschaften ansiedelten. Der Papst, die Kardinäle und das gesamte Kurienpersonal bildeten ein kaufkräftiges Nachfragepotenzial. Die Abbildung zeigt den Papstpalast.

Amtsübernahme mit dem Bau des Papstpalastes in Avignon, wohin auch das päpstliche Archiv verlegt wurde. Sein Nachfolger Klemens VI. vollendete den neuen Palast, den Schauplatz prunkvollen Hoflebens Mitte des 14. Jahrhunderts. Grundsätzlich behielt Benedikt XII. die Benefizienpolitik seiner Vorgänger bei, verringerte aber etliche Missstände des Pfründenwesens, was zu deutlichen Einnahmeneinbußen führte. Neben diesen Reformansätzen gab er Erlasse (Konstitutionen) für Zisterzienser, Benediktiner, Franziskaner und Regularkanoniker heraus, die zwar innerhalb der Orden nicht nur auf Zustimmung stießen, aber in Teilen bis ins 16. Jahrhundert gültig blieben.

Avignonesische Blütezeit
Unter dem Pontifikat Klemens VI. (Pierre Roger, 1342–52) erreichte die Kurie einen Höhepunkt demonstrativer Machtentfaltung, was wiederum höhere Einnahmen erforderlich machte. Neben dem Rückgriff auf vorhandenes Vermögen wurden besonders das Provisi-

ons- und Expektanzenwesen ausgedehnt. Die Stadt Avignon wurde 1348 erworben und wuchs unter Klemens VI. zu einem der führenden Wirtschaftsplätze heran, an dem sich italienische Handels- und Bankgesellschaften ansiedelten. Der Papst, die Kardinäle und das gesamte Kurienpersonal bildeten ein kaufkräftiges Nachfragepotenzial.

Politisch blieb Klemens VI. der französischen Krone verbunden: Als Erzbischof von Rouen war er Kanzler König Philipps VI. gewesen und als Papst förderte er Verwandte sowie Parteigänger aus dem Limousin, sei-

Johannes XXII. residierte in Avignon und baute den päpstlichen Verwaltungsprimat in der Kirche voll aus. Die Verknüpfung der päpstlichen Politik mit dem politischen Ziel der französischen Vormachtstellung führte zum letzten großen Kampf zwischen Papsttum und Kaisertum im Mittelalter.

ner Heimat. Im Konflikt mit Ludwig IV. verurteilte Klemens VI. diesen 1346 endgültig. Ludwigs Nachfolger, Karl IV., war ein Jugendfreund des Papstes, der seine Wahl zum Gegenkönig begünstigte. Rom und der Kirchenstaat wurden 1350 mit der Ausrufung des zweiten Heiligen Jahres – Bonifatius VIII. hatte es 1300 eingeführt – zufrieden gestellt; für die stadtrömische Bevölkerung war ein solches Jubeljahr finanziell attraktiv.

Der von seinem Vorgänger protegierte Innozenz VI. (Étienne Aubert, 1352–62) reduzierte zwar wieder den höfischen Aufwand, ließ aber am Papstpalast weiterbauen. Immerhin traf er die Vorbereitungen für die Rückkehr der Päpste nach Rom. Unter dem Kardinallegaten Gil Álvarez Carillo de Albornoz wurde der Kir-

Wilhelm von Ockham wurde vor dem päpstlichen Gerichtshof in Avignon wegen Häresie angeklagt. Nach dem ergebnislosen Prozess (1324–28) floh Ockham nach Pisa und lebte anschließend in München. Die Zeichnung aus der 1. Hälfte des 14. Jh stellt angeblich den englischen Philosophen dar (Cambridge, Gonville and Caius College).

chenstaat unter Einsatz erheblicher finanzieller Mittel weitgehend befriedet. Das Verhältnis zum Reich gestaltete sich weiterhin konfliktfrei: Innozenz ließ Karl IV. in Rom zum Kaiser krönen und die Goldene Bulle von 1356, mit der päpstliche Ansprüche bei der Königswahl endgültig zurückgewiesen wurden, blieb zumindest offiziell unkritisiert.

Vorbereitungen zur Rückkehr nach Rom
Urban V. (Guillaume Grimoard, 1362–70) konnte auf den Erfolgen seines Vorgängers bei der Reorganisation des Patrimoniums Petri (Kirchenstaats) aufbauen. Endgültig reservierte er für die Kurie die Besetzung aller Patriarchal- und Bischofssitze, der Männer- und Frauenklöster ab einer bestimmten Höhe der Einkünfte. Als Hauptfeind in Italien sah auch er die sich in Oberitalien ausbreitenden Visconti, gegen die er sogar zum Kreuzzug aufrief. Nach dem Scheitern derartiger Pläne zeigte sich Urbans politische Lernfähigkeit: Unter Umgehung des stets gegen die Visconti eingestellten Albornoz erfolgte ein Friedensschluss mit Mailand.

Trotz zahlreicher Widerstände verließ er 1367 Avignon und erreichte im Oktober Rom. Kaiser Karl IV. sollte als Schutzherr der römischen Kirche die Bemühungen unterstützen, zog aber erst im folgenden Jahr nach Italien. In Rom bereitete Urban V. erneut ein Bündnis gegen Mailand vor, aber auch die anderen italienischen Staaten befürchteten ein Vordringen des Kirchenstaates. Die ausbleibenden militärischen Erfolge gegen die Visconti führten letztlich zu einem für Urban enttäuschenden Friedensschluss. Die italienischen Konflikte trugen ebenso wie der neu ausgebrochene Krieg zwischen Frankreich und England zur Rückkehr Urbans V. nach Avignon 1370 bei, entscheidend war aber wohl das Scheitern seiner politischen Pläne.

Trotz der Rückkehr Urbans V. konnte Avignon nicht mehr gegen Rom bestehen. Auch der Ende 1370 zum Papst gewählte und kurienerfahrene Kardinal Petrus Rogerii, ein Neffe Papst Klemens VI., war zur Verlegung der päpstlichen Residenz entschlossen. Erst nach seiner Wahl wurde er Priester, erhielt die Bischofsweihe und nahm den Namen Gregor XI. an. Nach dem Bündnis zwischen Mailand und Florenz, das zudem die Aufstän-

Benedikt XII. reformierte die kirchliche Ämterbesetzung und Steuererhebung sowie den Benediktiner- und den Zisterzienserorden. Durch die Abhängigkeit von Frankreich war er zur Fortführung des Kampfes gegen Ludwig den Bayern gezwungen.

ZITAT

Am 6. August 1338 erließ Ludwig der Bayer das Reichsgesetz »Licet iuris«, das die päpstlichen Ansprüche auf Approbation der deutschen Königswahl zurückwies:

... Sobald jemand von den Kurfürsten des Reiches einmütig oder von einer Mehrheit von ihnen zum Kaiser oder König gewählt wird, ist er sofort allein aufgrund der Wahl wahrer König und Römischer Kaiser ... und weder vonseiten des Papstes oder des Apostolischen Stuhles noch irgendwessen sonst bedarf er der Anerkennung, Bestätigung, Ermächtigung oder Zustimmung.

Innozenz VI. drang auf innerkirchliche Reformen und ließ die Inquisition gegen Spiritualen und Fratizellen vorgehen. Zudem bereitete er die Rückkehr der Päpste nach Rom vor (Kopf der Liegefigur Innozenz' VI. in der Kartause in Villeneuve-lès-Avignon).

dischen im Kirchenstaat unterstützte, verhängte der Papst das Interdikt über die toskanische Stadt, deren Handel empfindlich getroffen wurde. Gegen entschiedenen Widerstand auch der französischen Krone brach Gregor XI. im September 1376 von Avignon auf und zog im Januar 1377 in Rom ein, wohin zuvor schon Teile der Administration verlegt worden waren. Die Lage in Rom blieb wegen Auseinandersetzungen um das Stadtregiment kritisch und Gregor XI. schloss eine Rückkehr nach Avignon nicht aus, starb aber 1378. Mit Mailand und Florenz konnte sein Nachfolger Urban VI. kurze Zeit später Frieden schließen.

Ein wesentliches Anliegen des avignonesischen Papsttums war der Ausbau der Kurie zu einer zentralen Kirchenregierung mit starker Bürokratie und ausgeprägter Finanzverwaltung, eine im Trend der Zeit zur allgemeinen Verwaltungsdifferenzierung und -modifizierung liegende Entwicklung. Umstritten blieben das zum Teil rigide Eintreiben von Finanzmitteln unter Verwendung geistlicher Strafen und die Zwecke der eingetriebenen Gelder, aber auch die Eingriffe in Abts- und Bischofswahlen und die trotz aller Spannungen verschieden stark ausgeprägte Abhängigkeit von der französischen Krone.

Mit dem Wegzug aus dem italienischen Kirchenstaat hatte dieser seine Bedeutung als Finanzquelle verloren, während die Ausgaben stiegen und so neue Quellen erschlossen werden mussten. Zu den wichtigsten Einnahmeposten zählten die Abgaben von Äbten und Bischöfen (Servitien) und der halbe oder ganze Jahresertrag eines neubesetzten Benefiziums (Annaten); mit deutlichem Abstand folgten Zehnte, der bewegliche Nachlass von Klerikern (Spolien) und bestimmte Steuern (Subsidien). Auf der Ausgabenseite forderten neben Hofhaltung, Bauaufwendungen und laufenden Gehältern die Beteiligung an den italienischen Kriegen große Summen. Mit dem Transfer der durch Kollektoren eingezogenen Gelder waren zumeist die führenden italienischen »Bankhäuser« betraut. Trotz dieser Strukturveränderungen und breiter politischer Handlungsfelder agierten die avignonesischen Päpste natürlich auch weiterhin auf ihrem ureigenen theologischen Sektor; signifikante Unterschiede zu anderen Perioden dürften hierbei die Ausnahme geblieben sein.

Ulf Dirlmeier und Bernd Fuhrmann

Rom, Avignon, Pisa: Das Abendländische Schisma

Nach dem Tod Gregors XI. in Rom am 27. März 1378 wuchsen die Spannungen. Die Römer forderten einen der Ihren oder zumindest einen Italiener zum Papst, favorisierten wohl Giacomo Orsini. Das am 7. April zusammengetretene Konklave mit 16 Kardinälen – sechs weitere waren in Avignon geblieben – war intern zerstritten, musste aber wegen des Drucks von außen schnell einen gemeinsamen Kandidaten präsentieren. Nach tumultuösen Unterbrechungen wählten am folgenden Tag nur noch zwölf Kardinäle Bartolomeo Prignano, den Erzbischof von Bari und kommissarischen Leiter der päpstlichen Kanzlei, zum Papst.

In den ersten Schreiben und Wahlanzeigen bezeichnete man den als Urban VI. inthronisierten Prignano zumindest nach außen hin als kanonisch gewählten Amtsinhaber. Der Wahlverlauf hatte schon bei Zeitgenossen Zweifel an der Rechtmäßigkeit geweckt, zu dem sich die Kardinälen aber weder während noch direkt nach dem Konklave äußerten. Spätere Aussagen nach Beginn der Kirchenspaltung, des Schismas, über die damalige Situation spiegeln natürlich auch die jeweiligen, zum Teil veränderten Standpunkte wider. Urban VI. gelang es nicht,

Zwischen 1378 und 1417 beanspruchten zunächst zwei, ab 1409 gar drei Päpste, rechtmäßige Nachfolger Petri zu sein. Ihre Obödienzen entsprachen in Frankreich, auf den britischen Inseln und im Heiligen Römischen Reich politischen Abgrenzungsinteressen.

nach der Wahl konsensstiftend zu wirken, im Gegenteil. Seine vermutlich übersteigerten Vorstellungen von der Autorität des Papstes verschärften rasch die Konflikte mit der Spitze der Kirchenhierarchie und mit weltlichen Herrschern.

Der Beginn des Schismas – Die Wahl von Gegenpapst Klemens (VII.)
Innerhalb kurzer Zeit führte das Auftreten Urbans zu dem Vorwurf der incapacità, der persönlichen Unfähigkeit beziehungsweise Ungeeignetheit zum Papst. Im Sommer verließen die nichtitalienischen Kardinäle die Stadt Rom mit Zustimmung Urbans wegen der ungünstigen klimatischen Verhältnisse – was kein bloßer Vorwand war – und gingen nach Anagni; von den italienischen Kardinälen war wohl zudem Orsini ein Gegner

Die Kommerzialisierung des Ablasses, des »Nachlasses zeitlicher Strafen vor Gott für Sünden, deren Schuld schon getilgt ist«, war nicht erst zu Luthers Zeiten, sondern bereits seit dem 14. Jh. Praxis. Der Holzschnitt (vor 1536) zeigt den Teufel, der auf einer Ablasskasse sitzt. In seinem Maul tafeln Nonnen und Mönche.

> **INFOBOX**
>
> **Das Konklave**
> Wenn ein Papst stirbt, ist es die Aufgabe der Kardinäle, seinen Nachfolger zu bestimmen. Wenn der Kardinal-Kämmerer der Römischen Kirche offiziell den Tod des Papstes festgestellt hat, zerbricht er dessen Ring, versiegelt die Amtsräume und legt den Tag der Papstwahl fest. Die Kardinäle schließen sich im Konklave, dem »abgeschlossenen Raum«, völlig von der Außenwelt ab und wählen in geheimen Wahlgängen den neuen Papst. Die Wahlzettel werden nach jedem Wahlgang in einem Ofen mit präpariertem Stroh verbrannt. Solange schwarzer Rauch aufsteigt, hat die Wahl keine Entscheidung gebracht. Erst wenn weißer Rauch aufsteigt, wird der Konklaveraum geöffnet und den Gläubigen wird verkündet: »Habemus Papam!« – »Wir haben einen Papst!«
> Der Brauch des Konklaves geht auf das Jahr 1241 zurück. Damals konnten sich die Kardinäle nicht auf einen Kandidaten einigen, woraufhin der römische Senat die Papstwähler kurzerhand mit Waffengewalt in einen Raum bringen und diesen zumauern ließ.

Urbans. Mit zunehmender Distanz betrachteten sie die Wahl als ungültig, zum einen wegen der Umstände des Wahlaktes, zum anderen wegen des Irrtumes in der Person des Gewählten und dessen Eigenschaften.

Am 20. Juli erklärten sie schließlich offiziell die Unrechtmäßigkeit der Wahl, nachdem man sich nicht auf ein Konzil als Schiedsinstanz hatte einigen können. Urban forderte nach vorübergehendem Zögern die absolute Anerkennung, die Kardinäle reagierten mit einem neuen Konklave in Fondi, wo sie am 20. September Kardinal Robert von Genf zum Papst wählten. Klemens (VII.), der nach Avignon ging, wurde unterstützt von sämtlichen Kardinälen und dem größten Teil der kurialen Verwaltung. Er schien zunächst die besseren Chancen zu besitzen, konnte sich aber letztlich in Italien nicht durchsetzen.

Die Frage nach der Gültigkeit der ersten Wahl und der Rechtmäßigkeit der zweiten war schon bei den Zeitgenossen und ist bis heute kirchenrechtlich wie in der Forschung umstritten. Wie auch immer, das (Große) Abendländische Schisma war Realität geworden, und die Kritik an der Person und der Wahl Urbans erscheint durchaus berechtigt. Im Gegensatz zu den früheren Schismen, entstanden aus Interessenkonflikten zwischen

> **ZITAT**
>
> **Eine zeitgenössische Quelle berichtet über den Ausbruch des Großen Schismas 1378:**
> *Noch in demselben Jahre kam es zu einem heftigen Konflikt zwischen dem Papst (Urban VI.) und den Kardinälen, von denen ihm nur wenige treu blieben; von den anderen wurde behauptet, er sei nicht kanonisch gewählt worden und zum Papste erhoben, weil ihn die Kardinäle unter dem Druck der Römer erkoren hätten. Der Papst setzte die Kardinäle, die ihn gewählt hatten, ab und ernannte andere... Daraufhin traten alle Kardinäle, die ihn erhoben hatten, zusammen und wählten einen anderen Papst... und nannten ihn Klemens VII.*

Benedikt XIII. schloss sich 1378 dem Gegenpapst Klemens VII. an, zu dessen Nachfolger er 1394 in Avignon gewählt wurde. Von den Konzilien zu Pisa (1409) und Konstanz (1417) abgesetzt, zog er sich auf die Burg Peñíscola in Aragonien zurück. Das Foto zeigt die Altstadt von Peñíscola mit Stadtmauer und Schlossburg (13.–15. Jh.).

Kaisern und Päpsten, entwickelte sich dieses aus der Kirche selbst. Aber es war in keiner Phase ein religiös begründeter Konflikt, kein Streit über verbindliche Dogmen oder differierende Auslegungen der Bibel oder kirchlicher Autoritäten. In den folgenden Jahren residierte Klemens wieder in Avignon, Urban in Rom, wo er eine neue Kirchenadministration aufbauen musste, in der dann die Neapolitaner wachsenden Einfluss gewannen.

Nach einer Zeit der Unklarheit oder des Wechsels kristallisierte sich heraus, dass Urban VI. in Italien, im Reich, genauer im Machtbereich König Wenzels, in England, Ungarn sowie im Norden und Osten Europas anerkannt wurde; die Parteigänger Klemens' (VII.) waren Schottland, Frankreich, Burgund, Savoyen, Neapel, südwestdeutsche Gebiete und Österreich. Erst nach zum Teil langen Untersuchungen über die Legitimität der Päpste schlossen sich die Reiche der Iberischen Halbinsel ebenfalls Avignon an. Entscheidend waren neben den kanonistisch-rechtlichen Überlegungen die politischen Standpunkte: England und Frankreich mussten vor dem Hintergrund des Hundertjährigen Krieges verschiedene Lager wählen.

Insgesamt führte das Schisma zu einem erheblichen Autoritäts- und Ansehensverlust des Papsttums und begünstigte den weiteren Ausbau der Nationalkirchen in Westeuropa. Die häufig kritisierte, in Avignon entwickelte kuriale Finanzpolitik wurde nun, soweit es die wachsenden Widerstände erlaubten, von beiden Seiten in ihrer jeweiligen Obödienz (Anhängerschaft) fortgeführt und teilweise noch intensiviert. Auch die Praxis, Verwandten und Freunden günstige Positionen und damit Einnahmen zu sichern, setzten die Päpste während des Schismas fort.

Urban VI., der sich an den italienischen Auseinandersetzungen in wechselnden Bündniskonstellationen beteiligte – immerhin konnte er seinen Kandidaten Karl von Durazzo in Neapel durchsetzen – verließ 1383 heimlich Rom und residierte in verschiedenen Städten Italiens. Nach seiner Flucht aus der belagerten Burg von Nocera, wohin er sich 1384 von Neapel aus gewandt hatte, ließ Urban 1385 in Genua vier seiner eigenen Kardinäle wegen einer angeblichen Verschwörung hinrichten. Wie auch Klemens VII. versuchte er, militärisch Tatsachen zu schaffen, die zu seiner allgemeinen Anerkennung führen sollten.

Nach dem Tod Urbans († 1389) wählte das Konklave in Rom den neapolitanischen Kardinal Pietro Tomacelli, der als Bonifatius IX. geweiht wurde. Bemühungen, das Schisma durch eine Aussetzung der Neuwahl zu beenden, scheinen nicht unternommen worden zu sein. Bonifatius IX. gab die sprunghafte Politik seines Vorgängers auf, wandte sich gegen Frankreich und die Anjou. Der Kirchenstaat und Rom mussten die päpstliche Oberhoheit wieder anerkennen, das in Avignon entwickelte Finanzsystem konnte Bonifatius für sich nutzen, Ablässe wurden als Einnahmequelle verstärkt gewährt und der Nepotismus (Vetternwirtschaft) blühte. Bei seinem Tod war die Hälfte des kleinen Kardinalkollegs mit ihm verwandt oder verschwägert. Primär blieb Bonifatius ein weltlicher Fürst, der Kirchenstaat war eben auch stets ein Faktor im italienischen Mächtespiel, eine Beschränkung auf rein geistliche Aufgaben war im politischen Kräftespiel kaum zweckmäßig und auch nicht angestrebt.

ZEITTAFEL
Päpste zur Zeit des Abendländischen Schismas
Römische Obödienz:
Urban VI. (1378–1389)
Bonifatius IX. (1389–1404)
Innozenz VII. (1404–1406)
Gregor XII. (1410–1415)
Avignoneser Obödienz:
Klemens VII. (1378–1394)
Benedikt XIII. (1394–1417/1423)
Pisaner Konzils-Obödienz
Alexander V. (1409–1410)
Johannes XXIII. (1410–1415)

Fortsetzung der Spaltung
In den theologischen Gutachten zur Lösung des Schismas standen zunächst die Möglichkeit einer Einigung oder die Abdankung der konkurrierenden Päpste im

Vordergrund. Die französische Regierung zielte wohl auf eine Verzögerung der Neuwahl nach dem Tod Klemens VII. († 1394), doch bestieg Kardinal Pedro de Luna, der bereits 1378 mitgewählt hatte, nach Empfang von Priester- und Bischofsweihe als Benedikt XIII. im selben Jahr den päpstlichen Stuhl in Avignon. Sowohl Bonifatius IX. als auch Benedikt XIII. sahen sich als zweifelsfrei legitime Päpste. Weder in Verhandlungen mit der Gegenseite noch unter politischem Druck war einer von ihnen zum Nachgeben bereit; selbst seine endgültige Absetzung in Konstanz 1417 erkannte Benedikt nicht an.

Für die französische Politik gegenüber beiden Päpsten erhielt die Pariser Universität zentrale Bedeutung. Auf drei Synoden des französischen Klerus und der Universitätsmitglieder in Paris beschlossen die Anwesenden zunächst 1395 die Abdankung der Päpste als Lösungsmöglichkeit und entzogen 1398 nach verweigerter Zustimmung Benedikts XIII. mit großer Mehrheit gegen vor allem südfranzösischen Widerstand die Obödienz. Diese Entscheidung übernahm und verkündete auf Weisung hin der nur zeitweise regierungsfähige französische König Karl VI. nach vorheriger politischer Einigung mit England.

Neben dem Benefizien- und Gehorsamsentzug war dem Papst so die finanziell wichtige Besteuerung des

INFOBOX
Avignon und der Papstpalast
Der Papstpalast, das »Palais des Papes«, ist ein festungs- und klosterartiger gotischer Bau aus dem 14. Jh.
Johannes XXII. (1316–34) baute den ehemaligen Bischofspalast um. Sein Nachfolger, Papst Benedikt XII. (1334–42), ließ an dessen Stelle einen neuen päpstlichen Palast errichten (»alter Palast«). Klemens VI. (1342–52) vergrößerte den Bau um den »neuen Palast«. Er kaufte Johanna I. von Anjou auch die Stadt Avignon ab, die durch die päpstliche Residenz (ab 1309) zum Mittelpunkt der Christenheit geworden war. Die Stadt wuchs über ihre alten Grenzen hinaus und wurde mit einer turmbewehrten Mauer umgeben. Die Kardinäle bauten sich ebenfalls kleine Paläste. Die päpstliche Hofhaltung ließ den Fernhandel und das Bankwesen aufblühen, die Kultur und das Geistesleben ebenso. So lebte der erste italienische Humanist, Francesco Petrarca, am päpstlichen Hof.

französischen Klerus genommen, was ihn zur Abdankung zwingen sollte. Außerdem stärkte dies Krone und Nationalkirche gegenüber den Ansprüchen des Papsttums. Die Mehrzahl der Kardinäle verließ als Konsequenz die Kurie und übersiedelte nach Villeneuf-lès-Avignon auf französischen Boden. Aufseiten der Anhänger Bonifatius' IX. folgte allerdings niemand dem französischen Vorgehen.

Seit dem Herbst 1398 wurde der Papstpalast in Avignon ohne Erfolg belagert, was nicht zuletzt auf die mangelhafte Durchschlagskraft der Artillerie zurückzuführen war, damals ein prinzipielles Problem beim Angriff auf Befestigungen. Trotz eines Waffenstillstandes im folgenden Jahr blieb Benedikt XIII. ein »Gefangener«, bevor er im März 1403 in die Provence fliehen konnte, deren Grafen ihn im Vorjahr wieder als Papst anerkannt hatten. Seiner Obödienz unterstellte sich im Mai 1403 auch Frankreich wieder. Die Konkurrenzsituation zwischen Avignon und Rom nutzten manche Landesherren dazu, massiv in die Besetzung geistlicher Positionen

Bereits unter Philipp IV., dem Schönen, war das nahe Avignon gelegene Villeneuve-lès-Avignon zu einer Festung ausgebaut worden. Das Fort Saint-André erhielt seine heutige Gestalt jedoch erst unter Johann dem Guten (1350–64) und Karl V. (1364–80).

Der Papstpalast in Avignon war nicht ohne Grund als festungsähnliches Bauwerk konzipiert: Seit dem Herbst 1398 wurde er belagert, jedoch ohne Erfolg. Dies war nicht zuletzt auf die mangelhafte Durchschlagskraft der Artillerie zurückzuführen, damals ein prinzipielles Problem beim Angriff auf Befestigungen.

einzugreifen, gerade im Finanzsektor übernahm besonders der französische König Funktionen der Kurie. Benedikt XIII. ließ Bonifatius IX. Vorschläge zur gemeinsamen Abdankung vorlegen, die aber, wie wohl von ihm erhofft, abgelehnt wurden.

Nach dem Tod Bonifatius' (1404) folgte Innozenz VII. als neuer Papst nach, der jedoch keine Initiativen zur Beilegung des Schismas entfaltete. 1406 folgte ihm der hochbetagte Gregor XII. Zu seiner Wahlkapitulation gehörten ein Verhandlungsangebot an Avignon und die auch öffentlich verkündete Bereitschaft zum Rücktritt – freilich nur gemeinsam mit Benedikt XIII. Die Abgesandten beider Päpste einigten sich schließlich 1407 in

Marseille auf ein Treffen im südwestlich von Genua gelegenen Savona. Benedikt XIII. erschien immerhin zum Verhandlungstermin, weigerte sich aber, seine mündlich zugesicherte Abdankungsbereitschaft schriftlich zu fixieren; Gregor XII. blieb in Lucca, zu tief war das gegenseitige Misstrauen.

Das erste Konzil von Pisa
Die entscheidenden Schritte zur Behebung des Schismas unternahmen andere: Nach dem Scheitern der Unionsverhandlungen im Mai 1408 verließen die Kardinäle Gregor XII. und flohen nach Pisa. Frankreich erklärte sich im Mai 1408 gegenüber beiden Päpsten für neutral, im Januar schon hatte man diesen Schritt bei Nichterreichen der Kirchenunion angedroht und kündigte Benedikt XIII. erneut die Obödienz auf. Benedikt reagierte mit Exkommunikation und Interdikt, während die französische Krone die bereits im Vorjahr erlassenen Ordonnanzen mit dem Verbot päpstlicher Steuererhebung und der Wiederherstellung des Wahlrechts der Kapitel in Kraft setzte. Benedikt XIII. verließ das für ihn nunmehr unsichere Oberitalien und kündigte ein Konzil in Perpignan an, wo er im Sommer 1408 eintraf.

Nach Pisa kamen nun auch sieben Kardinäle Benedikts, die gemeinsam mit denen Gregors über den Ort des geplanten Konzils verhandelten. Die auch von den

---

INFOBOX

Petrarca, der erste bedeutende italienische Humanist
Francesco Petrarca (1304–74), Sohn eines aus Florenz verbannten Notars, trat 1326 in Avignon in den geistlichen Stand und lebte nach langen Reisen seit 1337 meist auf seinem Landgut bei Avignon. Am 8. 4. 1341 wurde er auf dem Kapitol in Rom zum Dichter gekrönt. 1353–61 stand er im Dienst der Visconti in Mailand, lebte 1362–68 in Venedig und dann in Padua und auf seinem Landgut in Arquà.
Die Zeitgenossen sahen in Petrarca v. a. den Humanisten, der als einer der Ersten nach antiken Handschriften forschte und um deren Verbreitung bemüht war. Petrarcas Leistung als Textkritiker und Herausgeber begründete den neuen, philologischen Zugang zur antiken Überlieferung und damit zugleich die Ablehnung der mittelalterlichen Latinität. Petrarca selbst ging mit seiner an Cicero ausgerichteten lateinischen Prosa beispielgebend voran.

politischen Verhältnissen Italiens verursachten Hindernisse konnten mühsam überwunden werden und im Spätsommer erzielte man Einigkeit: Für den März des kommenden Jahres wurde die Kirchenversammlung nach Pisa einberufen. Dagegen diente die Synode Benedikts XIII. vor Prälaten aus Spanien und Südfrankreich primär der Rechtfertigung seiner Bemühungen zur Beilegung des Schismas, bevor sie dann von 1409 bis 1416 unterbrochen wurden. Gregor XII. strebte gleichfalls eine Versammlung in Cividale an, die aber, da sich viele italienische Bischöfe nach Pisa gewandt hatten, als Misserfolg endete.

Das Konzil mit seinen etwa fünfhundert geistlichen Würdenträgern, Theologen, Juristen sowie Abgesandten der Fürstenhöfe repräsentierte den größeren Teil der abendländischen Christenheit, allerdings ließ der deutsche König Ruprecht von der Pfalz Protest einlegen, weil er weiterhin Gregor XII. anhing. Ablehnend verhielten sich dazu die Königreiche Aragonien, Kastilien und Schottland sowie Ladislaus von Neapel. Die Leitung des Konzils lag wohl beim Kardinalskollegium, ohne dass dies offiziell solche Funktionen übernahm.

Ziel war die Durchführung eines Prozesses gegen beide Päpste und die Neuwahl bei der zu erwartenden Verurteilung. Gregor XII. und Benedikt XIII. wurden mehrfach geladen, zunächst zum Konzil, dann zur Verteidigung, erschienen jedoch aus verständlichen Gründen nicht. Ein knappes Vierteljahr nach Eröffnung des Konzils wurden beide Päpste am 5. Juni 1409 als notorische Schismatiker, Eidbrecher und Häretiker abgesetzt, der päpstliche Stuhl für vakant erklärt.

Das Konklave, 24 Kardinäle, 14 der ehemals avignonesischen, zehn der zuvor römischen Obödienz, wählte am 26. Juni 1409 einstimmig den Kardinal und Franziskaner Petros Philargis zum neuen und, wie man hoffte, allgemein anerkannten Papst (Alexander V.). Die Neuwahl bildete den eigentlichen Abschluss des nun von Alexander V. geleiteten Konzils. Diskussionen über notwendige Reformen der Kirche wurden verschoben; ein neues Konzil wurde für das Jahr 1412 geplant.

Nicht unumstritten ist die Bewertung Pisas, insbesondere wird dem Konzil teilweise der ökumenische Charakter abgesprochen, was aber so auch auf andere

Europa im Mittelalter

derartige, offiziell anerkannte Kirchenversammlungen des Mittelalters zutreffen würde. In der offiziellen Zählung der katholischen Kirche wurde es dann auch nicht den ökumenischen Konzilien zugeordnet. Zwar konnte die Kirchenunion nicht erreicht werden, aber man hatte doch günstige Vorbedingungen geschaffen, die in Konstanz schließlich zum Erfolg führen sollten.

Zunächst aber gab es statt zwei nunmehr drei Päpste, wenn auch mit unterschiedlich großen Obödienzen. Zu Gregor XII. bekannten sich eine eher geringe Zahl italienischer Anhänger, vorerst das deutsche Reich und Ungarn. Benedikt XIII. war in Schottland, weiten Teilen Spaniens sowie in südfranzösischen Regionen aner-

Ein knappes Vierteljahr nach Eröffnung des Konzils von Pisa wurden am 5. 6. 1409 die Päpste Gregor XII. und Benedikt XIII. als notorische Schismatiker, Eidbrecher und Häretiker abgesetzt und der päpstliche Stuhl für vakant erklärt. Die Abbildung zeigt die Marienpforte, durch die man zur Piazza del Duomo von Pisa gelangt.

Nachdem die Engelsburg in Rom in päpstlichen Besitz gelangt war, wurde sie als Kastell und Fluchtburg ausgebaut – ein überdeckter Gang führt zum Vatikan. Bevor Klemens VII. nach Avignon übersiedelte, hatte er sich in dem umgebauten Mausoleum Kaiser Hadrians vor den Anhängern Urbans VI. in Sicherheit gebracht.

kannt. Die größte Obödienz blieb so für den neu gewählten Alexander V.

Alexander V. ging zu dem Kardinallegaten von Bologna, Baldassare Cossa, wo er bereits im Mai 1410 starb. Cossa, eine der treibenden Kräfte der Konzilseinberufung, wurde noch im gleichen Monat in Bologna zum Nachfolger Alexanders gewählt, obwohl dem einem neapolitanischen Adelsgeschlecht entstammenden Johannes XXIII., wie er sich nannte, nachgesagt wurde, in seiner Jugend Seeräuber gewesen zu sein. Auch ihm gelang es nicht, die Absetzung seiner Konkurrenten zu erzwingen, im Patrimonium setzte sich Johannes XXIII. aber zunächst durch, so wie die Konklaveteilnehmer erhofft hatten.

Ulf Dirlmeier und Bernd Fuhrmann

Um die Einheit der Kirche: Die Konzilien des 15. Jahrhunderts

Um die Wende zum 15. Jahrhundert erschienen Konzilien als einzige Möglichkeit, die Kircheneinheit wieder herzustellen, da die konkurrierenden Päpste – auch entgegen der Hoffnung gelehrter Theologen – nicht zum Rücktritt bereit waren. Auch die gewaltsame Durchsetzung eines Papstes, die Anerkennung eines Kommissionsurteils, die persönliche Zusammenkunft der Kontrahenten oder der Gehorsamsentzug waren gescheitert. In den Vordergrund trat die Frage nach der Superiorität, der Überlegenheit von Papst oder Konzil angesichts von zwei, später drei Päpsten, die jeweils für sich die höchste Autorität und Gehorsam sowie Finanzmittel beanspruchten. Konkrete, den Einzelnen beeinträchtigende Folgen waren vor allem in den Grenzgebieten der jeweiligen Obödienzen (Anhängerschaft eines Papstes) zu spüren, wo die Konflikte bis in die untere Ebene hineinreichten; gegenseitige Exkommunikationen und Interdikte (Verbote geistlicher Handlungen) erschwerten zumindest das geregelte kirchliche Leben, es herrschte Unsicherheit über die Wirksamkeit der Sakramente.

Schon die Lehrer des kanonischen Rechts, die Dekretisten, später die Dekretalisten, beurteilten die Frage

Im »Kaufhaus« am Hafen von Konstanz soll 1417 das fünftägige Konklave zur Papstwahl stattgefunden haben, das mit der Wahl von Martin V. das »Abendländische Schisma« beendete.

nach der Überordnung von Papst oder Konzil uneinheitlich. Einen Einschnitt markierte, teilweise unter Aufnahme älterer Überlegungen, der »Defensor pacis«, eine Schrift des Marsilius von Padua: Das Konzil repräsentiere die Kirche und damit die Gläubigen, der Papst sei untergeordnet, und dem Kaiser könne eine wichtige Rolle zukommen. Für Wilhelm von Ockham war die Rechtgläubigkeit das entscheidende Kriterium, Papst und Konzil könnten prinzipiell irren. Beide gelten aber nicht mehr als die Väter des Konziliarismus, sondern dieser ohnehin nicht homogene Ideenkomplex speiste sich aus einer Vielzahl von Quellen und blieb in die zeitgenössischen politischen Auseinandersetzungen eingebunden.

Das Konstanzer Konzil
Ohne dass die strittige Frage nach der Überordnung von Papst oder Konzil entschieden war, begann am 5. November 1414 das Konstanzer Konzil mit der feierlichen Eröffnung durch den Pisaner Papst Johannes XXIII. Im Jahr darauf erreichte man die volle Teilnehmerstärke, die Konstanz zur größten »internationalen Konferenz« des Mittelalters werden ließ. Ihr Förderer und Schirmherr, König Siegmund, traf an Weihnachten 1414 ein. Vorausgegangen waren zähe diplomatische Verhandlungen, besonders zwischen Siegmund und Johannes. Von beiden gingen auch die Einladungen für das Konzil aus, von dem sich der Papst die Bestätigung seines Pontifikats erhoffte.

Neu war die Abstimmung nach »Nationen« (nicht nach Nationalitäten), angelehnt an universitäre Einrichtungen: Jede Nation, Italiener, Engländer, Franzosen und Deutsche sowie später auch Spanier, hatte nur eine Stimme, bei Abstimmungen nach Anzahl der Anwesenden hätten wohl erneut die italienischen Würdenträger die Versammlung dominiert; eine weitere Stimme erhielt das Kardinalskollegium. In die Diskussionen griffen auch die Vertreter der theologischen Fakultäten entscheidend ein, genannt sei stellvertretend nur Jean de Gerson, Kanzler der Pariser Universität. Das Konzil besaß eine enorme Anziehungskraft. Um den (nicht exakt zu beziffernden) Andrang zu bewältigen, wurden seitens der Stadt umfassende Preistaxen erlassen, die

> **ZITAT**
> **Die Teilnehmer des Konstanzer Konzils einigen sich Anfang 1415 auf eine Abstimmung nach Nationen:**
> *... und sie (die französische Nation) kam dazu, man solle nach Nationen und nicht nach Stimmen oder Köpfen vorgehen, wie schon vorher die englische und die deutsche Nation gefordert und beschlossen hatten. Dieser Beschluss wurde von allen Klugen für einen sehr guten Anfang zur Einheit der Kirche gehalten.*

Johannes XXIII. wurde aufgrund der Superiorität des Konstanzer Konzils über den Papst 1415 abgesetzt. Ein schlechtes Omen für seine Teilnahme am Konzil war der Unfall auf der Reise nach Konstanz, den Ulrich von Richental darstellt (Weimar, Stiftung Weimarer Klassik und Kunstsammlungen).

Gewerbeausübung erleichtert, Beschäftigung für Mittellose angeboten.

Die Kircheneinheit

Verhandlungsgegenstände im Konstanzer Münster waren Glaubensfragen, die Frage der Kircheneinheit und Reformfragen. Bei der Frage der Kircheneinheit waren weltliche Herrscher miteinbezogen und stimmberechtigt. Zunächst befasste man sich auch mit diesem Thema. Entgegen den Erwartungen Johannes' XXIII. wurde seine Stellung rasch geschwächt. Es setzte sich die Überzeugung durch, dass keiner der drei Päpste zweifelsfrei legitimiert sei. Johannes erklärte sich zum Verzicht bereit, wenn dieser Schritt auch von den beiden anderen Päpsten vollzogen würde. Einer erzwungenen Abdankung entzog er sich durch die Flucht, wurde aber trotz der Unterstützung durch Herzog Friedrich IV. von

Österreich gefangen genommen und im Mai 1415 nach einem Prozess in erster Linie wegen moralischen Fehlverhaltens vom Konzil abgesetzt.

Das Konzil erklärte seine Überordnung in Glaubensfragen und seine Legitimität unmittelbar durch Christus. Mit dem Dekret »Frequens« sollten zudem regelmäßige Konzilien eingerichtet werden. Nachdem die Teilnehmer Gregor XII. zugestanden hatten, nachträglich das Konzil mit einzuberufen, erklärte er im Juli 1415 seinen Rücktritt. Nur noch Benedikt XIII. mit seinem Anhang in Südfrankreich und Spanien beharrte auf seiner Position. Dieses Problem konnte politisch gelöst werden. Es gelang, die spanischen Reiche in das Konstanzer Konzil zu integrieren, und dort setzte man Benedikt nach einem Prozess 1417 ab.

Mit dem Anschluss der Spanier war eine gesamtkirchliche Papstwahl möglich geworden. Nach lang dauernden Auseinandersetzungen beschloss man, sowohl das Kardinalskollegium (23 Mitglieder) als auch Vertreter der Nationen (je 6 Abgeordnete) zu beteiligen. Damit sollten nachträgliche formale Einwände ausgeschlossen werden. Das Konklave begann am 8. November 1417 im innen komplett umgebauten Konstanzer »Kaufhaus«;

Die Ziele des Konstanzer Konzils waren die Beseitigung des Abendländischen Schismas, die Überwindung der Wycliffe'schen Häresie und eine Kirchenreform. Tagungsort war das frühromanische Münster Unser Lieben Frau, von dem der Innenraum abgebildet ist.

> **INFOBOX**
>
> **Wycliffes Lehre**
> John Wycliffe, Professor der Theologie in Oxford und seit den 1370er-Jahren auch Berater des Königshauses, nahm Maß an der Bibel und konfrontierte die in Pracht und Prunk prangende Papstkirche mit der Kirche Christi im Neuen Testament, einer Gemeinschaft der Armut und Liebe, in der keiner den anderen beherrschen wollte: Petrus war arm, sein Nachfolger, der Papst muss es auch sein! Jeder Mensch ist Kind Gottes, nicht darauf angewiesen, dass ihm die Kirche die himmlische Gnade vermittelt, womöglich gegen hohe Gebühren! Ein frommer Laie ist des Himmelreiches viel würdiger als ein dem Besitz und der Wollust ergebener Kleriker! Wahrhaft revolutionäre Gedanken waren das, und die Anhänger Wycliffes verbreiteten sie unter dem Volk, das eifrig lauschte. 1382 verdammte eine Synode 21 Sätze aus Wycliffes Werken als ketzerisch.

gewählt wurde bereits am 11. November der Kardinal Oddo Colonna, Mitglied einer der führenden römischen Adelsfamilien. Als Papst nahm er den Namen Martin V. an.

Glaubensfragen: Wycliffe und Hus
Die strittigen Glaubensfragen waren auf die Reformforderungen des englischen Philosophen und Theologen John Wycliffe und des tschechischen Reformators Jan Hus konzentriert. Wycliffes Angriffe auf die kirchliche Hierarchie, den Reichtum der Kirche sowie deren weltliche Herrschaftsrechte trafen die Grundlagen der mittelalterlichen Amtskirche und waren bereits mehrfach verurteilt worden, sodass Konstanz keine wesentlichen Neuerungen brachte.

Für das Reich und für Böhmen folgenreich war dagegen die Verbrennung des Jan Hus im Juli 1415. Die Gedanken Wycliffes waren in Böhmen auf fruchtbaren Boden gefallen, Hus übernahm sie und entwickelte sie wie andere Prediger zu einem populären Programm. Bis 1412 genoss er den Schutz des böhmischen Königs Wenzel, obwohl er im Vorjahr exkommuniziert worden war. Zur Verteidigung seiner Ansichten reiste er nach Konstanz, geschützt durch einen Geleitbrief König Siegmunds, wurde aber vom Konzil auf Betreiben seiner böhmischen Gegner im Klerus gefangen gesetzt und verurteilt. Für Siegmund als Erben Böhmens war dies ein

> **ZITAT**
>
> **Ulrich Richental schreibt über die wirtschaftlichen Auswirkungen des Konzils:**
> *Während dieser Zeit schlugen die fremden Handwerker ihre Werkstätten auf, und zwar auf dem unteren Hof die Krämer, Gürtler, Schuhmacher und Bader. Sie stellten Buden und Zelte auf und machten dort auch die Wirte. Das Gleiche geschah auch noch auf dem oberen Hof und auf dem Platz vor dem Zeughaus. Die Metzger hielten dort allerlei Fleischspeisen und allerlei Wildbret feil.*

1414 berief König Siegmund das Konstanzer Konzil ein, da die Kirche nicht in der Lage war, ihre Spaltung aus eigener Kraft zu beenden. Ulrich von Richentals Miniatur zeigt den Papst mit einem Kardinal und drei Bischöfen. Vor ihnen sitzen disputierende Theologen (15. Jh.; Madrid, Biblioteca Nacional).

ZITAT

Aus dem Abschiedsbrief, den Jan Hus auf der Reise zum Konstanzer Konzil schrieb:
Daher, liebe Brüder und liebe Schwestern, betet eifrig, er (Gott) möge mir Standhaftigkeit verleihen und mich vor Befleckung behüten! Und wenn mein Tod zu seiner Ehre und zu unserem Nutzen dienen soll, so lasse er mich ihn ohne böse Furcht erdulden.

Affront, aus politischen Rücksichten griff er jedoch nicht ein. Im Juni 1415 hatte das Konzil bereits den in Böhmen populären Laienkelch verboten.

Die Verbrennung von Hus löste Proteste aus, der Adel sandte geschlossen einen Protestbrief nach Konstanz. Von diesem Zeitpunkt an lässt sich von »Hussitismus« sprechen, freilich nicht im Sinn einer in sich geschlossenen Bewegung. Die Hinrichtungen des Jan Hus und seines Schülers Hieronymus von Prag konnten den Konflikt natürlich nicht lösen: Den Laienkelch erkannte die Prager Universität 1417 als rechtmäßig an, alle von Papst Martin V. forcierten Kreuzzüge gegen die Hussiten scheiterten. Erst mit der Annahme der Prager Kompaktaten 1433, beruhend auf einem in Basel gefundenen Kompromiss, kam der Streit vorläufig zur Ruhe. Zu den Verlierern zählte der böhmische Klerus, der Adel hinge gen konnte seine Stellung insbesondere durch die Säkularisierung von Kirchengütern erheblich ausbauen.

Verzögerte Reformen
Das breiteste Feld beanspruchten die schon seit Jahren diskutierten Vorschläge über eine von fast allen als notwendig erachtete innerkirchliche Reform. Diskutiert wurden unter anderem die Pfründenkumulation und damit verbundene seelsorgerische Defizite, mangelnde Bildung von Teilen des Klerus, die Verhängung von Kirchenstrafen in weltlichen Auseinandersetzungen und als äußerlicher Aspekt der Lebensstil vieler hoher Geistlicher. Ein zentrales Thema war natürlich auch der ausufernde kuriale Fiskalismus.

Mit seinen Reformbemühungen scheiterte das Konzil, die mit den einzelnen Nationen abgeschlossenen Konkordate führten zu ganz unterschiedlichen Entwicklungen. In England und Frankreich zielten sie auf eine größere kirchliche Selbstständigkeit gegenüber Rom. Im-

Jan Hus lehnte es ab, eine Lehrautorität des Konstanzer Konzils anzuerkennen, sofern dieses nicht mit den Aussagen der Bibel übereinstimme. Da er sich weigerte, seine Thesen zu widerrufen, wurde er hingerichtet. Die Miniatur Ulrich von Richentals zeigt Hus auf dem Scheiterhaufen (15. Jh.; Prag, Nationalbibliothek).

Der tschechische Laientheologe Hieronymus von Prag war zusammen mit seinem Lehrer Jan Hus Wortführer des Wyclifismus und entschiedener Gegner der Deutschen. Auf dem Konstanzer Konzil wurde er ebenso wie Hus zum Feuertod verurteilt.

> **ZITAT**
>
> **Papst Johannes Paul II. über Jan Hus (1999):**
> *Heute ... fühle ich mich verpflichtet, mein tiefes Bedauern auszusprechen für den grausamen Tod von Jan Hus und für die daraus folgende Wunde, ... die dadurch in den Geist und die Herzen des böhmischen Volkes gerissen wurde.*

merhin untersagte das Konzil in einem Reformdekret die Versetzung von Bischöfen und Prälaten gegen deren Willen, ein von der Kurie zuvor durchaus genutztes Fiskalinstrument, da von der neuen Position gleichfalls Annaten zu zahlen waren. Man reduzierte auch die Exemtionen, die direkte Unterstellung unter den Papst, sowie die Möglichkeiten zu Zehntforderungen. Durch ein weiteres Dekret verlor der Papst das Recht auf Spolien (klerikaler Nachlass) und Prokurationen (Gebühren). Mit der Wiederherstellung der Kircheneinheit erzielte das Konzil seinen größten Erfolg. Er wurde erreicht trotz scharfer Auseinandersetzungen bis hin zu Handgreiflichkeiten und trotz machtpolitischer Einflüsse von außen – alles in allem doch eine imponierende Leistung.

Das nächste Konzil rief Papst Martin V. nach den Bestimmungen des Dekrets »Frequens« für 1423 nach Pavia ein. Die bald darauf nach Siena verlegte Synode brachte kaum Ergebnisse und wurde im folgenden Jahr aufgelöst. Papst Martin V. nahm wegen der Bedrohung des Kirchenstaates durch das Königreich Neapel nicht teil. Möglicherweise handelte es sich nur um einen Vorwand, denn der politisch gestärkte Papst stand der Konzilsidee skeptisch gegenüber. Die Konstanzer Bestimmungen über regelmäßige Kirchenversammlungen wurden aber zunächst befolgt: 1431 berief Martin das Konzil von Basel ein.

Das Konzil von Basel und seine Fortsetzung in Ferrara und Florenz

Martins Nachfolger, Eugen IV., von der unanfechtbaren Stellung des Papsttums zutiefst überzeugt, wollte das anfangs schwach besuchte Konzil von Basel auflösen, musste es aber 1432 doch anerkennen. Inzwischen war die Versammlung stark angewachsen und hatte sich eine eigene Organisation geschaffen. Abstimmungen nach »Nationen« fanden nicht mehr statt, an ihrer Stelle installierte man vier thematisch gebundene Delegationen mit strikter zeitlicher Begrenzung von Amtsaufträgen. Dennoch fielen innerhalb der »Nationen« zahlreiche Vorentscheidungen, das Stimmverhalten wurde abgesprochen. Stimmberechtigt waren grundsätzlich alle Inkorporierten, unabhängig vom persönlichen Status; Laien blieben allerdings eine Ausnahme. Das Zusammentreffen vieler Gesandter ermöglichte quasi als Nebenprodukt eine politische Diplomatie.

Auch die Böhmen hatten die Einladung zu Verhandlungen angenommen, die 1433 zu einem jedoch Jahrzehnte später von der Kurie aufgehobenen Ausgleich führten. Deutlich eingeschränkt wurden die Eingriffsmöglichkeiten der Päpste bei der Besetzung von Bischofs- und Prälatenstellen, Annatenzahlungen bei der Besetzung von Benefizien wurden verboten. Ebenso schränkte man die Zuständigkeit der kurialen Gerichtsbarkeit ein, Regionalsynoden wurden vorgeschrieben, die Papstwahl sollte in Zukunft wieder von den Kardinälen allein vorgenommen werden, deren Zahl auf 24 begrenzt wurde und von denen höchstens acht einer »Nation« angehören durften. Das Problem der Pfründenakkumulation wurde zwar behandelt, ein Dekret zur Abschaffung jedoch nicht akzeptiert, wohl auch aus der Erkenntnis, dass diese den Teilnehmern, soweit keine andere Versorgung gewährleistet war, überhaupt erst die dauernde Teilnahme am Konzil sicherte.

Die von ihm forcierten Unionsverhandlungen mit der Ostkirche benutzte Eugen IV. dazu, um gegen die Mehrheit der Basler Versammlung ein eigenes Konzil nach Ferrara einzuberufen. Die in Basel verbliebenen Delegierten erklärten förmlich die Superiorität des Konzils, aber die Absetzung Eugens (1439) und die Erhebung Herzog Amadeus' VIII. von Savoyen zum Gegenpapst Felix V. blieben ohne große Wirkung. Allerdings übernahm der französische König Bestimmungen des Basler Konzils. In der Pragmatischen Sanktion von Bourges sicherte er sich die Stellung eines Oberherrn der »Gallikanischen Kirche«. Im Reich verhielt man sich zunächst neutral, verwendete aber in der »Mainzer Akzeptation« 1439 ebenfalls Konzilsdekrete. Allerdings baute das Wiener Konkordat von 1448 die päpstlichen Einflussmöglichkeiten wieder aus, nur für seine eigenen Territorien hatte Kaiser Friedrich III. günstigere Bedingungen ausgehandelt. Der Einfluss der Papstkirche verstärkte die in der Bevölkerung des Reiches weit verbreiteten Aversionen, vor allem fühlte man sich finanziell ausgebeutet. Auf offizieller Ebene waren die gravamina nationis Germanicae Ausdruck der Kritik an der Kurie. Eine veränderte politische Einstellung auf breiter Front signali-

ZITAT
Mit dem Dekret »Frequens« vom 9.10. 1417 wollte das Konstanzer Konzil regelmäßige Konzilien festschreiben: *Daher entscheiden, verfügen, bestimmen und verordnen wir durch diesen ewigen Erlass, dass künftig allgemeine Konzilien folgendermaßen abgehalten werden: Das erste fünf Jahre unmittelbar nach Ende dieses Konzils, das folgende aber sieben Jahre unmittelbar nach dem Ende jenes Konzils, danach sollen sie jeweils fortwährend alle zehn Jahre abgehalten werden. ...*

Das im Kapitelsaal des gotischen Münsters (Abbildung) eröffnete Basler Konzil trat 1431 mit dem Hauptziel einer Kirchenreform zusammen. 1448 wurde es aus Basel vertrieben und löste sich 1449 auf.

sierte der Übergang des neapolitanischen Königs Alfons I. zu Eugen, das Basler Konzil wurde durch den Verlust von weltlichen Parteigängern letztlich bedeutungslos. Das 1448 aus Basel vertriebene Konzil löste sich 1449 auf, Felix V. hatte zuvor Verzicht geleistet. Die Versammlung bedeutete wohl den Höhepunkt konziliarer Vorstellungen, im Endergebnis führte sie aber paradoxerweise zum Sieg des Papsttums.

Das aus finanziellen Gründen 1439 von Ferrara nach Florenz verlegte Konzil Eugens IV. beschloss die Vereinigung der seit 1054 getrennten Ost- und Westkirche. Ein nur scheinbarer Erfolg, denn schon auf der Heimreise zogen Vertreter der Ostkirche ihre Zustimmung wieder zurück. Die vom letzten byzantinischen Kaiser 1452 doch noch verkündete Union hatte zur Folge, dass nun die russische Kirche die alleinige Vertretung der Orthodoxie für sich beanspruchte, weil die Byzantiner mit ihrer Vertragszustimmung Verrat begangen hätten. Nur mit kleineren vorderasiatischen Kirchen und den zypriotischen Maroniten erzielte man wirkliche Unionsvereinbarungen. Nachdem Eugen IV. 1443 nach Rom zurückkehren konnte, verlegte er das Konzil ebenfalls dorthin; ein offizieller Abschluss ist nicht überliefert.

Aus dem Konflikt mit dem Konzil ging der Papst zwar als deutlicher Sieger hervor, gleichzeitig war aber seine Stellung gegenüber den »National«- beziehungsweise Landeskirchen geschwächt. Da in Ferrara/Florenz keine Reformen eingeleitet wurden, blieb dieses Problemfeld akut. Forderungen nach Konzilien wurden weiterhin gestellt, zum Teil als politisches Instrument der Herrscher gegenüber dem Papsttum. Auch noch Luther appellierte an ein einzuberufendes Konzil. Solche Appellationen hatten Papst Pius II. 1460 wie auch schon Benedikt (XIII.) zuvor und andere Päpste im 15. und 16. Jahrhundert verboten. Das nächste offizielle Konzil fand dann von 1512 bis 1517 wieder im Lateran statt, die wenigen Reformdekrete blieben erneut wirkungslos.

Ulf Dirlmeier und Bernd Fuhrmann

Koggen stechen in die Ostsee: Die Hanse

1399 fielen einer hansischen Flotte die zwei am meisten gesuchten Piraten in die Hände: Klaus Störtebeker und Godeke Michels. Sie waren die Anführer der Vitualienbrüder, auch Likendeeler genannt, die als Piraten die Schifffahrt in Nord- und Ostsee bedrohten. Zweieinhalb Jahre später wurden die beiden in Hamburg öffentlich hingerichtet.

Die Hanse war zu diesem Zeitpunkt auf der Höhe ihrer Macht. Sie war als genossenschaftliche Vereinigung von west- und niederdeutschen Fernkaufleuten gegründet worden und konnte von der Mitte des 12. bis zum 14. Jahrhundert den Nord- und Ostseebereich zu einem Handelsgroßraum ausbauen.

Die Ursprünge der Hanse liegen in der Privilegierung regional bestimmter deutscher Kaufmannsgenossenschaften im Ausland. Es handelt sich dabei vor allem um die seit Beginn des 11. Jahrhunderts als »homines imperatoris« bekannten Kaufleute aus Köln, den Niederlanden und Westfalen und um die deutschen Gotlandfahrer, die von Visby aus Ostseehandel betrieben.

Der eigentliche Anstoß zur Gründung der Hanse ging vom Ostseeraum aus. Hier konstituierte sich um 1160 eine Genossenschaft von westfälischen, sächsischen und lübischen Fernkaufleuten, die regelmäßig Gotland anfuhren. Diese »Gotländische Genossenschaft« vertrat ihre Mitglieder gegenüber fremden Gewalten als eigene Rechtspersönlichkeit und führte auch ein eigenes Siegel.

Begünstigt wurde das Zusammenwachsen der einzelnen Kaufmannshansen zu einem genossenschaftlichen Großverband sicher durch besondere Faktoren: Die Träger der Vereinigung waren alle Fernkaufleute, sie hatten den gleichen Beruf, eine vergleichbare soziale Herkunft und waren durch weit verzweigte verwandtschaftliche Beziehungen untereinander verbunden. Bei aller Überregionalität war eine bemerkenswerte Geschlossenheit in

Die Hansekaufleute transportierten Wolle, Tuch, Wein und Salz vor allem über See, aber auch über Land nach Norden und Osten. Von dort gelangten Pelze, Wachs, Holz, Getreide und Mehl nach Westen. Mit Lübeck als führendem Mitglied zählten zu Beginn des 15. Jh. etwa 70 Küsten- und Binnenstädte zur Hanse.

Der 1401 hingerichtete Freibeuter Klaus Störtebeker galt als Beschützer der Armen und Schwachen. Vor seinem Tod soll Störtebeker noch die Armenspeisung in Verden an der Aller gestiftet haben. Seit dem 16. Jh. wurde er in zahlreichen Liedern und Sagen als volkstümlicher Held gefeiert.

den Zielvorstellungen und ihrer praktischen Umsetzung erkennbar.

Schon in der zweiten Hälfte des 12. Jahrhunderts hatten deutsche Wanderkaufleute Eingang in den Russlandhandel gefunden und Niederlassungen in Nowgorod und Smolensk gegründet. Im Zuge der fortschreitenden Ostsiedlung und des aufblühenden Städtewesens waren an der Ostseeküste in rascher Folge eine Reihe neuer Städte gegründet worden: Lübeck zwischen 1143 und 1159, Riga 1201, Dorpat 1224, Rostock zwischen 1218 und

Eine der gesamthansischen Einrichtungen war das Kontor in Bergen (Norwegen). Die Kontore der Hanse waren von den örtlichen Gewalten privilegierte Stützpunkte zur Koordinierung des Handels. Die Abbildung zeigt das Hafenviertel von Bergen.

1262, Wismar 1228, Reval, das heutige Tallinn, 1230, Stralsund 1234 und Danzig 1238. Zusammen mit den älteren Nordseestädten und der deutschen Siedlung in Visby auf Gotland bildeten diese Städte die wirtschaftliche Operationsbasis der Hanse. Von hier aus traten ihre Kaufleute zum Wettstreit mit den skandinavischen Konkurrenten im Nord- und Ostseeraum an. Damit verlagerte sich der Schwerpunkt der Hanse endgültig in den Ostseeraum.

Ende des 13. Jahrhunderts verdrängte die aufstrebende Reichsstadt Lübeck die Gotländische Genossenschaft aus ihrer bisherigen Führungsrolle und trat nun selbst als Haupt der Hanse auf. Damit begann ein langer Wandlungsprozess, in dessen Verlauf die einzelnen Städte immer mehr in die Rolle der Kaufleute eintraten. 1356 schließlich kam es zu einem förmlichen Zusammenschluss aller hansischen Städte, für die seitdem die Bezeichnung »Stede van der dudeschen hanse« belegt ist. Damit war aus der Kaufmannshanse eine Vereinigung von Hansestädten geworden.

Mit zunehmender wirtschaftlicher Bedeutung vereinigte die Hanse in sich auch ein bedeutsames politisch-militärisches Potenzial. Dies wurde besonders deutlich in der Auseinandersetzung mit dem dänischen König Waldemar IV. Atterdag. Dieser hatte 1361 Gotland erobert und die hansischen Privilegien eingeschränkt. Die 1367 in der Kölner Konföderation zusammengeschlossenen, mit Schweden, Holstein und Mecklenburg verbündeten Städte eroberten 1368 Kopenhagen, die Sundschlösser und Schonen. Im Frieden von Stralsund 1370 musste Dänemark die hansischen Vorrechte garantieren und der Hanse auf 15 Jahre die Sundschlösser mit zwei Dritteln ihrer Einnahmen ausliefern.

Die Hanse setzte für ihre Seefahrten mit den Koggen einen neuen Schiffstyp ein. Dies war ein sehr seetüchtiger, bauchiger, etwa 30 m langer und 7 m breiter Segelschifftyp, der eine Tragfähigkeit zwischen 100 und 300 Tonnen hatte (Detail einer Miniatur aus dem 15. Jh.).

In der Folgezeit musste die Hanse immer wieder ihre Position in Kämpfen mit den skandinavischen Herrschern durchsetzen. So wurde das 15. Jahrhundert zu einer Zeit der wirtschaftlich-politischen Kämpfe und Krisen der Hanse, hinter der ja kein Königreich, sondern nur eine Städtegemeinschaft stand. Als der dänische Unionskönig Erich VII. versuchte, Skandinavien durch die Begünstigung englischer und holländischer Kaufleute aus der wirtschaftlichen Abhängigkeit der Hanse zu lösen, scheiterte dies an einer hansischen Wirtschaftsblockade. Im Frieden von Vordingborg 1435 musste die Hanse jedoch den dänischen Sundzoll akzeptieren.

Der Niedergang der Hanse begann, als ab der Mitte des 15. Jahrhunderts, die Engländer und vor allem die Holländer verstärkt in den Ostseeraum eindrangen. 1441 musste die Hanse den Niederländern die wirtschaftliche Gleichberechtigung im Ostseeraum zugestehen. Zunehmende national-protektionistische Tendenzen beschleunigten den Prozess des Niedergangs. In der zweiten Hälfte des 15. Jahrhunderts kam es in Burgund und England zu staatlichen Restriktionen der hansischen Stellung. Schwer wog die Schließung des Kontors in Nowgorod durch Großfürst Iwan III. im Jahr 1494. Beschleunigt wurde der Niedergang durch den Bedeutungsverlust des hansischen Handelsraums, weil sich die Fernhandelswege im Zuge der überseeischen Entdeckungen zunehmend verlagerten.

Im 16. Jahrhundert ging die Zahl der Mitglieder deutlich zurück und beschränkte sich nur noch auf einen kleinen Kreis von Seestädten. Reformversuche blieben erfolglos. 1598 wurde der Stalhof, das Kontor in London, geschlossen. 1604 gab es nur noch 14 aktiv in der Hanse mitwirkende Städte. Nach dem Dreißigjährigen Krieg setzten lediglich die Städte Bremen, Hamburg und Lübeck die hansische Tradition fort. Der letzte Hansetag fand 1669 statt.

Die hansische Organisation
Die Organisation der Hanse war verhältnismäßig locker. Es gab keine offiziellen Mitgliederlisten, keine geschriebene Verfassung und keine Exekutivorgane. Zum Kern der Hanse zählten siebzig Städte, weitere 130 Städte gehörten in einem lockeren Rahmen dazu. Nichtstädtische

Mitglieder waren der Deutsche Orden und die Dithmarscher Bauernrepublik Dithmarschen.

Leitendes Organ waren die Hansetage als Hauptversammlungen der Mitglieder. Der Hansetag entschied grundsätzlich ohne die Möglichkeit einer Berufung über alle die Hanse betreffenden Angelegenheiten. Die Beschlüsse wurden mit Stimmenmehrheit gefasst und schriftlich als »Hanserezesse« fixiert. Die unterste Stufe der hansischen Organisation war in der Regel der Rat der jeweiligen Hansestadt. Die einzelnen Mitglieder leisteten Beiträge, deren Höhe sich nach der Leistungsfähigkeit richtete.

Gesamthansische Einrichtungen waren die Kontore: in Nowgorod der »Peterhof«, in Bergen die »Tyske Brygge«, in London der »Stalhof« und das Brügger Kontor. Dies waren genossenschaftlich verfasste und von den örtlichen Gewalten privilegierte Stützpunkte zur Samm-

Der rasche wirtschaftliche Aufstieg Lübecks gründete sich auf den Austausch von Rohstoffen aus dem Osten und Norden gegen Fertigwaren aus dem Westen und Süden. Seit Ende des 13. Jh. war Lübeck Vorort der Hanse, seit 1358 fanden hier auch Hansetage statt. Das Holstentor (Abbildung) gilt als bedeutendstes deutsches Stadttor.

Im Zuge der fortschreitenden Ostsiedlung und des aufblühenden Städtewesens wurde an der Ostseeküste in rascher Folge eine Reihe neuer Städte gegründet. Reval, das heutige Tallinn, erhielt 1230 lübisches (lübeckisches) Recht und trat 1285 der Hanse bei. Die Abbildung zeigt Befestigungsanlagen auf dem Domberg von Tallinn.

lung, Koordinierung und Lenkung des Handels mit dem betreffenden Wirtschaftsgebiet, die zugleich aber auch der Ausbildung des Kaufmannsnachwuchses dienten. Die Kontore hatten eigene Vorsteher, die »Oldermänner«, eigene Finanz- und Gerichtsverwaltung. Dazu kamen wichtige Handelsniederlassungen unter anderem in Oslo, Kopenhagen, Boston, Pleskau, Polock, Kaunas, Antwerpen.

Für ihre Seefahrten setzte die Hanse einen neuen Schiffstyp ein, die Koggen. Dies war ein sehr seetüchtiger, bauchiger Segelschiffstyp, etwa dreißig Meter lang und sieben Meter breit mit einer Tragfähigkeit zwischen hundert und 300 Tonnen. Das Schiff hatte ein fest eingebautes Deck, an Bug und Heck befanden sich kastellartige Aufbauten, auf denen sich die Bewaffnung befand. Erstmals war bei den Koggen das Heckruder mittschiffs befestigt. Aber der wirtschaftliche Erfolg der Hanse beruhte nicht nur auf dem Einsatz des neuartigen Schiffs. Entscheidender war die überlegene Handelskonzeption, die Land- und Seehandel mit entsprechender Spezialisierung auf das Seetransportgeschäft einerseits und das kaufmännische Handelsgeschäft andererseits in sich vereinigte. Sie führte dazu, dass die hansischen Kaufleute bald einen beherrschenden Marktanteil erobern konnten.

Handelsgüter waren vor allem Pelze und Wachs aus Russland und Osteuropa, Getreide aus Ostdeutschland und Polen, Fisch aus Skandinavien, Salz aus Lüneburg und Frankreich, Wein aus dem Rheinland und Frankreich. Innerhalb des Nord- und Ostseeraums garantierte die Hanse einen intensiven wirtschaftlichen Austausch. Sie sicherte über Jahrhunderte die Getreideversorgung Norwegens und Westeuropas, deckte die Nachfrage nach Tuchen, Salz und Fertigwaren in Deutschland, Ost- und Nordeuropa. Die Tendenz, das hansische Handelsgebiet gegen äußere Konkurrenten abzuschließen, führte jedoch schließlich zu einer Verkümmerung wirtschaftlicher Initiativen. Gegenüber Neuerungen in der Bank- und Kreditpraxis zeigten sich die Hansekaufleute vielfach unzugänglich. Dies förderte letztlich, dass sich im Ostseehandel Kaufleute aus England, den Niederlanden und aus dem oberdeutschen Raum um Nürnberg erfolgreich durchsetzen konnten.   *

Du, glückliches Österreich, heirate: Der Aufstieg der Habsburger

Mit der Wahl und Krönung Rudolfs I. 1273, eines energischen und erfolgreichen Territorialfürsten im Südwesten des Reiches, trat die Familie der Habsburger in die Reihe der Herrscherdynastien ein, obwohl Rudolf selbst kein Reichsfürst war. Die Familie lässt sich bis in die zweite Hälfte des 10. Jahrhunderts zurückverfolgen, der Titel »Graf von Habsburg« ist erstmals 1108 belegt. Rudolfs stärkster Rivale um den Thron und zugleich der mächtigste Reichsfürst, König Ottokar II. Přemysl von

Böhmen, der auch große Teile Österreichs und Gebiete in Oberitalien beherrschte, bezeichnete Rudolf in einer an den Papst gerichteten Beschwerde denn auch als armen Grafen; eine im Vergleich zu sich selbst sicherlich richtige, sonst aber unzutreffende Charakterisierung. Der habsburgische Besitz konzentrierte sich auf das Eigengut zwischen Aare und Reuß mit der namengebenden Habichtsburg und das Gebiet zwischen Basel und Straßburg, ergänzt bis 1273 um das Kirburger Erbe, auf das auch der Graf von Savoyen Anspruch erhob.

Das Königtum Rudolfs I. von Habsburg

Rudolf war bei der Wahl mit 55 Jahren ein für die Zeit alter Mann. Die Kurfürsten versprachen sich aber von ihm die Gewinnung des staufischen Anhangs, ein problemloses Verhältnis zum Papsttum, das seit 1198 das Approbationsrecht für sich reklamierte, und Durchsetzungsfähigkeit bei der Revindikation, der Rückgewinnung des Reichsgutes. Die Kurstimme des Böhmenkönigs war für diese Wahl auf den Herzog von Niederbayern übertragen worden, um eine einstimmige Wahl zu ermöglichen; die

Der Territorialbesitz des Hauses Habsburg übertraf für lange Zeit den aller anderen europäischen Fürstenhöfe. Negative Folge hiervon war der Widerstand partikulärer Gewalten und die allein zu übernehmende Aufgabe der Abwehr der Osmanen.

> **INFOBOX**
>
> **Die Babenberger**
> Das im 9. und 10. Jh. urkundlich belegte ostfränkische Grafengeschlecht der (älteren) Babenberger war nach der Burg Babenberg benannt, die an der Stelle des Bamberger Doms stand. Ob die im Südosten des Reiches zum führenden Geschlecht aufsteigenden (Neu-)Babenberger von den älteren abstammen, ist ungewiss. Seit 976 waren sie Markgrafen der bayerischen Ostmark, seit 1156 Herzöge von Österreich, seit 1192 auch der Steiermark. Als das Geschlecht 1246 im Mannesstamm ausstarb, fiel sein Besitz in weiblicher Erbfolge an Markgraf Hermann von Baden († 1250), dann an König Ottokar II. Přemysl von Böhmen. Erst Rudolf I. von Habsburg, erster Träger der deutschen Königskrone aus dem Geschlecht der Habsburger, die nach der Habsburg (»Habichtsburg«), ihrem ursprünglichen Sitz über dem rechten Aareufer nahe Brugg (Kanton Aargau) benannt sind, machte der böhmischen Macht in den Alpen- und Donauländern ein Ende.

Ansprüche des 1257 in einer Doppelwahl gemeinsam mit Richard von Cornwall gewählten Alfons X. von Kastilien überging das Kurkolleg.

Neben der Revindikation blieb die Friedenssicherung eine der Hauptaufgaben des Herrschers. Ein zentrales Problem der angestrebten Revindikation lag in den wohl nur geringen Kenntnissen über den Umfang des Reichsgutes, auch wenn besonders durch die Einrichtung von Landvogteien in den staufischen Kerngebieten Erfolge erzielt werden konnten; der Übergang zum auf eigenen Territorialbesitz – die Hausmacht – gestützten Königtum fand dann im 14. Jahrhundert statt. Eingefordert werden sollten alle seit 1245, dem Jahr der Absetzung Friedrichs II., dem Reich unrechtmäßig entfremdeten Güter, mit bezeichnender Ausnahme derer, die in die Hände der Kurfürsten, unter Ausschluss des Böhmenkönigs, gelangt waren. Das Stichjahr wählte man wohl mit Rücksicht auf die Kurie, aber Rudolf konnte so dennoch direkt an die Herrschaft seines Vorgängers anknüpfen, dessen Parteigänger er geblieben war, ohne sich bei der Kurie zu diskreditieren.

Die Revindikationspolitik und die von Ottokar II. verweigerte Lehnsnahme boten Rudolf die Möglichkeit, rechtlich gegen diesen vorzugehen, seine Lehen aberkennen und die Reichsacht verhängen zu lassen; allerdings mussten die getroffenen Entscheidungen militärisch durchgesetzt werden. Schließlich fiel die Entscheidung 1278 in der Schlacht bei Dürnkrut; Ottokar wurde auf der Flucht erschlagen. Neben den Herzogtümern Österreich und Steiermark fielen die Windische Mark sowie Krain an die Habsburger, während Kärnten 1286 wieder an Graf Meinhard II. von Tirol ausgegeben wurde.

Mit den Erwerbungen belehnte Rudolf seine Söhne Albrecht I. und Rudolf II. zur gesamten Hand, ein alemannisches Rechtsinstitut, und erhob sie gleichzeitig in den Reichsfürstenstand. Damit hatte sich der territoriale Schwerpunkt der Dynastie deutlich nach Osten in den späteren zentralen Herrschaftsbereich verschoben, die Habsburger traten das Erbe der Babenberger an. Erfolge im Arelat beziehungsweise in Burgund kamen gleichfalls der Hausmacht zugute. In der Reichspolitik bezog Rudolf erstmals die Städte und das Bürgertum systematisch mit ein. Allerdings konnte er die Kaiserkrönung, Voraussetzung für die Krönung eines Sohnes zu seinen Lebzeiten, trotz vielfacher Bemühungen nicht erreichen.

Seine Beurteilung fiel bereits bei den Zeitgenossen ambivalent aus: Einerseits ließen ihn die primär von den Bettelorden verbreiteten Anekdoten zu einem der populärsten Herrscher werden, andererseits bestand jedoch ein großes Unbehagen an seinem nüchternen Königtum – das beweist nicht zuletzt das Auftreten von Personen, die mit ihrer Behauptung Resonanz fanden, sie seien Friedrich II.

Zwischen Herrschaftsausbau und Krisen
Nach dem Tod Rudolfs 1291 wurde zunächst Adolf von Nassau zum König gewählt. Dagegen wurde Albrecht I., Rudolfs seit 1283 die Hausgüter allein beherrschender Sohn, erst 1298 König, nachdem der abgesetzte König Adolf in der Schlacht von Göllheim getötet worden war und die Kurfürsten ihn, Albrecht, im Juli 1298 zum zweiten Mal wählten. Albrecht, in vielem das Gegenteil seines eher leutseligen Vaters und mit einem wohl weniger ansprechenden Äußeren gesegnet, ging 1301/02 wegen Verstoßes gegen die Zollbestimmungen in den Landfriedensordnungen gegen die vier rheinischen Kurfürsten militärisch vor – mit Erfolg. Die Befürchtungen, die sie wohl schon bei der Wahl hegten, bestätigten sich da-

> **ZITAT**
>
> **Aus dem Bundesbrief der drei Orte Uri, Schwyz und Nidwalden 1291:**
> *Darum haben alle Leute der Talschaft Uri, die Gesamtheit des Tales Schwyz und die Gemeinde der Leute der unteren Talschaft von Unterwalden im Hinblick auf die Arglist der Zeit zu ihrem besseren Schutz und zu ihrer Erhaltung einander Beistand, Rat und Förderung mit Leib und Gut ... zugesagt gegen alle und jeden, die ihnen oder jemand aus ihnen Gewalt oder Unrecht an Leib oder Gut antun.*

mit; bereits 1300 beabsichtigten sie deswegen Albrechts Absetzung.

Sein Ausgreifen auf das Rheinmündungsgebiet, möglich geworden durch den erbenlosen Tod Graf Johanns von Holland, Seeland und Friesland, brach er schließlich folgenlos ab. Mit der anschließenden Konzentration auf die östlichen Reichsgebiete wurde das Eger- und Pleißnerland erworben, 1306 konnte er sogar seinen Sohn Rudolf mit dem Königreich Böhmen belehnen. Jedoch ging dieser Besitz bereits im folgenden Jahr trotz günstiger Erbverträge mit dem Tod Rudolfs wieder verloren, sodass die dortige Herrschaft vorerst eine Episode blieb; Böhmen fiel 1310 an die Luxemburger, von denen die

Der habsburgische Besitz konzentrierte sich ursprünglich auf das Eigengut zwischen Aare und Reuß mit der namengebenden Habichtsburg und das Gebiet zwischen Basel und Straßburg. Die Abbildung zeigt den Bergfried (1020) der nahe Brugg, Kanton Aargau, gelegenen Burg Habsburg.

Albrecht Altdorfer zeichnete um 1514/16 den Stammbaum der Dynastie der Habsburger. In Anlehnung an mittelalterliche Darstellungen der alttestamentarischen Wurzel Jesse erscheinen die Herrscher als Blüten einer üppigen Ranke.

Habsburger finanziell entschädigt wurden. Bevor Albrecht den Territorialbesitz weiter ausbauen und das wohl beabsichtigte hegemoniale Königtum errichten konnte, ermordete ihn sein Neffe Johann Parricida 1308 wegen familieninterner Erbauseinandersetzungen.

1314 wählten die Kurfürsten sowohl Herzog Friedrich den Schönen von Österreich als auch Herzog Ludwig von Oberbayern zum König, ohne dass sich zunächst einer der beiden durchsetzen konnte; die Stadt Frankfurt am Main als Wahlort konnten beide Wählerparteien nicht betreten. Endgültig wurde die Königswahl erst in der Goldenen Bulle 1356 verbindlich geregelt: Das Mehrheitswahlrecht wurde fixiert und der Wählerkreis festgeschrieben. Eine Vorentscheidung zugunsten Ludwigs IV., des Bayern, fiel in der Schlacht von Mühldorf am Inn 1322; Friedrich geriet in bayerische Gefangenschaft. Der Konflikt Ludwigs mit der Kurie verschärfte sich jedoch nach dessen Intervention in Oberitalien, und 1325 erkannte Ludwig Friedrich als Mitkönig an, ohne dass dieser jedoch in der Folgezeit in größerem Rahmen aktiv wurde.

Die Herrschaft in Österreich
Nach dem Tod Friedrichs verzichtete sein Bruder Herzog Albrecht II., der Weise, im Vertrag von Hagenau 1330 auf eine Beteiligung an der Reichsherrschaft; er konnte so seine Kräfte auf den Ausbau der Hausterritorien konzentrieren. 1335/36 fiel Kärnten endgültig an die Habsburger. Neben der Burgenpolitik umfasste die Herrschaftsverdichtung die Einbeziehung von Allodialgütern des Adels in das Lehnssystem. Das Finanzwesen wurde ausgebaut und außerordentliche Steuern zur Geldbeschaffung wurden ausgeschrieben, daneben sind wirtschaftspolitische Ansätze erkennbar. Die Stände waren seit dem 13. Jahrhundert an der Regierung des Landes beteiligt. Albrechts Sohn Rudolf heiratete 1353 die Tochter König Karls IV. Wenig erfolgreich war zunächst die Gründung der Universität in Wien 1365. Karl IV. wehrte sich mit Rücksicht auf Prag erfolgreich gegen die Einrichtung einer theologischen Fakultät; sie wurde erst 1384 erreicht und leitete den Aufschwung der von den Herzögen kontrollierten Institution ein.

Mit den Urkundenfälschungen von 1358/59, dem Privilegium maius, sicherte Herzog Rudolf IV. sich und dem Herzogtum Österreich weitgehende Sonderrechte: Unter anderem minimierten die Fälschungen die Pflichten gegenüber dem Reich, der Herzog erscheint als oberster Lehnsherr, die weibliche Thronfolge sollte beim Aussterben der männlichen Linie gelten, und man erklärte die Unteilbarkeit des Landes sowie die Primogenitur (Thron- und Erbfolge durch den Erstgeborenen). Die weit reichenden Absichten konnten allerdings zunächst nicht nur wegen des Widerstands Kaiser Karls IV. nicht realisiert werden, erst der Habsburger Friedrich III. erkannte sie reichsrechtlich an. Nicht ganz eindeutig ist die Stellung der Privilegien zur Goldenen Bulle. Traditionell werden sie als Reaktion auf den Ausschluss der Habs-

> **ZITAT**
> **Aegidius Tschudi berichtet in seiner Schweizer Chronik im 16. Jh. über die Ermordung König Albrechts I. 1308:**
> *Und wie der künig durch die saamen über das veld zwüschent Windisch und Bruck rijtet... do ward er angerennt von sinem vettern hertzog Hansen und sinen helffern, und stacch hertzog Hans dem künig die gurgeln ab und sprach: »Du hund, jetzt wil ich dir diner schmach lonen die du mir bewisen, und sechen ob mir min vätterlich erbwerden mög.«*

> **ZITAT**
>
> **1488 wurde König Maximilian I. von Brügger Bürgern gefangen genommen:** *Diese Genter Ankömmlinge stachelten das Volk von Brügge derart auf, dass der Zunftmeister mit einer entarteten Rotte von 17 Handwerkern, genannt »Nerunghen«, in wilder Grausamkeit zur Unterkunft des Königs zog ... Sie sagten ihm, das mindeste sei, wenn er größeren Ärger vermeiden wolle, unter ihrer Gewalt in eine andere Unterkunft zu übersiedeln. Der König hielt es für klug, dem Haufen zu gehorchen.*

Rudolf I. von Habsburg baute als Parteigänger der Staufer seinen Besitz im Aar- und Zürichgau und am Oberrhein konsequent aus. 1273 wählten ihn die Kurfürsten zum König und beendeten damit das Interregnum. Das Grabbild Rudolfs I. im Dom zu Speyer gilt als das erste lebensechte Porträt eines deutschen Königs (um 1290).

burger von der Kurfürstenwürde bewertet, eventuell richteten sie sich auch nur gegen die Privilegierung der Wittelsbacher (als Pfalzgrafen, nicht als bayerische Herzöge) und der Böhmen.

Der Erwerb Tirols 1363 wurde trotz militärischen Eingreifens der Wittelsbacher, die ebenfalls Anspruch auf die Grafschaft erhoben, 1369 vertraglich gesichert und stellte die Landverbindung zwischen den westlichen und östlichen Besitzkomplexen her. Albrecht III. und Leopold III. setzten sowohl den inneren Staatsausbau als auch die Erwerbspolitik mit Gebietsarrondierungen (unter anderem Vorarlberg, Freiburg im Breisgau, Triest) fort. Den Terminus »Herrschaft ze Oesterreich« löste in der zweiten Hälfte des 14. Jahrhunderts allmählich der Begriff »Haus Österreich« ab, der Dynastie und Territorium umfasste. Die auch durch die Ausdehnung der Eidgenossenschaft seit dem frühen 14. Jahrhundert (Schlacht am Morgarten, 1315) erzwungene Schwerpunktverlagerung von den Stammlanden hin nach Osten drückte sich auch in dem weiteren Ausbau Wiens zur Residenz aus. Vorsichtig passte man die unterschiedlichen Verwaltungs- und Rechtstraditionen der Herrschaftsgebiete unter Beibehaltung von Eigenheiten einander an, unterstützt durch gelehrte Juristen, denen zunehmend mehr Verwaltungsaufgaben zufielen.

Trotz der erklärten Unteilbarkeit und der Primogenitur nahm man 1379 eine zeittypische Realteilung vor, auch wenn man eine formale Einheit – gegenseitiges Erbrecht beim Aussterben einer Linie, gemeinsame Titelführung – festschrieb. Zu Beginn des 15. Jahrhunderts waren dann nach internen militärischen Auseinandersetzungen, die schließlich durch die Stände beigelegt werden konnten, sogar drei eigenständige Gebietskomplexe vorhanden. Herzog Albrecht V. schloss sich an König Siegmund an, während die Leopoldiner Ernst der Eiserne und Friedrich IV. mit der leeren Tasche zu diesem in Opposition standen und erst 1425 einen endgültigen Ausgleich herbeiführten. In den 1380er-Jahren erweiterten die Eidgenossen ihr Territorium auf Kosten der Habsburger, deren militärische Gegenwehr (Schlacht bei Sempach, 1386 und bei Näfels, 1388) sich als unzureichend erwies; die gegenseitigen Besitzstände sicherte man sich im Waffenstillstand von 1389 zu.

Europa im Mittelalter

> **ZITAT**
>
> Am 7. 8. 1495 verkündete König Maximilian I. mit Zustimmung des Reichstages zu Worms das allgemeine Verbot der Fehde für alle Zeiten:
> *Und darauf haben wir alle offen vehde und verwarung durch das gantz reich aufgehebt und abgetan, heben auch die hiemit auf und tun die ab von Römischer kunigklicher machtvolkumenhait in und mit kraft diß briefs.*

Der Wiedererwerb der Krone

Endlich zahlten sich die Heiratsverbindungen mit den Luxemburgern 1437 aus. Albrecht II., der mit der Luxemburgerin Elisabeth, der Tochter Kaiser Siegmunds, verheiratet war, wurde in Ungarn und in Böhmen, hier allerdings nicht unangefochten, Nachfolger Kaiser Siegmunds; von ihm »erbte« er schließlich 1438 auch die Reichskrone. Seine Wahl erfolgte einstimmig. Vor dem Hintergrund der Probleme in den eigenen Territorien und im Reich – der Ruf nach grundlegenden Reformen artikulierte sich deutlich – zögerte Albrecht aber zunächst, die Wahl anzunehmen. Bis zu seinem Tod im folgenden Jahr auf einem letztlich erfolglosen Feldzug gegen die vordringenden Osmanen blieb er mit den Problemen in den neu erworbenen Ländern beschäftigt.

Dem zunächst auf Innerösterreich beschränkten Friedrich III., Sohn Herzog Ernsts des Eisernen, gelang es, als Erbe und Vormund zum Senior des Hauses aufzusteigen. 1440 wählten ihn die Kurfürsten zum König. Die Bevölkerung setzte durchaus Hoffnungen in den Regierungsantritt Friedrichs III., da der Name an die Staufer anknüpfte und er bei der Zählung Friedrich den Schönen überging.

Ein Hauptproblem war zunächst die Vertretung der Ansprüche von Ladislaus V. Postumus, nachgeborener Sohn König Albrechts II., in Böhmen und Ungarn, wo

> **INFOBOX**
>
> **Privilegien**
>
> Das Privilegium minus (einfaches Privileg, eine Urkundenform) erließ Friedrich I. Barbarossa in Verbindung mit der Erhebung Österreichs zum Herzogtum am 17. 9. 1156. Der Kaiser gewährte damit dem gemeinsam belehnten Herzogspaar Heinrich II. Jasomirgott († 1177) und Theodora Komnena († 1183) außerordentliche Rechte, so die Erbfolge in weiblicher Linie, volle Gerichtsbarkeit und Beschränkung bei Hoffahrt und Heerfolge.
> Das Privilegium maius (feierliches Privileg) dagegen ist eine von Herzog Rudolf IV., dem Stifter, von Österreich um 1358/59 in Auftrag gegebene und unter dem Datum des Privilegium minus abgefasste Fälschung. Damit wollten die Habsburger eine Angleichung der österreichischen Herrschaft an die Kurfürstentümer erreichen und sich eine nahezu reichsunabhängige Stellung verschaffen. Erst Mitte des 19. Jh. wurde das Privilegium maius als Fälschung entlarvt.

Europa im Mittelalter

Dieses Aquarell im »Ehrenspiegel der Fugger« von 1555 zeigt, wie Johann Parricida wegen familieninterner Erbauseinandersetzungen das Attentat auf seinen Onkel König Albrecht I. beim Übergang über die Reuß verübte.

sich Georg von Podiebrad und Kunštát beziehungsweise János Hunyadi durchsetzten. Die zahllosen inneren Konflikte der habsburgischen Linien im 15. Jahrhundert können hier nicht in allen Einzelheiten nachgezeichnet werden. Erwähnt sei lediglich, dass Friedrichs III. Bruder Albrecht ihn 1462 in der Wiener Hofburg belagerte, jedoch kurze Zeit später ohne Erben starb. Auch Matthias I. Corvinus, König von Ungarn und Böhmen, konnte Wien 1485 erobern und Friedrich vertreiben; 1487 gelangte dieser in den Besitz von Wiener Neustadt. Hauptresidenzen Friedrichs waren neben Wiener Neustadt zunächst das innerösterreichische Graz und schließlich Linz. Auf kirchenpolitischem Gebiet sicherte Friedrich den Habsburgern in Anknüpfung an seine Vorgänger wichtige Vorrechte bei der Besetzung geistlicher Stellen.

Die 1442 gescheiterten Reichsreformpläne (reformatio Friderici) blieben für lange Zeit das einzige Engagement in der Reichspolitik, bevor ab 1471 neue Ansätze erkennbar sind. Lösungsmöglichkeiten konnten nur in Übereinstimmung von König und Reichsständen gefunden werden. Allerdings hielt Friedrich III. an allen denkbaren Herrscherrechten fest und versuchte, sie in Anspruch zu nehmen. Einen erheblichen Ansehensverlust brachte das Anwerben der Armagnaken 1443/44 gegen die Eidgenossenschaft, die den Südwesten des Reiches unter Einschluss der habsburgischen Besitzungen verwüsteten. Friedrichs Kaiserkrönung 1452 war die letzte in Rom.

ZITAT

Der burgundische Chronist Philippe de Commynes berichtet über die Hochzeit Maximilians I. mit Maria von Burgund 1477:
Von sieben- bis achthundert Rossen begleitet wurde der Sohn des Kaisers nach Gent geführt, und die Ehe wurde vollzogen. Auf den ersten Blick war sie den Untertanen des Fräuleins nicht sehr nützlich: denn anstatt Geld zu bringen, brauchte Maximilian etwas. ...

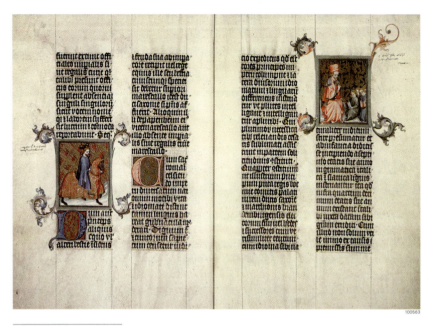

Die Goldene Bulle regelte die Königswahl und die Stellung der sieben Kurfürsten. Sie war bis 1806 das wichtigste Verfassungsgesetz des Heiligen Römischen Reichs (Seiten aus der Prunkhandschrift Karls IV.; Wien, Österreichische Nationalbibliothek).

Ein für den Aufstieg der Habsburger zentrales Heiratsprojekt wurde nach mehreren gescheiterten Versuchen schließlich 1476/77 realisiert: Karl der Kühne, Herzog des zur europäischen Großmacht aufgestiegenen Burgund, bekräftigte im Mai 1476, als er bereits unter erheblichem militärischem Druck der nun mit Österreich verbündeten Eidgenossenschaft (»Ewige Richtung«) stand, eidlich die Zusage zur Verlobung seiner Tochter und Universalerbin Maria von Burgund mit Friedrichs Sohn Maximilian. Der Tod Karls in der Schlacht bei Nancy im Januar 1477 führte zur Erbauseinandersetzung zwischen Frankreich unter Ludwig XI. und den Habsburgern.

Zunächst sicherten die im August 1477 in Brügge geschlossene Heirat, der Sieg über ein französisches Heer 1479 und die Geburt der Kinder Philipp und Margarete die neue Dynastie gegen die innerburgundische Opposition. Nach dem Tod der Herzogin 1482 brachen die Auseinandersetzungen aber wieder auf: Die Stände forderten die Regentschaft über Philipp und lieferten Margarete nach Frankreich aus, wo sie mit dem Dauphin vermählt werden sollte; die geplante Mitgift umfasste große Teile des burgundischen Erbes. Erst nach weiteren

Kämpfen – die Niederlande erlitten in diesem Zeitraum erhebliche ökonomische Einbußen – konnte Maximilian die Herausgabe seines Sohnes erzwingen, endgültig durchsetzen konnte er seine Ansprüche jedoch erst 1493 im Frieden von Senlis unter Aufgabe des Herzogtums Burgund und der Picardie, nachdem er 1488 sogar vorübergehend von Brügger Bürgern eingekerkert worden war.

Bereits 1486 war der 1459 geborene Maximilian zum römisch-deutschen König gewählt worden, nicht ohne

Siegmund, Römischer König und Kaiser, bereitete durch die Vermählung seiner Erbtochter Elisabeth mit Herzog Albrecht V. von Österreich (ab 1438 König Albrecht II.) dem späteren supranationalen Habsburgerreich den Weg (Gemälde von Albrecht Dürer, 1512; Nürnberg, Germanisches Nationalmuseum).

versprechen zu müssen, die Regierungsgewalt des Kaisers nicht zu beschränken. Ab 1489 konzentrierte sich Maximilian auf die österreichischen Besitztümer. 1490 gelang es ihm, seinen Onkel Siegmund zur Abtretung Tirols mit seinen reichen Bergschätzen zu bewegen. Mit dem Tod des Matthias Corvinus 1490 war auch die ungarische Gefahr gebannt, allerdings konnte Maximilian nicht, wie 1463 vereinbart, seine Nachfolge antreten. Der Böhmenkönig Wladislaw sicherte sich auch die Stephanskrone, nachdem ein Feldzug Maximilians nach der Rückeroberung Wiens wegen ausstehender Soldzahlungen abgebrochen werden musste. Auch der Frieden von Preßburg von 1491 sah, wie schon der von 1463, vor, dass Wladislaw und seine männlichen Erben Könige von Ungarn blieben, beim Aussterben in der Mannslinie aber die Habsburger die Nachfolge antreten sollten.

Ein weiteres Heiratsprojekt scheiterte 1491: Nachdem Maximilian im Vorjahr Anna, die Herzogin der Bretagne, durch Stellvertretung geheiratet hatte, ging Karl VIII. von Frankreich in die Offensive und eroberte die Bretagne. Anna heiratete noch im Dezember des gleichen Jahres Karl, der seinerseits seine Verlobte Margarete, Tochter Maximilians, verstieß, aber in ehrenvoller Gefangenschaft behielt, und den Vater damit doppelt kränkte. Darauf reagierten die Habsburger mit der Propaganda des Brautraubs, um so die Reichsöffentlichkeit zu mobilisieren, was aber misslang, da die Stände das Heiratsprojekt als Problem der Dynastie betrachteten. Der Streit wurde in einem Zusatzvertrag zum Frieden von Senlis beigelegt, zumal Maximilian bereits auf eine Ehe mit Bianca Maria Sforza abzielte. Es handelte sich

Die Hand der Bianca Maria Sforza war das Unterpfand für die politische Verbindung zwischen Habsburg und den Sforza: Ihr Onkel Ludovico Sforza, genannt il Moro, erhielt dafür das Herzogtum Mailand zum Reichslehen (Porträt von Bernhard Strigel, vor 1510).

> **INFOBOX**
>
> **Die Luxemburger**
> Dem Geschlecht der Luxemburger, der Grafen von Luxemburg (bis ins 19. Jh. Lützelburg), entstammten vier deutsche Könige und Kaiser: Heinrich VII. (1308/12-13), Karl IV. (1346/55-78), der Luxemburg 1354 zum Herzogtum erhob, Wenzel (1378-1400) und Siegmund (1410/33-37). Das Haus Luxemburg war bereits 1136 im Mannesstamm erloschen und über die weibliche Erbfolge an den späteren Herzog Walram II. von Limburg gelangt, dessen Geschlecht nach der Stadt und Burg Limburg in der heutigen belgischen Provinz Lüttich benannt ist.

Europa im Mittelalter

Das habsburgische Sippenbild von Bernhard Strigel zeigt links Kaiser Maximilian I., rechts seine damals bereits verstorbene Frau Maria von Burgund; hinter ihr ist der kastilische König Philipp der Schöne zu sehen, vorn Philipps Söhne Ferdinand I. (links) und Karl V. sowie der angeheiratete König Ludwig II. von Ungarn (1515; Wien, Kunsthistorisches Museum).

um eine politische Zweckheirat. Maximilian war an der Mitgift und am Einfluss in Oberitalien interessiert, die Sforza an der Legitimation ihrer Stellung in Mailand.

Auf dem Wormser Reichstag 1495 fielen zukunftsweisende Entscheidungen. Der Ewige Landfriede – die Fehde wurde prinzipiell als illegitim erklärt – wurde ebenso wie das Reichskammergericht zu dessen Wahrung beschlossen; der Gemeine Pfennig wurde zwar als Reichssteuer zur Sicherung des Reichskammergerichts festgelegt, entfaltete jedoch nicht die volle Wirkung. Den Gemeinen Pfennig leitete selbst Maximilian nicht an das Reich weiter. Maximilian gelang es, die de jure bestehenden Reichsansprüche in Oberitalien aufrechtzuerhalten, wenn auch nicht zu reaktivieren. Aber immerhin konnte sich so später Karl V. außer auf seine von Spanien ererbten Ansprüche auch auf die Reichsansprüche als Legitimation für sein dortiges Vorgehen stützen. Hier entstand in der Folge ein neues Dauerkonfliktfeld mit Frankreich bis zur politischen Selbstständigkeit Italiens im 19. Jahrhundert.

> **ZITAT**
>
> **Aus dem Privilegium maius von 1358/59:**
> *(1) Erstens also: Der Herzog von Österreich soll – ganz gleich zu welchen Hilfs- und Dienstleistungen er sonstwie gehalten ist – nicht dem heiligen Römischen Reich noch sonstwem gegenüber verpflichtet sein, lediglich mit der Ausnahme, dass er gehalten ist, dem Reich in Ungarn mit zwölf gewappneten Männern für einen Monat auf eigene Kosten Dienst zu leisten zum Beweis für die Tatsache, dass er als Reichsfürst angesehen wird.*

Die Doppelhochzeit seiner Kinder Philipp I. und Margarete eröffnete 1496/97 auch die Thronfolge in Spanien. Philipp, der 16-jährig die Regentschaft in den Niederlanden (wo er von den Ständen erzogen worden war und ein distanziertes Verhältnis zu seinem Vater behielt) übernommen hatte, heiratete die spanische Infantin Johanna und Margarete (die Habsburger schlossen sich an die burgundische Namenstradition an) den Erbprinzen und letzten männlichen Thronfolger Don Juan von Spanien. Es war sicherlich ein Zufall, dass Don Juan bereits nach einem halben Jahr und auch alle weiteren Thronprätendenten relativ kurzfristig verstarben. So fielen alle spanischen Länder an Philipp und Johanna beziehungsweise an ihren im Februar 1500 geborenen Sohn Karl, den späteren Kaiser Karl V.

Philipp übernahm nach dem Tod Isabellas I., der Katholischen, 1504 das Königreich Kastilien, starb aber be-

Jakob II. Fugger, der Reiche, errichtete ein Kupfermonopol in Europa, indem er die Mehrzahl der Kupferbergwerke in Spanien, Tirol, Kärnten und Ungarn erwarb. Der Augsburger Kaufmann war Bankier der Päpste, der römischen Kurie sowie der Kaiser Maximilian I. und Karl V. (Porträt von Dosso Dossi, 1538; Budapest, Museum der Schönen Kuenste).

> **INFOBOX**
>
> **»Arme Gecken«**
>
> Die Armagnaken, in Deutschland »Arme Gecken« genannt, waren im 15. Jh. ein gefürchtetes Söldnerheer. Auf dieses stützte sich Bernhard VII., Graf von Armagnac (1391–1418) in Südfrankreich, der unter dem seit 1392 geisteskranken französischen König Karl VI. zum Haupt der Partei der Orléans aufstieg und eine Zeitlang Frankreich beherrschte. Karl VII. von Frankreich und Kaiser Friedrich III. lenkten die Armagnaken gegen die Schweizer, die sich in der Schlacht bei Sankt Jakob an der Birs von ihnen befreiten (26. August 1444). Im Elsass und in Schwaben hausten die Armagnaken noch bis 1445 weiter.

reits 1506, sodass die Lage wieder offen war, zumal König Ferdinand II., in der Hoffnung auf Sicherung der eigenen Dynastie eine neue Ehe schloss. Nach dem Tod Ferdinands 1516 konnte Karl sein Erbe, wenn auch zu Beginn nicht unangefochten, antreten.

Zum raschen Erfolg wurde eine weitere Doppelhochzeit. Verehelicht wurden die Kinder des ungarischen Königs mit den Enkeln Maximilians, Ferdinand und Maria. Der Erbfall trat bereits 1526 ein und begründete die Donaumonarchie, wenn auch die Ansprüche auf die ungarische Herrschaft erst fast dreißig Jahre später durchgesetzt wurden.

Im Reich und in Italien war die Position Maximilians dagegen nicht unangefochten. Der Dualismus zwischen Herrscher und Reichsständen verschärfte sich. Auch die Trennung der Eidgenossenschaft vom Reich (Schwabenkrieg beziehungsweise Schweizerkrieg) und damit der Verlust von großen Teilen der Stammlande einschließlich der Habichtsburg musste endgültig akzeptiert werden.

Immerhin konnte Maximilian aber 1518/19 unter dem Einsatz erheblicher finanzieller Mittel, die größtenteils von den Fuggern kreditiert worden waren, die Wahl Karls zum künftigen König erreichen. Als Erben bezeichnete Maximilian seine Enkel Ferdinand und Karl. Zu Maximilians Lebzeiten stieg das Habsburgerreich zur Weltmacht auf, die Idee des von ihm verfolgten Weltreiches, begründet auf seiner Hausmacht in Österreich, Burgund und Spanien, war aber sicherlich rückwärts gewandt, zudem hinterließ er immense Schulden.

Ulf Dirlmeier und Bernd Fuhrmann

> **ZITAT**
>
> **Auf die Habsburger, die oft, statt Krieg zu führen, ihr Reich und ihren Einfluss durch eine geschickte Heiratspolitik vergrößern konnten, spielt das folgende Zitat an:**
> *Bella gerant alii, tu, felix Austria, nube!*
> *Nam quae Mars aliis, dat tibi regna Venus!*
> *(Kriegführen lasse die anderen, du, glückliches Österreich, heirate! / Reiche schenkt dir Venus wie anderen Gott Mars!)*

»Fürst in Schwaben, Herr in Asien und Afrika«: Das Kaisertum Karls V.

Karl V. wurde 1519 von den Kurfürsten zum römisch-deutschen König gewählt. In der Wahlkapitulation, einem Vertrag mit ihnen, band er sich bei zahlreichen Regierungshandlungen an ihre Zustimmung beziehungsweise an die der Reichsstände. Die Titulatur des neuen Königs lässt die gewaltigen Dimensionen seiner Herrschaft deutlich werden, auch wenn nicht alle Titel einen realistischen Hintergrund besaßen: Römischer König, künftiger Kaiser, immer Augustus, König von Spanien, Sizilien, Jerusalem, der Balearen, der kanarischen und indianischen Inseln sowie des Festlands jenseits des Ozeans, Erzherzog von Österreich, Herzog von Burgund, Brabant, Steyr, Kärnten, Krain, Luxemburg, Limburg, Athen und Patras, Graf von Habsburg, Flandern, Tirol, Pfalzgraf von Burgund, Hennegau, Pfirt, Roussillon, Landgraf im Elsass, Fürst in Schwaben, Herr in Asien und Afrika. Alle Ansprüche wurden durch die Person Karls zusammengehalten, ein Anachronismus vor dem Hintergrund der Nationalstaaten, und sie sollten ihn auch nicht überdauern. Insbesondere Frankreich gelangte durch die geographische Umklammerung fast zwangsläufig in einen Gegensatz zu Karl und den Habsburgern.

Das Reich geriet in eine Nebenrolle habsburgischer Politik. 1521 übernahm Ferdinand die Statthalterschaft im Heiligen Römischen Reich, der ebenso wie sein Bru-

Die Außenpolitik Karls V. wurde vom Gegensatz zu Frankreich bestimmt. Die innnenpolitischen Probleme im Heiligen Römischen Reich betrachtete er als zweitrangig.
Die Abbildung zeigt sein Kaisersiegel.

Nach dem Augsburger Religionsfrieden legte Karl V. 1556 die Kaiserkrone nieder und überließ die spanischen Herrschaften seinem Sohn Philipp II. Der Ausschnitt aus einem zeitgenössischen Stich zeigt die Einsetzung Philipps und das Abtreten Karls V.

Europa im Mittelalter

der Karl kaum Deutsch sprach. Er beauftragte den Spanier Gabriel Salamanca mit der Schuldentilgung, die äußerst umstritten verlief, da primär weniger Mächtige auf ihre Forderungen ganz oder teilweise verzichten mussten. Die Teilung der Hausgüter zwischen beiden Brüdern begründete die Trennung der Dynastie in eine österreichische und eine spanische Linie. 1530 nahm Karl V. am Augsburger Reichstag teil, die Verständigung der noch nicht formierten Konfessionsgruppen gelang aber nicht. Die Wahl Ferdinands zum römisch-deutschen König im folgenden Jahr in Köln kostete wohl noch mehr Mittel als die Wahl Karls 1519.

Außenpolitisch trat die Gefahr des osmanischen Vormarschs weiter in den Mittelpunkt. Belgrad fiel 1521; 1529 wurde Wien belagert, und weite Teile Ungarns gin-

1525 wurde der französische König Franz I. in der Schlacht bei Pavia von den Truppen Karls V. geschlagen. Dieser Gobelin – einer von sieben – wurde Karl V. von der Brüsseler Kaufmannschaft überreicht; er zeigt die Gefangennahme des französischen Königs.

> **INFOBOX**
>
> **Der Schmalkaldische Bund**
> Am 27. 2. 1531 schlossen der Landgraf Philipp von Hessen, der Kurfürst Johann Friedrich von Sachsen, die Herzöge Philipp von Braunschweig-Grubenhagen und Ernst von Braunschweig-Lüneburg, die Grafen von Anhalt-Bernburg und Mansfeld sowie drei nieder- und acht oberdeutsche Reichsstädte im thüringischen Schmalkalden ein Bündnis zur Verteidigung der protestantischen Sache, den Schmalkaldischen Bund. Dieser Bund wurde zum europäischen Machtfaktor. Nach dem Sieg Kaiser Karls V. über die Verbündeteten im Schmalkaldischen Krieg 1546/47 löste sich der Bund auf.

Karl V. überträgt am 25. 10. 1555 seinem Sohn Philipp II. von Spanien die Regierung der Niederlande (Gemälde von Louis Gallait, 1841; Tournai, Musée des Beaux-Arts).

gen nach und nach verloren. 1547 beendete ein Friedensvertrag zeitweise den Vormarsch. Häufig verweigerten die Reichsstände die Unterstützung oder machten sie von anderen Zugeständnissen abhängig, da sie die Auseinandersetzungen weiterhin als ein spezifisch habsburgisches Problem bewerteten. Ähnlich beurteilten sie die Kriege mit den französischen Königen um Oberitalien, aber auch um die burgundische Erbschaft, die 1559 mittelfristig mit dem Verzicht auf die Reichsrechte im heutigen Ostfrankreich gegen Zugeständnisse in Italien beigelegt werden konnten.

Die Brüder entfremdeten sich einander zunehmend, beschleunigt durch das Vorhaben Karls, seinen Sohn Philipp (II.) als alleinigen Nachfolger durchzusetzen. Außerdem stand Ferdinand durch seine Tätigkeit im Reich den Reichsständen deutlich näher. Erst der Sieg über den protestantischen Schmalkaldischen Bund festigte die Stellung Karls wieder. Die gewonnene Stellung ging aber nach der erfolglosen Belagerung Magdeburgs wieder verloren, zumal die Reichsstände gegen die Tendenzen Karls zur Aufrichtung einer starken kaiserlichen Macht im Reich Widerstand leisteten.

An den Verhandlungen zum Augsburger Religionsfrieden 1555 – die Lutheraner wurden als zweite Konfession anerkannt – war Karl nicht mehr beteiligt. Der Kaiser dankte im Jahr darauf ab; die Anerkennung der Abdankung durch die Kurfürsten erfolgte erst 1558. Letztlich konnte Karl seine Idee eines universalen Kaisertums nicht realisieren, nach seinem Tod war das Haus in eine spanische und eine habsburgisch-»deutsche« Linie zweigeteilt. *Ulf Dirlmeier und Bernd Fuhrmann*

Streit um den Thron:
England während der Rosenkriege

Das englische Territorium war vorerst abgerundet, als Wales nach zwei Kriegen, 1277 und 1283/84, unterworfen worden war und weitere Aufstände, 1287/88 und 1294/95, erfolglos geblieben waren; das eroberte Gebiet fiel direkt an die Krone. Dagegen scheiterte der Zugriff auf Schottland. Die hier gewonnenen militärischen Erfahrungen, insbesondere die Erkenntnisse über die Möglichkeiten des Einsatzes von Langbogenschützen und über die Grenzen des traditionellen ritterlichen Kampfstils, sollten sich im Hundertjährigen Krieg als vorteilhaft erweisen.

Verlorene Kronrechte versuchte Eduard I. mittels umfassenden Untersuchungen in Form der writ of quo-warranto wiederzuerlangen: Die Rechtsinhaber mussten den legalen Besitz ihrer auch finanziell nutzbaren Gerichts- oder Herrschaftsrechte durch königliches Privileg nachweisen. Eine konsequente Durchsetzung des Beschlusses musste trotz Erfolgen am Widerstand des Adels scheitern, sodass schließlich eine Ausübung der Rechte seit 1189 als Legitimation genügte. Dennoch zeigt der Versuch eine zunehmende Verrechtlichung in den Beziehungen zwischen Krone und Adel, einhergehend mit der Einrichtung einer königlichen Juristenausbildung. Auch das Verbot von Landschenkungen an die Kirche hatte in der Realität keinen Bestand.

Die Stärkung des Parlaments
Außerordentliche Steuern hatte der Herrscher prinzipiell in Krisenzeiten erheben können, seit dem 13. Jahrhundert war dazu jedoch der Konsens der Untertanen

über das Vorhandensein einer solchen Notlage erforderlich, aus der sich zunehmend das Recht auf die Bewilligung derartiger Forderungen entwickelte. Neben dem Hochadel, der ohnehin schon aufgrund des Lehnsrechts zum Beraterkreis zählte, wurden 1265 erstmals zusätzlich je zwei Ritter pro Grafschaft (shire) und zwei Bürger jeder Stadt zum Parlament (parliament) geladen. Auch wenn zunächst häufig Parlamente ohne eine derart breite Basis einberufen wurden, setzte sich die Einbeziehung der vom König persönlich eingeladenen Lords, dem englischen Hochadel (peers), und der gewählten Commons, also Niederadel, Bürgertum und Freibauern, als Mitglieder der Parlamente mit der Zeit durch.

Den Anspruch, das Volk zu vertreten, verloren die Lords um die Mitte des 14. Jahrhunderts gegenüber den gewählten Mitgliedern des Parlaments; die Commons waren nun ein fest etablierter politischer Faktor. Als eine zentrale Aufgabe sahen die Commons den Ausbau eines geregelten Gerichtswesens, die Durchsetzung der Friedensrichter in den Grafschaften und die Besetzung der Gerichte auch mit Personen des eigenen Standes. Ab 1429/30 mussten die Vertreter der Grafschaften ein bestimmtes Mindesteinkommen aus freiem Besitz nachwei-

Das englische Parlament, das zunächst nur unregelmäßig zusammentrat, wurde zum Vorbild der modernen Parlamente. Der jetzige Parlamentskomplex in London entstand im 19. Jh. und hat mit seinen mittelalterlichen Ursprüngen nur noch den Standort gemein.

sen, um für das Parlament gewählt werden zu können. Obwohl breitere Einwohnerschichten zugelassen waren, blieb die Institution doch deutlich von demokratischen Strukturen entfernt. Das Parlament musste vom König einberufen werden und konnte erst dann seine Tätigkeit aufnehmen. Die Zusammentritte erfolgten daher unregelmäßig, gehäuft dann, wenn der Herrscher Finanzmittel benötigte.

1376 benutzte das Good Parliament erstmals das Verfahren des impeachment: Die Commons erhoben Anklage, die Lords fungierten als Richter, um Korruptionsvorwürfe gegen Berater und Vertraute König Eduards III. zu erheben und diese zu verurteilen. Einen Teil der Beschlüsse machte aber bereits das folgende Parlament zunichte. Grundsätzlich blieb das impeachment ein machtvolles Instrument gegen den König, wurde jedoch selten genutzt.

Sozioökonomische Veränderungen
Von der Agrarkrise des 14. Jahrhunderts blieb das Inselreich nicht verschont. Auf den Rückgang der Bevölkerung nach der Pest reagierte die Krone mit scharfen Preis-, Lohn- und Arbeitsgesetzen sowie Versuchen, die Mobilität vor allem der Landbewohner zu beschränken, was mittelfristig erfolglos blieb. Der Bauernaufstand von 1381, eine Reaktion auf soziale Spannungen und politische Krisen, konnte niedergeschlagen werden, markiert aber das Ende einer Epoche. Der von John Ball, neben Wat Tyler bedeutendster Führer der Aufständischen, in einer Predigt benutzte Spruch »Als Adam grub und Eva spann, wer war denn da ein Edelmann?« dürfte für viele den zugrunde liegenden gesellschaftlichen Gegensatz treffend erfasst haben. So zielte auch die Bauernerhebung auf eine Auflösung der Feudalstrukturen.

Die Stellung der Bauern hatte sich immerhin als Folge der Verknappung der Arbeitskraft nach der Großen Pest verbessert; für die Überlassung von Land konnten die Bauern nun höhere Löhne fordern. Vielfach gaben die Grundherren daher die Selbstbewirtschaftung auf und gingen dazu über – zumal der Bevölkerungsrückgang die Agrarpreise fallen ließ –, Land zu verpachten. Eine weitere Auswirkung der Arbeitskraftverknappung war die Aufgabe des Getreideanbaus zugunsten der Weidewirt-

> **ZITAT**
> **1371 rang das englische Parlament dem König das Zugeständnis ab, ohne seine Zustimmung keine Steuer auf Wolle zu erheben:**
> *Außerdem ist man übereingekommen..., dass in keiner Art Abgaben oder Gebühren auf Wolle, Felle oder Leder erhoben werden dürfen ohne die Zustimmung des Parlaments, mit Ausnahme der gewohnheitsrechtlich und als Subsidien dem König gewährten;...*

schaft; die nun (teils) privaten Parzellen wurden zum Schutz gegen fremde Nutzung mit Hecken (enclosures) umgeben. Im Unterschied zum Kontinent schwand in England während des 15. Jahrhunderts die persönliche Abhängigkeit der Bauern, ohne dass dies allein grundlegend bessere Lebensbedingungen für den Einzelnen bedeutet hätte. Zusätzlich veränderten Ausbau und Intensivierung der gewerblichen Produktion spätmittelalterliche ökonomische Strukturen. So löste die Textilproduktion den zuvor betriebenen Export des Rohprodukts Wolle ab.

Bis zur Mitte des 15. Jahrhunderts blieb die »Außenpolitik« durch den Hundertjährigen Krieg mit Frankreich und dessen Bündnis mit Schottland bestimmt. Außenpolitische Erfolge und Misserfolge wirkten auch direkt im Inneren. Im Anschluss an die erfolgreichen Schlachten auf dem kontinentalen Festland konnte der Herrscher seine Steuerforderungen in der Regel problemlos durchsetzen und seine Position stabilisieren. Dazu bot der Krieg vielen Adligen Beschäftigungsmöglichkeiten, neben zum Teil hohen Lösegeldeinnahmen konnten sie von Einkünften aus Verwaltung und Verteidigung des englischen Festlandbesitzes profitieren. Eine Vielzahl von Soldverträgen zwischen der Krone und dem Adel mit genauen Angaben über Dienstpflichten, Sold, Beute sowie Größe des Verbandes sind überliefert; sie stellten das wichtigste Rekrutierungssystem jenseits traditioneller und kaum noch aktivierter Lehnsbindungen dar.

Gegenüber der Papstkirche, die als Verbündeter Frankreichs betrachtet wurde, beschloss das Parlament

> **ZEITTAFEL**
>
> **Die Könige aus dem Haus Plantagenet:**
>
> Heinrich II. (1154–89)
>
> Richard I. Löwenherz (1189–99)
>
> Johann I. ohne Land (1199–1216)
>
> Heinrich III. (1216–72)
>
> Eduard I. (1272–1307)
>
> Eduard II. (1307–27)
>
> Eduard III. (1327–77)
>
> Richard II. (1377–99)

> **INFOBOX**
>
> **Das Haus Plantagenet**
>
> Das englische Königshaus Plantagenet oder Anjou-Plantagenet regierte von 1154 bis 1399 in direkter Linie und von 1399 bis 1485 in den Linien Lancaster und York. Der Name stammt vom Ginsterbusch, lateinisch planta genista, den Gottfried V., Graf von Anjou (1113–51), genannt Gottfried Plantagenet, als Helmzier trug. Sein Sohn Heinrich aus der Ehe mit Mathilde, der Tochter Heinrichs I. von England und Witwe Kaiser Heinrichs V., bestieg 1154 als Heinrich II. den englischen Thron und begründete die Dynastie Plantagenet. Diese erlosch 1499 mit Edward, Earl of Warwick.

»Als Adam grub und Eva spann, wer war denn da ein Edelmann?« Diese Frage des aufständischen Predigers John Ball brachte die sozialen Gegensätze im feudalistischen England prägnant zum Ausdruck. Die Buchillustration zeigt Adam und Eva im Paradies (1534; Weimar, Stiftung Weimarer Klassik und Kunstsammlungen).

1366 die Aufhebung der von Johann 1213 zugestandenen päpstlichen Lehenshoheit und verbot zehn Jahre später die Besteuerung des englischen Klerus durch den Papst.

Wechselnde Machtverhältnisse
Die Stabilität des Herrschaftssystems blieb eng an die Loyalität mächtiger Adliger gegenüber dem König gebunden, die dieser auch durch Vergabe von Ämtern und Besitz erhalten musste, zumal im 14. Jahrhundert durch das Aussterben etlicher Familien und durch Heiraten große Herrschaftsbereiche rivalisierender Magnaten entstanden waren, die in den folgenden Jahrzehnten die Politik mitbestimmen sollten.

Die Außenpolitik Englands blieb bis zur Mitte des 15. Jh. durch den Hundertjährigen Krieg mit Frankreich und dessen Bündnis mit Schottland bestimmt. Die Miniatur aus dem 15. Jh. zeigt die Einschiffung der englischen Truppen (Turin, Biblioteca Nazionale).

Von Richard II., der mit seiner Krönung als Zehnjähriger 1377 die volle königliche Gewalt übernommen hatte, erzwang das Parlament in Erwartung einer französischen Invasion 1386 ein Kontrollgremium. Im folgenden Jahr verlor sein Heer eine Schlacht gegen die Magnaten. Dennoch wandte man sich nicht gegen Richard II. selbst, sondern gegen dessen engste Berater, die so offiziell als Verantwortliche für die Probleme galten, und verurteilte diese wegen Hochverrats. Die Rückkehr seines Onkels John of Gaunt 1389 ließ Richards Einfluss wieder wachsen, die Kontrollkommission hatte er bereits aufgelöst. 1394 konnte Richard erfolgreich in Irland intervenieren und die königliche Verwaltung straffen.

Im Innern sah sich Richard der Opposition von Teilen des Adels gegenüber. Gegen die Appellanten, die adligen Ankläger von 1387, ging Richard ab 1397 offensiv vor: Thomas Woodstock, Earl of Gloucester, ein Onkel Richards, starb im Gefängnis in Calais. Er wurde vermutlich auf Richards Anweisung ermordet. Richard Fitz-Alan, Earl of Arundel, ließ er wegen angeblichen Hochverrats hinrichten, Thomas, Earl of Warwick, verbannen. Schon zuvor waren die beiden anderen Appellanten, Heinrich Bolingbroke und Thomas Mowbray, auf die Seite des Königs gewechselt, wurden dann aber beide wegen eines Streites 1398 verbannt.

Allerdings nahm Bolingbroke die Umwandlung der ursprünglich zehnjährigen Verbannung in eine lebenslängliche und die Konfiskation des Besitzes der Lancaster nach dem Tod seines Vaters John of Gaunt zum Anlass, seinerseits aktiv zu werden. Gemeinsam mit dem verbannten Bruder und dem Sohn des hingerichteten Richard FitzAlan – anschließend einer seiner wichtigsten Militärbefehlshaber – landete er in Yorkshire, wo die Gruppe sofort Zulauf vom nordenglischen Adel erhielt. Zwar kehrte Richard II. aus Irland zurück, doch nach der Landung in Wales löste sich sein Anhang weitgehend auf.

Heinrich Bolingbroke konnte nach Darlegung seiner nicht unumstrittenen Erbansprüche im Parlament und der Zustimmung der Lords 1399 selbst den Thron besteigen. Etliche Anhänger Richards versuchten erfolglos eine Verschwörung, nach deren Beendigung der ehemalige König in der Haft getötet wurde. Zwar folgten dem Regierungsantritt Heinrichs IV. außen- und innenpolitische Krisen, doch konnte sich der Lancasterkönig trotz vorhandener Legitimationsprobleme und trotz der Kritik des Parlaments – die bis 1405 unternommenen und meist erfolglosen Feldzüge gegen Schottland waren kostspielig – durchsetzen und auch nach einer schweren Erkrankung seine Position wieder festigen.

Die Regierungszeit seines Sohnes, Heinrichs V., war von der Wiederaufnahme der Kämpfe in Frankreich geprägt. Der Sieg bei Agincourt 1415 und das planmäßige Vordringen ab 1417 schlossen Adel und Krone enger zusammen. Die Anerkennung Heinrichs durch Burgund verbesserte die Perspektiven auf den Erwerb der französischen Krone. Ein Aufstand von Lollarden, Wanderpredigern und Anhängern Wycliffes, scheiterte ebenso wie eine Verschwörung etlicher Magnaten 1415. Als Heinrich 1422 starb, musste für seinen erst einjährigen Sohn und Thronfolger ein Regentschaftsrat eingesetzt werden: In Frankreich konnte Herzog John von Bedford, Bruder Heinrichs V., die Rolle des Regenten unangefochten übernehmen, während in England der jüngste

ZEITTAFEL
Die Könige aus dem Haus Lancaster:
Heinrich IV. (1399–1413)
Heinrich V. (1413–22)
Heinrich VI. (1422–61)

> **ZEITTAFEL**
>
> Die Könige aus dem
> Haus York:
>
> Eduard IV. (1461–83)
>
> Eduard V. (1483)
>
> Richard III. (1483–85)

Bruder Humphrey, Herzog von Gloucester, rasch in Konflikt mit den mächtigen Mitgliedern des Regentschaftsrates geriet, die de facto die Regierungsgewalt innehatten.

Nach der persönlichen Regierungsübernahme Heinrichs VI., der wohl labil und leicht beeinflussbar war, versuchten die Lords dessen Freigebigkeit gegenüber seinen Günstlingen weitgehend erfolglos zu bremsen. Die Vergabe von Krongut war bereits seit Jahrzehnten angesichts der desolaten Finanzsituation der Krone und der Steuererforderungen Kritikpunkt der Commons. Entscheidenden Einfluss gewann der königliche Rat zunächst unter der Führung von Henry Beaufort und nach dessen Tod 1447 unter der des Herzogs von Suffolk, William de la Pole. Gloucester, um dessen Person sich die zunehmende Unzufriedenheit hätte kristallisieren können, starb nach einer vom Herzog von Suffolk initiierten Verhaftung unter ungeklärten Umständen.

Im Unterschied zum zweiten Jahrzehnt des 15. Jahrhunderts wirkten nun die Erfolge Frankreichs negativ auf die Insel zurück. De la Pole wurde 1450 einem Impeachmentverfahren unterworfen und auf seinem Weg ins Exil getötet. Eine Revolte von Bauern und Handwerkern unter dem militärisch begabten Jack Cade, dessen Herkunft ungeklärt ist, blieb erfolglos, erinnerte aber an die bäuerlichen Unruhen gegen Ende des 14. Jahrhunderts.

Die Rosenkriege
Weiterhin rivalisierten Adlige um die Macht als Ratgeber des seit 1453 aus gesundheitlichen Gründen regierungsunfähigen Königs. Zunächst konnte Edmund Beaufort, Herzog von Somerset, die führende Rolle übernehmen. Er war ein erbitterter Gegner des Herzogs Richard von York, der die »Nachfolge« des Herzogs von Gloucester angetreten hatte. 1454 wurde Richard von der Ratsversammlung der Lords zum Protektor ernannt. Auch die Adelsauseinandersetzungen im Norden des Landes verwiesen auf die unsichere Lage.

1455 konnte Richard von York mit den verbündeten Neville bei Saint Albans seinen Rivalen, der in diesem Kampf fiel, und dessen Anhang schlagen. Dies gilt als der Beginn der Rosenkriege, die zu diesem Zeitpunkt wohl noch kein Kampf um die Krone waren. Der Name

»Rosenkriege« ist nicht zeitgenössisch, sondern dürfte bald nach Beendigung der Kämpfe aufgekommen sein und basiert darauf, dass beide rivalisierenden Geschlechter die Rose als Symbol (York: weiße Rose, Lancaster: rote Rose) im Wappen führten.

Nach dem Verlust der Besitzungen in Frankreich konzentrierte sich der Adel wieder auf die Interessen im Inneren, auf den Kampf um die Beteiligung an der Macht, begünstigt durch die Schwäche Heinrichs VI., dessen Sohn Eduard 1453 geboren wurde. Die führenden hochadligen Dynastien hatten sich mit Gefolgsleuten umge-

Im Jahr 1356 erlitten die Franzosen in der Schlacht von Maupertuis (bei Poitiers) eine schwere Niederlage, wobei König Johann II., der Gute, von Frankreich in englische Gefangenschaft geriet. Die Buchillustration aus einem Werk von Jean Froissart zeigt eine Schlachtszene (Paris, Bibliothek des Arsenals).

Richard II. gelang es 1397/98, seine innenpolitischen Widersacher auszuschalten und ein autokratisches Willkürregiment zu errichten. 1399 wurde er zur Abdankung gezwungen (Ausschnitt aus einer Buchmalerei, um 1395; London, British Library).

ben, um ihre Positionen auszubauen; der jeweilige Anhang sah in ihnen den eigentlichen Garanten der Sicherheit angesichts einer krisenhaften Situation auch in der Justiz, die auf höchster Ebene zunehmend parteilich agierte.

1460 konnte Richard von York die Niederlage des Vorjahres und die Ächtung der Yorkisten durch ein königstreues Parlament militärisch wettmachen und in London einziehen, das Richard Neville, Earl of Warwick, von Calais aus besetzt hatte. Der König befand sich in seinen Händen und Richard von York erhob offen den Anspruch auf die Königswürde. Nach zähen Verhandlungen mit Lords und Commons einigte man sich darauf, dass Richard als Erbe Heinrichs eingesetzt werde. Das erstrebte Ziel vor Augen wagte Richard mit unterlegenen Kräften eine weitere Schlacht gegen die Lancaster im Norden, die unter der Führung Königin Margaretes von Anjou, von walisischen und schottischen Einheiten unterstützt, das Schlachtfeld siegreich verließen; Richard selbst starb. Noch im gleichen Jahr musste sich auch Richard Neville, langjähriger Verbündeter des

> **INFOBOX**
>
> **Richard III.**
> Der englische Staatsmann und Schriftsteller Thomas More verfasste zwischen 1513 und 1522 in englischer und lateinischer Sprache eine Geschichte König Richards III., die unvollendet blieb. Das Werk wurde v. a. wegen der Schilderung des dramatischen Endes der Söhne Eduards IV. bekannt, die nach zeitgenössischer Meinung den Machtintrigen Richards zum Opfer gefallen waren. More malte das von der Geschichtswissenschaft längst hinterfragte Bild eines Despoten, das Shakespeare als Grundlage für sein Drama »Richard III.« übernahm. More selbst war vermutlich eher an der Gefahr für das Staatswesen interessiert, die von der Willkürherrschaft eines tyrannischen Monarchen ausgeht. Er lehnte sich methodisch an Sallust, Sueton und Tacitus an und tradierte deren klassisches Motiv auf das zeitgenössische England. Indem er die antike Geschichtsschreibung zum Vorbild nahm, verließ er die heilsgeschichtliche mittelalterliche Historiographie.

Hauses York, geschlagen geben; Heinrich VI. konnte befreit werden.

Doch erwiesen sich die Erfolge der Lancaster rasch als kurzlebig: London versperrte der siegreichen, aber hier unbeliebten Königin den Einzug, zumal ihre Truppen den Zug nach London für Plünderungen nutzten. Das war ungewöhnlich, die Kämpfe blieben sonst weitgehend auf die beteiligten Armeen selbst beschränkt, sodass die Bevölkerung nicht in dem auf dem Kontinent üblichen Maße Verheerungen ausgesetzt war. Auch militärisch wendete sich das Blatt, als das Aufgebot Eduards von York, des Sohns Richards, und Richard Neville, nun seinerseits das Lancasterheer vernichtend schlug. Heinrich VI. und Margarete flohen nach Schottland. Im Sommer 1461 proklamierten die Londoner Einwohnerschaft und sein Heer Eduard IV. zum Gegenkönig. Gegen ihn formierte sich im Norden für drei Jahre der Widerstand, erst dann konnte er sich durchsetzen. Nach einem Friedensschluss mit Schottland wurde Heinrich VI. 1465 gefangen genommen und in den Londoner Tower gebracht.

Zwischen Richard Neville, der nicht ohne Grund als »Königsmacher« bezeichnet wurde, und Eduard kam es jedoch anschließend wegen der Heirat des Königs mit der nicht dem Hochadel entstammenden Elisabeth Woodville

Die scharfen Angriffe des Theologen John Wycliffe gegen die Amtskirche führten aufgrund seiner Protektion durch das Haus Lancaster erst dann zu einer Verurteilung einiger seiner Artikel, als man seine Lehre für den Bauernaufstand von 1381 mitverantwortlich machte (zeitgenössischer Stich).

Mit der Krönung Heinrichs IV. im Jahr 1399 kam das Haus Lancaster auf den englischen Thron, das aber in den Rosenkriegen dem Haus York unterliegen sollte (französische Buchmalerei, 1495; Paris, Bibliothèque Nationale de France).

und der Entlassung des Kanzlers George Neville 1467 zum offenen Konflikt. Der Earl of Warwick verbündete sich mit Eduards Bruder George und besetzte London. Zunächst schien der Earl of Warwick, der ins Lager der Lancaster wechselte, die Oberhand zu behalten, und Heinrich VI. wurde erneut als König eingesetzt. Doch auch die neue Machtverteilung war nicht von Dauer. Bereits 1471 gelang es dem Heer des aus Burgund zurückgekehrten Eduard – er war an den Hof Karls des Kühnen geflohen – die Gegner bei Barnet und Tewkesbury getrennt zu schlagen; die Königin Margarete wurde gefangen genommen und Heinrich VI. im Tower ermordet.

Danach war die Position Eduards IV. gefestigt. Die bisher in Nevillebesitz befindlichen Grafschaften Warwick und Salisbury gingen zudem nach dem Aussterben der männlichen Linie in den Kronbesitz über. Vorrangiges Ziel musste nun die Reorganisation von Verwaltung und Justiz sowie die Stabilisierung des Königtums sein. Noch einmal unternahm man 1475 bei sonst eher vorsichtiger Expansionspolitik einen Versuch, die Festlandsterritorien zurückzugewinnen. Er blieb zwar erfolglos – das geplante gemeinsame Vorgehen mit Karl dem Kühnen kam nicht zustande –, führte aber doch zu dem Zugeständnis von Geldzahlungen.

Im Inneren baute Eduard seine Position mit der Einrichtung der königlichen Kammer aus, wobei die Krondomäne finanziell intensiver genutzt wurde und aufgrund der ökonomischen Erholung auch sonstige Einnahmen anstiegen. Dadurch entfielen in der Regel weitere Steuerforderungen und damit ein potenzieller Konfliktfaktor. Da so das Parlament kaum zusammengerufen werden musste, konnte es auch nur in geringem Umfang aktiv werden. Durch die Besetzung des councils (»Gerichtshof«) mit Juristen und weiteren Beamten verlor der Hochadel weiter an Einfluss auf die Politik.

Trotz der Erfolge zeigte sich beim Tod Eduards IV. 1483 die vorhandene Instabilität: Sein gleichnamiger Sohn war zunächst bei den Woodville verblieben, während sein Bruder Richard von Gloucester als Protektor vorgesehen war. Im Bündnis mit dem Herzog von Buckingham, Heinrich Stafford, bemächtigte sich Richard seines Neffen und übernahm zwei Monate später selbst die Königskrone. Als Rechtfertigung diente die Behauptung, dass die Ehe seines Bruders ungültig gewesen sei und damit keine Ansprüche der Kinder Eduards bestünden. Eduard V. und sein Bruder Richard wurden kurz darauf im Tower umgebracht.

Warwick Castle, lange im Besitz der Earls of Warwick, wurde im 14./15. Jh. zu einer gewaltigen Schlossanlage ausgebaut. Richard Neville, der bedeutendste Earl of Warwick, setzte in den Rosenkriegen gegen das Haus Lancaster 1461 die Krönung Eduards IV. durch.

Die mit Usurpation und Mordvorwurf begründeten Erhebungen, an denen sich auch der anschließend hingerichtete Stafford beteiligte, hatten keinen Erfolg. Dennoch konnte sich die Opposition rasch formieren. Im Zentrum stand der in die Bretagne geflüchtete und mütterlicherseits von John of Gaunt abstammende Heinrich VII., der Begründer der Tudordynastie, der die Lancasteransprüche repräsentierte. Mit Unterstützung des französischen Königs Karl VIII. landete Heinrich mit einem kleinen Kontingent in Wales, das rasch durch unzufriedene Adlige anwuchs. Der Tod Richards III. 1485 in der Schlacht von Bosworth beendete die Rosenkriege.

In der folgenden, mit Heinrich VII. beginnenden Tudorherrschaft wurde die Macht der Krone unter Anknüpfung an Eduard IV. weiter auf Kosten der Magnaten

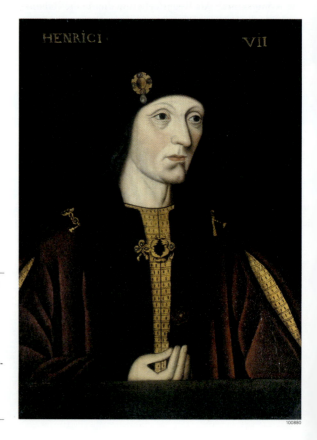

Heinrich VII., als Erbe des Hauses Lancaster Mittelpunkt der Opposition gegen Richard III., gewann durch die Schlacht bei Bosworth 1485 die englische Krone, womit die Rosenkriege beendet wurden. Der König begründete die Dynastie Tudor und stärkte die monarchische Zentralgewalt.

gestärkt und so ein Grundstein für die expansive Politik der folgenden Jahrhunderte gelegt. Das Bild der Rosenkriege und das der Yorkkönige blieb lange durch die negative Chronistik der Tudorhistoriographen gezeichnet. Diese Chronistik war dazu bestimmt, die Leistungen des Hauses Tudor zu dessen Legitimation hervorzuheben, zumal die Kronansprüche Heinrichs VII. mit Unsicherheiten behaftet blieben und letztlich nur auf dem Sieg von Bosworth beruhten.

Ulf Dirlmeier und Bernd Fuhrmann

Die Krondomäne dehnt sich aus: Frankreich

1328 verstarb der letzte französische König aus dem Haus der Kapetinger. Gegen begründete Ansprüche des englischen Königs Eduard III. ging die Krone an Philipp VI. aus dem Haus Valois. Der daraus entstandene Thronstreit entwickelte sich zum Hundertjährigen Krieg zwischen England und Frankreich mit wechselndem Kriegsglück für beide Seiten.

Die äußere Bedrohung und innenpolitische Wirren führten Frankreich in eine ungeheure Zerreißprobe. Die Pest fegte seit 1348 über das Land und forderte ihren Tribut in der Bevölkerung. Seit 1355 verlangten die Stände eine Mitsprache und forderten eine Reform des Staates. Die Jacquerie, ein Bauernaufstand – benannt nach Jacques Bonhomme, der Symbolfigur des französischen Bauern –, erschütterte das Land und sprang auch auf die Hauptstadt Paris über. Marodierende Banden zogen umher, brandschatzten und plünderten. Der Adel seinerseits war zerstritten, ein Teil hatte sich mit dem englischen König verbündet, ein anderer stand zum französischen Königtum und Einzelne unterstützten die Ziele des Bürger- und Bauernaufstandes. Dem Dauphin Karl, dem späteren König Karl V., gelang es die Aufstände niederzuschlagen und durch einen Frieden mit den Engländern die äußeren Voraussetzungen für eine Reformpolitik zu erreichen, die vor allem den Ausgleich zwischen Bürgern und Adel anstrebte.

König Karl V., der Weise – er war während der englischen Gefangenschaft seines Vaters Johanns des Guten 1356 bis 1360 Regent und nach dessen Tod 1364 französischer König – gab dem Land eine neue, auf rationale Grundsätze gestützte Regierung. Er mutete der Bevölkerung ungeheure steuerliche Belastungen zu, um den Geldbedarf des Hofes und der Regierung zu decken. Sein vorzeitiger Tod 1380 stürzte Frankreich unter der Regentschaft der Herzöge von Anjou, Berry und Burgund in eine politische Krise, verschärft seit 1392 durch die krankheitsbedingte Regierungsunfähigkeit König Karls VI. Aus den rivalisierenden Gruppen am Hof bildeten sich feste Parteien heraus. Als Herzog Johann Ohnefurcht von Burgund 1407 seinen Rivalen Ludwig von Orléans ermorden ließ, führte der Konflikt zwischen den Häusern Orléans, den »Armagnacs«, und Burgund, den »Bourguignons«, zum Bürgerkrieg.

Die Bourguignons verbanden eine mehr bürgerfreundliche Haltung mit burgundischen Sonderinteressen gegen die französische Krone. In den innerfranzösischen Bürgerkrieg griff auch der englische König Heinrich V. ein, mit dem die Burgunder nach der Ermordung ihres Herzogs Johann Ohnefurcht durch Anhänger des Hauses Orléans ein Bündnis eingingen. 1420 heiratete Heinrich V. eine Tochter Karls VI. und wurde von den französischen Ständen als Nachfolger anerkannt.

Gegen diese Vereinbarung wurde der Dauphin 1429 als Karl VII. 1429 in Reims zum französischen König ge-

> **INFOBOX**
>
> **Reims**
> Reims war neben Metz die Residenz der Könige von Austrasien. Die Erzbischöfe, seit 940 zugleich Grafen, später Herzöge von Reims und Pairs von Frankreich, erlangten 1179 das alleinige Recht, die Könige von Frankreich zu krönen. 1429 führte Jeanne d'Arc den Dauphin Karl – als König Karl VII. – durch das von den Engländern besetzte Land zur Krönung nach Reims, dessen Kathedrale so zum Symbol der nationalen Einigung wurde.
>
> Die Kathedrale Notre-Dame ist eine der bedeutendsten gotischen Kathedralen Frankreichs: Sie wurde nach dem Brand eines Vorgängerbaus 1211 begonnen und im Wesentlichen um 1300 vollendet. Langhaus und Querschiff sind dreischiffig, der Chor ist fünfschiffig mit Kapellenkranz. Die Westfassade gliedert sich in die Portalzone mit reichem Skulpturenschmuck, in die Mittelzone mit großer Fensterrose und in das Abschlussgeschoss mit einer Statuengalerie (Königsgalerie), über dem sich zwei stumpfe Türme erheben.

Europa im Mittelalter

krönt. Dies gab ihm innerhalb Frankreichs unzweifelhaft Legitimation und Autorität, führte aber noch nicht die Wende im Kampf gegen England herbei. Der nationalen Begeisterung für das Königtum folgten jedoch allmählich auch militärische Erfolge. 1435 wurde in Arras der Frieden mit Burgund geschlossen und Paris zurückerobert.

Die Neuordnung des französischen Staates
Nach der endgültigen Vertreibung der Engländer 1453 wurden Finanzen, Justiz, Heerwesen und Verwaltung neu geordnet. Da für den Wiederaufbau des verwüsteten Landes ungeheure Geldmittel benötigt wurden, sorgte die Krone dafür, dass möglichst keine Gelder mehr aus dem Land abfließen konnten. Die Stände erklärten die Söldnerwerbung zum alleinigen Königsrecht und genehmigten mit der »taille royale« eine dauernde direkte Steuer für diesen Zweck. Auf solcher Grundlage leitete Karl VII. 1445 eine große Heeresreform ein, die mit den Ordonnanzkompanien und den »gens d'armes« eine Frühform des stehenden Heeres schuf.

Karl VII. stärkte die Krongewalt auch im Innern, vor allem durch die Unterordnung der Seitenlinien des Königshauses nach dem Sieg über die Adelserhebung 1440.

Paris wurde Ende des 10. Jh. Hauptstadt des französischen Reiches. Zunächst noch in Rivalität mit Orléans stehend, wurde die Stadt unbestrittenes Zentrum von Verwaltung, Wirtschaft und Geistesleben. Die Abbildung zeigt die Kathedrale Notre-Dame-de-Paris.

Lyon fiel 1307 an die französische Krone und wurde zu einem Zentrum des Bankwesens, der Tuchverarbeitung und der Seidenweberei, die Ludwig XI. 1466 mithilfe von Italienern einführte. Im Spätmittelalter war die Stadt einer der wichtigsten Messeplätze Europas (Kathedrale Saint-Jean, 12.–15. Jh.).

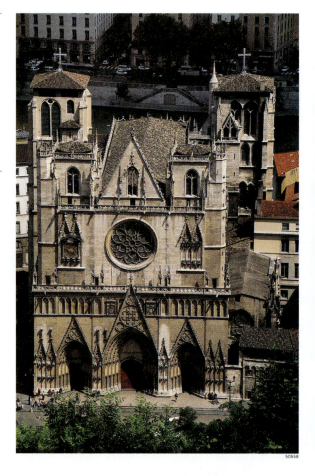

Diese Revolte, die als Praguerie in die Geschichte einging, wurde von Herzog Karl I. von Bourbon und dem Dauphin Ludwig angeführt. Sie wendete sich gegen die königliche Machtausweitung durch die Heeres- und Steuerreform. Nach dem schnellen Sieg der Krone amnestierte der König relativ schnell die Empörer, was zum inneren Frieden beitrug.

In den letzten Regierungsjahren Karls VII. war der Thronfolger Ludwig zunehmend in Opposition zum König getreten und floh schließlich 1456 unter den Schutz Herzog Philipps des Guten von Burgund nach Flandern. Sein Regierungsantritt als Ludwig XI. 1461 war von bald enttäuschten Reformhoffnungen begleitet. In der »Ligue du bien public« sammelte sich seit 1465 die Adelsopposition: die Häuser Alençon, Anjou, Armagnac, Bourbon, Bretagne unter Führung Burgunds. Diese Liga konnte Ludwig XI. durch militärische und diplomatische Gegenzüge spalten. Gleichwohl behielt er aber den neuen Herzog von Burgund, Karl den Kühnen, als entschlossenen Gegner, der die gut organisierten Kräfte seines reichen und leistungsstarken Staates gegen die Krone einsetzte und durch seine Ehe mit Margarete von York, der Schwester Eduards IV. von England, das angloburgundische Bündnis erneuerte. Der 1474 geschlossene Londoner Vertrag zielte auf das Ende der Valois-Monarchie, aber Ludwig XI. erreichte 1475 im Frieden von Picquigny den Ausgleich mit Eduard IV. und dessen endgültigen Verzicht auf die französische Krone. Zwei Jahre später eröffnete ihm der Tod Karls des Kühnen den Zugriff auf Burgund.

Die im Verlauf des 15. Jahrhunderts durch Pest und Kriegsschäden schwer getroffene Wirtschaft erholte sich nur langsam, wobei der Krone erhebliche Einflussmöglichkeiten offen standen. Bei der Wiederbesiedlung des Landes ab 1460 konnten die Bauern ihre Besitzrechte

Schloss Blois an der Loire, im 13. Jh. begonnen und bis ins 17. Jh. hinein ständig erweitert, war bis 1589 ständige Residenz der französischen Könige aus den Häusern Valois und Orléans.

verbessern. Das Bürgertum, aus dem sich am Ende des 15. Jahrhunderts rund 80 000 Amtsträger der königlichen Verwaltung rekrutierten, gewann an wirtschaftlicher Macht, auch wenn es die Beschneidung städtischer Privilegien hinnehmen musste. Paris hatte seine Stellung als Hauptstadt behalten und blieb Zentrum von Verwaltung, Wirtschaft und Geistesleben, aber auch künftig nie mehr angefochtene Größe.

Eine wirtschaftlich geschwächte Aristokratie und teilweise bankrotte Städte gerieten in Abhängigkeit vom König, der durch sein im Krieg verfeinertes Steuersystem über Mittel verfügte, die erstmals eine großräumige, auf eine geschlossene Volkswirtschaft zielende staatliche Wirtschaftspolitik erlaubten. Der Geldbedarf der Regierung für den Ausbau und die Vereinheitlichung der zentralisierten Verwaltung, die Verstärkung des Heeres und die an England zu zahlenden Gelder zwangen trotz der Verbesserungen im Finanzsystem zu Steuererhöhungen und zu Zwangsanleihen bei den Städten.

Um die Lasten tragbar zu machen, förderte Ludwig XI. Handel, Gewerbe und Verkehr, wodurch er die Städte gegen den Adel auf seine Seite brachte. 1466/72 wurde die französische Seidenindustrie in Lyon und Tours begründet; protektionistische Erlasse und Handelsfreiheit ergänzten sich zu einem frühen merkantilistischen System, das die Zentralisierung des Landes zur

> **ZITAT**
> **Der Wappenspruch Franz' I.:**
> *Ich nähre und vernichte.*

> **INFOBOX**
> **Franz I. als Bauherr**
> Franz I. ließ während seiner Herrschaft mehrere bedeutende Bauten errichten oder erweitern, darunter Amboise, Blois und Chambord, seine Residenzen im Loiretal. Besonders die zwischen 1519 und 1540 neu erbaute Residenz Chambord, südlich von Blois, ist von der italienischen Renaissance beeinflusst, was v. a. im Grundriss, in den Dachverzierungen und in der doppelspiraligen Treppe sichtbar wird.
> In Paris ließ Franz den Louvre erweitern und im Bois de Boulogne das so genannte Schloss von Madrid mit seiner farbenprächtigen Terrakottakeramik errichten. Er ließ auch den Umbau des mittelalterlichen Schlosses Fontainebleau beginnen, wo die italienischen Künstler Rosso Fiorentino und Francesco Primaticcio einen unverwechselbaren Stil entwickelten, der in den Innenräumen Malerei mit Stuck kombinierte.

Franz I. wurde als Erbe der französischen Ansprüche auf Italien und Burgund in Abwehr der Umklammerung durch die habsburgischen Länder zum dauernden Gegner Karls V., dessen Kaisertum er als Mitbewerber bei der Kaiserwahl (1519) zu verhindern suchte (Glasmalerei, 1521; Rouen, Kathedrale).

Vorbedingung ökonomischer Prosperität gemacht hat. Lyon entwickelte sich in der Folge zum französischen Bankenzentrum.

Das vor allem auf Stärkung der Staatsgewalt bedachte Königtum erfuhr durch den Gewinn einiger großer Lehen eine weitere Stärkung. Wichtig wurde neben der Bretagne die burgundische Frage, die zugleich wegen der expansiven Politik der burgundischen Herzöge auch außenpolitisch bedeutsam war. Beim Tod Karls des Kühnen 1477 wurden die französischen Lehen zugunsten der Krone eingezogen, was zu jahrelangen Auseinandersetzungen mit den in Burgund erbberechtigten Habsburgern führte. Eine Verheiratung der bretonischen Erbtochter Anna von Bretagne mit dem deutschen König Maximilian I. verhinderte das militärische Eingreifen Frankreichs. Stattdessen wurde Anna 1491 zur Ehe mit dem französischen König Karl VIII. gezwungen. Ziel war es, die Bretagne endgültig an die französische Krondomäne zu bringen und so die Einheit Frankreichs zu vollenden.

Die kontinuierliche Erwerbspolitik der französischen Könige erfuhr erst zu Beginn der Selbstregierung Karls VIII. 1492 eine Störung. Nach den mit Verzichten erkauften Verträgen mit England, Maximilian I. und Aragonien eröffnete er 1494 mit seinem Italienfeldzug die frühneuzeitlichen Kriege um Italien. 1481 war das Königreich Neapel angefallen, auf das Karl als Erbe des Hauses Anjou Anspruch erhob. Bei vor allem wirtschaftlicher Konsolidierung zur Stärkung der Monarchie im Innern erweiterte Karls Nachfolger Ludwig XII. das italienische Projekt um den von den Visconti abgeleiteten Anspruch auf Mailand. König Johann der Gute hatte 1360 in den Bedrängnissen des Hundertjährigen Krieges seine elfjährige Tochter Isabella mit einem neunjährigen Sohn aus der Familie Visconti verheiratet.

Franz I., der 1515 König Ludwig XII. nachfolgte, suchte den anfänglich eingeschlagenen Kurs in der Italienpoli-

Schloss Fontainebleau, ein Bau der französischen Renaissance, wurde an der Stelle eines Jagdschlosses des 12. Jh. seit 1528 unter Franz I., Heinrich II. und Heinrich IV. erbaut und war später mehrfach Ort historischer Entscheidungen.

tik zu halten. Er scheiterte aber 1515 in der Schlacht bei Marignano und sah sich nach der Wahl des Habsburgers Karl V. zum Kaiser des Heiligen Römischen Reichs der habsburgischen Umklammerung und Übermacht gegenüber. In insgesamt fünf Kriegen konnten Franz I. und sein Nachfolger Heinrich II. in der säkularen Auseinandersetzung mit dem Haus Österreich nur den Besitzstand Frankreichs wahren. *

Ritter gegen Bogenschützen: Der Hundertjährige Krieg

Im Vertrag von Paris hatte die englische Krone 1259 auf den größten Teil ihres Festlandbesitzes verzichtet und leistete für das Herzogtum Guyenne (Aquitanien) den Lehnseid. Dies bewirkte gemeinsam mit dem Verzicht König Jakobs I. von Aragonien auf die Lehnshoheit im Languedoc – Frankreich zog im Gegenzug Ansprüche auf Kastilien zurück – eine territoriale Stabilisierung des französischen Königreiches. Ziel Philipps IV. blieb der Ausbau der Königsmacht.

Allerdings war die Verwirklichung seiner Ansprüche besonders in den großen Lehnsherrschaften und -fürstentümern vorerst nicht zu erreichen; besonders die Guyenne und Flandern strebten nach mehr Eigenständigkeit. Bei Kortrijk scheiterte 1302 der Versuch, die aufständischen flandrischen Städte militärisch zu besiegen. Deren Ziele blieben stark von handelspolitischen Motiven bestimmt: Die freie Einfuhr englischer Wolle war existenznotwendig und so sollte auch in der Folgezeit die ökonomische Ausrichtung auf die Britische Insel das Verhältnis zu Frankreich bestimmen.

Dagegen gelang es der Krone gegenüber den hegemonialen Ansprüchen des Papsttums, die eigenen Vorstellungen in hohem Maße durchzusetzen und dem König Eingriffsmöglichkeiten in die französische Kirche zu eröffnen beziehungsweise zu sichern. Unterstützt wurden die Könige außer von den adligen Ratgebern zunehmend durch studierte Juristen.

Einen entscheidenden Faktor bei der Staatswerdung bildete das Hofgericht, das Parlament (parlement), dessen Urteile als oberste Instanz in der ersten Hälfte des

> **ZITAT**
>
> **Der Chronist Jean de Venette schildert 1359 die Situation in seiner ostfranzösischen Heimat:**
> *Die Brandschatzung des Dorfes, in dem ich geboren wurde, Venette nahe Compiègne, und vieler anderer in seiner Nähe muss beklagt werden. In dieser Gegend wurden die Reben nicht beschnitten oder vor dem Verrotten bewahrt durch die Arbeit von Menschenhand. Es wurde weder gesät noch gepflügt. Weder Rinder noch Geflügel waren auf den Weiden zu sehen...*

Der Hundertjährige Krieg entzündete sich an den englischen Interessen am Herzogtum Guyenne (Aquitanien) und den Ansprüchen Eduards III. auf den französischen Thron. Die Schlacht von Castillon (1453) bestätigte endgültig die Niederlage Englands, obwohl dessen Könige bis 1802 ihren Anspruch auf Frankreich aufrechterhielten.

14. Jahrhunderts im gesamten Territorium Gültigkeit besaßen. Auch auf regionaler Ebene konnten königliche Funktionsträger in wachsendem Maße außerhalb der Krondomäne eingesetzt werden, wo sie mit den Amtsträgern des Adels konkurrierten und zunehmend auf deren Kosten Kompetenzen gewannen. Die Herrscher beriefen die Stände (états) zunächst nur zur zusätzlichen Legitimation ihres Handelns in Fragen von grundsätzlicher Bedeutung oder zur Erlangung von Finanzmitteln ein, ohne gerade im letzteren Fall immer erfolgreich zu sein. Als wichtiger Machtfaktor konnten sich die Stände aber erst in den Krisen des Hundertjährigen Krieges, allerdings nur zeitweise, etablieren.

Neben den Einkünften aus der Krondomäne, Zöllen sowie dem königlichen Kanzlei- und Gerichtswesen gewannen zunehmend Steuern an Bedeutung für die Staatsfinanzen. In erster Linie zur Kriegsfinanzierung bestimmt, wurde die Kopfsteuer direkt durch königliche Amtsträger eingezogen. Von der fiskalischen Abschöpfung ausgenommen waren die Einkünfte der Lehnsfürstentümer und die Apanagen, das heißt die Ausstattung der nachgeborenen Königssöhne und deren Familien. Individuell befreit waren der Adel und aktiv Kämpfende. Durch die Steuererhebung war eine direkte

> **ZITAT**
>
> **1369 nahm der englische König Eduard III. den Titel des Königs von Frankreich an:**
> *Deshalb kamen alle im gegenwärtigen Parlament versammelten Prälaten und Magnaten und Gemeinen der Grafschaften Englands mit der Zustimmung des ganzen Parlaments überein, dass der König von England den Namen eines Königs von England und von Frankreich wieder annehmen solle, wie er ihn vor dem Friedensschluss [von Brétigny] geführt hatte...*

> **INFOBOX**
>
> **Die Goldsporenschlacht bei Kortrijk**
> Nahe dem flämischen Kortrijk traf das französische Heer am 11. 7. 1302 in einem sumpfigen, für den Einsatz der Reiterei völlig ungeeigneten Gelände auf einen Gegner, der zum großen Teil aus mit Piken und Eisenhelmen ausgerüsteten Handwerkern und Bauern des Umlandes bestand. Die militärisch nicht ausgebildeten Flamen hielten sich nicht an die ungeschriebenen Gesetze der mittelalterlichen Reiterschlachten von gleich zu gleich. Statt die Ritter gefangen zu nehmen, um sie später gegen ein Lösegeld einzutauschen, erschlugen sie jeden, den sie fassen konnten. Und das waren viele, denn die schwer gepanzerten Ritter waren hilf- und wehrlos, sobald sie vom Rücken ihrer Pferde gerissen worden waren.
> In der Kathedrale von Kortrijk wurden noch bis 1382 die von den französischen Rittern erbeuteten 4000 goldenen Sporen aufbewahrt und als Symbol des Triumphes über das Frankreich Philipps des Schönen sowie als Zeichen bürgerlicher Selbstbehauptung ausgestellt.

Die entscheidenden englischen Siege über französische Ritterheere im Hundertjährigen Krieg konnten durch den neuartigen Einsatz von Bogenschützen erreicht werden. Die Buchillustration aus der 2. Hälfte des 14. Jh. zeigt die Konfrontation der unterschiedlichen Kampftechniken in der Schlacht von Maupertuis (bei Poitiers) am 19. 9. 1356.

Ausübung der Herrschaft über die »Untertanen« möglich.

Zusammen mit weiteren gleichgerichteten Maßnahmen wird die Entwicklung zum stärker zentralisierten und bürokratisierten »Staat« augenfällig. Die ordentlichen Einnahmen flossen zentral in die chambre des comptes in Paris, die außerordentlichen Einkünfte, zu denen auch Verbrauchsteuern traten, verwalteten die mit Standesvertretern beschickte généraux des finances und die chambre des aides. Dagegen schwächte die Vergabe von Apanagen zunächst die Zentralgewalt. Im Militärsektor gewannen die Soldtruppen, die durchaus aus Adligen bestehen konnten, auf Kosten des Lehnsaufgebots an Bedeutung.

Nach dem Tod Ludwigs X. 1316, dem Sohn Philipps IV., konnte sich Ludwigs Bruder Philipp V. auf Kosten Johannas, der Tochter Ludwigs, durchsetzen. Trotz

> **INFOBOX**
>
> **Sieg der Bogenschützen**
> In der Schlacht von Crécy(-en-Ponthieu) 1346 richteten die englischen archers, die Bogenschützen, ein furchtbares Blutbad unter der französischen Ritterschaft an. Erst Ende des 13. Jh. hatten die Engländer den Langbogen (bis zu 2 m) als Waffe für die nichtritterlichen Truppen eingeführt, von dem geübte Schützen zwölf Pfeile in der Minute abschießen konnten. Einer so schnellen und, angesichts ihrer Durchschlagskraft, tödlichen Waffe waren die französischen Ritter, von den 1500 fielen, nicht gewachsen. In Crécy siegten die beweglichen Fußkämpfer mit Pfeilen und Äxten über die schweren Reiter mit Lanze und Schwert.

der im Königreich sonst üblichen weiblichen Erbfolge, von der auch die Kapetinger bereits profitiert hatten, erklärte eine von Philipp V. einberufene Versammlung, dass Frauen von der Folge auf dem Königsthron ausgeschlossen seien. Als Philipp 1322 ohne männlichen Erben starb, ging die Krone an seinen Bruder Karl IV.

Auch bei dessen Tod 1328 ergab sich eine ähnliche Konstellation, selbst wenn zunächst eine Regentschaft eingesetzt werden musste, da seine Witwe schwanger war, sodass man noch auf einen nachgeborenen Sohn hoffen konnte. Als Regent trat Philipp von Valois, ein Neffe Philipps IV., in den Vordergrund, der einerseits persönlich über eine starke Machtstellung verfügte und andererseits von Karl IV. für dieses Amt vorgesehen worden war. Nachdem die Witwe Karls eine Tochter geboren hatte, konnte Philipp von Valois als Philipp VI. mit breiter Unterstützung des Adels den Thron besteigen. Dies markiert den ersten Wechsel der Herrscherdynastie, seit die Kapetinger 987 die Karolinger abgelöst hatten.

Bereits zu dieser Zeit zeichneten sich die Auseinandersetzungen mit England ab, da auch Eduard III., der im Vorjahr den englischen Thron bestiegen hatte, als Enkel Philipps IV. Ansprüche auf die französische Krone erhob. Letztlich schloss man nun auch die Nachkommen in weiblicher Linie, dazu zählte Eduard III., von der Nachfolge aus, zumal auf diesem Weg auch Ansprüche weiterer Bewerber zurückgewiesen werden konnten. Mit der Huldigung Eduards III. für die Guyenne schien dieser Philipp VI. anzuerkennen.

> **ZITAT**
>
> **Bericht eines englischen Augenzeugen über die Schlacht von Agincourt 1415:**
> *Und als sie nahe genug zur Attacke herangekommen waren, stürmten die seitlich postierten französischen Reiter auf beiden Seiten unserer Armee gegen unsere Bogenschützen; aber mit Gottes Hilfe wurden sie rasch durch den Regen der Pfeile zum Rückzug und zur Flucht hinter ihre eigenen Linien gezwungen…*

Der englische König Eduard III. besiegte am 26.8. 1346 in der Schlacht bei Crécy mit neuer Taktik – Bogenschützen und abgesessen kämpfende Ritter in Verteidigungsstellung – das zahlenmäßig überlegene französische Ritterheer unter König Philipp VI. (Ausschnitt aus einer Buchmalerei, 14. Jh.; London, British Library).

Erste militärische Auseinandersetzungen

Philipp VI. war in einer krisenhaften demographischen und ökonomischen Situation zum König gewählt worden, die sich noch verschärfen sollte. Militärisch gelang es einem Heer des Königs, den Aufstand in Flandern – die Städte wandten sich an den englischen König um Unterstützung und hätten dessen Oberhoheit akzeptiert – 1328 niederzuschlagen und die französische Oberherrschaft mit der Rückkehr des profranzösischen Grafen Ludwig von Nevers als Landesherrn wieder zu etablieren. Nachdem Eduard III. 1336 wegen der frankreichfreundlichen Haltung des Grafen eine Handelsblockade gegen Flandern verhängt hatte, verschärfte sich die dortige Situation, und unter Führung des Genter Tuchhändlers Jakob van Artevelde schlossen sich die Städte zusammen; Ludwig von Nevers floh nach Paris.

1339 landete schließlich eine englische Armee in Brabant, nachdem die französische Krone mit der Konfiskation der finanziell ertragreichen Guyenne 1337 die Lage deutlich verschärft hatte. Bei Sluis gelang es den Engländern 1340, den größeren Teil der französischen Flotte im Hafen zu zerstören, während Eduard III. nun seine Ansprüche auf die französische Krone verstärkt erhob und sich als König von England und Frankreich bezeichnete. Angesichts der unentschiedenen Situation – die Versorgung der Heere blieb ein Problem – schloss man zunächst einen auf zwei Jahre befristeten Waffenstillstand.

In dem 1342 einsetzenden bretonischen Erbfolgekrieg ergriffen beide Seiten Partei: Philipp VI. für Karl von Blois, Eduard III. dagegen für Johann von Montford. Trotz anfänglicher Misserfolge setzte sich nach jahrelangen Auseinandersetzungen der Sohn Johanns von Montford in der Bretagne durch und fand 1365 die Anerkennung der Krone. In Flandern war die englische Position durch den Tod Jakobs van Artevelde 1345 gefährdet. Ludwig von Male, seit 1346 als Graf von Flandern Nachfolger Ludwigs von Nevers, konnte seinem Territorium während des beginnenden Krieges eine weitgehend neutrale Stellung sichern.

Im Juli des gleichen Jahres landete ein englisches Heer in der Normandie und konnte rasch vordringen. Der zunächst befürchtete Angriff auf Paris fand nicht

Machtkämpfe zwischen den Herzögen von Burgund und von Orléans und ihren Anhängern führten zur Landung Heinrichs V. von England. Nach ihrem Sieg bei Agincourt am 25. 10. 1415 besetzten die Engländer Nordwestfrankreich und Paris.

statt, die Engländer zogen nach Osten. Bei Crécy wurde mithilfe der entscheidenden englischen Bogenschützen ein französisches Heer geschlagen. Mit der Eroberung von Calais 1347 gewannen die Engländer eine Hafenstadt, die bis 1559 einen strategisch wichtigen Brückenkopf bildete. Die militärischen Niederlagen machten Philipps Herrschaft für weite Kreise fragwürdig; immerhin waren für die Aufstellung der Heere hohe Steuerzahlungen gefordert worden. Der Krieg zwang vor allem in den 1340er-Jahren viele Städte dazu, ihre vernachlässigten Befestigungsanlagen unter hohen Kosten wieder instand zu setzen, um gegen Plünderungen geschützt zu sein.

Nach dem Tod Philipps VI. 1350 folgte sein Sohn Johann II. auf dem Thron, während dessen Regierungszeit sich die Lage für Frankreich weiter verschlechterte: Zu-

IEAN D'ORLEANS, PREMIER COMTE de Dunois. Chapitre. 60.

Jean Graf Dunois verteidigte 1429 Orléans gegen die Engländer, bis es durch Jeanne d'Arc entsetzt wurde. 1449/50 eroberte er die Normandie, 1451 den größten Teil der Guyenne von den Engländern zurück. In der Endphase des Hundertjährigen Krieges war Dunois einer der führenden Feldherren.

> **INFOBOX**
> **Das Parlament**
> Wichtigste Institution für Rechtsprechung und Regierung war in Frankreich das Hofgericht, bis ins 13. Jh. Teil der Curia regis, der königlichen Regierung und Vewaltung. Die Bezeichnung Parlament, französisch parlement, meinte ursprünglich jede Art von Versammlung, auf der allgemein Wichtiges beraten wurde, auch das Zusammentreten des Hofes zur Gerichtssitzung. Erst allmählich, mit der Zunahme und Länge der Prozesse, bei denen der König nicht jedes Mal persönlich erscheinen konnte, ging die Verbindung zwischen Hof und Gericht verloren, und das Parlament, der königliche Gerichtshof, entwickelte sich im 14. Jh. zur selbstständigen Institution. Neben dem Parlament in Paris bildeten sich im Laufe der Zeit auch in anderen Städten Parlamente; 1789 waren es 14.

nächst verfeindete sich Johann durch eine ungeschickte Personal- und Territorialpolitik mit seinem Schwiegersohn Karl II. von Navarra. Zwischen Karls Familie und den Valois bestanden wegen deren Thronfolge 1328 ohnehin beträchtliche Spannungen. Karl II. von Navarra versicherte sich der Unterstützung des englischen Königs, der den Feldzug von Süden her führte. Ein Teil der Stände schloss sich der Opposition an; überall wurden grundlegende Reformen der Herrschaftspraxis gefordert. Das taktisch ungeschickte und disziplinlose französische Heer unterlag den zahlenmäßig deutlich schwächeren Engländern 1356 bei Maupertuis (bei Poitiers); Johann II. geriet in Gefangenschaft. Die erneute Niederlage stellte auch die Sonderstellung des Adels infrage, der seine militärischen Schutzverpflichtungen nicht erfüllt hatte, während die Bürger die finanziellen Lasten zu tragen hatten.

> **ZITAT**
> **Aus einem Brief Karls VII. an die französischen Städte:**
> *Ihr könnte nie genug die guten und wunderbaren Taten der Jungfrau loben, die ... bei allen diesen Ereignissen stets persönlich dabei war.*

Innere Krisen und vorübergehende Stabilisierung
Schwere innere Kämpfe prägten die nächsten Jahre. Die Stände strebten die Kontrolle der königlichen Regierung an, die Johanns Sohn Karl (V.), Herzog der Normandie, für den in England festgehaltenen Vater übernommen hatte. Als es in Paris unter dem Vorsteher der Kaufmannschaft der Stadt, Étienne Marcel, zu einem Aufstand kam, musste Karl (V.) die Stadt verlassen, allerdings blieb die Metropole isoliert. Unklar sind die Zu-

sammenhänge zwischen den Vorgängen in Paris und dem Ausbruch der Jacquerie, einem Bauernaufstand im Jahre 1358. Die teilweise von den Städten unterstützten Bauern wurden am Ende aber von dem um seine Vorrechte kämpfenden Adel um Karl von Navarra geschlagen.

Dieser zog mit englischen Truppen in Paris ein. Étienne Marcel wollte die übrigen Kommunen zur Unterstützung seiner Bewegung und zur Anerkennung des mit ihm verbündeten Karl von Navarra bewegen, wurde aber von der innerstädtischen Opposition ermordet. Das Bündnis Karls mit den Pariser Aufständischen brachte ihn in Opposition zum Adel, der sich wieder dem Re-

> **INFOBOX**
>
> **Jeanne d'Arc**
> Die um 1410 im Dorf Domrémy geborene Bauerntochter Jeanne d'Arc gab an, dass sie schon im Alter von zwölf Jahren Visionen gehabt habe. 1428 fühlte sie sich von »Stimmen« berufen, Frankreich von den Engländern zu befreien und den Dauphin Karl zu Krönung nach Reims zu führen. Sie wurde von Karl im Schloss Chinon empfangen und prophezeite ihm, er werde in Reims gesalbt und gekrönt, um als »Statthalter des Himmelkönigs, welcher der Herr Frankreichs ist, ... der wahre Erbe Frankreichs werden«. Damit überzeugte sie ihn, sodass sie – bewaffnet und in Männerkleidung – mit einem kleinen Aufgebot aufbrechen konnte.
> Durch ihren Einfluss gelang dem Heer die Aufhebung der englischen Belagerung von Orléans am 8.5. 1429, die zur entscheidenden Wende im Krieg gegen England führte. Seitdem war das Kriegsglück auf der Seite Frankreichs.
> Nach der Krönung Karls VII. in Reims begann sich gegen Jeanne Widerstand zu regen, zumal sie auch militärisch weniger erfolgreich war. Schließlich geriet sie 1430 in burgundische Gefangenschaft und wurde an die Engländer ausgeliefert. Ihr wurde der Prozess als Zauberin und Ketzerin gemacht – so konnte man die militärischen Erfolge Frankreichs und die Krönung Karl als Werk einer Hexe darstellen. Der französische Hof setzte sich nicht für sie ein. Am 30.5. 1431 wurde Jeanne, nachdem sie den ihr abgepressten Widerruf ihrer Sendung zurückgenommen hatte, auf dem Marktplatz von Rouen als Ketzerin auf dem Scheiterhaufen verbrannt.
> Bereits die Zeitgenossen verehrten Jeanne als Heldin; 1456 wurde ihr Urteil kirchlich aufgehoben; 1920 wurde sie heilig gesprochen und zur zweiten Patronin Frankreichs erklärt.

Europa im Mittelalter

Nach der Befreiung von Orléans am 8. 5. 1429 wird Jeanne d'Arc von dem Dauphin Karl in Loches, einer Residenz der Valois, begrüßt (zeitgenössische Miniatur auf Pergament; Orléans, Centre Jeanne d'Arc).

genten zuwandte, während Karls Zusammengehen mit England bei den Bürgern Misstrauen erweckt hatte.

Die Verhandlungen über die Freilassung Johanns blieben zunächst erfolglos. Eduard wollte gegen erhebliche Landgewinne auf dem Festland auf seine Kronansprüche verzichten, was die französischen Stände ablehnten. Nach dem letztlich erfolglosen, aber verheerenden Vorrücken englischer Truppen auf Reims kam es 1360 zum Friedensschluss von Brétigny, der England für die Freigabe Johanns nicht nur ein hohes Lösegeld einbrachte, sondern auch erhebliche Gebietsgewinne im Südwesten. Eduard verzichtete auf seinen Anspruch auf den französischen Thron, während Frankreich von seinen Forderungen hinsichtlich der Souveränität der abgetretenen Gebiete zurücktrat. Johann II. begab sich 1360 nach Paris zurück. Da aber einer seiner ebenfalls gefangenen Söhne sein Versprechen brach und seinen Urlaub zur

Flucht nutzte, kehrte Johann II. nach London zurück, wo er 1364 starb.

Die Belastungen gingen auf Karl V. über, der unter formaler Berücksichtigung der Forderungen der Stände aus den Jahren 1356/57 die Beschaffung von Finanzmitteln intensivierte. Sein Heer konnte erste Erfolge erringen. Das navarresische Aufgebot wurde 1364 geschlagen, die Lehen Karls von Navarra 1378 konfisziert und bis auf das an England verkaufte Cherbourg zurückgewonnen. In Kastilien konnte der Frankreich freundlich gesonnene Heinrich II. (Trastámara) den Thronkonflikt 1369 siegreich beenden. Ein zunehmendes Problem stellten die entlassenen Söldner dar, die nach jahrelangen Kriegen den Weg in eine »bürgerliche Existenz« nicht

Jeanne d'Arc fühlte sich durch »Stimmen« berufen, den Dauphin (Karl VII.) nach Reims zur Krönung zu führen und Frankreich von den Engländern zu befreien. Nach dem glänzenden Sieg bei Patay am 18. 6. 1429 kam es in Reims am 17. 7. zur Krönung Karls (kolorierte Federlithographie, um 1860).

> **INFOBOX**
>
> **Die literarische Jeanne d'Arc**
> Das Leben der Jeanne d'Arc wurde wegen der menschlichen, politischen und religiösen Problematik zu einem Stoff der Weltliteratur. Verklärt Friedrich Schillers »Die Jungfrau von Orleans« die Heldin als Befreiergestalt, so wird Jeanne d'Arc in George Bernard Shaws »Die heilige Johanna« zur Heroin, die, ihrer Zeit weit voraus, ihren Kampf nicht aus Loyalität zum König, sondern zum Wohl Frankreichs führt. Shaw nennt sein Stück eine »Dramatische Chronik«, doch von seiner Aussage her handelt es sich um die Tragödie einer historisch zu früh erscheinenden Person. Es geht aber auch um die Blindheit der Menschen gegenüber dem Außergewöhnlichen, für das das Heilige ja nur eine Chiffre ist. So lässt Shaw Johanna am Ende des Stücks fragen: »O Gott, der du diese wunderschöne Erde geschaffen hast, wie lange wird es dauern, bis sie bereit sein wird, deine Heiligen zu empfangen?«.

mehr finden konnten und, in Banden zusammengeschlossen, auf eigene Faust operierten.

Als 1369 die Kampfhandlungen wieder aufgenommen wurden, änderte sich die Kriegführung. Die französischen Heerführer wollten nun mittelfristige Erfolge und verzichteten zumeist auf große Schlachten. So konnten sie allmählich Territorialgewinne verbuchen. Bis 1380 verlor England den Festlandsbesitz mit Ausnahme der wichtigen Stützpunkte Bayonne, Bordeaux, Brest, Cherbourg und Calais.

Trotz der militärischen Erfolge wuchs bis zum Tod Karls V. 1380 die Unzufriedenheit weiter Bevölkerungskreise, deren Belastungen rapide zugenommen hatten. Die Steuerpolitik führte in vielen Städten 1382 zu Unruhen. In Flandern versuchten die Kommunen unter Philipp van Artevelde, Herzog Ludwig von Male zu vertreiben, der Brügge auf Kosten von Gent und Antwerpen hatte stärken wollen. Ludwig bat seinen Schwiegersohn Philipp von Burgund um Hilfe, der den Aufstand niederwarf und zwei Jahre später dessen Besitzungen als Erbe übernahm.

Kampf um die Macht
Der Erwerb Flanderns führte bei der französischen Krone zu Überlegungen, von Sluis aus mit einem französischen Heer in England zu landen. Die Flotte stand

> **ZITAT**
>
> **Jeanne d'Arc über ihre Stimmen:**
> *... eine Stimme von Gott, die kam, um mich zu leiten. Das erste Mal hatte ich große Furcht. ... Am Tag zuvor hatte ich gefastet. ... Sie hat mich geheißen, mich gut zu führen und oft in die Kirche zu gehen. Als ich zum ersten Mal die Stimme hörte, gelobte ich, solange es Gott gefiele, jungfräulich zu bleiben.*

> **ZITAT**
>
> **Aus dem Protokoll des Verurteilungsprozesses gegen Jeanne d'Arc:**
> *Unmittelbar nach der Verlesung (des Urteils) zieht sich das Tribunal zurück nach dem Wort der Heiligen Schrift: »Ecclesia abhorret a sanguine« (Die Kirche scheut das Blut). Das Urteil wird sogleich vollstreckt: Die Verurteilte wird dem Henker ausgeliefert. Sie steigt auf den Scheiterhaufen und wird bei lebendigem Leibe verbrannt.*

Die Erzbischöfe von Reims erlangten 1179 das alleinige Recht, die Könige von Frankreich zu krönen. Nachdem 1429 Jeanne d'Arc den Dauphin Karl (als König Karl VII.) zur Krönung nach Reims geführt hatte, wurde dessen Kathedrale zum Symbol der nationalen Einigung (Innenansicht, Blick vom Mittelschiff zur Westwand mit der Fensterrose).

1386 bereit, als der König das Unternehmen abbrach. 1388 konnte sich Karl VI., der zunächst noch unmündige Sohn Karls V., aus der Vormundschaft befreien; er berief die Ratgeber seines Vaters zurück, die sich umfangreichen Reformvorhaben zuwandten. Eine seit 1392 auftretende Geisteskrankheit, die letztlich zur Regierungsunfähigkeit führte, machte jedoch die Hoffnungen in seine Herrschaft zunichte.

Mit England wurden seit 1389 längere Waffenstillstandsperioden vereinbart. Der englische König Richard II. heiratete 1396 Isabella, die Tochter Karls VI. Ein echter Ausgleich kam jedoch nicht zustande. Die Politik der französischen Krone wurde geprägt vor allem durch den zwischen Philipp II., dem Kühnen, und Johann Ohnefurcht einerseits und Louis I. von Orléans, dem Bruder Karls VI., andererseits ausgetragenen Konflikt. Dabei ging es vorrangig darum, die Mittel und Möglichkeiten der Krone zum eigenen Interesse einzusetzen.

Louis I. konnte den Tod Philipps des Kühnen nutzen, um zunächst an die Spitze des Hofes zu gelangen; beide Seiten ließen Truppen aufmarschieren, um ihre Ansprüche zu untermauern. Zunächst schnitt der Friedensschluss Johann von den Finanzmitteln der Krone ab; die von ihm angestiftete Ermordung Louis' 1407 spaltete Frankreich in zwei als Armagnacs und Bourguignons bezeichnete Lager. Johann verließ Paris, konnte aber bereits im folgenden Jahr zurückkehren. Er ließ die Ermordung Louis' von Orléans durch den Universitätstheologen Jean Petit als Tyrannenmord rechtfertigen und sich selbst als Verteidiger des Königs und Garant von Reformen darstellen. Die Gegenpartei formierte sich unter Charles d'Orléans und besonders dessen Schwiegervater, Graf Bernhard VII. von Armagnac. Trotz der zwischenzeitlich günstigen Position verlor Johann 1413 seine Stellung in Paris.

Heinrich V. von England war bestrebt, von den innerfranzösischen Konflikten zu profitieren. Er wollte die ehemaligen englischen Festlandsbesitzungen zurückerobern, wobei das Reich der Plantagenets des 12. Jahrhunderts wohl die Zielvorgabe war. Burgund verhielt sich de facto neutral. Nach der Landung der englischen Armee 1415 zeigte die Schlacht von Agincourt (heute Azincourt)

Europa im Mittelalter

das aus dem vergangenen Jahrhundert gewohnte Bild, die Taktik bei den französischen Erfolgen schien vergessen: Die englischen Bogenschützen verhinderten jegliche Entfaltung der durch starke Regenfälle ohnehin beeinträchtigten Ritter, die anschließend von der englischen Kavallerie überrollt wurden. Nur wenige Hochadlige blieben verschont, falls sie hohe Lösegelder versprachen. Charles d'Orléans, dessen Familie die erforderlichen Mittel nicht aufbrachte, musste immerhin 25 Jahre in England verbringen.

Auch wenn Heinrich V. noch im gleichen Jahr nach Hause zurückkehrte, war die Grundlage für die Eroberung der Normandie gelegt, die zwei Jahre später planmäßig aufgenommen wurde. Auf englischer Seite traten an die Stelle der Reiterzüge, die sich auf Plünderungen und Verwüstungen konzentriert hatten, Heere mit dem Ziel der Unterwerfung Frankreichs. Die französische Politik bestimmte nun Bernhard VII. von Armagnac. Doch parallel zum englischen Vormarsch in der Normandie führte Bernhards Gegenspieler Johann Ohnefurcht ein Heer gegen Paris. Die Flucht der Mutter des Königs an den burgundischen Hof stärkte seine Position zusätzlich. 1418 etablierten sich die Burgunder wieder in der Hauptstadt.

Der Dauphin Karl betrieb von Bourges aus die Wiederherstellung seiner Macht. Ein Vermittlungsversuch – Johann und Karl trafen sich mit je zehn Begleitern in einem eigens errichteten Raum auf der Brücke bei Montereau, – endete mit der Ermordung des burgundischen Herzogs im Beisein und wohl mit Zustimmung Karls. Frankreich war de facto dreigeteilt.

Sicherlich erkannte Philipp III., der Gute, von Burgund 1420 im Vertrag von Troyes Heinrich V. von England nicht nur aus Rache für die Ermordung seines Vaters Johann Ohnefurcht als französischen Regenten an; diese Konstellation versprach endlich Frieden, und Heinrich garantierte die Integrität Frankreichs. Dieser sollte mit einer Tochter Karls VI. verheiratet werden und nach dessen Tod sein Erbe als französischer König übernehmen. Allerdings hatte man den Widerstand vor allem in Mittel- und Südfrankreich unterschätzt, wo der Dauphin weiterhin die Regierungsgeschäfte wahrnehmen konnte.

In Kampfhandlungen bei Compiègne von den Burgundern gefangen genommen, die sie an die Engländer verkauften, wurde Jeanne d'Arc in Rouen von einem kirchlichen Gericht der Prozess wegen Zauberei und Ketzerei gemacht. 1431 wurde sie auf dem Scheiterhaufen hingerichtet.

Jean Froissarts »Chroniques« (um 1400) berichten von dem Opfergang der sechs Bürger von Calais, die sich während der Belagerung durch Eduard III. (1347) im Büßerhemd, den Strick um den Hals, dem Feind auslieferten, um die Stadt vor der Vernichtung zu retten; sie wurden begnadigt (»Die Bürger von Calais«, Bronze von Auguste Rodin, 1884–86).

Nach dem Tod Heinrichs V. und Karls VI. erhoben nun sowohl der Herzog von Bedford – als Statthalter und Onkel zugunsten des erst zweijährigen Königs Heinrich VI. von England – wie auch Karl VII., der Sohn König Karls VI., Anspruch auf den französischen Thron. Das englisch-burgundische Verhältnis verschlechterte sich rasch, da John Plantagenet, Herzog von Bedford, die Sonderstellung Burgunds nicht zu akzeptieren bereit war. Weitere Expansionsbemühungen John Plantagenets scheiterten vor Orléans. Die Belagerung der Stadt konnte ein Heer unter Jeanne d'Arc beenden, wobei der psychologische Erfolg sicherlich um einiges höher einzuschätzen ist als der konkrete militärische Sieg. Die Königsweihe Karls VII. 1429 in Reims symbolisierte dessen neu gewonnene Position, während die Krönung Heinrichs VI. in Paris in Abwesenheit des Adels vorgenommen wurde.

Französische Gegenstöße und das Ende des Krieges
Streitigkeiten innerhalb des Beraterkreises um Karl VII., die erst 1433 endeten, behinderten zunächst ein gezieltes Vorgehen. Schließlich brachte nach langen Verhandlungen der Vertrag von Arras eine entscheidende Wendung des Kräfteverhältnisses: Philipp der Gute von Burgund, der seinen Herrschaftsbereich gegen Widerstände König Siegmunds bis 1433 um Holland-Seeland, Namur und Brabant erweitert hatte, und Karl VII. schlossen 1435 Frieden. Das Herzogtum wurde unabhängig, auch wenn die Nachfolger Philipps wieder den Lehnseid leisten sollten. Damit war für Karl der Weg zur Herrschaft über Paris wieder frei, der hier umfangreiche Amnestieversprechen verkündete, um neuerlichen Konflikten vorzubeugen und um den politischen Ausgleich zu fördern. Mit der Pragmatischen Sanktion von Bourges festigte das französische Königtum seine Stellung gegenüber der Papstkirche.

Neben ersten Erfolgen bei der Rückeroberung der englischen Besitzungen modernisierte die Regierung die Verwaltung und das Finanzwesen. 1439 billigten die Stände dem König eine Dauersteuer zum Aufbau eines stehenden Heeres zu, wie auch das gesamte Heerwesen reformiert und die Artillerie verstärkt wurde. Karl VII. konnte sich von den Ständen lösen, die eigene Machtstellung sichern, während die damit verbundene Schwächung der Feudalmächte zu letztlich erfolglosen Aufständen mächtiger Adliger führte wie der Praguerie von 1440. Die Erfolge des französischen Heeres im Südwesten zwangen England zu neuen Verhandlungen. Für einen Friedensschluss waren die Positionen aber weiterhin zu unterschiedlich, sodass 1444 nochmals einer der vielen Waffenstillstände vereinbart und bis 1449 mehrfach verlängert wurde.

Bereits 1434 war in der Normandie ein Aufstand ausgebrochen, der zeigte, dass die englische Position auch hier nicht unangefochten war. Im Sommer 1449 begann ein rascher, erfolgreicher französischer Heereszug in die Normandie; 1450 umfasste das Herrschaftsgebiet des französischen Königs wieder ganz Nordfrankreich mit Ausnahme von Calais. Dagegen blieb in der Guyenne die Akzeptanz der englischen Herrschaft ungebrochen, zumal gerade Bordeaux durch den Weinhandel eng mit

> **ZITAT**
> **Aus dem Urteil gegen Jeanne d'Arc:**
> *... Darum erklären Wir, Pierre, durch Gottes Barmherzigkeit Bischof von Beauvais, und Bruder Jean le Maistre, besonders mit dem Prozess beauftragter Stellvertreter des erlauchten Doktors Jean Graverent, des Inquisitors für ketzerische Verkehrtheit, Euch, Johanna, gemeinhin die Jungfrau genannt, als Abtrünnige, Götzendienerin, Teufelsbeschwörerin.*

England verbunden war. Dennoch führte auch hier der 1452 begonnene Feldzug schnell zu Erfolgen; die Steuerforderungen schufen in Bordeaux allerdings sofort eine Oppositionsstellung. Zwar konnten im Herbst englische Truppen nochmals in die Stadt einziehen, sie wurden aber im folgenden Frühjahr bei Castillon geschlagen. Bordeaux verlor nach der Kapitulation seine Freiheiten.

Die Erfolge in der Normandie und der Guyenne beendeten de facto den Hundertjährigen Krieg, auch wenn kein förmlicher Frieden mehr geschlossen werden sollte; die englischen Expeditionsheere von 1475 und 1492 blieben Episode. Im Inneren konnte die französische Monarchie ihre Herrschaft weiter ausbauen. Die regionalen Herrschaften hingegen, die lange ohne die Hilfe der Zentralmacht hatten auskommen müssen, versuchten ihre Eigenständigkeit zumindest teilweise zu behaupten. Gestärkt wurde die Durchsetzungsfähigkeit der Krone durch die englischen Rosenkriege, welche die Invasionsgefahr bannten.

Karl VII. zog die Dauphiné nach der Flucht seines Sohnes Ludwig zu Philipp dem Guten von Burgund, der ihn auch 1461 in Reims krönte, zum Krongut. Dieser Ludwig XI., persönlich umstritten, geriet nach der Thronbesteigung in Konflikt mit dem mächtigen Adel, der sich zur Ligue du Bien Public zusammenschloss und sich den Zentralisierungstendenzen entgegenstellte, da auch alte Vorrechte, wie besonders die eigene Steuerfreiheit, bedroht waren. Militärisch endete die Auseinander-

> **INFOBOX**
>
> **Ein vielseitiger Herzog**
> Herzog Philipp III., der Gute, von Burgund liefert ein anschauliches Beispiel für jene Verbindung von Frömmigkeit und weltlichem Luxusbedürfnis, die den »Herbst des Mittelalters« (Johan Huizinga) in Burgund charakterisiert. Vier Tage in der Woche (und außerdem an allen Vigilien Unserer Lieben Frau und der Apostel) fastete er bei Wasser und Brot. Manchmal hatte er um vier Uhr nachmittags noch keinen Bissen zu sich genommen. Heimlich ließ er für verstorbene Höflinge Seelenmessen lesen, freilich in rangmäßiger Staffelung: für einen Baron 400 oder 500, für einen Ritter 300, für einen Edelmann 200. Derselbe Philipp aber veranstaltete aufwendige Feste, zeugte zahlreiche uneheliche Kinder und legte eine politische Skrupellosigkeit sondergleichen an den Tag!

setzung unentschieden, allerdings verlor Ludwig den Zugriff auf Nordfrankreich, konnte aber seine Stellung in den folgenden Jahren durch diplomatische Einzelverhandlungen wieder stärken, zumal seine Gegner keine homogene Gruppe bildeten.

Ulf Dirlmeier und Bernd Fuhrmann

Im »Herbst des Mittelalters«: Burgund

Philipp II., der Kühne, Sohn Johanns II., war 1363 zum Herzog von Burgund erhoben worden. Die Angliederung an die Krondomäne nach dem Tod des letzten kapetingischen Herzogs Philipp von Rouvres scheiterte am Widerstand der Stände, und Philipp II. baute seinen Herrschaftsbereich als Vertreter des Königs im Osten des Reiches zielstrebig aus. Was zunächst wie ein erheblicher Gewinn zugunsten der französischen Krone aussah, sollte das Kräfteverhältnis durch den neu entstehenden Staat bald erheblich verändern. Bereits 1384 besaß Philipp Herzogtum und Freigrafschaft Burgund, Nevers, Artois und Flandern, wo sich der Herzog trotz englischer Angriffe in den beiden folgenden Jahren durchsetzen konnte.

Mit den Heiraten seiner Kinder und Enkel versuchte Philipp das Erreichte zu stabilisieren. Die ökonomische Situation Flanderns und dessen Abhängigkeit vom Englandhandel führten zu einer auf Ausgleich mit England bedachten Politik. Für Philipp stellte sich wie für viele mittelalterliche Herrscher das Problem, die nur durch seine Person zusammengehaltenen Gebiete stärker zu integrieren, wobei zwischen diesen große ökonomische und verfassungsmäßige Unterschiede bestanden. Im Süden waren die Stände primär mit Steuerfragen beschäftigt, ihre Zustimmung erleichterte die Eintreibung von Finanzmitteln erheblich. Die flandrischen Leden, Regional- und Städtevertretungen, besaßen ähnliche Rechte.

Grundsätzlich betrieb Philipp die Reorganisation der Verwaltung nach französischem Vorbild. Die Institutionen wurden innerhalb der einzelnen Landesteile zentralisiert. Die Rechtsprechung sollte nach und nach angeglichen werden, wobei aber in den Niederlanden die Vorrechte der großen Städte nicht grundsätzlich eingeschränkt werden konnten. In beiden Gebietskomplexen

> **ZITAT**
>
> **Der burgundische Chronist Philippe de Commynes berichtet über die Niederlage Karls des Kühnen gegen die Schweizer bei Grandson 1476:**
> *Als sie bis zu ihrem Lager gekommen waren, versuchten sie nicht mehr, sich zu verteidigen und machten sich alle auf die Flucht. Die Alemannen erbeuteten sein (Karls) Lager, seine Artillerie, alle großen und kleinen Zelte von ihm und seinen Leuten, ... und andere unendliche Güter, da nichts als nur die Menschen gerettet wurden.*

Philipp III., der Gute, erweiterte Burgunds Macht wesentlich, indem er Holland, Hennegau, Namur, Brabant, Limburg und Luxemburg erwarb (Bronzestatue, zwischen 1509 und 1518, Innsbrucker Hofkirche).

Im 13. Jh. reichte Burgund vom Mittelmeer bis zu den Vogesen und von der Rhône bis zu den Westalpen. Durch Heirat mit der Erbin der Grafschaft Flandern erweiterte Philipp II., der Kühne, Burgund im Norden beträchtlich. Burgund war im »Herbst des Mittelalters« Rivale des französischen Königtums und kulturell führender Hof Europas.

sollten die Finanz- und die politische Verwaltung zudem nochmals in eigenen Räten zentralisiert werden, wogegen sich langfristig Ablehnung artikulierte. Der »Gesamtstaat« repräsentierte sich zuerst in der herzoglichen Hofhaltung, die sich wie Philipp meist in Paris befand.

Problemlos konnte Johann Ohnefurcht 1404 das Erbe seines Vaters übernehmen. Seine beiden jüngeren Brüder wurden mit Johanns Oberherrschaft unterstehenden Grafschaften ausgestattet. In großen Zügen führte er die politischen Vorgaben seines Vaters fort, kam aber den Bewohnern Flanderns, deren Sprache er beherrschte, entgegen und residierte häufiger in den Stammlanden. Schon die Zeitgenossen bewunderten die Prachtentfaltung seines Hofes, die sich besonders bei großen Festen und Turnieren zeigte.

1467 folgte in Burgund Karl der Kühne seinem Vater, Herzog Philipp dem Guten, der ihn nach Zerwürfnissen zuvor erst seit 1464/65 stärker an der Politik beteiligt hatte. Karl versuchte, seine Territorien weiter zu vereinheitlichen. So sollten nur noch zwei Parlamente zuständig sein, Territorial- und Stadtrechte zurückgedrängt werden. Bereits unter seinem Vater war der grand conseil zur zentralen Justiz- und Beratungsinstanz des Herzogs geworden. Der Ausbau Brüssels zur Residenz unter Philipp dem Guten anstelle des zunächst favorisierten Dijon seit 1455 hatte eine Ursache in den politischen Spannungen innerhalb der Niederlande, die eine erhöhte Präsenz des Herzogs ratsam erscheinen ließen.

Karls Ziel dürfte die endgültige Souveränität Burgunds gewesen sein; er verweigerte dem französischen König die Huldigung und löste seine von Frankreich und vom Heiligen Römischen Reich verliehenen Lehen aus der jeweiligen Oberherrschaft; die Gründung eigener Parlamente in Mecheln und Beaune verdeutlichten die Ansprüche. Jedoch erlangte Karl nicht die angestrebte Königskrönung. Die Ordonnanzkompanien, Ansätze eines stehenden Heeres aus überwiegend italienischen Söldnern, konnten nur über Steuern und Kredite finanziert werden, sodass sich an dieser Stelle den Ständen Einflussmöglichkeiten eröffneten.

Zusätzlich hatten die übermächtige Stellung Karls als Herzog und seine in Krisensituationen errungenen Autonomierechte seit 1470 den Konflikt mit dem französi-

Europa im Mittelalter

Nachdem Philipp II., der Kühne, 1369 Margarete von Flandern geehelicht hatte (Buchmalerei aus der Werkstatt des Boucicaut-Meisters, um 1410; London, British Library), bereitete er durch geschickte Politik die spätere Vereinigung Burgunds mit den Herzogtümern Brabant und Limburg vor.

schen König Ludwig XI. verschärft, der ihm die französischen Lehen aberkannte. Die sich anschließenden, aber nicht energisch geführten Kämpfe gefährdeten den Bestand Burgunds jedoch nicht. Verhandlungen mit dem englischen König brachten keine greifbaren Erfolge, und die Grenzen der militärischen Macht Burgunds zeigte bereits die erfolglose Belagerung von Neuss 1474/75.

Auch die Verwaltung des ehemals habsburgischen Pfandbesitzes im Oberelsass durch den burgundischen Rat und Hofmeister Peter von Hagenbach führte nach dem Zusammenschluss der oberrheinischen Städte und Gegner Karls zum Aufstand. Angesichts der Bedrohung durch Burgund fanden selbst die Eidgenossenschaft und die Habsburger einen Ausgleich. Der Aufstand verlief erfolgreich, Peter von Hagenbach wurde hingerichtet, die Expansion Burgunds kam vorerst zum Stillstand. Mit der Eroberung Lothringens – René II. von Lothringen hatte die vertraglich zugesicherte Durchzugsgarantie widerrufen – konnte 1475 die Landbrücke zwischen beiden Gebietskomplexen, den pays de la delà (Burgund) und den pays de par deçà (Niederlande), geschlossen werden.

Nun gerieten jedoch die Feldzüge gegen die Eidgenossenschaft 1476 bei Grandson und Murten zum Fiasko. Das immer noch beträchtliche burgundische Aufgebot verlor auch beim Versuch der Rückeroberung von Nancy die Schlacht. Der dort gefallene Karl der Kühne wurde von René II. von Lothringen in Nancy beigesetzt. Das burgundische Erbe ging zum größeren Teil an die Habsburger, doch auch der französische König konnte deutliche Territorialgewinne verbuchen.

Ludwig XI. nutzte die gewonnene Stellung, um das Herzogtum Anjou nach dem Aussterben des gleichnamigen Hauses sowie die Grafschaften Maine und Mortain in die Krondomäne einzubeziehen, an die auch die rechtlich weiterhin zum Imperium gehörende Provence

Der Ausbau Brüssels zur Residenz unter Philipp dem Guten hatte eine Ursache in den politischen Spannungen innerhalb der Niederlande, die eine erhöhte Präsenz des Herzogs von Burgund ratsam erscheinen ließen (Brüssel, Zunfthäuser an der Grand' Place).

fiel. Die Städtepolitik zielte auf eine Stärkung der ökonomischen Möglichkeiten der fest in den Staat integrierten Kommunen, während beispielsweise das Verbot, wertvolle Metalle auszuführen, die Wirtschaft hemmte.

Nochmals stärkte die Regentschaftsregierung für Karl VIII. nach dem Tod Ludwigs die Position der Stände, die aber sozial und regional zersplittert waren. Mit dem Versprechen einer deutlichen Steuersenkung konnte ihr Widerstand beseitigt werden. Sieger der langen Auseinandersetzungen mit England und den rivalisierenden großen Fürsten- beziehungsweise Herzogtümern blieb letztlich die Krone, die trotz Rückschlägen den Verdichtungsprozess vorantrieb und die eigene Stellung autonomer gestalten konnte.

Mit der Eroberung Lothringens konnte 1475 die Landbrücke zwischen den pays de la delà (Burgund) und den pays de par deçà (Niederlande), geschlossen werden. Die Abbildung zeigt die Porte de la Craffe, das einzige erhaltene mittelalterliche Stadttor Nancys. Nancy war bis 1702 die Hauptstadt Lothringens.

Die Bevölkerung wird für die Mitte des 15. Jahrhunderts auf etwa zehn Millionen geschätzt und war damit gegenüber dem ersten Drittel des vorigen Jahrhunderts um gut dreißig Prozent zurückgegangen; dazu hatte neben dem in ganz Westeuropa zu beobachtenden demographischen Einbruch sicherlich der Hundertjährige Krieg seinen Teil beigetragen, wenn wohl auch weniger direkt als durch seine Auswirkungen, wie beispielsweise die reduzierte Lebensmittelproduktion. Eine nationale Komponente dürfte wohl erst im 15. Jahrhundert relevant geworden sein, deutlich nach Beendigung der innerfranzösischen Konflikte zwischen den Armagnacs und Bourguignons durch den Vertrag von Arras. Begonnen hatte dagegen der Konflikt als typisch dynastische Auseinandersetzung. *Ulf Dirlmeier und Bernd Fuhrmann*

»Wir wollen sein ein einig Volk von Brüdern ...« – Die Schweiz entsteht

Das klassische Zitat aus Schillers Drama »Wilhelm Tell« greift den Gründungsmythos der Schweizerischen Eidgenossenschaft auf: den Rütlischwur auf einer Almwiese oberhalb des Urner Sees. Tell habe, so vermittelt es das Theaterstück, sich gemeinsam mit zwei anderen gegen die Tyrannei Geßlers, des Landvogts der Habsburger, verschworen. In einem Hohlweg bei Küssnacht sei der Landvogt ermordet worden, und die Schweizerische Eidgenossenschaft habe sich als Bund freier Orte gegründet. Wilhelm Tell ist nur eine Sagenfigur; tatsächlich beschworen die drei Urkantone Uri, Schwyz und Unterwalden am 1. August 1291, kurz nach dem Tod Rudolf von Habsburgs, ihren Bundesbrief und erneuerten damit ein älteres Bündnis.

Ursprünglich war die heutige Nordschweiz ein Teil des Stammesherzogtums Schwaben, die Stadt Zürich einer der wichtigsten schwäbischen Vororte. Als der letzte Herzog aus dem Geschlecht der Zähringer 1218 verstorben war und auch die Staufer nach 1250 nicht mehr Fuß fassen konnten, weil König Richard von Cornwall ihre Territorien als Reichsgut ansah, teilten sich lokale Feudalherren das Erbe. Zwischen 1250 und 1300 erlangten die Grafen von Savoyen im Südwesten, die Habsburger – die unter anderem auch die Kyburger und Froburger beerbten – im Norden und Osten die Vorherrschaft.

Die Schweizer Bünde

Im 13. Jahrhundert kristallisierten sich drei Bündnissysteme von Städten und Talschaften heraus: Bünde der Städte Bern und Freiburg im Üechtland im burgundischen Raum, der »Ewige Bund« der Waldstätte – die »Urkantone« im Gotthardgebiet mit Uri, Schwyz und Unterwalden –, am Bodensee die Bünde von Zürich und anderen Städten. Diese Bünde, besonders der Bund der Waldstätte, widersetzten sich den Absichten der Habsburger, ein geschlossenes Territorium zu schaffen.

Der Bund der Urkantone unterschied sich von anderen Landfriedenseinungen vor allem durch die soziale Herkunft seiner Mitglieder. Während sonst Fürsten und Reichsstädte solche Bündnisse schlossen, handelte es sich hier um Landgemeinden, die jeweils in einer gemeinsamen Wirtschafts- und Gerichtsorganisation zusammengeschlossen waren. Die Abgeschlossenheit der Täler und die Gemeinsamkeit der Lebensbedingungen verwischte die sonst üblichen Standesunterschiede zwischen Freiheit und Unfreiheit. Die Führungsrolle wurde meist gemeinsam von adeligen Sippen und reichen Bauernfamilien übernommen. Aus dem Rahmen des Üblichen fiel der Bund ferner durch den unterschiedlichen Rechtsstatus der drei Talgemeinden – ab 1309 »Waldstätte« genannt. Während Nidwalden der habsburgischen Landesherrschaft unterstand, galten Uri und Schwyz seit 1231 beziehungsweise seit 1240 als reichsunmittelbar. Der Bund von 1291 richtete sich zunächst nicht generell gegen Habsburg, sondern sollte wohl vorrangig die zahlreichen Fehden in den Tälern eindämmen. Dies schien vor allem mit Rücksicht auf den seit Erschließung des Gotthardpasses im Umfang stark angestiegenen Reise- und Transportverkehr geboten.

Erst seit der Intensivierung der habsburgischen Landesherrschaft unter Albrecht I. und Leopold I. geriet der Bund in zunehmenden Gegensatz zu Habsburg. 1315 kam es zur ersten militärischen Konfrontation: In der Schlacht am Morgarten 1315 konnten die Eidgenossen die Vorteile des Geländes für sich nutzen und ein von Herzog Leopold geführtes österreichisches Ritterheer

Die Figur Wilhelm Tells wurde vielfältig literarisch bearbeitet, Gioacchino Rossini widmete dem sagenhaften Helden eine Oper. Am bekanntesten von allen Adaptionen des Stoffs ist Friedrich Schillers 1804 in Weimar uraufgeführtes Drama »Wilhelm Tell« (Theaterzettel des Stücks; Weimar, Stiftung Weimarer Klassik und Kunstsammlungen).

Lauchstädt,
Sonnabend, den 23sten Junius 1804.
Zum Erstenmahle:
Wilhelm Tell.
Schauspiel in fünf Aufzügen, von Schiller.

Herrmann Geßler, kaiserlicher Landvogt in Schweiz und Uri.		Ehlers.
Werner, Freyherr von Attinghausen, Bannerherr,		Graff.
Ulrich von Rudenz, sein Neffe,		Oels.
Werner Stauffacher,	} Landleute aus Schweiz,	Becker.
Itel Reding,		Wolff.
Walther Fürst,		Malcolmi.
Wilhelm Tell,		Haide.
Ruodi, der Fischer,		Wolff.
Rösselmann, der Pfarrer,		Genast.
Werni, der Jäger,	} aus Uri,	Dirzka.
Kuoni, der Hirte,		Werner.
Seppi, Hirtenknabe,		Brand.
Jenny, Fischerknabe,		Brand.
Arnold vom Melchthal,		Cordemann.
Konrad Baumgarten,	} aus Unterwalden,	Grimmer.
Struth von Winkelried,		Unzelmann.
Meier von Sarnen,		Brand.
Gertrud, Stauffachers Gattin,		Teller.
Hedwig, Tells Gattin, Fürsts Tochter,		Becker.
Bertha von Brunek, eine reiche Erbin,		Maas.
Armgart,		Silie.
Mechthild,	} Bäuerinnen,	Beck.
Elsbeth,		Baranius.
Hildegard		Ehlers.
Walther,	} Tells Knaben,	Corona Becker.
Wilhelm,		Sophie Teller.
Rudolph der Harras, Geßlers Stallmeister,		Genast.
Frießhardt,	} Waffenknechte,	Eilenstein.
Leuthold,		Benda.
Johannes Parricida, Herzog von Oesterreich,		Unzelmann.
Stüssi der Flurschütz.		

Frohnvogt. Meister Steinmetz, Gesellen und Handlanger.
Der Stier von Uri. Ein Reichsbote.
Oeffentlicher Ausrufer.
Geßlerische und Landenbergische Reuter.
Viele Landleute, Weiber und Kinder aus den Waldstätten.

Erster Platz	:	16 Gr.
Parterre	:	12 Gr.
Zweiter Platz	:	8 Gr.
Dritter Platz	:	4 Gr.

Anfang um 5 Uhr.

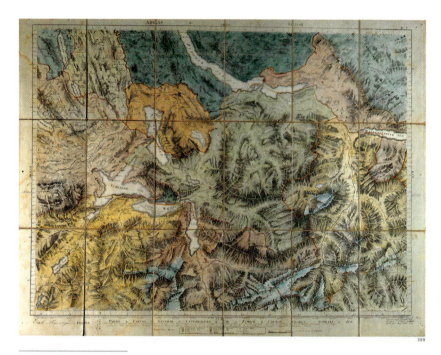

Diese Karte der Schweiz von 1796 hat Friedrich Schiller vermutlich für die Arbeit an seinem Drama »Wilhelm Tell« verwendet (Weimar, Stiftung Weimarer Klassik und Kunstsammlungen).

vernichtend schlagen. Der Sieg steigerte das Selbstbewusstsein des Bundes, der daraufhin seinen Bundesbrief erneuerte – jetzt aber mit einer deutlichen Spitze gegen Habsburg. Dem Bündnissystem traten 1332 Luzern, 1351 die Reichsstadt Zürich, 1352 Glarus und Zug, und schließlich 1353 die Reichsstadt Bern bei. So entwickelte sich aus dem Bund der drei »Orte« (Kantone) die Eidgenossenschaft der »Acht alten Orte«, auf die dann der Name von Schwyz als Gesamtbezeichnung überging. Einigende Klammer war nach wie vor die Gegnerschaft zu Habsburg, wobei man Rückhalt beim römisch-deutschen Königtum fand, wenigstens solange es sich noch nicht im Besitz der Habsburger befand.

Entscheidend war der Sieg von Sempach 1386 über Habsburg im Rahmen des oberdeutschen Städtekrieges; damit konnten die Waldstätte und Luzern, durch den Sieg bei Näfels 1388 die Glarner ihre Unabhängigkeit, also ihre Reichsunmittelbarkeit, sichern. Die dem Bund der Waldstätte angehörenden Städte waren in der Regel durch Räte regierte Reichsstädte, die begannen, sich ein eigenes Territorium zu schaffen, aus dem die späteren »Stadtkantone« hervorgingen.

Kennzeichnend für das 14./15. Jahrhundert wurde der Rückgang des niederen Adels, dessen Stellung die Städte zu übernehmen trachteten, während sich die ausgesprochen bäuerlichen »demokratischen« Bewegungen der Zeit gegen den gesamten Adel richteten. Sie waren in den Alpen und den Voralpen erfolgreich, scheiterten aber an den städtischen Territorialbildungen, den einzigen des Spätmittelalters, die auf die Dauer Bestand hatten.

Zwischen der Eroberung des habsburgischen Aargaus 1415 und dem Beginn der Burgunderkriege 1474 bildete sich ein festes Staatssystem heraus: die Eidgenossenschaft der Schweizer. Sie ist bis 1536 erweitert worden. Das System umfasste die »Dreizehn alten Orte« von 1513: aristokratisch-zünftige Stadtrepubliken (Zürich, Bern, Luzern, Basel, Freiburg im Üechtland, Solothurn und Schaffhausen) und »demokratische« Länder (Uri, Schwyz, Unterwalden, Glarus, Appenzell), außerdem das halb städtische, halb ländliche Zug. Dazu traten Verbündete verschiedenen Grades als »zugewandte Orte«, vor allem die Städte Sankt Gallen, das im Kanton Bern gelegene Biel, Rottweil (bis ins 17. Jahrhundert), Mülhausen und Genf, die Abtei Sankt Gallen, das Fürstentum Neuenburg und 1579 auch das Bistum Basel.

Auch die beiden Alpenrepubliken, das Wallis und der Freistaat der Drei Bünde (Graubünden) hatten mit der Eidgenossenschaft der »Dreizehn alten Orte« engeren

---

INFOBOX

Nationalepos der Eidgenossen

Als sich Uri, Schwyz und Unterwalden 1291 aus einem im Grunde nichtigen Anlass zu einem Bündnis zusammenfanden, ging es noch keineswegs um die Loslösung vom Heiligen Römischen Reich. Man wollte nur den Verkehr über die neu gebaute Gotthardstraße und seine Zölle unter sich aufteilen. Dass Wilhelm Tell – wenn es ihn denn je gegeben hat – einen Totschlag an einem Habsburger Beamten beging, der in den Bergen einen Mordfall schlichten wollte, wäre Zeichen reinen politischen Unverstandes gewesen. Doch der Bündnisbrief der drei Waldstätte entwickelte sich zum Symbol, die Tell-Legende zum Nationalepos (das freilich erst Friedrich Schiller unter dem Einfluss der Französischen Revolution in seiner endgültigen Form geschaffen hat).

Kontakt gewonnen. Sie gehörten zwar zum gesamten Bundessystem, betrachteten sich aber als selbstständige Republiken, die im Innern als Föderationen organisiert waren und sich mehr oder weniger demokratischer Verfassungsformen erfreuten.

Das Regierungssystem der Eidgenossenschaft war das einer Föderation. Die Dreizehn alten Orte und ein Teil der zugewandten Orte waren durch Zweierdelegationen an der Tagsatzung vertreten. Diese wachte als Gesandtenkongress über die gemeinsamen Angelegenheiten, unbeschadet der Souveränität des einzelnen Orts (Kantons). Die Kantone verwalteten zusammen als gemeine Herrschaft Untertanengebiete sowie die Resultate von Eroberung und Erwerb, wie zum Beispiel Teile der heutigen Kantone Aargau und Sankt Gallen, die heutigen Kantone Thurgau und das Tessin.

Die Freiheit wird verteidigt

Der Bund der Schweizer gelangte nach erfolgreich überstandener innerer Krise im Toggenburger Erbschaftskrieg (1440–46/50), einem letzten Versuch der Habsburger, die verlorenen Gebiete unter anderem mithilfe der Armagnaken wiederzugewinnen, zu internationalem Ansehen vor allem durch die unerwarteten Siege über Karl den Kühnen von Burgund bei Grandson und Murten im

Die Schweizer Eidgenossenschaft entstand seit dem 13. Jh. aus dem Bündnis der Waldstätte Uri, Schwyz und Unterwalden, einer Städteeinung in der Bodenseeregion mit Zürich als Mittelpunkt und einer Einung im östlichen Burgund mit Bern als Zentrum.

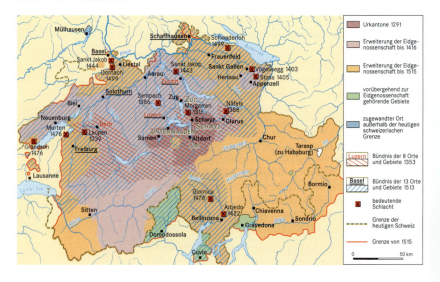

Jahr 1476 und bei Nancy 1477. Dessen weit gespannte territorialstaatliche Ambitionen wurden damit beendet.

In den Italienkrieg zwischen den Valois und den Habsburgern versuchten die Schweizer 1511–15 im Rahmen der gegen Frankreich gerichteten Heiligen Liga selbstständig einzugreifen. Es gelang 1512, die Franzosen aus Oberitalien zu vertreiben und 1513 das Herzogtum Mailand durch den Sieg von Novara zu sichern, doch erreichte die französische Diplomatie die Spaltung der Kantone. Die militärische Niederlage von Marignano 1515 führte zu einem Umdenken. Mit Frankreich wurde 1516 ein »ewiger Frieden« und 1521 ein enges Bündnis geschlossen, das Freundschafts- und Soldvertrag war.

Von den territorialen Eroberungen dieser Kriege verblieben den Schweizern das Gebiet des heutigen Kantons

Der Gotthardpass wurde erst im Mittelalter erschlossen – die Römer haben ihn wohl nicht benutzt. Seitdem stieg der Reise- und Transportverkehr durch die Schweiz sprunghaft an. Die Abbildung zeigt die engen Kehren der alten Passstraße im Valle Tremola knapp unterhalb der Passhöhe.

Die 1506 aufgestellte Schweizergarde geht auf einen 1505 geschlossenen Vertrag Papst Julius' II. mit Zürich und Luzern zurück. Noch heute obliegt ihr der Wachdienst in der Vatikanstadt. 1527 starben beim Sacco di Roma 147 Gardisten anlässlich der Verteidigung des Vatikans.

Tessin – die Ennetbergischen Vogteien – und das Veltlin als gemeine Herrschaft der Drei Bünde. Noch 1536 nutzte Bern eine günstige Gelegenheit im Italienkrieg, um das Waadtland zu erobern. In der Folge aber beschränkte sich der schweizerische Anteil an der Weltpolitik wieder auf die Rolle des Söldnerlieferanten. Dies geschah durch Gewährung von Werbelizenzen durch die Kantone, die dafür Entschädigungen (Pensionen) erhielten. Aus verschiedenen Gründen war der Verzicht auf aktive Außenpolitik geboten. Die Staatsform der Föderation war für einheitliches Handeln nicht geeignet; die Spaltung durch die Reformation in zwei Konfessionsblöcke tat ein Übriges. Der Integration in einen Staatenbund waren geographische Grenzen gesetzt.

Die Entwicklung der Eidgenossenschaft hatte sich im Rahmen des Heiligen Römischen Reiches vollzogen. Anfänglich förderten die Kaiser (besonders die Luxemburger) die Entwicklung der schweizerischen Reichsstädte und Reichsländer (gegen die Habsburger). Als der Reichstag von Worms 1495 die Reichsverwaltung zu straffen versuchte, lehnten die Schweizer, auf alte Reichsprivilegien pochend, die einheitliche Reichssteuer, die Schaffung des Reichskammergerichts und die Reichswehrordnung ab, weil sie als Städte und Länder im Reich der Fürsten und Herren nicht mitzureden hatten. Der als Reichskrieg aufgezogene Schwabenkrieg von 1499 endete nach schweizerischen Erfolgen mit dem Kompromiss des Friedens von Basel am 22. September 1499. Die Eidgenossenschaft bewahrte ihre alten Privilegien und schied de facto, de jure erst mit dem Westfälischen Frieden 1648, aus dem Verbund des Heiligen Römischen Reiches aus. *

Condottieri ringen um die Macht: Italien

Mit dem Tod der Kaiser Friedrich II. im Dezember 1250 und Konrad IV. 1254 brach die Kaisermacht in Ober- und Mittelitalien zusammen. Auch in Unteritalien konnten sich die Staufer nicht halten. Der Sohn Friedrichs, der sizilische König Manfred, fiel 1266 in der Schlacht bei Benevent gegen Karl von Anjou, den Thronkandidaten der Päpste, die diesen gegen die staufische Umklammerung des Kirchenstaats zu Hilfe geholt hatten. Der Versuch Konradins, des Sohnes von Kaiser Konrad IV., das unteritalienische Erbe zu gewinnen, scheiterte; der letzte legitime Staufer wurde 1268 in Neapel öffentlich enthauptet.

INFOBOX

Die Platonische Akademie in Florenz

Als Cosimo de' Medici 1434 in der Stadtrepublik Florenz die Macht übernahm, übertrug er dem Sohn seines Hausarztes, Marsilio Ficino, die Aufgabe, die hermetischen Schriften, eine Sammlung platonischer Weisheitslehren, aus dem Griechischen ins Lateinische zu übertragen. So entstand 1459 in Florenz die »Platonische Akademie« in einem von Cosimo dem Alten gestifteten Landhaus. Hier versammelte sich regelmäßig ein Freundeskreis, der Lesungen und Vorträge veranstaltete. Aus ähnlichen Gelehrtenzirkeln, die sich in Adelshäusern zusammenfanden, entwickelten sich etwa in Rom und Neapel die ersten nichtuniversitären Akademien. Die Übersetzung des platonischen Gesamtwerks durch Marsilio Ficino ermöglichte die Zusammenfassung des Platonismus, der – ausgehend von Florenz – europaweit zu einer entscheidenden Alternative des Aristotelismus wurde. Mit dem Tod Lorenzos de' Medici 1492 löste sich die Platonische Akademie auf.

Mit dem Wegfall der Reichsgewalt zersplitterten in Oberitalien und der Toskana die politischen Herrschaften. Auch die Städte waren in Parteikämpfe verstrickt: Die antikaiserlichen, auf der Seite des Papsttums stehenden Guelfen und die kaisertreuen Ghibellinen suchten jeweils ihre Macht zu erhalten oder gar auszubauen. Die Zersplitterung machte es vielerorts notwendig, durch die Übertragung außerordentlicher, diktatorischer Befugnisse auf Partei- oder Söldnerführer inneren Frieden zu erzwingen; in zahlreichen Stadtstaaten führte dies zum zeitweiligen oder dauernden Verlust der Autonomie. Das Amt des Stadtherrn, des »Signore«, bildete somit eine Übergangserscheinung bei der Verfassungsentwicklung von der Stadtrepublik zum erblichen Fürstenstaat.

Anfänglich wurde dieser Prozess durch die Macht der Anjoukönige Unteritaliens gebremst, denn König Karl I. versuchte auch außerhalb seines unmittelbaren Herrschaftsbereiches, die Verhältnisse in seinem Sinn zu gestalten. Aber auf Sizilien erregten sein hartes Regiment und die Übergriffe der französischen Besatzungssoldateska den Volkszorn, der sich am 30. März 1282 in einem spontanen Volksaufstand, der Sizilianischen Vesper, entlud. Kurz darauf landete König Peter III. von Aragonien, der aufgrund der staufischen Abstammung seiner Gemahlin Erbansprüche erhob, in Trapani. Nach langen Kämpfen kam es 1302 und erneut 1372 zum Friedensschluss: Fortan bildete Sizilien eine aragonesische Sekundogenitur, während das festländische Königreich Neapel den Anjou verblieb. Als diese französische Dynastie 1435 ausstarb, traten die Aragonesen das Erbe an, ganz Süditalien war nun dem spanischen Kultureinfluss ausgesetzt.

Erst zu Beginn des 14. Jahrhunderts sahen sich die deutschen Könige in der Lage, die Italienpolitik wieder aufzunehmen. Aber Heinrichs VII. Aktivität, die Dante mit begeisterten Worten gefordert und begrüßt hat, wurde durch den frühen Tod des Luxemburgers 1313 zunichte gemacht; der Romzug Ludwigs des Bayern, gegen den Willen des Papstes 1327–30 durchgeführt, zwar denkwürdig wegen der Kaiserkrönung durch Sciarra Colonna als Vertreter des römischen Volkes, blieb politisch weithin folgenlos, und die späteren Romzüge Karls IV., Siegmunds und Friedrichs III. gemahnten die Zeitgenos-

> **INFOBOX**
>
> **Der »sittenlose« Papst**
> Alexander VI. gilt als klassischer Typus des Renaissancepolitikers, der machtbewusst und skrupellos seine politischen Ziele verfolgt, zugleich jedoch als Förderer der Künste hervortritt. Er gelangte 1492 durch Stimmenkauf auf den päpstlichen Stuhl und begriff das Papsttum, dessen »Verweltlichung« unter seinem Pontifikat ein Höchstmaß erreichte, v. a. als politische Institution. Als machtbewusster Politiker wahrte er konsequent die päpstlichen Interessen gegenüber den europäischen Mächten und bemühte sich um ein Gleichgewicht zwischen den unterschiedlichen politischen Kräften und Machtinteressen in Italien.
> Ausdruck seiner politischen Stellung in Europa wurde v. a. der Schiedsspruch von 1493, mit dem er im spanisch-portugiesischen Kolonialstreit die Demarkationslinie zwischen den spanischen und den portugiesischen Besitzungen festlegte. Der Aufbau einer Hausmacht seiner Familie in Rom war ein wesentliches Element seiner Politik. Unter seinen neun Kindern, die er mit verschiedenen Mätressen hatte, verschaffte er v. a. Lucrezia und Cesare (Borgia) Reichtum und Einfluss. Alexanders schärfster Kritiker war der Bußprediger Girolamo Savonarola, der den »sittenlosen« Papst 1495 der Häresie beschuldigte.

sen mehr an Repräsentationsreisen denn an politisch-militärische Unternehmungen. Das Kaisertum war endgültig aus dem politischen Kräftespiel der Apenninenhalbinsel ausgeschieden.

Die Herrschaft der Söldner

In der Poebene und der Toskana verringerte sich im Laufe des 14. Jahrhunderts die Überzahl faktisch unabhängiger Stadtstaaten und Herrschaften. Einige alte Fürstenhäuser wie das Haus Savoyen in Piemont erweiterten erfolgreich ihren Machtbereich; vor allem gelangten mehrere Signorien zu weit gespannter Territorialherrschaft und schließlich zu landesfürstlicher Würde. Namentlich die Visconti von Mailand, die Este von Ferrara, Modena und Reggio, die Gonzaga von Mantua und – wenigstens zeitweilig – die Scaliger von Verona und die Carrara von Padua errichteten echte Flächenstaaten.

Von epochaler Bedeutung wurde, dass der aristokratisch geleitete Inselstaat Venedig bald nach 1400 erfolgreich daranging, auf dem Festland, der Terraferma, ein

> **ZITAT**
>
> Boccaccio schildert in der Einleitung seines »Decamerone« das Wüten der Pest in Florenz 1348:
> *Für die große Menge Leichen, die täglich und fast stündlich bei jeder Kirche zusammengetragen wurden, reichte der geweihte Boden zur Beerdigung nicht aus (...). Deshalb hob man auf den Kirchhöfen, als alles belegt war, ganz große Gruben aus und warf die hinzukommenden Leichen zu Hunderten hinein. ...*

Über die Fülle der italienischen Kleinstaaten konnte im 15. Jh. keine der führenden Mächte des Landes – Mailand, Florenz, der Kirchenstaat, Venedig und Neapel – die Hegemonie erlangen.

umfängliches Territorium zu erwerben. Während der ersten Hälfte des 15. Jahrhunderts konzentrierte sich die politisch-militärische Macht auf der Halbinsel in den folgenden Staaten: im Herzogtum Mailand der Visconti, in der Republik Venedig, im florentinischen Stadtstaat der Medici, der äußeren Form nach noch ein republikanisches Gebilde, im Kirchenstaat und den beiden unteritalienischen Königreichen Neapel und Sizilien, die 1435 zusammengefaßt wurden. Im Gleichgewicht dieser Mächte sahen scharfsinnige Zeitgenossen den Frieden

Italiens verbürgt; vor allem die geschickte Politik Cosimos de' Medici war auf dieses Ziel gerichtet.

Die erbitterten Gegensätze kämpften die Staatswesen durch Söldnertruppen aus. Sie engagierten dazu Söldnerführer, die Condottieri, die auf eigene Rechnung Soldtruppen anheuerten. Vor allem deutsche Ritter schlossen Soldverträge mit den italienischen Stadtherren und Fürsten ab, für die sie dann die Kriege führten. Waren die Kämpfe beendet, brandschatzten die Truppen das Land oder erpressten hohe Lösegelder. Ebenso berühmte wie gefürchtete Söldnerführer waren die Deutschen Werner von Urslingen, Konrad von Landau, Albert Sterz und der Engländer John Hawkwood, der unter dem italienischen Namen Giovanni Acuto operierte.

Ende des 14. Jahrhunderts ging die Führung der Söldnertruppen auf italienische Condottieri über. Alberico da Barbiano und seine Schüler Muzio Attendolo, genannt Sforza, und Braccio da Montone waren die Vorläufer der großen Condottieri des 15. Jahrhunderts wie Bartolomeo Colleoni, Carmagnola, Gattamelata oder Francesco Sforza. Diese kämpften nun nicht mehr nur um Gewinn, sondern vor allem um politische Macht. Dabei hatten sie keine Bedenken, gegebenenfalls auch die Seiten zu wechseln. Venedig ließ aus diesem Grund Colleoni fast wie einen Gefangenen bewachen und Carmagnola wegen an-

---

INFOBOX

»Il principe«
Cesare Borgia, Sohn des Papstes Alexander VI., stand in dem Ruf, mindestens ebenso machtbewusst und skrupellos zu sein wie sein Vater. Während seiner politisch-militärischen Laufbahn unterwarf er – in enger Abstimmung mit seinem Vater – viele Gebiete, um ein mittelitalienisches Königreich zu bilden. Der Tod seines Vaters (1503) bedeutete auch den Sturz Cesares, den Papst Julius II. von November 1503 bis April 1504 in Haft hielt und von dem er die Rückgabe seiner Eroberungen erzwang. Er fiel 1507 in den Diensten seines Schwagers, des Herzogs von Navarra.
Cesare Borgia, der skrupellose – er soll bei mehreren Morden die Hand im Spiel gehabt haben, bei einigen war er gewiss verantwortlich –, machtbewusste Renaissancefürst von glänzender persönlicher Ausstrahlung diente Niccolò Machiavelli als Vorbild des idealen Fürsten in seinem Werk »Il principe« (»Der Fürst«).

> **INFOBOX**
>
> **Ein Renaissancepapst**
> »Lasset uns das Papsttum genießen, da Gott es uns verliehen hat!«, soll Giovanni de' Medici (1475–1521) geäußert haben, als er im März des Jahres 1513 als Papst Leo X. aus dem Konklave hervorging. Sein Pontifikat wurde für Rom eine Zeit einzigartiger Prachtentfaltung mit aufwendigen Feierlichkeiten, großen Konzerten und Theateraufführungen. Dass es als »Leoninisches Zeitalter« in die Geschichte einging, ist der großzügigen Unterstützung zuzuschreiben, die er zahlreichen Literaten, Musikern und bildenden Künstlern zukommen ließ. Auf die Vergrößerung des Kirchenstaates bedacht, wandte sich Leo X. in den Auseinandesetzungen zwischen Frankreich und Italien Frankreich zu. Für den geistlichen Notstand in der Kirche zeigte er allerdings wenig Gespür. 1520 ließ er Luther die Bannandrohungsbulle Exsurge Domine zustellen und verhängte, nachdem dieser sie in aller Öffentlichkeit verbrannt hatte, am 3. 1. 1521 über ihn den Kirchenbann.

Auf dem Campo di Santi Giovanni e Paolo in Venedig steht das Reiterstandbild des Condottiere Bartolomeo Colleoni, das Andrea del Verrocchio 1479–96 schuf. Colleoni stand seit 1431 in venezianischen, später mehrfach in mailändischen Diensten. Wieder in venezianischen Diensten, wurde er 1454 zum Generalissimus ernannt.

geblichen Verrats 1432 enthaupten. Zum Teil konnten die Condottieri fürstengleiche Stellung oder sogar die dauernde Herrschaft in einem Territorium erringen.

Muzio Attendolo, der als Condottiere in den Diensten unter anderem Perugias und der Könige von Neapel stand, erwarb sich in den Kämpfen den Beinamen Sforza, »der Bezwinger«. Sein illegitimer Sohn Francesco Sforza konnte Bianca Maria, die Erbtochter des Mailänder Adelsgeschlecht der Visconti heiraten und nach dem Tod seines Schwiegervaters 1447 deren Erbe in Mailand antreten. 1450 gewann er durch einen Staatsstreich die Herzogswürde in Mailand, die im Frieden von Lodi auch allgemein anerkannt wurde.

Alle inneren Gegensätze wurden 1454 im Frieden von Lodi beigelegt, nachdem die Osmanen 1453 Konstantinopel erobert hatten und damit ein gemeinsamer äußerer Feind Italien bedrohte. 1480 landeten osmanische Truppen in Otranto. Die Abschließung des östlichen Mittelmeerraums durch die osmanische Ausbreitung und die Verlagerung des Welthandels an die atlantischen Küsten führten zwar zu wirtschaftlichen Rückschlägen, denn Italien hatte vor allem am Orienthandel verdient. Doch brachte die Friedensperiode in der zweiten Hälfte des 15. Jahrhunderts die Entfaltung von Kunst und Kultur der Renaissance, Gelehrsamkeit und Literatur des Hu-

Europa im Mittelalter

> **INFOBOX**
>
> **Zum Ruhme der Medici**
> Papst Leo X. aus der Familie Medici übertrug 1513 seinem jüngsten Bruder Giuliano und seinem Neffen Lorenzo in feierlicher Zeremonie das römische Patriziat. Giuliano ernannte er zum »Generalissimus« der Kirche, durch die Heirat mit Philiberta von Savoyen wurde Giuliano Herzog von Nemours. Lorenzo verschaffte der Papst das Herzogtum von Urbino. Doch beide Männer starben schon in jungen Jahren. Bei Lorenzos Tod 1519 soll der Papst ausgerufen haben: »Nun sind wir nicht mehr vom Hause Medici, sondern vom Hause Gottes.« Mit der Grabkapelle für San Lorenzo in Florenz, in der auch noch Leos Vater, Lorenzo il Magnifico, und dessen 1478 ermordeter Bruder Giuliano beigesetzt werden sollten, schuf Michelangelo beides: ein Haus der vergänglichen Medici und ein ewiges Haus Gottes.

manismus, wodurch Italien zum Lehrmeister für ganz Europa wurde.

Florenz und die Medici
Eine Schlüsselrolle in den Kämpfen dieser Zeit spielte Florenz, dessen Bankiers lange Zeit die päpstlichen Fi-

Seit Ende des 14. Jh. begann Venedig seine Herrschaft auch auf das Festland auszudehnen und erreichte im Frieden von Lodi (1454) die Adda als Grenze gegenüber Mailand (Stadtansicht von Canaletto, 1727/29; Moskau, Puschkin-Museum).

Der italienische Condottiere Gattamelata stand seit 1424 im militärischen Dienst der Stadt Florenz, seit 1427 des Papstes und führte 1434–41 die Truppen Venedigs gegen Mailand. Das bronzene Reiterstandbild des Gattamelata von Donatello vor der Kirche Sant' Antonio in Padua ist das erste monumentale Reiterstandbild der Renaissance.

nanzen beherrschten. Trotz innerer Kämpfe und Geschlechterfehden seit 1215 war Florenz im 13. und 14. Jahrhundert zur führenden Macht in Mittelitalien aufgestiegen. Der Bevölkerungszuwachs – schon vor Ausbruch der Pest 1348 hatte die Stadt rund 100 000 Einwohner –, die Aufnahme von Adel und Landbevölkerung sowie der Aufstieg von Handwerk und Gewerbe hatte schwere soziale Krisen zur Folge.

Neben dem Kampf zwischen den papstfreundlichen Guelfen – Florenz wurde die führende guelfische Macht in Italien – und kaiserfreundlichen Ghibellinen gab es Auseinandersetzungen zwischen Adel, städtisch-zünftischer Oberschicht (»Popolo grasso«) und niederem Volk (»Popolo minuto«) sowie Kriege gegen auswärtige Feinde. 1193 war die Konsularverfassung durch das Podestat (Podestà) ersetzt worden, 1250 wurde daneben das Amt des »Capitano del popolo« geschaffen. 1282 ging die Regierungsgewalt auf die oberen Zünfte (»Arti maggiori«) über, zu denen unter anderem die Bankiers und großen Kaufleute gehörten; 1293 wurden die »Ordnun-

Der italienische Dichter Dante Alighieri bekleidete ab 1296 verschiedene Ämter in Florenz. Im Kampf um die Unabhängigkeit von Florenz gegen die Einmischungsversuche des Papstes Bonifatius VIII. verstrickte er sich in eine erfolglose Opposition und wurde deshalb 1302 aus Florenz verbannt (Gemälde von Andrea del Castagno; Florenz, Uffizien).

gen der Gerechtigkeit« (»Ordinamenti della giustizia«) erlassen, die eine Adelsherrschaft für alle Zeiten unterbinden sollten; 1295 revidierte und mäßigte man die Bestimmungen. Sechs Vorsteher (»Priori«) aller, praktisch jedoch meist der höheren Zünfte unter Vorsitz des »Gonfaloniere della giustizia« bildeten nun die oberste Regierungsbehörde, die Signoria.

In der Folgezeit spalteten sich die Anhänger des Guelfentums in die zwei Parteigruppen der »Weißen« (»Bianchi«), die unter anderem für eine Aussöhnung mit den Ghibellinen eintraten, und der »Schwarzen« (»Neri«). Nach blutigen Auseinandersetzungen gewannen die schwarzen Guelfen, zu denen der Adel und ein Großteil des hohen Bürgertums zählten, das Übergewicht. Die Führer der weißen Guelfen, unter ihnen der Dichter Dante, mussten 1302 die Stadt verlassen.

1348 wurde Florenz von der Pest heimgesucht, der ein großer Teil des Volkes zum Opfer fiel. Die niederen Zünfte

(»Arti minori«) hatten nur vorübergehend Erfolg in den sozialen Kämpfen, die mit der Niederwerfung des Aufstands der »Ciompi« (der Wollkämmer; 1378–82) ihr Ende fanden. Danach herrschte die Oligarchie der reichen Kaufleute, zunächst durch ein halbes Jahrhundert die Familie Albizzi, die 1434 von den Medici abgelöst wurde.

Die Stadt wurde zum Zentrum der italienischen Renaissance. Besondere Förderung erfuhren Kunst, Literatur und Wissenschaft durch die Familie der Medici. Vier Generationen lang bestimmte sie die Geschicke der Stadt und prägte ihr geistiges Klima. Obwohl Florenz im 15. Jahrhundert bereits den wirtschaftlichen Höhepunkt überschritten hatte, erlebte die Stadt dank der Medici nun eine politische und kulturelle Blüte.

Das Geschlecht stammte ursprünglich aus dem Umland. Durch Handel und Bankgeschäfte, die sie vor allem mit der päpstlichen Kurie tätigten, und durch ihre Verbindungen mit den Popolanen, der Volkspartei, war es zu einer führenden Rolle in der Stadtrepublik gelangt. Seit dem 15. Jahrhundert waren die Medici faktisch die Herren der Stadt, sie erlangten 1531 die Herzogswürde und wurden 1569 vom Papst zu Großherzögen der Toskana erhoben.

Mit Giovanni Medici, genannt Giovanni di Bicci, der um die Wende vom 14. zum 15. Jahrhundert lebte, begann

> **ZITAT**
> **Lorenzo de' Medici in »Triumph von Bacchus und Ariadne«:**
> *Wie schön ist die Jugendzeit, die doch vergeht! Und doch sei, wer will, voll Fröhlichkeit, niemand kann wissen, was morgen besteht.*

INFOBOX

Michelangelo, »Geist der Kunst«

Der italienische Bildhauer, Maler, Baumeister und Dichter Michelangelo Buonarroti (1474–1564) verkörperte einen neuen Typ des Künstlers, er befreite sich aus den Bindungen der Überlieferung und erschloss eine Welt zuvor unbekannter bildnerischer und psychologischer Ausdrucksmöglichkeiten. Nie zuvor ist das Werk eines Künstlers in gleichem Maße Selbstbekenntnis gewesen. Sein Werk sprengt die kunsthistorischen Kategorien: Es spannt den Bogen von der antiken Kunst über Renaissance und den – von ihm in wesentlichen Ausdrucksformen begründeten – Manierismus bis hin zum frühen Barock. Auf die Kunst der folgenden Jahrhunderte übte es gleichbleibend hohen Einfluss aus. Bereits die Zeitgenossen rühmten die nahezu übermenschlich scheinende Schaffenskraft des Künstlers, seine Bewunderung und Schauder erregende »terribilità«; Pietro Aretino sprach von ihm sogar als »Geist der Kunst«. Giorgio Vasari stilisierte ihn als Gipfelpunkt der »Wiedergeburt« der Kunst.

der Aufstieg des späteren Hauptzweigs Medici di Cafaggiolo. Giovanni di Bicci wurde zum Bankier der Kurie und taktierte in der Stadt geschickt zwischen der Oligarchie des alten Stadtadels und dem Volk. Sein Sohn Cosimo begründete die ältere, bis 1537 herrschende Linie, und sein Sohn Lorenzo die jüngere Linie, die bis 1743 die Macht erhalten konnte.

Giovanni di Biccis Popularität beruhte unter anderem auf der Einführung einer Vermögenserhebung zur Besteuerung. Zwar war auch er schon als Mäzen hervorgetreten, doch wurde er darin noch von seinem Sohn Cosimo übertroffen. Cosimo, »der Alte«, erwies sich nicht nur als glänzender, umsichtiger Diplomat, in seiner Person verband sich zugleich gemäß dem Ideal der Re-

Trotz der seit 1215 anhaltenden Geschlechterfehden stieg Florenz im 13. und 14. Jh. zur bedeutendsten Macht in Mittelitalien auf. In Handel, Gewerbe und Geldverkehr begannen seine Kaufleute und Bankiers seit 1250 in Europa die Führung zu übernehmen. Die Abbildung zeigt den Palazzo Vecchio, das Rathaus, in Florenz.

> **INFOBOX**
>
> **Die Fresken der Sixtinischen Kapelle**
> Nur widerstrebend nahm Michelangelo 1508 von Papst Julius II. den Auftrag an, die Decke der Sixtinischen Kapelle auszumalen. Der Künstler fühlte sich als Bildhauer; zudem waren die Wände der unter Sixtus IV. errichteten päpstlichen Hauskapelle, eines einschiffigen, gewölbten Raums im Vatikan, bereits mit Fresken ausgestattet: Perugino, Pinturicchio, Sandro Botticelli, Domenico Ghirlandaio, Cosimo Rosselli und Luca Signorelli hatten ab 1481 die Längsseiten mit Szenen aus dem Leben Mose und Jesu bemalt. Diesem mittelalterlich-christlichen Programm fügte Michelangelo an der Decke, die an Allerseelen 1512 enthüllt wurde, Zitate der Antike bei: In – wie man seit der jüngsten, 1990 beendeten Reinigung weiß – überaus kräftigen Farben gehalten, begleiten skulptural aufgefassste, monumentale Propheten und Sibyllen sowie Aktfiguren (»Ignudi«) die Szenen aus der Schöpfungsgeschichte. Die »Erschaffung Adams« veranschaulicht genau die alttestamentliche Textgrundlage. Die Verbindung zwischen Natur-Schönem und Ideal-Schönem rückt die Jünglingsfigur unmittelbar in die Nähe der »Klassik«.

naissance, die Rolle des sich aufopfernden, für das Wohl der Stadt arbeitenden Politikers, dem Florenz nach seinem Tod den Ehrentitel »Vater des Vaterlandes« verlieh, mit der Rolle des Mäzens und des humanistischen Gelehrten. Cosimo soll insgesamt die immense Summe von 600 000 Goldgulden für Kunst und Wissenschaft ausgegeben haben. Er besaß eine riesige Bibliothek, verkehrte mit den Humanisten seiner Zeit und förderte den bedeutenden Neuplatoniker Marsilio Ficino.

Nach dem Tod Cosimos übernahm sein Sohn Piero seine Stellung, allerdings nur für fünf Jahre. Nach seinem frühen Tod folgte der erst zwanzigjährige Enkel Cosimos, Lorenzo, genannt »il Magnifico« (»der Prächtige«). Auch er förderte Künstler, darunter den jungen Michelangelo, und war mit den Humanisten Ficino und Pico della Mirandola befreundet. Er erwies sich als blendender Staatsmann und trat zugleich als Dichter hervor. Lorenzo verkörperte das Ideal des Renaissancepolitikers, auch wenn sich sein Landsmann Machiavelli den Machtmenschen Cesare Borgia zum Vorbild nahm.

Lorenzos Bruder Giuliano fiel einer Verschwörung der Familie Pazzi zum Opfer, sein jüngster Sohn Giuliano (II.) stieg als Erster der Familie in den französischen

Cosimo de' Medici, genannt der Alte, war an Wissenschaften und Künsten sehr interessiert, förderte die frühhumanistischen Bestrebungen und begründete die Biblioteca Medicea Laurenziana.

Adel auf und wurde Herzog von Nemours. Der mittlere Sohn Giovanni bestieg 1513 als erster Medici-Papst die Cathedra Petri als Leo X. 1523 wurde noch sein Vetter Giulio, ein illegitimer Sohn Giulianos (I), als Klemens VII. Papst; er leitete 1530 mit der Kaiserkrönung Karls V. in Bologna die Rückkehr des kurzzeitig (1527–30) wieder republikanischen Florenz unter die Herrschaft seiner Familie ein. Letzter Medici-Papst war 1605 für wenige Wochen als Leo XI. Alessandro Ottavione aus einem heute noch existierenden Seitenzweig der Medici.

Der älteste Sohn Lorenzos, Piero (II) lo Sfortunato, »der Unglückliche«, wurde 1494 bei der Errichtung des »Gottesstaates« unter Girolamo Savonarola aus Florenz

Lorenzo de' Medici, genannt der Prächtige, der das Ideal des Renaissancepolitikers verkörperte, erhielt eine umfassende humanistische Ausbildung und übernahm 1469 mit seinem Bruder die Führung der Republik Florenz (Michelangelo, Grabmal des Lorenzo de' Medici in der Medicikapelle von San Lorenzo in Florenz, 1520–34).

vertrieben. Papst Leo X. erhob 1516 seinen Neffen, Pieros Sohn Lorenzo (II), zum Herzog von Urbino, dessen Tochter Caterina (Katharina) durch ihre Heirat mit Heinrich II. die Königin von Frankreich wurde. Mit dem Mord an Alessandro de' Medici – seit 1532 als Stadtherr Herzog in Florenz – durch Lorenzino aus der jüngeren Linie erlosch 1537 die ältere Linie.

Nun setzte sich der Sohn des Söldnerführers Giovanni (II) de' Medici, genannt dalle Bande Nere, Cosimo I., in Florenz durch und erwarb nach dem Scheitern seiner Hoffnungen auf die Königskrone Korsikas 1569 von Papst Pius IV. den herausgehobenen Titel eines Großherzogs der Toskana. Sein Sohn und Nachfolger Francesco (Franz I.) erhielt 1575 den Großherzogstitel von Kaiser Maximilian II., mit dessen Schwester Johanna er verheiratet war, bestätigt. Ihre Tochter Maria wurde durch ihre Ehe mit Heinrich IV. Königin von Frankreich. Die Nachfolge in der Toskana trat 1587 nach Francescos plötzlichem Tod sein Bruder Ferdinand I. an, der zuvor Kardinal war. Auf ihn folgten Cosimo II., der Beschützer Galileo Galileis, dann Ferdinand II., Cosimo III. und als Letzter der jüngeren Linie Gian Gastone. Seine ihn überlebende Schwester Anna Maria vermachte den Kunstbesitz der Familie der Stadt Florenz; die Toskana fiel

Der Dominikanermönch Girolamo Savonarola errichtete vorübergehend in Florenz ein theokratisches Regime. Da er sich dem Papst nicht unterwarf, wurde er 1498 als Schismatiker und Häretiker verbrannt (anonymes Gemälde; Florenz, San Miniato al Monte).

durch Vereinbarung der europäischen Großmächte an Franz Stephan von Lothringen (Franz I.), den Mann der Kaiserin Maria Theresia. *

Im Zeichen der Reconquista: Die Iberische Halbinsel

Um die Mitte des 13. Jahrhunderts waren die Eroberungen der christlichen Reiche auf der Iberischen Halbinsel vorläufig abgeschlossen, einzig das nasridische Granada im Süden blieb muslimisch und erlebte im 14. Jahrhundert nochmals eine Blütezeit. Das 1179 endgültig als Königreich anerkannte Portugal dürfte schon früh ein zunächst von Adelsgruppen getragenes Gefühl von Eigenständigkeit entwickelt haben. Der Versuch Johanns I. von Kastilien – des Gemahls von Beatrix, der Tochter des portugiesischen Königs Ferdinand I. –, nach dem Tod Ferdinands (1383) Nachfolgeansprüche auf den portugiesischen Thron anzumelden, scheiterten noch im gleichen Jahr an einem von Adel und Städten getragenen Aufstand gegen die landfremde Dynastie.

Schließlich wählten die Cortes, die Ständevertretung, 1385 einen unehelichen Sohn Peters I., Johann I., zum König. Ihm gelang es im August des Jahres, ein kastilisches Heer seines Konkurrenten zu schlagen und seine Stellung zu sichern. Die Verhandlungen über die Beilegung der gegnerischen Ansprüche zogen sich allerdings noch Jahrzehnte hin. Noch im ausgehenden 13. Jahrhundert wurde mit dem Beginn des Flottenbaus die Basis für die atlantische Expansion Portugals gelegt.

Das Königreich Kastilien

Als größte Territorialmacht hatte sich Kastilien etabliert, das seit 1230 definitiv mit dem Königreich León verbunden war. Gestützt unter anderem auf westgotische Traditionen konnte das Königtum hier seine dominierende Stellung trotz des Gegengewichts von Adel, Kirche und Städten sowie der Rechte der Cortes letztlich wahren. Besonders unter der Herrschaft Alfons' XI. (1312–50) stabilisierte sich das in den etwa fünfzig vorangegangenen Jahren von Adelsauseinandersetzungen geprägte Reich wieder. Die Hermandades, zur Interessenwahrung einzelner Gruppen entstandene ständeübergreifende Einungen, denen auch Städte angehörten, büßten nun ihren Einfluss wieder ein.

Mit der Übernahme der ursprünglich arabischen alcabala, einer indirekten Sonder- beziehungsweise Handelssteuer, und ihrer Ausdehnung auf das gesamte Königreich konnte die Finanzsituation deutlich gebessert werden. Besonders belastet war der den Handel dominierende Hochadel, der aber im Gegenzug die Steuererhebung von der Krone pachten konnte. Auch die in der zweiten Hälfte des 13. Jahrhunderts begonnene Rechtsvereinheitlichung konnte mit den Ordenamiento de Alcalá 1348 zu einem Abschluss gebracht werden. Gestärkt wurde die Zentralgewalt dadurch, dass viele ältere Hochadelsgeschlechter ausstarben.

Die bisher praktizierte Neutralität im Hundertjährigen Krieg zwischen Frankreich und England gab Peter I., der Grausame, mit seiner Anlehnung an England auf; seinen Thronrivalen und Halbbruder Heinrich II. von Trastámara unterstützte Frankreich. Zwar konnte Peter 1367 mit englischer Hilfe einen deutlichen militärischen Sieg erringen, zwei Jahre später jedoch fiel die Entscheidung zugunsten der von französischen Truppen unterstützten neuen Dynastie Trastámara, die sich politisch an Alfons XI. anschloss. Die Bemühungen Johanns I. um die portugiesische Krone blieben, wie bereits erwähnt, erfolglos.

Den Consejo Real ordnete man 1385 neu als ständige Zentralbehörde; die Audiencia als oberster Gerichtshof wurde zwei Jahre später installiert, und die Finanzverwaltung wurde modernisiert, alles Maßnahmen unter Ein-

Die Reconquista begann von den christlichen Rückzugsgebieten in den Gebirgen Asturiens aus und erreichte ihre eigentliche Dynamik im 11. Jh.
Die Abbildung zeigt ein maurisches Kastell nördlich von Molina de Aragón in Altkastilien.

beziehung der Cortes, die in der außenpolitischen Krise an Gewicht gewannen. Gegen Ende des Jahrhunderts rückte der Hofadel in den politischen Mittelpunkt. Eine gegenläufige Tendenz zeigt das 15. Jahrhundert. Als Heinrich III. bei seinem Tod 1406 einen einjährigen Sohn, Johann II., hinterließ, begann eine Zeit zunehmender Krisen, in der die differierenden Interessen des Adels das Königreich beherrschten. In dem immer stärker innerlich zerrissenen Reich brach schließlich 1464 der Bürgerkrieg aus.

Das Königreich Aragonien
Gänzlich anders waren die Voraussetzungen im Königreich Aragonien. Barcelona beziehungsweise Katalonien und Aragonien waren zunächst nur durch die Person des Herrschers verbunden; daraus erwuchs aber bald mehr

Die gemeinsame Herrschaft Ferdinands II. und Isabellas in den Ländern der Kronen Kastilien und Aragonien schuf die Grundlage für ein gesamtspanisches Königreich, auch wenn Isabella in Aragonien formell nicht Mitregentin ihres Gatten war (Wappen Ferdinands und Isabellas von Kastilien).

> **INFOBOX**
>
> **Das Autodafé**
> Die öffentliche Verkündung, später auch die feierliche Vollstreckung eines Inquisitionsurteils nach einem Gottesdienst wurde in Spanien und Portugal Autodafé – aus portugiesisch Auto-da-fé »Glaubensakt« – genannt. Bei der Vollstreckung eines solchen Glaubensaktes wurde der zum Feuertod Verurteilte der weltlichen Obrigkeit übergeben und in Gegenwart der geistlichen und weltlichen Obrigkeit hingerichtet; oft waren es gleichzeitig bis zu 100 Verurteilte. Das erste Autodafé soll 1481 in Sevilla, das letzte 1815 in Mexiko abgehalten worden sein. In dieser Zeit wurden in Spanien rund 30 000 Todesurteile der Inquisition vollstreckt.

als eine reine Personalunion. Die Cortes – seit 1283 mussten sie, ohne dass dies wirklich eingehalten wurde, regelmäßig einberufen werden – tagten normalerweise getrennt. Eine eigenständige Rolle behielt auch Valencia nach der Eroberung von 1238. Jedoch beschränkte sich die Funktion der Cortes seit der Mitte des 14. Jahrhunderts weitgehend auf Petitionen und das stets wichtige und an Bedeutung zunehmende Bewilligungsrecht für Sondersteuern. Abgaben hatten auch die hinzugekommenen, für den Mittelmeerhandel wichtigen Balearen mit Mallorca zu entrichten wie auch das 1325 endgültig eroberte Sardinien und Sizilien. Die Cortes spiegelten unterschiedliche ökonomische Strukturen und differierende Grade der Urbanisation wider; die Städte konnten nur in Katalonien und Valencia Bedeutung erlangen. Ungeachtet der Auseinandersetzungen des Königtums mit dem Adel im Inneren führte die expansive Außenpolitik dazu, dass die Stände nicht geschwächt wurden, da sie stets die benötigten Mittel bewilligen mussten.

In der zweiten Hälfte des 14. Jahrhunderts verschärften die Kämpfe mit Kastilien die ökonomische Krise, dazu gingen im Mittelmeer kleinere Herrschaftsbereiche verloren. Als 1410 Martin I. sowohl erbenlos als auch ohne eindeutiges Testament starb, setzten die Cortes unter der Führung Aragoniens 1412 im Kompromiss von Caspe mit Ferdinand I., der der vorigen Dynastie mütterlicherseits verwandt war und zudem als Favorit des aus Aragonien stammenden avignonesischen Papstes Benedikt XIII. galt, ein Mitglied der bereits in Kastilien regierenden Familie Trastámara durch.

Ferdinand II. von Aragón und Isabella I. von Kastilien bauten in Kastilien ein zentralistisches Staatswesen auf und regierten im Sinn eines monarchischen Absolutismus (Marmorgrabmal der beiden Regenten in der Capilla Real in Granada, 1522).

Als kritisch erwiesen sich bald die Versuche des neuen Herrschers und dann seines Sohnes Alfons V., den Einfluss der Cortes zu beschneiden beziehungsweise ohne diese zu regieren. Alfons, gleichzeitig König von Sizilien – in Katalonien amtierten als Statthalter zunächst seine Frau, schließlich 1452 sein Bruder Johann (II.), der bereits seit 1425 Aragonien und Valencia regierte –, setzte erneut auf Expansion nach außen, während der Monarch im Inneren unfreie Bauern und die Handwerker Barcelonas gegen Adel und Patriziat unterstützte.

Johann II. folgte seinem Bruder 1458 und führte dessen Politik fort. Da er seinem Sohn, Karl von Viana, den Thron von Navarra versperrte, geriet er in einen schweren Konflikt mit den Ständen. Wegen Johanns II. autoritärer Haltung gegenüber den katalanischen Ständen kam es von 1462 bis 1472 zu einem blutigen Bürgerkrieg, an dessen Ende er die tradierten Rechte der Cortes anerkennen musste. Als entscheidender, wenngleich so nicht geplanter Schritt für die zukünftige Entwicklung sollte sich die Heirat des aragonesischen Thronfolgers Ferdinand mit der Prinzessin und Thronerbin Isabella I. von Kastilien 1469 erweisen.

Das Königreich Navarra
Anders als die drei bisher behandelten Reiche war das kleine Königreich Navarra seit Ende des 13. Jahrhunderts von den französischen Kapetingern mitregiert worden. 1328 etablierte sich mit den Évreux, einer kapetingischen Seitenlinie, eine eigene Dynastie. Das Königreich mischte intensiv in den Konflikten der Iberischen Halbinsel wie auch in Frankreich mit. Navarresische Söldnertruppen nahmen äußerst aktiv an den Auseinandersetzungen zwischen katalanisch-aragonesischen Prätendenten und den Anjou in Südosteuropa teil.

Seit 1425 – den Thron hatte die mit dem aragonesischen Infanten Johann (II.) verheiratete Blanka, Tochter Karls III. inne – war die Lage des Reichs instabil. Es entwickelten sich lange innere Kämpfe zwischen den führenden Familien einerseits, Johann II. und seinem Sohn Karl von Viana andererseits, bevor nach dem Tod Karls 1461 die Thronansprüche an seine Schwester Eleonore, mit Gaston de Foix verheiratet, fielen und Navarra unter französischen Einfluss geriet. Die Unabhängigkeit sollte nun nicht mehr lange gesichert werden können, der Druck Frankreichs und Kastilien-Aragoniens sollte sich als übermächtig erweisen.

Der Beginn der Einigung der Halbinsel
Nicht im Einzelnen nachgezeichnet werden können die inneren Kämpfe in Kastilien und Aragonien, die zudem rasch internationale Dimensionen erlangten. Die Kapitulation des seit dem 14. Jahrhundert immer wieder von wirtschaftlichen Krisen getroffenen Barcelona beendete 1472 die Kriege in Aragonien mit einem Sieg des Königs. Die bestehenden Rechte blieben jedoch fast vollständig erhalten, und den Aufständischen wurde Straffreiheit zugesichert. Der Widerstand von Teilen des Adels gegen den kastilischen Herrscher Heinrich IV. führte 1465 zur Krönung von Alfons XII. als Gegenkönig, der aber bis zu seinem Tod drei Jahre später die Macht nicht erlangen konnte.

Schließlich einigten sich die Parteien 1468 auf die Erbfolge Isabellas, der Schwester Heinrichs, deren Heirat nun zu einem politisch brisanten Thema wurde. Isabella musste sich verpflichten, für ihre Hochzeit das Einverständnis ihres Bruders einzuholen, der sie wiederum nicht gegen ihren Willen verheiraten durfte. Dennoch entschloss sich Isabella entgegen den Absichten ihres Bruders zur Hochzeit mit Ferdinand II. von Aragonien, die 1469 in kleinem Kreis und weitgehend geheim in Valladolid vollzogen wurde; der wegen zu enger Verwandtschaft notwendige päpstliche Dispens (Ausnahmegenehmigung) wurde gefälscht. Heinrich versuchte noch mal, seine Tochter Johanna la Beltraneja als Thronerbin durchzusetzen, erkannte aber schließlich Isabella wieder an. Nach Heinrichs Tod im Dezember 1474 rief man die politisch energische Isabella I. zur Königin aus, während ihr Gemahl Ferdinand II. sich mit einer formal schwächeren Stellung in Kastilien begnügen musste.

Nachdem sich Johanna mit Alfons V. von Portugal verlobt hatte, griff dieser in den ausbrechenden Erbfolgekrieg ein. Ein Vertrag zwischen Alfons und dem französischen König über ein gemeinsames Vorgehen erwies sich als folgenlos, zumal nach dem Tod des Burgunderherzogs Karl des Kühnen 1477 die französischen Kräfte auf die dortigen Auseinandersetzungen konzentriert waren. Nach dem Scheitern der portugiesischen Interventionen einigte man sich in den Verträgen von Alcáçovas 1479 auf die gegenseitige territoriale Integrität und die Abgrenzung der Interessensphären im Atlantik; Portugal bekam dabei wirtschaftliche Vorteile für den Verzicht auf Erbansprüche zugesprochen.

Die Matrimonialunion von Kastilien und Aragonien wurde im Todesjahr Johanns II. von Aragonien 1479 Realität, ohne dass zu diesem Zeitpunkt bereits von einem geeinigten Spanien gesprochen werden kann; Kastilien war politisch und ökonomisch deutlich gewichtiger. Nach wie vor blieb die Herrschaftsausübung in Kastilien ambulant. Wichtigste zentrale Behörde blieb der Consejo Real, der königliche Rat, der gleichzeitig als oberstes Justiztribunal fungierte. Das oberste Appellationsgericht war seit 1475 in Valladolid ansässig, während eine mittlere Verwaltungsebene nur rudimentär existierte. Mit der zunehmenden Bürokratisierung gerieten auch hohe Amtsträger in eine stärkere Abhängigkeit von Bestimmungen und damit auch vom König. Dem Ziel der inneren Befriedung diente die Neuschaffung der Santa Hermandad als nunmehr auf die Monarchen ausgerichtete und primär der Sicherung des Landfriedens dienende Einung. Der Wi-

Die spanische Inquisition war von Rom unabhängig und unterstand direkt dem König. Sie tat sich besonders beim Aufspüren »heimlicher Juden« unter den Zwangsgetauften hervor (»Der heilige Dominikus wohnt einem Autodafé bei«, Gemälde von Pedro Berruguete, 15. Jh.; Madrid, Prado).

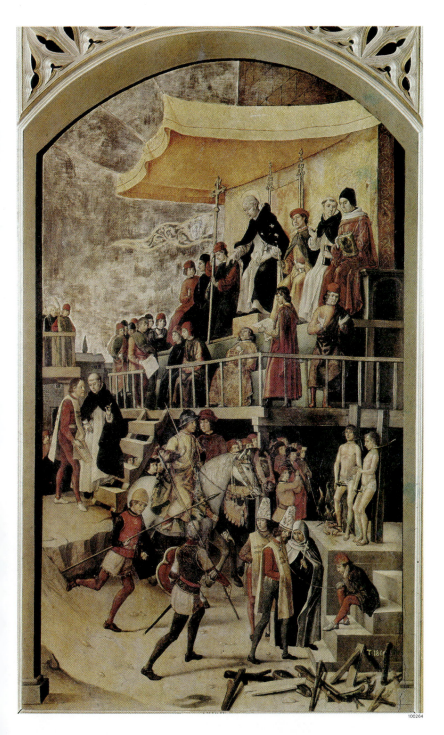

derstand der Städte, die ihre Position gefährdet sahen, gegen diese zentrale Institution nahm aber rasch zu, ohne jedoch eine Auflösung vor 1498 durchsetzen zu können.

Dagegen blieben die Verhältnisse im Königreich Aragonien wesentlich stärker von den überkommenen Formen geprägt. Die Herrscher besaßen wegen der Stellung der Stände und weitgehenden rechtlichen Fixierung von Kompetenzen nur wenig Gestaltungsspielraum, auch wenn die Cortes immer weniger die Gesamtinteressen vertraten. Einwirkungsmöglichkeiten der Stände boten zunächst Verhandlungen über die in den inneren Kämpfen von den verschiedenen Gruppen besetzten Gebiete; die jeweiligen Ansprüche mussten ausgeglichen werden. Auch gelang es Ferdinand II. in der nordkatalanischen Frage der remensa, dem Problem der Schollengebundenheit der Bauern, deren Aufstand 1484 niedergeschlagen worden war, als Schiedsinstanz anerkannt zu werden: Nach dem Kompromiss von 1486 konnten die Bauern die Verpflichtungen gegen die Zahlung hoher Summen ablösen. Im Übrigen blieb allerdings die Sozialstruktur unangetastet, bäuerliche Besitzverhältnisse verschlechterten sich eher noch.

Durch die Besetzung der Großmeisterstühle in den drei großen Ritterorden von Santiago, Calatrava und Alcántara mit Ferdinand II. selbst zwischen 1485 und 1497 konnten diese bisher weitgehend autonomen Instanzen in den »Staat« eingebunden und deren Einnahmen für die Krone nutzbar gemacht werden, zumal der Papst diese Stellung schließlich den kastilischen Herrschern dauer-

Gibraltar wurde 711 von dem berberischen Feldherrn Tarik eingenommen, der ein Kastell zur Sicherung des Übergangs nach Spanien anlegen ließ. 1462 verloren die Mauren Gibraltar an die Spanier (Straße von Gibraltar, im Hintergrund Afrika).

Europa im Mittelalter

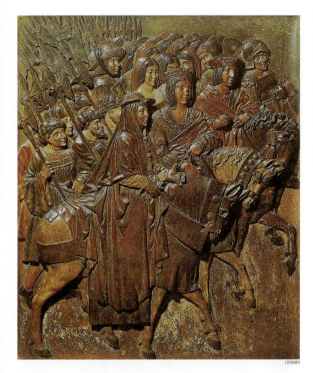

Nach langer Belagerung fiel Granada am 2. 1. 1492, womit die Geschichte der maurischen Herrschaft in Spanien ihr Ende fand. Das Holzrelief von Philippe Vigarny zeigt den Einzug der Katholischen Könige Isabella I. von Kastilien und Ferdinand II. von Aragonien in die Stadt.

haft einräumte. Auch in den Ländern der Krone Aragoniens installierte Ferdinand das Vizekönigtum zur Ausübung der Kronrechte. Im Gegenzug residierte ein mehrheitlich aus Mitgliedern der Cortes gebildeter Consejo de Aragón zumeist in Kastilien, dem bevorzugten Aufenthaltsort Ferdinands II.

Das Ende der Reconquista und der Beginn der Inquisition
Parallel zur Stärkung der Zentralmacht konnte die Reconquista, die Rückeroberung der von den Mauren besetzten Iberischen Halbinsel durch christliche Heere, abgeschlossen werden. Zwar eroberte der Herrscher Granadas 1481 überraschend das kastilische Zahara, doch bereits im nächsten Jahr nahm der Marqués von Cádiz Alhama ein; das strategisch bedeutsame Gibraltar war bereits 1462 definitiv für Kastilien gewonnen worden. Trotz der inneren Zerrissenheit Granadas – auch angesichts der drohenden Gefahr stellte man die Kämpfe zwischen den Parteien nicht ein – und trotz der militärischen Überle-

Granada erreichte ab 1238 seinen Höhepunkt als Hauptstadt des selbstständigen maurischen Königreichs Granada. Im 13.–15. Jh. war Granada ein künstlerisches und kulturelles Zentrum des westlichen Islam. 1492 wurde es als letzter maurischer Besitz in Spanien zurückerobert. Die Abbildung zeigt die Alhambra, die Burg der Nasridenherrscher.

genheit dauerte es noch zehn Jahre, bevor 1492 die Eroberung Granadas die jahrhundertelange muslimische Präsenz auf der Iberischen Halbinsel beendete.

Eine wichtige Rolle in der Innenpolitik der Katholischen Könige – dies ein vom Papst als Reaktion auf die Gewinnung Granadas verliehener Ehrentitel für Isabella und Ferdinand – spielte die Kirchenpolitik: 1478 hatte Papst Sixtus IV. den spanischen Königen eine eigene Inquisition zugestanden, die als einzige Zentralbehörde beide Landesteile umfasste und das Bild Spaniens in der frühen Neuzeit nachhaltig verdunkeln sollte.

Nach anfänglicher Vorsicht begannen 1481 Verfolgungen in großem Rahmen, die sich besonders gegen getaufte Juden richteten. Die Position der Juden allgemein hatte sich seit dem 14. Jahrhundert drastisch verschlechtert, und nach dem Pogrom von 1391 wiederholten sich derartige Ausschreitungen. 1492 schließlich wurden die noch verbliebenen Juden aufgefordert, den christlichen Glauben anzunehmen oder das Land zu verlassen, was sich auf die ökonomische Entwicklung hemmend auswirken sollte. Zur Jahrhundertwende änderte sich dann auch das Verhalten gegenüber der muslimischen Bevölkerung in Kastilien grundlegend. Diese wurde trotz der bei der Eroberung Granadas erlangten Zugeständnisse vor die Wahl der Vertreibung oder der Konversion gestellt, was zu Aufständen führte, die letztlich niedergeschlagen wurden. Gerade die Konvertiten blieben zudem bevorzugtes Opfer der Inquisition.

Mit diesen Maßnahmen war zumindest vordergründig die religiöse Einheit des Landes hergestellt. Innerkirchlich trieb man Reformen energisch voran, mit denen vor allem die Bildung des Klerus verbessert werden sollte, zum anderen aber auch zu weltliche Tendenzen des Klosterlebens beseitigt wurden. Als besonders problematisch erwies sich die Beschneidung kirchlicher Immunitäten und weiterer Vorrechte der Kleriker sowie die Eingrenzung der kirchlichen Gerichtsbarkeit, der mit dem Recurso de Fuerza eine weltliche Appellationsinstanz quasi übergeordnet wurde.

Gegen Ende des Jahrhunderts lässt sich auch in den katalanischen Handelsstädten ein ökonomischer Wiederaufschwung erkennen, wohl zum Teil ermöglicht durch eine Wirtschaftspolitik, die merkantilistische (den Außenhandel fördernde) Maßnahmen vorwegnahm. Die folgenden Jahrzehnte prägten das zunächst wohl freiwillige

> **INFOBOX**
>
> **Die Comuneros**
> Comuneros wurden die spanischen Aufständischen der »Guerra de los Comunidades de Castilla« genannt, des Krieges der kastilischen Städte 1520-22. Als Kaiser Karl V. (König Karl I. von Spanien) in den 1520 zusammengetretenen Cortes hohe Abgaben von den spanischen Städten forderte, rebellierten Toledo und Segovia, denen sich bald weitere kastilische Städte anschlossen. Die Comuneros gewannen Verbündete im niederen Adel, jedoch nur wenige Angehörige des Hochadels. Sie vertraten vor allem die Interessen des städtischen Bürgertums und Handwerks. Nach anfänglichen Siegen unterlagen die Aufständischen unter Juan de Padilla in der Schlacht von Villalar am 23. 4. 1521 den königlichen Truppen. Als letzte Stadt ergab sich Toledo im Februar 1522.

Fernbleiben Aragoniens vom Atlantikhandel und die Betonung der traditionellen Mittelmeerbindungen, die es den kastilischen Städten ermöglichte, ihre Vormachtstellung im Handel mit den Überseebesitzungen auch gesetzlich festzuschreiben. Gefördert wurde die in Nordspanien typische Transhumanz der Schafherden, eine halbnomadische Fernweidewirtschaft – Wolle war das wichtigste Exportgut – zulasten der Ackerbau treibenden Bauern.

Die beginnende Eroberung Süd- und Mittelamerikas – von Beginn an im Namen Kastiliens – hatte zur Zeit der Katholischen Könige noch kaum wirtschaftliche Auswirkungen, während sich der vorwiegend portugiesische Handel mit der Atlantikküste Afrikas und den vorgelagerten Inseln, dessen Unternehmungen immerhin finanziell von der Krone unterstützt wurden, im Verlauf des Jahrhunderts deutlich intensiviert hatte. Die Kanarischen Inseln waren Kastilien bereits 1479 von Portugal zugestanden worden, und 1494 teilte man sich unter Vermittlung des Papstes in Tordesillas den Atlantik in Nord-Süd-Richtung mitsamt den angrenzenden, nur teilweise bekannten Gebieten. Vorausgegangen waren Ansprüche Portugals auf die unentdeckten Länder nach der Rückkehr von Kolumbus.

Die Habsburger als Erben

Als letztlich nicht planbar erwiesen sich wieder einmal familien- beziehungsweise dynastiepolitische Absichten, die schließlich zur ungewollten habsburgischen Thronfolge führten. 1496 sollte die Heirat zwischen Erbprinzessin Isabella, der ältesten Tochter der Katholischen Könige, und dem portugiesischen König Emanuel I. die politische Lage auf der Halbinsel weiter stabilisieren. Nach Isabellas schnellem Tod – ihr Sohn Miguel wäre Erbe in Portugal, Aragonien und Kastilien geworden, starb aber zweijährig – folgte mit Maria eine weitere Tochter der Katholischen Könige als portugiesische Königin.

Die Doppelhochzeit zwischen dem Habsburger Philipp dem Schönen und Johanna der Wahnsinnigen einerseits, Margarete von Österreich und dem spanischen Thronfolger Don Juan andererseits war deutlich von der gemeinsamen antifranzösischen Politik bestimmt. Juan starb einige Monate später, und nach dem erwähnten Tod Miguels wäre Johanna Thronerbin gewesen, bei der sich

s. ZEIT Aspekte Habsburger in Spanien S. 597

Zeichen einer Geisteskrankheit mehrten und die seit 1502 regierungsunfähig war. Verkompliziert wurde die Lage durch die Anlehnung Philipps an Frankreich, der dadurch auch innenpolitisch schwer durchsetzbar wurde. Dagegen wurde der Erwerb Neapels gegen französische Ansprüche 1503 militärisch gesichert.

Vor ihrem Tod 1504 setzte Isabella die Katholische ihren von den Städten unterstützten Gemahl Ferdinand als Regenten für ihre Tochter Johanna in Kastilien ein, während der Adel Philipp favorisierte. Ferdinand suchte und erreichte den Ausgleich mit Frankreich, ohne Philipp isolieren zu können. Vor der drohenden Gefahr eines Bürgerkriegs verzichtete Ferdinand schließlich 1506 auf Kastilien, konnte aber nach dem Tod Philipps noch im gleichen Jahr die Regentschaft wieder antreten.

Nach außen trat die nordafrikanische Küste vorübergehend wieder in den Vordergrund, wo, wenn auch teilweise nur kurzfristig, Gebiete erworben werden konnten. Ferdinand rückte wieder von Frankreich ab, um Interessen in Italien durchsetzen zu können; erstes Ergebnis war aber 1512 die Besetzung des südlichen Teils von Navarra, dessen Herrscher auf der französischen Seite stand und

Im Kloster Santa Clara in Tordesillas schlossen Spanien und Portugal 1494 den Vertrag von Tordesillas, der die damals bekannte Neue Welt und die noch zu entdeckenden Gebiete unter ihnen aufteilte. Alle Territorien östlich einer Demarkationslinie 370 Meilen westlich der Kapverdischen Inseln wurden Portugal, alle westlich davon Spanien zugesprochen.

Die mächtige, strategisch wichtige Festung von Ávila war in den Kriegen mit den Mauren oft umkämpft und wurde 1088 endgültig zurückerobert. Ávila war am Aufstand der Comuneros (1520/22) führend beteiligt.

das in Kastilien aufging. Zu seinem Nachfolger in seiner Funktion als Regent für Johanna in ganz Spanien bestimmte Ferdinand trotz Bedenken seinen Enkel Karl (als Kaiser Karl V.). Dieser ließ sich 1516 in Brüssel zum kastilischen König krönen, konnte seine Stellung aber insbesondere erst nach dem 1522 niedergeschlagenen Aufstand der Comuneros, der sich gegen die von Karl von den spanischen Städten geforderten Abgaben richtete, sichern.

Ulf Dirlmeier und Bernd Fuhrmann

Blutige Morgenröte: »Mongolensturm« und »Goldene Horde«

Die oftmals überraschenden Überfälle kriegerischer Reiternomaden zählten jahrhundertelang zu den bedrückendsten Alltagserfahrungen der ostslawischen Waldbauern in den steppennahen altrussischen Fürstentümern. Nicht zufällig nehmen unter den Heroen der Frühzeit, deren Heldentaten in den russischen epischen Volksliedern (Bylinen) besungen werden, die Kämpfer gegen die Steppenkrieger einen herausragenden Platz ein.

Der natürliche Lebensraum der meist türksprachigen Steppenvölker war die gewaltige eurasische Steppenzone, die sich auf einer Länge von über 3 000 Kilometern von der Wüste Gobi bis an die untere Donau hinzieht. Sie ist wiederholt Schauplatz kurzlebiger Reichsbildungen geworden. Der Tatareneinfall im 13. Jahrhundert wich jedoch von dem üblichen Schema der Raub- und Plünderungszüge im grenznahen Raum ab. Er war von langer Hand vorbereitet und reichte über den gesamten eurasischen Raum bis nach Schlesien und in den Balkanraum. Seinen Ausgang nahm er in der hirten- und reiternomadischen Stammesgesellschaft der heutigen Mongolei.

Ende des 12. Jahrhunderts hatte nach mehreren vergeblichen Anläufen Temüdschin, ein machtbewusster Einzelkämpfer kirgisisch-türkischer Abstammung, seinen Anspruch gegen die Führer rivalisierender Sippenverbände durchzusetzen verstanden. Eine Reichsversammlung wählte ihn im Frühjahr 1206 als Großkhan zum Oberhaupt eines multiethnischen Stammesverbandes, in dem die türksprachigen Tataren gegenüber der mongolischen militärischen Führungsschicht die Bevölkerungsmehrheit stellten. Unter dem Namen Dschingis Khan stampfte er innerhalb weniger Jahre ein Weltreich aus dem Boden, das zum Schrecken der Nachbarn in Innerasien wurde und sich zu einer unmittelbaren Bedrohung der russischen Fürstentümer und der angrenzenden ostmitteleuropäischen Länder entwickeln sollte.

Die Schlagkraft der mongolisch-tatarischen Eroberer resultierte aus einer konsequenten Militarisierung der Gesellschaft. Eine rigorose Heeresreform nahm auf Stammesgliederungen wenig Rücksicht und führte ein überschaubares Gliederungsschema nach dem Dezimalprinzip (Tausend-, Hundert- und Zehnerschaften) ein. Der durchschlagende Erfolg sollte Dschingis Khan Recht geben. Von 1207–21 unterwarf er weite Teile Ost-, Zentral- und Westasiens. Eine Vorausabteilung seiner Truppen stieß 1222 über den nördlichen Kaukasus bis zum Asowschen Meer vor und durchbrach die Verteidigungslinien der Kumanen (Polowzer) in der südrussischen Steppe. Die geschlagenen Kumanen suchten Hilfe bei den benachbarten russischen Fürsten. Ein eilig zusammengezogenes gemeinsames Truppenaufgebot, das sich im Frühjahr 1223 den Angreifern in den Weg stellte, wurde am Fluss Kalka vernichtet. Nur der vorzeitige Abzug der siegreichen Tataren verschaffte den russischen Fürstentümern eine kleine Verschnaufpause vor dem großen Sturm.

Der natürliche Lebensraum der meist türksprachigen Steppenvölker war die gewaltige eurasische Steppenzone, die sich auf einer Länge von über 3000 km von der Wüste Gobi bis an die untere Donau hinzieht. Die Abbildung zeigt weidende Kamele im steppenartigen Teil der Wüste Gobi.

In den russischen Chronikberichten spiegelt sich die Überraschung wider, mit der von den Zeitgenossen die unerwartete neue Gefahr aus der Steppe aufgenommen wurde. Ihre Verfasser lassen eine mangelnde Kenntnis über jene heidnischen Völker des Ostens erkennen, »von denen man noch nie gehört hatte und die Tataren genannt werden, von denen niemand ganz genau weiß, wer sie sind und woher sie kamen, was für eine Sprache sie sprechen, welchen Stammes sie sind und was ihr Glaube ist«. Eineinhalb Jahrzehnte später waren sie die neuen Herren in Russland.

Der »Mongolensturm«
Dschingis Khan war 1227 gestorben. Mongolischem Stammesbrauch folgend hatte er noch vor seinem Tod die eroberten Länder aufgeteilt und jedem der Söhne beziehungsweise deren Nachkommen einen Anteil an der Familienherrschaft zugewiesen. Dabei fielen die Gebiete westlich des Irtysch, die für den kurz vor seinem Vater verstorbenen ältesten Sohn Dschötschi vorgesehen gewesen waren, an dessen Sohn Batu. Sie waren als westliche Aufmarschbasis für weitere Eroberungen vorgesehen. Das spätere Khanat der Goldenen Horde beziehungsweise Kiptschak umfasste nur den westlichen Teil des ehemaligen Herrschaftsbereichs Dschötschis.

1234 beauftragte eine Reichsversammlung Batu Khan mit der weiteren Planung der Westoffensive. Die Stoßrichtung zielte zunächst gegen das einst mächtige Wol-

s. ZEIT Aspekte
Mongolensturm
S. 603

gabulgarische Reich. Im Dezember 1237 rüsteten dann die tatarischen Reiterscharen zum Angriff auf Nordostrussland und eroberten innerhalb nur weniger Wochen die wichtigsten Festungen der Fürstentümer Rjasan und Wladimir-Susdal.

Das einsetzende Tauwetter brachte im Frühjahr 1238 die vorwärts drängenden Reiterscharen im östlichen Vorfeld Nowgorods zum Stehen und ersparte so den Bewohnern der nordwestrussischen Handelsmetropole die Erfahrung tatarischer Zerstörungswut. Sie sahen sich allerdings nur wenig später nicht weniger gefährlichen Angriffen aus dem Westen ausgesetzt. Am 15. Juli 1240 schlug Fürst Alexander im Dienste der Nowgoroder an der Newa (daher sein Beiname »Newskij«) die über die Karelische Landenge vordringenden Schweden, und am 5. April 1242 wehrte er auf dem Eis des Peipussees die livländischen Ordensritter ab.

Batu Khan führte seine Truppen in einem zweiten Anlauf 1239 gegen die süd- und südwestrussischen Fürstentümer. Tschernigow und das südliche Perejaslaw fielen noch im Jahre 1239. Ein Jahr später ereilte auch Kiew das gleiche Schicksal. Der Eroberungsdrang der Tataren war nicht mehr aufzuhalten. Sie stießen von Galizien aus in drei Heeressäulen in das südliche Polen, nach Schlesien

INFOBOX

Die Mongolen erobern Kiew
»Und Batu Khan stellte Mauerbrecher auf... Die Mauerbrecher schlugen unaufhörlich Tag und Nacht, und sie zerschlugen die Mauern, und die Einwohner der Stadt eilten auf die Befestigung, auf die zertrümmerten Mauern, und dort war das Brechen der Lanzen und das Splittern der Schilde zu sehen, und die Pfeile verdunkelten das Licht. Die Städter wurden besiegt und Dimitrij war verwundet, und die Tataren stiegen auf die Mauern und setzten sich dort fest, und die Bewohner der Stadt bauten an diesem Tage und in der Nacht eine andere Befestigung um die Kirche der heiligen Gottesmutter. Am Morgen kamen sie über sie, und zwischen ihnen fand ein gewaltiges Gemetzel statt. Die Menschen aber waren mit ihrer Habe auf die Kirchengewölbe geklettert, und von dem Gewicht stürzten die Wände der Kirche mit ihnen zusammen; und am 6. Dezember, am Nikolaustag, wurde die Stadt von den Gottlosen genommen« (Aus dem Bericht des »Codex vom Ende des 15. Jahrhunderts« über die Eroberung Kiews durch die Mongolen im Jahr 1240).

sowie über die Karpaten in das Ungarische Tiefland und nach Siebenbürgen vor. Krakau und die Residenz des ungarischen Königs in Buda waren in den Händen der tatarischen Eroberer. Vorausabteilungen tauchten schon in Neustadt vor den Toren Wiens auf.

Erst die Nachricht vom Tode des Großkhans Ögädäi im fernen Karakorum veranlasste Batu Khan zum vorzeitigen Abbruch eines Unternehmens, das sich zu einer Gefährdung Zentraleuropas auszuweiten drohte. Die Tataren räumten aber nur die nach Mitteleuropa und in den Balkanraum vorgeschobenen Positionen. Die eroberten russischen Fürstentümer blieben für zweieinhalb Jahrhunderte unter tatarischer Herrschaft.

Asiatische Despotie?
»Kratze den Russen, und der Tatar kommt zum Vorschein!« Dieser griffige Slogan, der von der antirussischen Propaganda in napoleonischer Zeit in Umlauf gesetzt wurde, gibt ein verbreitetes abendländisches Missverständnis über die Auswirkungen der tatarischen Fremdherrschaft in Russland wieder. Er setzt eine tief greifende Veränderung des politischen und gesellschaftlichen Lebens und eine allgemeine Verrohung der Sitten unter mongolischem Einfluss voraus. Augenzeugen, meist Diplomaten und Kaufleute, die nach der Rückkehr Russlands in die europäische Staatengemeinschaft an der Wende zum 16. Jahrhundert den Moskauer Fürstenhof aufsuchten und das Land bereisten, nährten das verbreitete Misstrauen, Russland habe sich aus der Gemeinschaft der zivilisierten Völker Europas entfernt und an die »Barbaren« des Ostens angenähert. In der Moskauer Autokratie glaubte man fremdartige Herrschaftsformen einer »asiatischen Despotie« erkennen zu können.

Aus heutiger Sicht liegen die unbestreitbaren negativen Auswirkungen der Tatarenzeit weniger in direkten Eingriffen, als vielmehr in den mittelbaren Folgen – den Kriegsschäden, dem durch Ausbeutung verursachten wirtschaftlichen Rückschlag, den negativen demographischen Veränderungen, der längeren Isolierung von der Außenwelt und der endgültigen Teilung des ostslawischen Siedlungsraumes.

Im Gegensatz zur Osmanenherrschaft in Südosteuropa begnügten sich die tatarischen Herren in Russ-

---

Dschingis Khan, der Begründer des mongolischen Weltreiches, baute ein straff organisiertes, zentral ausgerichtetes Staatswesen auf, dessen Grundlage die nahezu vollkommene Militarisierung aller Lebensbereiche war. Die Miniatur aus der »Geschichte der Mongolen« (14. Jh.) zeigt ihn mit seinem Hofstaat.

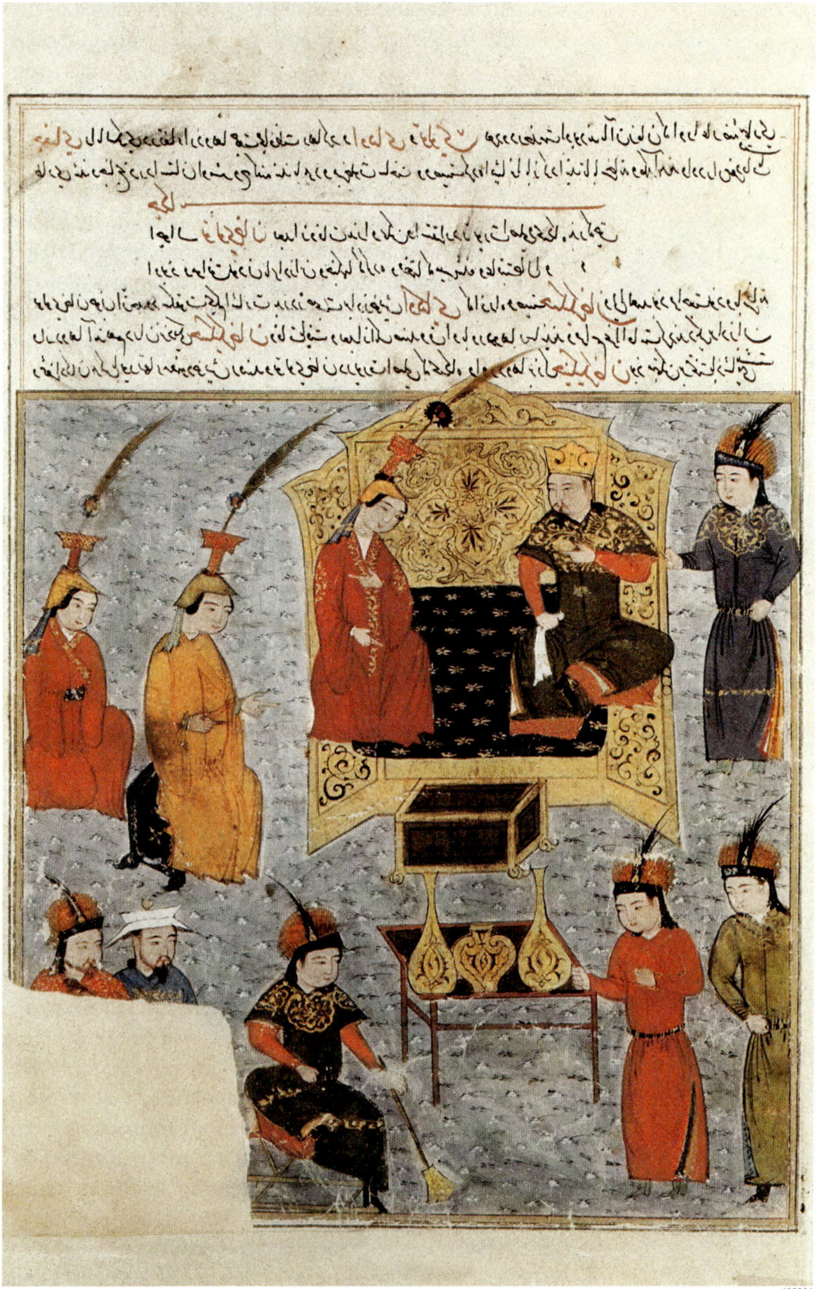

100264

Unter Ögädäi, seit 1229 Nachfolger seines Vaters Dschingis Khan, vollendeten die Mongolen die Eroberung Koreas (1231) und Nordchinas (1234) und stießen 1241 bis Osteuropa vor (anonymes Porträt, 13./14. Jh.; Taipeh, Nationales Palastmuseum).

land mit einer indirekten Herrschaft und vermieden eine unnötige Einflussnahme auf die bestehenden Verhältnisse. Die verhassten Besatzungstruppen wurden sehr bald schon wieder abgezogen. Die tatarische Militärmacht trat im Alltagsleben der russischen Bewohner nur noch bei gelegentlichen Strafexpeditionen in Erscheinung. Beauftragte des Khans, die Baskaken, überwachten in den Fürstenresidenzen die Loyalität der neuen Untertanen und besorgten die Eintreibung der fälligen Steuern. Schon im 14. Jahrhundert wurden sie von einheimischen Fürsten abgelöst, die sich sehr schnell mit den veränderten Machtverhältnissen zu arrangieren verstanden.

Fürst Alexander Newskij, der Kriegsheld an der westlichen Front, hatte mit seinen regelmäßigen Besuchen beim Khan die neue Marschroute vorgegeben. Seinem diplomatischen Geschick verdankte er nicht zuletzt die Großfürstenwürde, die zuvor seinem jüngeren Bruder Andrej zugesprochen worden war. Als Großfürst (1252–63) versagte er sich jegliche Beteiligung an Widerstandshandlungen und hielt sich demonstrativ von den antitatarischen Koalitionsbemühungen fern, die Fürst Daniel (Romanowitsch) von Galizien-Wolhynien mit westlicher Hilfe einzuleiten versuchte. Er überzeugte selbst die störrischen Bewohner Nowgorods von der Notwendigkeit, die Oberhoheit des Khans anzuerkennen und den geforderten Tribut abzuführen.

Pax Mongolica
Nach Batu Khans Tod setzte die fortschreitende Islamisierung der Goldenen Horde den direkten Einwirkungen auf die orthodoxen Untertanen enge Grenzen. In der Religionsfrage profitierte die russische Kirche von der weitgehenden Toleranz gegenüber Andersgläubigen, die sowohl in den alten mongolischen Stammesgesetzen wie im islamischen Fremdenrecht vorgesehen war. Zwangsbekehrungen unterblieben. Tatarisch-mongolische Prinzessinnen, die russische Fürsten ehelichten, konnten ungehindert zum orthodoxen Glauben übertreten. Spezielle Erlasse der Khane sicherten den Geistlichen Steuerfreiheit zu und bestätigten die Privilegien der Kirche. Unumgängliche Anpassungen an mongolische Praktiken und institutionelle Entlehnungen beschränkten sich auf jene Berei-

che öffentlicher Dienste (Steuereinschätzung, Tributeintreibung, Post- und Nachrichtenübermittlung, Rekrutierungen), denen die Khane besondere Bedeutung beimaßen.

Kollaboration und Widerstand
Der ungewöhnlich rasche Aufstieg der Fürstendynastie in der kleinen Residenzstadt Moskau, die Alexander Newskij seinem jüngsten Sohn Daniel als Herrschersitz zugewiesen hatte, ist nicht zuletzt ihrer besonderen Kooperationswilligkeit zuzuschreiben. Das half ihr, unliebsame Konkurrenten auszuschalten und schließlich die geltende Senioratsordnung zu durchbrechen. 1318 bewirkte Fürst Jurij Danilowitsch mit teilweise gefälschten Anschuldigungen beim Khan die Hinrichtung seines Twerer Rivalen Michael, und 1327 beteiligte sich Fürst Iwan I. Danilowitsch Kalita bereitwillig mit seinen Truppen an dem Strafgericht gegen Twer. Zur Belohnung holte er die Großfürstenwürde nach Moskau.

Die damit verbundene Zuständigkeit für die Eintreibung und Abführung der Tatarensteuer bot den Moskauer Fürsten willkommene Manipulationsmöglichkeiten. Thronwirren und innere Machtkämpfe in der Goldenen Horde öffneten ihnen seit der Mitte des 14. Jahrhunderts zusätzliche Freiräume. Sie bargen allerdings auch wegen der unkontrollierbaren Auswirkungen auf die tatarische Russlandpolitik neue Gefahren. Moskau hatte einen unerwarteten Gunstentzug einzukalkulieren und Koalitionsabsprachen des Twerer Mitkonkurrenten zu fürchten, der mit dem litauischen Herrscherhaus verschwägert war und auf Waffenhilfe rechnen durfte.

1375 entschloss sich Fürst Dmitrij Iwanowitsch Donskoj zum Präventivschlag gegen Twer. 1377–78 hatte er in der Wolgaregion Angriffe tatarischer Truppen abzuwehren, die von Emir Mamaj herangeführt wurden. 1380 kam Dmitrij einem drohenden Zusammengehen litauischer und tatarischer Verbände zuvor und errang am 8. September auf dem Schnepfenfeld am Don (russisch Kulikowo pole) einen ersten spektakulären Sieg gegen tatarische Truppen in offener Feldschlacht. Wohl wies Khan Tochtamysch schon 1382 den »Sieger vom Don« in die Schranken und ließ auf einem Rachefeldzug Moskau niederbrennen, doch der Nimbus der tatarischen Unbesieg-

Kubilai, ein Enkel Dschingis Khans, verstand sich eher als chinesischer Kaiser denn als mongolischer Großkhan; er verlegte die Residenz aus dem mongolischen Karakorum nach Peking, das er ab 1267 ausbauen ließ.

Alexander Newskij besiegte 1242 den Deutschen Orden auf dem Peipussee, womit die russische Nordwestgrenze festgelegt wurde. Das Gemälde »Die Schlacht auf dem Eis« von Wladimir Aleksandrowitsch Serow verherrlicht den Sieg des Fürsten von Nowgorod (1942; Pensa, Kunstmuseum).

barkeit war gebrochen. Er nahm zusätzlichen Schaden, als 1395 aus Innerasien der ungestüme Heerführer Timur mit seinen Nomadenkriegern anrückte, Tochtamysch am Terek aus dem Felde schlug und über Rjasan bis in die Wolgaregion vorstieß.

Die Goldene Horde erholte sich nicht mehr von den schweren militärischen Schlägen. Der Verfall der Zentralgewalt ermunterte ehrgeizige Emire in den Randprovinzen zu eigenmächtigem Handeln. Die Herrscher aus dem Geschlecht Dschingis Khans übten nur mehr nominell die Macht aus. In der ersten Hälfte des 15. Jahrhunderts spalteten sich die Khanate Sibir, Kasan (1438), die Nogaische Horde, das Krimkhanat (1443), das Khanat Astrachan, das Usbekische Khanat und das Khanat der Weißen Horde in Kasachstan ab.

Für die russischen Fürstentümer nahm die Tatarenzeit einen unspektakulären Ausgang. Im patriotischen russischen Geschichtsverständnis verbindet er sich mit dem

Feldzug des Moskauer Großfürsten Iwan III. im Oktober 1480 an die Ugra. Ziel war es, die zwischen Khan Achmat und dem Polenkönig Kasimir IV. vereinbarten Aufmarschpläne zu durchkreuzen. Die beiden Heere standen sich mehrere Wochen zu beiden Seiten des Flusses tatenlos gegenüber, ohne einen Angriff zu wagen. Die Moskauer Chronisten deuteten den schließlich befohlenen Abzug der tatarischen Truppen als Flucht und feierten dieses »Stehen an der Ugra« als sichtbares Zeichen der Abschüttelung des Tatarenjochs.

Die von den Tataren ausgehende Gefährdung der moskowitischen Ost- und Südgrenze blieb jedoch weiterhin bestehen. An der mittleren und unteren Wolga sorgte erst eine Generation später Iwan der Schreckliche für dauernde Abhilfe, als er 1552 und 1556 die beiden Khanate Kasan und Astrachan eroberte und den Weg nach Sibirien freikämpfte. Das Unruhepotenzial, das sich an der Südgrenze im Herrschaftsbereich des Krimkhans ansammelte, war dagegen wegen der Rückendeckung, welche die Osmanen ihren Glaubensbrüdern gewährten, nur sehr schwer einzudämmen. Noch 1571 stießen tatarische Reiter bis unter die Mauern Moskaus vor und brannten den Kreml nieder.

Eine Generalbereinigung glückte erst Katharina II. nach ihrem großen Sieg im Türkenkrieg von 1768 bis

Wiktor Michajlowitsch Wasnezows Gemälde »Peresvet und Tchelubey im Kampf auf dem Schnepfenfeld« zeigt eine Szene aus der berühmten Schlacht zwischen Russen und Tataren, die Fürst Dmitrij Iwanowitsch Donskoj gewann (1914; Samara, Kunstmuseum).

Obwohl Tochtamysch schon 1382 Fürst Dmitrij, den »Sieger vom Don«, in die Schranken wies und auf einem Rachefeldzug Moskau niederbrennen ließ, war der Nimbus der tatarischen Unbesiegbarkeit gebrochen (L. N. Ilzen »Die Verteidigung Moskaus gegen Tochtamysch Khan im Oktober 1382«, 1955; Sankt Petersburg, Artilleriemuseum).

1774. Mit ihrem Manifest vom 8. April 1783 verkündigte sie die Annexion der Krim, der Tamanhalbinsel und des Kubangebietes und beseitigte nach ihren eigenen Worten endgültig die hässliche Warze auf der Nase Russlands.

Edgar Hösch

Zwischen Kaiser und Sultan: Ungarn

Schon unter Bélas Vater Géza II. (1141–61) waren Gastsiedler aus den fränkischen Dialektgebieten an Mosel und Rhein, aus Luxemburg und Flandern nach Ungarn gerufen worden. Sie ließen sich als »Sachsen« auf Königsboden in zwei geschlossenen Siedlungsgebieten in Siebenbürgen (Transsilvanien) und in der oberungarischen Zips in der heutigen Slowakei nieder. 1224 bestätigte ihnen der jüngere Sohn Bélas III., König Andreas II., in dem »Privilegium Andreanum« ihre weitgehenden Autonomierechte. Dem allzu selbstherrlichen Auftreten des Deutschen Ordens, den er 1211 zur Missionierung des Kumanenlandes in den südöstlichen Grenzgebieten ins Land gerufen und dem er das Burzenland um Kronstadt überlassen hatte, setzte er allerdings schon 1225 ein gewaltsames Ende.

Eine verschwenderische Hofhaltung und kostspielige kriegerische Unternehmungen zwangen König Andreas, neue Einnahmequellen zu erschließen. Die Verschleuderung der staatlichen Ländereien an den Hochadel löste erhebliche Unruhe aus, die der König mit Zugeständnissen an die Kirche und an den Dienstadel in der Goldenen Bulle von 1222 besänftigen musste. Das Verhalten des Herrschers weckte auf längere Sicht den Widerstand des Komitatsadels und gab den ständischen Vorbehalten gegen eine starke Königsmacht Nahrung.

Seit dem 12. Jh. ließen sich Gastsiedler aus den fränkischen Dialektgebieten an Mosel und Rhein, aus Luxemburg und Flandern in zwei geschlossenen Siedlungsgebieten in Siebenbürgen (Transsilvanien) und in der oberungarischen Zips in der heutigen Slowakei nieder (Wehrkirche Kirchenburg in Honigberg bei Kronstadt in Siebenbürgen, 15. Jh.).

Den schweren Rückschlag, den Ungarn mit dem Sturm der Mongolen von 1241/42 erlitt, konnte König Béla IV. (1235-70) überraschend schnell wieder ausgleichen. Er setzte beim Wiederaufbau auf den weltlichen und kirchlichen Großgrundbesitz und auf die aufstrebende Burgministerialen- und Dienstmannenschicht. Grenzsicherungsaufgaben übernahmen wehrhafte Stadtanlagen mit ausländischen, vornehmlich deutschen Siedlern, die an den Pässen entlang dem Karpatenbogen errichtet wurden.

Wechsel der Dynastien
Unter schwachen Herrschern verfiel in der zweiten Hälfte des 13. Jahrhunderts die Autorität der Königsmacht. 1301 starben die Arpaden im Mannesstamm aus. In dem Chaos der andauernden Fehden, die um die Besetzung des ungarischen Thrones unter den Parteiungen einer selbstbewussten Magnatenoligarchie ausgetragen wurden, holten sich die Herrscher aus dem neapolitanischen Zweig der Dynastie Anjou verlorene Machtkompetenzen wieder zurück.

Die Könige Karl I. Robert (1308-42) und Ludwig I. der Große (1342-82) nutzten ihre neu gewonnene herrscherliche Reputation zu notwendigen inneren Reformen, zur Förderung der Wirtschaft, zur Verbesserung der Staatsfinanzen und zu einer offensiven Außenpolitik. Wohl scheiterten die expansiven Adriapläne am Widerstand Venedigs und des Papstes. Auf der Balkanhalbinsel musste schrittweise den osmanischen Eroberern das Feld überlassen werden. Die Donaufürstentümer Walachei und Moldau, die als ungarische Vorposten im Kumanenland entstanden waren, lösten sich aus der bisherigen Lehensabhängigkeit. Erfolgreicher waren die Anjou-Herrscher jedoch mit ihrer vorausschauenden dynastischen Politik bei den polnischen und böhmischen Nachbarn. 1370 gewann König Ludwig aufgrund des Familienvertrages von 1339 den polnischen Thron hinzu.

Über die Verlobung mit Ludwigs Tochter Maria erbte der Luxemburger Siegmund Thronansprüche in Ungarn, die er nach dem Tode Ludwigs gewaltsam realisierte. Er hat wie kein anderer Herrscher zuvor während seiner langen Regierungszeit (1387-1437) Ungarn in die große europäische Politik eingeführt, doch seine weiter gehenden persönlichen Ambitionen als deutscher und böhmischer

König (seit 1410 beziehungsweise 1419/36) wie als Kaiser des Heiligen Römischen Reiches Deutscher Nation (seit 1433) haben den ungarischen Interessen eher geschadet. Den endgültigen Verlust Dalmatiens an Venedig 1409 hat er nicht verhindern können, und gegen die immer bedrohlicher werdende Gefahr an der Türkenfront war keine wirksame Hilfe in Sicht. Die erhoffte massive Waffenhilfe aus dem Westen blieb aus. Der Kreuzzug des Jahres 1396 endete mit der bitteren Niederlage bei Nikopolis (heute Nikopol, Bulgarien).

Seither waren die südöstlichen Grenzregionen vor türkischen Einfällen kaum mehr sicher. Die bittere Notlage der Bevölkerung zwang selbst die mächtigen Adligen (Magnaten), bei der Königswahl immer mehr auf die vordringlichen Belange der Türkenabwehr Rücksicht zu nehmen. Die Wahl des jungen Polenkönigs Wladislaw I. Jagiełło im Jahre 1440 erfüllte allerdings die hohen Erwartungen nicht. Wladislaw musste schon 1444 bei einem missglückten Kreuzzugsunternehmen in der Schlacht von Warna sein Leben lassen.

Die Hunyadis
Die Hoffnungen ruhten danach auf János Hunyadi, der einer walachischen Bojarenfamilie entstammte. Er hatte sich als Oberbeamter (Banus) von Severin und als ge-

---

INFOBOX

Die heilige Elisabeth
Elisabeth, eine Tochter König Andreas' II., wurde bereits im Alter von vier Jahren an den Hof des Landgrafen Hermann von Thüringen auf der Wartburg geschickt und mit dessen Sohn und Nachfolger Ludwig (IV.) verlobt (1211); 1221 fand die Heirat statt. Ihr Drang nach Selbstentäußerung, Mildtätigkeit und freiwilliger Armut, von ihrem Beichtvater Konrad von Marburg und den Eisenacher Franziskanern bestärkt, entfremdete sie dem höfischen Leben. Nach dem Kreuzfahrertod ihres Gemahls (1227) verließ sie die Wartburg und zog rastlos umher. In Marburg stiftete sie ein Hospital, in dem sie sich asketischem Krankendienst widmete.
Schon vier Jahre nach ihrem Tod (1231) wurde sie heilig gesprochen. 1236 wurden ihre Gebeine in die Elisabeth-Kirche überführt, die der Deutsche Orden, Rechtsnachfolger ihrer Marburger Stiftung, für sie gebaut hatte. Durch Elisabeth kamen die arpadischen Farben Rot-Weiß in das thüringische Wappen.

Split stand 812–1069 unter byzantinischer Oberhoheit und war dann zwischen Venedig und den kroatischen Königen umstritten. 1105–1420 gehörte die Stadt mit Unterbrechungen zu Ungarn. 1420–1797 war Split im Besitz Venedigs. Das Luftbild zeigt in der linken Bildmitte die Kathedrale, das frühere Mausoleum des römischen Kaisers Diokletian.

wählter Heerführer (Woiwode) Siebenbürgens mehrfach erfolgreich mit den Türken geschlagen. Mit Unterstützung des niederen Adels war er zum Reichsverweser (1446–52) für den minderjährigen Ladislaus V. Postumus bestellt worden. Gegen die Türken erlitt er zwar 1448 auf dem Amselfeld eine empfindliche Niederlage, doch nur wenige Jahre später bewies er sein ungewöhnliches Feldherrntalent, als er 1456 das von Mehmed II. Fatih belagerte Belgrad wieder freikämpfte.

Dem Kriegsruhm seines Vaters hatte es der einzige überlebende Sohn Mátyás Hunyadi zu verdanken, dass ihm auf Druck des niederen Adels bei der Königswahl von 1458 der Vorzug gegeben wurde. König Matthias I. Corvinus (1458–90) war während seiner gesamten Regierungszeit von der zermürbenden Auseinandersetzung mit dem habsburgischen Gegenkandidaten Friedrich III. und der habsburgisch-jagiellonischen Allianz mehr in Anspruch genommen als von der Abwehr der Türken. Er gewann mit seiner Söldnertruppe, dem »Schwarzen Heer«, Mähren und Schlesien hinzu und zog 1485 als Sieger in das kaiserliche Wien ein. Als Mäzen und Kunstfreund bot er in seiner Residenz Buda der Renaissancekultur nördlich der Alpen eine Heimstatt und sammelte herausragende Vertreter des italienischen Humanismus um sich.

In der Innenpolitik setzte er auf Zentralisierung. Er drängte den Einfluss der Magnaten zurück und stärkte die Rechte des niederen Adels, ohne die wachsende Unzufriedenheit im Lande besänftigen zu können. Sie entlud sich in dem von György Dózsa angeführten Bauernaufstand des Jahres 1514, der sich aus einem abgebrochenen Kreuzzugsunternehmen entwickelte. Er wurde von dem Woiwoden Siebenbürgens Johann Zápolya blutig niedergeschlagen. Als Vergeltungsmaßnahme verfügte ein Landtagsbeschluss die dauernde Schollengebundenheit der grundherrlichen Bauern.

Mit seiner antihabsburgischen Reichskonzeption ist Matthias Corvinus ebenso gescheitert wie die Adelsfraktion, die bei künftigen Wahlen einen nationalen König durchsetzen wollte. Die Zeit arbeitete für Kaiser Maxi-

Ladislaus V. Postumus stand zeitweise unter der Obhut des Grafen Ulrich von Cilli. Das Gemälde zeigt, wie der Graf seinen Schutzbefohlenen mit Vergnügungen von den Regierungsgeschäften fern hält (1880; Budapest, Ungarische Nationalgalerie).

Matthias I. Corvinus eroberte in der Absicht, ein mitteleuropäisches Großungarisches Reich aufzubauen, bis 1485 Niederösterreich, die Steiermark sowie Kärnten und vertrieb Kaiser Friedrich III. aus Wien. Das Foto zeigt die Kirche Sankt Michael in Klausenburg, davor das Denkmal des ungarischen Königs Matthias Corvinus.

milian I. Er war 1515 eine Hausunion mit den Jagiellonen eingegangen und hatte eine gegenseitige Erbfolge vereinbart. Der Erbfall trat schon zehn Jahre später ein, als der König von Böhmen und Ungarn, Ludwig II., am 29. August 1526 in der denkwürdigen Schlacht bei Mohács von Sultan Süleiman II. geschlagen wurde und auf der Flucht ertrank.

Die Dreiteilung Ungarns
Um das ungarische Erbe stritten sich der Habsburger Ferdinand und Johann Zápolya, der sich mit der Stimmenmehrheit des national gesinnten niederen Adels am 16. Oktober 1526 auf dem Reichstag von Stuhlweißenburg zum König wählen und mit der heiligen Krone krönen ließ. Am 17. Dezember 1526 wählte die Gegenpartei in Preßburg den Habsburger Ferdinand. Dieser verfügte über die besseren Truppen und zwang seinen Gegenspieler zum Rückzug nach Polen. Erst die Absprache mit dem Sultan ermöglichte Johann Zápolya die Rückkehr. Mit polnischer und türkischer Waffenhilfe verdrängte er den habsburgischen Konkurrenten aus der Osthälfte des Reiches. Ein Verständigungsversuch zwischen den beiden Königen im Vertrag von Großwardein 1538 scheiterte.

Die Folge war eine faktische Dreiteilung des Landes. Die Habsburger blieben für eineinhalb Jahrhunderte auf einen schmalen Gebietsstreifen an der West- und

Nordwestgrenze, auf das »Königliche Ungarn«, beschränkt. Johann Zápolya hinterließ seiner polnischen Ehefrau und dem kurz vor seinem Tode geborenen Sohn das Fürstentum Siebenbürgen als Herrschaftsbereich. In die Zwischenzone rückte eine türkische Besatzung ein. Die Türken, die schon 1529 erstmals vor Wien standen und seit 1541 auch die Hauptstadt Buda in ihrer Gewalt hatten, nutzten die zentralungarischen Gebiete als Aufmarschbasis gegen die kaiserlichen Truppen. Auf ungarischem Boden wurde in den nächsten anderthalb Jahrhunderten der Konflikt zwischen dem Kaiser in Wien, der Anspruch auf das ungarische Erbe erhob, und dem Sultan ausgetragen, der im Namen Allahs zum Angriff gegen die Ungläubigen antrat. *Edgar Hösch*

Von Piasten und Přemysliden: Polen

Die Verwendung des Namens »Polen« blieb im 13. Jahrhundert auf das großpolnische Territorium beschränkt. Die schlesischen Piasten verzichteten nach dem Mongoleneinfall 1241 auf ihre bisherigen gesamtstaatlichen Ambitionen und wandten sich auch in ihren verwandtschaftlichen Beziehungen dem Reich beziehungsweise Böhmen zu. Herzog Heinrich II., der Fromme, hatte zusammen mit zahlreichen schlesischen und großpolnischen Rittern in der Schlacht bei Liegnitz am 9. April 1241 sein Leben lassen müssen. Das Aufgebot des kleinpolnischen Adels war zuvor schon bei Chmielnik südlich von Kielce von den Tataren aufgerieben worden.

Landesausbau und Kolonisation
Die abziehenden Tataren hinterließen ein verwüstetes Land. Am Wiederaufbau beteiligten sich zahlreiche ausländische Helfer, vornehmlich deutsche Bauern und Bürger, die von den Herzögen, den Klöstern und den Magnaten angeworben und nach deutschem Recht angesiedelt wurden. Mit ihrer freiheitlicheren Ordnung, ihren Selbstverwaltungseinrichtungen und korporativen Zusammenschlüssen, den agrartechnischen Neuerungen und den entwickelteren handwerklichen Fähigkeiten vermittelten sie dem planmäßigen hochmittelalterlichen Landesausbau neue Impulse.

Schon Herzog Heinrich I., der mit Hedwig von Andechs-
Meranien, der Heiligen Schlesiens, verheiratet war, hatte
zu Beginn des 13. Jahrhunderts deutsche Siedler ins Land
geholt. Deutschrechtliche Stadtgründungen breiteten
sich seit dem 13. Jahrhundert über Niederschlesien,
Westpolen und Preußen nach Groß- und Kleinpolen aus
und erreichten in Ausläufern den westrussischen Raum.
Mit ihnen verbreitete sich deutscher Kaufmannsgeist in
Ostmitteleuropa. In alten Städten Polens wie Krakau,
Breslau, Posen und Danzig gewann eine deutschstämmige Bürgerschaft einen beherrschenden Einfluss auf das
Stadtregiment. Sie wurde zum Träger händlerischer und
handwerklicher Aktivitäten und verstärkte die kulturellen Verbindungen der polnischen Kronländer nach Westeuropa.

Der Neubeginn
Die größte Gefahr für die in zahlreiche Seitenlinien auf-
gesplitterten Piasten drohte Ende des 13. Jahrhunderts
vom böhmischen Nachbarn. König Wenzel II. hatte seit
1289 über erbvertraglich abgesicherte Ansprüche in
Oberschlesien Fuß gefasst und 1291 Krakau hinzuge-
wonnen. 1300 rückten seine Truppen in Großpolen und
Pommerellen ein. Eine einflussreiche Gruppierung geistlicher und weltlicher Würdenträger betrieb seine Wahl
zum polnischen König. Die Krönung vollzog der Erzbischof von Gnesen. Wenzel II., der gleichzeitig seine Hand

> **INFOBOX**
> **Deutschordensburgen**
> Der Deutsche Orden legte seine Burgen zunächst im Weichsel-
> bereich an, u. a. Nessau bei Thorn 1230, Thorn 1231, Marien-
> werder 1233 und Marienburg (Westpreußen) 1276
> (1309–1457 Hochmeistersitz), dann insgesamt 150 weitere in
> Ostpreußen, u. a. Heilsberg 1241, Memel 1252, Königsberg
> 1255, Allenstein 1348, Neidenburg 1370 sowie in Kurland,
> Livland und Estland, u. a. Riga 1330, Reval 1346. Die östlichste
> und nördlichste Deutschordensburg war Narwa.
> Die ältesten Deutschordensburgen waren aus Holz gefertigt.
> Etwa 1280–1300 wurde der klassische Typus der Deutsch-
> ordensburg ausgebildet: An die Kirche schloss das Geviert des
> »Konventhauses« an; dazu kamen Wehrtürme, zuweilen ein
> Bergfried, Ringmauern, Torbefestigungen und der charakteris-
> tische »Dansker« (Abortturm).

In der Schlacht auf der Wahlstatt bei Liegnitz suchte ein von dem schlesischen Herzog Heinrich II., dem Frommen, geführtes Heer am 9. 4. 1241 vergeblich den Ansturm der Mongolen abzuwehren (Kupferstich von Matthäus Merian d. Ä., 1630).

nach Ungarn ausstreckte und 1302 seinem Sohn die ungarische Krone aufsetzen ließ, nahm seinen polnischen Besitz vom deutschen König Albrecht I. zu Lehen.

Die Herrschaft der landfremden Přemysliden blieb in Polen Episode. Der jugendliche König Wenzel III. überlebte seinen Vater nur um ein Jahr. 1306 fiel er in Olmütz einem Mordanschlag zum Opfer. Mit ihm starben die Přemysliden im Mannesstamm aus. Ihre Hausmachtpolitik weckte in Polen unter den zerstrittenen Teilherzögen patriotische Gefühle und ließ den Wunsch nach einer nationalen Lösung wieder lebendig werden.

Zu ihrem Wegbereiter wurde Wladislaw I. Łokietek (»Ellenlang«), der Herzog von Sieradz aus der kujawischen Linie der Piasten. Er hatte erheblichen Widerstand in den Teilregionen und seitens der deutschen Bürger Krakaus und Posens niederzukämpfen, bis er schließlich den Partikularismus überwinden und die großpolnischen, kleinpolnischen und kujawischen Teilherrschaften wieder unter einem Zepter zusammenführen konnte. Nur auf die Einbeziehung Schlesiens, Masowiens und Pommerellens musste er verzichten. Am 20. Januar 1320 schloss die Königskrönung Wladislaws das Einigungswerk ab.

Zu den erbittertsten Widersachern des neuen polnischen Königs zählten der Deutsche Orden und der böhmische König. Alle Versuche, den Deutschen Orden in einem langwierigen Prozessverfahren vor dem Heiligen Stuhl zur Herausgabe Pommerellens zu zwingen, scheiterten. König Johann der Blinde von Böhmen meldete eigene Thronrechte an. 1327 ließ er die schlesischen Herzöge ihren Lehenseid erneuern. Böhmische Truppen besetzten das Dobriner Land und bedrohten im Zusammenspiel mit dem Deutschen Orden Masowien und Kujawien, das 1332 von den Ordensrittern erobert wurde.

Der Sohn Wladislaws, König Kasimir III., der Große, zog der andauernden militärischen Konfrontation eine diplomatische Verständigung vor. Im Präliminarvertrag von Trentschin und auf dem Fürstentreffen in Visegrád 1335 einigte er sich mit Johann von Böhmen auf eine stillschweigende Anerkennung des territorialen Besitzstandes. Gegen den förmlichen polnischen Verzicht auf Schlesien 1339 gab der Luxemburger seine Thronansprüche in Polen auf. Den Kriegszustand mit dem Deutschen Orden beendete Kasimir im Frieden von Kalisch 1343. Er brachte ihm Kujawien und das Dobriner Land zurück, dafür musste er Pommerellen, das Culmer Land und die Michelau dem Orden überlassen. Zuvor schon hatte er 1340 mit ungarischer Hilfe eine erfolgreiche Südostexpansion eingeleitet. Aus der Erbmasse des südwestrus-

In Krakau, Breslau, Posen und Danzig gewann die deutschstämmige Bürgerschaft einen beherrschenden Einfluss auf das Stadtregiment. Sie wurde in Handel und Handwerk führend und verstärkte die kulturellen Verbindungen der polnischen Kronländer nach Westeuropa (Breslau, Rathaus).

sischen Fürstentums Galitsch-Wolhynien brachte er Gebiete am Oberlauf von San, Westlichem Bug und Dnjester (Rotreußen, das spätere Ostgalizien) mit Lemberg und Přzemysl an sich und verteidigte sie hartnäckig gegen Litauen. 1351 gewann er die von Böhmen beanspruchte Oberhoheit über Masowien zurück.

Kasimir III. stabilisierte in einer krisenhaften Zeit die piastische Königsherrschaft in Polen und betrieb eine erfolgreiche Arrondierungspolitik. Mit seinem Namen sind wichtige Weichenstellungen in der polnischen Geschichte verbunden. 1364 gründete er mit päpstlichem Privileg die Krakauer Universität und öffnete sein Land dem wissenschaftlichen Diskurs. Als Gesetzgeber unternahm er ernsthafte Anstrengungen, die notwendige Rechtsvereinheitlichung in den einzelnen Landesteilen zu fördern. Seine Fürsorge um die unteren Bevölkerungsschichten trug ihm den Ruf eines Bauernkönigs ein. 1353 sah er sich erstmals in der polnischen Geschichte mit einer Konföderation des unzufriedenen großpolnischen Adels konfrontiert. Das Auftreten der Adelsvertreter zeigte an, dass sich aus der polnischen Adelsgenossenschaft, der Schlachta (polnisch szlachta, »Geschlecht«), ein abgeschlossener Stand mit einem ausgeprägten Eigenbewusstsein zu entwickeln begann. Dieser verstand sich immer mehr als die eigentliche polnische Nation und sollte in der Folgezeit zum großen Gegenspieler der Königsmacht werden.

Nach den Zerstörungen während des Mongoleneinfalls 1241 wurde Krakau 1257 mit Magdeburger Recht nach dem Vorbild Breslaus, dessen Stadtplangestaltung nachgeahmt wurde, neu gegründet. Die Bevölkerung war seitdem bis zu Beginn des 16. Jh. überwiegend deutsch (Krakau, Blick über die Weichsel auf den Burgberg).

Adel und Königsmacht
In der Nachfolgefrage hatte Kasimir rechtzeitig durch eine Erbverbrüderung mit den ungarischen Anjou vorgesorgt. Der Ausschluss einer weiblichen Erbfolge musste allerdings im Privileg von Buda 1355 vom Adel durch die Zusage erkauft werden, künftig keine Sondersteuern zu erheben und die grundsätzliche Wahlfreiheit bei der Königskür anzuerkennen. Als Kasimir 1370 starb, rückte der ungarische König Ludwig I. nach, der selbst ohne männliche Erben war. Der Übergang vollzog sich aber nicht problemlos. Ludwig verwaltete Polen nur als Nebenland und konnte Interessenkollisionen mit seiner Stellung in Ungarn nicht ausschließen.

Der Ruf nach einer einheimischen Dynastie wurde in den unzufriedenen Adelskreisen laut. Um die Nachfolge seiner Tochter zu sichern, bestätigte Ludwig im Kaschauer Privileg 1374 die Privilegienzusagen und das Mitspracherecht des Adels bei künftigen Königswahlen.

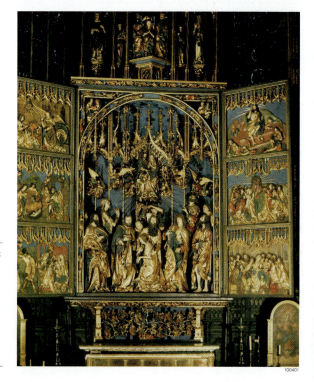

Das erste gesicherte Werk des zeitweilig in Polen wirkenden Bildhauers Veit Stoß ist der farbig gefasste Hochaltar der Marienkirche in Krakau (1477–89); dieser weist ihn als einen der bedeutendsten Künstler der Spätgotik aus.

Wladislaw I. Łokietek machte Krakau 1320 erneut zur Haupt- und Krönungsstadt Polens. Seitdem erlebte Krakau eine wirtschaftliche und kulturelle Blütezeit und wurde Mitglied der Hanse. Durch die Verlegung des Hofes nach Warschau (1596) verlor die Stadt an Bedeutung. Die Abbildung zeigt das Innere der 1226 begonnenen gotischen Marienkirche.

Die Adelsvertreter setzten in langwierigen Verhandlungen mit der Witwe Ludwigs in Buda die dauernde Anwesenheit der Thronfolgerin in Polen durch. Die ungarische Königstochter Hedwig (polnisch Jadwiga) wurde 1384 in Krakau gekrönt. Auf Drängen des Adels gab sie 1386 ihre Zustimmung zu der folgenreichen ehelichen Verbindung mit dem heidnischen Litauerfürsten Jagiełło. Durch die dynastische Verbindung mit Litauen veränderte das piastische Polen völlig sein Gesicht. Die Jagiellonenherrschaft erschloss der katholischen polnischen Kirche im Osten ein riesiges Missionsgebiet und festigte den Anspruch Polens, Bollwerk des Christentums zu sein. Das vereinigte Polen-Litauen wurde zu einem raumbeherrschenden ostmitteleuropäischen Großreich und zu einem Vielvölkerstaat auf föderativer Grundlage.

Edgar Hösch

Von der Ostsee bis zum Schwarzen Meer: Polen-Litauen

Die polnisch-litauische Staatenunion, deren Herrschaftsanspruch von der Ostsee bis zum Schwarzen Meer reichte, war das Ergebnis einer Vernunftehe, bei der das politische Kalkül beider Seiten den Ausschlag gab. Der Litauerfürst Jagiełło entschied sich für die polnische Option, weil sie Hilfe gegen den Deutschen Ritterorden, den gemeinsamen Feind in Preußen und Livland, in Aussicht stellte und einen Rückhalt für die Fortführung der erfolgreichen Ostpolitik Litauens bot.

Der Unionsvertrag war am 14. August 1385 in Krewo geschlossen worden. Bei den langwierigen Verhandlungen vor der Unterzeichnung hatten die vornehmlich kleinpolnischen Unterhändler einen langen Forderungskatalog präsentiert. Sie bestanden nach den unliebsamen Erfahrungen der Vergangenheit auf der Anwesenheit des Herrschers im Lande und auf seiner Taufe, und sie wünschten Zusagen im Hinblick auf eine künftige Eingliederung des Großfürstentums und ein verstärktes Engagement zur Zurückgewinnung der verlorenen polnischen Territorien.

Am 14. Februar 1386 hielt Jagiełło seinen triumphalen Einzug in Krakau und empfing am folgenden Tag zusammen mit seinem Gefolge aus der Hand des Gnesener Erzbischofs die Taufe. Am 18. Februar feierte er die Vermählung mit Königin Hedwig und am 4. März wurde er selbst unter seinem Taufnamen als Wladislaw II. zum König von Polen gekrönt. Vor dem Krönungsakt bestätigte er dem polnischen Adel die bisherigen Privilegien und versprach, keine zusätzlichen Steuern zu erheben und Polen nicht mit Landfremden zu regieren.

Für den polnischen Staat zahlte sich die Verbindung mit Litauen unmittelbar aus. Schon 1387 holte Königin Hedwig persönlich den westlichen Teil Rotrusslands, der noch von ungarischen Starosten verwaltet wurde, wieder zurück, und in Lemberg konnte ihr Gemahl die Huldigung des moldauischen Hospodars (Fürsten) entgegennehmen. Größere Schwierigkeiten hatte dagegen Wladislaw, sein Stammland Litauen über eine nur lose Personalunion hinaus in das neue gemeinsame Staatswesen einzubinden. Die litauischen Adligen waren über großzügige Privilegienzusagen, die ihnen den gleichen

Der Aufstieg Litauens begann mit den Friedensverträgen mit dem Deutschen Orden 1322 sowie mit Polen und Masowien 1340. Diese ermöglichten die Grenzsicherung im Westen und die Expansion nach Osten.

Rechtsstatus wie der polnischen Schlachta gewährten, leichter zu gewinnen als sein ehrgeiziger Vetter Vytautas.

Vytautas und Wladislaw II.
Fürst Vytautas hatte alte Rechnungen zu begleichen. Er war 1382 mit seinem Vater Keistut im innerlitauischen Machtkampf unterlegen und musste sich zeitweise unter den Schutz des Deutschen Ordens begeben. Er versöhnte sich wohl vorübergehend mit seinem Vetter und begleitete ihn 1386 zur Krönung nach Krakau. Dass allerdings Wladislaw ihm seinen Bruder, Fürst Skirgaila, als Stellvertreter in Litauen vorzog, musste er als persönliche Kränkung empfinden. 1389 kam es erneut zum Bruch. Seither kämpfte Vytautas mit der Waffe in der Hand um sein väterliches Erbe und erhob Anspruch auf ganz Litauen.
Der Streit erhielt eine für Wladislaw gefährliche Eigendynamik, weil sein Rivale sich nicht scheute, mit den erklärten Feinden Polen-Litauens, dem Deutschen Orden und dem Moskauer Großfürsten, zusammenzugehen. 1390 begab sich der schon 1383 katholisch getaufte Vytautas erneut unter den Schutz des Ordens. Er stellte für die geforderte Waffenhilfe Samogitien, die begehrte Landbrücke zwischen Preußen und Livland, in Aussicht, ein Versprechen, das er 1398 im Vertrag von Sallinwerder

> **INFOBOX**
>
> **Sitz des Deutschen Ordens**
> Die Marienburg, 1276 gegründet, war seit 1280 Konventssitz des Deutschen Ordens und 1309–1457 Residenz des Hochmeisters. Der älteste Teil der Anlage ist das Hochschloss, das 1276–80 auf quadratischem Grundriss errichtet wurde. 1334–44 wurde es um den doppelgeschossigem Kreuzgang zum Hof, den Kapitelsaal, die Marien- und Annakapelle mit Sterngewölbe sowie den mächtige Wehrturm erweitert. Die ehemalige Vorburg wurde zum Mittelschloss ausgebaut, 1318–24 entstand der Große Remter mit Sterngewölbe, 1383–99 an der Westseite der wehrhafte Hochmeisterpalast. Die neue Vorburg im Norden mit Zeughaus, Laurentiuskirche u. a. Bauten entstand 1309. Die Burganlage war von Wehrmauern mit Basteien (13./14. Jh.) umgeben. Im 19./20. Jh. wurde die z. T. verfallene Burg restauriert und nach Zerstörung wieder hergestellt; seit 1997 ist sie UNESCO-Weltkulturerbe.

einlöste. Zur Festigung der moskowitischen Verbindungen wechselte er zum orthodoxen Glauben über und gab seine Tochter 1391 dem Großfürsten Wassilij I. Dmitrijewitsch zur Frau.

Eine friedliche Beilegung des ausufernden Zwistes zwischen den verfeindeten Vettern ermöglichte erst der Vertrag von Ostrowo in Masowien vom 4. August 1392. Er wies Vytautas das väterliche Erbe mit weiteren westrussischen Gebieten zu und bekräftigte mit dem Titel eines Großfürsten von Litauen seine Anwartschaft auf ganz Litauen. Als Skirgaila 1387 verstarb, brachte Vytautas die einzelnen Landesteile in seine unmittelbare Gewalt und ersetzte die lokalen Fürsten durch eigene Statthalter.

Sein Blick war vornehmlich nach Osten gerichtet. Vytautas leitete ohne Absprache mit dem polnischen König eine offensive Ostpolitik ein und schob die Grenzen Litauens über weißruthenische Gebiete bis in das westliche Vorfeld Moskaus vor. 1397 und 1398 stießen seine Truppen bis an die Schwarzmeerküste und auf die Krim vor. Seine hochfliegenden Pläne musste er begraben, als er am 12. August 1399 an der Spitze eines polnisch-litauischen Heeres an der Worskla eine vernichtende Niederlage gegen die Tataren erlitt und nur sein eigenes Leben retten konnte. Danach erreichte Vytautas wohl in den Unionen von Wilna und Radom 1401 eine vertragliche Bestätigung seines Herrschaftsanspruches, musste aber eine Beschränkung der außenpolitischen Bewegungsfreiheit hinnehmen.

Der Konflikt mit dem Deutschen Orden
Zur Bewährungsprobe des polnisch-litauischen Verhältnisses wurde die sich hinziehende Auseinandersetzung mit dem Deutschen Orden. Sie mündete nach dem Aufstand der Samogitier 1409 in einen offenen Schlagabtausch. Der »Große Krieg« endete am 15. Juli 1410 in der Schlacht von Tannenberg mit der Vernichtung des Ordensheeres. Die siegreichen polnisch-litauischen Truppen besetzten weite Teile des Ordenslandes. Die meisten Festungen mussten ihre Tore öffnen, nur die Verteidiger des Ordenssitzes Marienburg trotzten einer mehrmonatigen Belagerung. Im ersten Thorner Frieden vom 1. Februar 1411 gelang es dem Orden, die drohende Existenzgefährdung abzuwenden. Er verzichtete zu Lebzeiten des polnischen Königs und Vytautas' auf Samogitien und verpflichtete sich zu Entschädigungszahlungen.

Der Heidenkrieg, zu dem die Ritter des Deutschen Ordens verpflichtet waren, verlagerte sich bald nach seiner Gründung (1199) vom Heiligen Land nach Osteuropa. Die Deutschordensritter trugen einen weißen Mantel mit schwarzem Kreuz (Farbholzstich aus dem Münchener Bilderbogen; Berlin, Sammlung Archiv für Kunst und Geschichte).

Thorn wurde 1231 als erster Stützpunkt des Deutschen Ordens im Culmer Land am rechten Weichselufer angelegt. Die 1454 an Polen gefallene Stadt errang, ähnlich wie Danzig, eine Sonderstellung (»Die Baumburg des Deutschen Ordens gegen die Prussen«, anonymes Gemälde, um 1600; Sterzing, Stadtmuseum).

Ruhe kehrte noch nicht ein. Seit Herbst 1412 herrschte wieder Krieg an den Grenzen, und 1414 verhinderte ein in Strasburg (Westpreußen) vereinbarter Waffenstillstand nur notdürftig einen erneuten größeren Waffengang. Beide Parteien versuchten, auf dem Rechtsweg Grenzkorrekturen zu erreichen und das Reich und den Papst als Schiedsinstanzen in den Streit hineinzuziehen. Sie boten hohen juristischen Sachverstand auf, um dem Konstanzer Konzil ihre abweichenden Standpunkte vorzutragen und eine Entscheidung zu ihren Gunsten herbeizuführen.

Aus dem fortdauernden Konflikt zog Vytautas größeren Nutzen als der polnische König. Nach dem gemeinsamen Einfall in das Culmer Land gewann er 1422 für Litauen ohne Bedingung das umstrittene Samogitien zusammen mit einem schmalen Küstenstreifen an der Ostsee bei Polangen und eine sichere Grenze zum Ordensland. Wladislaw musste sich dagegen mit einem kleinen Territorialgewinn auf dem linken Weichselufer abfinden.

Adelsrecht und Königsgewalt
Die ungesicherte Nachfolgefrage machte den alternden König zunehmend erpressbar. Vytautas war nicht abgeneigt, für seine Person Thronansprüche anzumelden und zumindest in Litauen eine eigene Königsherrschaft zu begründen. Der Orden ließ sich die Gelegenheit nicht entgehen, Zwietracht zwischen seinen härtesten Konkurrenten zu säen. Wladislaw geriet unter Zeitdruck. Ihm waren erst in vierter Ehe zwei männliche Thronfolger geboren worden. Er wollte rechtzeitig Vorsorge für seine Söhne treffen und bemühte sich bei den Adelsvertretern um eine förmliche Anerkennung ihrer Thronrechte. Bei den anstehenden Verhandlungen stieß er in dem Kanzler Polens und Bischof von Krakau, Zbigniew Oleśnicki, auf einen geschickten Gegenspieler. Der König sah sich schließlich gezwungen, auf die Bedingungen des Adels einzugehen. Im Privileg von Jedlno am 4. März 1430 gestand er dem polnischen Adel und der hohen Geistlichkeit das Recht der freien Königswahl zu. Er dehnte die adligen Sonderrechte auf alle Landesteile aus und gewährte dem Adelsstand erhöhten Schutz und Rechtssicherheit.

Die entsprechenden königlichen Erlasse bildeten die Gründungsurkunde der polnischen Adelsdemokratie, die auf der ungeteilten Freiheit und Gleichheit des Gesamtadels beruhte. Die Schlachta-Republik schloss die Bauern ebenso von politischen Mitspracherechten, vom Landbesitz und vom Zugang zu höheren geistlichen Ämtern aus wie das Bürgertum der Städte. Ungeachtet einer fortschreitenden sozialen Differenzierung zwischen dem verarmten Kleinadel und den einflussreichen Magnaten- und Senatorenfamilien verstanden sich die adligen Reichsbürger als die eigentlichen Repräsentanten der Nation. Sie nutzten die akute Notlage des Königs, der

Geld und ein ausreichendes militärisches Aufgebot für seine Kriegführung benötigte, zur politischen Erpressung. Die Adelsversammlungen der einzelnen Landesteile zogen immer mehr Kompetenzen an sich und schufen sich in Generallandtagen zunächst für Groß- und Kleinpolen ein oberstes Beratungs- und Beschlussgremium. 1493 tagte erstmals in Petrikau ein gemeinsamer Reichstag. Er wurde von den Bezirks- und Landtagen und vom königlichen Rat beschickt.

Die letzte Station auf dem Wege zu einer Institutionalisierung der Adelsdemokratie waren die Nessauer Statuten von 1454. Sie machten die Bestellung eines militärischen Aufgebotes von der vorherigen Zustimmung der einzelnen Landtage abhängig. Die Verfassung von Radom 1505 übertrug letztlich das ausschließliche Gesetzgebungsrecht den beiden Kammern des Reichstages, dem Senat und der Landbotenstube. Dem König verblieben neben der alleinigen Vertretung nach außen und dem militärischen Oberbefehl nur noch eine durch Adelsrecht eingeschränkte Gerichtsbarkeit und die Exekutivgewalt. Einen gewissen finanziellen Rückhalt boten ihm die regulären Einkünfte aus dem Königsgut und dem Berg- und Münzregal. Bei allen außergewöhnlichen Ausgaben war er aber von der Zustimmung der Adelsversammlungen

INFOBOX
Die Schwarze Madonna von Tschenstochau
Die Ikone der Muttergottes von Tschenstochau hatte der schlesische Piastenfürst Wladislaw von Oppeln wohl 1384 in Ruthenien für das von ihm gegründete Paulinerkloster Jasna Góra erworben. 1430 wurde sie von hussitischen Bilderstürmern schwer beschädigt und anschließend im Auftrag Wladislaws II. Jagiełło restauriert bzw. neu gemalt, wobei als Erinnerungszeichen an die Schändung der Ikone auf die rechte Wange Mariens Narben aufgetragen wurden.
Diese »Wunderheilung« war Anlass für die breite Verehrung des Gnadenbildes und einen bis heute andauernden Wallfahrtsbetrieb. Die legendäre Verteidigung des Klosters unter Prior Augustyn Kordecki (1655) war der Ausgangspunkt für die Befreiung Polens von den Schweden. Als nationales Symbol erhielt die Schwarze Madonna den Titel »Königin der Krone Polens«. Obwohl zugleich Schutzherrin des polnischen Katholizismus, trägt sie wie eine orthodoxe Ikone eine silberne Abdeckung, die nur an hohen Festtagen feierlich abgenommen wird.

Europa im Mittelalter

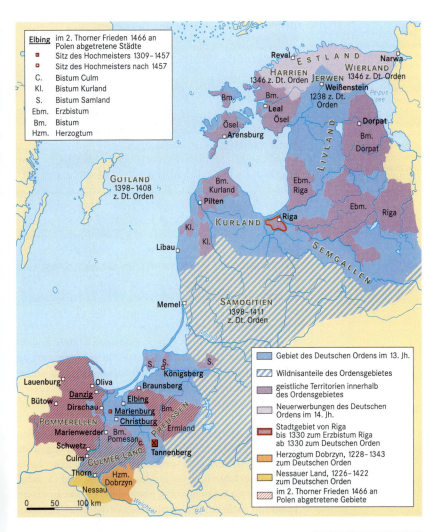

und von den Beschlüssen der Landtage beziehungsweise des Reichstages abhängig.

Dennoch reduzierte sich die königliche Amtsgewalt keineswegs nur auf reine Handlangerdienste zugunsten des Adels. Mit der Person des Königs verband sich weiterhin die Idee des Gesamtstaates, und die Autorität der Krone bewährte sich auch in schwierigen Zeiten als Klammer zwischen den beiden ungleichen Reichsteilen Polen und Litauen.

Die »Goldbulle von Rimini« (1226) diente dem Deutschen Orden als rechtliche Grundlage zur Errichtung des Ordensstaates; zur Erschließung des Landes warb der Orden deutsche Bauern als Siedler an.

Nach langwierigen Verhandlungen zog der Litauerfürst Jagiełło im Februar 1386 in Krakau ein und wurde vom Gnesener Erzbischof getauft. Im selben Monat feierte er die Vermählung mit der polnischen Thronerbin Hedwig, am 4. März wurde er unter seinem Taufnamen als Wladislaw II. zum König von Polen gekrönt (Krakau, Blick auf den Wawel).

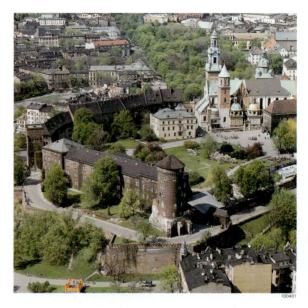

Von der Personal- zur Realunion

Die eher zufällig über eine dynastische Union zusammengeführten Reichsteile wuchsen nur sehr langsam zu einem einheitlichen Staatsgebilde zusammen. Zu unterschiedlich waren die verfassungsrechtlichen Voraussetzungen, die politischen, ökonomischen und gesellschaftlichen Strukturen, die kulturellen Traditionen und die kirchlich-konfessionellen Zuordnungen. Auch in Polen waren in der Jagiellonenzeit noch erhebliche regionale Unterschiede erhalten geblieben. Litauen aber hatte durch die erfolgreiche Ostexpansion des 14. und 15. Jahrhunderts sein Gesicht völlig gewandelt. Es war zu einem Land mit mehrheitlich ostslawisch-orthodoxer Bevölkerung geworden.

Die beiden Reichshälften wurden zunächst nur durch eine lose Personalunion zusammengehalten. Der Staatenbund war nicht nur durch ehrgeizige litauische Großfürsten wie Vytautas in seinem weiteren Bestand gefährdet. Das jagiellonische Erbrecht in Litauen vertrug sich nur schwer mit dem Anspruch des polnischen Adels auf freie Königswahl. Ehrgeizige dynastische Hausinteressen der Jagiellonen, die Böhmen und Ungarn in ihre Überlegungen einbezogen, weckten Missmut in Litauen und ließen Ausschau nach internen Thronfolgeregelungen halten. Jede Königswahl wurde zur Zerreißprobe.

Wladislaw III. von Polen, der Sohn und Nachfolger Wladislaws II., hielt vorübergehend die Kronen Polens (seit 1434) und Ungarns (seit 1440) in seiner Hand. Er büßte seine raumgreifende dynastische Politik 1444 auf dem Schlachtfeld von Warna gegen die Türken mit dem Leben. Zum Nachfolger in Polen wurde auf Betreiben Oleśnickis sein Bruder Kasimir ausersehen, der seit 1440 als Großfürst in Litauen amtierte. Kasimir verständigte sich mit den polnischen Adelsvertretern 1446 auf eine Erneuerung der Personalunion.

Kasimir IV. Andreas (1447–92)
Als polnischer König leitete dann aber Kasimir IV. Andreas energische Schritte zur Angleichung der beiden Reichshälften ein. Er setzte auf das Eigeninteresse des litauischen Adels. Schon 1413 hatten Wladislaw II. und Vytautas der Aufnahme von 47 katholischen litauischen Adelsgeschlechtern in die Wappengemeinschaften polnischer Familienverbände zugestimmt. Die Diskriminierung der orthodoxen Bevölkerung bei der Ämtervergabe wurde aber nur schrittweise aufgegeben. Privilegienzusagen an den litauischen Adel leisteten einer schleichenden Polonisierung der Führungsschichten in Litauen Vorschub. Kasimir IV. setzte in dieser Frage einen Schlussstrich und sicherte noch vor seiner Königskrö-

In der Schlacht bei Tannenberg, einer der größten Schlachten des Mittelalters, erlitt der Deutsche Orden durch ein polnisch-litauisches Heer unter Wladislaw II. eine vernichtende Niederlage (Gemälde von Jan Matejko, 1872; Malbork, Muzeum Zamkowe).

nung am 2. Mai 1447 dem gesamten litauischen Adel und den Stadtbürgern gleiche Rechte zu. Gleichzeitig unterstellte der König die bisher umstrittenen Provinzen Podolien und Wolhynien litauischer Verwaltung. Die volle Gleichberechtigung von Katholiken und Orthodoxen wurde in der Praxis allerdings erst in der zweiten Hälfte des 16. Jahrhunderts erreicht.

Kasimir IV. hatte die Interessen des Gesamtstaates im Blick, als er 1449 auf weitere Expansionen im westrussischen Raum verzichtete und sich mit dem Moskauer Großfürsten Wassilij II. auf eine Anerkennung des beiderseitigen Besitzstandes verständigte. Größere Chancen sah er in der Auseinandersetzung mit dem Deutschen Orden, der mit inneren Schwierigkeiten zu kämpfen hatte. Als sich 1454 die preußischen Landstände und die Städte Danzig und Thorn gegen ihren Landesherren erhoben, nahm der König das Angebot der Aufständischen an und unterstellte das gesamte Ordensgebiet seiner Oberherrschaft. Mit seinem Entschluss handelte sich Kasimir IV. einen 13-jährigen Krieg mit dem Orden ein.

Er fand nach mehreren vergeblichen Anläufen erst mit dem zweiten Thorner Frieden am 16. Oktober 1466 ein für Polen günstiges Ende. Der Orden musste die Oberhoheit des polnischen Königs anerkennen und auf Pommerellen (mit Danzig), das Culmer Land, die Michelau und auf wichtige befestigte Städte wie Christburg, Elbing und Marienburg verzichten. Mit diesem »Preußen königlichen Anteils« gewann Polen erstmals einen breiteren Zugang zur Ostsee.

In den böhmischen und ungarischen Angelegenheiten mischte Kasimir IV. über seine Söhne weiterhin mit: Wladislaw wurde 1471 zum böhmischen König gewählt. Nach dem Tode des Matthias Corvinus, der ihm die böhmischen Nebenländer streitig gemacht hatte, gewann er 1490 noch die ungarische Krone hinzu. An der Ostgrenze musste Kasimir IV. aber Moskau die Initiative überlassen und im ersten litauisch-moskowitischen Krieg (1486–94) territoriale Verluste an der oberen Oka hinnehmen.

Die Ruine der Ordensburg in Cēsis aus dem 13. Jh. ist die imposanteste und am besten erhaltene Burgruine in Lettland. Die Burg war eine der stärksten Festungen des Deutschen Ordens im Baltikum und jahrhundertelang Sitz des Livländischen Deutschordensmeisters.

Das Ende der Jagiellonen

Unter seinen Söhnen, König Johann I. Albrecht und Großfürst Alexander, brachen erneut Gegensätze auf. Widerstreitende außenpolitische Interessen gefährdeten

Europa im Mittelalter

den Weiterbestand des polnisch-litauischen Staatenbundes. Die Wahl Alexanders zum polnischen König stellte zwar nach dem Tod Johann Albrechts 1501 die Personalunion wieder her, doch geriet der König in eine weitgehende Abhängigkeit vom Senat und den Magnaten. Einbrüche an der litauischen Ostgrenze konnte er nicht mehr verhindern.

Ein erneuter Waffengang mit Moskau (1501–03) endete mit weiteren Gebietsverlusten. Die jagiellonische Vormachtstellung geriet ins Wanken. Die Moskowiter nahmen Verbindung zu den Habsburgern auf, und Schweden, der Orden und die Moldau waren nicht abgeneigt, einem antijagiellonischen Angriffsbündnis beizutreten. 1514 mussten die Litauer die strategisch wichtige Festung Smolensk den moskowitischen Truppen überlassen.

Unter dem Eindruck einer drohenden Einkreisung suchte der 1506 neu gewählte König Sigismund I., der jüngere Bruder Alexanders, den Ausgleich mit den Habsburgern. 1515 erneuerte er in Preßburg und Wien das Einverständnis zur jagiellonisch-habsburgischen Doppelhochzeit. Die Vereinbarung schloss die gegenseitige Erbfolge ein. Nur elf Jahre später trat völlig überraschend

Nach der Schlacht von Tannenberg hielten die Verteidiger des Ordenssitzes Marienburg einer mehrmonatigen Belagerung stand (Blick auf die Stadt Marienburg/Malbork an der Nogat mit der 1276 gegründeten, nach 1945 wieder aufgebauten Deutschordensburg).

Mit der Lubliner Union vom 1. 7. 1569 wurde die polnisch-litauische Personalunion in eine Realunion umgewandelt. Der Holzstich nach einem Gemälde von Jan Matejko (1863) hält die Vertragsverhandlungen fest.

der Erbfall ein. Nach der Schlacht bei Mohács (1526) erbten die Habsburger die jagiellonischen Thronrechte in Ungarn.

Sigismund I. war in zweiter Ehe mit Bona Sforza verheiratet, die in der italienischen Renaissancekultur aufgewachsen war. Unter ihrem Einfluss wurde der Krakauer Königshof zum kulturellen Zentrum. In der ausgehenden Jagiellonenzeit erlebte die polnische Kultur ihr »goldenes Zeitalter«. Es zeichnete sich durch eine erstaunliche Toleranz in Glaubensfragen aus. Sigismund I. suchte wohl der Verbreitung der lutherischen Lehre noch Hindernisse in den Weg zu legen, unter seinem Sohn Sigismund II. August (1548–72) setzte sich die Glaubensfreiheit für alle Bekenntnisse aber durch.

An der Reformation zerbrachen der Ordensstaat und die auf geistlichen Herrschaftsstrukturen begründete Einheit des alten Livland. 1525 hatte bei der Säkularisierung des Ordensstaates Albrecht der Ältere mit seinen drei Brüdern Preußen als weltliches Herzogtum polnischer Lehenshoheit unterstellt. In Livland brachte Iwan der Schreckliche 1558 mit der Entfesselung des Livländischen Kriegs die alte Ordnung zum Einsturz.

Die geistlichen Territorien, das heißt das Erzbistum Riga sowie die Bistümer Dorpat, Ösel-Wik, Kurland und das livländische Gebiet des Ordens, lösten sich auf. Die

Bischöfe von Ösel-Wik und Kurland wechselten auf die dänische Seite, Reval und die estnische Ritterschaft huldigten dem Schwedenkönig Erich XIV. Der Erzbischof von Riga und der Landesmeister des Ordens suchten 1559 Schutz beim polnischen König und willigten 1561 in eine Teilung des Landes ein. Der letzte Ordensmeister Gotthard Kettler nahm Kurland und Semgallen als erbliches Herzogtum vom polnischen König zum Lehen und bekannte sich zur reformatorischen Lehre. Zentrallivland, das »überdünische« Land, fiel gegen eine Privilegiengarantie zugunsten der livländischen Stände an den polnischen König.

Angesichts der zunehmenden Bedrohung der Ostgrenzen wuchs in der polnischen und litauischen Reichshälfte die Bereitschaft zu einem engeren Zusammenschluss. Der König drängte auf dem gemeinsamen Reichstag, der seit Januar 1569 in Lublin tagte, auf eine rasche Klärung der Unionsfrage. Mit der einseitig verfügten Unterstellung der Woiwodschaften (Herrschaften) Podlachien, Wolhynien und Kiew unter Polen übte er massiven Druck auf die widerstrebenden litauischen Magnaten aus. Die abschließenden Gespräche zogen sich bis zur Jahresmitte hin, ehe in der Lubliner Union vom 1. Juli 1569 eine einvernehmliche Lösung gefunden werden konnte. Mit dem Verzicht auf das Erbrecht der Jagiellonen in Litauen hatte der König den Weg freigemacht. Die Unionsakte von Lublin sah unter einem gemeinsamen Herrscher und einem gemeinsamen Reichstag einen Bundesstaat aus gleichberechtigten Reichsteilen vor, die ihre Zuständigkeit für die Außenpolitik und die Münzprägung abgeben, aber die Eigenständigkeit in Verwaltung und Rechtsprechung, Finanz- und Heerwesen beibehalten sollten.

Ein Jahrzehnt später, am 7. Juli 1572, erlosch mit dem Tode Sigismunds II. August die Jagiellonendynastie im Mannesstamm. Die Königswahlen bestimmte seither bis zu den Polnischen Teilungen am Ausgang des 18. Jahrhunderts die Adelsnation in freier Entscheidung.

Edgar Hösch

ZEIT ASPEKTE

Das Beste aus der ZEIT zu ausgewählten Themen dieses Bandes.

Wikinger
Kreuzzüge
Wilhelm der Eroberer
Inquisition...

ZEIT Aspekte

Wikinger

Mobile Mittelaltermafia
Die Nordmänner erpressten Paris und schufen ein kontinentales Handelsnetz. Sie waren Heiden, aber nicht schlimmer als andere Völker
Von Friedhelm Rathjen **516**

Nibelungenlied

Das Haupt sprang in den Schoß
Im »Nationalepos der Deutschen« offenbart sich die Lust an der Gewalt
Von Rüdiger Krohn **518**

Pergament

Alte Häute vergessen nie
Computer helfen Paläographen, ausradierte Handschriften wieder lesbar zu machen
Von Ulf von Rauchhaupt **524**

Zisterzienser

Roden, beten, Mist austragen
Von der radikalen Landkommune zu einem der machtvollsten Orden der Christenheit
Von Klaus Schulte-van Pol **527**

Wilhelm der Eroberer

Ein Bastard als Herrscher
Für die Engländer war ihr König aus der Normandie ein »Köter« und »Blutsauger«
Von Niels Peter Juel Larsen **536**

Kreuzzüge

Mord und fromme Ekstase
Am 15. Juli 1099 erobern die Kreuzritter unter Führung des Gottfried von Bouillon die allerheiligste der Städte – Jerusalem
Von Klaus Schulte-van Pol **550**

Richard Löwenherz

Der schöne Riese
Wie das Leben des Idols seines Zeitalters zu einer Legende wurde
Von Klaus Schulte-van Pol **559**

Inquisition	**Frommer Massenterror** Die blutige Geschichte der Ketzerverfolgung belastet die katholische Kirche noch immer *Von Hansjakob Stehle*	571
	Durch göttliche Güte erwürgt Noch 1747 kommt es in der Schweiz zu einem der letzten großen Ketzerprozesse Europas *Von Aram Mattioli*	580
Zünfte	**Die verordnete Solidarität** Im Mittelalter schotteten die Handwerker ihre Märkte mit rigiden Zugangsregeln ab. Wettbewerb war selbst unter Zunftmitgliedern verboten – Verstöße dagegen wurden sogar mit dem Tod bestraft *Von Eva-Maria Thoms*	590
Habsburger in Spanien	**Der Kerker der Königin** Im Schloss des kastilischen Städtchens Tordesillas war Johanna die Wahnsinnige 46 Jahre gefangen *Von Claudia Diemar*	597
»Mongolensturm«	**Die besonnene Bestie** Dschingis Khan gilt als größter Eroberer und erfolgreichster Frauenheld aller Zeiten. Er selbst hätte lieber seine Ruhe gehabt *Von Tobias Hürter*	603

Wikinger

Mobile Mittelaltermafia

Die Nordmänner erpressten Paris und schufen ein kontinentales Handelsnetz. Sie waren Heiden, aber nicht schlimmer als andere Völker

Von Friedhelm Rathjen

Zu Zeiten, da es noch keine Datenautobahnen gab, ist das Unterwegssein als Lebensform wohl selten so erfolgreich kultiviert worden wie von den Wikingern. Über Nacht konnten sie an jedem Punkt Europas auftauchen, und bekanntermaßen war es nicht gerade sanfter Tourismus, den sie im Sinn hatten. Die Souvenirs, die sie von ihren Reisen heimbrachten, pflegten sie in den seltensten Fällen zu bezahlen; unzählige Schiffsladungen reicher Beute fanden aus Franken, England, Irland, Russland den Weg in den hohen Norden. Erstaunlicherweise haben die Wikinger trotzdem in vielen Teilen Europas die Wirtschaft angekurbelt, denn sie waren keineswegs nur plündernde Schurken, wie es das verbreitete Klischee wissen will. Lichtgestalten aus blondem Reckengeschlecht waren sie freilich ebenso wenig.

Wenn wir die von Peter Sawyer in dem Band »Die Wikinger – Geschichte und Kultur eines Seefahrervolkes« zusammengestellten Beiträge in ihrer ganzen enzyklopädischen Fülle studieren, so kommt uns bald der Verdacht, dass der eigentliche Wesenskern der Wikinger die Widersprüchlichkeit war. Einerseits waren sie ruhelos, andererseits wurden sie rasch sesshaft, wo immer sie es konnten; einerseits schufen sie Handelswege und Marktplätze, die sie andererseits hauptsächlich dazu nutzten, Schutzgelder (so genannte Tribute) zu erpressen; einerseits hatten sie keine Skrupel, wehrlose Klosterbrüder hinzumetzeln, andererseits kam es durchaus vor, dass Wikinger fränkischen Edeldamen Schutz vor ihren gewalttätigen Ehemännern boten.

Etwas in die Irre führt die Rede von nur einem Seefahrervolk; tatsächlich waren es mindestens deren drei. Schwedische Händler schufen im Osten Europas Städte,

Fürstentümer und eine Infrastruktur, die den Handel bis in den Irak und nach Byzanz ermöglichte. Die Leistung dieser Nordmänner ist historisch die folgenreichste, wenn sie auch am wenigsten bekannt ist – nicht zuletzt, weil in diesem Kontext selten von Wikingern die Rede ist. Die Akteure waren unter der Bezeichnung Rus so berüchtigt, dass sich daraus der Name des Großreichs ergab.

Als Wikinger im klassischen Sinn dürfen die Dänen und Norweger gelten, die im Westen Europas zuerst den Seehandel erfanden und dann merkten, dass sich mit Piraterie und Geiselnahme mehr verdienen ließ. Nachdem im Jahre 845 ein Vermögen aus der bloßen Drohung heraussprang, Paris anzugreifen, stand das Muster fest: Schutzgelder waren die lukrativste aller Beuten, zumal sich eine Stadt oder ein Kloster zwar regelmäßig mit Zerstörung bedrohen, aber eben nur einmal wirklich zerstören ließ. Die tatsächlichen Verwüstungstaten der Wikinger waren vermutlich geringer, als sie von den Opfern dargestellt wurden.

Die Wikinger waren auch raffiniert genug, wechselnde Zweckbündnisse einzugehen. Das nach dem Tod Karls des Großen zerfallende Frankenreich bot ideale Möglichkeiten, aus Söldnerdiensten Profit zu ziehen. In England war es eher so, dass der Druck der Wikinger den inneren Zusammenhalt der Inselvölker stärkte; in Irland wiederum gründeten Nordmänner die ersten Städte.

Friedensapostel waren die Wikinger wohl kaum, aber auch nicht gewalttätiger als ihre Zeitgenossen. Ihr Fehler war ihr Heidentum, das sie geeignet machte, für christianisierte Völker die Rolle der Bösen schlechthin zu spielen. Fahrendes fremdes Volk als Sündenbock anzusehen, ist wahrlich keine Erfindung unserer Zeitläufte.

3. Januar 2002

Ab 870/74 wurde Island von den Wikingern, vornehmlich von Norwegen aus, besiedelt. Auf Flotten aus offenen Schiffen brachten die Siedler sogar das Vieh für den Neubeginn über den Nordatlantik (isländische Landschaft um Thingvellir, die Thingstätte der Wikinger am See Thingvallavatn).

Nibelungenlied

Das Haupt sprang in den Schoß

Im »Nationalepos der Deutschen« offenbart sich die Lust an der Gewalt

Von Rüdiger Krohn

Ein Schreibfehler, na und? Was da alltäglich aus den Fernschreibern der Nachrichtenagenturen tickert, ist voll von Flüchtigkeiten und Versehen. Niemand musste sich deshalb orthographische Gedanken machen, als am 29. Oktober 1986 um 12 Uhr 37 bei den deutschen Redaktionen eine AP-Meldung einging, die von einem »sensationellen« Fund im Münchner Staatsarchiv berichtete: Neue Strophen des mittelalterlichen Nibelungenliedes seien entdeckt worden, die die Geschichte von Siegfrieds Tod und dem schreckensvollen Untergang der Burgunden »nicht ganz so blutig erscheinen lassen wie die bisher bekannten Strophen«.

Und da folgt sie dann, die verräterische, wenngleich verständliche Fehlleistung der AP-Korrespondentin, die sich durch das entsetzliche Gemetzel beim Hunnenkönig Etzel unversehens zu der Prägung »Nibelungensade« verleiten lässt. Ein Schreibfehler, wie gesagt – aber auch: wie gedacht. Denn in der Tat, an sadistischen Elementen fehlt es in dem alten Heldenepos durchaus nicht, und auch in den Fragmenten, auf die der Münchner Archivar Gerhard Schwertl durch glücklichen Zufall stieß, geht es immer noch reichlich grausam zu. Da versetzt etwa der wackere Dankwart dem allzu kecken Herrn Blödel mit dem Schwert »einen swinden slac daz im daz houpt schiere vor den fuzzen lac« (einen so raschen Schlag, dass ihm der Kopf sogleich vor die Füße rollte), und sarkastisch kommentiert der Sieger seine Tat: »daz sei dein morgengabe sprach Danchwart der degen«.

Wer an solchen und ähnlichen Stellen die Lust an der rohen Gewalt, am genüsslichen »grand guignol« nicht herausliest, der versteht auch nicht die schauerlichen

Töne des blutrünstigen Chauvinismus, die die Rezeption des Nibelungenliedes im 19. und 20. Jahrhundert begleitet und das Werk bis heute in ein bedenkliches Zwielicht gerückt haben.

Das aufgefundene Münchner Bruchstück fügt sich durchaus in die grausige Tendenz des Werkes, auch wenn eines der entdeckten Pergament-Schnipsel eine gewisse Neigung zu mildernder Darstellung erkennen zu lassen scheint. In jener Strophe nämlich, in der nach der bisher bekannten, einhelligen Überlieferung der »grimme Hagen« dem Sohn von Kriemhild und Etzel, Ortlieb, den Kopf so heftig abschlägt, »daz der küneginne das houbet spranc in die schôz« (dass der Königin das Haupt in den Schoß flog), bietet der neue Text eine etwas weniger drastische Lesart. Dort nämlich fehlt das ebenso feinsinnige wie grobschlächtige Detail, dass der Kindskopf im mütterlichen Schoß landet, und statt dessen heißt es, »daz ob der fursten tische swebte daz plut der swaiz also

Das Nibelungenlied ist in verschiedenen Fassungen überliefert. Die Abbildung zeigt einen Ausschnitt aus der Handschrift A des 13. Jh. (München, Bayerische Staatsbibliothek).

haizzer ran an dem swert zetal« (dass das Blut über den Tisch der Fürsten strömte und heiß am Schwert herunterlief).

Für empfindsame Gemüter ist das nichts
Ob sich in dieser Änderung der sittigende Einfluss eines sensibleren Publikums geltend macht, darf füglich bezweifelt werden. Denn die Münchner Version nimmt der Szene allenfalls ihren psychologischen Schrecken, nicht aber den kräftigen Schauereffekt, zumal auch die folgende Strophe, in der Hagen, vom Blutrausch befallen, auch den Erzieher des soeben getöteten Knaben mit einem Schwertstreich enthauptet, in dem neuen Fragment wenigstens teilweise erhalten ist.

Für empfindsame Gemüter ist das alles ohnehin nichts, und wir haben überdies wenig Grund zu der Annahme, dass die mittelalterliche Zuhörerschaft des Nibelungenliedes sonderlich zart besaitet gewesen sein könnte. Ob da nun ein Kopf mehr oder weniger über die Fürstentafel kollert, dürfte an der Wirkung des Werkes wenig geändert haben und uns nur sehr vage Einsichten gewähren in womöglich gewandelte Hörerwartungen des Publikums. Für Beobachtungen dieser Art wäre etwa die Donaueschinger Handschrift C des Textes mit ihrer deutlich »höfisierenden Tendenz« geeigneter. Aber selbst sie mag auf die Szene mit Ortliebs fliegendem Haupt nicht verzichten.

Das Kind jedenfalls ist tot, wie weit und wohin sein Kopf auch immer gefallen sein mag. An der Deutung und mithin der Bedeutung des Vorgangs ändert sich nichts. Entscheidend bleibt für den Handlungszusammenhang, dass Kriemhild mit kühlem Bedacht das Leben ihres eigenen Sohnes zu opfern bereit ist, um ihre Rache an den Burgunden vollenden zu können. Die bestehenden Interpretationen des Nibelungenliedes werden durch die neue Textfassung denn auch nirgendwo gefährdet, wie der Münchner Mediävist Hans-Friedrich Rosenfeld, der die Fragmente inzwischen ausgewertet hat, gegen allzu weitreichende Spekulationen über die Erheblichkeit des Manuskriptfundes erklärte.

Die vier vollständigen Seiten und sieben Reststückchen, die der Archivar Schwertl bei Routinearbeiten im

Einband einer Sammlung von Rosenheimer Rechtstexten aus dem Jahre 1650 entdeckte, sind also durchaus keine germanistische, sondern vor allem eine publizistische Sensation. Die Fachleute hatten bald heraus, dass die Blätter nach Sprache, Schrift und Aufmachung zu jenen Fragmenten gehören, die schon vor langer Zeit in Rosenheim und Freiburg im Breisgau aufgetaucht sind: verstreute Teile einer Pergamenthandschrift aus dem frühen 14. Jahrhundert, die in der Wissenschaft unter dem Abkürzungszeichen Q bekannt ist. Rosenberg wollte diese Bruchstücke in der Zeitschrift »Inn-Oberland« veröffentlichen, und schon die Wahl des einigermaßen entlegenen Publikationsorgans sagt etwas aus über das Gewicht, das die zünftige Forschung diesen Überlieferungssplittern (etwa 330 von insgesamt weit über 2400 Strophen des Werkes) zugesteht.

Die eigentliche Entdeckung der Münchner Fragmente liegt allerdings ebenfalls schon einige Zeit zurück. Im Sommer 1984 fiel dem Historiker Schwertl auf einem verschmutzten Bucheinband das kaum leserliche Wort »kriemhilt« auf, das sogleich seine Aufmerksamkeit weckte. Er ließ das Pergament ablösen und restaurieren. Zum Vorschein kamen einige Strophen des Nibelungenliedes, geschrieben in gotischer Textura und mit rot ausgemalten Initialen zu Beginn jeder abgesetzten Strophe. Die Bruchstücke waren in der Folgezeit in Rosenheim und Traunstein ausgestellt, ohne dass sie Aufsehen in der Öffentlichkeit erregten.

Der Wirbel setzte erst ein, als die »Süddeutsche Zeitung« Ende Oktober 1986 in ihrem Lokalteil von dem Fund berichtete und gleichzeitig die AP-Meldung die Presselandschaft alarmierte. »Neue Strophen des Nibelungenliedes entdeckt« – das war, wie wir nun wissen, weit übertrieben und weckte die Neugier der Medien. Sogar die »Tagesschau«, kulturellen Nachrichten sonst nicht gerade aufgeschlossen, widmete dieser »Neuigkeit« immerhin fast 60 Sekunden ihrer kostbaren Sendezeit. Dass Schwertl auch die Reste eines schönen Evangeliars aus dem 8. Jahrhundert und einen kirchenrechtlichen Codex aus der Zeit um 1340 gefunden hatte, wurde allenfalls am Rande erwähnt. Das Interesse galt vor allem dem Nibelungenlied, das als »Nationalepos der

ZEIT Aspekte

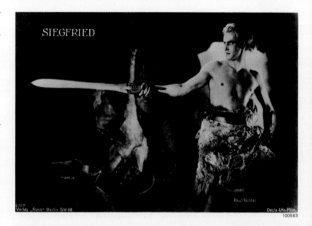

Im 18. Jh. wurde das Nibelungenlied zum Nationalepos der Deutschen deklariert – »Siegfried schmiedet sein Schwert Balmung« (Szene aus dem Film »Die Nibelungen: Siegfried« von Fritz Lang, 1924).

Deutschen« im allgemeinen Bewusstsein bis heute einen besonderen Rang einnimmt, auch wenn das Werk durch ideologischen Missbrauch an Glanz verloren hat.

Das Lied geriet im 18. Jahrhundert in den Sog patriotischer Strömungen
Sehr beliebt freilich war der Stoff schon im Mittelalter gewesen, wie die reiche Überlieferung bezeugt. Die Handschrift Q ist nur eines von 35 vollständigen oder fragmentarischen Manuskripten, die erhalten sind. Auffällig ist allerdings, dass in der beginnenden Neuzeit das Interesse an dem Werk weitgehend erloschen war. Andere Romane und Themen – etwa aus dem Artuskreis – hielten sich besser in der Gunst des Publikums. Der aufkommende Buchdruck nahm sich der alten Geschichten um Siegfried und Kriemhild nicht an, und im 17. Jahrhundert war der Text bereits offenkundig so gleichgültig, dass beispielsweise die Handschrift Q zur nützlichen Verwertung an Buchhändler verhökert wurde, die das gute Pergament zu stabilen Einbänden verarbeiteten. So hatte denn auch dieses Epos sein Schicksal ...

Erst 1755 wurde es wieder entdeckt und geriet alsbald in den Sog patriotischer Strömungen. Namentlich zur Zeit der napoleonischen Fremdherrschaft sollte das Nibelungenlied als eine Art »germanischer Ilias« zu einem wirkmächtigen »Hauptbuch bei der Erziehung der deutschen Jugend« (August Wilhelm Schlegel) werden, und noch 1870, als es wieder einmal gegen den französischen Erbfeind ging, bezeichnete der Philologe Karl Simrock das alte Heldengedicht (zusammen mit den Liedern Walthers von der Vogelweide) als »Feld- und Zeltpoesie, damit kann man Armeen aus der Erde stampfen, wenn es den Verwüstern des Reichs, den gallischen Mordbrennern, der römischen Anmaßung zu wehren gilt«.

Das Nibelungenepos als Schicksalslied der Deutschen – das ist eine schlimme Geschichte, zu der die Germanisten einige trübe Kapitel beigesteuert haben. Die unselige Tradition der Indienstnahme, bei der das Werk auch für höchst fragwürdige politische Ziele herhalten musste, fand ihren entsetzlichen Höhepunkt dann in Görings berüchtigtem Stalingradappell vom 3. Februar 1943. »Wir kennen ein gewaltiges Heldenlied von einem Kampf ohnegleichen«, so rief er die Todgeweihten der Paulusarmee zum Durchhalten auf, »es heißt ›Der Kampf der Nibelungen‹. Auch sie standen in einer Halle voll Feuer und Brand, löschten den Durst mit dem eigenen Blut, aber sie kämpften bis zum Letzten. Ein solcher Kampf tobt heute dort, und noch in tausend Jahren wird jeder Deutsche mit heiligem Schauer von diesem Kampf in Ehrfurcht sprechen und sich erinnern, dass dort trotz allem Deutschlands Sieg entschieden worden ist.« Es kam dann allerdings anders, und das blieb nicht ohne Folgen auch für unser Verhältnis zum Nibelungenlied. *28. November 1986*

Pergament

Alte Häute vergessen nie

Computer helfen Paläographen, ausradierte Handschriften wieder lesbar zu machen

Von Ulf von Rauchhaupt

Eine braune Fläche mit waagrechten dunklen Streifen erscheint auf dem Computerbildschirm. Es handelt sich, kaum erkennbar, um das Foto eines Schriftstückes – einer mittelalterlichen Handschrift aus der Bibliothek des Klosters Grottaferrata bei Rom. Ein Mausklick, und schon wird aus dem verschmierten Zettel ein sauberes Manuskript, mühelos lesbar für jeden, der mit griechischer Majuskelschrift aus dem 7. Jahrhundert vertraut ist. Der Paläograph Dieter Harlfinger vom Graduiertenkolleg »Textüberlieferung« der Universität Hamburg ist Spezialist für griechische Handschriften wie diese. Dass er sie überhaupt lesen kann, verdankt er einer Gruppe italienischer Wissenschaftler, die in Hamburg ihr computergestütztes Verfahren zur Bearbeitung alter Handschriften vorstellte: Hightech im altphilologischen Seminar.

Das Team um Chiara Faraggiana von der Universität Bologna und Daniele Broia von der Firma Fotoscientifica in Parma hat eine Methode entwickelt, die bislang unleserlichen Handschriften mit Digitaltechnik zu Leibe rückt: Ein Schriftstück wird zunächst mit Spezialkameras mehrmals fotografiert, jeweils in verschiedenen Spektralfarben vom infraroten bis zum ultravioletten Licht. Diese Aufnahmen werden dann digitalisiert und mit spezieller Software auf dem Computer zusammengesetzt. Mondo nuovo (Neue Welt) heißt das seit kurzem patentierte Verfahren.

Neue Welten tun sich in der Tat auf, wenn man sieht, wie durch Schimmelbefall, Tintenfraß oder Feuereinwirkung entstellte Textpartien plötzlich wieder leserlich werden, schwer beschädigte Buchmalereien sich per Mausklick rekonstruieren lassen und ein schlimm verschmutzter Dürer-Stich auf dem Bildschirm wieder aussieht wie frisch aus der Presse.

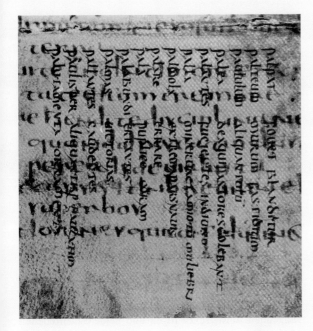

Weil Pergament ein so kostbares Schreibmaterial war, wurden häufig ältere Texte mit neuen Inhalten überschrieben (Psalmentext in Halbunzialschrift des 6. Jh., darüber lateinisches Glossar des 8. Jh.; Sankt Gallen, Stiftsbibliothek).

Die Methode lässt sich auch auf Dokumente aus Papyrus anwenden, wie man sie heute noch hin und wieder im ägyptischen Wüstensand oder verklebt in Mumienkartonage findet. Ein Großteil der erhaltenen Handschriften ist aber aus Pergament, dem mittelalterlichen Schreibmaterial aus Tierhaut.

Pergament war teuer. Für ein durchschnittlich dickes Buch im A4-Format mussten rund hundert Ziegen ihr Leben lassen. Im Altertum war ägyptischer Papyrus billiger – jedenfalls solange die Handelswege sicher waren. Nach dem Zusammenbruch des Römischen Reiches im 5. Jahrhundert wurde in Europa der Papyrus knapp, und bis zur Einführung des Papiers im späten Mittelalter schrieb man fast nur noch auf Pergament. Umfangreiche Bibliotheken waren ein exklusives Privileg der Klöster, die das Pergament oft vor Ort herstellten. Doch auch die Mönche gingen sparsam mit der kostbaren Schreibware um. Texte, die man für nicht mehr wichtig erachtete, wurden von den Bögen abgewaschen oder mit Bimsstein wieder abgekratzt (griechisch: palimpsestos) und neu beschrieben. Daher heißen solche Recycling-Schriftstücke Palimpseste.

Bisher war es ein schwieriges Unterfangen, die verblichenen Schriften wieder sichtbar zu machen. Anfang des 19. Jahrhunderts erkannte man, dass sich hinter so manchem langweiligen, weil dutzendfach überlieferten Bibelkommentar ein verloren geglaubter antiker Text verbarg. Der damals führende Palimpsest-Forscher war Angelo Kardinal Mai, der Chef der vatikanischen Bibliothek. Indem er die Pergamente mit Gallapfeltinktur behandelte, gelang es ihm, die ausradierte Schrift wieder hervorzuholen. So entdeckte der Kardinal unter anderem eine bis dahin unbekannte Schrift des römischen Staatsmannes Cicero – von einem solchen Fund träumt jeder Handschriftenforscher.

Pergament-Recycling war im Mittelalter üblich. Doch für die Dokumente hatten solche chemischen Methoden meist schlimme Spätfolgen: Nach einigen Jahren verfärbten sie sich und wurden vollends unleserlich. Das neue Verfahren aus Italien vermag diese Sünden der Vergangenheit teilweise zu tilgen und beide Schriftebenen wieder hervorzuzaubern – freilich nur im digitalen Abbild, denn die Originale wandern, nachdem sie abfotografiert sind, wieder unverändert zurück in die Bibliothek.

Hier liegt ein weiterer zukunftsweisender Vorzug dieser Technik: Die Paläographen müssen nicht mehr zu weit entfernten Bibliotheken pilgern, um die empfindlichen Dokumente bei Dämmerlicht oder schädlicher UV-Strahlung zu studieren, sondern können sich ihr Forschungsobjekt auf CD anschaffen. *16. Juli 1998*

Zisterzienser
Roden, beten, Mist austragen
Von der radikalen Landkommune zu einem der machtvollsten Orden der Christenheit

Von Klaus Schulte-van Pol

Arbeit und Askese erbrachten den Grauen Mönchen gewaltigen Reichtum. Mit ihrer Landwirtschaft, mit Kupfer- und Glashütten schufen sie im »deutschen« Osten blühende Landschaften. Im Jahre des Herrn 1098, in dem die Kreuzritter Antiochia im Heiligen Land erstürmen und die muslimischen Bewohner der Stadt erschlagen, roden zwanzig Mönche mit ihrem Abt Robert von Molesme in dem unbewohnten Waldtal von Cîteaux in der Nähe von Dijon Bäume. Sie bauen ihr »Neukloster«, in dem sie nach den strengen Vorschriften des Heiligen Benedikt von Nursia beten und arbeiten wollen. Aus Roberts Abtei Molesme waren sie ausgezogen, nachdem die Mehrheit ihrer Mitbrüder die Rückkehr zum Rigorismus der alten Regeln verweigert hatte. Ein Jahr später, etwa zu der Zeit, als Jerusalem erobert und auch dort alle »Heiden« in Christi Namen geschlachtet werden, muss Robert auf Anordnung der Synode von Port-d'Anselle zurück nach Molesme, und weil wieder zwölf Mönche ihrem Abt folgen, sind's in Cîteaux nur noch acht, die unverdrossen weiter roden, beten und bauen.

Nichts deutet zu diesem Zeitpunkt darauf hin, dass aus der kleinen Gemeinschaft von cistercium der große Orden der Zisterzienser werden wird, der nur wenige Jahrzehnte später machtvoll in die Geschicke des Abendlands eingreift. Der neue Abt Alberich schreibt die ersten Regeln der frommen Holzfäller fest: Neben ihren religiösen Pflichten müssen die Mönche das Kloster mit »ihrer Hände Arbeit« (de labore manuum) unterhalten, Schenkungen von kultivierten Ländereien dürfen sie ebenso wenig annehmen wie kirchliche Einkünfte aus dem Zehnten. Strenge und Kargheit fordert Alberich auch beim Habit. Durch Kutten aus roher Schafwolle unterscheiden sich die Zisterzienser vom Schwarz ihrer benediktinischen Nachbarn in Cluny. »Graue Mönche« nennt man sie daher im Mittelalter.

Gerade wegen dieser drakonischen Regeln beginnt ihre Zahl zu wachsen. Selbstheiligung durch Weltabgewandtheit, Askese, harte Arbeit und kontemplative Gottsuche bieten Orientierung in einer Zeit, die in Angst vor ewiger Verdammnis das Weltende erwartet und durch Machtkämpfe weltlicher und geistlicher Herren aus den Fugen geraten ist. Als Alberich 1108 stirbt, haben die Rigoristen von Cîteaux die größten Schwierigkeiten überwunden.

Der Klugheit ihres dritten Abts, des hochgebildeten Angelsachsen Stephen Harding, verdanken die Zisterzienser die Grundlagen ihrer Ordensverfassung: Tochterklöster dürfen sich nur in »Einöden« niederlassen, und jedes kann selbst wieder »Filiationen« gründen, die ihre Äbte frei wählen. Einmal jährlich werden sie vom Mutterkloster visitiert, und ebenfalls einmal jährlich tagt das Generalkapitel aller Äbte in Cîteaux, um Probleme der Gemeinschaft zu lösen. Dieses System sichert zum einen die Unabhängigkeit der Tochterklöster, zum anderen auch deren Zusammenhalt und Regeltreue.

Die Abtei von Fontenay, etwa 60 km nordwestlich von Dijon, wurde im Jahr 1118 von Bernhard von Clairvaux gegründet, die Basilika wurde 1147 geweiht. Die abgelegene Lage an einem Bachtal kam der Lebensweise des neuen Ordens entgegen, der auf dem Speiseplan als tierisches Eiweiß vor allem Fisch vorsah.

Noch unter Hardings Abbatiat können die ersten vier Filiationen gegründet werden. Als Bibelphilologe ist der Abt seiner Zeit weit voraus. Er überprüft den lateinischen Wortlaut von Texten des Alten Testaments an hebräischen und aramäischen Handschriften. Fast sicher ist, dass er sich dabei von gelehrten Juden helfen lässt, ein Verfahren, dass erst zwei Jahrhunderte später bei den Exegeten der Bettelorden üblich wird.

Im Frühsommer 1113 bittet der junge burgundische Adelige Bernhard von Fontaines in Cîteaux um Aufnahme. Bei ihm sind vier seiner Brüder, weitere Verwandte und enge Freunde, im Ganzen etwa dreißig angesehene Männer, deren Vorbild bald weitere folgen. Die Mönche staunen über die Radikalität, mit der die Novizen aus der relativen Bequemlichkeit ihrer Familiensitze in die Härte des Mönchslebens wechseln, allen voran Bernhard, der sie gebracht hat. Schon im zweiten Jahr nach dessen Aufnahme vertraut Abt Stephen dem 25-jährigen die Führung der Mönche an, die er in die dritte Filiation ausschickt, nach clara vallis, Clairvaux. Aus dem Ritter Bernhard von Fontaines wird der Abt Bernhard von Clairvaux.

Zeit seines Lebens wird er Abt bleiben, mehr will er auch nicht sein, obwohl er später an Papst Eugen III. schreibt, der sein Schüler war: »Man sagt, dass nicht Ihr der Papst seid, sondern ich« (»Aiunt, non vos esse papam sed me«). Fast alles in seinem Leben ist widersprüchlich. Er lobt den Wert des Körpers als »Begleiter der Seele«, den eigenen ruiniert er durch eine Askese, die nach Meinung der Ärzte schließlich zu seinem Tod führte. Aus mystischer Gotterfahrung erklärt er, man könne »Größeres in Wäldern als in Büchern finden«, aber was er selbst unaufhörlich schreibt, lässt er in zahllosen Abschriften im ganzen Abendland verbreiten. Er preist die Abkehr von der Welt als Voraussetzung christlichen Lebens, dennoch bestimmt sein Einfluss das Handeln von Päpsten und Königen seiner Zeit. Er predigt die Liebe als Wurzel der Gotterkenntnis, für seine Gegner erwirkt er Schreibverbote und drakonische Strafen. Über sein »ungeheures Leben« (»vita monstruosa«) sagt er: »Ich bin die Chimäre meines Jahrhunderts geworden, nicht Priester, nicht Laie.

Ich trage die Kutte eines Mönchs, ohne dessen Leben zu führen.«

Mit einer seiner frühen Schriften, der »Apologia«, eröffnet Bernhard einen erbitterten Regelstreit mit den Cluniazensern. Noch im Vorjahr der Gründung von Cluny im Jahr 910 hatte die Synode von Trosly über den Zustand der Klöster geklagt: »Die Mönche unterscheiden sich nicht vom niederen Volk, sind vielmehr noch verwilderter. Die Äbte können nicht lesen und sind unfähig, die Regeln zu erklären.«

Jetzt, knapp zwei Jahrhunderte später, regiert der Krummstab des »Großabts« Petrus Venerabilis 200 Priorate, und in Cluny wächst eine Basilika in den Himmel, die bis zum Bau des Petersdoms die gewaltigste Kathedrale der abendländischen Christenheit bleiben wird. Das kleine Reformkloster war reich geworden, zu reich nach Meinung der Rigoristen von Cîteaux. Sie werfen den Cluniazensern vor, nicht mehr zu arbeiten und damit gegen die zweite Forderung des benediktinischen »Ora et labora« zu verstoßen. Vor allem tadeln sie Ursprung und Gebrauch ihres Reichtums: die Einkünfte aus Diensten als Weltpriester und fürstlichen Grablegen in ihren Kirchen, ihre Pachtgelder und Zehnten von geschenkten Dörfern und ertragreichen Ländereien, die prunkvollen Auftritte des Großabts, die Pracht ihrer Kirchen, Chorgewänder und Geräte, ihre üppige Kost und die geheimnisvolle Kräuterdiät, die ihren Sängern half, das Gotteslob in jubelnden Höhen zu singen. Die Mönche von Cluny hingegen verdammen den »inhumanen Schematismus« der Zisterzienser und deren körperliche Arbeit, die sie von Gebet und Studium abhalte.

Sicher soll Bernhards »Apologia« die Zisterzienser auch vor einer »cluniazensischen« Entwicklung warnen, und sicher erkennt er die Gefahren ihres nun einsetzenden gewaltigen Wachstums. Die Verbissenheit, mit der die Grauen Mönche Ödland in fruchtbare Felder verwandeln, bringt ihnen Schenkungen ein, und Stephen Hardings geniales Filiationsprinzip macht es möglich, alle zu besetzen. An Nachwuchs für den Orden besteht kein Mangel. Für fromme junge Männer aus großen Familien wird die Gottsuche auf dem harten Weg der Grauen Mönche geradezu eine Sache der Ehre, und auch

Bauern und Handwerker finden bei den zisterziensischen Heimwerkern einen anerkannten Platz. Wenn sie nach einjähriger Probezeit Armut, Keuschheit und Gehorsam geloben, werden sie »Konversen«, Laienbrüder, und sind dann nach der Ordensregel „... teilhaftig unserer zeitlichen wie geistlichen Güter gleich den Mönchen«.

Paradoxerweise ist es die »Chimäre« Bernhard selbst, die sich zwischen Regeltreue und Wachstum für letzteres entscheidet. Als 1147 der Orden von Savigny »zisterziensisch« werden will, nimmt er alle dreißig Klöster als Töchter von Clairvaux auf, obwohl sie eigene Traditionen haben und nicht in »Einöden« liegen.

Die zisterziensische Osterweiterung beginnt 1123 mit der Gründung des Klosters Kamp am Niederrhein. Von dort geht es weiter über die Filiationen Walkenried im Harz (1129), Volkenrode in Thüringen (1131) und Amelungsborn in Niedersachsen (1135), die ihrerseits wieder Abteien gründen. Zu den ersten deutsch sprechenden Schlesiern gehören die Mönche, die 1163 von Pforta an der Saale nach Leuba gehen. Von Waldsassen in der Oberpfalz führt die »Zisterzienserstraße« nach Böhmen und Ungarn.

Längst können nicht mehr alle Äbte an den Generalkapiteln in Cîteaux teilnehmen. Auch die Visitationen der Tochterklöster lockern sich und damit die Kontrolle der Regeltreue. 1147 übernehmen die Zisterzienser aus Altenberg bei Köln Gebiete in Polen zur Entwicklung und Verwaltung nach deutschem Recht. Drei »Kölnische Klöster« entstehen, und deren Äbte werden, was sie nach ihrer Regel nicht sein dürfen: Gerichtsherren über Einheimische und deutsche Siedler, die den Mönchen folgen.

Im Namen des Papstes ruft Bernhard zum Kreuzzug auf
Eigentlich waren Pilgerfahrten – erst recht Kreuzzüge – die Sache der Zisterzienser nicht. Sein Jerusalem heiße Clairvaux, hatte Bernhard erklärt. Als die Grafschaft Edessa 1144 wieder an die Muslime fällt, wird er dennoch auf Bitten des Papstes Chefpropagandist eines neuen Kreuzzugs, widerwillig zunächst, dann, wie in allem, was er tut, geradezu besessen. Im ganzen Abend-

land verbreiten Werber seine flammenden Appelle zur Kreuzfahrt. Darin warnt er auch entschieden vor einer Wiederholung der Judenmassaker, die im Vorfeld des ersten Kreuzzugs losbrachen. Dennoch kommt es am Rhein wieder zu Pogromen, aber das entsetzliche Ausmaß des »iudenslagens« von 1095 erreichen sie nicht.

In Konstanz gewinnt Bernhard an den Weihnachtstagen 1145 den deutschen König Konrad III. für den Zug ins Heilige Land, und weil die Fürsten im Nordosten des Reichs nicht einsehen mögen, dass sie die Ungläubigen in der Ferne totschlagen sollen, obwohl es ganz in der Nähe noch so viele gibt, die sich seit zwei Jahrhunderten starrköpfig gegen Christianisierung und deutsche Besiedlung wehren, bringt er ihnen auf dem Frankfurter Reichstag im März 1147 den päpstlichen Segen für einen »Wendenkreuzzug« in die slawischen Gebiete zwischen Elbe und Oder. Viele seiner Zeitgenossen sehen in dem Abt von Clairvaux den geistigen Vater des Unternehmens, das sie als Missbrauch des Kreuzzugsgedankens scharf verurteilen. Als die Fahrt ins Heilige Land mit einem Desaster endet und der Wendenkreuzzug bestenfalls mit einem Teilerfolg, ist Bernhards Ruf erheblich beschädigt.

Neben den Spezialisten für die Missionsarbeit, den Prämonstratensern des Norbert von Xanten, müssen auch die Zisterzienser in den durch den Wendenkreuzzug geöffneten Räumen als Weltpriester arbeiten. Das ist nicht nur eine weitere Abkehr von der alten Regel, es ist auch gefährlich. Verteidiger der alten Slawengötter bringen 1179 die meisten Mönche der Zisterze Doberan in Mecklenburg um, ein Jahr später wird der Abt von Lehnin in der Mark erschlagen. Zu ihrem Schutz müssen die Grauen Mönche in Hausklöster der neuen Herren ziehen, und in denen gibt es nun auch fürstliche Grablegen. Ihr Spagat zwischen Regeltreue und politischen Zwängen wird jenseits der Elbe immer schwieriger.

Am Ausgang des 12. Jahrhunderts unterscheidet sie nur noch wenig von den ehedem so unbrüderlich attackierten Cluniazensern. Reich ist ihre Gemeinschaft inzwischen auch, gerade weil die einzelnen Mönche an persönlicher Askese bei harter Arbeit festhalten, so wie Bernhard sie verlangt hatte: »Boden umgraben, Bäume

Zisterzienser

Der besterhaltene zisterziensische Klosterkomplex in Deutschland ist das Kloster in Maulbronn, das im Mittelalter ein wirtschaftliches, gesellschaftliches und politisches Zentrum war.

fällen, Mist austragen.« Durch die Fähigkeiten, die sie dabei entwickeln, entstehen um die Klöster zwischen Elbe und Oder tatsächlich »blühende Landschaften«.

Weil nur ihre Kranken Fleisch essen dürfen, bringen es die Grauen Mönche besonders als Fischzüchter, Imker und Obst- und Gemüsebauern zur Meisterschaft. Sie führen bisher unbekannte Heilkräuter und Obstsorten ein, und die Artenvielfalt in ihren Teichen sichern sie durch Schonzeiten und genaue Vorschriften für die Mindestgrößen der Netzmaschen, die angeblich in mecklenburgischen Fischereibetrieben noch heute gelten.

Schon bald erzeugen die Eigenwirtschaften der Klöster gewaltige Überschüsse. Um sie zu vermarkten, gründen sie Handelsniederlassungen in den aufblühenden Städten, die klostereigene Schiffe mit Waren beliefern – ein weiter Weg aus der »Einöde« von Cîteaux mitten in das Gewimmel der »Welt«. Auch technisch haben die Zisterzienser einiges zu bieten. Die Flüsse, an denen sie ihre Klöster ansiedeln, treiben unterschiedliche Mühlen und Hammerwerke. In Walkenried verhütten sie Kupfer aus dem Harz, in Doberan machen sie Glas. Für ihre Bauten brechen und behauen sie Steine. Wo es keine gibt, brennen sie Ziegel. Die zum Teil erhaltenen

Während die Kathedralen der Städte immer prunkvoller erstrahlten, beschränkte sich die Baukunst der Zisterzienser auf wohlgefügtes Mauerwerk – Westfassade der Zisterzienserklosterkirche von Chorin (erbaut 1273–1334).

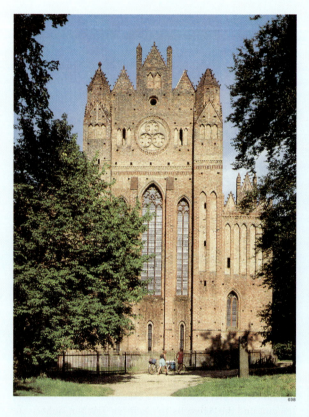

brandenburgischen Zisterzen von Lehnin, Chorin, Zinna und Heiligengraben sind Meisterwerke der Backsteingotik.

Aus Burgund bringen sie die Kunst des Gewölbebaus nach Deutschland, und ihre Architektur gibt der Gotik eigene, den Forderungen ihres monastischen Lebens entsprechende »funktionale« Formen. Mauern schließen den Klosterbezirk gegen die »Welt« ab. Dem Wert entsprechend, den die Zisterzienser der Arbeit zumessen, unterscheidet sich die Architektur ihrer Wirtschaftsgebäude kaum von der der Wohntrakte. Die Bedeutung des Wassers und der Speisen unterstreicht der fast sakrale Charakter der Brunnenstuben und Refektorien. Auch in spätgotischer Zeit bleiben die Außenwände ihrer Kirchen flächig und schmucklos.

Weil Grablegen die Ausnahme sind, gibt es keine Krypten, und da Außenstehende erst seit dem Anfang des 14. Jahrhunderts ihre Kirchen betreten dürfen, haben sie keinen Glockenturm, der »Weltleute« zur Messe ruft. Ein kleiner Dachreiter ist alles, was sich die Mönche gestatten. Zu hoch und zu aufwendig geratene müssen auf Weisung des Generalkapitels abgerissen werden. Über das Kircheninnere bestimmt die Ordensregel: »Bildwerke dulden wir nirgends, Malereien nur auf Kreuzen, die aber nur aus Holz sein dürfen.« Zisterzienser, so Bernhard von Clairvaux, kennen die Schrift. Sic muss ihnen nicht durch Bilder erklärt werden. Und während die Fenster der großen Kathedralen des 12. und 13. Jahrhunderts in strahlenden Farben leuchten, bleibt es in Zisterzienserkirchen bei Pflanzenornamenten in Grautönen. Weil die Klöster im katholischen Teil Deutschlands zu Zeiten der Gegenreformation barockisiert wurden, ist alte Zisterzienserarchitektur fast ausschließlich in evangelischen Gebieten erhalten, am besten wohl in Maulbronn bei Pforzheim.

Im 13. Jahrhundert gab es etwa 150 deutsche Zisterzienserabteien und 200 Frauenklöster. Der im 14. Jahrhundert einsetzende Niedergang der Klöster beutelt die Zisterzienser aber noch mehr als andere Orden. Mit dem Aufstieg der Nationalstaaten zerreißt ihre »europäische« Struktur. Theologisch werden sie von den Bettelorden »überholt«, wirtschaftlich von den Städten. Ein vorläufiges Ende bringt die Säkularisation von 1803.

Heute gibt es bescheidene Neugründungen. In die alten Zisternen Himmerod in der Eifel und in Marienstatt im Westerwald sind wieder Mönche eingezogen, Nonnen beten wieder im Kloster Seligenthal in Landshut und im ehemaligen Männerkloster Waldsassen.

2. April 1998

Wilhelm der Eroberer

Ein Bastard als Herrscher

Für die Engländer war ihr König aus der Normandie ein »Köter« und »Blutsauger«

Von Niels Peter Juel Larsen

Der Eroberer Englands, der Bastard Wilhelm, wurde wahrscheinlich 1028 geboren, aus einer unehelichen Verbindung zwischen Herzog Robert und Arlette, Tochter eines Färbers und Leichenbalsamierers in Falaise.

Die Geschichte ist später von seinen Bänkelsängern und Hofschreibern reich beschrieben worden, das Wichtigste aber, besonders seine Jugend, verbleibt im Glanz der Legenden und Schmeicheleien. Die Vorfahren des Bastards waren Männer, die in ständiger Spannung zwischen roher Gewalt und christlicher Frömmigkeit lebten. Sein Vater Robert, der sechste Herzog der Normandie, war ein direkter Nachkomme des Wikingers Rollo. Seine siebenjährige Herrschaft lässt sich in drei Worte fassen: Blut, Verrat, Heuchelei.

Die Mutter des Bastards, Arlette, »die Unvergleichliche«, wie die Hofpoeten sie später nennen, war ein sechzehnjähriges Dorfmädchen, dessen zarte Fesseln und lilienweiße Brüste den um ein Jahr älteren Herzog Robert mit solch brennender Liebessehnsucht erfüllten, dass er sie unter Zwang in sein Bett brachte.

Über ihre erste Liebesnacht schweigen die Quellen. Dennoch wird erzählt, dass Arlette mit einem mädchenhaften Schrei aufwachte und von einem Traum erzählte, in dem ihr war, als wüchse ein Riesenbaum aus ihrem Schoß. Seine Krone bedeckte die ganze Normandie, das Meer und das englische Eiland.

Diese Legende ist erst nach der Eroberung Englands niedergeschrieben worden. Glaubte Robert vielleicht selber daran, dass er in seiner ersten Liebesnacht ein ungewöhnliches Kind gezeugt hatte? Jedenfalls behielt er Arlette lange bei sich und hatte noch ein Kind mit ihr. Erst als er von einer unbezwingbaren Gottesfurcht ergriffen wurde und auf die verhängnisvolle Pilgerfahrt nach Jerusalem ging, verheiratete er sie mit Herluin de Conteville, einem kleineren Baron aus der Gegend um Caen. Zur selben Zeit ließ er seinen siebenjährigen unehelichen Sohn als Erben des Herzogstitels ausrufen, gegen den heftigen Widerstand seiner Onkel.

Auf der Heimreise von Jerusalem wurde Herzog Robert so krank, dass er nicht mehr zu Ross sitzen konnte, sondern von sechs einheimischen Türken getragen werden musste. Ein normannischer Pilger traf seinen sterbenden Herzog und fragte ihn, welche Nachrichten er in die Normandie bringen sollte. Der Herzog antwortete: »Sag meinem Volk und meinen Freunden, dass sich ihr Herzog von sechs Teufeln ins Paradies tragen ließ!«

Am 2. Juli 1035 starb Herzog Robert in Nicäa und hinterließ die Normandie seinem siebenjährigen Sohn, Wilhelm, dem Bastard. Machtkämpfe und Meuchelmorde umgaben den jungen Herzog. Als er mit siebzehn Jahren langsam die Macht übernahm, konnte er sich nur auf Mutter und Stiefvater stützen. Systematisch und aus bitterer Erfahrung begann er, sich die Verwandten seines Vaters zu unterwerfen oder ihnen ihre Lehnsgüter zu nehmen. Mit seiner wachsenden Macht veränderte sich die Herrschaftsschicht der Normandie völlig. Eine Generation junger, neureicher Männer scharte sich um den Bastardherzog und festigte seine Macht.

Der Mönch Orderic Vitalis lässt den sterbenden Herzog erzählen: »Die Normannen sind ein großes und mutiges Volk, wenn sie mit fester und kluger Hand regiert werden. Wenn nicht, zerfleischen sie sich selber durch innere Kriege. Sie müssen an die Kandare der Disziplin genommen werden, sonst gehen sie ihrer eigenen Wege wie ungezähmte Hengste.

... Guy, der Sohn meiner Tante Adeliza, vergalt mir Gutes mit Bösem. Ihn hatte ich wie meinen eigenen Bruder behandelt, hatte ihm Brionne als Lehen gegeben. Und doch nannte er mich auf einmal einen degenerierten Bastard, zum Herrschen ungeeignet, und überredete Ranulf von Bayeux, Nigel von Cotinten und viele andere Barone, sich mit ihm zusammenzutun und mir die Normandie zu nehmen. So musste ich, noch ein bartloser Jüngling, zu den Waffen greifen und auf der Ebene von Val es Dunes gegen meinen Vetter und Vasallen kämpfen.«

1047, Schlacht bei Val es Dunes, zu deutsch: Tal in den Dünen. Wilhelm stand einem Heer von Aufständischen gegenüber, das doppelt so groß war wie sein eigenes. Doch den Quellen zufolge: Niemand schien dem Herzog widerstehen zu können. Furcht erregend sah er aus, als er sich zu Ranulf von Bayeux, dem Anführer der Aufständischen, vorkämpfte. Ranulf selber verlor beim Anblick des Herzogs sein Schwert und begann zu zittern. Darauf wendete er sein Pferd und flüchtete. Da brach das aufständische Heer zusammen und floh Hals über Kopf in Richtung der Orne.

»Ein glücklicher Sieg«, schreibt Guillaume de Portiers, Wilhelms Hofkaplan. »In einer Schlacht gewann Wilhelm sein Herzogtum zurück. Alle Schlechten ergaben sich, und die aufrührerischen Burgen fielen!« In der Wirklichkeit dauerte es noch sehr lange.

Die bitteren Erfahrungen, ohne Vater gewesen zu sein, hatten aus dem jungen Herzog etwas Außergewöhnliches gemacht: einen Herrscher, der wohlüberlegt handelte, mit Milde oder Gewalt, je nach Bedarf, und der Großmut gegen seine Feinde zeigte, eine Großmut, die für die Besiegten aber einen furchtbaren Preis hatte. Innerhalb weniger Jahre unterwarf sich Wilhelm die

Der Teppich von Bayeux ist ein ca. 70 m langer Wandteppich, auf den die Geschichte der Eroberung Englands durch die Normannen gestickt ist. Der abgebildete Ausschnitt zeigt laut Beischrift die Szene »wo Herzog Wilhelms Boten zu Guy kommen« (um 1077; Bayeux, Musée de la Tapisserie).

herrschende Klasse, fesselte sie mit einem unlösbaren Band aus heiligen Schwüren und Belehnungen, die ganz und gar von seiner Gunst abhängig waren. Freie Männer wie Guy oder der Graf d'Arques verließen lieber das Land, als unter dieser Gnade zu leben.
Der Herzog wusste, was Abhängigkeit ist. Der Vaterlose hatte nur sich selber zu trauen. Als Kind hatte er die Brutalität seiner Onkel am eigenen Leibe erfahren. Sein scharfer Verstand begriff, dass Milde ein unübertroffenes Machtmittel ist, wenn sie klug eingesetzt wird. So unterwarf er sich alle mit milder Schonungslosigkeit. Nur bei dem Namen »Bastard« konnte es geschehen, dass er die Beherrschung verlor und mit einer Grausamkeit handelte, die selbst für die damalige Zeit erschreckend war. Das Gefühl, illegitim, unehelich geboren, ein Bastard zu sein, trieb ihn zu grenzenlosem Ehrgeiz. Es schien sein innigster Wunsch zu sein, sich selber und seine Position zu legitimieren. Deshalb warb er auch um die Tochter des Herzogs von Flandern, Mathilde. Eine Heirat mit ihr würde ihm endgültig einen Platz unter den französischen Prinzen einräumen.

Das war im Jahr 1049, kurz nach der Schlacht bei Val es Dunes. Mathildes Vater, Balduin, befürwortete die Heirat, aber Mathilde selber sagte nein und fügte hinzu, sie würde niemals einen Bastard heiraten. Die Antwort löste in Herzog Wilhelm eine wilde Wut aus. Es heißt, dass er sein Pferd bestieg und ohne Halt von Rouen nach Lille ritt, dass er in die Burg und bis zu Mathildes Kemenate vordrang. Die Quellen verschweigen, wie das möglich war. Jemand – war es Mathildes Vater? – hat wohl den wütenden Herzog unbehelligt Tore und Wachposten passieren lassen. Wilhelm packte Mathilde in unbändiger Wildheit, warf sie zu Boden und zerfetzte ihr Kleid mit seinem Schwert. Was weiter geschah, verschweigt der Quellen stummer Mund, aber als der Herzog Mathilde verlassen hatte, ließ sie ihren Vater wissen, sie würde niemals jemand anders als ihn heiraten.

So geschah es denn. Die Hochzeit fand vermutlich im Jahr 1050 statt. Wilhelm und Mathilde hatten acht Kinder zusammen. Ihre Liebe soll sehr groß gewesen sein. Illegitime Kinder von Herzog Wilhelm sind übrigens nicht bekannt, was darauf hindeuten könnte, dass er Mathilde treu war. Wie für alle Normannen war für sie Kinderreichtum die größte Segnung einer Ehe. Und es wird berichtet, dass der Herzog und die Herzogin jeden Abend, bevor sie sich zusammen ins Bett legten, niederknieten und inbrünstig zum Herrn, ihrem Gott, beteten, sie in dieser Nacht mit einem weiteren Kind zu segnen.

Herzog Wilhelm raste vor Wut
Die Eroberung Englands 1066 war eine Folge zweifelhafter Erbansprüche. Herzog Wilhelm behauptete von sich, er sei der rechtmäßige Erbe der englischen Krone, er habe sie von seinem Großcousin, König Edward, »dem Bekenner«, geerbt.

König Edward musste sein ganzes Leben von Godwines und seiner Söhne Gnaden regieren. Godwine war Jarl in Wessex in Südengland und der größte Lehensbesitzer des Landes. Edward musste sich mit einer Tochter Godwines verheiraten, mit Edith. Als 1053 Jarl Godwine starb – er erstickte an einer Kruste im Hals –, waren es seine Söhne, die nun herrschten, ja Macht und Besitz ausdehnten. Bis zur Eroberung durch den Normannenherzog waren vier Fünftel Englands im Besitz von Godwines Söhnen.

In London siechte König Edward in ohnmächtigen Gebeten dahin. Am 5. Januar 1066 starb er. In ungewöhnlicher Eile wurde Harold, Godwines ältester Sohn, am darauf folgenden Tag gekrönt, nach einstimmiger Wahl des »Witans«, des Königlichen Rates, den seine Familie beherrschte. Die Nachricht erreichte Herzog Wilhelm auf der Jagd. Rasend vor Wut, verstümmelte er den Boten, fiel danach in eine Schweigsamkeit, die den Hof mehrere Tage lähmte.

Zwei Jahre vor der Eroberung, im Jahr 1064, war Harold, Godwines Sohn, zu Besuch in der Normandie gewesen. Die normannischen Quellen berichten, dass er den Kanal mit einem kleinen Gefolge in einem Fischerboot überquerte, von einem Sturm an die Küste von Ponthieu verschlagen, vom Herzog von Ponthieu gefangen genommen, von Wilhelm losgekauft und in Ehren an den normannischen Hof geleitet wurde. Hier ließ Harold Herzog Wilhelm wissen, dass er von König Edward geschickt worden sei, um zu bestätigen, dass Wilhelm Edward auf dem englischen Thron nachfolgen sollte.

Danach schwor Harold dem normannischen Herzog die Treue an einem Altar voller heiliger Reliquien: Haarbüschel, vertrocknete Finger von Heiligen und Splitter vom Kreuz Jesu. Er musste versprechen, in England als Wilhelms Stellvertreter aufzutreten. Herzog Wilhelm versprach ihm im Gegenzug seine vierzehnjährige Tochter Aelis zur Frau. Die Kenntnis all dieser Dinge stammt ausschließlich aus normannischen Quellen.

Auf dem Wandteppich von Bayeux, der die Eroberung Englands in gewebten Szenen zeigt, sieht man einen Mann in voller Erektion ein nacktes Mädchen verfolgen. Vielleicht konnte sich der Frauenliebhaber vor der vierzehnjährigen Tochter Wilhelms nicht zurückhalten, und der Herzog ertappte sie dabei. Das junge Mädchen aber verliebte sich sterblich in den schönen Engländer mit seinem schulterlangen, lockigen Haar und seinem in Fett gezwirbelten Schnurrbart, der wie ein Paar ausladender Stierhörner von seiner Oberlippe abstand. Als Harold zwei Jahre später seinen Eid brach und sich selber zum König von England krönen ließ, nahm Aelis es sich so zu Herzen, dass sie ins Kloster ging.

Harold Godewineson unternahm keinerlei Anstrengungen, politische Allianzen zu schließen, verstand auch nichts von der Macht der Propaganda. Die englischen Quellen stellen bekümmert fest, dass Harold in den neun Monaten, in denen er König war, so sehr damit zu tun hatte, die Verteidigung seines Reiches zu organisieren, dass er kaum Zeit fand, in Ruhe eine Mahlzeit zu genießen. In den Frühjahrsmonaten rief er zum Heerbann entlang der Kanalküste auf. Als der Angriff Herzog Wilhelms schließlich kam, waren die Tausende von Männern schon lange wieder auf ihren Höfen, um die Ernte einzufahren.

Obwohl die Normandie keine Seefahrernation mehr war, gelang es innerhalb der nächsten vier Monate, an die tausend Schiffe zu bauen oder zu beschaffen und im Norden an der Mündung der Dive zusammenzubringen. Im Laufe desselben Frühjahrs strömten Abenteurer, verarmte Ritter, Barone und Grafen mit ihren Knechten aus der Bretagne, aus Flandern und dem übrigen Frankreich

Der Ausschnitt aus dem Teppich von Bayeux zeigt Herzog Wilhelm, der sich mit hochgeschobenem Visier seinen Soldaten im Kampf zu erkennen gibt (um 1077; Bayeux, Musée de la Tapisserie).

in die Normandie, angelockt vom ewigen Traum von Reichtum und Beute. Der Herzog nahm sie alle auf, bezahlte sie und versprach ihnen Land in England.

Ende April zeigte sich der Halleysche Komet am Himmel. Sieben Nächte stand er am Himmelsgewölbe und wurde als Zeichen für Umwälzungen angesehen: Königreiche werden zugrunde gehen und neue entstehen. Für Herzog Wilhelm war es ein weiteres Zeichen dafür, dass der Himmel ihm beistand.

Mitte Juni waren Heer und Flotte versammelt. Das lange Warten begann. Wahrscheinlich plante man, Ende Juli abzulegen, wenn der jahreszeitliche Südwind die Flotte über die zweihundert Kilometer des Ärmelkanals blasen sollte, aber der Südwind blieb aus. Der Herzog begann, in langen Gebeten mit seinem Gott zu feilschen. Er ließ seine jüngste, erst fünfjährige Tochter zur Nonne weihen – vergeblich! Im Heer zeigten sich Desertion und Unruhe. Wilhelm erhöhte den Sold der Soldaten auf das Doppelte, und seine Schatzkammern waren fast leer, als der September herangekommen war.

Da drehte am 12. September der Wind nach West, und der Herzog gab ohne Zögern den Befehl loszusegeln. Auf ihrem Weg durch den Kanal überfiel sie der Sturm: Unbekannt ist, wie viele Schiffe zerschlagen wurden. Der Herzog verschwieg seinem Heer die Verluste, als sie in der Mündung der Somme vor Anker gingen. Das war gut hundert Kilometer nördlicher als ihr Ausgangspunkt, aber immer noch auf der französischen Kanalseite.

Wieder hob das Warten an, bei strömendem Regen und ständigem Gegenwind. Der Herzog verbrachte Tag und Nacht im Gebet, ohne die Augen vom Wetterhahn des Kirchturms von Saint-Valéry zu wenden. Dann, in der Nacht zum 28. September, schlug endlich der Wind um nach Süd. Im Morgengrauen gab der Herzog den Befehl zum Aufbruch. Der Tag verging noch damit, die Schiffe mit Pferden zu beladen, mit Rüstungen, Proviant und Wein. Um elf Uhr abends stach dann die Flotte in See, unter dem Schmettern der Trompeten und mit leuchtenden Laternen an jeder Mastspitze.

Es war eine mondlose und bewölkte Nacht. Niemand wusste, wo in England sie landen würden. Als die Sonne

Das Auftauchen des Halleyschen Kometen im April 1066 deutete Herzog Wilhelm als für seine Eroberungspläne günstiges Zeichen.

aufging, befand sich das herzogliche Schiff allein auf dem Meer. Unter den Schiffsgenossen brach Panik aus, von feindlichen Schiffen angegriffen zu werden, bis sich die Flotte endlich wie ein riesiger Wald aus Masten und farbigen Segeln wieder am Horizont zeigte. Sie gingen bei Pevensey an Land, bauten eine Burg und verwüsteten das umliegende Land. Daraufhin bewegte sich das Heer an der Kanalküste entlang nach Hastings.

Die Beharrlichkeit des Herzogs während des langen Wartens, seine Kaltblütigkeit bei Schwierigkeiten kamen auch aus der Gewissheit, dass sein Verbündeter, der norwegische König, zu diesem Zeitpunkt in Nordengland gelandet sein musste.

Die Freude der Engländer währte nur kurz
Harald Haarderaade, dessen Beiname »Der mit dem harten Willen regiert« bedeutet, war von der letzten Heldenglorie der Wikingerzeit umgeben. Er stand in dem Ruf, der größte Krieger seiner Zeit zu sein.

Der Nordwind, der die herzogliche Flotte so lange festgehalten hatte, war dem norwegischen König von Vorteil gewesen. Anfang September verließ er Bergen mit einer Flotte von fünfhundert Schiffen, stieß zu Tostis (Haralds abtrünniger Bruder) fünf Schiffen an der schottischen Küste und legte um den 20. September an der Humber-Mündung bei York an. Dort zog er sofort gegen die beiden nordenglischen Jarle Edwin und Morcar in die Schlacht, tötete den größten Teil ihres Heeres und nahm York ein. Seine Ankunft in Nordengland wurde von der Bevölkerung, die zum größten Teil von Wikingern abstammte, mit auffällig wenig Feindschaft begrüßt. Es schien so, als liege ganz Nordengland offen vor ihm, als er von Harold Godwineson bei Stamford Bridge überrascht wurde.

Harold Godwineson hatte die zweihundert Meilen von London nach York in einem Eilmarsch von vier Tagen zurückgelegt. Keiner hatte ihn so schnell erwartet. Der Norweger Harald Haarderaade bemerkte bald, dass er den Engländern unterlegen war, und wütete wie ein Berserker. Er schwang seine Doppelaxt mit einer solchen Wucht, dass er einen breiten, leichenübersäten Pfad hinter sich ließ, bis ein Pfeil seinem Leben ein Ende setzte.

ZEIT Aspekte

Die um 1890 aufgenommene Fotografie zeigt »Battle Abbey«, die von Wilhelm dem Eroberer auf dem Senlac-Hügel bei Hastings erbaut wurde. Hier hatte Harald II. mit seinen Kämpfern Stellung bezogen, als am Morgen des 14. Oktober 1066 Herzog Wilhelm mit seinem Heer angriff.

Kurze Zeit darauf fiel Tosti, und die meisten anderen Norweger wurden auf der Flucht niedergemacht. Nur zwanzig von fünfhundert in Nordengland gelandeten Schiffen kehrten nach Norwegen zurück.

Fünf Tage lang war die Siegesfreude bei den Engländern groß, bis am Morgen des sechsten Tages die Botschaft kam, dass die Normannen an der Küste bei Hastings gelandet seien. Harold begab sich in Eilmärschen nach Süden, nach London, nur gefolgt von seiner königlichen Leibgarde.

Es war wohl Harolds Absicht, die Feinde ein weiteres Mal zu überraschen. Herzog Wilhelm hatte sich nach der Landung abwartend verhalten. Er ließ in Hastings eine weitere Burg bauen, erkundete und plünderte die Umgebung. Seine Späher meldeten ihm den Ausgang der Schlacht bei Stamford Bridge, und Abgesandte des englischen Königs ließen ihn höhnisch wissen: »Harold hat gerade den norwegischen König getötet und sein mächtiges Heer vernichtet. Jetzt ist er auf dem Weg zu dir,

Herzog Wilhelm, um dich und deine Männer ins Meer zu jagen wie ein Rudel mongolischer Köter.«

Harolds Heer sammelte sich im Laufe des 13. Oktober um seinen König am »grauen Apfelbaum« außerhalb von Hastings. Herzog Wilhelm hatte den größten Teil der Nacht zusammen mit seinem Heer in Gebet und Alarmbereitschaft verbracht. Am frühen Morgen gab er den Befehl zum Aufbruch und zog ins Landesinnere, um auf Harold zu treffen. Die Engländer hatten nicht so früh mit den Normannen gerechnet; noch fehlte ein Teil ihres Heeres, als am Morgen Herzog Wilhelm gegen sie antrat. Harold ließ seine Männer eine Schildburg bilden. Im Halbkreis verteidigten nun die Engländer zu etwa zehntausend Mann die Hügelspitze. Sie standen so dicht, dass die Toten in der Schlacht nicht zur Erde fallen konnten, sondern aufrecht zwischen den Lebenden hängen blieben.

Gegen Nachmittag fielen Harolds Brüder Gyrth und Leofwine. Vielleicht war es dieser Verlust, der Harold zum Aufgeben bewegte. Jetzt war er allein, alle seine Brüder waren für ihn gestorben, um ihm den Traum vom englischen Thron zu erfüllen. Als der Nachmittag zur Neige ging, zeigte die normannische Reiterei ihre Überlegenheit. Die englische Schildburg begann zu wanken. Harold wurde von einem Pfeil ins Auge getroffen. Ein kleiner Zug normannischer Ritter durchbrach seine Leibwache aus Housecarls und machte den König nieder.

Die Flucht begann, als die Dämmerung hereinbrach. Gut fünftausend Engländer fielen an diesem Tag in einer der längsten Schlachten, die im Mittelalter geschlagen wurden. Der Rest entkam in die großen Wälder. In der Dunkelheit fingen die Normannen an, ihre Toten zu bergen, den Leichen der Feinde hingegen Rüstungen und Helme abzuziehen. Wilhelms Hofkaplan schrieb später: »Ein strahlender Sieg. Von neun Uhr morgens bis zum Abend unterwarf sich der Herzog ganz England!«

Erst Mitte Dezember, zwei Monate nach dem Sieg, kamen die englischen Feudalherren und boten dem Eroberer ihre Übergabe und die englische Krone an. Am 25. Dezember 1066 wurde Wilhelm gesalbt und gekrönt.

Dann begannen die Umwälzungen. Von einem Tag auf den anderen wurden freie Männer unfrei, reiche

ZEIT Aspekte

Männer verloren Grund und Boden, Arme wurden noch ärmer. Besonders bitter war es, im eigenen Land unfrei zu werden.

Innerhalb der ersten zehn Jahre nach der Eroberung wurde die gesamte herrschende englische Feudalklasse durch Normannen ersetzt, die der englischen Sprache nicht mächtig waren, sich auch nicht die Mühe machten, sie zu lernen. Allein durch die Eroberung Südenglands verdreifachte Wilhelm seine Besitzungen. Als Wilhelm in die Normandie zurückkehrte, so berichten die Quellen, wallfahrteten die Leute zum Kloster in Fecamp, wo die eroberten Schätze ausgestellt waren. Noch nie im Leben hatten sie so viel Gold und Silber und edle Kleider gesehen.

Zwei Jahre nach der Eroberung brach in Northumbria unter der Führung der Jarle Morcar und Edwin ein Aufstand aus. Northumbria war die nördlichste der englischen Provinzen, größtenteils mit den Nachfahren

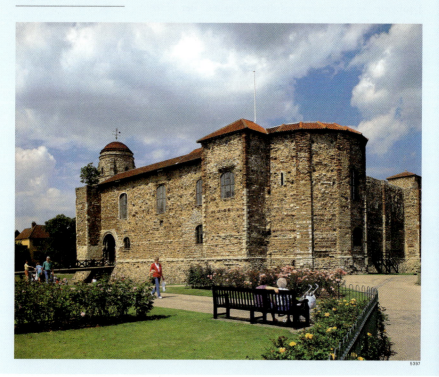

Um ihre Macht zu festigen, überzogen die Normannen England mit Zwingburgen. Die normannische Burg in Colchester wurde um 1080 errichtet, sie hat den größten in England noch erhaltenen romanischen Bergfried.

Wilhelm der Eroberer

Der unter Wilhelm dem Eroberer 1078 angelegte Tower of London repräsentiert noch heute den Machtanspruch der englischen Krone.

dänischer und norwegischer Wikinger bevölkert. Der alte Wikingergeist lebte noch in ihnen, und die Einschränkungen der fremden Herrschaft waren immer unerträglicher geworden.

Im Sommer 1070 überfielen sie die Burg in York und töteten die normannische Besatzung. Diese Revolte wurde unter der persönlichen Führung des Herzog-Königs Wilhelm niedergeschlagen. Das ganze Land von York bis Lancaster, zwischen Nordsee und Irischem Meer, insgesamt hundertachtzig Kilometer lang und knapp hundert Kilometer breit, wurde verwüstet. Höfe wurden niedergebrannt; das Vieh wurde auf den Feldern abgeschlachtet, die Saat verdorben, die Bevölkerung ohne Rücksicht getötet. Wer König Wilhelms Heer entkam, starb im Laufe des Winters vor Hunger und Kälte. Über hundert Jahre später noch wird die Landschaft als ungewöhnlich dünn bevölkert beschrieben.

In den folgenden einundzwanzig Jahren herrschte Wilhelm, Herzog und König zugleich – in den Augen der Engländer: ein Köter, Leichenfresser, Blutsauger –, ohne größere innere Erschütterungen in seinem Reich. Er machte die Gesetze, er saß bei Streitigkeiten zu Gericht, er forderte höchste Steuern in England, und wenn er nicht mit Frankreich Krieg führte, ging er auf die Jagd.

ZEIT Aspekte

Die normannische Eroberung nach der Schlacht von Hastings bedeutete für England den Anschluss an die kontinentale Baukunst der Romanik. Im anglonormannischen Stil wurde St. Cuthbert in Durham seit 1093 erbaut.

Wie alle Normannen war er jagdbesessen. Kurze Zeit nach der Eroberung ließ er in Südengland sechzig Dörfer von ihren Bewohnern räumen und niederbrennen, um dem Wald Platz zu schaffen, der später den Namen New Forest erhielt. Gut hundert Quadratkilometer wurden für alle anderen Lebewesen außer den Tieren des Waldes unbewohnbar gemacht.

Wilhelm, König von England, Herzog der Normandie, starb im Jahr des Herrn 1087, in seinem sechzigsten Lebensjahr. Er hatte gerade die Stadt Mantes, deren Bewohner sich gegen ihn aufgelehnt hatten, geplündert und gebrandschatzt. Als er in unbändigem Zorn umherritt und sich die Verwüstungen ansah, stürzte ein brennender Balken vor seinem Pferd zur Erde; das Pferd bäumte sich auf und warf den Herzog ab. Im Fallen stieß er sich den harten Sattelknauf in den aufgedunsenen Leib und zerriss sich das Bauchfell. Er wurde eilig nach Rouen gebracht, wo er sechs Wochen zu Bett lag, bis er verschied. Die Quellen berichten, er habe sich auf seinem langen Sterbelager den klaren Verstand bewahrt, obwohl er heftige Schmerzen hatte und unter ständigem Schluckauf litt.

In seinen letzten zehn Jahren war das Leben des Herzog-Königs voll privater Sorgen gewesen. Sein ältester Sohn, Robert, mit dem Beinamen Courthose oder »der Kurzbeinige«, hatte 1077 nach einem kurzen, erbitterten Streit über die Herrschaftsnachfolge in der Normandie mit seinem Vater gebrochen.

Sie brachten bis zu Wilhelms Tod keine Versöhnung zustande, und Robert war als einziges Kind des Herzogs nicht an seinem Sterbelager. Wilhelms Verbitterung über das Verhalten des Sohnes war so groß, dass er nur notgedrungen und nach langen Bedenken Roberts Erbanspruch auf das Herzogtum bestätigte.

Am Morgen des 9. September 1087 erwachte der König, Herzog Wilhelm, mit den ersten Sonnenstrahlen und beim Klang der großen Glocke der Kathedrale von Rouen. Er hob seine Augen zum Himmel und betete, wie immer, sein Morgengebet. Danach verschied er. Panik brach aus. Erst bei Hofe, dann im ganzen Herzogtum.

Nach dem Tod Herzog Wilhelms fiel sein Reich auseinander. Der älteste Sohn, Robert »mit den kurzen Beinen«, erbte das Herzogtum. Der jüngere Sohn mit dem Beinamen Rufus oder »der Rote« übernahm den englischen Thron. Im Jahr 1100 wurde er während einer Jagd im New Forest ermordet. Ob der jüngste Bruder, Heinrich, daran beteiligt war, ist nicht erweislich. Er übernahm aber in aller Eile den Thron, besetzte im Jahre 1106 die Normandie und schlug seinen Bruder Robert bei Tinchebrai. Nach zwanzig Jahren waren also England und die Normandie unter einem Sohn Wilhelms wieder vereint. Im Jahre 1120 ertrank der einzige eheliche Sohn König Heinrichs an der Küste der Normandie. Damit starb der letzte männliche Erbe der normannischen Wikingerherzöge. *21. Dezember 1990*

Kreuzzüge

Mord und fromme Ekstase

Am 15. Juli 1099 erobern die Kreuzritter unter Führung des Gottfried von Bouillon die allerheiligste der Städte – Jerusalem

Von Klaus Schulte-van Pol

»Gott will es!« Mit diesem Ruf warfen sich die »Soldaten Christi« in die Schlachten der Kreuzzüge. Zuerst hörte man ihn am 27. November 1095 auf Provenzalisch: »Deus lo volt!«, antwortete eine begeisterte Menge vor den Mauern von Clermont in der Auvergne, als Urban II. verkündete, nicht er, der Papst, Gott selbst fordere den bewaffneten Zug ins Heilige Land, damit Christi Grab befreit und den christlichen Brüdern im Orient gegen »das gemeine Gezücht der Araber und Türken« geholfen werde.

Nur vor dem Beginn des gewissermaßen offiziellen Kreuzzugs war der fromme Ruf auch auf Deutsch zu hören, als selbst ernannte »Soldaten Christi« im Mai 1096 plündernd und mordend über die rheinischen Juden herfielen. In den päpstlichen Ritterheeren der ersten »bewaffneten Wallfahrt«, die erst im Oktober aufbrachen, fehlten die Deutschen allerdings. Weil Kaiser Heinrich IV. wieder gebannt war, blieben die Reichsfürsten, bis auf einen, zu Hause. Nur Gottfried von Bouillon und seine Lothringer zogen mit, aber die sprachen französisch.

Auf der Kirchenversammlung zu Clermont im Jahr 1095 rief Papst Urban II. im Namen Gottes zum ersten Kreuzzug auf (französische Buchmalerei).

Anfang Juni 1099, fast vier Jahre nach dem Appell von Clermont, lagern die Heere der Provenzalen, Flamen, Lombarden, Lothringer und Normannen in der Ebene von Galiläa. Kaum die Hälfte der viertausend Ritter und fünfundzwanzigtausend Fußsoldaten, die zwei Jahre zuvor über den Bosporus gesetzt hatten, sind noch dabei. Viele hatten im Pfeilregen der seldschukischen Reitergeschwader und beim Sturm auf die Städte den Tod gefunden, mehr noch waren in den Halbwüsten Anatoliens verhungert, verdurstet oder an Seuchen gestorben. Aber nicht alle, die fehlen, sind tot. Ganze Gruppen des Fußvolks sind desertiert, und weil Jerusalem noch weit, die Schätze des Orients aber nah waren, hatten sich auch große Herren zu Raub und Eroberung auf eigene Faust abgesetzt.

In der Nacht vom 6. auf den 7. Juni schläft kaum einer der Kreuzfahrer. Schaudernd starren sie auf die Mondsichel, die kleiner und kleiner wird. Schließlich verschwindet sie ganz. Eine solche Finsternis, das wissen alle, bedeutet Unheil. Sicher drohe Schlimmes, verkünden die Priester, die das Heer begleiten, aber nicht den »Soldaten Christi«, sondern den Kämpfern unter dem Halbmond, denn den habe der Finger Gottes doch eben vom Himmel gewischt.

Im ersten Licht bricht das Heer mit neuem Mut auf. Gegen Mittag erreicht die Vorhut die Spitze des Hügels, den die Kreuzfahrer später Montjoie, Berg der Freude, nennen. Die Reiter springen von den Pferden, knien nieder und küssen den Boden. Vor ihnen liegt die Stadt, die Christen, Juden und Muslimen heilig ist: Jerusalem, wo Christus starb, Yerushalayim, wo Salomo seinen Tempel baute, al-Quds, wo Mohammed in den Himmel auffuhr.

Erst im Vorjahr hatten die Araber und Sudanesen des schiitischen Kalifen von Kairo die Stadt den Seldschuken weggenommen. Die waren Türken und sunnitische Abweichler vom rechten Glauben außerdem, aber immerhin doch Muslime, und den christlichen »Franken« will der neue Statthalter Iftikhar ad Daula die Stadt um keinen Preis lassen. Militärisch traut er ihren Führern ohnehin nicht viel zu. Statt weiterzuziehen, hatten sie sich in Antiochia sieben lange Monate um Beute und Macht gestritten, Zeit, die er genutzt hat. Die Breschen

Der lothringische Herzog Gottfried von Bouillon war einer der Anführer im 1. Kreuzzug und einer der ersten, die in Jerusalem eindrangen.

aus dem Vorjahr sind wieder geschlossen, Türme und Mauern stärker denn je, Speicher und Zisternen randvoll. Die Belagerer werden allerdings fasten müssen. Im weiten Umkreis der Stadt hat er alle Viehherden wegtreiben und alle Brunnen vergiften lassen. Die lateinischen Christen der Stadt, denen bei der Eroberung vor einem Jahr kein Haar gekrümmt wurde, sind jetzt vorsichtshalber ausgewiesen. Schließlich war Antiochia nur durch Verrat eines Konvertiten gefallen. Zudem beruhigt Iftikhar, dass ein ägyptisches Entsatzheer durch den Sinai nach Norden marschiert. Er hat an alles gedacht. Die Franken können anrennen.

Lange muss er nicht warten. Offenbar um zu zeigen, dass sie nun endlich ihren Streit begraben wollen, pilgern die christlichen Heerführer am 12. Juni gemeinsam auf den Ölberg. Dort haust ein Eremit, der ihnen mit dem Feuer des Erleuchteten prophezeit, ein Angriff am nächsten Tag werde erfolgreich sein, vorausgesetzt, man führe ihn »im rechten Glauben«. Obwohl der unvorbereitete Sturm auf eine der stärksten Städte der bekannten Welt jeder militärischen Erfahrung widerspricht, befehlen die Herren in geradezu kindlichem Vertrauen auf die göttliche Eingebung eines heiligen Mannes den Angriff. Die Franken, so scheint es, sind noch dümmer, als Iftikhar gehofft hatte.

Vom Kampfgeschrei stürzen die Mauern nicht ein
Zu seiner Verblüffung sieht er, dass es unnötig war, die Mauern mit Heusäcken zu behängen, um die Geschosse der Katapulte abzufedern. Die Christen haben keine Katapulte, nicht einmal genügend Sturmleitern, um an mehreren Stellen zu attackieren, und vom »Deus lo volt« ihres Kampfgeschreis stürzen die Mauern nicht ein. Der Angriff wird zum Schützenfest für die sudanesischen Bogenkämpfer. Als er zusammenbricht, haben die Verteidiger einen unwichtigen Vorposten verloren, die Franken siebenhundert ihrer Tapfersten.

Bei den »Soldaten Christi« weicht die Zuversicht vom Montjoie verzweifelter Resignation. Ohne Belagerungsmaschinen ist die Stadt nicht zu nehmen, und niemand weiß, woher die kommen könnten. Hitze und Staub sind mörderisch, und weil Iftikhars Brunnenvergifter gründlich gearbeitet haben, müssen Wasserholer weite Expeditionen ins Hinterland unternehmen. Albert von Aachen berichtet, dass sie immer wieder von arabischen Streifscharen überfallen werden und »mit abgeschlagenen Köpfen im Land der Heiden« liegen bleiben. Wer durchkommt, macht das Geschäft seines Lebens. Für Wasser »voll glitschiger Blutegel gab man zwei Pfennige für einen Mundvoll. Viele ... schluckten ... Würmer und Wassertiere mit, bis ihnen Hals und Bauch anschwollen und sie daran starben.«

Inzwischen wissen auch die Belagerer vom Anmarsch des Entsatzheeres, und das Gezänk ihrer Anführer ist so bitter wie eh und je. Viele geben auf, schleichen sich nachts aus dem Lager und ziehen zur Küste. Dort, hoffen sie, werden sie Schiffe finden, die sie nach Hause bringen.

Ganz ohne himmlische Vorankündigung geschieht dann doch noch, was viele für ein Wunder halten. In den Hafen von Jaffa, den die Araber ohne erkennbaren Grund verlassen haben, laufen sechs Galeeren aus dem Westen ein. Bis auf Balken und Bretter haben sie alles geladen, was man für den Bau von Belagerungsmaschinen braucht: Sägen, Äxte, Seile, Hämmer und Nägel. Und, Wunder über Wunder, etwa zur selben Zeit entdeckt eine Abteilung der christlichen Ritter auf Beutezug in der Nähe von Samaria einen Wald. Gefangene schleppen die Stämme über mehr als sechzig Kilometer nach Jerusalem. Das »schwere Gerät« mittelalterlicher Belagerungstechnik kann gebaut werden: Katapulte, Rammen, Leitern und zwei gewaltige, fahrbare Türme.

Noch sind sie nicht fertig, da bekommt einer aus der Riege der bewährten Seher wieder himmlische Post. Ausgerechnet der in Antiochia verstorbene päpstliche Legat Ademar, der allen Visionären stets mit Skepsis begegnet war, lässt mitteilen: Nach einem Bußgang, Versöhnung der Fürsten und dreitägigem Fasten werde Jerusalem innerhalb von neun Tagen fallen.

Am Freitag, dem 6. Juli, bietet sich den Verteidigern ein Spektakel, das sie aufs Höchste erheitert. Barfuß, ohne Waffen, Palmwedel schwenkend und sanfte Lieder singend, ziehen die wilden Krieger der Franken in einer langen Prozession dreimal um die Stadt, angeführt von Priestern mit Kreuzen, Fahnen und Weihrauchbecken.

Nach dem Umgang reden die Prediger der päpstlichen Propagandakompanie den zerstrittenen Fürsten auf dem Ölberg so wortgewaltig ins Gewissen, dass sich sogar die Erzfeinde Raimund von Saint-Gilles und der Normanne Tankred weinend in die Arme sinken. Das halb verhungerte Fußvolk des Heeres muss sich über das Fastengebot gewundert haben – aber Priester und höhere Ränge hatten offensichtlich immer noch gut zu beißen.

Zentimeter um Zentimeter rücken die Belagerer vor
Mit Ademars Botschaft erwacht der alte Kampfgeist. Am Ende der Fastentage ist auch das Rüstungsprogramm abgeschlossen. Die entscheidenden Angriffe sollen mit den beiden Türmen geführt werden, der eine von Nordosten, der andere von Süden. Geländegängig sind die Panzer des Mittelalters nicht. Um sie an die Mauer zu schieben, müssen zunächst die Gräben davor zugeschüttet werden. Im Schutz der Dunkelheit beginnt man damit am Abend des 13. Juli. Die Verluste unter den Arbeitern sind furchtbar. Noch mehr Opfer als die Pfeile der Bogenschützen und die Steine der Katapulte fordert das »griechische Feuer« – eine teuflische Mixtur, eine Art Napalm aus Erdöl, Harz, Salz, Schwefel und gebranntem Kalk, klebrig und mit Wasser nicht zu löschen. Schützen kann man sich nur unter Tierhäuten, die in Essig getränkt sind, aber die wenigen, die es gibt, werden zum Abschirmen der beiden Türme gebraucht. Dem Turm im Süden, unter dem Befehl von Raimund von Saint-Gilles, helfen sie allerdings nicht. Er verbrennt am Abend des 14., kurz vor der Mauer.

Am Freitag, dem 15. Juli 1099, in der Zeitrechnung der Verteidiger ist das der 22. Chaaban des Jahres 492 der Hedschra, schiebt sich der zweite Turm während des Vormittags Zentimeter um Zentimeter an die Nordmauer heran. Seine obere Plattform überragt deren Krone »um die Länge eines Eschenspeers«. Dort kommandiert Gottfried von Bouillon. Die Chronisten beschreiben ihn wie eine Inkarnation des Erzengels Michael: in schimmernder Rüstung, den Schild mit Pfeilen gespickt, das blanke Schwert in der Faust, hoch gewachsen, mit wehenden blonden Haaren, neben ihm, hoch aufragend, ein Kruzifix.

Kreuzzüge

Die »Rückeroberung« Palästinas mit Jerusalem war das Ziel der Kriegszüge der Kirche, das den Kampf gegen die Heiden mit mannigfachen politischen, kulturellen und wirtschaftlichen Interessen verband. Die Miniatur aus dem 15. Jh. schildert den Kampf um Jerusalem während der Kreuzzüge.

Gegen Mittag kann eine Brücke vom mittleren Geschoss des Turms auf die Mauer geschoben werden. Dann, um drei Uhr, zu der Stunde, »in der unser Herr es zuließ, dass er für uns den Tod am Kreuz erlitt«, fassen zunächst zwei Ritter, dann immer mehr, auf der Mauer Fuß, und während das Gros der Lothringer über Sturmleitern auf den frei gekämpften Abschnitt klettert, beginnt auf der Stadtseite der Straßenkampf. Als es einigen Rittern gelingt, sich bis zum Säulentor durchzuschlagen und es von innen zu öffnen, stürmen Tankreds Normannen in die Stadt. Die Schlacht ist entschieden.

Viele der Verteidiger und der muslimischen Bewohner fliehen in den Felsendom und die Al-Aksa-Moschee auf dem Tempelberg, die Juden suchen Schutz in ihrer Hauptsynagoge. Selbst die wilden Franken, glauben sie, werden Gottes Häuser nicht besudeln. Sie irren. Die Herrschaft der »Soldaten Christi« in Jerusalem beginnt mit einer Blutorgie. Weder Moscheen noch Synagogen schützen. Achtzehn Stunden dauert das Vergewaltigen, Foltern, Verstümmeln, Erschlagen und Verbrennen. Erzbischof Wilhelm von Tyros und andere Priester und Chronisten beschreiben die widerlichen Einzelheiten des Gemetzels inhaltlich fast übereinstimmend, im Ton die meisten unaufgeregt-nüchtern, aber Lyrik ist auch überliefert: »Stoßt sie in Feuersgluten! / Oh, jauchzet auf,

Anders als es die Illustration von Gustave Doré aus dem 19. Jh. nahe legt – und anders als es die Christen bei der Eroberung Jerusalems gehalten hatten – war der Sieg der Muslime unter Saladin bei Hattin kein Auftakt für blindes Morden.

ihr Guten, / Dieweil die Bösen bluten – / Jerusalem frohlocke!«

Als sich niemand mehr findet, den man umbringen kann, werden aus gnadenlosen Mördern urplötzlich gottselige Wallfahrer. Noch »von Kopf bis Fuß blutbeschmiert«, pilgern sie psalmodierend zur Grabeskirche. Dort, an dem Ort, der ihres »Herzens höchste Sehnsucht gewesen war«, verfallen sie in einen Zustand ekstatischer Verzückung, werfen sich zu Boden und breiten die Arme zum Kreuz, schreien, weinen und preisen Gott. »Sie fühlten sich wie am Himmelstor.«

Schon damals überlebten Generäle ihre Kriege leichter als das Fußvolk. Während Jerusalem schon geplündert wird, berennt Raimund von Saint-Gilles immer noch den Davidsturm, in dem sich Iftikhar ad Daula verschanzt hat. Der eine kann nicht hinein, der andere nicht heraus. Man schließt einen Handel. Gegen Kasse darf der Statthalter abziehen, ausgeplündert, aber gesund.

Die Einigkeit der Eroberer in Totschlag und Dankgebet ist kurz. Erbittert streiten Priester und Ritter um die Stadtherrschaft. Die einen wollen einen Patriarchen, die anderen einen König. Man einigt sich schließlich auf Gottfried von Bouillon. Der ist sicher der frömmste der Kriegsherren, aber pfiffig ist er auch. Er hatte erklärt, niemals werde er die Königskrone der Stadt annehmen, in der Christus mit Dornen gekrönt wurde. Regent sein könne er nur mit dem schlichten Titel eines Advocatus Sancti Sepulchri. Bei Askalon vernichtet der »Vogt des Heiligen Grabes« wenig später das ägyptische Entsatzheer.

Papst Urban kann den Triumph nicht mehr feiern. Die Siegesmeldung erreicht Rom erst wenige Tage nach seinem Tod. Auch seinen Nachfolgern macht die Eroberung wenig Freude. Schon ein Jahr später stirbt Gottfried von Bouillon unerwartet im besten Mannesalter. An einer Seuche, heißt es, aber auch von Gift wird gemunkelt. Glücklicher Erbe ist sein jüngerer Bruder Balduin, der bei der Eroberung der Stadt gar nicht dabei war. Statt gegen Jerusalem zu ziehen, hatte er sich schon früh als fürstlicher Existenzgründer in der Grafschaft Edessa niedergelassen. Ohne den Segen der Kirche lässt

Vor der Zitadelle in Damaskus steht ein Denkmal für den Sultan und muslimischen Heerführer Salah ad-Din oder Saladin, wie ihn die Christen nannten.

er sich krönen. Die Päpste haben von nun an im »Königreich Jerusalem« kaum mehr Einfluss als in irgendeinem westlichen Feudalstaat.

Am Ende bleiben nur Hass, Gewalt und Zerstörung
Knapp neun Jahrzehnte später findet der Kurde Salah ad-Din, den die Christen Saladin nennen, die Antwort auf das Deus lo volt der Franken. Er eint die Muslime zwischen Nil und Euphrat und ruft sie zur Dschihad, zum Heiligen Krieg des Islam, einen Auftrag, an den sie sich nur noch dunkel erinnern. Im Juni 1187 wird das Heer der Kreuzritter bei Hattin vernichtet, am 2. Oktober holen Saladins Soldaten das christliche Kreuz von der Kuppel des Felsendoms: Jerusalem heißt wieder al-Quds. Es gibt keine Morde. Die römischen Christen dürfen gegen Lösegeld abziehen, viele griechische, armenische und syrische bleiben. Nach all den Drangsalierungen unter dem lateinischen Kreuz hat der Halbmond für sie keine Schrecken.

Durch Verträge, nicht durch Kampf, kann der gebannte Kaiser Friedrich II. 1229 Jerusalem noch einmal zurückgewinnen. Als er nach wenigen Jahren am Widerstand der Fanatiker beider Seiten scheitert, geht die Stadt für die Christen endgültig verloren, und 1291 fällt mit Akkon die letzte Bastion der Kreuzfahrer im Orient.

Was sie dort neben vielen Toten, zerstörten Zeugnissen einer überlegenen Kultur und den Trümmern ihrer eigenen Festungen zurückließen, ist das bis heute fortwirkende tiefe Misstrauen der islamischen Welt gegenüber dem Westen. Dem Abendland blieb der religiöse Fanatismus, den Urbans Aufruf entfacht hatte. Von nun an brannten Ketzer und Hexen, 1209 vernichtete ein Kreuzfahrerheer die Albigenser im Süden Frankreichs, und mit den Massakern am Rhein begann das jahrhundertelange Leiden der abendländischen Juden. »Ja, meine Kehle vertrocknete vom vielen Rufen / nach Hilfe«, schreibt der Mainzer Rabbi Kalonymos ben Jehuda in jenen Tagen. »Ich hoffte auf Linderung / und wurde noch strenger verfolgt. / Wie ein verscheuchter Vogel fliehe ich / Auf verschlungenen Wegen vor dem gespannten Bogen.« Gott will es!   *15. Juli 1999*

Richard Löwenherz

Der schöne Riese

Wie das Leben des Idols seines Zeitalters zu einer Legende wurde

Von Klaus Schulte-van Pol

Vor 800 Jahren, im Winter 1193/94, begleitete eine rüstige alte Dame den wohl größten Geldtransport, der je durch Europa gezogen war. Eleonore von Aquitanien, Königin von England, ließ es sich nicht nehmen, Kaiser Heinrich VI. von Hohenstaufen das Lösegeld für ihren Sohn König Richard, den die Franzosen »Cœur-de-Lion«, die Engländer »The Lionhearted« und die Deutschen »Löwenherz« nannten, persönlich zu überbringen. Über ein Jahr schon saß der Rückkehrer vom dritten Kreuzzug auf dem Trifels in der Haft der Staufer. Am 2. Februar 1194 fallen Mutter und Sohn einander in die Arme, am 4. Februar ist der Löwe wieder los, das Idol seines Zeitalters, dessen wirkliche und vermeintliche Taten man auch die folgenden Jahrhunderte in unzähligen Liedern und Balladen preisen wird.

In Walter Scotts Ivanhoe-Roman aus dem 19. Jahrhundert reitet er als »Schwarzer Ritter« durch England, befreit die schöne Jüdin Rebecca aus den Klauen lüsterner normannischer Tempelritter und kämpft gegen die

Noch heute leben die Legenden um Richard Löwenherz fort. Der amerikanische Film von 1952 »Ivanhoe, der Schwarze Ritter«, basiert auf Sir Walter Scotts Romanen um einen angelsächsischen Ritter (Szene mit Elizabeth Taylor und Robert Taylor, 1952).

Gefolgsleute seines verräterischen Bruders John, Seite an Seite mit Robin Hood, der, wenn er überhaupt gelebt hat, seine Pfeile erst hundert Jahre nach Richards Tod verschoss. Schließlich stellt Scotts romantischer Richard die nationale und soziale Einheit Englands her. Aus verfeindeten Normannen, Sachsen und edlen Räubern macht er königstreue Engländer. Noch heute leben Filmemacher und Comiczeichner von Richards Legenden.

Mit der historischen Wahrheit hat all das wenig zu tun. Die Liebe seiner Engländer hat dieser König nicht erwidert. Nur knapp drei Monate seiner zehnjährigen Regierung verbrachte er auf der Insel, die er gnadenlos auspresste. Die sächsische Sprache des Volkes, das er für barbarisch hielt, verstand er nicht. Er war König von England, aber kein Engländer.

Richards Vater, Henry von Anjou, Herzog der Normandie und Graf von Maine, heiratet Eleonore von Aquitanien wenige Wochen nach ihrer Scheidung von Ludwig VII. von Frankreich. Eleonore bringt ihm ihre viel besungene Schönheit, einen äußerst zweifelhaften Ruf und ihre Erblande im Südwesten Frankreichs mit in die Ehe. Mit dem Reichtum Aquitaniens im Rücken kann er seinen umstrittenen Anspruch auf den englischen Thron durchsetzen, den die Herzöge der Normandie 1066 erobert hatten. Als Richard 1157 geboren wird, beherrschen seine Eltern England und den ganzen Westen Frankreichs bis zu den Pyrenäen.

Eleonore ist zehn Jahre älter als der fast noch jugendliche Henry: das Liebesleben der beiden ist dennoch rege: Sie haben vier Söhne und drei Töchter. Als John, ihr Jüngster, geboren wird, ist Eleonore bereits 45. Jetzt bekommt die Ehe Risse. Auf den Fahrten durch seine Länder hat Henry an vielen Orten zwischen Ankunft und Weiterreise schnelle Affären mit lokalen Schönheiten. Das war Königsrecht. Eleonore, selbst kein Kind von Traurigkeit, nahm es nicht übel. Dann aber verfällt der König auf Dauer den Reizen eines jungen Mädchens, das als »Fair Rosamond« in die englischen Balladen eingeht. Eleonore zieht sich in ihre ererbte Hauptstadt Poitiers zurück. Dort, in der Heimat der Troubadours, sammelt sie Dichter und Sänger an ihrem Hof. Obwohl sie mittlerweile beinahe fünfzig ist, bleibt sie das

Objekt männlicher Sehnsüchte. Selbst ein deutscher Sänger wünscht sich nichts mehr als „...daz diu künegin von Engellant / laege an minen armen«.

Am Musenhof von Poitiers wächst Richard zur imponierenden Größe von mehr als sechs Fuß heran, fast 1,90 Meter. Unter seinen kleinwüchsigen Zeitgenossen ist er ein Riese von strahlender Schönheit, der Liebling seiner Mutter und seiner Lehrer, die ihn im »Singen und Sagen« und in der Kunst des ritterlichen Kampfes ausbilden. Er schreibt und singt empfindsame Lieder in Latein, Französisch und Provenzalisch, und schon als Teenager erkämpft er sich gegen Eleonores aufmüpfige Vasallen den Beinamen »Cœur-de-Lion«.

Die Wildheit und den Machthunger des Geschlechts derer von Anjou erklärt eine Legende der Zeit: Stammmutter der Sippe, so heißt es, war Melusine, eine Teufelstochter. Tatsächlich erweisen sich Henrys und Eleonores Söhne als wahres Atridengeschlecht. Eben kräftig genug, um eine Rüstung zu tragen, ziehen sie gegen den Vater in den Kampf um die Macht. Die wackere Eleonore steht auf ihrer Seite. Darum schickt Henry sie in den Kerker. Über Jahre, gelegentlich unterbrochen von kurzen Perioden friedlichen Familienlebens, kämpft man in wechselnden Koalitionen. Die drei älteren Brüder gemeinsam gegen den Vater; Brüder gegen Bruder um die Erbrechte; ein Bruder mit Ludwig von Frankreich gegen Henry; alle Anjous gemeinsam gegen Ludwig.

Mitten in einem neuen Aufstand stirbt der älteste Sohn, Henry Fitz Henry, drei Jahre später auch Godefroy, der dritte. Die Erbfolge klärt sich. Auf dem Thron von Frankreich sitzt inzwischen Philipp II. Augustus, Ludwigs Sohn aus dritter Ehe, ehrgeizig wie die Anjous und begierig, sein Territorium, das kaum größer ist als die heutige Île-de-France, nach Westen zu erweitern. Gemeinsam schlagen Henry und Richard seinen Angriff ab. Dann glaubt Richard, der Vater wolle ihn zugunsten von John in der Erbfolge übergehen. Er wechselt die Front und geht nach Paris. Dort feiert er mit Philipp rauschende Feste.

Die beiden neuen Freunde sind ein ungleiches Paar. Philipp ist klein und hässlich, ein verschlagener, langfristig planender Politiker. Er will einen Krieg, in dem die Anjous sich gegenseitig schwächen. Der herkulische

ZEIT Aspekte

Nach langen Kämpfen gegen seinen Vater wurde Richard König von England (Krönungszug des Richard Löwenherz, französische Buchmalerei, 15. Jh.; London, British Library).

Adonis Richard sucht den Kampf, der ihm den Königstitel bringt. Er will die Macht, die ganze, sofort. Auf lange Sicht hofft jeder, den anderen zu übertölpeln. Gemeinsam fallen Richard und Philipp brandschatzend und plündernd in Henrys Länder ein. Aus den Flammen seiner Geburtsstadt Nantes muss der König fliehen, die Sieger zwingen ihn zu einem schmachvollen Frieden. Er ist krank, völlig gebrochen, fast alle seine Vasallen haben ihn verlassen, schließlich geht auch sein Lieblingssohn John ohne Abschied. Das gibt ihm den Rest. »Schande. Schande über einen besiegten König«, sollen seine letzten Worte gewesen sein.

Richards erster Befehl nach dem Tod des Vaters gilt der Befreiung seiner Mutter Eleonore aus dem Kerker. Auch nach langen Jahren der Haft ungebrochen, teilt sie bei Richards Königskrönung in Westminster am 3. September 1189 Glanz und Würde ihres Sohnes. John geht leer aus. John »Sans Terre – Lackland – Johann Ohneland« – nennt man den armen Verwandten.

In den Jahren vor diesen Ereignissen hatte der Kurde al-Malik al-Nasir Salah ad-Din Jusuf, den die Christen Saladin nannten, die Kräfte des Islam vereinigt und das Heer des christlichen Königreichs Jerusalem bei Hattin vernichtet. Das »Wahre Heilige Kreuz«, die kostbarste

Reliquie der Christenheit, fällt in die Hände der »Heiden«. Am 2. Oktober 1187 weht über Jerusalem, das die Kreuzfahrer 88 Jahre zuvor erobert hatten, wieder die Fahne des Propheten.

Die Schreckensmeldungen aus dem Heiligen Land verbreiten sich in Europa wie ein Lauffeuer, der Papst ruft zum dritten Kreuzzug, aber für die verweltlichte Ritterschaft des ausgehenden 12. Jahrhunderts hat das »Gott will es«, dem sie hundert Jahre zuvor in den ersten Kreuzzug gefolgt war, seine Unerbittlichkeit verloren. Neben das alte Standesideal, Gott in diemüete – Demut – zu dienen, war das neue getreten: Ruhm und Ehre und die Bewunderung edler Frauen zu gewinnen. Hartmann von Aue weiß, wie der ideelle Zwiespalt dennoch überwunden werden kann: Wer »das Kreuz nimmt«, kann beides erringen, „...der werlte lop, der sêle heil«.

Noch aber ist der europäische Adel ganz mit sich selbst beschäftigt. Im Westen toben die Kriege der Anjous, in Deutschland und Italien kämpfen Staufer und Welfen um die Macht im Heiligen Römischen Reich. Die europäischen Massen, längst kreuzzugsmüde, erfüllen ihre vermeintliche Christenpflicht auf bequeme Weise zu Hause, indem sie plündernd und mordend über die Juden herfallen.

Endlich, im Frühjahr 1198, bricht Barbarossa auf dem Landweg an der Spitze des deutschen Heeres als erster zum dritten Kreuzzug auf. Nach seiner Krönung hat auch Richard freie Hand. Er ist König unter Königen, und mit England besitzt er eine Bank, die er nach Belieben plündern kann. Unmittelbar nach seiner Krönung lässt er von allen Untertanen einen »Kreuzzugszehnten« eintreiben. Staatsämter versteigert er meistbietend. »Wenn ich einen Käufer fände, würde ich London verkaufen«, soll er gesagt haben.

In Frankreich treffen sich die Heere Philipps und Richards, die Könige schließen einen Vertrag, in dem sie vereinbaren, alle Eroberungen zu teilen. Richard verspricht, sich nicht länger vor der Ehe mit Philipps Halbschwester Alys aus der zweiten Ehe König Ludwigs zu drücken. Die Väter hatten sie in einem Augenblick friedlicher Stimmung ausgehandelt, als Richard zwölf Jahre alt war. Vom Bischof von Tours empfangen die Könige den Pilgerstab der Kreuzfahrer. Als Richard sich auf den seinen stützt, zerbricht er, ein böses Omen im Glauben jener Zeit.

Am 4. Juli 1190, drei Jahre nach der Schlacht bei Hattin, brechen sie endlich auf. In Sizilien will man überwintern. Richard erwartet, dort seine Schwester Joanna neben dem normannischen König Wilhelm II. auf dem Thron zu finden, aber Wilhelm ist tot. Auf seinem Thron sitzt jetzt Tankred von Lecce, sein illegitimer Vetter. Joanna sitzt im Kerker von Palermo.

Im Gegensatz zum unauffälligen Auftritt des Franzosen gleicht Richards Einzug dem des Kriegsgotts persönlich. In voller Rüstung, mit fliegenden Bannern und unter Trompetengeschmetter, erscheint er vor Messina. Tankred, beeindruckt, lässt Joanna sofort frei und schickt Richard zur Versöhnung Bares – zu wenig, um dessen Löwenherz zu besänftigen. Als die Bürger Messinas das martialische Gehabe des englischen Königs eher lächerlich finden, lässt Richard die Stadt kurzerhand stürmen. Dass er die Bewohner nur ausplündern, aber nicht umbringen ließ, wird als Beweis seiner »Ritterlichkeit« hoch gelobt.

Richard macht sich die Staufer zu Feinden
Die ohnehin brüchige Freundschaft zwischen den Königen droht vollends zu zerbrechen, als bekannt wird, warum Richard Alys von Frankreich entgegen seinem Versprechen immer noch nicht heiraten will: Die unverwüstliche Eleonore ist mit einer neuen Braut, Berengaria von Navarra, im Anmarsch auf Sizilien. Gegen ein Schmerzensgeld von 10 000 Goldmark ist Philipp schließlich bereit, die Schwester zu behalten: außerdem teilt Richard mit ihm getreulich die erheblichen Mittel, die er von Tankred erpresst hat. Tankreds angemaßte Königswürde wird von Richard ausdrücklich bestätigt, gegen entsprechende zusätzliche Zahlung, versteht sich. Schon König Henry hatte sich mit den Welfen gegen den Kaiser verbündet und Richards älteste Schwester mit deren Führer, Heinrich dem Löwen, verheiratet. Jetzt macht sich auch Richard die Staufer zu Feinden, die selbst Anspruch auf die Krone Siziliens erheben.

Philipp segelt im März 1191 und erreicht das Heilige Land nach glatter Überfahrt. Richard folgt erst, als Eleonore mit seiner neuen Braut angekommen ist. Ein

Sturm treibt seine Flotte nach Zypern. Dort regiert ein Kaiser von eigenen Gnaden, und da Richard nun schon einmal da ist, erobert er mit seinen Kreuzrittern schnell die christliche Insel, kassiert den gewaltigen Schatz, den der »Kaiser« aus den Bewohnern herausgepresst hat, und plündert sie selber noch einmal kräftig aus. Später verkauft er Zypern den Templern.

Während Richard seine und fremde Angelegenheiten auf Sizilien und Zypern regelte, war ein christliches Heer, das schon seit August 1189 Akkon belagerte, in eine verzweifelte Lage geraten. Den Hafen hatte man gewonnen, aber die Stadt selbst fiel nicht. Saladin hatte ein Entsatzheer herangeführt und seinerseits einen festen Ring um die Belagerer gezogen. Die Ankunft König Philipps im Frühjahr 1191 brachte keine Wende.

Als Richards Flotte endlich vor Akkon erscheint, bereiten ihm die von Hunger, Seuchen und ständigen Kämpfen geschwächten Belagerer mit Freudenfeuern und Trompetengeschmetter einen Empfang nach seinem Herzen. Als erstes schickt er Saladin, dem edlen Feind der Christenheit, eine artige Botschaft. Der revanchiert sich, als Richard erkrankt, mit Früchten und Schnee zur Kühlung des königlichen Fiebers.

Kaum abgekühlt, stürzt Löwenherz sich mit solcher Bravour in den Kampf, dass die Herren der Propagandakompanie seine Großtaten kaum mitschreiben können. Einen wankenden Belagerungsturm hält er mit einer Hand aufrecht, mit dem Schild in der anderen fängt er die Pfeile der Belagerten auf. Unter der Mauer durch gräbt er einen Gang, dringt allein in die Stadt ein und befreit gefangene Christen. Auch arabische Chronisten glauben das.

Einer der christlichen Helden, deren Taten nach dem Fall von Akkon am 12. Juli 1191 am lautesten gepriesen werden, ist Herzog Leopold von Österreich. Er war mit den Versprengten des stolzen deutschen Kreuzzugs, der nach dem Tod des alten Kaisers im Wasser des Taurus-Flusses Saleph auseinander gebrochen war, im Frühsommer 1190 zu den Belagerern von Akkon gestoßen. Als Leopold aus der Schlacht zurückkommt, so wird berichtet, ist der strahlend weiße Mantel, mit dem er auszog, rot vom Blut der »Heiden«. Nur unter dem Schwertgurt blieb er weiß. Rot-weiß-rot steht der Herzog vor seinen

Bewunderern und ahnt nicht, dass er soeben die Nationalfarben einer späteren Republik erfunden hat.

Fremde Helden mochte Richard nicht neben sich haben. Als Leopold seine Standarte neben der mit den drei goldenen Leoparden der Anjous aufrichtet, lässt Richard sie in einem seiner gefürchteten Wutanfälle herunterreißen und in eine Kloake werfen. Tödlich beleidigt, verlässt Leopold das Heilige Land. Wenig später segelt auch Philipp von Frankreich nach Hause, auch er von seinem ungestümen Alliierten gedemütigt. Immerhin lässt er einige seiner Ritter zurück und verspricht, die französischen Länder der Anjous nicht anzugreifen, ein Versprechen, das er später bricht.

Richard hatte der Besatzung der Stadt freien Abzug versprochen, wenn Saladin das »Wahre Heilige Kreuz« zurückgäbe und eine Anzahl vornehmer christlicher Gefangener freiließe. Der Sultan, misstrauisch, verlangt Sicherheiten. Löwenherz verliert die Geduld und befiehlt ein Gemetzel an den gefangenen Sarazenen und ihren Familien. »Gott dankend«, wie Richards Biografen berichten, widmen sich die Kämpfer für den wahren Glauben ihrer Aufgabe. Da Richard ritterlich genug war, nur das Fußvolk zu schlachten, Edelleute und Emire aber verschonte, nimmt Saladin ihm den Massenmord nicht sonderlich übel. Nur wenige Tage später schickt er dem König einen weißen Jagdfalken: der bedankt sich mit einem andalusischen Rapphengst.

Über ein Jahr noch zittern die »Heiden« vor dem Schlachtruf des Löwen: »Sanctum sepulchrum adiuva!« – Hilf uns, Heiliges Grab. Bei Arsuf erringen die Kreuzfah-

Die englische Buchmalerei aus dem Luttrell-Psalter (um 1340; London, British Library) zeigt einen Zweikampf zwischen einem Kreuzritter und einem Muslim, der auch als Kampf zwischen Richard Löwenherz und Saladin gedeutet wird.

rer ihren letzten großen Sieg. Bis auf wenige Kilometer kommen sie an Jerusalem heran, nehmen können sie es nicht, weil Saladin droht, sie zwischen dem Meer und der stark befestigten Stadt einzuschließen. Richard befiehlt den Rückzug nach Askalon. Kühn, wie er kämpft, verhandelt er um den Frieden. Den Vorschlag, Jerusalem zu teilen, lehnt Saladin ab, daraus könne nur neuer Krieg werden. 800 Jahre später zeigt sich, dass der kluge Kurde Recht hatte. Zum Entsetzen von Christen und Muslimen verfällt Richard dann auf ein Patentrezept: Seine Schwester Joanna soll Saladins Bruder heiraten.

Am 9. Oktober 1192 verlässt Löwenherz das Heilige Land. Er hat einen dreijährigen Waffenstillstand ausgehandelt. Die Christen behalten einen schmalen Küstenstreifen von Tyros bis Jaffa. Askalon müssen sie abtreten. Pilgern wird freier Zugang nach Jerusalem gewährt. Ein mageres Ergebnis – unbehinderte Pilgerzüge zur Heiligen Stadt hatte es schon gegeben, bevor Papst Urban im Jahre 1095 zum ersten Kreuzzug aufrief.

Der Steckbrief des schönen Riesen ist überall verbreitet
Richards sprichwörtliches »Königsheil«, das ihm im Kampf immer beistand, lässt ihn auf See im Stich. Ein Sturm trennt sein Schiff vom Rest der Flotte. Irgendwo in der Nähe von Venedig geht er an Land. Er weiß, dass alle, die er sich zu Feinden gemacht hat, auf ihn lauern. Philipp von Frankreich scheint er am meisten zu fürchten. Als Kaufmann verkleidet, will er sich deshalb über Österreich auf das Gebiet seines Schwagers, Heinrichs des Löwen, durchschlagen; ein Versuch, der scheitern muss: Der Steckbrief des schönen Riesen ist durch die Lieder seiner Bewunderer überall verbreitet und die Rolle eines Bürgerlichen ist dem König nicht eben auf den Leib geschrieben.

In der Nähe von Wien geht er Herzog Leopold ins Netz. Die Legende will wissen, dass er nur wegen seiner Großherzigkeit erkannt wurde. Einem frierenden Jungen habe er seine Handschuhe geschenkt, und die seien mit den drei Leoparden von Anjou bestickt gewesen. Schön erfunden ist auch die rührende Geschichte vom treuen Troubadour Blondel, der auf der Suche nach seinem gefangenen König durch den harten deutschen Winter von Burg zu Burg zog. Unter den Mauern sang er eines von Richards Liedern, und endlich, aus dem Turm der Feste Dürnstein an der Donau, fiel die Stimme des Gefangenen in sein Lied ein.

In Wahrheit wollen weder Leopold noch Kaiser Heinrich VI., Barbarossas Sohn, Richards Gefangennahme verheimlichen. Schließlich soll sie Geld einbringen, viel Geld. Schon am 28. Dezember 1193, wenige Tage nach Richards Ergreifung, informiert der Kaiser Philipp von Frankreich. Er hofft, den Gefangenen meistbietend zu versteigern. Nachdem die Herren sich über ihre Anteile an den Einnahmen geeinigt haben, gibt Leopold den Gefangenen an Heinrich weiter.

Europa ist empört über den Bruch des »Gottesfriedens«, der jeden Kreuzfahrer schützt. Eleonore wendet sich in einem wütenden Schreiben an Papst Coelestin III. Sie unterzeichnet: Eleonore, durch Gottes Zorn Königin von England. Leopold wird exkommuniziert, der Kaiser nicht. Der hat eine Ausrede: Als weltlicher Herr der Christenheit müsse er das Gerücht prüfen, Richard habe, um seinem Vasallen Guy de Lusignan zum Thron des Königreichs Jerusalem zu verhelfen, den gewählten König Konrad von Montferrat, einen Lehnsmann der Staufer, ermorden lassen. Später, nachdem er kassiert hat, sagt der Kaiser, er habe eigentlich nie an das Gerücht geglaubt. Geklärt ist der Kriminalfall bis heute nicht.

Auf dem Reichstag zu Speyer im März 1193 wird Richard außerdem vorgeworfen, sich mit Heinrich dem Löwen und Tankred von Lecce gegen das Heilige Römische Reich verschworen und Leopold von Österreich beleidigt zu haben. Richards Verteidigungsrede, heißt es, rührte die deutschen Fürsten zu Tränen. Der Kaiser stieg vom Thron und gab ihm den Friedenskuss, dachte aber nicht daran, ihn freizulassen. Er forderte ein für damalige Verhältnisse ungeheures Lösegeld.

Während Richards Anhänger versuchen, die Summe einzutreiben, zettelt Johann Ohneland im Bündnis mit König Philipp, der in die Normandie einfällt, eine Verschwörung an, scheitert aber an der Königstreue der Engländer. Die wollen ihren Helden zurück, und dafür müssen sie zahlen: jeder Freie ein Viertel seines jährlichen Einkommens und seines Besitzes, Kirchen und Klöster müssen ihre goldenen und silbernen liturgischen

Richard Löwenherz

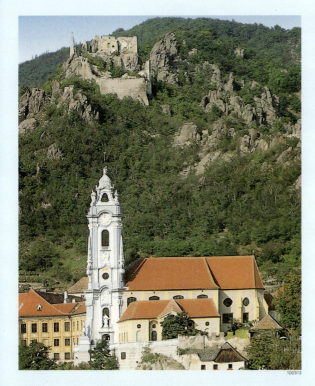

Über der österreichischen Stadt Dürnstein thronen die Reste der Mitte des 12. Jh. erbauten Burg, in der 1192–93 Richard I. Löwenherz gefangen gehalten worden war.

Gefäße geben. Bettelorden, die keine haben, die Wolle aus der Schafzucht eines Jahres.

Über den Zustand des Gefangenen kommen beruhigende Nachrichten. Richard feiert fröhliche Feste, bei denen er seine Bewacher unter den Tisch trinkt. Er drängt seine Beamten, das Lösegeld endlich zusammenzubringen, gemessen am Wert seiner neuen Freundschaft mit dem Kaiser sei es nicht zu hoch. Tatsächlich sagt Heinrich ein vereinbartes Treffen mit König Philipp ab, bei dem man sich auf Richards Kosten einigen wollte. Kurz vor seiner Freilassung schwört Richard dem Kaiser den Lehnseid – ein prestigeträchtiger Mummenschanz, mehr nicht. Beide wissen, dass Heinrich seine Rechte praktisch nicht einfordern kann. Außerdem verspricht Richard, die Welfen nicht mehr zu unterstützen und im Sinne der Staufer im deutschen Streit zu vermitteln. Im Gegenzug gibt der Kaiser Rabatt beim Lösegeld.

ZEIT Aspekte

Mit 41 Jahren starb Richard Löwenherz in den Armen seiner Mutter an einer Pfeilwunde (Grabmal des Richard Löwenherz, Teilansicht, Ende 12./Anfang 13. Jh.; Fontevraud, Abteikirche Notre-Dame-de-Fontevraud).

Als König Philipp von der bevorstehenden Freilassung hört, schickt er Johann Ohneland eine knappe Warnung: »Pass auf Dich auf, der Teufel kommt frei.« John flieht nach Frankreich.

Richards und Eleonores Heimreise wird zur Jubelfahrt. Köln, damals die größte und reichste Stadt nördlich der Alpen, gibt den beiden ein rauschendes Fest, bei dem die Bürger noch schnell Zinsfreiheit für ihre Londoner Niederlassung und Zollfreiheit für ihre Waren aushandeln. Am 23. März feiern die Londoner die Heimkehr ihres geliebten Königs. Sie jubeln zu früh. Nur Wochen später, nachdem er England zum dritten Mal zur Ader gelassen hat, kämpft Richard schon wieder in Frankreich, um Philipp die eroberten Gebiete zu entreißen. England sieht ihn nie wieder. In Eleonores Armen stirbt er am 6. April 1199 an einer Pfeilwunde. In der Abtei von Fontevrault lässt sie ihn bestatten, neben dem Vater, den er in den Tod trieb. Der Troubadour Gaudelem Faidit hält die Totenklage:

O Gott, der Du voll Gnade bist, Ganz Gott, ganz Mensch, ganz Leben, hab Erbarmen. Verzeihe dem, der Dein Verzeihen braucht, Und seine Sünden, Herr, beachte nicht, Vielmehr bedenke, wie er strebte, Dir zu dienen.

28. Januar 1994

Inquisition

Frommer Massenterror

Die blutige Geschichte der Ketzerverfolgung belastet die katholische Kirche noch immer

Von Hansjakob Stehle

Die Akten werden zugänglich. Aber nur die Dokumente bis zum Jahr 1903 »Heilig und stets der Reinigung bedürftig« will die Papstkirche sein. Ihr bleibt noch viel zu tun. Jetzt wird es ernst: Die »Öffnung der Archive des Heiligen Römischen Offiziums«, also der seit fünf Jahrhunderten berüchtigten Inquisitionsbehörde, steht auf dem Programm eines internationalen Historikerkongresses im Vatikan. Der Entschluss soll, nach dem Symposium im Oktober 1997 über die Wurzeln des christlichen Antisemitismus, der zweite Schritt zu jener »Reinigung des Gedächtnisses« sein, die Johannes Paul II. seiner Kirche verordnet hat. Beginnt eine Zeit der Einsicht? Jedenfalls in jene 4500 Bände mit Ketzer-Gerichtsakten, die sich am Amtssitz der Hüter der Rechtgläubigkeit stapeln und bis heute sogar dem zentralen Geheimarchiv des Vatikans vorenthalten wurden. Die Sammlung der »Heiligen Kongregation der Universalen Inquisition« wird allerdings nur bis zum Jahreseintrag 1903 geöffnet, also nicht einmal bis 1908, als diese Behörde den milderen Namen »Heiliges Offizium« erhielt, und schon gar nicht bis zum Jahr 1965, seit dem sie sich »Kongregation für die Glaubensdoktrin« nennt.

Die Zeit der fromm entzündeten Scheiterhaufen liegt weit zurück. So ruchlos der heutige Umgang der Papstkirche mit ihren Kritikern erscheinen mag, so harmlos wirkt er doch im Vergleich zu den Grausamkeiten der von allen guten Geistern christlicher Liebe verlassenen mittelalterlichen Inquisition. Schon lange bevor sie von Papst Paul III. im Januar 1542 als römische Zentralbehörde gegründet wurde (nur vier Monate vor dem Entschluss, ein Reformkonzil nach Trient zu rufen!), tobte die inquisitorische Ketzerjagd im ganzen christlichen Abendland.

Ihre Anfänge reichen in die Epoche jener Kreuzzüge zurück, die Päpste und römisch-deutsche Kaiser, vereint unter der drückenden Last ihrer Machtkonflikte, nicht nur gegen islamische Heiden im fernen Heiligen Land führten, sondern auch gegen christliche Häretiker, also Abweichler von dogmatischer Rechtgläubigkeit im eigenen Reich. So gegen die Katharer (die Reinen), eine von Massenarmut angetriebene, von asketischen Wanderpredigern geführte religiöse Bewegung; sie betrachtete die bestehende Weltordnung als Kampf zwischen dem lieben und dem gleichrangigen »bösen Gott«, dem Teufel. Eben-

Illustration aus dem erstmals 1487 publizierten »Hexenhammer«. Dieses Werk fasste die Hexenlehre des ausgehenden Mittelalters zusammen und gab Anregungen für die Prozesspraxis.

diese Überzeugung trieb auch die in der südfranzösischen Stadt Albi entstandene Albigenser-Bewegung, die Anfang des 13. Jahrhunderts in einem fast zwanzigjährigen Vernichtungskrieg, abgesegnet von Papst Innozenz III., zerschlagen wurde. Einer seiner Sondergesandten (Legaten), durch die er – auch über die Köpfe örtlicher Bischöfe hinweg – die weltliche Obrigkeit zu radikalem Vorgehen ermuntern ließ, berichtete 1209 aus einer zerstörten Ketzer-Hochburg, der Stadt Beziers, es seien 20 000 Menschen »jeden Alters und Geschlechts« getötet: »Gottes Strafgericht hat wunderbar gewütet.«

Ein Jahrzehnt zuvor hatte sich Innozenz III., dieser 37-jährige Papst, über dessen jugendliches Alter Walther von der Vogelweide lyrisch klagte, zum Vormund des vierjährigen Kaisers Friedrich II. ernennen lassen und zugleich durch ein Dekret seine geistliche in weltlicher Macht verankert: Die Sünde der Häresie sei im rechtlichen Sinne ein Delikt der Majestätsbeleidigung (crimen laessae maiestatis) und als solche zu bestrafen, wenn auch unter Beachtung der »Pflicht zur Barmherzigkeit« – eine Beschwichtigung, die angesichts dessen, was geschah, heuchlerisch klang, jedoch allerlei Schlupflöcher für Nothelfer und Erpresser offen ließ. Dieses Dekret wurde vom 4. Laterankonzil 1215 zum allgemeinen Gesetz und damit zur ersten Prozessordnung der Inquisition erhoben.

Mit bischöflichem Auftrag, vor allem aber ermächtigt von überall auftauchenden päpstlichen Legaten, sollten vertrauenswürdige Schnüffler, unterstützt von Denunzianten, gründlich Pfarrei nach Pfarrei untersuchen und die Ketzer aufspüren. Diese sollten dann vom Bischof, der Ankläger und Richter in einer Person war, verurteilt werden, ohne dass ein Verteidiger für sie sprechen durfte. Folterungen, um Aussagen zu erzwingen, galten zwar als unchristliche Methode und waren daher nicht erlaubt, aber das konnten Verdächtige aus dem unwissenden Pöbel ja nicht wissen, sich folglich auch nicht darauf berufen.

Die Folter wurde zur Verhörmethode
Als sich Papst Innozenz IV. nach dem Tode Kaiser Friedrichs II. zum alleinigen Herrn der Inquisition aufschwang, führte er 1252 von Amts wegen die Folter als

Verhörmethode ein – und schaffte gleichzeitig die Sippenhaft ab, auf diese Weise christliche Barmherzigkeit demonstrierend.

Auch auf dem Gebiet des Strafvollzugs bemühten sich die kirchlichen Inquisitoren darum, möglichst nur im Hintergrund die Stricke zu drehen und die Zangen zu schärfen. Die Ketzer wurden dem »weltlichen Arm der Gerechtigkeit« übergeben, auf dass er mit Macht zuschlage: Kerker, Ehrverlust (infamia), Vertreibung, Enteignung (auch der Erben) und, vor allem, Feuertod. Die einschlägigen kaiserlichen Gesetze waren, wie die historische Forschung später ermittelte, von der päpstlichen Kurie vorgeschlagen, ja oft sogar formuliert worden.

Es war ein deutscher Erzbischof, Albert von Magdeburg, der im Gewand eines »kaiserlichen Legaten« in Norditalien als Inquisitor auftrat und befahl: »Wer vom Bischof seiner Diözese als Häretiker überführt worden ist, soll auf dessen Bitte von der weltlichen Gerichtsbarkeit alsbald ergriffen und dem Scheiterhaufen überliefert werden. Falls die Richter in ihrer Barmherzigkeit ihm das Leben schenken, soll man ihm wenigstens die Zunge, mit der er den katholischen Glauben gelästert hat, herausreißen.«

Diese 1224 erlassene Vorschrift, sieben Jahre später von Papst Gregor IX. mit kaiserlicher Zustimmung in die endgültige Inquisitionsgesetzgebung aufgenommen, hätte sogar auf Kaiser Friedrich II. selbst angewendet werden können. Denn Papst Gregor – ein enger Freund des guten heiligen Franziskus von Assisi – unterstellte dem staufischen Herrscher eine Ungeheuerlichkeit: Friedrich habe Moses, Jesus und Mohammed als »die großen Weltbetrüger« bezeichnet. Zweimal traf den Kaiser der päpstliche Bannstrahl.

Die beiden Weltmonarchen bekriegten und versöhnten sich; in einer Zwischenphase, dem ansonsten halbwegs friedlichen Jahr 1231, wurde die Inquisition kirchenrechtlich zementiert. Und zwar mit Verfahrensvorschriften für die buchstäblich letzten Einzelheiten: von der Pflicht der Verurteilten, ein Kreuz zu tragen, bis zur Anordnung, die Leichen von Ketzern, die als Lebende nicht gefasst werden konnten, noch aus den Gräbern zu zerren.

Als tüchtige Ordnungshüter erwiesen sich bald die mittelalterlichen Bettelorden, besonders die Dominikaner. Sie predigten nicht nur wie ihr spanischer Gründer Dominikus die Armut als geistlichen Reichtum, sondern galten auch als die erfolgreichsten »Spürhunde des Herrn« (Domini canes). Einer von ihnen, der erste spanische Großinquisitor Tomás de Torquemada, Beichtvater der Königin Isabella, zelebrierte geradezu festlich das öffentliche Blutgericht als Glaubensakt (actus fidei). Zum Beispiel ließ er 1481 12 000 Juden, die sich geweigert hatten, katholisch getauft zu werden, auf Scheiterhaufen ermorden; im anderweitig berühmt gewordenen Jahr 1492 ließ der Gottesmann fast 100 000 Juden, die der Zwangsbekehrung widerstanden, aus Spanien vertreiben. Der Großinquisitor sonnte sich im Glanz des Monarchen.

Weniger erfolgreich, doch ebenso berüchtigt, war sein Kollege 250 Jahre zuvor, der Prämonstratenser-Mönch Konrad von Marburg, den der Papst als Großinquisitor nach Deutschland schickte, nachdem er sich schon darin bewährt hatte, Kaiser Friedrich in Kreuzzugsstimmung zu versetzen.

Konrad, ein undurchsichtiger Fanatiker mit sadistischen Neigungen, ließ nicht nur mit Feuer und Schwert die Säuberung von Klöstern, Adels- und Pfarrhöfen betreiben. Als Beichtvater schlich er sich auch ins Vertrauen einer prominenten Dame. Elisabeth, Landgräfin von Thüringen und ungarische Königstochter, war eine zwanzigjährige Witwe, als sie 1227 in den Wirren der Zeit nach Marburg an der Lahn fliehen musste. Auf rätselhaft-romantische Weise verschrieb sie sich hier ihrem Seelsorger Konrad, der sie nach inquisitorischer Befragung hungern ließ, geprügelt haben soll und zur Armen- und Krankenpflege drängte. Sie fürchtete den Pater nach eigener Auskunft beinahe wie Gott und versuchte, als »sündiges Weib« dem »heiligen Mann« zu gefallen. Nach vier Jahren starb Elisabeth und wurde schon nach weiteren vier Jahren vom Papst heilig gesprochen. Unheilig jedoch war das Ende des Inquisitors Konrad: 1233 schlugen ihn empörte Opfer seines Eifers auf offener Straße tot.

Ist es verwunderlich, wenn in der Stickluft eines in Macht- und Wahrheitswahn versumpfenden Glaubens auch der Aberglaube wucherte? Eine Gefahr, dass gute Christen mit Dämonen paktierten, witterten sogar ernsthafte Theologen des Mittelalters (zum Beispiel Thomas von Aquin). Da es nicht Adam, sondern Eva war, die sich von der Schlange im Paradies verführen ließ, waren es auch Frauen, nämlich die Hexen, die von den Inquisitoren aufgespürt und mit dem Feuertod bestraft werden mussten. Das grausame Urteil sei doch geradezu eine Gnade, weil es vom Teufel befreie – was auch den Trick des Richters rechtfertige, für das Geständnis einen Freispruch in Aussicht zu stellen. Dies schrieb der sizilianische Inquisitor Paramo und frohlockte, dass bis zur Mitte des 16. Jahrhunderts »mindestens 30 000 Hexen« auf dem Scheiterhaufen endeten.

Einer der lebenslustigen und korrupten Renaissance-Päpste, Innozenz VIII., hatte 1484 mit seiner berüchtigten Hexenbulle (»Summis desiderantes affectibus«) die Verfolgungsorgie zum Höhepunkt getrieben. Schwerste Kirchenstrafen drohte er an, wenn jemand die beiden Inquisitoren, die ihn zu dem Dekret angestiftet hatten, behindere. Es waren zwei deutsche Dominikaner, der Kölner Professor Jakob Strenger und Heinrich Krämer (genannt »Institoris«), die 1487 den Wahnsinn mit einem entsetzlichen Gesetzbuch namens »Hexenhammer« zur Methode machten: Die so genannte Hexenprobe bestand nur ein verdächtiges Weib, das, ins Wasser geworfen, nicht schwamm, sondern versank. Wenigstens gab es einen katholischen Ordensmann, den Jesuiten und Dichter Friedrich Spee, der 1631 in einer Streitschrift die unmenschlichen, rechtswidrigen Folgen des Hexenwahns anprangerte. Er tat es freilich anonym.

Denn es war Vorsicht geboten. Inzwischen war die Römische Inquisition nämlich – im Schatten von Reformation, Gegenreformation und Dreißigjährigem Krieg – zu einer mehr auf Papier als auf ferne Personen fixierten Behörde geworden. Papst Paul IV., der als Kardinal Carafa die Gründung dieses zentralen »Heiligen Offiziums« (1542) durch Paul III. entscheidend betrieben hatte, wollte es noch vom Glaubens- auch zum Sittentribunal ausbauen; sogar einen angesehenen Kardinal ließ er in der Engelsburg einkerkern und versicherte: »Wenn mein Vater ein Ketzer wäre, würde ich selbst das Holz zu

Die als Mausoleum des römischen Kaisers Hadrian erbaute Engelsburg diente als Gefängnis und Folterkammer der Inquisition. U. a. Giordano Bruno, Galileo Galilei und Alessandro Cagliostro waren hier Opfer der Glaubenshüter.

seiner Verbrennung zusammentragen.« Verbrannt indessen wurde ein großer Teil des Inquisitionsgebäudes selbst, und zwar von zornigen Römern, als dieser Papst 1559 starb.

Mit der Einführung des »Index« begann eine neue Phase der Inquisition
Zehntausende von Schriften durften nun auf Anordnung päpstlicher Zensoren nicht gelesen, verkauft, verliehen, übersetzt werden, alles unter Androhung des Kirchenausschlusses. Das waren nicht nur Texte von Andersgläubigen, Atheisten und Kirchenfeinden, sondern auch von Naturforschern wie Nikolaus Kopernikus (verboten bis 1822) und Galileo Galilei (erst 1992 rehabilitiert), die das Gleichgewicht von Himmel und Erde ebenso zu erschüttern schienen wie der Reformator, der die »Freiheit des Christenmenschen« predigte.

Im Jahre 1956 noch enthielt ein Index-Verzeichnis Büchertitel von etwa 2000 Autoren, darunter Philosophen wie Descartes, Kant, Pascal, Spinoza, Schopenhauer und Nietzsche, Historiker wie Ranke und Gregorovius, Dichter wie Lessing und Heine. In geheimen Verfahren verurteilten die Zensoren sogar Bücher, die mit bischöflicher Druckerlaubnis (Imprimatur) erschienen waren.

Ende 1966 wurde der Index von den Erben der inquisitores endgültig außer Kraft gesetzt. Das war die erste praktische Auswirkung der Reformbewegung, die mit dem Zweiten Vatikanischen Konzil drei Jahre vorher begonnen hatte und selbst an einer so versteinerten Institution wie dem »Heiligen Offizium« nicht vorbeiführen konnte. Am 8. November 1963 hatte der Kölner Kardinal Josef Frings in der Konzilsaula dem wütend aufhorchenden obersten Glaubenshüter von damals, Kardinal Ottaviani, zugerufen: Ein Skandal sei die Verfahrensweise seiner Behörde, die Urteile fälle, ohne die Angeklagten vorher anzuhören. Mühsam, schließlich aber mit großer Mehrheit, gelang es dann im Herbst 1965, ein Dekret durchzubringen, das zum ersten Mal in der Geschichte der römischen Kirche die Freiheit des Gewissens, »auch des irrenden«, achtet und schützt und das zugleich auf staatliche Schützenhilfe zur Durchsetzung der eigenen Doktrin verzichtet. Ein Signal nicht nur für den Namenswechsel der historisch belasteten Behörde in »Glaubenskongregation«. Denn besser sei es, den Glauben zu fördern, als nur die Lehre zu verteidigen, schrieb Paul VI. zur Begründung für einen – auch

Kardinal Joseph Ratzinger – hier 1987 im Vatikan bei der Vorstellung einer Schrift, die u. a. die künstliche Befruchtung als unmoralisch bezeichnet – war bis zu seiner Wahl zum Papst im Jahr 2005 Vorsitzender der Glaubenskongregation (2. v. r.).

Inquisition

in den folgenden drei Jahrzehnten – nur langsam fortschreitenden Stil- und Stimmungswechsel.

Diese Wende, mit all ihren Hemmungen, verkörpert heute Kardinal Joseph Ratzinger, der erste Deutsche, der 1981 auf den – wie er einmal sagte – »ungemütlichen Platz« an der Spitze der einstigen Inquisition befördert wurde.

So sehr Ratzinger von seinen Kritikern beargwöhnt wird, die Pose eines Großinquisitors ist ihm auch in seiner Funktion als Dogmenwächter fremd. Längst weiß er, dass Kirchenkrisen nicht von Theologieprofessoren (zu denen er selbst einmal gehörte) gemeistert werden, sondern letztlich »durch das einfache Volk, das die Kirche im Dorf lässt«. Die Konsequenzen zu ziehen fällt der Papstkirche jedoch erst etwas leichter, seit sie sich – wie das Konzil 1964 formulierte – »zugleich heilig und stets der Reinigung bedürftig« versteht.

»Gedächtnis kann vergiftet sein – durch Hass, durch Enttäuschung, durch falsche Hoffnung, durch eingewurzelte Lüge«, das gab Ratzinger schon im Frühjahr 1997 zu bedenken. Berühmten Opfern der Ketzerjustiz wie Jan Hus, Galileo Galilei oder Giordano Bruno versuchte Johannes Paul II. schon früher gerecht zu werden. Doch es ging um die Bewältigung des Massenterrors, den er als erster Papst offen beim Namen nannte, als er im Frühjahr 1994 an die Kardinäle schrieb: »Wie kann man die vielen Formen von Gewalt verschweigen, die auch im Namen des Glaubens verübt wurde? Die Religionskriege, die Tribunale der Inquisition und andere Formen von Verletzung der Menschenrechte. Es ist bezeichnend, dass diese Zwangsmethoden dann von den totalitären Ideologien des 20. Jahrhunderts angewendet wurden. Die Kirche muss aus eigenen Initiativen die dunklen Seiten ihrer Geschichte überprüfen und im Licht des Evangeliums bewerten.«

Und auf diese Weise könnte Jakob Burckhardts hundert Jahre alter Diagnose, dass »die Kirche mehr und mehr ein Polizei-Institut wurde und die Hierarchen danach rochen«, vielleicht doch noch eine heilbringende Therapie folgen. *22. Januar 1998*

ZEIT Aspekte

Inquisition
Durch göttliche Güte erwürgt
Noch 1747 kommt es in der Schweiz zu einem der letzten großen Ketzerprozesse Europas

Von Aram Mattioli

Wer von Hexenverfolgung, Ketzerei und Inquisition hört, denkt wohl ans Mittelalter oder an die nachfolgende Ära der Glaubenswirren. Doch wenngleich sich nach den Exzessen des Dreißigjährigen Krieges das Zeitalter der Autodafés und der Religionsverfolgungen dem Ende zuneigte, so konnte von echter religiöser Toleranz in Europa nur sehr eingeschränkt die Rede sein. Bis weit in die Epoche der Aufklärung hinein stieß die Forderung nach Glaubensfreiheit bei kirchlichen und weltlichen Obrigkeiten oft auf taube Ohren. So ordnete der Erzbischof von Salzburg 1731 unter nichtigem Vorwand an, seine 17 000 protestantischen Untertanen außer Landes zu weisen. Fürstabt Honorius Roth von Schreckenstein ließ 1775 in der allgäuischen Reichsstadt Kempten Anna Schwegelin als Hexe hinrichten. Selbst in Frankreich, dem Kernland der kontinentalen Aufklärung, verurteilte eine blindwütige Justiz den fälschlicherweise des Mordes angeklagten Hugenotten Jean Calas aus Toulouse 1762 zum Tode. Voltaire prangerte diesen Fall in seinem berühmten Traité sur la tolérance als konfessionell motivierten Justizmord an. Und Denis Diderot hatte skandalöse Vorfälle wie diese vor Augen, als er 1765 in der Enzyklopädie dem Phänomen der Intoleranz ein eigenes Stichwort widmete und sie als die »wilde Leidenschaft« definierte, zu hassen und zu verfolgen, wer sich im Irrtum befinde.

Keineswegs besser standen die Dinge in der alten Eidgenossenschaft, die just in jenen Tagen zahlreiche Aufklärer aus ganz Europa als republikanisches Hirtenland und Wiege der Freiheit besangen. In dieser archaischen Föderation aus 13 voll berechtigten und einigen zugewandten Orten war ein konfessionalistischer Geist aus der Zeit der Glaubensspaltung lebendig geblieben.

Inquisition

Seit den Tagen der Reformation wachten die Obrigkeiten über die Rechtgläubigkeit ihrer Untertanen. Der aufgeklärte Basler Ratsschreiber Isaak Iselin rühmte sich zwar, die Forderung nach Toleranz bereits lange vor Lessing erhoben zu haben. Doch die eidgenössischen Orte verfolgten Apostasie nach wie vor als Kapitalverbrechen. Jedenfalls fanden hier noch mitten im Aufklärungszeitalter zwei späte Ketzerprozesse statt: 1747 im katholischen Luzern und 1753 im reformierten Bern.

Wie so oft in der Geschichte menschlicher Grausamkeiten begann alles mit einer Denunziation. An Martini 1746 sucht der Wundarzt Fridolin Disler den Wolhuser Pfarrer Moritz Benninger kurz vor dem Gottesdienst auf, um ihm ein schlimmes Gerücht zu hinterbringen. Im nahe gelegenen Werthenstein sei eine geheime Zusammenkunft von Männern und Frauen im Gang, die lieber eine Andachtsstunde hielten, als die Messe zu besuchen – und dies an einem Feiertag.

Noch 1747 ereignete sich in Luzern ein schlimmer Fall von religiöser Intoleranz, der die Kerker und Türme der Stadt füllte.

ZEIT Aspekte

Wer in einer deutschsprachigen Bibel liest, ist schon verdammt, behaupteten die Priester

Gleich nach dem Hochamt eilt der katholische Gottesdiener in Begleitung zweier Zeugen zum Sulzig-Hof des Jakob Schmidlin und überrascht eine kleine Gruppe einfacher Leute beim Lesen eines religiösen Lehrbuchs. Es handelt sich um das vom reformierten Pfarrherrn Samuel Lutz verfasste Erbauungsbüchlein »Eine kleine, ja dennoch heilsame Seelenweide«. Dem weit verbreiteten Katechismus des Jesuiten Petrus Canisius nachempfunden, formuliert es auf katholische Fragen pietistische Antworten. Pfarrer Benninger stellt die Anwesenden brüsk zur Rede. Diese antworten, dass sie sich um ihr Seelenheil sorgten. Gott und der Heilige Geist würden in privater Andacht weit mehr bewirken als in der Messe. Der Geistliche ist entsetzt über diese ketzerischen Ansichten. Untertänig meldet er seine Entdeckung der hohen Obrigkeit nach Luzern.

Aufgeschreckt setzen die »gnädigen Herren« der Stadtrepublik Luzern eine Untersuchungskommission ein. Wundarzt Disler, ein übler Menschenjäger, der vor Jahren selbst mit der Bewegung sympathisiert hatte,

Das Lesen lutherischer Schriften war in Luzern streng verboten und auch für das Studium der deutschen Übersetzung der Bibel brauchte man eine Sondergenehmigung.

reicht immer neue Listen mit Namen »liederlicher Pietisten« ein. In Erwartung einer schönen Belohnung liefert er seine früheren Gesinnungsfreunde gleich reihenweise ans Messer. Eine wahre Verhaftungswelle bricht über die Hügellandschaft des Entlebuchs und die umliegenden Dörfer und Weiler herein. Es gibt Hausdurchsuchungen, zahlreiche Schriften werden konfisziert und über 100 Personen inhaftiert. Die Kerker und Türme der Stadt Luzern reichen nicht aus, sodass die Arretierten auch im alten Spital untergebracht werden müssen. Im Mittelpunkt des sich über acht Monate hinziehenden Monsterprozesses aber steht der als »Irrlehrer« angeklagte Kleinbauer Jakob Schmidlin, ein frommer Mann, dessen einziges Vergehen darin besteht, Gott auf seine eigene Weise anzubeten.

Geboren 1699 als Sohn armer katholischer Landleute, wurde Schmidlin von den Eltern früh als Ackerbub bei wohlhabenden Bauern verdingt. Eine Schule besuchte er nie. Lesen brachte er sich mühsam selber bei, schreiben konnte er zeitlebens nur notdürftig. Erwachsen geworden, verdiente er seinen Lebensunterhalt zunächst als Fassbinder und später als Fuhrknecht im Dienste des Klosterwirts. 1732 erwarb er den kleinen Sulzig-Hof. Da dieses Gütlein zu wenig abwarf, blieb er weiterhin auf einen Nebenverdienst als Fuhrknecht angewiesen.

Seine Fahrten führten ihn immer wieder in reformierte Gebiete: nach Basel, Bern und Zürich. Auf einer solchen lernte er durch den Heidelberger Katechismus die protestantische Lehre kennen. In seiner schwärmerischen Gottessuche kaufte er pietistische Schriften und verschlang sie mit Begeisterung. Bald schon besuchte er Pietisten im bernischen Emmental und begann kurz darauf, einen kleinen Kreis von Gleichgesinnten um sich zu scharen. Man betete gemeinsam und las die Bibel. Diese privaten Andachtsübungen stellten schwere Rechtsverstöße dar. Nur schon der Besitz und das Lesen »lutherischer Schriften« waren in Luzern strengstens untersagt. Im Einklang mit römischen Bestimmungen durften die Laien selbst die Heilige Schrift in der Muttersprache nur mit einer Sondererlaubnis des zuständigen Konstanzer Ortsbischofs lesen. »Wenn ein Vater seinen Kindern eine deutsche Bibel kauft«, schärften etliche

Priester den Gläubigen ein, »so ist es ebenso viel, als wenn er ihnen die wirkliche Hölle kaufe.« Überdies gerieten geheime Zusammenkünfte nach dem blutig niedergeschlagenen Bauernaufstand von 1653 nur zu schnell unter den Verdacht, Verschwörungen gegen die gottgewollte Ordnung zu sein.

Die pietistischen Gottesdienste auf dem Sulzig-Hof blieben im Wallfahrtsort Werthenstein nicht verborgen, zumal sich in der Gegend ein schwungvoller Handel mit Bibeln und Erbauungsschriften entwickelte. Der bischöfliche Kommissarius erstattete im Sommer 1738 ein erstes Mal Anzeige, ohne dass die Obrigkeit allerdings tätig geworden wäre. Monate später, in der Fastenzeit 1739, predigte ein Franziskaner des Klosters Werthenstein vor versammeltem Kirchenvolk gegen die »Bibelfresser und Ketzer«. Jakob Schmidlin wurde verhaftet. Doch die Obrigkeit schlug das Verfahren nieder – eine glückliche Wendung, welche die Luzerner Pietisten in ihren religiösen Überzeugungen bestärkte und unvorsichtig machte.

Die Ratsherren schritten mit aller Härte ein
Predigend reiste der Bauernlehrer Schmidlin jetzt in den Dörfern der Umgebung umher und machte aus seinen Bibelstunden Erweckungsgottesdienste. Die Zahl seiner Anhänger wuchs. Auf dem Land um Luzern bildete sich ein weit verzweigtes Netz von kleinen Pietistengemeinden. Die barocke Prachtentfaltung der Kirche mit ihrer Heiligenverehrung und dem Reliquienkult stieß sie ab. Wie im Pietismus allgemein, der sich als Erneuerung und Vollendung der Reformation begriff, stand im Zentrum ihres Verständnisses von Frömmigkeit die persönliche Beziehung zu Gott. Geschickt wahrten sie jedoch gegen außen den Anschein der Rechtgläubigkeit. Weiterhin besuchten sie die Messe, beichteten und nahmen an Prozessionen teil. Die Luzerner Pietisten gehörten zu den Stillen im Land und hätten kaum Aufsehen erregt, bilanziert der Schweizer Historiker Hans Wicki, wenn sie im November 1746 nicht vom Wundarzt Fridolin Disler, einem ehemaligen Gesinnungsfreund, verraten worden wären. Und so glimpflich wie beim ersten Verfahren ging die Sache für die Denunzierten jetzt nicht mehr aus.

Nun schritten die Luzerner Ratsherren mit aller Härte ein und ließen an den »unverbesserlichen Ketzern« ein Exempel statuieren. Das Land sollte vom »angesteckten, höchst gefährlichen Volke« gesäubert werden. Für die Obrigkeit, die sich als von Gott eingesetzt ansah, standen die höchsten Güter auf dem Spiel. Wie in den übrigen Orten rund um den Vierwaldstätter See war der Katholizismus in der aristokratisch regierten Stadtrepublik Luzern Staatsreligion. Angriffe gegen den Glauben galten nicht bloß als heimtückische Anschläge auf die heilige Kirche, sondern auch als gefährliche Infragestellung der staatlichen Ordnung.

Schon nach den ersten Verhören bestätigte sich der Verdacht. Vier geistliche Gutachter – ein Jesuit, ein Franziskaner, ein Kapuziner und Leutpriester Gallus Anton Frener – kamen im Februar 1747 zum nämlichen Schluss: Hier lag ein schwerer Fall von Ketzerei vor, ein Malefizverbrechen. Es wurde Anklage erhoben. Jakob Schmidlin musste fünf zermürbende Verhöre über sich ergehen lassen. Einmal wurde er in der Examinierkammer schwer gefoltert, bis er seine »Verfehlungen« gestand. In barock ausladender Weise legte ihm die Anklageschrift Abfall vom katholischen Glauben, Einfuhr und Besitz glaubensfeindlicher Schriften, Verbreitung schädlicher Lehren, Abhaltung verbotener Zusammenkünfte, Briefwechsel mit Andersgläubigen, Teilnahme an reformierten Gottesdiensten, Gefährdung des Seelenheils von Katholiken und Verführung des Volkes zu Aufruhr und Rebellion zur Last.

Die große Zahl der Beschuldigten brachte das Gericht in arge Verlegenheit. Im Königreich Sardinien-Piemont ließ man anfragen, ob die Mitläufer in den sardischen Bergwerken für Schwerarbeit zu gebrauchen wären. Aus Kostengründen verwarfen die Luzerner Ratsherren diesen Plan wieder. Stattdessen entschieden sie sich dafür, den Haupthars der »gefährlichen Ketzer« mit ewiger Landesverweisung zu bestrafen. Von den 90 Urteilen, die zwischen April und Juli 1747 ergingen, lauteten 73 auf ewige Verbannung aus der Eidgenossenschaft. Für den Fall einer Rückkehr in die Heimat wurde ihnen die Hinrichtung durch das Schwert angedroht. Vor dem Verlassen des Landes mussten die Verurteilten ihrem »Irrglauben« in der Hofkirche feierlich abschwören. Zusätzlich zur Verbannung wurden drei Angeklagte zu sechs, zwölf und dreißig Jahren Galeere in französischen Diensten verurteilt, was verkappten Todesurteilen gleichkam. Zwei schwer erkrankte Männer wurden gnadenhalber mit lebenslänglicher Haft bestraft. Vier »Ketzer« hatten barfuß vor dem Rat zu erscheinen und öffentlich Abbitte zu leisten. Ein Ehepaar wurde auf 16 Jahre voneinander getrennt und ein 18 Monate altes Kind seinen Eltern weggenommen. Mangels Beweisen sprach man vier Angeklagte frei.

Nach der Folter bricht Jakob Schmidlin zusammen und schwört ab
Der härteste Urteilsspruch erging gegen den »Haupträdelsführer« Jakob Schmidlin und seine Familie. Unter den ewig Verbannten befanden sich auch seine Ehefrau Elisabeth und die sieben Kinder im Alter zwischen einem und 22 Jahren. Zum ersten Mal seit 1608, als der reformierte Basler Kleinhändler Martin Duvoisin wegen unbedachter Äußerungen gegen katholische Glaubenswahrheiten enthauptet und verbrannt worden war, fällte die Luzerner Obrigkeit wieder ein Bluturteil gegen einen Ketzer. Es lautete auf öffentliche Hinrichtung durch Erwürgen und Verbrennen des Leichnams.

Nicht genug damit, ließ die hohe Obrigkeit nichts unversucht, um die Seele des Verurteilten zurückzugewinnen. Pfarrer Frener erhielt den Auftrag, den Todeskandidaten zum »einzig wahren« Glauben zu bekehren. Unter der Last unsäglicher Haftbedingungen, der Folter und der ihm in den grellsten Farben ausgemalten Höllenqualen brach Schmidlin schließlich physisch zusammen. Eigenhändig verfasste er einen Widerruf, der ihm wohl von seinem geistlichen Beistand in die Feder diktiert worden war. Darin sagte er sich vom »ketzerischen Pietisten-Glauben« los.

Für seine Peiniger war das Eingeständnis wertvoller, dass, »außert der Catholisch-Römischen allein-selig-machenden und unfehlbaren Kirche, die niemal fehlen kann«, kein anderer Glaube wahr und deshalb irgendeine Berechtigung habe. Nun blieb Schmidlin nur noch die Rolle des armen Sünders. Zwei Tage vor seinem gewaltsamen Tod legte er vor 16 Zeugen in der Folterkammer des Turms am Rosengarten das Tridentinische Glaubensbekenntnis ab.

Am 27. Mai 1747 findet die öffentliche Hinrichtung statt. Eine unübersehbare Menge Schaulustiger hat sich – wie stets bei solchen Gelegenheiten – eingefunden. Es herrscht Volksfeststimmung. Zur Mittagsstunde wird der Urteilsspruch auf dem Weinmarkt verkündet. Schmidlin ist zu geschwächt, um den von ihm erpressten Widerruf selbst verlesen zu können. An seiner Stelle trägt ihn Leutpriester Frener vor. Der militärisch gesicherte Zug zur Hinrichtungsstätte, die außerhalb der Stadtmauern liegt, dauert gegen zwei Stunden. Die konfiszierten Schriften führt man auf einem Karren mit. Einen zweiten hält man für den Fall bereit, dass dem armen Sünder die Kräfte versagen würden. Auf seinem letzten Gang küsst Schmidlin unentwegt das Kruzifix und bereut seine Sünden. Endlich auf der Richtstätte angelangt, betet er ein letztes Mal. Dann bindet ihn der Henker an einen Pfahl, legt ihm einen Strick um den entblößten Hals und erwürgt ihn. Um das grausige Schauspiel in allen Einzelheiten verfolgen zu können, sind zahlreiche Gaffer auf Bäume des angrenzenden Waldes geklettert.

Nach getaner Arbeit schleifen der Henker und seine Gehilfen den Leichnam zum Scheiterhaufen, wo bereits die verbotenen Bücher aufgeschichtet liegen, werfen den Toten darauf und entzünden das Ganze. Zum Schluss streut man die Asche des Hingerichteten in ein nahes Flüsschen. Keine Spuren sollen an den Häretiker erinnern. Das staatlich inszenierte Reinigungsritual macht selbst vor dem Sulzig-Hof nicht Halt. Auf obrigkeitliche Anordnung hin wird er eingeäschert und über der Brandstätte eine Schandsäule aus Stein errichtet. Sie trägt die gemeißelte Inschrift »wegen verbottenen Zusammenkünfte und Ketzerischen Lehren«. Drei Wochen nach der Exekution erneuert der Rat das Kauf-, Verkaufs- und Leseverbot für die Bibel. Erst 1757 – zehn Jahre nach den Ereignissen – erlaubt Papst Benedikt XIV. auch den Laien das Lesen kirchlich genehmigter Bibelübersetzungen in deutscher Sprache.

Gegen die grausame Machtdemonstration der Obrigkeit erhebt sich kein Protest. Im Gegenteil. Sie erfolgt

Die Hinrichtung des Jakob Schmidlin erfolgte mit ausdrücklicher Billigung des Konstanzer Bischofs. Er berief sich auf das Konzil von Trient, das etwa zwei Jahrhunderte zuvor die päpstliche Gewalt dogmatisch gestärkt hatte (Eröffnungssitzung des Konzils von Trient, anonymes Gemälde).

mit ausdrücklicher Billigung des Konstanzer Bischofs. In einem lateinisch abgefassten Hirtenbrief an seine geistlichen Mitbrüder bezeichnet er die Anhänger des Bauernlehrers als »verrufene Sendlinge der Hölle«. Ihre ketzerischen Ansichten seien seit langem und erst vor kurzem noch durch das Konzil von Trient (1545–63) verdammt worden.

Als Dank für ihr hartes Durchgreifen schenkt das Chorherrenstift St. Leodegar der Regierung ein silbernes Bildnis des Stadtpatrons. Es wird in feierlicher Prozession in die Hofkirche überführt. Ganz im Stil des »langen Mittelalters«, wie der französische Historiker Jacques Le Goff es einmal genannt hat, danken die »gnädigen Herren« und ihre lieben Untertanen dem heiligen Franz Xaver für dessen Fürsprache bei Gott, der die Obrigkeit in ihrem schweren Kampf gegen die Häresie erleuchtet und so sicher angeleitet habe. Rückblickend auf die Ereignisse, schreibt Pfarrer Frener 1775: »Es hat der göttlichen Güte gefallen, noch bei Zeiten das in den Acker des Herrn eingedrungene Unkraut zu vertilgen.«

Der letzte Luzerner Ketzerprozess bildete in der alten Eidgenossenschaft keinen Einzelfall. Im reformierten Bern ereilte den Sektenprediger Hieronymus Kohler 1753 das gleiche Schicksal wie Jakob Schmidlin. Der Kleine Rat der calvinistischen Republik Genf ließ 1762 die Schriften ihres Bürgers Jean-Jacques Rousseau, darunter den Gesellschaftsvertrag, öffentlich durch den Henker verbrennen. Und noch 1782 wurde die Dienstmagd Anna Göldin in Glarus – nach einem grotesken Prozess – als Hexe hingerichtet.

Erst die Helvetische Republik, Ergebnis der Französischen Revolution, beendete den Spuk und brachte 1798 zumindest den christlichen Bürgern des Landes die Glaubens- und Gewissensfreiheit. Die Schweizer Schwesterrepublik der französischen war es auch, die Jakob Schmidlin und seine Mitverurteilten rehabilitierte – auf Gesuch eines seiner Söhne, der seiner Mutter in die Zwangsemigration hatte folgen müssen. Die helvetischen Behörden hoben 1799 nicht nur alle früheren Strafurteile wegen religiöser Vergehen auf, sondern erlaubten den Verbannten von 1747 auch die Rückkehr in die Heimat. Für die meisten freilich kam diese Revision um ein Leben zu spät. *11. April 2001*

ZEIT Aspekte

Zünfte

Die verordnete Solidarität

Im Mittelalter schotteten die Handwerker ihre Märkte mit rigiden Zugangsregeln ab. Wettbewerb war selbst unter Zunftmitgliedern verboten – Verstöße dagegen wurden sogar mit dem Tod bestraft

Von Eva-Maria Thoms

Am 29. September 1615 zogen die Kölner Handwerker aus, ihren Lebensunterhalt zu verteidigen. Mit Äxten, Pickeln und Pferdewagen setzten Zimmerleute, Dachdecker und Maurer über den Rhein und marschierten unter dem Schutz von 500 Soldaten gegen die Festung Mülheim. Sie rissen die Festungsmauern ein, zerstörten Häuser und Gewerbebetriebe. In der zum Herzogtum Berg gehörenden »Freiheit« Mülheim hatte sich in den vergangenen Jahrzehnten eine für die stadtkölnischen Zunfthandwerker ruinöse Konkurrenz entwickelt. All jene Protestanten und aufstrebenden Manufakturbetreiber, denen im katholischen Köln das Produzieren verboten war, wurden in Mülheim kostenlos in den Bürgerstand aufgenommen. Sie statteten ihre Betriebe mit modernen mechanischen Hilfsmitteln aus, deren Gebrauch den Zunftmeistern verboten war, und sie stellten zur Arbeit ein, wer arbeiten wollte und konnte – ohne Rücksicht auf Gesellenbrief und Zunftfähigkeit. Die dynamischen Mülheimer Unternehmer erdrückten das zünftige Handwerk auf der anderen Rheinseite. Sie nahmen ihm die Märkte und kauften ihm die Rohstoffe vor der Nase weg. Der Feldzug von 1615 hat den Siegeszug des freien Gewerbes allerdings nicht aufhalten können.

Seit dem 12. Jahrhundert hatten die Zünfte das wirtschaftliche und gesellschaftliche Leben in den Städten Europas geprägt. Sie schufen Gewerbeordnungen und begründeten mit ihren Qualitätskontrollen die internationale Wettbewerbsfähigkeit von Tuchen und Metallwaren aus Speyer und Köln, aus Magdeburg und Leipzig. Sie etablierten Tarife für Handwerksarbeit, gründeten

Zünfte

Die mittelalterlichen Zünfte legten den Grundstein für die Modernisierung und den Wohlstand in Europa – der »Grote Markt« von Antwerpen mit den Zunfthäusern des 16. Jahrhunderts.

die ersten Sozialversicherungen und entmachteten den Adel in den Städten. Die Zünfte haben das mittelalterliche Europa modernisiert und den Grundstein für wirtschaftlichen Wohlstand gelegt. Dem Wandel der Neuzeit aber standen sie hilflos gegenüber.

»Es sind hantwerck darumb erdacht, daß jedermann sein täglich brot damit gewinn«, formulierte 1438 ein unbekannter Autor in der »Reformatio Sigismundi«. Damit sind die Gedanken, die sich die einfachen Menschen im mittelalterlichen Europa vom Sinn und Zweck des Arbeitens und Handelns machten, vermutlich treffend zusammengefasst. Der einfache Handwerker arbeitete nicht für Reichtum, sondern für seinen Lebensunterhalt. Und der ließ sich gemeinsam besser sichern als im Wettbewerb jeder gegen jeden. Man vertrat gemeinsam seine Interessen, und man sorgte füreinander. Schon 1397 leistete sich zum Beispiel die Fassbinderzunft in Köln die Versorgung von alten und kranken Mitgliedern. Für die »lamen, blinden of alden, kranken broidere« gab es pro Tag 16 Pfennig Leibrente. Der Sozialkasse der Zunft konnten auch Nichtzünftige beitreten, und spätestens 1450 wurde die soziale Fürsorge auf Witwen und unversorgte Töchter ausgedehnt.

Grundsatz der zünftigen Politik war es, jedem Meister die »Nahrung« zu sichern. Die Unterschiede zwischen Arm und Reich sollten nicht zu deutlich werden. Die Verbundenheit der Zunftbrüder ging so weit, dass sie in Krisenzeiten lieber allesamt kürzer traten, als zuzulassen, dass die tüchtigsten Meister ihre Geschäfte auf Kosten der weniger tüchtigen sicherten. Bereits 1382 beschränkte die Kölner Wollenweberzunft die Zahl der Webstühle in der Stadt auf höchstens 300. 1397 wurde auch die Größe der einzelnen Handwerksbetriebe beschränkt. Kein Meister, hieß es in der Zunftordnung, solle »me wirken dan mit zwen gezauwen«, also mit zwei Webstühlen – und niemand, der nur einen Webstuhl besaß, konnte sein Recht auf einen zweiten Webstuhl an einen Zunftgenossen abtreten.

Die Zunftessen festigten den sozialen Zusammenhalt innerhalb der Zünfte und waren Höhepunkte des gesellschaftlichen Lebens (Darstellung von dem Schaffhauser Maler Daniel Lindtmeyer, 16. Jh.).

So entstand eine Art mittelalterlicher Zunftsozialismus. Die Zunft forderte Wohlverhalten und strikte Beachtung ihrer Regeln, im Gegenzug bot sie Sicherheit und Geborgenheit. Die Zunftfeste waren Höhepunkte des gesellschaftlichen Lebens, und selbst die Organisation der einzelnen Betriebe glich der einer Großfamilie – autoritäre Erziehung inklusive. Lehrlinge wurden schon als Zehn- oder Zwölfjährige von den Eltern verpflichtet, eine Zeit zwischen drei und zwölf Jahren bei einem Meister zu leben und ihm in Werkstatt und Haus zu dienen. Lief er davon, wurde er bestraft, im Wiederholungsfall aus dem Gewerbe verstoßen. Nach dem Lehrabschluss blieb er zwei bis drei Jahre als Geselle bei seinem Meister, so mancher wurde sogar am Betrieb beteiligt. Die typischen Wanderjahre der Gesellen wurden erst in späteren Jahrhunderten eingeführt. Hatte der Geselle dann genügend Geld gespart, um sich selbstständig zu machen, legte er vor der Zunftbehörde die Meisterprüfung ab.

Als Interessenvertretung des Handwerks waren die Zünfte auch politisch überaus erfolgreich. Vermutlich als erste stürzten 1349 in Speyer die Zünfte die Patrizierherrschaft. Die Handwerker sperrten die Ratsherren kurzerhand bei bitterer Winterkälte, ohne Heizung und warme Kleidung, in eine Kapelle – so lange, bis sie unterschrieben, ihre Ratsposten »freiwillig« aufzugeben. 1396 eroberten die Zünfte auch in Köln und Wien die Teilhabe an der politischen Macht. Mit dem Kölner Verbundbrief gab sich die damals größte Stadt Europas eine fast schon demokratische Verfassung – die immerhin beinahe 400 Jahre in Kraft blieb. Jeweils mehrere Zünfte bildeten eine so genannte Gaffel, die aus ihren Reihen wiederum die Ratsherren wählte. Wer keiner Zunft angehörte, wurde dennoch einer Gaffel zugeteilt. Damit war erstmals ein großer Teil der Bevölkerung in politischen Fragen stimmberechtigt.

Mit ihrem Einzug in die Politik hatten die Handwerker nun auch Einfluss auf die hoheitliche Handels- und Wirtschaftspolitik – und setzten in Einzelfällen auf rigiden Protektionismus. Die Stadt Freiburg etwa versuchte sich unter der Herrschaft der Zünfte mit dem Rückzug in die Autarkie. Die Folge war ein starker Bevölkerungsrückgang. Die Stadt schrumpfte von 9000 Einwohnern im Jahre 1389 auf etwa 5700 im Jahre 1500.

Strenge Zunftregeln erstickten jede Initiative
Der Niedergang der Handwerkszünfte begann mit der Entdeckung Amerikas. Die alten Handelsstraßen über den Kontinent verloren an Bedeutung. So manches alte Handelszentrum fand sich im Abseits wieder. Dann kam der Dreißigjährige Krieg. Vom Massenbedarf der Armeen an Kleidung, Lederwaren und Waffen profitierten vor allem die neuen Gewerbestätten, die sich abseits der Städte entwickelten. Das städtische Zunfthandwerk konnte die Nachfrage nicht befriedigen. Die traditionelle Kundschaft für hochwertige Handwerksprodukte dagegen verarmte. Das Handwerk rutschte in eine lang anhaltende Absatzkrise – und versuchte, mit strenger Abschottung zu retten, was zu retten war.

Anfangs stand die Mitgliedschaft in einer Zunft mit Ausnahme von Juden und fahrendem Volk jedem frei, der das Eintrittsgeld oder das Lehrgeld bezahlen konnte. Schon das war keine Kleinigkeit. Doch bald reichte den Zunftbrüdern Geld nicht mehr aus. Wer Mitglied werden wollte, musste außerdem einen guten Ruf mitbringen. Unehelich Geborene oder Henkerssöhne hatten kaum eine Chance. So manche Zunft lehnte auch die Aufnahme von Zuwanderern vom Lande ab.

Im 14. und 15. Jahrhundert schließlich wurden mehr und mehr Zünfte ganz geschlossen. Sie entwickelten sich zu Kartellen der Handwerksmeister, die am Ende nur noch ihre eigenen Söhne zu den Meisterprüfungen zuließen. Die traditionell allein stehenden Gesellen, die zumeist im Haushalt des Meisters lebten, verloren damit nicht nur die wirtschaftliche, sondern auch die persönliche Perspektive. Wer nicht lebenslang Junggeselle und vom Meister abhängig bleiben wollte, musste eine Meistertochter oder eine Meisterwitwe heiraten.

Die strengen Zunftregeln erstickten jede unternehmerische Initiative. Vielfach durften Meister nicht mehr als zwei Gesellen beschäftigen, der Einsatz neuer Techniken war verpönt, und Produktinnovationen wurden behindert. So rissen gegen Ende des 18. Jahrhunderts Kölner Bäcker einem Zunftgenossen den Ofen ein. Der Mann, der aus dem Oberrheingebiet zugewandert war, hatte den Kollegen durch ein besonders gutes Brot die Kunden abgeworben. Als er sich beim Rat beklagte, versammelten sich vor dem Rathaus neben den Bäckern auch Schuster und Schneider und drohten, den Ratsherren die Köpfe einzuschlagen, wenn sie den Neuling nicht in seine Schranken verwiesen. Ein Kürschnermeister in Worms musste seinen Unternehmergeist sogar mit dem Leben bezahlen. Seine Geschäfte gingen offenbar so gut, dass er gegen die Zunftregeln bis zu achtzehn Gesellen beschäftigte. Der Mann wurde wegen »Aufruhr« angeklagt und 1514 hingerichtet.

Dennoch wurde es für die Zünfte immer schwerer, ihren Mitgliedern die angestammten Märkte zu sichern. Zeitweise gelang es mit Importverboten, nichtzünftige Ware aus den Städten fernzuhalten. So war der Verkauf Solinger Messer in Köln verboten. Doch auch innerhalb der Stadtmauern regte sich die Konkurrenz. Bald begannen die Klöster, die dem Zunftreglement nicht unterworfen waren, mithilfe moderner Techniken zu produzieren. Städtische Werkhöfe zogen nach. Statt selbst zu größeren Betrieben und arbeitsteiliger Produktion überzugehen, begannen die Handwerksmeister unter dem Regime der Zünfte, die Gesellen schlechter zu entlohnen und die Arbeitszeiten auszudehnen.

Die Gesellen liefen bald in Scharen zu den neuen Unternehmern über. Immer mehr verarmte Meister gerieten in die Abhängigkeit von Händlern. Weil sie ihre Rohstoffe nicht mehr zahlen konnten, bezogen sie etwa Wolle mit der Auflage, die gesamte Garnproduktion an den Lieferanten zu verkaufen. Dieses Verlagssystem machte Händler de facto zu Produzenten und Handwerksmeister zu abhängig Beschäftigten.

In Frankreich machte die Französische Revolution den Zünften den Garaus. In England wurde das zünftige Handwerk von der Industrialisierung überrollt. Als die Preußen 1813 die Gewerbefreiheit einführten und die Zünfte auflösten, war die Macht der Zünfte auch in den deutschen Ländern längst ausgehöhlt. Nach dem preußischen Gewerberecht konnte fortan jedermann – wenn er ein polizeiliches Führungszeugnis beibrachte und Gewerbesteuer zahlte – einen Betrieb eröffnen. Um Gesellen zu

In vielen bayrischen Gemeinden ist der mit den Zunft- oder Handwerkszeichen geschmückte Dorfmaibaum seit dem 19. Jh. Zeichen für das Selbstbewusstsein der Gemeinde.

beschäftigen und Lehrlinge auszubilden, war kein Meisterbrief mehr erforderlich. Die Folge war ein ruinöser Wettbewerb oft schlecht ausgebildeter Handwerker. Konkurse waren an der Tagesordnung, viele Handwerker verarmten. Seit den Dreißigerjahren des 19. Jahrhunderts erscheint im Armenbudget der Stadt Köln ein eigener Titel für »verarmte Handwerksmeister«. Schon um 1800 musste ein Fünftel der Stadtbevölkerung unterstützt werden, der weitaus größte Teil erwerbslose Handwerker. Ein Proletariat entstand. Schließlich entschloss sich die Stadt, die »rottenweise« herumlungernden Handwerker mit dem Bau eines neuen Hafens zu beschäftigen.

Die verbliebenen Handwerker versuchten in allen deutschen Ländern, sich in Innungen neu zu organisieren. Der Zeitgeist aber war gegen sie. »Kommen Sie wieder, wenn Sie eine starke Organisation geworden sind«, wehrte 1867 der Kanzler des Norddeutschen Bundes, Otto von Bismarck, eine Delegation der einst so mächtigen Handwerker ab, die wieder gesetzlichen Schutz für ihr Gewerbe verlangten. Erst 1897 wurden die Innungen wieder als öffentlich-rechtliche Körperschaften anerkannt. 1935 erreichten die Handwerker ihr wichtigstes Ziel, die Wiedereinführung des so genannten Großen Befähigungsnachweises, der den Meistertitel und damit die Mitgliedschaft in einer Innung wieder zur Voraussetzung für die Gründung eines Handwerksbetriebes machte. Die rigide ständische Organisation der Handwerker kam der nationalsozialistischen Ideologie entgegen.

Die unzähligen Anekdoten von der Regulierungswut der Zünfte täuschen darüber hinweg, dass das Zunftwesen zunächst ein äußerst erfolgreiches Modell war, das Wirtschaftsleben von privater Hand zu ordnen. Die Zünfte haben nach der Katastrophe der Völkerwanderung den wirtschaftlichen Aufschwung Europas im Mittelalter erst möglich gemacht. Und die Reste zünftischer Organisationen haben mit ihrem Lobbyismus das Handwerk in Preußen und im Kaiserreich über die Turbulenzen des frühen Kapitalismus gerettet. Wären sie gescheitert, sähe die deutsche Wirtschaft heute ganz anders aus – ohne die international anerkannte moderne Berufsausbildung und ohne den viel gelobten starken Mittelstand. *5. Dezember 1997*

Habsburger in Spanien

Der Kerker der Königin

Im Schloss des kastilischen Städtchens Tordesillas war Johanna die Wahnsinnige 46 Jahre gefangen

Von Claudia Diemar

Ein Turm wie aus dem Rapunzel-Märchen: ganz oben ein winziger Ausguck, eine Balustrade, die von einem Puppenhaus stammen könnte. Von hier aus soll Juana, die Königin ohne Macht, Tochter von Isabella der Katholischen, auf den Duero geblickt haben, bevor man ihr auch diesen Kontakt mit der Außenwelt verwehrte. Tordesillas war die letzte Station ihres Lebens. Unvorstellbare 46 Jahre lang war sie in dem Schloss gefangen gehalten, in das ihr eigener Vater, Ferdinand von Aragon, sie festgesetzt hatte. Ihr Sohn Karl V. verlängerte die Haft der Mutter bis zu deren Tod.

Der grüne Fluss glitzert im Sonnenlicht. Über ein kleines Wehr rauscht das Wasser unter der schmalen einzigen Brücke des einst bedeutenden kastilischen Marktfleckens. Im Frühjahr 1494 wurde hier jenes als Vertrag von Tordesillas bekannt gewordene Abkommen unterzeichnet, mit dem Spanien und Portugal die Neue Welt unter sich aufteilten. Heute ist Tordesillas ein Ort von gemütlicher Bedeutungslosigkeit. Die typisch kastilische Plaza Mayor mit ihren Arkadengängen und Kneipen ist nur ein kleiner Platz, dessen pittoreske Häuser fast alle zum Verkauf stehen. In Lädchen mit uralten Schildern liegen Stockfisch, Konserven und Früchte aus. Hausfrauen stehen mit prall gefüllten Taschen und lassen Wortkaskaden gegen die vormittägliche Eintönigkeit prasseln. Jemand kehrt vor seinem Haus. Aus einem Fenster krächzt ein Radio. Sonst passiert hier nichts. Ein klarer dunkelblauer Himmel spannt sich über das Häusergewürfel.

Senor Felix Carnion, der Museumswart von San Antolin, unterbricht den Schwatz mit ein paar alten Männern, um uns eine Eintrittskarte zu verkaufen. San Antolin mit seiner Balustrade am Turm ist heute ein

Die letzten 46 Jahre ihres Lebens verbrachte Johanna die Wahnsinnige, die »schönste Prinzessin Europas«, als Gefangene (Porträt von Juan de Flandes, um 1496; Wien, Kunsthistorisches Museum).

sakrales Museum. Zwischen dieser ehemaligen Kirche und dem Klarissenkloster befand sich früher die Burg, in der Juana eingekerkert war. Zu dieser Jahreszeit außerhalb der Saison kommt kaum ein Besucher. Also hat Senor Carnion viel Zeit, sich um die neugierigen Fremden zu kümmern, und erklärt die Ausstellungsstücke, die Heiligenbilder und -skulpturen, mit detailversessener Gründlichkeit. Aber auch sonst, mitten im Sommer etwa, sei hier nicht viel los, gibt er freimütig zu. Vielleicht wissen nur wenige, dass jene Juana, die als

Johanna die Wahnsinnige in die Geschichte eingegangen ist, so viele Jahre ihres schweren Lebens in Tordesillas verbracht hat. Ein bekanntes Gemälde der »schönsten Prinzessin Europas« von Juan de Flandres zeigt eine feingliedrige junge Frau mit ovalem Gesicht, rotblondem Haar und blaugrünen Augen. Ihr Blick erscheint melancholisch.

Sechzehnjährig wird sie mit Philipp dem Schönen vermählt. Der junge habsburgische Thronfolger verwaltet im Auftrag seines Vaters das Herzogtum Burgund, ein Gebiet, das von den Alpen bis zur Nordsee reicht. Der Hof des stattlichen Prinzen residiert in Flandern. Es ist überliefert, das Brautpaar sei bei seiner ersten Begegnung nahe der flämischen Küste augenblicklich in solcher Leidenschaft entbrannt, dass es sich – wider jede Etikette – sofort in die privaten Gemächer zurückzog. Juana ist dem Gemahl, wie Zeitgenossen berichten, in hoffnungsloser abgöttischer Liebe verfallen – »perdidamente enamorada«, wie notiert wird. Doch am ausschweifenden flämischen Hof hat die Prinzessin aus dem konservativen Süden einen schweren Stand. Philipp kehrt nach den Flitterwochen zu seinen gewohnten amourösen Abenteuern zurück. Der Untreue ihres Mannes begegnet Juana mit leidenschaftlichen Ausbrüchen, wird gegen Rivalinnen tätlich. Den Ehekrisen zum Trotz gebiert die Prinzessin im Abstand von ein bis zwei Jahren gesunde und kräftige Kinder. Jeder ihrer sechs Nachkommen wird später einem bedeutenden europäischen Herrscherhaus vorstehen.

Auf ihrem Sterbebett bestätigt Isabella die Katholische, die große kastilische Königin, die Erbfolge ihrer Tochter Juana, verfügt jedoch, dass, »falls Juana die Regierung nicht übernehmen wolle oder könne«, die Regentschaft bis zur Volljährigkeit des Thronfolgers an Juanas Vater Ferdinand, den König des benachbarten Aragon, gehe. Nun bricht zwischen Philipp, der qua seiner Eheschließung mit Juana die Stellvertretung ihrer Thronrechte reklamiert, und Ferdinand von Aragon ein erbitterter Kampf um die Macht in Kastilien aus. Beide erklären abwechselnd Juana mal als wahnsinnig, mal als im Vollbesitz ihrer geistigen Kräfte, je nachdem wie es sich gerade politisch ausschlachten lässt. Beinahe kommt es zu Kampfhandlungen zwischen Philipp und Ferdinand, bis dieser schließlich auf Kastilien verzichtet und die Cortes, das Ständeparlament, der klug und umsichtig redenden Juana als neuer Königin den Treueeid schwören.

Dann stirbt Philipp der Schöne. Für Juana eröffnet sich die Chance, ihre Kronrechte durchzusetzen. Doch Juana, der böse Zungen längst den Beinamen »die Wahnsinnige« angehängt haben, ist keine Frau mit Instinkt für die Macht. Sie tut nichts, um ihre Regentschaft zu etablieren. Wochenlang zieht sie mit dem mehrmals geöffneten Sarg des Gatten durchs Land, will nichts entscheiden, solange sie nicht mit dem Vater gesprochen hat. Es kommt es zu einem rührseligen Wiedersehen zwischen Vater und Tochter. Juana überlässt ihm bereitwillig die Regierungsgeschäfte, aber die Tochter ist den Ambitionen des in Kastilien unbeliebten Ferdinand von Aragon dennoch im Weg. Er fürchtet, die Granden könnten die Einsetzung Juanas als Königin erzwingen. Er versucht, Juana durch eine Ehe außer Landes zu bekommen. Als sie sich weigert, nötigt er die tief trauernde Witwe im Februar des Jahres 1509 in die Festung von Tordesillas, lässt die Tore schließen und von seinen Getreuen bewachen.

Ferdinand II., König von Aragón, entwand seiner Tochter Johanna die Kronrechte in Kastilien und ließ sie in der Festung von Tordesillas festsetzen.

Der freundliche Museumswärter zeigt uns einen alten Stich von der Burg, die zum Kerker der Königin wurde. Nichts ist heute mehr davon übrig als ein zugemauerter Torbogen an der Fassade eines Wohnhauses neueren Datums. »Es ist nicht viel zu sehen«, bedauert der Museumswärter und weist nach oben zu der kleinen Balustrade mit dem rostigen Eisengeländer. »Da oben hat sie gesessen, das allein ist sicher. Aber ihr müsst allein hinauf, meine Beine machen nicht mehr mit«. Einst soll der Turm mit Juanas Kastell verbunden gewesen sein und mit seinem Balkon ihre einzige Verbindung zur Außenwelt dargestellt haben, aber wirklich sicher ist auch das nicht. Ein anderer der alten Männer um den Museumswärter verwahrt sich gegen die Geschichte von der eingeschlossenen Königin. »Das ist alles nicht wahr. Wir Leute von Tordesillas hätten es doch gar nicht zugelassen, dass man Juana hier einkerkert. Das hier«, er macht eine unbestimmte, weit ausholende Geste über das Geschachtel der Häuser am Fluss hinweg, »war einfach ihre Burg, und sie hat hier hofgehalten, weil es ihr eben am besten in Tordesillas gefallen hat.«

Ein paar Schritte sind es nur zu dem wundervoll erhaltenen Real Monasterio, dem Klarissenkloster, das Alfons XI. im 14. Jahrhundert erbauen ließ. In der Schlosskirche wurde der Sarg Philipps bis zu seiner Überführung nach Granada aufbewahrt; hier auch soll Juana gebetet haben. Doch was den Ort heute zur Sehenswürdigkeit macht, sind vor allem die luxuriösen Umbauten, die Pedro der Grausame nach dem Vorbild des Alcazars von Sevilla vornehmen ließ, als er hier residierte. Ein wunderbarer arabischer Patio, maurische Bäder und eine gold gleißende Mudejarkassettendecke werden von der Museumswärterin erklärt. Das angeblich hier im Kloster aufbewahrte Harmonium Johannas der Wahnsinnigen wird uns allerdings nicht vorgeführt. Dafür findet sich in einer Nische eine zarte marmorne Frauenstatue, von der keiner weiß, wer das sein soll, die einem wie zwangsläufig die Assoziation an die eingekerkerte Königin aufdrängt.

Unterhalb des Klosters liegt ein kleiner lauschiger Platz mit Blick auf den Fluss. Hier zeigt man sich. Das Ritual ist festgelegt. Die Senores spazieren im Sonntagsstaat gemessen auf und ab. Die Kinder irrlichtern kreuz und quer übers Pflaster, haben bunte Bälle, Rollschuhe und Dreiräder zur Zerstreuung dabei. Auch Senor Carnion treffen wir wieder, der nicht glauben will, dass wir noch immer da sind. Die Jugendlichen fehlen. Die sitzen weiter oben in einer der beiden Bars, nippen am Gin Tonic, üben sich in coolen Gesten und hören dröhnend laute Musik gegen die Eintönigkeit der Provinz. Was wir hier wollen, werden wir gefragt, als wir auf einen Brandy reinschauen. »Juana?« meint ein junges Mädchen mit abgeklärtem Blick »pobrecita – arme Kleine! Man sollte nicht zu viel Gefühl an einen Mann verschwenden.«

Nur einmal bietet sich der eingesperrten Juana für die kurze Zeit von wenigen Wochen die Illusion von Freiheit und Einfluss. Als ihr Sohn Karl V., der seit dem Tod Fernandos den kastilischen Thron besetzt hält, 1520 einen Flamen zum Gouverneur des Landes ernennt und über-

Auch Johannas Sohn Kaiser Karl V., hier in dem Porträt von Jakob Seisenegger, hob die Haft für seine Mutter nicht auf (Ausschnitt, 1532; Wien, Kunsthistorisches Museum).

mäßig hohe Abgaben einfordert, erheben sich die kastilischen Städte. Es ist der Herbst der Comuneros, nach Jose Antonio Maravall eine »erste moderne Revolution«, die sich gegen Herrscherwillkür richtet, nicht aber gegen das Königtum an sich. Ende August 1520 erobern die Anführer der »Santa Junta« Tordesillas und verneigen sich vor der Königin. »Wir, die rechtmäßigen Vertreter der Städte, sind gekommen, Euch zu dienen und zu verteidigen.« Doch die schon seit zehn Jahren von allem abgeschnittene Juana, die nicht einmal weiß, dass ihr Vater schon seit vier Jahren nicht mehr lebt und der Sohn längst in ihrem Land regiert, ist von den Regierungsgeschäften endgültig überfordert. Anfangs unterschreibt sie noch Dekrete und Verordnungen, doch misstrauisch gegen alles und jedes verweigert sie sich schließlich und zieht sich erschöpft zurück.

Im Dezember erobern die kaiserlichen Truppen Tordesillas zurück. Im Alter von 76 Jahren stirbt Juana 1555 langsam und qualvoll in der Burg von Tordesillas. »Gekreuzigter Jesus, hilf mir!« sollen ihre letzten Worte gewesen sein. Für die Königin von Kastilien, Leon, Granada, Valencia, Sardinien, Mallorca, Katalonien, Rosellon, Sizilien und den überseeischen Besitzungen im Westen werden keine Glocken geläutet. 1574 lässt ihr Enkel Philipp II. sie nach Granada überführen, wo sie neben den Eltern und ihrem Gemahl ruht. Auf ihrem Grabmal hält sie das Zepter mit fester Hand.   *16. Mai 1997*

»Mongolensturm«

Die besonnene Bestie

Dschingis Khan gilt als größter Eroberer und erfolgreichster Frauenheld aller Zeiten. Er selbst hätte lieber seine Ruhe gehabt

Von Tobias Hürter

Wer in der Steppe alt werden will, darf nicht zur falschen Zeit den Helden spielen. Dies lernte Temüdschin schon als Teenager. Eines Morgens nahte eine Horde berittener Räuber, da lud er flugs Verwandte und Habseligkeiten auf die Pferde und zeigte den Angreifern die Hinterhufe. Ersetzbare Dinge wie seine junge Frau blieben zurück. »Für Börte fehlte ein Pferd«, vermerkt die Chronik. Temüdschin entwischte. Gelegenheiten, sich Respekt zu verschaffen, würden sich später noch bieten. Frauen sowieso. Was war das für ein Mann, der seine frisch Angetraute schmählich im Stich ließ? Ein Angsthase? Ein kalter Egoist? Von beidem ein bisschen, und vor allem ein cleverer Rechner. Ja, er habe sich »arg gefürchtet« vor den Räubern, gestand Temüdschin später. Doch die Angst war ein guter Ratgeber: Die Merkit-Bande verschenkte mit Börtes Festnahme ihren Vorsprung. Temüdschin gewann Zeit, die Truppen verbündeter Stämme zu sammeln, dann vernichtete er die Merkit und befreite Börte.

Temüdschin hatte begonnen, die Nomadenstämme der innerasiatischen Steppen und Wälder zu einem Volk zu einen. Eine Million Mongolen brachten schließlich im größten Eroberungszug aller Zeiten drei Millionen Quadratkilometer in ihre Gewalt, vom Industal bis zur Donau, vom Pazifik bis zum Mittelmeer. Keine Armee kam dagegen an. Sie hätten das Abendland bis zum Atlantik überrennen können.

Aus Temüdschin wurde Dschingis Khan. Seine Persönlichkeit liegt verborgen hinter einem Vexierbild. Einerseits verehren ihn die Mongolen als fürsorglichen Herrscher, der seinem Volk zu Recht, Schrift und Kultur verhalf. Andererseits ist eine gierige Bestie überliefert, die blindlings alles in ihrem Weg niedermetzelte. »Unter der Herrschaft Dschingis Khans genossen alle Gebiete zwischen Iran und dem Türkenland Frieden«, notierte der muslimische Gelehrte Abu'l Ghazi – während sein Kollege Ata Malik Juvaini beklagte, dass »in allen muslimischen Ländern, die Dschingis Khan verwüstete, nicht einer von tausend Bewohnern überlebte«. Solche Widersprüche überraschen nicht bei einem Mann, der ganz Eurasien in Freund und Feind spaltete.

Dschingis Khan selbst hielt es für überflüssig, sich durch mehr als seine Taten und ein einziges Porträtbild für die Nachwelt zu verewigen. Obwohl er das Medium Schrift für die Mongolen entdeckte, ließ er keine Chronik schreiben. Erst Jahre nach seinem Tod gab sein Sohn und Nachfolger Ögädäi die »Geheime Geschichte der Mongolen« in Auftrag, die im 19. Jahrhundert als chinesische Abschrift wieder auftauchte. Sie bietet als einzige Quelle einen glaubhaften und umfassenden Blick auf das Wesen des mongolischen Übervaters.

Als man seine Börte raubte, war Temüdschin noch keine 20 Jahre alt – hatte aber schon Frust für mehrere Menschenleben angestaut. Nach dem Tod des Vaters

Ende des 12. Jh. führte Dschingis Khan die noch heute in der Inneren Mongolei gebräuchliche traditionelle mongolische Schrift ein, die von oben nach unten geschrieben wird.

hatte dessen Stamm keine Verwendung mehr für die beiden Witwen mit ihren sieben Kindern und verstieß sie in den scheinbar sicheren Hungertod. Die Geächteten hielten sich mit der Jagd nach Murmeltieren und Steppenratten am Leben und bekämpften sich auch noch untereinander: Mit 14 Jahren ermordete Temüdschin gemeinsam mit einem Bruder den älteren Halbbruder. Mit dem Putsch an die Spitze seiner armseligen Sippe wäre Temüdschins Machthunger wohl gestillt gewesen, aber statt Frieden gab es weiteren Ärger. Mal versklavte ihn der Stamm seines Vaters, mal wurden der Familie die lebenswichtigen Pferde geklaut. Der Merkit-Überfall machte ihm endgültig klar, dass er sich dem ewigen Clinch der Wald- und Steppenvölker nicht entziehen konnte. Wenn er Ruhe haben wollte, musste er die Fehde beenden.

Vom versoffenen Haufen wurden die Mongolen zum straff organisierten Militärstaat
Nach dem Feldzug gegen die Merkit schlossen sich Temüdschin und die Seinen dem Clan seines Schwurbruders Dschamucha an, zerstritten sich aber schon bald mit ihm. Damit begann der Machtkampf um die Mongolenstämme: Ein Vierteljahrhundert sollten die beiden damit verbringen, sich zu überfallen, Tiere und Frauen zu stehlen. Temüdschin ließ sich zum Khan über alle Mongolen wählen, Dschamucha erklärte sich zum Oberkhan und kochte 70 von Temüdschins Leuten in Kesseln zu Tode. 1204 glaubte Dschamucha, er habe die Dauerfehde gewonnen. Doch Temüdschin alias Dschingis Khan (»der ungestüme Herrscher«) sammelte noch einmal seine Kräfte, platzte mitten in die Siegesfeier und schlug den voreiligen Triumphator in die Flucht. Dschamuchas letzte Gefolgsleute lieferten ihren Herrn an Dschingis Khan aus – woraufhin dieser nicht etwa den Erzfeind hinrichtete, sondern dessen Verräter. Er hasste nichts so sehr wie Illoyalität, gegen wen auch immer.

So begann die 20-jährige Regentschaft Dschingis Khans, nach der die Mongolen nicht mehr wieder zu erkennen waren. Vorher: ein versoffener und zerstrittener Haufen von Jägern und Hirten. Nachher: ein straff organisierter Militärstaat mit zentralem Post- und Steuerwesen. Dschingis Khan rodete das Dickicht der Sippen, ordnete seine Untertanen in Zehner-, Hundert- und Tausendschaften und teilte ihnen – Nomaden! – feste Wohnorte zu. Nun galt das Leistungsprinzip: Mit Fleiß und Treue konnten auch Mongolen niederer Herkunft Karriere machen. Alte Adelstitel galten nichts mehr.

Die Mongolen lagen Jahrhunderte im Rückstand, verglichen mit den chinesischen, persischen und europäischen Hochkulturen des Mittelalters. Sie hatten keine eigene Religion und malten keine Bilder, buken nicht einmal Brot. Statt zu weben, pressten sie Wolle zu Filz. Dschingis Khan musste fremde Schreiber engagieren, bevor er seinem Analphabetenvolk ein Rechtssystem geben konnte.

Mit seinen Truppen befolgte der Radikalreformer stets das Grundgesetz der Steppe: Immer in Bewegung bleiben! Wer still steht, bietet ein leichtes Ziel, wer Strukturen verfestigen lässt, züchtet Rivalen heran. Seine Truppen hielt er in Marsch. Als einzige feste Gebäude ließ er Brücken und Lagerschuppen für Beute errichten. Aber Bewegung braucht Raum. Dschingis Khan lenkte die Energie seiner Mongolen, mit der sie früher aufeinander losgegangen waren, nach außen: durch die Wüste Gobi nach China, gen Westen ans Kaspische Meer und an den Dnjepr.

Persönlich verantwortete Dschingis Khan nur den Prolog des Sturmritts. Erst unter seinen Nachfolgern sollten die Mongolen fast die Weltherrschaft erreichen. Unter Ögädäi, Möngke, Kubilai und Hülägü machten sie Bagdad und Kiew nieder, zwangen die Russen unters »Tartarenjoch«. Dschingis Khan war der Wegbereiter der bis heute einzigen asiatischen Weltmacht – vielleicht der erste Globalisierer der Geschichte: Vor ihm wussten Westen und Osten kaum voneinander. Mongolische Heere brachten Reis, Tee und Spielkarten von China in den Westen, importierten Karotten und Zitronen. Unter ihnen praktizierten chinesische Ärzte in Persien, deutsche Bergarbeiter schürften in China. Die Mongolen zerstörten Staaten, keine Kulturen. Fremde Kaufleute und Gelehrte waren willkommen, gefügige Untertanen durften ihre Religion ausüben. Es gab Schlimmeres, als von Mongolen erobert zu werden.

Mongolensturm

Einerseits gilt Dschingis Khan als grausamer Schlächter, andererseits wird er als Schöpfer eines großen Reiches geehrt – Bundespräsident Roman Herzog und der mongolische Staatspräsident Natsagiin Bagabandi 1998 in der Hauptstadt Ulan-Bator vor der Statue Dschingis Khans.

Nicht der Mut prädestinierte Dschingis Khan zum Ausnahmeherrscher. Als Junge hatte er Angst vor Hunden. Noch auf dem Zenith seiner Macht brach er oft in Tränen aus – etwa wenn seine Mutter ihn schalt. Kriegerische Heldentaten sind nicht von ihm überliefert. Er dirigierte seine Truppen aus sicherer Distanz. Austoben konnte er sich auf der Jagd.

Das erfolgreichste Alphamännchen der Geschichte pflanzte sich eifrig fort

Entgegen dem Klischee war er auch nicht sonderlich brutal. Er zog nicht aus Habgier oder Zerstörungslust zu Felde, schon gar nicht aus religiösem Eifer, sondern aus strategischer Notwendigkeit. Die Bluttaten der Mongolen verblassen neben den Grausamkeiten, die der Stauferkaiser Friedrich Barbarossa zuvor auf den Italienzügen angerichtet hatte. Dschingis Khan stellte Feinde vor die Wahl: Wer sich ergab, wurde geschont. Andernfalls gab es kein Erbarmen. So bleibt das Bild eines asketischen und besonnenen Waisenjungen, der sich so energisch aus den Fesseln seiner Jugend befreite, dass er erst als mächtigster Mann der Welt zur Ruhe kam. Die globale Konstellation begünstigte den Aufstieg: Eurasien war zersplittert. Keine Großmacht sorgte für Ordnung in China, Persien oder Europa. Auf den Thronen saßen Desperados und Emporkömmlinge. Die Mongolen konnten einen nach dem anderen erledigen. Dschingis Khan starb 1227 im Alter von 65 Jahren an den Folgen eines Sturzes bei der Jagd. Sein Reich zerfiel nach zwei Generationen. Aber da war seine Unsterblichkeit längst gesichert: Er hatte systematisch die schönsten Frauen unterworfener Völker geschwängert. So fleißig pflanzte er sich fort, dass ihn heute fast alle Bewohner der asiatischen Steppe zu ihren Vorfahren zählen können. Genetiker haben das Y-Chromosom des »erfolgreichsten Alphamännchens der Geschichte« (Brian Sykes von der Oxford University) bis nach Westeuropa verfolgt. Ein nicht geringer Teil der Weltbevölkerung trägt Dschingis-Khan-Gene im Erbgut. Damit belegt die Molekularbiologie, was die westlichen Kulturen ihrem einstigen Angstgegner lange nicht zugestanden: Der große Zerstörer war ein noch größerer Erschaffer.

9. Dezember 2004